Knaus

FRAGE UND ANTWORT

Interviews mit Thomas Mann
1909–1955

Herausgegeben von
Volkmar Hansen und Gert Heine

Albrecht Knaus

Schutzumschlag und Einband: Werner Rebhuhn
Gesetzt aus Baskerville
Gesamtherstellung: Bercker Graphischer Betrieb GmbH
Printed in Germany
ISBN 3-8135-0707-6

Inhalt

Das Interview
oder
Der bocksfüßige Gott

Im Unterschied zum fingierten Dialog – man denke nur an die Gestalt des Sokrates, wie sie uns Plato geschenkt hat, an die deutsche Tradition mit der Aufklärung Wielands, mit der Romantik der Schlegel – handelt es sich bei der Gattung «Gespräch» um die Wiedergabe einer Begegnung, die wirklich stattgefunden hat. Muster der Gattung sind die ‹Tischreden› Luthers, die Johannes Goldschmidt, der sich nach Humanistenart Aurifaber nannte, 1566 herausgab und nicht nur, wie das Motto suggerierte, ein erweitertes Bild entwarf («Sammelt die übrigen Brocken, auf daß nichts umkomme»; Joh. 6,12), sondern zugleich zu zentralen Kategorien hinführte. Ein Beispiel: «Alle Traurigkeit ist vom Teufel; denn er ist ein Herr des Todes. Wenn du daher einmal schlecht über Gott denkst: als ob er sich deiner nicht erbarmen wolle, wolle dich verderben und dich töten, oder wenn du daran denkst, daß du doch sterben mußt, dann folgere sogleich: Dieser Gedanke kommt vom Teufel und nicht von Gott. (...) Des Menschen Herz ist nämlich vom Gesetz, der Sünde und dem Tod so gefangen, daß es den Artikel der Rechtfertigung des Glaubens: Ich glaube an Jesus Christus usw., gar nicht zuläßt. Andererseits kommt aber alle Freude, aller Trost und Friede von Gott, ja ist Gott selbst. Der Heilige Geist ist nämlich mutig. Er ist der Mut und Trotz in Gefahren und Anfechtungen des Todes. Er sagt's mutig heraus: Welt, Tod, Teufel, Hölle, laßt mich zufrieden! Du hast an mir keinen Anteil. Willst du mich nicht leben lassen, so sterbe ich. Es soll dir aber nicht gelingen. Schlägst du mir den Kopf ab, so schadet's nicht. Ich habe einen, der wird ihn mir wohl wieder aussetzen ...» In den letzten Jahren seines Lebens tolerierte es Luther, daß Theologen seine Äußerungen während der Mittagsrunde, die Freunde und die Familie vereinte, mitschrieben. Aurifaber zählte selbst zu diesem Kreis, und bei seiner Zusammenstellung konnte er nicht nur auf eigene Mitschriften zurückgreifen, sondern zugleich andere Niederschriften, die häufig auch erst nach dem Essen entstanden waren, benutzen. So verdienstvoll und für lange Zeit dominierend Aurifabers ‹Tischreden› waren – die Erschließung der ursprünglichen Nachschriften läßt besonders dann sein Verfahren der Redaktion überprüfbar werden, wenn mehrere Mitschriften von einem Tischgespräch vorliegen. Es zeigt sich dadurch das hohe Maß an Eingriffen, Präzisierungen und Ergänzungen, die Aurifaber vorgenommen hat, so daß die jüngste Leseausgabe der ‹Tischreden› auf die Mitschriften selbst zurückgeht (hrsg. von Kurt Aland, Stuttgart 1981). Charakteristischerweise fehlen aber den ‹Tischreden› völlig die Ausgangsfragen, auf die Luther reagierte: das Gespräch wird zum Monolog verkürzt, Luthers Wort gewinnt dadurch die einzig lebendige Gültigkeit.

Ausgerechnet Johann Peter Eckermann, der wenige Jahre nach Goethes Tod seine ‹Gespräche mit Goethe in den letzten Jahren seines Lebens› herausgab, hat die Fragerolle vorangebracht. Seine epigonal-devote Fragehaltung, die zur Parodie direkt einlädt und jede Schülergeneration erneut amüsiert hat, verstellt leicht den Blick dafür, daß sich hier – ganz bescheiden natürlich, aber dennoch unübersehbar – einer ins Bild drängt, bis zum heutigen Tag in unser Bild von Goethe. Doch wir gewinnen auch sachlich durch ihn. Wüßten wir wirklich so viel über Goethes Haltung zum Land der «persönlichen Freiheit», zu Deutschland, wenn es «den Eckermann» nicht gäbe? Nehmen wir seine Überlegungen vom 10. März 1830, als er begründet, weshalb ihm Kriegslieder à la Körner, Arndt, Rückert 1813/14 nur als fremde Maske erschienen wären: «Wie hätte ich nun Lieder des Hasses schreiben können ohne Haß! – Und, unter uns, ich haßte die Franzosen nicht, wiewohl ich Gott dankte, als wir sie los waren. Wie hätte auch ich, dem nur Kultur und Barbarei Dinge von Bedeutung sind, eine Nation hassen können, die zu den kultiviertesten der Erde gehört und der ich einen so großen Teil meiner eigenen Bildung verdankte! Überhaupt, fuhr Goethe fort, ist es mit dem Nationalhaß ein eigenes Ding. Auf den untersten Stufen der Kultur werden Sie ihn immer am stärksten und heftigsten finden. Es gibt aber eine Stufe, wo er ganz verschwindet und wo man gewissermaßen *über* den Nationen steht, und man ein Glück oder ein Wehe seines Nachbarvolkes empfindet, als wäre es dem eigenen begegnet.» Auch Eckermann konnte für seine Sammlung schon weitere Aufzeichnungen heranziehen, wie die des ungeliebten Konkurrenten in der Gunst Goethes, des Prinzenerziehers Soret. Seine Einschätzung, daß «manche Aufklärung und manche Lehre» für «Leben, Kunst und Wissenschaft» aus der Sammlung zu gewinnen sei, bestätigte sich durch den Erfolg beim Leser. Weitere Notate von Gesprächen mit Goethe folgten, u. a. die des Kanzlers Friedrich v. Müller (zuerst 1870), so daß Woldemar Freiherr v. Biedermann gegen Ende des vorigen Jahrhunderts diese Sammlungen selbst wiederum zusammenführen konnte. «Den Biedermann» hat Thomas Mann in mehreren Leseschüben z. B. für den Essay ‹Goethe und Tolstoi›, die Vorträge des Zentenarjahrs 1932 und ‹Lotte in Weimar› ausgiebig zu Rate gezogen. Die Übertragung des Eckermann-Typus auf andere Autoren ließ ebenfalls nicht lange auf sich warten, 1857 erschienen gesammelte Äußerungen Schopenhauers, 1911 folgte Schiller, 1912 Kleist, 1924 Lessing, 1926 Heine, 1951 Kafka.

Das Verbindende zum Interview ist in diesen Publikationen nicht zu übersehen: die weltweite Ausstrahlung der Ideen- und Sprachwelt Luthers und Goethes wurde durch die «Gespräch»-Form verstärkt, bereichert durch eine plastische Zeichnung der sprechenden Person. Gemeinsam haben Interview und «Gespräch» auch den Blick für die Bedeutung dessen, der spricht; gemeinsam ist das Führen des Gesprächs im Hinblick auf die Möglichkeit des Zugangs für Außenstehende, auch wenn Luther nie an eine Veröffentlichung gedacht hat; gemeinsam müssen sie sich dem Problem der Überlieferungstreue stellen, ist die Vermischung des wahren, göttlichen Worts mit der bocksfüßigen, verfälschenden Wiedergabe unentrinnbar. Die Zuverlässigkeit des Wiedergegebenen wurde daher notwendigerweise zu einer Grundfrage der kritischen Auseinandersetzung (vgl. Julius Petersen, ‹Die Entstehung der Eckermannschen Gespräche mit Goethe und ihre Glaubwürdigkeit›, 1925). Doch die Gemeinsamkeiten können über die wesentliche Differenz zum Interview nicht hinwegtäuschen – die kommunikationstheoretischen Bedingungen wirken in einem ganz anderen, das Gespräch selbst qualitativ verändernden Maß auf die redend Handelnden ein. Die tradierte Gattung «Gespräch» teilt dagegen mit dem Gespräch des Lebensvollzugs nicht nur den Namen.

Das Interviewgespräch bricht mit dieser Tradition des Wechselspiels, löst es zugunsten einer festen Rollenverteilung in Frage und Antwort auf. «Ausfrager» nennt Thomas Mann die Interviewer gelegentlich, etwa im Juni 1941, als er auf ein pessimistisches Interview des Prinzen Bernhard der Niederlande über die Zukunft Deutschlands reagiert und seine eigene Hoffnung auf die Wiedergeburt aus der Asche dagegenstellt (GW XII, 902 ff.). Der Unterton von Abwertung, der dabei mitschwingt, ist nur vor dem Hintergrund eines Gesprächs gültig, bei dem beide Sprecher als Partner sich initiativ und reaktiv ablösen; vor dem Hintergrund des Interviewgesprächs als publizistischer Form ist es eine Unterschätzung der Fragerrolle im Dienst der Öffentlichkeit. Zwar tritt die Person des Fragenden völlig zurück – auch wenn bei Thomas Mann häufig Herausgeber und Chefredakteure der Zeitungen die Besucher sind –, doch zugleich ist der Frager als Repräsentant der Öffentlichkeit der initiative Teil, steckt nicht nur durch seinen Interviewwunsch den formalen Rahmen, sondern kann in der Themenwahl und der Art der Gesprächsführung entscheidend auf den Befragten Einfluß nehmen. Die Fragen können so dringend werden, daß sich der Interviewte nur noch durch Flucht («Ich breche das Gespräch ab») zu helfen weiß – ein besonders vor Fernsehkameras peinliches Unternehmen. Doch auch der Interviewte ist nicht der Unterlegene im Interviewgespräch. Schließlich geht es darum, seine Meinung zu erkunden. Er kann ausweichen, und das Bonmot, daß es nur indiskrete Antworten und keine indiskreten Fragen gebe, geht aus seiner Macht hervor, seine Meinung zu verhehlen, sie zu verschleiern, sich nur scheinbar auf die Frage einzulassen. Als Repräsentant der Öffentlichkeit kann er seine Meinung bei anstehenden Fragen zur Geltung bringen, seine Einschätzungen weit verbreiten. Das Renommee des berühmten Mannes kommt wiederum dem Medium zugute, das sich um das Interview bemüht. Das Interviewgespräch lebt also von der ausgeglichenen Machtbalance zwischen zwei Repräsentanten der Öffentlichkeit, der initiativen Unperson und der reaktiven Very Important Person (VIP).

Seit wann hat sich diese moderne Form in Deutschland entwickelt? Nur sieben Jahre nach dem Erscheinen von Eckermanns ‹Gesprächen›, 1842, unternahm der heute vergessene liberalrevolutionäre Schriftsteller Karl Gutzkow eine Reise nach Paris, wo er mit führenden Politikern und Kunstnotabilitäten zusammentraf. Dem auch in Frankreich bekannten Erzähler, Dramatiker und Publizisten standen alle Türen offen, und so konnte er z. B. an einem der familiär-patriarchalischen Tischgespräche teilnehmen, die der wichtigste Mann der französischen Politik, der Conseil-Präsident und Historiker der Zivilisation François Guizot, abhielt. Aber – unerhört in deutscher Sprache – Gutzkow berichtete im selben Jahr über seine

Reiseerlebnisse nicht nur in der Form einer Reportage, sondern gab wörtlich Wendungen Guizots, der sich zu aktuellen Fragen geäußert hatte, wieder. So hatte Guizot seinem Erstaunen über martialische, an die Befreiungskriege und Waterloo anklingenden Töne Ausdruck gegeben, die kurz zuvor sein Deutschlandbild modifiziert hatten: «Ich habe, sagte er, Deutschland stets geliebt und bewundert. Meine Studien führten mich früh auf die Geschichte, Literatur, auf die Gelehrsamkeit der Deutschen. Ich hatte eine Periode von vier Jahren, wo ich nur deutsche Schriften las und dann und wann mit englischen abwechselte. Der deutsche Nationalcharakter ist mir stets heilig gewesen. Es liegt etwas Ernstes, Edles, etwas Biedres und Frommes im Wesen der Deutschen. Soviel ich mir über den politischen Charakter Ihres Volkes klar machen konnte: so schien mir dieser aus zwei Triebfedern zusammengesetzt. Die eine ist die des Fortschritts. Sie haben ein ungestümes Verlangen der Neuerung, einen schnellen Reiz an neuen Ideen, sie haben den Trieb, *de marcher en avant, de marcher, comme vous l'appelez* vorwärts. Das andere Element ist ein stabiles, etwas Träumerisches, Unentschlossenes, ja Unpraktisches. Dies verhindert Sie, von Ihren Ideen eine dem allgemeinen Wohle ersprießliche Anwendung zu machen. Ich gestehe Ihnen indessen doch, daß mir an dem gegenwärtigen Gange der Angelegenheiten in Deutschland vieles fremd und sogar befremdlich ist.» Was wir erleben, ist, trotz der Buchform des Berichts, die Geburtsstunde des deutschen Interviews, die Verpflanzung einer journalistischen Gattung, die man gerade – man schreibt das Jahr 1838 – in Amerika erfunden hat, nach Mitteleuropa. Trotz der Vorwürfe, die sich sofort erhoben – er habe das «Gesetz der Gastfreundschaft und des persönlichsten Anstandes vergessen, indem er das bekanntmachte, was er gehört und gesehen zu haben sich einbildet» –, eine Sternstunde für die veröffentlichte Meinung, ein weiteres Stück des Wegs zur Ergänzung der Montesquieuschen Gewaltenteilung um die vierte Macht der Publizistik. Mitten in der von spätabsolutistischen Ländern bestimmten Welt des Deutschen Bundes ist eine neue Form für Meinungsfreiheit gefunden worden, Schillers Wort von der Gedankenfreiheit als Freiheit, seine Gedanken öffentlich zu äußern, durch das Näherrücken der Regierenden weiter verwirklicht worden.

Aus diesen Überlegungen zum Grundschema des Interviews heraus haben die Herausgeber eine strenge Unterscheidung zu artverwandten Typen getroffen.

Zunächst galt es, einen Trennungsstrich zwischen Interviews und Erinnerungen von Freunden und Zeitgenossen an Gespräche mit Thomas Mann zu ziehen. Solche Erinnerungen wurden oft mit einer Verzögerung von Jahren oder Jahrzehnten aufgezeichnet und haben sich offensichtlich häufig verklärt oder ins Negative verzerrt. Im Rückblick läßt sich alles unschwer vorhersehen, und das Bild verfärbt sich im Licht der späteren Erfahrung. Hinzu kommt, daß bei diesen Beiträgen der Autor so gut wie immer im Zentrum der Erinnerung steht. Für den einen (Arthur Holitscher, ‹Lebensgeschichte eines Rebellen›, Berlin 1924, S. 218–221) ist es vor allem wichtig, daß er sich beobachtet und abgezeichnet fühlte, ein anderer (Kurt Martens, ‹Begegnungen mit Thomas Mann›, ‹Vossische Zeitung›, 10. Dezember 1929) möchte seine Urheberschaft für die Schwalben-Episode in ‹Ein Glück› (GW, VIII, S. 349 ff.) festhalten, und für einen weiteren (Arthur Koestler, ‹The Invisible Writing›, New York 1954, S. 370–374) war eine eigene freudianische Fehlleistung und ein Eckermann-Gefühl von größter Bedeutung. Auch solche Erinnerungen sind – mit den erforderlichen, das geistige Niveau, den Charakter und die Absicht des betreffenden Autors berücksichtigenden Abstrichen und Ergänzungen – wichtig für das Thomas-Mann-Bild. Sie liegen hauptsächlich in Buchform vor, sind deshalb zugänglicher als Interviews in Zeitungen und dürften weitgehend in den Bibliographien der Sekundärliteratur erfaßt worden sein.

Gelegentlich ist es den Herausgebern schwergefallen, diesen Trennungsstrich zu ziehen, besonders in solchen Fällen, in denen eine spätere Publikation des Gesprächs auf frühere Notizen zurückgeht, die unmittelbar nach dem Gespräch angefertigt wurden. Als Beispiel kann ein Gespräch Manns mit Klaus W. Jonas unmittelbar vor seiner endgültigen Rückkehr nach Europa dienen, dessen Notizen in Kopie im Zürcher Thomas-Mann-Archiv liegen und von Jonas zu einem Erinnerungsbeitrag verwendet wurden (‹Mein Weg zu Thomas Mann› in ‹Die Tat›, Zürich, 23. Mai 1975). Solche Beiträge sind gewöhnlich sehr vertrauenswürdig; unter dem Gesichtspunkt des journalistischen Fragenkatalogs zur öffentlichen Erkundung der Meinung mußten sie jedoch ausscheiden.

Ausgeklammert wurden ferner die – normalerweise schriftlichen – Antworten auf sogenannte «Rundfragen». Solche Rundfragen, die von den Redaktionen an berühmte oder zeitweilig im Scheinwerferlicht der Öffentlichkeit stehende Personen gerichtet wurden, waren in gewissen Perioden geradezu ein Modephänomen, was auch damit zusammenhängen mag, daß für die Antworten keine Honorare gezahlt wurden. Es ist erstaunlich, wie geduldig auch recht abwegige Fragen beantwortet wurden; von Thomas Mann z. B. ‹Braucht man zum Dichten Schlaf und Zigaretten?› (GW, XI, S. 764–766) oder ‹The World's Worst Book› (‹Books Abroad›, Vol. 15, Nr. 1, 1941, S. 49–50). Manns Antworten auf diese Rundfragen haben den Charakter eines Statements und gehören damit zu einer anderen modernen Form. Auch Fehleinschätzungen in bisherigen Publikationen als Interview, wie etwa bei dem Statement vom Januar 1934 in ‹L'Intransigeant›, durften die Herausgeber nicht beeinflussen. Zum Glück liegen viele Antworten Manns auf Rundfragen aber schon in den ‹Gesammelten Werken› vor.

Zwischen Interviews und Äußerungen auf Pressekonferenzen wurde nicht unterschieden. Teils weil eine willkürliche Wahl getroffen werden müßte, ob eine Gemeinschaft von zehn, vier oder etwa schon zwei interviewenden Journalisten eine «Konferenz» ausmachen, teils weil auch Aussagen auf Pressekonferenzen entschieden in den vorliegenden Zusammenhang gehören. Die Zusammenstellung von Äußerungen auf Pressekonferenzen gibt oft ein nuancierteres Bild Thomas Manns, z. B. wenn Zeitungen linker und rechter Observanz politische Aussagen wiedergeben. Im bibliographischen Teil ist – soweit sich dies eindeutig ermitteln ließ – festgehalten, welche Veröffentlichungen sich auf ein und dieselbe Konferenz beziehen. Zudem gibt ein Vergleich – wie bei Luthers ‹Tischreden› – oft die Möglichkeit, dem authentischen Wort näherzukommen. Ergänzungen ergeben sich oft aus der Verschiedenartigkeit der Interviewerperspektive.

Ebenfalls aufgenommen sind die Aussagen im Rahmen von «Fragestunden». Die «question periods» – was Thomas Mann anbelangt, ein ausschließlich amerikanisches Phänomen – schlossen sich gewöhnlich an Vorträge an und können Pressekonferenzen gleichgestellt werden, nur mit den Zuhörern in der Journalistenrolle.

In Ausnahmefällen hat der Interviewer die Fragen vor seinem Besuch schriftlich gestellt, und gelegentlich ist es überhaupt nicht zu einer persönlichen Begegnung gekommen, sondern Thomas Mann hat schriftlich oder per Telephon geantwortet. In anderen Fällen hat er sich schriftlich auf die Beantwortung vorbereitet; dies jedoch wohl ausschließlich, wenn das Interview in einer ihm nicht völlig geläufigen Fremdsprache stattfinden sollte. Auch konnte es geschehen, daß Thomas Mann sich das Interview im Manuskript zukommen ließ, um es mit Korrekturen zu versehen. Alle derartige Interviews sind hier aufgenommen worden, wenn sie nur als solche veröffentlicht wurden oder zur Veröffentlichung bestimmt waren.

Nicht berücksichtigt wurden hingegen mündliche und schriftliche Anfragen aus dem wissenschaftlichen Bereich, auch wenn Thomas Manns Antworten in der betreffenden Dissertation oder Monographie wiedergegeben sind. Dies hauptsächlich deshalb, weil die Antworten nur selten im Zitat vorliegen und häufig unentwirrbar in den Text des Beitrages verwoben wurden. Auch kommt es vor, daß der Autor überhaupt auf den Quellenhinweis verzichtet hat; dies ist allerdings weniger bei Dissertationen der Fall, wo gewöhnlich auf den Nachweis persönlicher Kontaktnahme mit Thomas Mann Wert gelegt wird.

Aufgenommen wurden schließlich die Rundfunk-, Film- und Fernsehinterviews. Dabei konnten die Verfasser sich auf die von Ernst Loewy vorgenommene Zusammenstellung der ‹Ton- und Filmaufnahmen› (Supplementband zu den ‹Gesammelten Werken in dreizehn Bänden›, Frankfurt/M. 1974) stützen; nur ganz vereinzelte Neufunde sind auf diesem Gebiet zu verzeichnen.

Was macht eigentlich den Reiz des «Endprodukts», des veröffentlichten Interviews, aus? Weshalb konnte es andere Formen wie den Bericht verdrängen? Was fasziniert den Leser, den Zuhörer, den Zuschauer am Interview? Das Schlüsselwort heißt Authentizität – das Interview gibt uns eine Gewißheit, die dem Augenschein nahekommt. Doch dort genau liegt die Crux des Interviews, zeigt der Gott seinen Bocksfuß: Dieser Eindruck ist nur zu oft eine Täuschung. Max Frischs autobiographischer Rückblick auf die wesentlichen Du/Ich-Beziehungen seines Lebens in ‹Montauk› geht von einem Interview aus, dessen journalistisches Fazit er ironisch mit «Einiges darin stimmt: Staatsangehörigkeit, Anzahl der Kinder, Brillenträger mit untersetzter Statur, Hobby Pingpong» festhält. Damit ist die Klippe bezeichnet, an der das Interview als Form häufig scheitert – und in der Presse, auf die Thomas Mann im wesentlichen angewiesen war, noch häufiger gescheitert ist. Seltener geht es dabei um bewußte Verdrehungen, meist nur um Ungenauigkeiten und Auslassungen, die jedoch, je diffiziler die eingenommene Position des Befragten ist, desto verheerender den Sinn des Gesagten entstellen können. Manns Haltung während der beginnenden Spaltung Europas und Deutschlands in der Nachkriegszeit ist für dieses labile Gleichgewicht ein Paradebeispiel.

Die suggerierte und doch nur bedingt gegebene Authentizität des Interviews als Gattung hält Mann im Sommer 1935 ausdrücklich fest, als er dem jungen Journalisten Lackner gegenüber betont, daß diese Form «notwendig unzulänglich» sei, um weitreichende Dinge zu sagen. Sollte man über diese erneute Niederlage Pans gegen Apollo im Kampf um das bessere Flötenspiel wirklich traurig sein? Ist ein solcher Vorbehalt von einem Schriftsteller, der mit höchster Präzision auf der deutschen Sprache musiziert, nicht selbstverständlich? Ein Vergleich zwischen dem Interview, das 1935 ungedruckt blieb, und dem Absagebrief an das Dritte Reich Hitlers vom Januar 1937 läßt solche Skrupel gegenüber dem Interview denn doch verständlich erscheinen. Daß der Zweifel an der Authentizität dem Interviewten selbst als Mittel zur Verfügung steht, wenn ihn ein panischer Schrecken vor den Folgen erfaßt, kann man den Dementis ablesen, die Mann in den ersten Jahren nach 1933 abgegeben hat.

Es gehört zu den amüsanten Beobachtungen, bei den auf dieser Grundlage definierten Interviews zu sehen, wie Thomas Mann die Spielregeln des Interviewgesprächs bald souverän beherrscht und mit Hinweisen wie: «Wo bleiben Ihre Fragen?» oder «Zum Abschluß wollen Sie noch wissen, woran ich arbeite?» dem Interviewer nachhilft. Zur Gesprächssituation des Interviews gehört meist noch hinzu, daß zunächst Zeichner, dann Photographen den Interviewer begleiten und so den Eindruck des Gegenwärtig-Seins optisch noch verstärken.

Welche Position Mann selbst zum Interviewgespräch einnahm, läßt sich unschwer an der Gestalt der Rose Cuzzle im Goethe-Roman ‹Lotte in Weimar› ablesen, die, neben der historischen Gestalt, gerade auch in der humoristischen Schilderung journalistischer Interviewneugier mit anachronistisch-heutigen Elementen ausgestattet ist. Miss Cuzzle ist im Herbst 1816 nach Weimar gekommen, um an diesem «Wechselplatz jagdbarer Celebritäten» ihr Skizzenalbum zu vervollständigen, das neben einem Räuberhauptmann noch viel Platz hat. Ihr gelingt es, bei Charlotte Kestner, geb. Buff (der ‹Werther›-Lotte), einzudringen, die zu einem Verwandtenbesuch in Weimar ist, und sie zu einer kurzen Sitzung für ein Porträt zu überreden. Zum Abschluß muß Charlotte überrascht feststellen, daß sie «nicht, wie allenfalls vorgesehen, einige Minuten, sondern drei Viertelstunden» mit ihr zugebracht hat.

Ein ungewöhnlicher Fall dürfte dagegen ein Interview vom 22. Januar 1927 gewesen sein, denn hier stellt sich eine persönliche Beziehung zum Interviewer her: «Nie im Leben vergesse ich Mr. Marcus Aurelius Goodrich, ‹Chicago Tribune›, von heute morgen. Er hatte doch Konkurrenz, es ging hoch her, das Telephon klingelte und wimmerte nicht wenig, doch Marcus Aurelius schlug alles weit und breit – es war mir dergleichen an monumentaler Kindlichkeit und Fröhlichkeit, an sieghafter Rassenfrische überhaupt noch nicht vorgekommen. Ach ja, die Völker, die Menschenarten, die Typen der Welt! Es ist etwas für mich, ich weite mich, schaue und heiße gut. Zu den französischen Figuren und Figürchen dieser Tage bildete Marc Aurel den wunderbarsten Kontrast. Hallo und How are you und Athletenschultern und ein blendendes Gebiß in dem ausgezeichnet geschnittenen, rasierten, ausgeschlafenen Gesicht mit den keltischen hellgrauen Augen unter dem modisch glatt aus der Stirn zurückgestrichenen Haar, und in den kurzfingerigen, naiven und festen Händen der Stock, unter dessen Beinknopf eine Lederschleife durchgezogen ist. Und sich hingesetzt und losgeredet und -gelacht mit seinen vehementen angelsächsischen Bubenakzenten – he *is* too glad and he would so *very* much like to know – und *Fragen* gestellt ... ‹Was fühlen Sie, wenn Sie auf Ihr Leben zurückblicken!!› Und Ausbrüche strahlender Bewunderung über das Allerbescheidenste an Antwort. Und die story da, that lovely thing, you know, Death in Venice, please, tell me something about it! – Im Stil, meinte ich scheu, habe die Geschichte im Gegensatz zu anderen Dingen eher vielleicht was Lateinisches. ‹I see!› rief er strahlend. ‹*Boccaccio!*› – Und wie er lachte, als sich das übliche störende Rumoren und Stochern in der Dampfheizung, neben der wir saßen, durch Manipulieren am Schraubrädchen nur bedeutend verschlimmerte! Dies Schuljungengaudium! Der Sinn für Humor bleibt der oberste Vorteil dieser Rasse und wird nie aufhören, mich ihr zu verbinden ... Kurz, Goodrich war eine Erfrischung ersten Ranges.» (GW XI, 43 f.; ‹Pariser Rechenschaft›).

Heiter reagierte Mann auch, als ein Journalist ihn auf eines seiner vielen Spiele mit der Zahlenmagie festlegen wollte; den «Roman» von der ‹Entstehung des Doktor Faustus› eröffnete er mit einer Interviewszene: «Tagebuch-Notizen von 1945 zeigen mir, daß am 22. Dezember dieses Jahres der Korrespondent von ‹Time Magazine› in Los Angeles mich besuchte (es ist eine Stunde Wagenfahrt von Down-Town bis zu unserem Landhause), um mich zur Rede zu stellen wegen einer Prophezeiung, die ich vor anderthalb Jahrzehnten getan und die in Erfüllung zu gehen säumte. Am Schluß eines damals verfaßten, auch ins Englische übersetzten ‹Lebensabrisses› hatte ich im halb spielerischen Glauben an gewisse Symmetrien und Zahlenentsprechungen in meinem Leben die ziemlich bestimmte Vermutung geäußert, daß ich im Jahre 1945, siebzigjährig, im selben Alter also wie meine Mutter, das Zeitliche segnen würde. Das ins Auge gefaßte Jahr, sagte der Mann, sei so gut wie abgelaufen, ohne daß ich Wort gehalten hätte. Wie ich es vor der Öffentlichkeit rechtfertigen wolle, daß ich immer noch am Leben sei.

Was ich erwiderte, wollte meiner Frau nicht gefallen, um so weniger, als ihr sorgsames Herz seit längerem schon um meine Gesundheit bangte. Sie suchte mich zu unterbrechen, zu protestieren, Erklärungen nicht gelten zu lassen, die ich mir von einem Interviewer entlocken ließ, während ich sie bis jetzt damit verschont hatte. Mit dem In-Erfüllung-Gehen von Prophezeiungen, sagte ich, sei es ein eigenes Ding; sie bewahrheiteten sich oft nicht wortwörtlich, sondern auf eine andeutende Weise, die etwas von ungenauer und bestreitbarer, doch aber unverkennbarer Erfüllung habe. Es gebe da Substitute. Gewiß, meine Ordnungsliebe habe nicht ausgereicht, meinen Tod herbeizuführen. Aber wie der Besucher mich da sehe, sei immerhin in dem Jahr, das ich dafür angesetzt, mein Leben – biologisch genommen – auf einen Tiefpunkt gekommen, wie es ihn noch nicht gekannt habe. Ich hoffte, daß es aus dieser Depression mit meinen vitalen Kräften noch wieder aufwärtsgehen werde, aber als Bewährung meines Sehertums genüge mein gegenwärtiger Zustand mir vollkommen, und es sollte mir lieb sein, wenn er und sein sehr geschätztes Blatt sich auch daran genügen ließen.» (GW XI, 145 f.).

War Thomas Manns Haltung zum Interview und zu den Journalisten überwiegend positiv oder negativ? Auch hier gilt, daß bei Thomas Mann eigentlich nie ein Entweder-Oder, sondern immer ein Sowohl-als-Auch zum Zuge kommt. Eines ist allerdings sicher: wenn er an die Öffentlichkeit trat, sich der Lust und Last des «Repräsentierens» unterzog, so stellte er sich auch willig und geduldig den Presseleuten. In den Tagen, in denen er den Nobel- oder Goethepreis empfängt, einer Akademie beitritt, einen runden Geburtstag offiziell feiert oder Vortragsreisen unternimmt, ballen sich die Interviews.

Sehr oft war Thomas Mann Journalisten gegenüber vertrauensselig bis zur Naivität. Er wollte im Gespräch seine Meinung klar und deutlich zum Ausdruck bringen können, auch wenn es sich um kontroverse, gefährliche Fragen handelte. Ungeachtet aller Erfahrungen hat er beim Interviewer immer ein feines Fingerspitzengefühl dafür vorausgesetzt, was vom Gesagten veröffentlicht werden sollte und was nicht. Der Gedanke, daß die sensationelle Schlagzeile, die Enthüllung für so manchen Journalisten, wenn nicht das tägliche Brot, so doch die Butter auf diesem Brote ist, lag ihm denkbar fern.

Schon in den zwanziger Jahren bereitete die auf Diskretion zählende Offenheit Thomas Mann manchen Ärger. Daß er gefeierte Nationalhelden auf dem Gebiete des Sports nicht als «Fliegertröpfe» (GW XIII, 609 ff.) bezeichnen konnte, ohne befürchten zu müssen, daß eine solche nicht für die Öffentlichkeit bestimmte Äußerung polemisch mißbraucht würde, dies wollte ihm nicht in den Sinn.

Was in den zwanziger Jahren nur ein Ärgernis war, wurde zu Hitlers oder McCarthys Zeiten gefährlich. Eine Tagebuchnotiz vom 9. September 1933 lautet: «Der Gauner David Ewen veröffentlicht in einer amerikanisch-jüdischen Zeitschrift ein langes Interview mit mir, in dem er einfach seine eigenen Meinungen vorträgt, die er mir zuschreibt. Er führte sich als Musikschriftsteller und Verehrer ein, den es verlangte, mir die Hand zu drücken, ohne eine publizistische Verwertung unserer Unterhaltungen im Geringsten in Aussicht zu stellen. Eine krasse Erfahrung.» Und am 1. Juni 1952, kurz vor der Emigration aus den USA, schreibt er entsetzt: «Heutzutage, wo jedes politische Wort auf die Goldwaage zu legen ist, zeichnen Sie mit unglaublicher Sorglosigkeit ein Privatgespräch auf, dessen Wiedergabe voll kompromittierender und gröblicher Mißverständnisse ist, und, wenn es je an die Öffentlichkeit gelangte, den größten Schaden anrichten könnte. Das war nicht die Meinung der gastlichen Aufnahme, die Sie bei uns gefunden haben.» (Briefe II, 258).

Auf der anderen Seite muß man sich die Frage stellen, ob eine größere Vorsicht viel von Nutzen gewesen wäre. «Im Ganzen ist es so, daß ich die ausfragenden Journalisten enttäuscht habe, indem ich ihnen nicht sagte, was sie gern hören wollten, – und daß sie dann mit dem, was ich gesagt habe, soweit sie irgend konnten, das gemacht haben, was sie gern gehört hätten», schreibt Thomas Mann am 30. Juni 1934 an seinen Rechtsanwalt Valentin Heins (Hübinger, 440). Und am 5. September 1935 noch deutlicher an seinen Verleger Gottfried Bermann Fischer: «Kein Wort in dem Interview ist authentisch. Es handelt sich um völlig willkürliche Formulierungen, deren ich mich nie bedient habe. (...) Man hilft sich, indem man mir in den Mund legt, was man gern von mir hören möchte, und wenn ich überhaupt nicht empfange, so zitiert man, was ich vor 1933 geschrieben habe. Das ist wiederholt vorgekommen.» (Thomas Mann, ‹Briefwechsel mit seinem Verleger Gottfried Bermann Fischer 1932–1955›, Frankfurt/M. 1975, S. 113).

Obgleich beide Briefstellen als Erklärungen aufgefaßt werden können, die die Empfänger brauchten, um die herrschenden Mächte in Deutschland notdürftig besänftigen zu können, schwächt dies dennoch die generelle Gültigkeit der Aussagen kaum ab; Thomas Mann fühlte sich oft – und oft zu Recht – nach Interviews wie unter die Räuber gefallen.

Dies gilt weniger für die Feuilletonisten als für die Leitartikler unter den Journalisten. Insbesondere die von Letztgenannten festgehaltenen politischen Äußerungen Thomas Manns aus den Jahren des Kalten Krieges sind mit größter Vorsicht zu lesen. Thomas Mann wollte sich weder dem rechten noch dem linken Lager vorbehaltlos zuordnen lassen, sondern beanspruchte eine neutrale Zwischenstellung, die es kaum gab und die man ihm auf jeden Fall nicht zugestehen wollte.

So schreibt er im Zusammenhang mit zwei Interviews vom 14. und 21. Juni 1949 am 8. Juli 1949 an den Interviewer Arnold Bauer: «Als geistiger Mensch sitzt man heute zwischen den Stühlen, scheut die Gesellschaft, in die man durch entschiedene Ablehnung der kommunistischen Revolution gerät, und empfindet Widerwillen gegen das Ausspielen überalterter und schon heuchlerisch gewordener Ideale gegen diese Glaubenswelt, und so ist man auf ein politisches ‹Freelancertum› angewiesen, das nicht leicht durchzuhalten ist.» (Regesten 49/378).

Wenig später nimmt er zu einem anderen Interview (dem Morgan-Interview vom 18. Mai 1950) Stellung: «Ich kann die Wohlwollenden nur immer wieder bitten, sich an das zu halten, was ich selber gesagt habe und veröffentliche, nicht an das, was die Zeitungen über mich sagen oder mich sagen lassen. Der Mitarbeiter der ‹Lettres Françaises› war mir zugeführt worden als Vertreter eines linksstehenden, aber nichtkommunistischen Blattes. Daß ich in seiner Gegenwart den Aufruf zur Stockholmer Friedenskonferenz unterschrieben haben soll, ist ja offenkundiger Unsinn. Wenn ich ihn überhaupt unterschrieben habe (ich bin dessen nicht sicher), so ist es geschehen, weil man mir die Sache als eine über-parteiliche, nicht kommunistisch determinierte Aktion zugunsten des internationalen Friedens dargestellt hat. Dieser liegt mir allerdings am Herzen, so, wie es mein von Ihnen gebilligter Vortrag (‹Meine Zeit›, GW XI, 302 ff.) zeigt, in dem ich von dem schlechten Verhältnis des Kommunismus, oder doch der Kommunisten, zur Wahrheit ja ausdrücklich spreche. Diese Menschen haben eine sehr unangenehme und verderbte Art, sich zu tarnen, ihre Zwecke in allgemein demokratische Sprachwendungen zu kleiden, gegen die ‹eigentlich nichts zu sagen› ist und so, man kann wohl sagen: durch Betrug, Gutwillige, an deren Namen ihnen gelegen ist, ihren machtpolitischen Zielen dienstbar zu machen. Ich finde diese Taktik höchst widerwärtig und sehe wohl, daß ich meine Vorsicht noch steigern muß.» (In einem Brief vom 12. 6. 1950 an János Györki.)

Kein Wunder, daß es Perioden gab, da Thomas Mann Interviews durch die Bank ablehnte. Er habe «es sich zur Regel gemacht, Interviews für Zeitungen zu unterlassen», schreibt er am 10. November 1938 (Regesten 38/276). Zu einem anderen Zeitpunkt schlägt er die Bitte um ein Interview kurz und bündig damit ab, daß er «eine ausgesprochene Abneigung» gegen solche habe (8. Januar 1945 an Stephanie Novicky; Regesten

45/24). Und noch später bittet er, ihm keine Interviewer zur Frage der politischen Situation zu schicken. Da solche Interviews häufig unkorrekt wiedergegeben werden, möchte er ganz darauf verzichten (3. Juli 1948 an Myron Albert; Regesten 48/352).

Aber immer kam wieder der Zeitpunkt, wo Thomas Mann sich von der Öffentlichkeit nicht fernhalten konnte oder wollte. Er repräsentierte, fühlte sich erst zu einem und dann zu weiteren Interviews verpflichtet und hatte damit dem bocksfüßigen Gott wieder den kleinen Finger gereicht.

Wenn wir recht sehen, dann betreten wir mit der vorliegenden literarhistorischen Interviewpublikation wissenschaftliches Neuland, so daß eine kurze Darstellung der methodischen Überlegungen, die zu dem vorliegenden Ergebnis geführt haben, angebracht erscheint. Aus der Erwägung heraus, daß Interviews eine zwar untergeordnete, aber partiell autorisierte Mischform darstellen, die Werknähe für sich beanspruchen kann, konzentrierten wir etwa Mitte der siebziger Jahre unsere Bemühungen, zu einer – dokumentierten – Vervollständigung des Thomas-Mann-Bildes beizutragen, auf das Interview. Die sich daran anschließende Sammelphase war auf Vollständigkeit gerichtet; doch je mehr Interviews zutage gefördert wurden, desto deutlicher zeigten sich erhebliche Überschneidungen, Redundanzen, die den Leser bei einem vollständigen Abdruck ermüden mußten. Es bot sich deshalb zunächst das Instrument der Regestform an, der Abdruck des wesentlichen Inhalts bei gleichzeitiger vollständiger Nennung von Namen, Orten, Werken, Publikationsorganen, wie es sich beim Abdruck der Briefe durch Hans-Otto Mayer so vorzüglich bewährt hat. Doch hier hätte der alleinige Abdruck von Regesten den Charakter des Interviews selbst verwischt – wir hören darin sowohl Manns Stimme wie die des Journalisten. Ein Versuch der sauberen Trennung der Anteile wäre daher ebenso unglaubwürdig wie unangebracht, wie schon ein kurzer Blick auf die hier veröffentlichten Interviews lehren wird. Die Herausgeber haben sich daher für eine Auswahl vollständiger Interviews entschieden, die durch eine Bibliographie aller nachgewiesenen Titel ergänzt wird. So kann die Interviewsammlung sowohl ein Lesebuch zur Person, zur Zeit Thomas Manns sein, als auch ein weiterführendes Interesse nach Informationen über alle greifbaren Interviews, z. B. in einem bestimmten Zeitraum, befriedigen. Im Vordergrund der Auswahlprinzipien standen die qualitativen Gesichtspunkte der Authentizität und der ansprechenden Darstellung. Der auffällig hohe Anteil Wiener Blätter in den zwanziger und dreißiger Jahren erklärt sich nicht nur aus den besonderen Beziehungen Manns zu Wien und der ehemaligen Habsburgermonarchie, sondern auch aus der journalistischen Qualität des vielgeschmähten Wiener Feuilletons. Nur in Ausnahmefällen führte der Gedanke der Repräsentanz zur Kollision mit dem übergeordneten qualitativen Gesichtspunkt.

Ein Sonderproblem bietet die Sprachenfrage. In dieser Auswahl sind alle Texte in deutscher Sprache abgedruckt, obwohl Interviews in zehn verschiedenen Sprachen vorliegen. Ein Abdruck in den Originalsprachen der Interviewer – Mann selbst führte Gespräche in Deutsch, Englisch, Französisch – hätte zwar formal wissenschaftlichen Ansprüchen genügt, aber den elementaren Anspruch an Verständlichkeit und Überprüfbarkeit verletzt. Die Einführung eines Zwei-Klassen-Systems an Sprachen, nämlich Kenntnisse in Deutsch, Englisch und Französisch vorauszusetzen und nur die restlichen Sprachen zu übersetzen, erschien uns ebenso unhaltbar. Man denke nur an die Popularität Manns in Osteuropa, in denen diese Sprachen keineswegs gleich geläufig sind, an Japan, das sich durch eine große Ausgabe sämtlicher Werke in Übersetzung um Verständnis bemüht, an die große Zahl der Deutschsprechenden, die Thomas Manns Werk ohne wissenschaftliche Voraussetzungen lesen – und es wäre unverantwortlich gewesen, in der Sprache eine neue Barriere zu schaffen. Bei den Übersetzungen – bei Texten, die nicht von den Herausgebern übersetzt wurden, wird der Übersetzer in den Erläuterungen genannt – wurde darauf geachtet, daß nicht zusätzliche Entfernungen vom Originaltext auftraten, zugleich aber auch «verschönende» Korrekturen vermieden – selbst auf die Gefahr hin, in zehn aufeinanderfolgenden Sätzen «sagte er» zu lesen.

Die Bibliographie ist auf eine vollständige Erfassung aller tatsächlich zugänglichen Interviews gerichtet und in chronologischer Folge der Abdrucksdaten angeordnet.

Die Sammeltätigkeit konnte sich zunächst auf die in den Bibliographien von Klaus W. Jonas und Harry Matter genannten Titel stützen. In dem Thomas-Mann-Archiv der ETH Zürich und der Hans-Otto-Mayer-Sammlung der Universitätsbibliothek Düsseldorf aufgefundene Texte bildeten eine sehr wesentliche Ergänzung. Durchsicht der Sekundärliteratur ergab weitere Anhaltspunkte. Eine bedeutende Erweiterung ergab sich auch bei der Durchsicht des literarischen Nachlasses von Hans Bürgin, dem Bibliographen der Werke Manns und dem Herausgeber der ‹Gesammelten Werke› (Kappeln a. d. Schlei). Danach setzte eine systematische Suche ein, die davon ausging, daß die Redaktionen einen Anlaß, einen «Aufhänger», brauchten; dabei waren, da bekanntlich der Prophet im eigenen Land am wenigsten gilt, Reisen der häufigste Anlaß: Ein öffentliches Auftreten Manns im München der zwanziger Jahre oder im Los Angeles der vierziger Jahre war für die Redaktionen ein weniger buchenswertes Ereignis als ein Besuch in Wiesbaden oder Cincinnati. Häufig mußten sich die Herausgeber bei der Suche damit begnügen, die bereitwillig gewährte Hilfe der Bibliotheken der Reiseorte Manns in Anspruch zu nehmen, die in den lokalen Blättern bei entsprechenden Datumsangaben nachforschten. Neufunde sind auch Hinweisen in den Tagebüchern, die Peter de Mendelssohn herausgibt, und in den Regesten der Briefe Manns zu verdanken.

Es ist den Herausgebern bewußt, daß die angestrebte Vollständigkeit der Erfassung und Archivierung an wissenschaftlich leicht zugänglichen Orten nur partiell erreicht worden ist. So sind uns durchaus noch weitere Daten über geführte Journalistengespräche bekannt (gerade aus den Tagebüchern und den Regesten), doch reichten die Angaben nicht hin, um die Veröffentlichung zu ermitteln. Hier möchten die Herausgeber, die ihre Suchtätigkeit fortsetzen werden, anregend wirken, damit sich z. B. durch länderbezogene Studien Lücken schließen lassen. So dürfte etwa die Tatsache, daß verhältnismäßig viele Interviews in dänischen und ungarischen Zeitungen bekannt sind, weniger auf eine größere Interviewfreudigkeit in diesen Ländern schließen lassen als Ergebnis besonders intensiver Nachforschungen sein. (G. Heine, ‹Thomas Mann in Dänemark›, Lübeck 1975; A. Mádl u. J. Györgi, ‹Thomas Mann und Ungarn›, Budapest 1977).

Die deutschen Texte wurden in der Orthographie nur behutsam modernisiert und normalisiert; z. B. blieb die Kursivschreibung für Fremdwörter erhalten. Die gelegentlich exzessiv benutzte Auszeichnung durch Sperrung oder Kursive wurde aufgehoben. Zwischentitel verschwanden, wenn sie einzig optisch akzentuierten, was im Text gesagt wird.

Die Sammlung hätte ihren weltbürgerlichen Charakter ohne zahlreiche Hilfen von Institutionen und Einzelpersonen nicht erhalten können. An erster Stelle ist hier die Thomas-Mann-Sammlung der Universitätsbibliothek Düsseldorf zu nennen, deren Stifter und Leiter Dr. Dr. h. c. Hans-Otto Mayer bei der Textbeschaffung behilflich war und zusätzlich durch Rat und Hinweis fördernd zur Seite stand. Margot Ulrich, jetzt Augsburg, unterstützte ihn dabei. Großzügige Hilfe gewährten auch das Thomas-Mann-Archiv der ETH Zürich und ihr Leiter, Prof. Dr. Hans Wysling. Beiden Institutionen wurde eine vollständige Kopiensammlung zur Verfügung gestellt. Von den zahlreichen Bibliotheken, die Hilfe leisteten, seien einige besonders hervorgehoben: die Library of Congress, Washington D. C., die Österreichische Nationalbibliothek, Wien, die Schweizerische Nationalbibliothek, Bern, die Königliche Bibliothek sowie die Universitätsbibliothek Kopenhagen, das Institut für Zeitungsforschung der Stadt Dortmund, die Germania Iudaica, Köln.

Ein Netz von Korrespondenten ergänzte unsere Bemühungen. In Frankreich: Prof. Dr. Hans Hörling und Elisabeth Himon, beide Paris; in Großbritannien: Dr. Michael Perradin, Cambridge; in Italien: Prof. Dr. Alberto Destro, Bologna; in der Tschechoslowakei: Květa Hyršlová; in Ungarn: Prof. Dr. Antal Mádl und Dr. Paul Schweitzer, beide Budapest; in den Vereinigten Staaten von Amerika: Prof. Dr. Klaus W. Jonas. Stellvertretend für Einzelauskünfte sei Dr. Hans Waldmüller, Darmstadt, genannt.

Ein besonderer Dank muß den Übersetzern gelten. Aus dem Französischen: Christiane Giesen, Düsseldorf; aus dem Italienischen: Gabriele Beate Berardi, Düsseldorf; aus dem Polnischen: Anita von Wnuck-Lipinski, Düsseldorf; aus dem Tschechischen: Květa Hyršlová, Prag; aus dem Ungarischen: Irene Kolbe und Géza Engl, beide Budapest. Last not least sind in den Dank die Personen einzuschließen, die uns bereitwillig die Abdruckerlaubnis gaben – die Journalisten, soweit sie noch ermittelt werden konnten, und Prof. Dr. Golo Mann, Kilchberg.

Wir wünschen unserem Buch der Vergegenwärtigung Thomas Manns Leser wie Alfred Andersch einer war, als er in der ‹Neuen Zürcher Zeitung› ein Interview von Faulkner las und von zwei «Zünd-Sätzen des Geistes» so fasziniert war, daß er sie seinem Roman ‹Winterspelt› voranstellte: «Das Vergangene ist nie tot. Es ist nicht einmal vergangen.»

Düsseldorf/Kopenhagen, im November 1982

Volkmar Hansen
Gert Heine

Saale-Zeitung, Halle a. d. Saale, 2. November 1909

Thomas Mann

Zum heutigen Vortrage in der ‹Literarischen Gesellschaft›

«Ich war noch niemals in Halle, freue mich aber sehr, daß die ‹Literarische Gesellschaft› mir Gelegenheit gibt, diese berühmte Stadt und ihr Publikum kennen zu lernen.

Ich habe schon in vielen Städten Deutschlands, Österreichs und der Schweiz Vorlesungen gehalten und immer mit Vergnügen. Prinzipiell läßt sich gewiß ebensoviel gegen wie für Autoren-Vorlesungen sagen; ich persönlich habe den unmittelbaren Kontakt mit dem Publikum immer als sehr reizvoll, ja, anfänglich als etwas Berauschendes empfunden.

Ich wollte in Halle eigentlich ein abendfüllendes Kapitel aus meinem neuen Roman ‹Königliche Hoheit›[1] lesen, halte es aber schließlich für ratsamer, weil amüsanter, eine Auswahl von kurzen Sachen, Bruchstücken und kleinen Novellen vorzutragen. Ich bringe auch etwas mit, was ich gelegentlich der 100. Wiederkehr von Schillers Todestag geschrieben habe[2], eine kleine Studie, die Schiller bei der Arbeit zeigt und gerade augenblicklich[3] vielleicht wieder willkommen ist.

Außer Halle habe ich noch in Dresden und München Vorlesungen zu halten.

Ich arbeite zurzeit an einem Essay, der den Titel ‹Geist und Kunst› führen wird.[4] Ferner beschäftige ich mich mit einer größeren Erzählung ‹Der Hochstapler›[5], die psychologisch eine gewisse Ergänzung zu meinem Fürstenroman bedeuten wird. Auch mache ich die ersten Studien zu einem geplanten historischen Roman.»[6]

In dieser schriftlichen Antwort auf einen Fragenkatalog werden Manns Schwierigkeiten deutlich, sich nach Abschluß der ‹Königlichen Hoheit› für einen Werkplan zu entscheiden. (Erste Bestimmung als Interview: Chronik, S. 31 f.) – 1] Als Vorabdruck in der ‹Neuen Rundschau›, Berlin, von Jan.-Sept. 1909 erschienen; seit Anfang Oktober in Buchform vorliegend. – 2] ‹Schwere Stunde› (1905). – 3] 150. Wiederkehr von Schillers Geburtstag am 10. November. – 4] Kunstkritischer Essayplan ‹Geist und Kunst›, der Mann seit Ende 1908 beschäftigte. – 5] Dokumentiert den Beginn der ersten Arbeitsphase (1909–1913) an dem Roman ‹Bekenntnisse des Hochstaplers Felix Krull› (1954). – 6] Plan und Notizen zu einem Roman über Friedrich den Großen seit 1905; partiell aufgegangen in dem historisch-politischen Abriß ‹Friedrich und die große Koalition›, der in den ersten Kriegsmonaten 1914 entstand.

Világ, Budapest, 31. August 1913

Thomas Mann

Anderthalb Stunden von München, in Fichtenwäldern, am Fuße der bayrischen Alpen, 670 Meter über dem Meeresspiegel, am Ufer der Isar liegt das kleine Bad mit den Jodquellen und seinen sechstausend Badegästen.[1] Umgeben von Bergen, von einem brausenden Fluß durchschnitten, umstanden mit schlanken Fichten. Es gibt elektrische Beleuchtung, die Autostraßen sind gepflegt, in den Gärten blühen Blumen, die zweigeschossigen kleinen Hotels und Privatvillen sind mit Dampfheizung versehen, viele, sehr viele Geranien in den Fenstern, die Häuser sehen aus wie das Pfefferkuchenhaus aus dem Märchen, ein altes, mit Fresken geschmücktes Rathaus, strahlende Geschäfte. Ein beliebter Ausflugsort – Kultur im Kleinformat. Ein liebenswürdiges, kleines Nest, wie geschaffen zum Ausruhen, und wer die Bäder nicht benutzt, findet in der schönen Natur alles, was Herz und Kopf erfrischt.

In dieser Saison geht es lauter zu als sonst, es wird ein Manöver abgehalten. An den Hauswänden sind mit Kreide Formation und Anzahl der einquartierten Soldaten vermerkt. Durch die Straßen schlendern hübsche, hochgewachsene Burschen – die Mädchen sind gut dran im Augenblick. In drei Lokalen wird Musik gemacht, sogar Wagner spielt man. Die Soldaten haben Leben in den Ort gebracht, die verträumte Stille verscheucht.

Doch die Veränderung ist nur im Tal bemerkbar. Die Bewohner der am Berghang gelegenen Villen spüren nichts von all dem, höchstens dringen ein paar abgerissene Töne der Musik zu ihnen hinauf. Sonst leben sie in ihren kleinen Burgen ruhig und zufrieden dahin.

Oben auf dem Berg liegen einige Villen mitten im Wald. Sie gehören geistigen Arbeitern, die Stille brauchen, viel Naturschönheit und frische Luft, damit sie schaffen können. Mitten im Wald wird ein Sanatorium für augenleidende Kinder gebaut, auf Kosten des Prinzregenten.

In einer dieser Villen am Waldrand, wo sich kaum ein Mensch sehen läßt, wohnt Thomas Mann, der größte Romancier des heutigen Deutschland. Ihm gehören das Haus und der große mit einem Zaun versehene Blumengarten, von dem aus man ins Tal hinuntersehen kann, auf den Ort, und von der großen Terrasse aus erkennt man die blauen Umrisse der Bayrischen Alpen.

Auf das Motorengeräusch hin kommen vier lustige Kinder an die Gartentür gelaufen. Blond und blauäugig, in grünen Kitteln mit roter Verschnürung.

«Wir sind die Kinder von Thomas Mann.»[2]

Zwei Mädchen, zwei Jungen. Das älteste ist sieben, das kleinste vier Jahre. Sie sind heiter und lieb. Sie stellen sich alle vier vor, und das Kleinste meint mit verwundertem Gesicht und lachenden Augen:

«Schon wieder Besuch – was ist heute bloß los?»

Dann spielen sie weiter. Pferdchen, hü-hott! klingt es von dem langen Gartenweg her.

Es ist fünf Uhr am Nachmittag. Auf der Terrasse erhebt sich ein Mann und eilt mir entgegen. Er stellt sich vor, reicht mir lächelnd die Hand. «Ich freue mich, daß Sie gekommen sind. Es ist liebenswürdig von Ihnen, Ihre Fahrt nach München zu unterbrechen und mich zu besuchen.»

«Schon lange warte ich darauf, den Schriftsteller begrüßen zu können, der mir und vielen anderen so große Freude bereitet hat. Thomas Mann ist bei uns ein Begriff, Ihre Bücher sind in Ungarn beliebt, sie werden viel gelesen und auch übersetzt.»

Eine schmale, hübsche kleine Frau mit lebhaften Augen betritt die Terrasse.

«Meine Frau.»

Man klingelt nach dem Tee, wir setzen uns. Auf dem Tisch Sandwichs und Marmelade. Liebenswürdige, freundliche Gastgeber sind die Manns. Während des Tees unterhalten wir uns weiter.

«Sehen Sie, so leben wir im Sommer. Vor sechs Jahren ließ ich die Villa bauen, mindestens drei Monate des Jahres verbringen wir hier. Es ist still und grün, wohin man schaut. Aber im Winter halten wir es nicht aus, dann brauchen wir die Stadt, in der ständig etwas geschieht, die belebten Straßen. Emotionen – solange man noch jung ist, gehören zu den kulturellen Bedürfnissen. Und die Kinder gehen auch schon zur Schule. Vielleicht später einmal, wenn wir unbedingte Ruhe brauchen ... Doch vorläufig bauen wir uns auch in München ein Haus, im Winter wird es fertig, in der Nähe des Englischen Gartens. Es wird einstockig, mit einem großen Garten, schönem Arbeitszimmer, einer Bibliothek. Ich habe gehört, daß der Balkan-Krieg eine große Handelskrise heraufbeschworen hat.[3] Banken, Handelsunternehmen machten Bankrott – dabei ist der Handel ein wichtiger Faktor der Staatswirtschaft. Ob sich die Lage jetzt bessern wird? Es scheint, die Türken geben keine Ruhe. Aber mit ihrer Außenpolitik ist auch nicht alles in Ordnung ... Es tut mir leid, daß ich noch nicht in Budapest war, dabei fahre ich schon seit Jahren nach Wien, um Vorträge zu halten. Ich habe schon viel über die Schönheit Budapests gehört, es ist eine junge, moderne Stadt, nicht wahr? Nun, vielleicht komme ich im Winter doch einmal zu Ihnen, wenn ich sowieso in der Nähe bin. Ich weiß noch nicht, was sich dieses Jahr ergeben wird. Gerade vorhin verabschiedete sich einer meiner russischen Bekannten, er hat mich dringend zu einer Reise durch Rußland eingeladen. Ich soll aus meinen Arbeiten lesen, in den größeren russischen Städten, bis nach Helsingfors. Die Russen interessieren mich sehr, ich würde gern ihre Sprache lernen. In den letzten Jahren reise ich viel, auf Einladungen von literarischen Vereinigungen. Dieses Jahr stehen noch Stuttgart, Lübeck, Braunschweig, Berlin und Wien auf dem Programm ... Vielleicht käme auch Budapest in Frage. Gibt es dort einen deutschen literarischen Zirkel? Nein? Aber deutsche Zeitungen haben Sie, das weiß ich. Leider kenne ich wenig von der ungarischen Literatur ... Lajos Biró[4], Menyhért Lengyel[5], Ferenc Molnár[6]. Ich kenne ihre Werke, die hier gespielt wurden. Jetzt werde ich den ‹Liliom› sehen. Es lebt ein großer Elan in Ihrer Literatur, wie es scheint, befindet sie sich in einer Gärung. Von Sándor Bródy[7] habe ich auch gehört, in Berlin sah ich ein Stück von ihm, ‹Die Lehrerin›, ein interessantes, packendes Genrebild. Ich freue mich sehr, daß gerade Lajos Biró meine ‹Königliche Hoheit› übersetzt hat, so ist die Übersetzung bestimmt schön und interessant geworden. Aber sollten wir nicht in den Garten gehen?»

Die Frau spielt mit den Kindern, wir gehen in dem prachtvollen Garten spazieren, der große Hund des Hausherrn trottet hinter uns her.

«Ich bin überrascht, wie gut Sie über meine literarische Arbeit Bescheid wissen.»

«Ich beschäftigte mich schon mit Ihren Werken, als ich noch in Berlin lebte», antworte ich. «Ich bin stolz darauf, daß ich Thomas Mann allein entdeckte. Irgendwo sah ich die ‹Buddenbrooks›, ich kaufte das Buch – und rührte mich vier Tage nicht aus dem Zimmer. Ich las es auf einen Zug, es hat mich überwältigt. Jede Seite war eine neue Freude. Wie echt und farbig die vier Generationen der Lübecker Kaufmannsfamilie geschildert sind, wie haargenau und fein die Gestalten und alle winzigen Ereignisse beschrieben werden, und der harmonische Zusammenklang am Schluß ... Die Menschen sind aus Fleisch und Blut, sie leben, arbeiten, sammeln Reichtum an, weinen und freuen sich, aber Stück für Stück gleitet ihnen der Boden unter den Füßen weg. Der Großvater ist noch ein fleißiger Kaufmann, der Enkel ein romantischer Held mit träumerischen Augen und schwankendem Charakter. Und sein Sohn ein blasser, verfeinerter Junge, der Geige spielt. Verstehen kann man den Roman nur richtig, wenn man in solchem Milieu aufgewachsen ist. Aber schreiben konnte ihn nur jemand, der selbst in dieser Lübecker Patrizierfamilie lebte, der den Großvater noch kannte, auf seinen Knien saß und ihn erzählen hörte von den alten Hanse-Städten, dem alten großen Handel, dem Schicksal und der Rolle der einzelnen Firmen ...»

«Sie haben recht, vieles von dem, was im Roman vorkommt, habe ich selbst erlebt. Ich schrieb über meine Vorfahren, über meine Geburtsstadt, über mich. Noch einmal könnte ich so nicht schreiben. Als ich mit dem Buch begann, war ich einundzwanzig Jahre alt, drei Jahre arbeitete ich daran. Es ging mir leicht von der Hand, ich war erfüllt von Erinnerungen, ich mußte nur die noch frischen Eindrücke, die Ereignisse der allerjüngsten Vergangenheit festhalten. Die Kapitel, die in der Schule spielen, mit dem Leben der Schüler, mit ihrer Vorstellungswelt, könnte ich zum Beispiel heute nicht mehr schreiben. Ich denke, jeder, der mein Buch liest, erlebt bei diesem Teil seine Kindheit von neuem. Als der Roman erschien, war ich vierundzwanzig Jahre alt[7a], es war ein großer Erfolg. Man wollte nicht glauben, daß ich so jung war. Mittlerweile sind 60 Auflagen erschienen, man hat die ‹Buddenbrooks› bisher ins Französische, Dänische und Russische übersetzt. Ein halbes Jahr lang war ich bei einer Versicherungsanstalt angestellt. Anstatt Akten schrieb ich Erzählungen, die in Zeitschriften erschienen. Die erste war ‹Der kleine Herr Friedemann›[7b], sie erlebte mehrere Auflagen. Mein zweites Buch war der Erzählungsband ‹Tristan›. Gerade heute habe ich Nachricht von meinem Verleger Fischer bekommen, man will eine illustrierte Ausgabe machen. Einige Erzählungen aus diesem Band hat übrigens Erzsébet Neményi[8] ins Ungarische übersetzt.»

«Sie ist vor einigen Jahren verstorben. Wir erwarteten Großes von ihr, sie hatte einen glänzenden Stil und viel Verständnis für Literatur.»

«Ich wußte nicht, daß sie tot ist, ich wunderte mich nur, daß sie sich nicht mit weiteren Arbeiten an mich wandte. Nach den ‹Buddenbrooks› folgte das dramatische Gedicht ‹Fiorenza›, das zuerst Reinhardt aufführte. Später spielte man es in Frankfurt und München, aber es war kein Bühnenerfolg. Ich sehe selbst ein, daß es eher ein Lesedrama ist. Zum Dramenschreiben fehlt es mir an den notwendigen Requisiten, ich bin für Erzählungen geboren. Ich werde nicht mehr für die Bühne schreiben. Jeder soll das tun, worauf er sich am besten versteht. Meine besten Erzählungen sind ‹Tonio Kröger› und ‹Der Tod in Venedig›, letztere ist vor kurzem erschienen. Es war ein großer Erfolg, Presse und Publikum waren begeistert, die zweite Auflage befindet sich bereits in Vorbereitung. Das kränkte den Schriftsteller Isemann[9], der mich in einer Flugschrift angriff. Sie trägt den Titel ‹Thomas Mann und Der Tod in Venedig›. Mag er sein Vergnügen haben, mir schadet es nicht, und ihm nützt das Pamphlet vielleicht sogar, denn auf den letzten Seiten macht er für seine eigenen Werke Reklame. Die meisten meiner Arbeiten erscheinen in der ‹Neuen Rundschau›. Für Zeitschriften und Zeitungen arbeite ich im allgemeinen selten. In ‹Nord und Süd› erschien eine Studie von mir über das Theater[10], und in die ‹Münchener Neuesten Nachrichten› schrieb ich kleinere Kritiken. Die Blätter hätten gern, daß ich für sie arbeite, aber ich möchte mich nicht binden, außerdem möchte ich nicht Journalist werden.»

«Sie sind zu beneiden, daß Sie so sprechen können», werfe ich ein, «bei uns können sich nur ein-zwei Dramatiker den Luxus erlauben, lediglich dann zu schreiben, wenn sie wollen. Unsere Romanciers – eigentlich wage ich kaum, die Mehrzahl zu gebrauchen – und Erzähler sind gleichzeitig Journalisten, das ist bei uns eine Existenzfrage. Und langsam schreiben sie immer mehr Zeitungsartikel und immer weniger bleibende Werke. Sie vertun ihre Begabung, sie schreiben viel und schaffen wenig. Ignotus[11] zum Beispiel könnte Meisterwerke schaffen, wenn er nicht Tagelöhnerarbeit machen müßte. Wenigstens ein Jahr brauchte er, in dem er in Ruhe und Frieden arbeiten könnte, danach würden ihm seine Romane und Theaterstücke ein herrschaftliches Leben sichern. Aber so zersplittert er sich nur ...»

«Ich wundere mich, daß sich bei Ihnen nicht ein weitsichtiger Verlag findet, der dieses verborgene Talent entdeckt. Bei uns würde das leichter sein. Sicher, unsere Sprache ist verbreiteter, aber dem ließe sich doch mit guten Übersetzungen abhelfen. Falls irgendeine Arbeit von Ignotus in deutscher Sprache erscheint, schicken Sie sie mir bitte, er interessiert mich sehr. Wie überhaupt die neuc ungarische Literatur. Ich lese viel und gern und ich lerne gern, von jeder Nation. Ich besitze eine große Bibliothek, auf die ungarische Literatur bin ich allerdings bis jetzt kaum aufmerksam geworden. Ich werde Ihnen sehr dankbar sein, wenn Sie an mich denken und mir Bücher schicken. Ich habe auch zwei kleinere Studien über Fontane[12] und die Kunst (‹Bilse und ich›) geschrieben, die letztere ist schon vergriffen. Die Arbeiten, die verstreut in den Sonntagsnummern der ‹Neuen Freien Presse› erschienen sind, werde ich jetzt zu einem Band zusammenstellen.»[13]

Wir sind lange genug spazierengegangen, nun betreten wir das Haus. Thomas Mann zeigt mir seine Wohnung – sieben große Zimmer, elegant und sehr bequem eingerichtet, mit Plastiken, Bildern, Perserteppichen. Vom Arbeitszimmer mit den drei Fenstern hat man eine wundervolle Aussicht, auf dem Tisch ein Telephon, Bücher, Homers ‹Ilias›, einige Bände von Hermann Bahr, Erzählungen von Schnitzler, Maeterlinck auf Französisch. Thomas Mann liebt Schnitzler, doch vor allem die älteren Arbeiten. An Wien denkt er überhaupt gern zurück, er erwähnt Hofmannsthal, den er für einen ausgezeichneten Schriftsteller hält. Er zeigt aus seiner Bibliothek eine Prachtausgabe Friedrichs II. mit Illustrationen von Adolph Menzel.

‹Der Tod in Venedig› liegt in einer Prachtausgabe auf dem Tisch, ein numeriertes Exemplar. Väterlich-liebevoll und dankbar streichelt er es, dann preßt er es an sich, während wir uns unterhalten.

Ein Mann von achtunddreißig Jahren, mittelgroß, elegant, mit klugen Augen und schwarzem Schnurrbart. Er liebt es, bequem und gut zu leben, er ruht viel. Früher fuhr er leidenschaftlich gern Rad und spielte Tennis, doch jetzt ist es aus damit. Er ermüdet leicht und schnell, er darf sich nicht überanstrengen, er ist sowieso nervös. Oft geht er mit seiner reizenden Frau im Garten und im Wald spazieren. Ihr erzählt er von allen seinen Plänen, ihr zeigt er seine Arbeiten zuerst. Im Augenblick schreibt er an einer Erzählung für die Rundschau.[14]

Er spielt Geige und Klavier, er liebt Musik. München mag er gern, es ist voll von Schönheiten, in München findet man bedeutende Kunstwerke und viel, sehr viel Kultur, man trifft zahlreiche Fremde. Die ungarischen Maler kennt Thomas Mann von den Münchener Ausstellungen, er liebt ihre Werke, aber persönlich kennt er keinen einzigen Ungarn. Auch keinen der ungarischen Schriftsteller, die in München leben. Lediglich von Lajos Hatvany[15] hat er gehört, er hat seinen Namen im ‹Pan› und im ‹März› gelesen.

Der Postbote kommt. Er bringt Briefe und Päckchen. In einem der Päckchen sind Photos, Aufnahmen von ihm. Wir betrachten sie, dann bietet er mir eine an, zur Erinnerung an den heutigen Tag. Er signiert sie, und ich muß ihm dafür versprechen, daß ich ihm die ungarischen Übersetzungen seiner Werke und deutsche Übersetzungen ungarischer Schriftsteller schicke. Die Lampen werden angezündet, mein Zug fährt auf dem Bahnhof ein, ich muß mich beeilen. Die ganze Familie begleitet mich bis zur Gartentür, die vier Rangen wünschen mir gute Reise, und der Schriftsteller und seine Gattin binden mir auf die Seele, ich möge ihr neues Münchener Haus nicht vergessen, sie würden mich stets mit Freuden bei sich sehen. Dann erklingt es im Chor in der Gartentür: «Auf Wiedersehen!»

Diesen Tag werde ich nie vergessen.

Ödön Halasi F.

Übersetzt aus dem Ungarischen von Irene Kolbe.
Abdruck nach: Antal Mádl u. Judit Györi (Hrsg.), ‹Thomas Mann und Ungarn›, Köln u. Wien 1977, S. 276–280. Der Interviewer, der Bankier und Mitherausgeber der Tageszeitung ‹Világ› Halasi Fischer (geb. 1885), dürfte das Gespräch zwischen dem 5. und dem 31. August geführt haben. – 1] Bad Tölz. – 2] Erika (geb. am 9. XI. 1905), Klaus (18. XI. 1906), Golo (27. III. 1909), Monika (7. VI. 1910). – 3] Im Ersten Balkankrieg 1912 erreichen die Balkanstaaten Serbien, Bulgarien, Montenegro, Griechenland die fast völlige Verdrängung des osmanischen Reichs aus Europa (Friede von London); im Zweiten Balkankrieg 1913 muß Bulgarien den ehemaligen Verbündeten größere Beuteanteile zugestehen, und die Türkei gewinnt Adrianopel (Edirne) zurück (Friede von Bukarest). – 4] Lajos Biró (1880–1948) übersetzte die ‹Königliche Hoheit› (‹Királyi fenség›, Budapest 1911). – 5] Menyhért Lengyel (1880–1974). – 6] Ferenc Molnars (1878–1952) ‹Liliom› wurde vielfach übersetzt. – 7] ‹Die Lehrerin› von Sándor Bródy (1863–1924) stand im Dezember 1912 in Berlin auf dem Spielplan. Mann wird auch die Besprechung des ‹Tod in Venedig› im Sommer 1913 wahrgenommen haben. – 7a] Die ‹Buddenbrooks› erschienen Ende 1901, als Mann 26 Jahre alt war; er hielt jedoch zeit seines Lebens an dieser Vorverlegung fest. – 7b] Es handelt sich um

das erste Buch Manns, dessen Titelerzählung ‹Der kleine Herr Friedemann› (Berlin 1898) zwar schon im Mai 1897 erschienen war, der aber ‹Gefallen› (1894), ‹Der Wille zum Glück› (1896) und ‹Der Tod› (Januar 1897) schon vorangegangen waren. Der Band hatte keine weiteren Auflagen erlebt, dagegen der anschließend genannte Novellenband ‹Tristan› (1904 u. ö.) – 8] Die ‹Tristan›-Übersetzung (in: ‹A Hét›, Budapest, Jg. 19, April/Mai 1908, Nr. 14–19) ist demnach Erzsébet Neményi (1882–1908) zuzuschreiben, die schon 1904/05 ungarischen Lesern ein Bild Manns vermittelte. Jedoch ist eine Verwechselung mit anderen Übersetzern nicht auszuschließen. – 9] Bernd Isemann, ‹Thomas Mann und Der Tod in Venedig: Eine kritische Abwehr›, München 1913. Obwohl diese Schmähschrift im Frühjahr 1913 drei Gegenkritiken hervorrief, scheint Mann die Broschüre erst Anfang August gelesen zu haben, denn er bedankte sich am 5. August bei Maximilian Brantl für die Zusendung (Regesten 13/67). – 10] ‹Versuch über das Theater› in ‹Nord und Süd›, Jg. 32, Jan./Feb. 1908. – 11] Hugo Ignotus (1869–1949). – 12] ‹Der alte Fontane›. – 13] Vom Verleger S. Fischer angeregt, beschäftigte sich Mann 1913 mehrfach mit der Sammlung seiner in Zeitungen und Zeitschriften verstreuten Arbeiten (vgl. Regesten 13/11 u. 13/57). Der Plan wurde jedoch erst 1922 realisiert: ‹Rede und Antwort. Gesammelte Abhandlungen und kleine Aufsätze›. – 14] Beginn der ersten Arbeitsphase (1913–15) zum Roman ‹Der Zauberberg›, 1924 erschienen. – 15] Mit Lajos Hatvany (1880–1961) entwickelte sich nach persönlichen Begegnungen ein langjähriger Kontakt.

Pesti Napló, Budapest, 14. September 1913

Bei Thomas Mann

Der Schriftsteller über seine neue Novelle und über die moderne ungarische Lyrik

Im kleinen Palais in der Arcisstraße[1] öffnet mir ein Diener in schwarzer Livree die Tür zum Empfangszimmer. Die Spätnachmittagssonne gleitet durch venezianische Vorhänge herein, als wollte sie mit einer letzten Anstrengung die hunderterlei interessanten Schätze umarmen. An dem violettfarbenen gepreßten Samt der hohen italienischen Renaissance-Armstühle leuchten noch einmal die goldenen Arabesken auf, bevor sie im Dunkel untergehen. Auf einem Tischchen – ein geschnitzter Engelskopf hält die aus vielfarbigem Marmor zusammengesetzte Platte – steht eine kleine Urne, der der Atem von brennendem Rosenöl entsteigt.

Wir sind zu viert im Saal. Auf dem Diwan sitzt eine Matrone mit energischem, klugem Gesicht; aus der hohen Stirne ist das taubengraue Haar nach hinten gekämmt; das Kleid ist aus einfachem grauem Stoff. Es ist Frau Hedwig Dohm[2], die berühmte Berliner Romanschriftstellerin, eine Frauenrechtlerin mit starkem Willen und Können, deren fünfzigjähriges Schriftstellerjubiläum in diesen Tagen von der deutschen Literatur gefeiert wurde. In der Tiefe einer der Sessel verschwindet geradezu die schlanke helle Gestalt der Dame des Hauses. Thomas Manns Gattin ist eine Nichte von Hedwig Dohm und erinnert mit ihrem von braunen Locken beschatteten Gesichtchen eher an Mignon als an die milchweißen üppigen Frauen von München. Thomas Mann aber steht vor mir und sein langer Arm gibt seinen Worten gewichtigen Nachdruck. Beim Lesen seiner Bücher habe ich mir diesen Schriftsteller oft vorgestellt. Nun ist Thomas Mann da, und es ist erstaunlich, wie sehr er dem Bild gleicht, das ich mir beim Lesen seiner Bücher vorgestellt habe. Seine hohe Statur zeichnet sich schlank in den Falten des semmelfarbenen leichten Sommeranzugs ab. Sein sonnengebräuntes Gesicht ist überaus fein geschnitten, die geschlossenen Lippen öffnen sich nur selten zu einem Lächeln, der Blick seiner großen blauen Augen ist durchdringend, aber Wohlwollen ausstrahlend. Seine Stimme hat einen angenehmen Klang, und seine Umgangsformen sind genauso wie sein Stil: gelassen und vornehm. Kein Wunder, daß er auch vom Vortragstisch aus ein riesiges Publikum anzuwerben vermag.

Wir unterhalten uns über das neueste Buch des berühmten Schriftstellers, das den Titel ‹Der Tod in Venedig› führt.[3] Die Erzählung wurde von der deutschen Kritik mit Begeisterung aufgenommen. Immerhin gab es auch Gegenstimmen, und in diesen Tagen ist aus der Feder des Münchener Dichters und Schriftstellers Bernd Isemann eine Broschüre mit einem scharfen Angriff auf Mann erschienen.

«Von meinem Verleger, der mich natürlich über jeden interessanten Artikel und interessante Kritik verständigt, weiß ich», sagt Thomas Mann, «daß einer der namhaftesten Schriftsteller Ungarns gegen ‹Den Tod in Venedig› geschrieben hat.[4] Den Inhalt des ungarischen Artikels kenne ich freilich nicht, dagegen habe ich Isemanns Schrift gelesen und halte sie für derart philiströs und zugleich derart gegen meine Person gerichtet, daß ich nicht die Absicht habe, darauf zu antworten. Was ich zu diesem Gegenstand zu sagen habe, das sage ich jetzt Ihnen. Wenn Sie es schreiben, können diejenigen es zur Kenntnis nehmen, die es interessiert ... Mein neues Buch wird aus zwei Gründen angegriffen; in erster Linie bemüht man sich zu beweisen, daß meine in dieser Arbeit entwickelten Überzeugungen und Ansichten über die Kunst nicht sauber und gehoben genug sind; davon ist soviel wahr, daß im ‹Tod in Venedig› eine gewisse Skepsis zum Ausdruck kommt gegenüber der Kunst, eine Skepsis, die ich tatsächlich empfinde und nicht jetzt zum erstenmal dargelegt habe. Warum sollte der Schriftsteller nicht aufrichtig über seine Zweifel reden? Goethe hat dasselbe im ‹Tasso› getan ... Man macht mir außerdem Vorwürfe wegen des Themas meiner neuen Erzählung, das ich nach Ansicht meiner strengen Kritiker aus den nicht eben erhabenen Quellen der pathologischen Liebe geschöpft habe ... Nun denn, dieser Kritik liegt ein Irrtum zugrunde! Erstens gibt es kein Thema, das grundsätzlich zu beanstanden wäre, wenn seine Verarbeitung künstlerisch geschieht. Zweitens ist die vielumstrittene Liebesgeschichte bei weitem nicht das wesentliche meines Buches. Im ‹Tod in Venedig› wollte ich einen Mann vorstellen, der auf dem Gipfel des Ruhmes, der Ehrung, der Berühmtheit und des Glücks keine Zuflucht in der Kunst findet, sondern an einer unüberwindlichen Leidenschaft körperlich und seelisch zugrunde geht ... Nur um den Sturz vom Gipfel in die Tiefe möglichst verhängnisvoll erscheinen zu lassen, wählte ich für meinen Helden die homosexuelle Liebe.

Den Einfall zu dieser Erzählung gab mir übrigens eine Episode aus Goethes Leben. Zu jener Zeit, bevor ich den ‹Tod in Venedig› zu schreiben begann, befaßte ich mich wieder viel mit Goethe, seiner Biographie, seiner Korrespondenz, seinem ‹Wilhelm Meister›. Inmitten dieses meines fieberhaften Interesses hörte ich, daß der siebzigjährige Goethe in Marienbad ein sechzehnjähriges Mädchen kennenlernte, sich in es tödlich verliebte und es um jeden Preis zu seiner Frau machen wollte.[5] Die Mutter des Fräuleins war sehr für diese Ehe mit dem großen Dichter, das kindliche Mädchen dagegen fühlte sich von Goethes grauen Haaren, welkem, erloschenem Gesicht abgeschreckt; es wollte nichts davon wissen, die Lebensgefährtin des alten Mannes zu werden. ‹Ich bewundere Goethe›, sagte das Mädchen, ‹aber es wäre mein Tod, wenn er mich in seine Arme nähme ...› Dieses späte und schmerzliche Idyll verursachte Goethe sicherlich viel Leid, er fühlte sich in seinem Stolz, seinem männlichen Selbstbewußtsein gekränkt. Einmal spielte er Fangen mit dem Mädchen, das hurtig und sicher einen Hügel hinauflief. Goethe stolperte, fiel hin und konnte sich nicht ohne Hilfe wieder auf die Füße stellen. Das große Genie, ein Welteroberer lag da vor den kleinen Füßen eines Kindes und war in diesem Augenblick nichts anderes als ein hilfloser Greis, dem die Unmacht Tränen in die Augen trieb. Im Herzen des Kindes erwachte für einen Augenblick ein tiefes Verständnis, und es brach in bitteres Weinen aus über den Kummer des großen Mannes ... Diese Episode inspirierte mich zum Schreiben meiner Erzählung. Es verursachte mir viel Kopfzerbrechen, wie ich das schwierige Thema angehen sollte ... Von Goethe selbst wollte ich nicht schreiben, das möchte ich mir für später aufbewahren. So stellte ich denn einfach einen großen Schriftsteller in die Mitte der Geschehnisse, einen Schriftsteller, wie ich einer sein möchte, wie ich einer sein könnte und vielleicht einmal noch werde. Das ist die ‹persönliche Note›[6], die man mir ebenfalls zum Vorwurf macht, und das ist meine Antwort auf Isemanns Schrift gegen mich.»

Einige Minuten herrschte tiefe Stille im Saal. Sie wurde von Frau Dohm gebrochen:

«Ich zähle den ‹Tod in Venedig› zu den gelungensten Schöpfungen Manns und für die aufrichtigste Charakterisierung seiner schriftstellerischen Persönlichkeit. Er entnahm der überreichen Skala eines gewaltigen Dichtertemperaments für sich den Ton des größten und verhängnisvollsten Schmerzes, und er komponierte auf dieser einen Saite ein unvergeßliches Lied.»

Thomas Mann ging hin zu seiner Verwandten und drückte ihr die Hand:

«Du bist immer verständnisvoll», sagte er leise und fuhr dann, an mich gewandt, fort: «‹Den Tod in Venedig› habe ich ebenso geschrieben wie alle meine anderen Bücher: langsam, schwer und in sehr unordentlichen Zeitabständen. In meinem Landhaus in Bad Tölz packt mich der Arbeitseifer manchmal in der Nacht; wenn das der Fall ist, stehe ich sofort auf, spiele in einem abgelegenen Zimmer eine halbe Stunde Geige oder Klavier – ich mache mir viel aus Musik –, dann setze ich mich zum Schreiben. Erst wenn das Haus schon laut ist, lege ich mich wieder hin ... Aber nicht nur die Musik kann mich begeistern, sondern auch die Lektüre meiner liebsten Bücher. Außer Goethe bereiten mir Dostojewski und Turgenjew unbeschreibliches Entzücken. Und auch den nordischen Schriftstellern fühle ich mich nahe. Hofmannsthal liebe ich sehr. Seine Prosa noch mehr als seine Gedichte. Dieser Tage bekam ich einen Brief von ihm, in dem er schreibt, er arbeite an einer großen Erzählung.[7] Darauf freue ich mich im vorhinein ... Wenn ich mich aber an der Freude berauschen will, reise ich nach Italien. Schaun Sie, in diesem Zimmer erinnert alles an Italien. Die alte italienische Kunst ist die großartigste Offenbarung des Genies.»

«Und die neue, der Futurismus[8]?»

«Den liebe ich nicht. Ich kann ihm nicht folgen, er interessiert mich nicht! ... Aber sprechen wir jetzt von Ungarn. Ich sehe, daß das ungarische Drama rund um die Welt kommt. Nach dem, was ich bisher gesehen habe, ist meine Meinung, daß die moderne ungarische Bühnenliteratur die Brücke sein wird, über die man das Publikum vom Bühnenrealismus zur Neuromantik hinüberlocken kann. Und die neue ungarische Lyrik? Warum wird die nicht übersetzt? Warum gibt man nicht eine moderne Anthologie heraus?»

«Leider hat sich der Plan einer solchen Anthologie nicht verwirklicht», antworte ich darauf. «Obgleich wir einen Übersetzer haben: Heinrich Horvát.»[9]

«Oh, der Name Horvát ist mir bekannt», versichert Mann. «Er ist doch der hervorragende Baudelaire-Übersetzer. Ich wußte gar nicht, daß Horvát Ungar ist. Wenn es in seiner Übersetzung neue ungarische Gedichte gibt, dann schicken Sie mir diese, bitte!»

Ich hatte einen Packen ausländischer und in Ungarn deutsch erscheinender Blätter mitgebracht, der Übersetzungen ungarischer Gedichte enthielt. Den übergab ich sofort Thomas Mann.

«Meine Frau kann vorzüglich rezitieren», sagt der Schriftsteller. «Auch meine Erzählungen liest sie oft vor. Wir wollen sie bitten, vielleicht ist sie geneigt, uns Gedichte vorzulesen.»

Neben dem Sessel der Gattin Thomas Manns geht eine Lampe mit gelbem Seidenschirm an, und auf den Flügeln einer lieblichen, wohlklingenden Frauenstimme ertönt die Musik der Gedichte von József Kiss, Ady, Babits, Géza Szilágyi und Kosztolányi.[10]

Thomas Mann hört mit angehaltenem Atem zu. Dann springt er auf und ruft entzückt:

«Das ist doch echte große Kunst! Ich danke Ihnen, daß Sie mir einen Begriff davon gegeben haben, auf welcher Höhe in

Ungarn die lyrische Kunst steht. Ich werde mich von nun an eingehend und liebevoll mit ihr beschäftigen!»

Und schon zitiert er auswendig die Gedichte.

Geführt am 12. September 1913 in München. Übersetzt aus dem Ungarischen von Géza Engl.

1] Arcisstraße 12 war die Münchner Adresse des Schwiegervaters Prof. Dr. Alfred Pringsheim. Von den «goldenen Hochrenaissance-Gesellschaftsräumen des Pringsheim'schen Hauses» spricht Mann im ‹Lebensabriß› (GW XI, 117). – 2] Hedwig Dohm (1833–1919) war die Großmutter Katja Manns; 1863 hatte sie das Libretto zu Offenbachs Operette ‹Die Schöne Helena›, 1864 uraufgeführt, verfaßt. – 3] ‹Der Tod in Venedig›, im Sommer 1912 erschienen. – 4] Sándor Bródy (1863–1924), ‹Egy könyvrol› (‹Über ein Buch›), in: ‹Az Ujság›, Budapest, Nr. 142 vom 15. Juni 1913. In der Polemik hieß es abschließend: «... entsetzt über den Erfolg dieses Buches» (Mádl, S. 272 f.). Öffentlich widersprach daraufhin Vanda Tóth (‹Disputa. Levél a szerbestöhöz›, in: ‹Nyngat›, Budapest, H. 13 vom 1. Juli 1913; Mádl, S. 273 ff.). – 5] Die ‹Frankfurter Zeitung› vom 5. Oktober 1913 brachte eine ausschnittweise Übersetzung aus dem Interview unter dem Titel ‹Goethe und Der Tod in Venedig›, die Abwehr der Vorwürfe von Isemann und die Schilderung der Goethe-Episode enthaltend. Zwei Tage später folgte in derselben Zeitung ein aufklärender Leserbrief unter dem Titel ‹Goethe und Fräulein Lade›: «In Nr. 276 finde ich eine Aeußerung Thomas Manns über die Anregung zu seiner Novelle ‹Der Tod in Venedig›, die er durch ein Vorkommnis aus dem Leben Goethes empfangen haben will. Dieses Vorkommnis hat sich aber in Manns Erinnerung wesentlich verschoben und zwar nach einer Seite hin, die für Goethe wenig schmeichelhaft ist. Nicht nur ist die ‹Träne der Erniedrigung› in Goethes Auge ein Produkt der lebhaften Phantasie des modernen Dichters, auch die Uebertragung des ganzen Ereignisses auf Marienbad und Ulrike v. Levetzow ist ein Irrtum. In Wirklichkeit handelte es sich um Fräulein Lade, einen äußerst begabten und liebenswürdigen ‹Backfisch›, den Goethe 1814 in Wiesbaden kennengelernt hatte, ohne daß aber von einer Liebesleidenschaft die Rede sein kann. Das kleine Ereignis, das sich in Manns Erinnerung so entstellt widerspiegelt, findet sich im zweiten Bande von Biedermanns ‹Goethes Gespräche›, Seite 271, wie folgt dargestellt: ‹Goethe beschäftigte sich von da an viel mit Fräulein Lade. Es war im Jahre 1814; er gebrauchte die Kur in Wiesbaden und hatte seinen eigenen Wagen bei sich. Täglich fuhr er mit ihr spazieren und nahm sie mit ins Theater. Dann mußte sie ihm ihre Meinung sagen, wenn ihr etwas gefiel oder mißfiel und weshalb, wobei Goethe es sich dann angelegen sein ließ, ihren Geschmack zu läutern und zu bilden. Natürlich gewann er dadurch an dem jungen Mädchen eine enthusiastische Verehrerin. – Auf einer Landpartie nach Jörgenborn bei Schlangenbad mußte Fräulein Lade wieder neben ihm im Wagen sitzen, und da sie später eine Skizze nach der Natur machte, wünschte er, diese zu sehen, und fing an zu kritisieren. Ach! Sie können alles besser machen, als ich! rief Fräulein Lade, nahm ihm das Blatt aus der Hand und zerriß es, wahrscheinlich ein wenig gereizt. Aber eins kann ich, was Sie nicht können! Und damit lief sie rasch einen steilen Weinberg hinan – Goethe ihr nach. Auf der Höhe aber stolperte er und fiel an dem steilen Abhang zu Boden. Mit beiden Händen klammerte er sich an, bis auf des jungen Mädchens Geschrei einige Herren von der Gesellschaft herbeieilten und ihn aus seiner gefährlichen Lage befreiten. Fräulein Lade zerfloß in Tränen, Goethe aber lachte und suchte sie zu beruhigen!» – 6] Im Original Deutsch. – 7] Der Charakterisierung dürfte am ehesten Hofmannsthals Fragment gebliebener Roman ‹Andreas› entsprechen, dessen Hauptentwurf 1912/13 entstand. In einem Brief an den Vater spricht er Ende August 1913 von «meinem Roman», am 9. September gegenüber Ludwig von Hofmann von einer «größeren Erzählung», an der er «seit dem vorigen Oktober» arbeite. Noch 1925, als er zu einer Fortführung ansetzt, spricht er von einer «romanartigen Erzählung» (‹Hugo von Hofmannsthal. Sämtliche Werke. Kritische Ausgabe›, Bd. XXX, aus dem Nachlaß hrsg. von Manfred Pape, Frankfurt/M. 1982, S. 5 ff., 303 ff., 397 ff.; hier S. 367 u. 309 f.). – 8] Mit dem ‹manifesto futurista› des italienischen Schriftstellers F. T. Marinetti (1876–1944) vom 20. Februar 1909 im ‹Figaro›, Paris, etablierte sich in Europa eine alle Künste erfassende, dynamisch-technikfreundliche, die Leidenschaften betonende Kunstrichtung. – 9] Als Folge des Interviews wandte sich der Übersetzer Henrik Horvát (1877–1947) an Mann mit der Bitte um ein Geleitwort. Im Schreiben vom 22. September lehnte Mann ab, weil «die deutsche Öffentlichkeit» erstaunt sein müsse, seinen «höchst prosaischen Namen unter dem Vorwort zu einer lyrischen Anthologie zu finden» (vgl. Regesten 13/80). Horváts Nachdichtungen erschienen 1918 in München unter dem Titel ‹Neue ungarische Lyrik› (Freundl. Mitteilung Dr. P. Schweitzer). – 10] József Kiss (1843–1921); Endre Ady (1877–1919); Mihály Babits (1883–1941), mit dem es im Januar 1922 zu einer persönlichen Begegnung kam; Géza Szilágyi (1875–1958); Deszö Kosztolányi (1885–1936).

Neues Wiener Journal, 4. Dezember 1919

Ein Gespräch mit Thomas Mann

Ich kann dem Wiener Literatenkaffeehaus nicht über das Krawattendessin von Thomas Mann berichten, sondern nur sein tadelloses Flanellhemd und seine eleganten gelben Halbschuhe feststellen, da seine Morgentoilette, als ich ihn vormittags im Hotel Imperial aufsuchte, noch nicht weiter entwickelt war. Heinrich und Thomas Mann sind Brüder mit äußerlichen Familienähnlichkeiten, jedoch von auffallend verschiedener Art, Temperament und Wesen. Heinrich Mann ist hanseatisch trocken, patrizierhaft reserviert und gemessen, schweigsam und ernst, geradezu großindustriell im gesellschaftlichen Format; Thomas ist gesprächig, heiter, seine grazile jugendliche, schmächtige Gestalt in nervöser Bewegung, er ist weltmännisch geschliffen wie sein Bruder, hat aber mehr künstlerische, liebenswürdige Koketterie ganz ohne Patrizierfeierlichkeit. Heinrich trägt einen hanseatisch gestutzten Spitzbart; Thomas ein leichtes, schwarzes, französisches Schnurrbärtchen ... Die Barttracht charakterisiert den Typ ...

Thomas Mann ist in bester Laune und sehr lebhaft: «Ich

empfinde hier in Wien immer eine Wärme und eine persönliche liebenswürdige Anteilnahme, die ich nicht einmal in Deutschland, wo man mich ja auch sehr schätzt, fühle. Die Wiener räumen dem Schriftsteller durch ihre nahen Beziehungen zur Literatur einen außerordentlichen Platz, ein besonderes Wohlwollen ein. Der Schriftsteller ist eine privilegierte Persönlichkeit, welche die Stadt, wo die besten Autoren, Schnitzler, Hofmannsthal und Beer-Hofmann, wirken, voll zu würdigen versteht. In Deutschland wird er kühl, nicht mehr als ordnungsgemäß und korrekt behandelt. Dieser so angenehme Gegensatz fiel mir auf, als ich mit Bruno Walter[1] und Aagaard Oestvig[2] jetzt über die Grenze kam. Ich wollte in Salzburg übernachten, die Grenzbeamten drängten die Passagiere zur sofortigen Weiterfahrt, der Herr an der Kontrollstelle hatte jedoch die Liebenswürdigkeit, meinen Paß näher anzusehen, wurde plötzlich sehr freundlich: ‹Ach, Thomas Mann ... namhafter Schriftsteller›, murmelte er. ‹Bitte, Sie können übernachten.›»

Thomas Mann hat die Wiener Bühne zu ‹Fiorenza› noch nicht gesehen. Wien ist die fünfte Stadt, die dieses Drama aufführt, über das Thomas Mann die Kritik abgibt, daß es eigentlich nicht für die Bühne gedacht war und nur insofern dramatisch sei, als Weltanschauungen aneinanderstoßen. «Solche Konflikte sind ja eigentlich immer dramatisch. Die Aufführung bei Reinhardt gehörte nicht zu seinen besten[3], aber merkwürdigerweise traf ich in Brüssel, wo nur ein Akt gelegentlich meines Vortrages gegeben wurde, eine ganz außerordentliche ‹Fiorenza›-Vorstellung.» Das Stück selbst fällt in die erste Periode von Manns Werken, es ist zwischen den ‹Tristan›-Novellen und ‹Königliche Hoheit› entstanden.[4] Das erste Buch Manns war der Band: ‹Der kleine Herr Friedemann›.[5] Dann kamen die ‹Buddenbrooks›.

Bei den ‹Buddenbrooks› möchte ich Thomas Mann doch etwas länger aufhalten. «Ich dachte eigentlich nie daran, einen längeren Roman zu schreiben, sondern wollte durchaus bei der kurzen, scharf pointierten Erzählung, Skizze, Novelle bleiben. Aus dieser löblichen Absicht ist einer der längsten Romane der deutschen Literatur geworden. Ich las nämlich damals, als ich die ‹Buddenbrooks› in mir herumtrug, Goncourts ‹Renée Mauperin›, so leicht, so geistreich, trotz seines Volumens so frisch ..., und dieser Goncourt war es eigentlich, der mich von der Novelle zum ausgiebigen Roman führte.[6] Ich verwertete Heimatserinnerungen, wurde von den Kaufmannsromanen, wie sie damals aus Norwegen und Dänemark kamen, beeinflußt, die ‹Buddenbrooks› entstanden, der Anfang im Süden, in Rom, das Ende in München. Ich habe drei Jahre an den ‹Buddenbrooks› gearbeitet. Ich finde das heute nicht einmal lange, denn jetzt würde ich viel länger dazu brauchen.»

Ich kann Thomas Mann, ohne unaufrichtig zu sein, die erfreuliche Nachricht mitteilen, daß in Wien jeder Gymnasiast, in dem sich der erste literarische Ehrgeiz regt, über jedes seiner Werke eine verständnisvolle Kritik abgeben kann. «Ich habe», sagt Mann, «etwas von diesem Interesse, das man mir hier entgegenbringt, bei meinem letzten Vortrag[6a] empfunden. Ich weilte wahrhaftig nicht unter Fremden.» Ich bemerkte ergänzend, daß die Stammtische des Literaturkaffeehauses keine Zeile von Thomas Mann unbeachtet lassen, daß er von den jungen zur Literatur strebenden, noch ungedruckten und unverlegten Herren in einer Art verehrt wird, die sich vom Götzenkult nicht unterscheidet, was Mann mit befriedigtem Schweigen zur Kenntnis nimmt. «Ich habe», sagt er, «kurz vor Ausbruch des Krieges an zwei Werken gearbeitet, die mir sehr am Herzen liegen: An einer Hochstaplergeschichte und an einem Roman: ‹Der Zauberberg›. Ich habe beide der Aktualität geopfert, zurückgestellt, um mich Tag und Nacht mit dem dickleibigen Schmöker ‹Betrachtungen eines Unpolitischen› zu plagen.» Wüßte man nicht aus dem Vorwort, daß die ‹Betrachtungen› nicht zu den Lieblingen des Volkes gehören[7], man würde es aus der nicht sehr liebevollen Tonart heraushören, mit der Mann über sein Stiefkind spricht, aber gerade dieses Stiefkind machte eine Karriere, setzte sich prächtig durch, und niemanden scheint dieser Erfolg mehr überrascht zu haben als Mann. «Ich dachte mir: Ein schwer geschriebenes politisches Buch und schätzte die Auflage auf zehntausend. Sie hält jetzt bei achtzehntausend.

Nun arbeite ich wieder am ‹Zauberberg›, ein umfangreiches Werk, das erst in drei Vierteljahren vollendet sein wird.[8] Es spielt vor dem Kriege in Davos, in einer Lungenheilstätte. Der Sohn aus reicher Familie sucht hier Heilung, die Aerzte diagnostizieren einen Defekt. Vielleicht ist er wirklich krank, vielleicht auch nicht ... Das ist auch ganz nebensächlich. Es hat mich gereizt, dieses Aufrauschen einer hektischen krankhaften Vergnügungssucht und Lebensfreude in der Todesangst des Leidens, diese Atmosphäre von Heilanstalt und

Amüsement, die mich in Davos so seltsam ergriffen hat, künstlerisch darzustellen. Dieser junge Mann wird in diesem gefährlichen Vergnügungsfieber gefangen, er bleibt jahrelang in Davos – in diesem Zauberberg ... Aber das Buch läßt sich nicht mit wenigen Worten erschöpfen. Denn es ist auch ein politisches Buch und knüpft an den ‹Betrachtungen› an. Der junge Mann steht zwischen ganz verschiedenen Weltanschauungen, zwischen einem italienischen Freimaurer, einem deutschen Demokraten usw. Ich setze den Konflikt zwischen Romantik und Rationalismus, der sich bereits als Grundton durch die ‹Betrachtungen eines Unpolitischen› zieht, fort. Die Genußsucht, vor dem drohenden Tod aufschäumend, das ist die Romantik. Der italienische Aufklärer der Rationalismus. Vielleicht lese ich aus dem ‹Zauberberg› vor ... wenn ich einen Saal bekomme.»

In den ‹Betrachtungen› polemisiert Mann sehr durchsichtig gegen die politischen Tendenzen seines Bruders Heinrich, über den er sich allerdings sehr wohlwollend äußert. «Ich schätze meinen Bruder vor allem als Essayisten. Sie sollten seine Aufsätze über Zola und Flaubert lesen.[9] Sie sind unübertrefflich. Als Dramatiker versuchte er sich erst viel später und mit weniger Glück. Es sind aufgeführte Novellen. Man könnte eigentlich alle seine Novellen aufführen. Und eine davon ist auch jüngst ohne Aenderung auf die Bühne gestellt worden. Dort, wo seine Werke auf italienischem Boden wachsen, sind sie besonders gelungen. ‹Die kleine Stadt› und ‹Professor Unrat› stelle ich am höchsten ...»

Egon Dietrichstein

Tagebuch, 3. XII. 1919: «(12 Uhr) Empfing nach dem Rasieren im Négligé den Mitarbeiter des N. W. Journal, dem ich alles Mögliche erzählte, u. der mir sagte, in Wien interessiere man sich für mich ‹wie für einen Schauspieler›. Gab den Zauberberg-Plan zum besten, den er sehr akklamierte.» Zur Funktion der ausgesprochen positiven Äußerungen über den Bruder Heinrich Mann vgl. Tagebuch, 18. XII. 1919: «⟨Kurt⟩ M⟨artens⟩ erzählte, Rößler habe Heinrich mein Interview aus dem N.W.J. zugeschickt.» – 1] Mit dem Dirigenten und Münchener Nachbarn Bruno Walter (1876–1962) verband Mann eine Freundschaft, die sich in Erfolg und Exil bewährte. – 2] Norwegischer Tenor Aagaard Oestvig (1889–1968). – 3] Uraufführung am 11. Mai 1907 in Frankfurt/M. Unter Max Reinhardt (1873–1943), allerdings nicht in seiner Regie, wurde das Drama am 3. Januar 1913 in Berlin (Kammerspielhaus) aufgeführt, erlebte jedoch schon am 16. Januar die letzte Vorstellung. Im besetzten Brüssel spielte man am 9. Januar 1918 den 3. Akt im ‹Théâtre Royal du Parc›; Anlaß war eine ‹Wunderkind›-Lesung. – 4] ‹Fiorenza›, 1903–05 entstanden, liegt zwischen dem ‹Tristan›-Band (Berlin 1903) und der ‹Königlichen Hoheit› (Berlin 1909). – 5] ‹Der kleine Herr Friedemann. Novellen›, Berlin 1898. – 6] Bei dem Wandlungsprozeß der ‹Buddenbrooks› von einer «Knabennovelle» zum Roman (1897–1900) spielte der seit 1884 ins Deutsche übersetzte Roman ‹Renée Mauperin› der Brüder Edmond (1822–1896) und Jules (1830–1870) Goncourt vor allem bei der Dialogführung und den Großgliederungsschnitten eine Rolle. Unter den Kaufmannsromanen dominierte ‹Ein Mahlstrom› von Jonas Lie (1833–1908) und ‹Garman & Worse› von Alexander Kielland (1849–1906). – 6a] Ende 1913. – 7] Wohl Anspielung auf die «schädliche und kompromittierende Galeerenfron dieses Buches, die niemand von mir verlangte noch erwartete, und für die ich nicht eine Spur von Dank und Ehre haben werde», vgl. GW XII, 40. – 8] Die von 1913–1915 entstandene Urfassung des ‹Zauberberg› ist teilweise erhalten: ‹The Yale Zauberberg-Manuscript. Rejected Sheets Once Part of Thomas Mann's Novel›, hrsg. von James F. White (TMS, Bd. 4), Bern und München 1980. Der Neubeginn 1919 führte erst 1924 zur Publikation des ‹Zauberbergs› in zwei Bänden. – 9] ‹Eine Freundschaft: Gustave Flaubert und George Sand›, München-Schwabing 1905. Der ‹Zola›-Essay im Novemberheft 1915 der ‹Weißen Blätter›, Leipzig, gab Manns Polemik gegen den «Zivilisationsliteraten» die persönliche Schärfe (‹Betrachtungen eines Unpolitischen›). 1919 wurde der Essay von Heinrich Mann in die Sammlung ‹Macht und Mensch› (München, S. 35–131) aufgenommen.

Neues Wiener Journal, 22. Juni 1920

Gespräch mit Thomas Mann

Der Dichter Thomas Mann unterscheidet sich erfreulicherweise von zahlreichen Berufskollegen in einem wichtigen Punkt. Viele künstlerische Zelebritäten pflegen nämlich in offiziellen, für die breite Oeffentlichkeit bestimmten Gesprächen über alles andere sich zu äußern, nur nicht über das, was eben diese Oeffentlichkeit am meisten interessiert. Es ist gewiß hübsch, wenn ein bekannter Musiker, Bildhauer, Schauspieler in bemerkenswerter Weise zum Friedensvertrage, der mangelnden Kohlenförderung, der Valutakrise, den Schwierigkeiten der Lebensmittelbeschaffung und ähnlichen Problemen Stellung nimmt, – aber es ist für unsereinen durchaus unerfreulich, wenn die Berühmtheit über sich selbst, ihr Schaffen, ihre künstlerischen Pläne intensiv und meisterhaft zu schweigen versteht; und dies pflegt leider recht häufig der Fall zu sein. – Nun, Herr Thomas Mann gehört nicht in diese Kategorie europäischer Größen; er spricht sich vielmehr mit liebenswürdiger Offenheit über das, was ihn, mich und seine Leser vorzugsweise interessiert, aus. Man lese und urteile selbst:

«Ich arbeite gegenwärtig», beginnt der Dichter unser Gespräch in seinem Münchener Heim, «vor allem an einem breitangelegten Prosawerk, betitelt ‹Der Zauberberg›. Der Gang der Handlung ist in kurzem folgender: Ein junger Deutscher, von Beruf Ingenieur, dem Charakter nach der typische ‹gebildete Mensch› seines Volkes und seiner Epoche, gerät kurz vor dem Kriege in ein Schweizer Sanatorium. Die eigentümliche Atmosphäre, diese Mischung von Todesbereitschaft und gesteigerter Vitalität, in der seine Umwelt lebt, übt einen starken Eindruck auf ihn aus. Eine tiefe Leidenschaft für eine der Kranken, eine junge Russin, erfaßt ihn. Das Gefühl, eine Todgeweihte in seinen Armen zu halten, birgt eine verführerische Lockung in sich; unwiderstehlich angezogen durch die kranke Schönheit dieser Frau, berauscht durch eine lebensglühende Leidenschaft, die doch von einem Hauche der Verwesung umströmt ist, läßt er sich immer tiefer in den ‹Zauberberg› einspinnen. Hier also ein erstes Leitmotiv: der Tod als große verführerische Macht.

Sie weisen auf den ‹Tod in Venedig› hin?[1] Ganz richtig; aber der Held jener Erzählung ist der innerlich erschöpfte, über- und untergangsreife Künstlermensch. Im Mittelpunkt dieses Werkes dagegen steht ein körperlich und geistig durchaus gesunder und unverbrauchter Jüngling. Die verführerische Todeslockung muß auf diese Natur notwendigerweise eine ganz andere Wirkung haben. Das natürliche Empfinden, die gesunde Lebenskraft des jungen Menschen setzt sich instinktiv zur Wehr, eine Verwirrung der Gefühle, eine krisenhafte Rat- und Haltlosigkeit ist die Folge. Er gerät innerlich gleichsam in eine Sackgasse, aus der sich kein normaler Ausweg zu bieten scheint. Nur ein elementares Ereignis kann ihn aus diesem gefährlichen Chaos retten – und dieses Ereignis ist der Krieg.

Diese Lösung des Konflikts weist auf eine zweite Grundidee des Werkes hin. Ich erwähnte bereits, daß der Held dieses Romans ein typischer Durchschnittsdeutscher der Vorkriegszeit sei. Er, der Dutzendmensch ohne innere Abgründe und Disharmonien, ist also empfänglich für die gefährliche, verwirrende Lockung des ‹Zauberbergs›; der gesunde Normalbürger zeigt sich disponiert für die komplizierten inneren Krisen des tief fragwürdigen Künstlermenschen. Ist diese gesteigerte innere Reizbarkeit und Sensibilität nicht seltsam? Müßte sie nicht, da dieser junge, harmlose Ingenieur doch nur einer von Millionen Gleichgearteter und Gleichfühlender ist, darauf hinweisen, daß wir Deutsche der letzten Friedensjahre innerlich irgendwie in Unordnung waren, daß sich unser seelischer Zustand chaotisch komplizierte, und daß wir eben in dieser Disposition in den großen Krieg gerieten, geraten mußten? ...

In Stil und Technik dieses Werkes kehre ich von der strengen artistischen Linie des ‹Tods in Venedig› zur breiteren epischen Anlage der ‹Buddenbrooks› zurück. Ich versuche, das romanhafte Geschehen mit einer gewissen überlegenen Ironie darzustellen; diese Manier verdichtet sich gleichsam zu einer charakteristischen Figur, der eine bedeutende Rolle zugedacht ist; es ist ein italienischer Schriftsteller, der unseren Helden innerlich auf seine Seite zu ziehen versucht. Er soll den typischen ‹Zivilisationsliteraten› darstellen, wie ich ihn in den ‹Betrachtungen eines Unpolitischen› zu zeichnen versuchte.»

«Ich erinnere mich, Herr Mann, daß Sie bereits vor dem Kriege an einem großen Roman arbeiteten, aus dem Sie vor Jahren in der ‹Urania› wie auch gelegentlich Ihres letzten Wiener Aufenthaltes ein charakteristisches Bruchstück vorlasen.»[2]

«Ganz richtig; dieser Roman, ‹Die Bekenntnisse des Hochstaplers Felix Krull›, beschäftigte mich eine geraume Zeit lebhaft, bis ich durch den Krieg auf andere Bahnen gelenkt wurde.[3] Ich habe jedoch die Gestaltung dieses Problems keineswegs aus den Augen verloren und gedenke nach Abschluß des ‹Zauberbergs› zunächst dieses Werk zu vollenden. Der Roman wird vor allem die Erlebnisse und Taten des Helden in ziemlich lebhaft bewegter Darstellung vorführen. Dieser Felix Krull ist nicht etwa ein brutaler Verbrecher, sondern ‹der Held trotzdem›, der Mensch, der ‹am Abgrunde lebt›, also eine Variation meines Lieblingstypus, innerlich zutiefst dem Konsul Buddenbrook, dem ‹verirrten Bürger› Tonio Kröger, dem Gustav Aschenbach des ‹Tod in Venedig› verwandt.»

Zwei große Werke, nach Anlage und vielleicht auch Umfang den ‹Buddenbrooks› gleich? Wer Thomas Mann kennt, weiß, daß dies einige Jahre intensivster Arbeit bedeutet, eine lange, schmerzlich-süße Fron, eine weitere Etappe dieses entsagungsreichen heroischen Lebens am Schreibtisch. Diesem Gedankengange entspricht es, daß der Dichter auf die Frage nach weiteren Plänen ein wenig melancholisch erwidert: «Gewiß, mich lockt noch dies und jenes, allein, wer weiß, was davon noch zur Ausführung gelangt? Wenn meine beiden Romane vollendet sind, werde ich fünfzig Jahre sein.» Trotzdem äußert sich der Dichter in interessanter Weise über jene Pläne, deren Verwirklichung noch in ferner Zukunft liegt:

«Vor allem reizt mich das Friedrich-Problem, mit welchem ich mich ja bereits in meiner kleinen Schrift ‹Friedrich und die große Koalition› beschäftigt habe. Früher dachte ich an einen großangelegten Roman, neuestens neige ich jedoch der Ansicht zu, daß sich dieses Thema eher in einer streng durchkomponierten Novelle gestalten ließe. Dies führt mich übrigens zu einer epischen Form, die mich seit geraumer Zeit lebhaft beschäftigt. Ich glaube nämlich, daß sich auf dem Gebiet der historischen Novelle noch besondere künstlerische Möglichkeiten böten. Man müßte da selbstverständlich an das bisher Geschaffene, vor allem also an Konrad Ferdinand Meyer anknüpfen; es wäre jedoch jedenfalls eine wesentlich verschiedene Technik zur Anwendung zu bringen.»

«Und haben Sie, Herr Mann, nicht auch dramatische Pläne? Man dürfte ja nach Ihrer ‹Fiorenza› vielleicht auch in dieser Richtung manches Schöne erwarten.»

«Pläne?» erwidert der Dichter lächelnd, «Pläne wohl nicht. Gewiß, von Zeit zu Zeit überkommt mich immer der Wunsch, mich wieder als Dramatiker zu versuchen. Aber ich erzählte Ihnen ja, daß mich allerhand anderes stark in Anspruch nimmt: der ‹Zauberberg› und die ‹Bekenntnisse des Felix Krull›, das ‹Friedrich›-Problem und die historische Novelle[4] – ich fürchte, es wird vorerst bei den Wünschen verbleiben.»

«Gestatten Sie schließlich noch eine letzte Frage, Herr Mann: Besteht Ihr politisches Glaubensbekenntnis, wie Sie es in den ‹Betrachtungen eines Unpolitischen› niedergelegt haben, noch heute zu Recht?»

«Diese Frage kann ich im wesentlichen wohl mit einem einfachen ‹Ja› beantworten. Allerdings haben die bedeutsamen geschichtlichen Ereignisse, die sich inzwischen vollzogen – das Werk, das Sie nannten, wurde ja noch während des Krieges abgeschlossen –, naturgemäß einen gewissen Einfluß auf mein politisches Denken geübt. Auch ich mußte mich mit den neugeschaffenen Verhältnissen innerlich irgendwie abfinden, mich bis zu einem gewissen Grade auf den Boden der vollendeten Tatsachen stellen. Allein, wie gesagt, grundsätzlich bekenne ich mich auch heute noch durchaus zu meinen ‹Betrachtungen eines Unpolitischen›. Ich bin nach wie vor, ohne dabei an ein parteipolitisches Schlagwort zu denken, konservativ gesinnt. Dabei denke ich allerdings an einen durchaus moderierten, staatsmännisch weisen, gleichsam liberalen Konservativismus, der den berechtigten sozialen Forderungen aller Gesellschaftsklassen Rechnung tragen müßte. An manchen Anzeichen glaube ich auch zu bemerken, daß ich mit Ideen und Idealen dieser Art nicht allein stehe. Vielleicht bereitet sich schon jetzt im stillen ein Umschwung vor, der dieses arme, tief gedemütigte, verwirrte deutsche Volk aus den chaotischen Krisen dieser Zeit einer besseren Zukunft entgegenführen wird ...»

Alfred Neumann

Tagebuch, 16. V. 1920: «Mittags Besuch eines Mitarbeiters Wiener Blätter, Dr. Neumann; Interview. Sprach über meine Arbeiten.» Interviewer ist der Schriftsteller Alfred Neumann (1895–1952). Zu ergänzen ist daher die Darstellung der späteren Freundschaft in: ‹Thomas Mann – Alfred Neumann. Briefwechsel›, hrsg. von Peter de Mendelssohn, Heidelberg 1977. – 1] Als novellistisch-humoristisches Gegenstück zum ‹Tod in Venedig› setzte die Arbeit am ‹Zauberberg› ein. – 2] Lesung am 4. Dezember 1913. – 3] Schon im Sommer 1913 hatte der ‹Zauberberg› den ‹Krull› verdrängt. – 4] Scheint darauf hinzudeuten, daß Mann neben einer ‹Friedrich›-Novelle noch an weitere historische Gestalten dachte, bei denen Philipp II. von Spanien und Erasmus von Rotterdam im Vordergrund stehen dürften.

Neues 8-Uhr-Blatt, Wien, 10. Januar 1922

Gespräch mit Thomas Mann

Der Dichter der ‹Königlichen Hoheit›, der «unpolitische» Beobachter der deutschen Zustände von 1916, hatte die Freundlichkeit, einem seiner vielen Leser «Rede und Antwort»[1] zu stehen. Das Gespräch folge hier, wie es das Gedächtnis des Fragenden behalten konnte und (konzentriert) wiederzugeben vermag:

«Darf ich, Herr Doktor, Ihre Meinung über die gegenwärtige Lage Deutschlands erfahren?»

«Tja ... das ist eine Doktorfrage. Soll ich meine Auffassung mitteilen, so muß ich sagen, daß ich durchaus kein Pessimist bin. Die Situation ist schwierig, sie ist ernst, und wir haben zweifellos noch eine Reihe von schweren Jahren vor uns.[2] Indes, ich hege doch Hoffnung für die Zukunft. Deutschland war vor dem Kriege ein zu bedeutendes Staatswesen, als daß es nun mit einemmal seine Selbständigkeit vollkommen und für immer verlieren könnte. Freilich, die gegenwärtigen politischen Verhältnisse, die völlige Einengung und Abschnürung des deutschen Staatskörpers ist wohl auf die Dauer unhaltbar. Die deutsche Souveränität ist sozusagen nach dem Ausland abgewandert: Wir regieren uns nicht selbst, sondern werden von den Ententekommissären regiert.[3] Aber ich glaube, daß sich dieser Zustand sehr bald ändern wird. Allmählich kommt doch die Einsicht auf, daß das europäische Gleichgewicht nicht erhalten werden kann, ohne die Stimme Deutschlands und Rußlands in die Waagschale zu werfen. Und ich möchte sagen, daß in Mittel- und Osteuropa gegenwärtig der Schwerpunkt der Entscheidung über das zukünftige Schicksal unseres Kontinents, ja, vielleicht der ganzen Welt, liegt. Sehen wir uns die Sieger in diesem großen Krieg an, so möchte ich als den in Frankreich herrschenden Typ den Rhetor-Bourgeois[4] bezeichnen, wie er in der Gestalt etwa des Herrn Poincaré verkörpert erscheint. Ich glaube aber, daß dieser westliche Liberalismus abgewirtschaftet hat. Irgendwie, das spüren wir alle, kommt eine neue Gestalt und ein neues Schicksal aus dem Osten Europas.»

Thomas Manns Auseinandersetzung berührt den Begriff des Militarismus:

«Der Militarismus, was Deutschland anbelangt, bedeutete doch nichts andres als das Uebergewicht der militärischen über die politischen Faktoren. Das war ja Deutschlands Unglück, daß es von politischer Unfähigkeit, die allerdings immer Anständigkeit war, regiert wurde. Gleichwohl möchte ich Deutschlands Niederlage als paradox bezeichnen. Sozusagen als metaphysisches Unrecht. Ich verkenne freilich nicht, daß die historischen Ereignisse vor, in und nach dem Kriege zwangsläufig bedingt waren. Ich wüßte auch nicht, wann jener Augenblick im Laufe dieses Krieges offenbar gewesen wäre, da eine Einigung zwischen der Entente und Deutschland hätte herbeigeführt werden können. Ich glaube, daß ebenso wie am Beginn des Krieges, so auch an dessen Beendigung niemand schuldig, niemand unschuldig war.[5] Ich allerdings hätte gewünscht, daß dieser unglückliche Krieg rechtzeitig durch eine Verständigung von Staat zu Staat zum Stillstand gebracht worden wäre.»

«Ich glaube, irgendwo in Ihren ‹Betrachtungen eines Unpolitischen› eine Stelle gelesen zu haben, die der Gefahr einer Verpreußung Mitteleuropas im Falle des militärischen Sieges des damaligen Deutschland Ausdruck gab.[6] Darf ich mit Beziehung auf jene Ihre Aeußerung fragen, ob Sie selbst, Herr Mann, Ihre Haltung, die vielfach als Konservativismus gedeutet und bezeichnet wurde, als konservativ im politischen Sinne empfinden? Oder ist es ein Konservativismus lediglich in bezug auf die Lebenshaltung, wie ich vermute?»

«Ganz recht. Oder noch besser: in bezug auf die Lebensstimmung. Ich stamme aus einem patriarchalischen Wesen, aus einer Stadt, in der sich der hanseatische Gedanke und der Geist der Ueberlieferung treu bis auf unsre Tage erhalten hat.[7] Eine gewisse Pietät einer untergehenden Kultur gegenüber ist mir eigen. Hier spielen die Eindrücke mit, die ich als Kind von meiner patrizischen Umwelt empfing. Mit politischer Anschauung ist diese Anschauung der Kultur nicht identisch, wie ich denn überhaupt, was ich betonen möchte, im Grunde genommen eine unpolitische Natur bin; deswegen aber auch nicht revolutionär. Gewissen Lebensformen der abgelaufenen Epoche hänge ich sehr an. Keineswegs aber etwa der Herrschaft eines politischen Systems, welches der Zeit fällig geworden ist. Ich empfinde sehr deutlich, daß eine im Laufe von Jahrhunderten erworbene Kultur der Lebensführung im Absterben begriffen ist, und ich empfinde dies nicht ohne Bedauern. Aber ich verschließe mich keineswegs der Ansicht, daß ein Neues kommen wird und kommen muß.»

«Haben Sie, Herr Doktor, nicht auch die Empfindung, daß die Niederlage Deutschlands und die Erschütterung dieser Niederlage innere Kräfte des Volkskörpers entbunden hat? Daß eine Vergeistigung, eine Verinnerlichung des deutschen Menschen wirksam wird?»

«Ja, ich bin dieser Meinung. Bezeichnend für diesen Zustand ist ja auch die Regsamkeit des geistigen Lebens, wie sie zum Ausdruck kommt im blühenden Buchhandel; er floriert mehr denn je. Es wird jetzt viel mehr gelesen als vor dem Kriege, wobei ich deutlich bemerke, daß das Interesse weiter Kreise vorwiegend einem Buchtypus gilt, den ich den intellektuellen Roman[8] nennen möchte. Wie denn überhaupt der Intellektualismus und das Interesse für geistige und kulturelle Fragen bedeutend zugenommen hat. Ich denke da nicht an einen Roman als episches Kunstwerk, sondern an Bücher wie Spenglers ‹Untergang des Abendlandes›, das ‹Reisetagebuch eines Philosophen› von Keyserling, an den ‹Nietzsche› von Ernst Bertram, auch an meine eigenen ‹Betrachtungen eines Unpolitischen›.»

«Herr Doktor meinen wohl Werke, die geistige Fragen mit künstlerischen Mitteln behandeln?»

«Ganz recht. Ein Buch, wie ‹Der Untergang des Abendlandes›, das – man mag darüber im besonderen wie auch immer denken – jedenfalls ein bedeutendes Werk ist, hätte zu andrer Zeit nicht diesen großen Erfolg gefunden. Auch der Expressionismus ist ja zum großen Teil Intellektualismus.»

«Darf man erfahren, wie Sie über dieses neue Kunstwollen denken?»

«Ja, das ist ein weites Gebiet ... Der Expressionismus als Idee ist mir persönlich sehr sympathisch, in seiner Auflehnung gegen die Vernunftkultur nämlich. Merkwürdig ist nur, daß die Mittel dieser Neugestaltungen wieder intellektuelle sind. Ich weiß auch nicht, ob der Expressionismus wirklich bedeutende Persönlichkeiten heraufgebracht hat, gleichwohl gebe ich zu, daß er insbesondere in der Lyrik, dann auch im Drama Neues und Tiefes geschaffen hat. Aber im Roman? ... Ich finde überhaupt, Expressionismus im Epos wäre eine *contradictio in adjecto ...*»

«In der Tat, es gibt ja auch kaum einen wirklichen Roman, der expressionistisch genannt werden könnte. Es ist ja wohl auch bezeichnend, daß das hervorragendste Werk Ihres Bruders, ‹Die kleine Stadt›, eine durchaus impressionistisch gesehene und gestaltete Welt vorführt. Glauben Sie übrigens nicht auch, daß dieser Roman das größte Kunstwerk Heinrich Manns ist und daß es Berührungspunkte mit Ihrem Wollen und Schaffen zeigt?»

«Unbedingt. Auch ich halte ‹Die kleine Stadt› für ein meisterhaftes, artistisch erstaunliches Werk. Und ich sehe in der Idee Zusammenhänge mit meinem Roman ‹Königliche Hoheit›.»

«Ich darf Sie wohl zum Schluß fragen, wie weit Ihre eigenen Arbeiten gediehen sind, die Arbeit an den zwei Romanen, die uns schon seit Jahren versprochen sind.»

«Nun, ich hoffe, im kommenden Frühjahr den ‹Zauberberg› zu vollenden, und finde dann auch die Zeit, meinen Hochstaplerroman (‹Felix Krull›) zu Ende zu bringen, wohl schon im Sommer. Es ist bekannt, ich habe es oft erklärt, daß ich langsam arbeite, und zwar wie ich anmerken möchte, mit den Jahren immer langsamer. Ich glaube, das kommt auch daher, daß viele Ansprüche von der Welt an mich gestellt werden, so daß ich immerfort Störung erleiden muß. Ich sehne mich wahrhaftig nach der stillen Zeit, da ich noch unbekannt war und ruhig arbeiten, völlig meinem Werk mich widmen konnte. Ein Buch wie die ‹Buddenbrooks› habe ich in zweieinhalb Jahren zustande gebracht. Später ging's immer langsamer.»

Die letzten Sätze erfahren eine Illustrierung durch die Ankunft eines neuen Besuchs. Man verabschiedet sich von Thomas Manns aufrecht schlanker Gestalt und läßt den Dichter den Verpflichtungen seines Ruhmes.

Victor Wittner

Vortragsreise mit ‹Goethe und Tolstoi›, die auch nach Prag und Budapest führte.
1] Anmerkung der Redaktion: «Dies der Name des jüngsten Buches Thomas Manns, einer Sammlung von Essays und selbstbiographischen Betrachtungen, aus denen wir unlängst ein sehr charakteristisches Stück veröffentlichten.» Der Band war Ende 1921, jedoch mit der Druckjahrangabe 1922, erschienen. – 2] Frankreich benutzte das Ausbleiben von Reparationszahlungen zu einer Separierungspolitik an Rhein und Ruhr. Deutschland wie Rußland waren von dem 1919 konstituierten Völkerbund ausgeschlossen. – 3] Der Versailler Friedensvertrag hatte 1919 mehrere Kommissionen zur Durchführungskontrolle geschaffen. – 4] Politische Parallelfigur aus den ‹Betrachtungen eines Unpolitischen› zum «Zivilisationsliteraten». Raymond Poincaré (1860–1934), Mitglied der Académie française, war 1913–20 Präsident der Republik; im Januar 1922 wurde er Ministerpräsident und Außenminister und verweigerte der deutschen Reichsregierung ein Moratorium in den Reparationszahlungen. – 5] Implizite Ablehnung des Artikels 231 des Versailler Friedensvertrags, der Deutschlands Alleinschuld am Ersten Weltkrieg festschrieb. – 6] Vgl. die Abweisung alldeutscher Annexionsforderungen im Kapitel «Recht und Wahrheit», bes. GW XII, S. 153. – 7] Lübeck zählte als Republik zu den Staaten, die das Deutsche Reich von 1871 konstituiert hatten. – 8] Von Schopenhauer übernommener Begriff, mit dem Mann vor allem den ‹Zauberberg› kennzeichnete; vgl. H. Koopmann, ‹Die Entwicklung des «Intellektualen Romans» bei Thomas Mann›, Bonn [3]1980. Schopenhauer in den ‹Aphorismen zur Lebensweisheit›: «Zumal wird uns oft da, wo wir Genuß, Glück, Freude suchten, statt ihrer Belehrung, Einsicht, Erkenntnis, – ein bleibendes, wahrhaftes Gut, statt eines vergänglichen und scheinbaren. Dies ist auch der Gedanke, welcher im ‹Wilhelm Meister› als Grundbaß durchgeht, indem dieser ein intellektueller Roman und eben dadurch höherer Art ist» (Arthur Schopenhauer. Sämtliche Werke; hrsg. v. A. Hübscher, Bd. V, München [3]1972, S. 439 f.; freundlicher Hinweis Prof. H. Anton, Düsseldorf).

Pester Lloyd, Budapest, 12. Januar 1922

Bei Thomas Mann in Budapest

Im kunstfreundlichen Hause des Hofrates Josef v. Lukács[1] hat Thomas Mann, der seit gestern mit seiner Frau in Budapest weilt, ein gastlich Obdach gefunden. Als wir heute bei ihm vorsprachen, fanden wir ihn in Gesellschaft Béla Bartóks[2] und Desider Kosztolányis[3]. Da mußten wir hören, daß er fast seit frühem Morgen wie ein Zahnarzt ordiniert, Interviews abgibt, und wieder meldete der Diener einen Zeichner und einen Journalisten. Da schien es weder höflich noch interessant, ihn mit konventionellen Fragen zu belästigen, und wir wollen nun kurz wiedergeben, was Aug' und Ohr im Verkehr mit seiner so fesselnden Persönlichkeit festhalten konnte. Demnach präsentiert sich der große deutsche Dichter vor allem als Mann vollendeter Formen. Jedes seiner Worte, seiner Gesten, gleichwie seine Kleidung und seine Umgangsweise spiegeln ein souverän beherrschtes inneres Maß. Große graue Augen unter einer typisch durchgearbeiteten Beobachterstirn folgen allem Geschehen rings um ihn lebhaft und sicher; irgendwo über den Brauenenden sitzt ein heiter-sarkastisches Ohr! Das Profil ist stark, ohne uneben zu sein, der feine, fast weibliche Mund von einem modisch gestutzten Schnurrbart überschattet. Leicht, etwas norddeutsch überhastend, entströmen ihm die wohlgesetzten Worte. Das Kinn ist leicht überdimensioniert und massiv, ein Sitz ausladender Erregungen. Er versagt sich keinem Befrager, spricht über erste Budapester Eindrükke, wundert sich einigermaßen, so viel Deutsch sprechen zu hören und so viel gelesen zu sein, legt sein durchaus persönlich aufzufassendes Verhältnis zu seinen Werken dar, so etwa, wie er verfilmt werden sollte[4], aber dadurch erst recht offenkundig wurde, daß der Schwerpunkt seines Schaffens im Worte liege und daran der Versuch scheiterte. Gar die Franzosen wüßten mit seinen ‹Buddenbrooks› nichts anzufangen; diese seien in Thema und Sprache zu bodenständig deutsch. Aber das alles werden andere schreiben. Ihm gegenüber indessen sitzt die Frau, Mutter von sechs Kindern und Dichtersgattin auf den ersten Blick, in dem sie mehr vom Menschen Thomas Mann verrät, denn jedes nonchalant gewährte Ausfragen einholen könnte. Dunkle Augen in einem feinen, intelligenten Kopf, dessen Züge die Zeichen eines ebenso reichen wie nicht immer leichten Erlebens tragen. Sie spricht über Literatur und Sprachen und ist schlagfertig, lebhaft und versiert. Froh erzählt sie über ihre Kinderschar von sechzehn bis zwei Jahren. Strenger Rhythmus ist in der Geschlechtsfolge eingehalten: a, b, b, a, a, b; a = Mädchen, b = Knabe. Die Namen verraten auch viel: Erika, Klaus-Heinrich (der Name der ‹Königlichen Hoheit›), Angelus – doch halt, das hat seine Geschichte. Irgendwo im Alpenländischen, in einer Sommerfrische, gab es einen kleinen Angelus; da wollte Erika, daß die Mama ihr auch einen Angelus kaufe – er war schon unterwegs. Aber da er so gar nicht engelhaft gelang, wird er – Golo genannt. Was nicht ist, kann werden; der Weg zum Engel ist ein ganz eigener. Dann folgen Monika, Elisabeth und Michael. Besonderes ist bloß über Klaus-Heinrich zu berichten. Er ist vierzehn Jahre alt und hat zu Weihnachten ein Versdrama psychologischen Charakters verfaßt, das im Rahmen eines Haustheaters aufgeführt wurde: Blaubart, als fliegender Holländer, sucht Erlösung durch das Weib, und da er sie nicht findet, mordet er ... Wir sahen Béla Bartók an, der dieses Thema vertont hat, er lächelte. Und im Nebenzimmer kann ein Zeichner mit der Skizze des Vaters, der seit einer Stunde darauf wartet, ein Nachmittagsschläfchen zu tun, nicht fertig werden.

1] Vater von Georg Lukács. – 2] Béla Bartók (1881–1945), wohnte mit seiner Familie im Haus Lukács; seine Oper: ‹Herzog Blaubarts Burg› (1911). – 3] Deszö Kosztolányi (1885–1936) hatte Mann schon 1913 kennengelernt; er übersetzte mehrere Werke von Mann. – 4] Mann verhandelte zu dieser Zeit über die Verfilmung der ‹Buddenbrooks›.

Komödie, Wien, 28. Januar 1922

Gespräch mit Thomas Mann

Versuch einer Wiedergabe

Indem ich an die Ausführung gehe, erkenne ich erst, welche erhebliche Vermessenheit es ist, die scheinbar leichthin gesprochenen Äußerungen Thomas Manns in die übliche Form des Interviews zu bringen, das heißt in die Form der aus dem Gedächtnis rekonstruierten, direkt angeführten Rede. Denn während es sonst bei Zeitungsgesprächen genügt, die bezeichnendsten Redewendungen und wesentlichsten Wortliebhabereien der interviewten Persönlichkeit festzuhalten, um für die Wiedergabe die charakteristischen Merkmale zu gewinnen, ist die Art, wie Thomas Mann sein Deutsch auch im Flusse flüchtiger Konversation meistert, so reich an unbewußten Finessen, daß es keineswegs belanglos erscheint, ob seine erlesenen prägnanten Worte – dem Gedächtnis zum Teil entglitten – durch andere, primitivere ersetzt werden müssen.

Thomas Manns kürzlich erschienener Essayband ‹Rede und Antwort› enthält ein Kapitel ‹Versuch über das Theater› darin der große Epiker ein entzückend respektvoll-respektloses Bekenntnis über seine Einstellung zu den Erscheinungen des Theaters ablegt, die er mit seltsam gemischten Gefühlen, halb Ablehnung, halb Wohlwollen, jedenfalls aber mit Interesse betrachtet.

Im Laufe der mir gewährten persönlichen Unterredung streifte der Dichter dieses Thema ungefähr folgendermaßen:

«In meinem Schaffen stehe ich dem Theater bekanntlich sehr fern. Das einzige Werk, das ich dramatisch formte – dramatisch nämlich im Sinne des Theaters – ist mein Schauspiel ‹Fiorenza›, das vor zwei Jahren auch in Wien von ersten Kräften des Burg- und Volkstheaters im Konzerthaus zur Aufführung gebracht wurde. An diesen Anlaß knüpfen die wenigen persönlichen Beziehungen, die mich mit Wiener Bühnenkünstlern verbinden, so beispielsweise mit Herrn Onno[1], der auch die Freundlichkeit hatte, mich anläßlich meiner Vorlesung aufzusuchen.»

«Glauben Sie nicht, Herr Doktor», warf ich ein, «daß das Burgtheater Ihrem Werk die geeignetste dauernde Heimstätte bieten könnte, und die Interpretation in seinem Rahmen noch bedeutendere künstlerische Möglichkeiten erschließen würde als die mit so viel Beifall aufgenommenen Aufführungen im Konzerthause, die bei aller Hochwertigkeit der Einzelleistungen immerhin den Charakter einer Improvisation an sich hatten?»

«Diese Frage ist mir von befreundeter Seite wiederholt nahegerückt worden», erwiderte der Dichter. «Ich bin wohl mit dem Künstlerstabe des Burgtheaters wenig vertraut; wie man mir jedoch sagte, wäre eine ganz ausgezeichnete Rollenbesetzung meines Werkes möglich. Prinzipiell bin ich auch gerne bereit, auf die nähere Erörterung des Vorschlages einzugehen, nur kann dies selbstverständlich nicht von mir angeregt werden. Ich kann als Autor naturgemäß auch nicht beurteilen, ob ‹Fiorenza› die Bedingungen eines Repertoirestückes erfüllt und zur Aufnahme in einen ständigen Spielplan geeignet ist.

Das vor Jahren geschaffene Werk hat übrigens eine ganz seltsame Aktualität angenommen. Die Worte Savonarolas, sein Fluch gegen Glanz, Reichtum und Schönheit[2] geben manche geradezu verblüffende Parallele zu politischen und sozialen Bewegungen unserer Tage.

Wenn ich den Standpunkt des Schaffenden gänzlich ausschalte und nur als Genießender über das Theater spreche, muß ich sagen, daß ich es für einen sehr sinnvollen Zeitvertreib halte, den ich jeder anderen Geselligkeit vorziehe, und ich kann mir keine glücklichere Art denken, einen freien Abend zu verbringen.

Es hat auf den ersten Blick etwas ungemein Bestrickendes: einer Geselligkeit beizuwohnen, unterhalten zu werden und dennoch ruhig dasitzen zu dürfen, ohne daß jemand erwartete, man müsse nun auch seinerseits einen Tribut zu dieser Unterhaltung beitragen. Keine andere Geselligkeit scheint so anspruchslos.

So sieht es allerdings nur auf den ersten Blick aus. Ich halte das Theater in Wahrheit nicht für eine befruchtende, sondern für eine zehrende Zerstreuung. Schon in meiner Kindheit, in der Zeit, da man die entscheidendsten Eindrücke empfängt, prägte sich mir diese Auffassung ein. Während mir Erzähltes, beispielsweise Homer, eine schier unerschöpfliche Quelle gedanklicher Anregungen erschloß, meine Phantasie beflügelte, meine Anschauungen bereicherte, während ich mich heute noch gerne der reinen und ungetrübten Beglückung entsinne, die mir aus Andersens Märchen zuströmte, weiß ich meine ersten Theaterbesuche als etwas seltsam Verwirrendes, das durch Aufregungen und Beunruhigungen die Nerven anspannte und überanstrengte, so daß stets ein ernüchternder, quälender Katzenjammer folgte.

Später freilich kam ein überwältigendes Erlebnis, das mich für alle Zeit mit dem Theater verband: Richard Wagner.

Mag sein, daß es dieses Bindegliedes nicht bedurft hätte, wenn ich in einer Stadt von solcher Theatertradition wie Wien beheimatet wäre. Erst kürzlich, bei einer Aufführung von Geraldys ‹Hochzeitstage›[3], mußte ich bewundernd feststellen, welche gepflegte und polierte Aufführungen das Burgtheater dank der festgefügten Gemeinschaft seines Ensembles noch zu bieten vermag.

München gehörte selbst in der Glanzzeit seines Theaters unter Possart[4] immer mehr den bildenden Künsten. Das Kunstempfinden der Bevölkerung ist demgemäß mehr in sinnlicher, denn in geistiger Richtung entwickelt. Und bei aller Anerkennung, die ich den zahlreichen Vorzügen und Schönheiten Münchens entgegenbringe, befinde ich mich in einem ständigen inneren Widerspruch zu der Stadt, in der ich wohne. Am liebsten würde ich ja auf dem Lande leben, und nur die Rücksicht auf die Ausbildung meiner Kinder hält mich vorläufig davon ab, dieses Projekt auszuführen.

Muß man aber Aufenthalt in einer Stadt nehmen und hat freie Wahl, so kann diese Stadt meiner Ansicht nach – nur Wien sein. Die geographische und landschaftliche Lage, die Rassenmischung der Bevölkerung, die ganze Atmosphäre Wiens hat etwas ungemein Anziehendes und Sympathisches für mich ...»

K. W.

1] Die Begegnung mit dem Schauspieler Ferdinand Onno (1881–1969) muß in Wien zwischen dem 4. und dem 10. Dezember 1920 stattgefunden haben. – 2] Die Schilderung Picos im 1. Akt, 2. Szene (GW VIII, 975 ff.). – 3] Der französische Schriftsteller Paul Géraldy (geb. 1885) war vor allem als Komödiendichter populär. – 4] Der Schauspieler Ernst Ritter von Possart (1841–1921), Intendant am Münchner Hoftheater.

Neues 8-Uhr-Blatt, Wien, 29. März 1923

Thomas Mann, der Warner: «Es gibt keine Restauration!»

Eine Unterredung mit dem Dichter-Politiker

«Wien ist ein anstrengender Aufenthalt!» Besonders dann, wenn einer der meistgelesenen Autoren Deutschlands, der am Abend einen Vortrag über ‹Okkulte Erlebnisse› halten soll, vormittags so höflich eingeladen wird, sich über die politische Lage Deutschlands zu äußern, daß er lächelnd auf den beabsichtigten kleinen Ringstraßenbummel im Frühjahrssonnenschein verzichtet. Wer sich Dr. Thomas Mann, der heute am Vortragspult im Konzerthaus erscheint, vielleicht als deutschen Professorenkopf vorgestellt hat, wird angenehm enttäuscht sein, einem weltmännisch gewandten Manne zu begegnen, dessen Anzug selbst den modernsten Schnitt zeigt. Das frische bronzebraune Antlitz des Dichters zuckt ein wenig nervös bei der Frage nach der leidigen Politik. Erinnerungen an seine ‹Betrachtungen eines Unpolitischen› von 1918 steigen auf; an den Aufsatz ‹Von deutscher Republik›[1], der ihm jetzt bei politischen und persönlichen Gegnern den heftigen Vorwurf des «Umfalls» eingetragen hat.

«Ich nehme kein Wort von alledem zurück, was ich 1918 gesagt habe und unterschreibe alles wieder, was ich von der deutschen Republik kürzlich sagen mußte. Ich empfand es geradezu als meine Pflicht, zu sagen, was alle mir verübeln, die mit Scheuklappen durch die Welt gehen, verworrene Pläne schmieden, selbst nicht wissen, wo hinaus sie wollen.»

«Doch auf die Restauration?»

«Es gibt keine Restauration! Ebensowenig wie es eine Räterepublik in Deutschland geben kann. Selbst ein gelungener Umsturzversuch nach rechts oder links müßte Episode bleiben. Beide extreme Staatsformen sind bei der heutigen Mentalität der überwiegenden Mehrheit des deutschen Volkes ausgeschlossen!»

«Was will dann Hitler?»[2]

«Das ist ja das Verworrene an all diesen Putschisten! Einerseits sind sie die wütendsten Franzosenfresser[3], anderseits arbeiten sie geradezu auf die Zerreißung Deutschlands hin: des französischen Imperialismus wahnsinniges letztes Ziel. Die Frage ist nur, wessen Ernüchterung oder Ende früher kommt: Poincarés und des *bloc national* oder der deutschen Rechtsradikalen.»

«Beweisen die Beziehungen anerkannter großer deutscher Männer, wie Hindenburg und Ludendorff, zu den Rechtsradikalen nicht den Ernst ihrer Ideen?»

«Sie sind trotzdem nicht ernst zu nehmen. Hindenburg und Ludendorff wurzeln in der entschwundenen Zeit, können sich in der Ideologie der neuen nicht zurechtfinden, sind von ihrer Vergangenheit und von unerfüllbaren Zukunftshoffnungen verblendet.»

«Was halten Sie, Herr Doktor, von der Möglichkeit einer Annäherung Englands und Deutschlands?»

«Rein gefühlsmäßig – ich bin ja kein ‹praktischer Politiker› – möchte ich kleine Anzeichen, wie Besserung der Handelsbeziehungen usw., nicht überschätzen. Man hat ja während der langen Kriegsjahre gesehen, wie das ‹Gott strafe England› fast Lebensinhalt des deutschen Volkes war; und jetzt . . .? Ebenso ist es mit der Annäherung. Die Hoffnung Deutschlands ist die Umkehr der Welt, der Sieg des weltbürgerlichen Menschheitsgedankens, der nur von einer ehrlichen Demokratie verfochten werden kann; von einer geistigen Volksherrschaft der ruhigen mittleren Linie, die kein Abirren kennt, weder nach rechts noch nach links. Darum verdient der passive Widerstand der gegenwärtigen Reichsregierung gegenüber dem französischen Ruhrimperialismus die Unterstützung aller Deutschen und der ganzen gesitteten Welt – und wird sie früher oder später auch sicher finden!» E.M.

1] Die Rede ‹Von deutscher Republik›, zum 60. Geburtstag von Gerhart Hauptmann am 15. Oktober 1922 in Berlin gehalten, wurde sofort als Bekenntnis zur Weimarer Republik verstanden. – 2] Hitler war seit dem Sommer 1921 Vorsitzender der NSDAP, die in München, Manns Wohnsitz, ihr Zentrum hatte. Seit dem Sieg des Faschismus unter Benito Mussolini zeichneten sich Putschpläne ab. Die weitere Zulassung des Parteiblatts ‹Völkischer Beobachter› in Bayern sorgte für Konflikte zwischen Reich und Bayern. Die Beteiligung Ludendorffs, Hindenburgs Generalstabschef im Ersten Weltkrieg, verlieh der Partei zusätzlich an Gewicht. – 3] Begriff nach ‹Menzel, der Franzosenfresser› (1837), der letzten Schrift des jungdeutschen Schriftstellers Ludwig Börne (1786–1837), dessen Werke Mann schon in den Jugendjahren las.

Neues Wiener Journal, 30. März 1923

Thomas Mann, der Okkultist

Ein Gespräch mit dem Dichter

«Ich bin freilich auch jetzt kein Spiritist», erklärt Thomas Mann lächelnd seinem Besucher, «ich muß es aber gestehen, daß mich vor kurzen Monaten ein Erlebnis dem Okkultismus, dem ich bisher vollkommen fremd gegenüber stand, gewann. Durch die Fügung des Zufalls wohnte ich den verblüffenden Experimenten Schrenck-Notzings bei, die der bekannte deutsche Okkultist mit dem inzwischen weltberühmt gewordenen Medium Willy Schneider vornahm.[1] Die Versuche galten dem Beweis der ‹Telekinese›; es sollte gezeigt werden, daß dem Menschen psychische Kräfte innewohnen, die unter Umständen eine körperliche Form annehmen können, indem sie von der Ferne Gegenstände bewegen, einen leichten Holzstab zerbrechen, mit einem Wort Dinge ausführen, die man ohne Aufwand einer physischen Kraft für unmöglich halten würde. Ein Freund führte mich, den Ungläubigen, in den magischen Kreis dieses modernen Zauberers. Man bot mir die Möglichkeit, mich aufs gründlichste zu überzeugen, daß ein Schwindel völlig ausgeschlossen sei. Das Medium zog sich in meiner Anwesenheit um. Ich hielt ihm die Füße und Hände. Er konnte keine, auch nicht die geringfügigste Bewegung machen, die meiner Aufmerksamkeit entgangen wäre, und doch hob er einen kleinen Holzstab, der auf der Tischplatte lag, mit Hilfe einer unsichtbaren Kraft auf, die er unter großen Qualen erzeugte und die wie ein geheimnisvolles Fluidum seinem Körper zu entströmen schien. Ich sah und hörte, als eine Glocke, die etwa anderthalb Meter von ihm entfernt lag, unter dem Druck desselben Fluidums zu läuten begann. Ich war erstaunt und bekehrt und bin heute der festen Ansicht, daß unsere ganze gegenwärtige Physik noch höchst unentwickelt ist und daß namentlich die Biologie durch die okkulten Experimente einen enormen, heute noch unabsehbaren Aufschwung erfahren werde.

Ich möchte hier darauf hinweisen, daß meiner Ansicht nach der Okkultismus mit dem Spiritismus gar nichts zu tun hat. Der Okkultismus ist eine rein wissenschaftliche Angelegenheit, die in leere Spielerei ausartet, wenn er, dem Spiritismus gleich, eine Lehre über das Leben nach dem Tode zu sein strebt.»

Trotz seiner Begeisterung für den Okkultismus scheint Thomas Mann die Politik ernster zu nehmen als die geheimen Wissenschaften.

«Es ist», erklärte er, «die Pflicht jedes geistig hochstehenden Menschen, sich mit Politik zu beschäftigen. Sie hängt mit den brennenden Problemen unserer ganzen Weltanschauung derart unzertrennlich zusammen, daß man ihr unmöglich aus dem Wege gehen kann. Wenn gerade die Besten von der Überzeugung beseelt wären, die Beschäftigung mit politischen Fragen als ihre Pflicht zu betrachten, wäre der Sieg der Unvernunft und der Unbildung in der Politik ein Ding der Unmöglichkeit. In meiner politischen Auffassung bin ich ein

Optimist, ich glaube unerschütterlich an die Niederlage des Radikalismus, ungeachtet dessen, ob er sich monarchistisch oder kommunistisch gebärdet. Der Radikalismus ist lebens- und menschenfeindlich, sein endgültiger Sieg wäre ein geschichtliches Unding. Deutschlands Zukunft liegt fern von all diesen Übertreibungen in der Richtung der Mitte, in der bürgerlichen Republik. Ich war einst gegen die Revolution, so wie ich jetzt gegen die Reaktion bin, ohne deshalb vielleicht inkonsequent zu sein. Die Revolution ist seitdem den Kinderschuhen entwachsen, hat die lebensfeindlichen Übertreibungen abgestreift, und schuf eine Plattform, die die Möglichkeit einer gesunden, vernünftigen Entwicklung verbürgt.»

Desiderius Papp

1] An drei Sitzungen des Albert Freiherrn von Schrenck-Notzing (1862–1929) nahm Mann im Dezember 1922/Januar 1923 teil und formulierte aus diesen Erfahrungen ‹Okkulte Erlebnisse›. Dem Medium Schneider widmete Schrenck-Notzing 1933 eine eigene Publikation.

ABC, Madrid, 2. Mai 1923

Im Gespräch mit Thomas Mann

Der berühmte Verfasser der ‹Buddenbrooks› steht sehr früh auf. Er traf am Montagabend um 11 Uhr mit dem Expreß aus Barcelona in Madrid ein, und am nächsten Tag, um 10 Uhr morgens, als er sich anschickte das ‹Museo Nacional de Pintura› zu besuchen, empfing er uns im Salon von Herrn Guillermo Ullmann.

«Das erste, was ich in Madrid besichtigen möchte», sagte er, «ist das Prado-Museum. Die spanische Malerei interessiert mich außerordentlich, sogar noch mehr als die italienische. Ich stelle zwischen beiden den gleichen Unterschied fest wie zwischen den beiden Ländern und den beiden Völkern. Die spanische Malerei ist männlicher als die italienische, sie hat mehr Energie und Entschlußkraft. Ich will die Gemälde von Velázquez, Greco, Goya und Murillo eingehend bewundern.

Seit meiner frühen Kindheit habe ich ein außerordentlich

großes Interesse für die iberische Welt im allgemeinen und für Spanien im besonderen empfunden, und das beruht wohl auf der Tatsache, daß in meinen Adern iberisches Blut fließt. Mein Großvater mütterlicherseits heiratete in Brasilien eine Kreolin; meine Mutter wurde in Brasilien geboren. Obwohl meine Kunst im wesentlichen deutsch ist und Einflüsse von Wagner aufweist, gibt es zweifellos in meinem Streben nach Vollkommenheit der Form und des geistigen Inhaltes ein lateinisches Element. Ich habe die spanischen Klassiker mit großer Aufmerksamkeit wieder und wieder gelesen, und in meiner Münchener Wohnung empfinde ich Sehnsucht nach den Mittelmeerländern. Eine meiner größten Freuden in den letzten Jahren empfand ich, als ich die spanische Übersetzung meiner beiden Romane ‹Tod in Venedig› und ‹Tristan› erhielt.»[1]

«Könnten Sie etwas über die deutsche Politik sagen? Was erwartet Deutschland vom passiven Widerstand an der Ruhr?»

«Ich kann ohne Übertreibung versichern, daß alle deutschen Parteien sich darin einig sind, daß der Widerstand im Ruhrgebiet fortgesetzt werden soll. Und glauben Sie nicht, daß unser Triumph einen Triumph der Reaktionären bedeuten würde. Im Gegenteil, es wäre der Triumph des Pazifismus, der Triumph eines entwaffneten Volkes über den Militarismus des Auslands; in diesem Fall ein Triumph über den französischen Nationalismus. Zum ersten Mal würde offenkundig, daß der Geist eines Volkes mehr vermag als die Bajonetten. Deshalb sollten uns alle Pazifisten der Welt in unserem Widerstand unterstützen.

Was die deutsche Innenpolitik betrifft, glaube ich, daß die Republik sich allmählich festigt und von keiner ernstlichen Gefahr bedroht wird. Die nationalistische Reaktion verfügt über einige militärische Organisationen (wie die Anhänger von Hitler); aber sie erhält keine geistige Nahrung, da sie von den Intellektuellen Deutschlands getrennt ist. Andererseits kann man nicht leugnen, daß eine größere Anzahl von Studenten in den Reihen der Reaktionäre steht, was darauf zurückgeht, daß ein Teil der heutigen Generation die Demokratie für eine bürgerliche, altmodische Ideologie hält und das Lager der Rechtsgerichteten, das heißt des Faschismus, oder der Linken, das heißt des Bolschewismus, bevorzugt. Auf der ganzen Welt gibt es eine Krise der Demokratie, und ich habe den Eindruck, daß gerade Deutschland das Land sein wird, welches den richtigen Weg der Mitte finden wird, indem es eine neue Form der Demokratie hervorbringen wird, geprägt vom Pazifismus und dem Humanitarismus, die in der deutschen Tradition stehen und durch Goethe, Hölderlin und Nietzsche ihren Ausdruck fanden. Die wertvollste Eigenschaft der Deutschen war schon immer ihr Universalitätsgefühl, welches über die nationalen Grenzen hinausblickt, ein Gefühl für Humanität, welches sich inmitten der entfesselten nationalistischen Tendenzen als die einzige Rettung Europas zeigt.»

Diese letzten Worte sprach er stehenderweise, mit aufrichtiger Rührung und Begeisterung, wobei er seine große, schlanke und jugendliche Gestalt aufrichtete.

Révész

Übersetzt aus dem Spanischen von Bienvenido de la Fuente.

1] ‹La muerte en Venecia y Tristan›, übersetzt von José Pérez Bances, Madrid u. Barcelona 1920.

Berliner Tagblatt, 18. November 1924

Thomas Mann für die deutsche Demokratie

«Der Weg zum Gedeihen – die deutsche Demokratie»
Gegen den internationalen Nationalismus

Thomas Mann, der augenblicklich in Dresden weilt, gewährte mir eine Unterredung, in der er sich über die Stellungnahme des deutschen Bürgertums zu den bevorstehenden Reichstagswahlen aussprach.

Thomas Mann führte aus: «Drei Probleme scheinen mir in diesen Tagen schwerwiegender politischer Entscheidung von Wichtigkeit zu sein. Erstens: die geistige Einstellung des deutschen Bürgertums zur Demokratie. In manchen Kreisen dieses Bürgertums scheint die Furcht zu herrschen, man opfere mit dem Bekenntnis zur Demokratie das geistige Prinzip, auf dem die deutsche Weltanschauung beruht. Der teils puritanische, teils unitaristische Geist einer demokratischen Dogmatik, der sich in dem höchst oberflächlichen Motiv ‹Gerechtigkeit und Profit› auszudrücken pflegt, scheint jenen Deutschen auf gleicher Basis zu beruhen mit der deutschen Demokratie. Das ist aber ein Grundirrtum. Demokratie ist keine westliche-re Philosophie, Demokratie ist vielmehr etwas national durchaus Abwandelbares! Die Demokratie, die wir Deutsche pflegen, hat ihren Ursprung durchaus in der deutschen Seele, die zu uns spricht, daß wir ohne das demokratische Prinzip heute überhaupt nicht mehr zu leben vermögen, denn eine Politik, die dieses demokratische Prinzip ablehnt, müsse unbedingt zur Katastrophe führen. Zwar könnte man sich denken, daß es Elemente gibt, welche eine solche Katastrophe herbeiwünschen, zum Beispiel die Kommunisten. Der deutsche Bürger, der ein Mensch der Würde, des Maßes, der Gesittung und der Kultur ist, kann seine Ordnung auf eine derartige Entwicklung nimmermehr setzen. Er ist auf den Weg angewiesen, der die Katastrophe vermeidet, und daher ist die deutsche Demokratie der Weg für alle deutschen Bürger.

Zweitens: Da die deutsche Demokratie für unsere ganze Politik der einzig mögliche Weg ist, so liegt für uns Deutsche in der Demokratie auch unsere nationale Ehre einbegriffen. Die Kreise des deutschen Bürgertums, welche meinen, ein Vertreter des deutschen demokratischen Prinzips könne lässig sein gegenüber seinen nationalen Pflichten, sind von einem groben Irrtum befangen. Gerade die Demokratie wird es sein, die Deutschland wieder zu Macht und Ehre emporführt. Darum glaube der deutsche Bürger nicht, daß er sich fallen lasse, wenn er sich zur Demokratie bekennt! Er bekennt sich als deutscher Demokrat vielmehr gerade zum nationalen Wiederaufstieg Deutschlands.

Drittens: Diesen Schmerz empfinde ich beim Anblick weiter Kreise der deutschen Jugend. Daß diese jungen Leute sich auf so falsche, für sie und das Vaterland so verderbliche Wege leiten lassen, ist um so mehr zu bedauern, als es biologisch sehr wertvolle Elemente sind, die den Problemen unserer nationalen Politik so verblendet gegenüberstehen. Dieser Jugend muß gesagt werden: Ihr spielt mit verkehrten historischen Parallelen! Ihr wollt das Jahr 1806[1] wieder aufziehen mit der Romantik seiner geheimen Rüstungen. Aber die Geschichte wiederholt sich nicht. Und mit eurem Tun arbeitet ihr nur dem auswärtigen Nationalismus in die Hände. Jede nationalistische Stimme in Deutschland ist eine Stimme für Poincaré. Es gibt keinen gefährlicheren Feind für die deutsche Politik als den internationalen Nationalismus. Diese Internationale ist für uns Deutsche viel verderblicher als der mit so viel Geschrei getadelte Internationalismus der Sozialdemokratie. Der internationale Nationalismus kann nur zu einem immer wieder erneuten, ewigen Weltkrieg führen, und somit zum Untergang aller Völker. Darum lasse sich die deutsche Jugend gesagt sein, daß Abkehr vom Nationalismus dem Gedeihen des deutschen Vaterlandes dient und daß der Weg zu diesem Gedeihen die deutsche Demokratie ist.» A.V.

1] Anspielung auf die Reorganisation Preußens nach dem militärischen Zusammenbruch, der auf Napoleons Siege bei Jena und Auerstädt (14. Oktober 1806) folgte.

Nationaltidende, Kopenhagen, 16. Dezember 1924

Thomas Mann in Kopenhagen

Ein Gespräch mit dem berühmten deutschen Schriftsteller

Großer Empfang gestern abend auf dem Bahnhof, als der Schriftsteller Thomas Mann mit dem Gedser-Zug ankam. Unter denen, die gekommen waren, ihn willkommen zu heißen, war der deutsche Minister von Mutius, der Vorsitzende des Schriftstellerverbandes Sophus Michaelis, Pastor Lampe als Repräsentant des Vereins «Tyske Litteraturvenner» und Presseattaché Dietrich.[1]

Keiner der Anwesenden kannte Thomas Mann persönlich; aber da es recht viele Jahre her ist, daß er seinen großen Durchbruch mit ‹Buddenbrooks› hatte, für die Professor Vilhelm Andersen das Vorwort schrieb, als es auf Dänisch herauskam[2], schätzte man ihn als eine ehrwürdige, alte Großvater-Gestalt ein.

Allgemeine Verwunderung, als er, der Himmel mag wissen wie, im Gedränge der Reisenden gefunden wird und sich als ein schlanker, jugendlicher, eleganter, pelzgekleideter Herr mit scharf geschnittenem Gesicht, einem kleinen, englisch-gestutzten Schnurrbart und hellen Gamaschen herausstellt. Na! Thomas Mann, der nach den ‹Buddenbrooks› eine ansehnliche Reihe von Büchern geschrieben hat, ist nun bald fünfzig

Jahre alt – er wurde 1875 als Sohn des Kaufmanns, Senator Mann in Lübeck geboren – aber er sieht jünger aus.

Wir wurden ihm vorgestellt, und auf dem Wege zum Wagen des Ministers Mutius war Gelegenheit zu einem kleinen Gespräch mit ihm. Er sollte ein paar Stunden im Heim des Ministers verbringen und abends gleich nach Aarhus weiterreisen, wo er heute, Dienstag, abends eine Vorlesung halten wird.

«Donnerstag bin ich wieder hier in Kopenhagen, und am Abend lese ich in der Studenterforening über Goethe und Tolstoi[3], die beiden Idealgestalten, die in gewissen Punkten verwandt sind», sagte er. «Und am Freitag halte ich den letzten Vortrag während meines Besuches hier, oder besser: meine letzte Vorlesung. Ich werde in dem Verein ‹Tyske Litteraturvenner› ein paar meiner kleineren Erzählungen vorlesen, insbesondere ‹Tonio Kröger›[4], deren Verbindung mit Dänemark darin besteht, daß ihre Handlung in Nordseeland stattfindet.»

«Sie sind also früher hier zu Besuch gewesen, Herr Mann?»

«Ja, vor ungefähr 25 Jahren. Ich verbrachte die Sommerferien in Aalsgaarde.[5] Aus diesen Eindrücken heraus schrieb ich ‹Tonio Kröger›, allerdings erst viel später – sonst ist meine Verbindung zu Dänemark eher über die Werke dänischer Schriftsteller gegangen. Ich kenne natürlich J. P. Jacobsen, Henrik Pontoppidan, Herman Bang, Michaelis[6] und viele andere.»

«Hat jemand von diesen einen besonderen Einfluß auf Ihr Werk gehabt – Sie in der einen oder anderen Richtung beeinflußt?» fragten wir.

«Ja, Herman Bang», antwortete Thomas Mann schnell. «Von ihm habe ich alles gelesen und viel gelernt. Und dann war ich natürlich wie alle jüngere deutsche Schriftsteller stark von Georg Brandes' ‹Hauptströmungen›[7] gefesselt.»

Wir erzählten Thomas Mann, daß die literarische Verbindung eine gegenseitige war, indem seine ‹Fiorenza›, ‹Der Tod in Venedig› und ‹Königliche Hoheit› ins Dänische übersetzt sind und viel gelesen werden.[8]

«Aber mein neues Buch, ‹Der Zauberberg›, kennen Sie noch nicht»[9], sagte er lächelnd, «und darin bin ich allen anderen Schriftstellern ähnlich, daß ich es für das beste halte, was ich geschrieben habe.

Sein Held ist ein junger Mann, der in ein Sanatorium in Davos kommt, weil er Tuberkulose hat. Davos ist der Zauberberg, der ihn sieben Jahre lang festhält. In dieser Zeit durchlebt er innere und äußere Kämpfe, die zusammen eine deutsche Entwicklungs- und Erziehungsgeschichte sind.»

«In welcher Zeit entstand es?»

«Ich plante das Buch als eine Novelle kurz vor dem Kriege. Während ich es schrieb, wuchs und wuchs es, bis ich es jetzt vor kurzer Zeit als ein großer Roman beendete. Es berührt viele aktuelle Dinge, auch politische.»

«Man sagt in Deutschland, Sie seien Pazifist.»

«Pazifist», sagte Thomas Mann in einem nicht eben geschmeichelten Ton. «Ich gehöre keiner pazifistischen Partei an, überhaupt keinem Lager. Aber ich bin ein Freund des Friedens. Rein verstandesmäßig meine ich, daß eine solche Katastrophe wie die erlebte nicht wiederholt werden kann – eine Wiederholung würde Europa vernichten. Jeder, dem Glauben geschenkt wird, wenn er schreibt oder redet, ist meiner Meinung nach dazu verpflichtet, vor dem Krieg zu warnen.»

«Sie sind doch irgendwie Politiker?»

«Politik ist ja unvermeidlich», lächelt Herr Mann. «Die Ideen, für die ich eingetreten und auf Grund derer ich Pazifist genannt worden bin, sind bei den breiten Massen in Deutschland nicht populär. Gerade deshalb meine ich, daß jeder geistige Mensch das Seine zu ihrer Verbreitung tun muß.»

Minister Mutius und sein Wagen warten.

«Wenn man hier in Dänemark sonst noch etwas über meine Ideen wissen will, dann lesen Sie den ‹Zauberberg› », sagte Thomas Mann, während wir ihn zum Wagen begleiten. Das Gespräch wurde in einer Ecke des Wartesaals zweiter Klasse geführt. «Da steht alles drin. Und auf Wiedersehn, wenn ich aus Aarhus komme!»

Haagen

Übersetzt aus dem Dänischen.
Mann nahm während seines Aufenthalts in Dänemark vom 15.–21. Dezember 1924 an der Gründungsfeier der Gesellschaft «Freunde deutscher Literatur» in Aarhus teil und las auch in der Kopenhagener Literaturgesellschaft «Tyske Litteraturvenner» aus eigenen Werken vor. – 1] Gesandter v. Mutius und Presseattaché Dietrich von der deutschen Botschaft, Pastor Lampe von der deutschen Sct. Petri Kirche in Kopenhagen und der dänische Schriftsteller Sophus Michaelis (1865–1932). – 2] ‹Huset Buddenbrook›, Kopenhagen 1903; Vilhelm Andersen (1864–1953) schrieb das Vorwort, nachdem Georg Brandes diesen Auftrag abgelehnt hatte. – 3] Diese Vorlesung leitet vermutlich die Arbeit an der zweiten Fassung des Essays ein, vgl. GW IX, 58 ff. – 4] Mann las außerdem ‹Das Eisenbahnunglück›. – 5] In der zweiten Septemberwoche 1899. – 6] Während Mann regelmäßig Jens Peter Jacobsen (1847–1885), Henrik Pontoppidan (1857–1943) und

Herman Bang (1857–1912) erwähnt, wenn er seine Kenntnis dänischer Literatur auszuweisen hat, wird Sophus Michaelis offensichtlich vor allem deshalb hervorgehoben, weil er als Vorsitzender des dänischen Schriftstellerverbandes persönlich anwesend ist. – 7] Im Nekrolog vom 20. Februar 1927 schreibt Mann: «Seine ‹Hauptströmungen›, diese Bibel des jungen, intellektuellen Europas von vor dreißig Jahren, wird ständig als ein klassisches Dokument in der Geistesgeschichte des neunzehnten Jahrhunderts stehen bleiben . . .», vgl. GW XIII, 826. – 8] ‹Fiorenza›, Kopenhagen 1913, ‹Døden i Venedig›, Kopenhagen 1913, ‹Hans Kongelige Højhed›, Kopenhagen 1910. – 9] ‹Der Zauberberg›, am 28. November 1924 in Deutschland erschienen, wurde erst 1930 ins Dänische übersetzt (‹Troldfjeldet›).

Wiener Allgemeine Zeitung, 3. Juni 1925

Thomas Mann über Hindenburg

Für die «Vereinigten Staaten von Europa»

Thomas Mann, nebst Hauptmann und seinem Bruder Heinrich Mann der große repräsentative Schriftsteller der deutschen Gegenwart, weilt seit gestern in Wien. Er ist auf Einladung des Wiener Pen-Clubs gekommen, der ihn anläßlich seines fünfzigsten Geburtstages in Wien feiern will. Er wird heute abend im Pen-Club (in den Räumen der Politischen Gesellschaft, 1. Bez., Annagasse 5) einen Vortrag über ‹Kultur und Nation›[1] halten, ferner wird sein bekanntes Stück ‹Fiorenza› morgen abend im Deutschen Volkstheater aufgeführt. Heute nach dem Vortrag wird auch zu Ehren des Festgastes ein Bankett veranstaltet. Wir hatten Gelegenheit, mit dem Meister gleich nach seiner Ankunft in Wien eine interessante Unterredung zu haben, während der er auch über Hindenburg bemerkenswerte und wahrscheinlich aufsehenerregende Aeußerungen machte.

Zuerst erzählte Thomas Mann, daß er sich gegenwärtig nur mit kleineren Arbeiten befasse. Seit Erscheinen seines großen Romans ‹Der Zauberberg› schrieb er nur einige Artikel für die ‹Neue Rundschau›[2], dann machte er eine Mittelmeerfahrt, die ihn auch nach Konstantinopel und nach Griechenland führte und schrieb auch über diese Fahrt einige Artikel.[3] In nächster Zukunft erscheint als zehnter Band seiner Gesamtwerke bei S. Fischer, Berlin, ein Essay-Band mit drei Essays[4], nämlich ‹Goethe und Tolstoi› (aus diesem Essay liest er heute einen

Teil), dann die berühmte Rede über die deutsche Republik, die er in Berlin gehalten hat, ferner seine ‹Okkulten Erlebnisse›. Ueber seine weiteren Pläne befragt, sagte er, daß er historische Novellen schreiben wolle, von denen er einige schon «innerlich verarbeitet»[5] habe und demnächst auch zu Papier bringen werde. Dann will er zu seinem bekannten Hochstapler-Roman wieder einige Teile hinzufügen.

Unsere nächste Frage war, wie er über Hindenburgs Wahl urteile.[6] Thomas Mann antwortete wörtlich:

«Ich war gegen die Wahl Hindenburgs, weil ich fürchtete, daß es als Zeichen für den allgemeinen seelischen Zustand Deutschlands nicht günstig wirken würde, wenn ein Mann der Vergangenheit, ein Recke der Vorzeit, wie ich mich auf eine Anfrage in der letzten Zeit humoristisch äußerte, an die Spitze des Reiches berufen würde. Ich habe starke Befürchtungen gehegt, über die Wirkung dieser Wahl auf das Ausland und auf Deutschland selbst, weil ich eine Verschärfung der inneren politischen Gegensätze, eine neue Epoche der Unruhen und wirtschaftliche Unsicherheit kommen sah. Glücklicherweise scheint dieser Pessimismus einigermaßen unberechtigt gewesen zu sein. Das Ausland hat sich zu der Herzenswohltat, die die deutsche Nation sich da gegönnt hat, sehr vernünftig verhalten, und da auch Hindenburg entschlossen scheint, sich sehr vernünftig zu benehmen und zur Republik zu stehen, so ist beinahe zu hoffen, daß seine Wahl statt der befürchteten Verschärfung der inneren Spannung einen gewissen innerpolitischen Ausgleich zur Folge haben wird.»

Wir richteten dann an Thomas Mann die Frage, wie seine Einstellung gegenüber der Idee der Vereinigten Staaten von Europa sei. Er antwortete:

«Ich habe eben an einer Enquete teilgenommen, bei der die zwei Fragen an mich gestellt wurden, ob ich die Vereinigten Europäischen Staaten erstens für notwendig und zweitens für möglich halte. Ich habe bei der Enquete folgende Aeußerungen getan (die Resultate dieser Enquete wurden noch nicht veröffentlicht):[7] Ich halte die Vereinigten Staaten von Europa für unbedingt notwendig, wenn auch gewiß nicht in der amerikanischen Form, sondern höchstwahrscheinlich in einer lokkeren, in einer föderalistischen Form. Ich bin, dies muß ich betonen, keinesfalls ein Internationalist, ich schätze sogar die in einem vernünftigen, gesunden Nationalismus steckenden Kräfte hoch ein. Im Rahmen der Vereinigten Staaten Europas aber glaube ich, würde ein gesunder Nationalismus eher gedeihen, die Kathologie und Ueberhitzung des Nationalismus im allgemeinen würde abflauen und er würde viel echter und menschlicher werden.»

Thomas Mann, der gestern abend der Vorstellung der ‹Antonia› im Raimund-Theater beiwohnte, gedenkt bis zum 4. Juni in Wien zu verweilen, um dann nach München zu reisen, wo er wieder anläßlich seines Geburtstages gefeiert werden soll.

Thomas Mann weilt in Gesellschaft seiner Frau und Tochter in Wien. Die Tochter[8] ist Schauspielerin, gegenwärtig bei Reinhardt, ist aber bereits an das Bremer Schauspielhaus verpflichtet.

E. G.

1] Vers. für das Kapitel *Natur und Nation* von ‹Goethe und Tolstoi›. – 2] ‹Zu Goethes Wahlverwandtschaften› im Aprilheft der ‹Neuen Rundschau›, Berlin; im Juniheft die Erzählung ‹Unordnung und frühes Leid›. – 3] ‹Unterwegs› in ‹Vossische Zeitung›, Berlin, Nr. 173 vom 12. April 1925, vgl. GW XI, 355 ff. – 4] ‹Bemühungen›, Berlin 1925. Der Untertitel ‹Neue Folge der Gesammelten Abhandlungen und kleinen Aufsätze› verrät schon die breitere Palette der Sammlung. – 5] Neben den Plänen zu Philipp II. und Erasmus hat Mann wohl auch schon eine Joseph-Novelle ins Auge gefaßt. – 6] Die Wahl des Generalfeldmarschalls Paul von Beneckendorff und von Hindenburg (1847–1934) zum Reichspräsidenten (am 26. April) war erst im zweiten Wahlgang gegen den Kandidaten der Weimarer Koalition, den früheren Reichskanzler Wilhelm Marx, erfolgreich. Mann hatte am 26. April in der ‹Neuen Freien Presse›, Wien, vor dem «Recken aus der Vorzeit» gewarnt (‹Rettet die Demokratie!›). – 7] Auch eine spätere Veröffentlichung konnte nicht ermittelt werden. – 8] Erika.

Brooklyn Daily Eagle, 13. September 1925

«Whitmans Einfluß formt die deutsche Demokratie», sagt Mann. «Nennt ihn Amerikas Nietzsche.»

«Vor allem möchte ich gern Amerika besuchen.» Das waren die liebenswürdigen Worte, mit denen der Mann, dessen fünfzigsten Geburtstag ganz Deutschland und Österreich feiert, mich begrüßte.

«Warum», fragte ich, «möchten Sie Amerika so gern besuchen?»

«In Amerika», antwortete Thomas Mann, «wird ein großes, neues geistiges Leben geboren.»

Wir setzten uns in den Aufenthaltsraum des Hotels Österreichischer Hof am Ufer der raschfließenden Salzach, um über alle Welt zu sprechen.

Da sowohl ‹Main Street› als auch ‹Babbitt› in Deutschland viel gelesen werden, fragte ich Thomas Mann, was er von Sinclair Lewis[1] halte.

«Lewis?» fragte er, «wer ist Lewis?»

«Haben Sie noch nie etwas über den Autor von ‹Main Street› gehört?»

«Niemals», so Thomas Mann.

Nachdem ich einen Amerikaner mit einem so peinlichen Resultat aufs Tapet gebracht hatte, schien es sicherer, Thomas Mann die Initiative zu überlassen. «Wer», fragte ich, «ist der größte Amerikaner?»

«Das», sagte Thomas Mann, «ist die leichteste Frage, die Sie stellen konnten. Ganz ohne Zweifel Walt Whitman. Walt Whitman ist der Nietzsche Amerikas.»

«Warum», fragte ich, «verbinden Sie die beiden Namen?»

«Vor allem», antwortete Thomas Mann, «weil die beiden heute in Deutschland verbunden sind, nicht nur im Bewußtsein des Volkes, sondern durch sich selbst.»

«Auf welche Weise?» fragte ich.

«Ganz allgemein», antwortete Mann. «Whitmans Arbeiten, nicht nur seine Poesie, sondern auch seine Prosa, sind von Reisiger sehr gut ins Deutsche übersetzt worden. Sie wurden von Fischer, der meine Bücher verlegt, veröffentlicht.[2] Diese deutsche Whitman-Ausgabe übt zusammen mit Nietzsche den Haupteinfluß auf das derzeitige deutsche Denken aus, nicht nur auf das deutsche literarische Denken, sondern auch auf das deutsche politische Denken.»

«Was», fragte ich, «wird das Ergebnis dieses Einflusses sein?»

«Unter dem gemeinsamen Einfluß von Whitman und Nietzsche», sagte Thomas Mann – und er hob dies bewußt hervor –, «wird Deutschland eine wahre Demokratie werden. Dabei ist es ohne Bedeutung», fuhr er fort, «– und das ist der zweite Grund, weshalb ich sie zusammenstelle – daß Whitman und Nietzsche in ihren Ländern gleichzeitig, d. h. während des Krieges, zur Geltung kamen. Es war verfehlt anzunehmen, daß – vor dem Krieg – Nietzsche irgendeinen größeren Einfluß auf das deutsche Denken ausübte. Nietzsche wird sich als ein großer demokratisierender Einfluß erweisen.»

Mann unterbrach sich selbst an diesem Punkt, um zu fragen, «Kennen Sie Alfred Knopf?»[3]

«Ich habe mit Herrn Knopf gesprochen», sagte ich.

«Ich glaube, daß er bereits in Berlin ist», sagte Mann, «und ich würde ihn lieber treffen als jeden anderen. Es ist merkwürdig mit euch Amerikanern. Alfred Knopf ist, wie ich verstehe, ein sehr junger Mann, und dabei ist er einer der hervorragendsten Personen der Gegenwart.»

«Haben Sie den ‹American Mercury› gesehen?» fragte ich. Ich war neugierig zu erfahren, worauf Manns hohe Einschätzung Knopfs beruhte.

«Leider nicht», antwortete Mann, «aber ich habe ein Exemplar bestellt.»

«Was meinen Sie über Eugene O'Neill?»[4] fragte ich. Es war eine gute Frage, denn sie zeigte Thomas Mann auf der Höhe seiner Begeisterung. Seine Augen leuchteten. Ein Ausruf kam von seinen Lippen wie das Knistern eines Blitzes.

«Ah! Das ist eine Persönlichkeit! O'Neill ist absolut neu und andersartig und ein wirklicher Dramatiker. Er ist eine der großen Figuren in der Geschichte des Theaters. ‹All God's Chillun Got Wings› ist eines der eindrucksvollsten Schauspiele, die je geschrieben worden sind.»

«O'Neill», bemerkte ich, «wird in diesem Jahr seine dramatische Version von ‹The Revelation of St. John, the Devine› aufführen.»

«Nur er kann es machen», sagte Mann. «Es wird sehr sehenswert sein.»

«Was ‹All God's Chillun› anbelangt», sagte ich, «so erinnert mich das an die sehr große Popularität der Negermelodien im heutigen Deutschland. Wie erklären Sie das?»

«Nicht nur in Deutschland», sagt Mann, «ist die Negermelodie populär. Sie ist es eigentlich in ganz Europa.» Zum ersten Mal während des Interviews kam ein trauriger, wehmütiger Ton in Manns Stimme. «Europa ist gebrochen und müde, und die Negermelodie ist ein Wiegenlied, das tröstet und beruhigt. Wenn Europa sich ausgeruht hat und wieder zu Kräften gekommen ist, wird es sehr in der Schuld des amerikanischen Negers stehen.»

Ich erwähnte Marcel Proust.

«‹Auf der Suche nach der verlorenen Zeit›», sagte Mann

mehr zu sich selbst als zu mir.[5] «Das ist es», sagte er. «Proust hat es exakt getroffen, nicht nur im Titel seines kolossalen und großartigen Werkes, sondern auch im Roman selbst.

Ich will Ihnen etwas sagen: Wir sind wirklich ‹Auf der Suche nach der verlorenen Zeit›. Proust illustriert es perfekt. Er schreibt überhaupt nicht wie ein Franzose. Er schreibt wie ein Engländer. Deshalb ist die englische Übersetzung seines Werkes eine der reizendsten Sachen in englischer Sprache. Joseph Conrad und Oscar Wilde überführten die eine Hälfte der französischen Literatur in englische Literatur und Dostojewski und Maxim Gorki die andere Hälfte in russische Literatur. So etwas wie ‹französische› Literatur gibt es nicht mehr. Das gleiche gilt für die deutsche Literatur. Sie wird englisch, amerikanisch. Die treffendste Aussage über Kunst und Literatur in Europa ist, daß sie in allen Ländern ihren nationalen Charakter verliert. Sie wird internationalisiert.»

Der größte lebende deutsche Schriftsteller lächelt und erhebt sich, um zu gehen.

«Was ist mit München?» fragte ich, indem ich ihn für einen Augenblick aufhielt. München ist Thomas Manns geliebte Heimat, und in den letzten Jahren ist München nicht eben freundlich zu beispielsweise Ernst Toller[6] und überhaupt zu Künstlern gewesen. München hat es sich angewöhnt, Leute, die denken, ins Gefängnis zu stecken, und einige von diesen sind überhaupt nicht wieder herausgekommen.

«München», sagte Thomas Mann, «ist im Begriff sich zu erholen, das kann ich glücklicherweise sagen. Von alters her war es die Stadt der Demokratie, der Jugend und der Kunst. Seitdem hat es seine Rote Revolution und seinen Weißen Terror gehabt. Aber jetzt ist es wieder, was es einst war – die Stadt der Demokratie, der Jugend und der Kunst.»

Nelson Junius Springer

Gespräch in Salzburg vom 11. September. Übersetzt aus dem Englischen.

1] Vom amerikanischen Schriftsteller Sinclair Lewis (1885–1951): ‹Main Street› (1920), seit 1922 als ‹Die Hauptstraße› ins Deutsche übersetzt, und ‹Babbitt› (1922), 1925 übersetzt vorliegend. 1930 erhielt er den Nobelpreis. – 2] Walt Whitmans (1819–1892) ‹Werk› erschien, übersetzt von Manns langjährigem Freund Hans Reisiger (1884–1968) in zwei Bänden, Berlin 1922. Mann feierte Whitman danach als Ahnung einer «zukunftsmächtigen Humanität» (GW X, 626 f.). Samuel Fischer (1859–1934) war Manns Hausverleger seit dem ersten Buch. – 3] Im Verlag von Alfred A. Knopf (geb. 1892) erschienen seit 1916 (‹Royal Highness›) die Übersetzungen der Werke Manns ins Amerikanische. Der ‹American Mercury›, den er mitbegründete, erschien von 1924 bis 1934 in seinem Verlag. – 4] Das «Negerstück» ‹All God's chillun got wings› des Dramatikers Eugene O'Neill (1888–1953) machte seit 1924 Furore. – 5] Von Marcel Proust (1871–1922) wurde im Rahmen der ‹A la recherche du temps perdu› 1925 ‹Albertine disparue› publiziert, erst 1927 der Schlußteil ‹Le temps retrouvé›. – 6] Der Expressionist Ernst Toller (1893–1939) kam nach der Niederwerfung der Münchner Räterepublik (1919) in Festungshaft; am 15. Juli 1924 war er entlassen worden. Mann setzte sich mehrfach für ihn ein (vgl. ‹Der Fall Toller. Kommentar und Materialien›, hrsg. von Wolfgang Frühwald u. John M. Spalek, München u. Wien 1979, S. 81 u. 179f.).

Berliner Börsen-Courier, 30. Oktober 1925

Gespräch mit Thomas Mann über den Zauberberg

Thomas Mann ist auch im Gespräch von einer geistigen Lebhaftigkeit und Elastizität, von einer Treffsicherheit des Ausdrucks und Sicherheit der Gedankenführung, der ich sonst nur ein einziges Mal begegnet bin. Wo? In Lausanne, bei C. F. Ramuz, dem großen waadtländer Dichter.[1] Die Aehnlichkeit sprang mir blitzartig in die Augen:

«Als Schriftsteller kann man Sie mit Ramuz kaum vergleichen. Doch die Aehnlichkeit im äußeren Habitus ist frappierend. Außerdem ist Ramuz ein ebenso glänzender Sprecher und Improvisator wie Sie.»

«Ich habe eine portugiesische Mutter. Doch ich glaube, daß der romanische Einschlag nicht nur meiner äußeren Person, sondern auch meinem ganzen künstlerischen Schaffen unverkennbar seinen Stempel aufdrückt.»

«Das geht so weit, daß in Ihrem letzten Buch, dem ‹Zauberberg›, der Deutsche scheinbar schlecht abschneidet. Settembrini und Naphta, ja selbst Peeperkorn haben mehr Gesicht als Hans Castorp – von Joachim ganz zu schweigen. Doch ich meine, es ist nur scheinbar so. Das Deutsche liegt mehr hinter dem Werk in Ihrer eigenen Einstellung zu den Welten und Gegenwelten des Buches beschlossen.»

«Gewiß, mein Standpunkt zu den Personen des ‹Zauberberges› ist voller Vorbehalte. Ich möchte keine meiner Figuren missen, die ergänzen einander auch im geistigen Sinn, sie machen die Welt voll ... Doch dies alles habe ich Hans Castorp mitgegeben. Er ist zwar ein erziehungsbedürftiger und erziehbarer junger Mann, doch zugleich verschmitzt und verschlagen. Schon in seinem Verhältnis zum Tode und zum Laster kommt etwas Bereitwilliges, Offenes und Waghalsiges zum Vorschein – der Wille, alles zu Ende zu experimentieren. Doch wie bei allen Abenteurern ist sein Verhältnis zu den Prinzipien ein vorbehaltvolles, verschmitztes. Er will sich nicht festlegen. Sobald Settembrini in ihn dringt, geht er, nicht ohne Schalkhaftigkeit, der Entscheidung aus dem Wege. Diese Haltung scheint mir der Zwischenstellung Deutschlands zu entsprechen – und insofern ist etwas zutiefst Deutsches in Hans Castorp.»

«Ist Joachim nicht auch deutsch? . . .»

«Joachim verkörpert eine andere Seite des Deutschtums. Er soll zwar keineswegs als symbolische oder allegorische Figur verstanden werden. Doch Symbol und Allegorie fließen immer in die lebendige Gestaltung mit hinein. In einem solchen, nur mitenthaltenen Sinne verkörpert Joachim, den es aus der toten Sphäre der Berge in das Flachland zurückverlangte, das dienstfromme, preußische Prinzip – eine Dienstfrömmigkeit, die über das bloß Militärische hinaus in das Lebensdienstliche gesteigert ist.»

«Joachim ist gar zu simpel . . .»

«Ja, Hans Castorp ist viel interessanter. Er hält das Experimentieren für das wahre Dienen. Er widersteht nicht dem Bösen.»

«Er ist gar nicht naiv.»

«Was er an Naivität mitbrachte, das streift er rasch ab. Er kam, beispielsweise, mit einem gewaltigen Respekt vor dem Tode. Doch er wird immer mehr ernüchtert. Es handelt sich im wesentlichen um seine Desillusionierung.»

«Immerhin – Hans Castorp bleibt ein Werdender und Suchender. Stellt er nicht das Werden höher als das Sein?»

«Er entscheidet sich nur zögernd für das Positive. Doch einmal nähert er sich dem Positiven, ja er ist mittendrin. Dies geschieht im Augenblick seiner größten Todesnähe, im Kapitel ‹Schnee›. Hier träumt er einen Traum schöner Menschlichkeit, in welchem die Synthese der Naphta- und der Settembriniwelt gleichsam vorweggenommen ist. Er ist ein geopferter Vorläufer. Es ist ihm nicht recht vergönnt, den neuen Begriff von Humanität zu erleben. Er verschwindet im Kriege. Doch bevor er verschwindet, ahnt er etwas.»

«Sie sprachen von dem Kapitel, das ‹Schnee› betitelt ist . . . Gerade hier erreicht Ihre Kunst der psychologischen Zergliederung einen Gipfelpunkt, der mich an Marcel Proust gemahnte.»

«Ja, es besteht eine geheime Verwandtschaft zwischen Proust und mir. Das liegt wohl an der Proustschen Art, den Alltag zu romantisieren, das nichtige Detail zu heben und merkwürdig zu machen. Auch ich bin weniger für die großen als für die kleinen Dinge. Daher das Mikroskopische bei Proust und mir.»

«Sie betonten soeben das Positive, das Hans Castorp ahnte und zu dem er sich späterhin wohl auch bekannt hätte. Ich selbst würde mir seine Entwicklung ganz anders denken. Ich vermag mir sehr wohl vorzustellen, daß Settembrini – hat er durch Sie nicht auch außerhalb des Romans wirkliches Leben empfangen? – mir eines Tages in Davos begegnen könnte. Ich würde die Gelegenheit gewiß nicht vorübergehen lassen, ohne ihn mit unzähligen Fragen zu bestürmen. Und würde Settembrini mich dann seinerseits nach dem Verbleib Hans Castorps fragen, so gäbe ich ihm ohne Besinnen zur Antwort: Ja, in Hamburg bin ich ihm einmal begegnet; doch er hat den Namen gewechselt; er lebt dort unter dem Namen – Christian Wahnschaffe.»[2]

«Nein, ich glaube nicht, daß mein Hans Castorp, sollte er den Krieg überlebt haben, dem russischen Einfluß erlegen wäre. Dazu ist er zu frei, zu sehr aufs Balancieren bedacht. Er wäre heute, auch geistig gesprochen, ein Anhänger der Politik der freien Hand und würde vielleicht gerade in diesem Augenblick mehr dem Westen zuneigen. Deutschland steht zwischen Ost und West als das Land der Mitte. Diese seine ewige Situation hat ein beständiges Lavieren im Gefolge. Die Möglichkeit der höheren Synthese muß immer gewahrt bleiben. Ich bin gewiß entzückt von den Ergebnissen von Locarno.[3] Doch ich sehe hier im Großen nur dasselbe, was sich im Kleinen auf dem Zauberberg abspielte. Das Entgegenkommen, das Deutschland in Locarno gefunden hat, wurzelt in der Furcht vor dem Bolschewismus.[4] Settembrinis und Naphtas Werben um Hans Castorps Seele entspricht ganz dem politischen Werben der gegenfüßlerischen östlichen und westlichen Mächte um – Deutschlands Seele. Deutschland befindet sich heute wiederum in der ebenso heiklen wie charakteristischen Lage, zu wählen – ohne wählen zu können. Es besteht immer die Gefahr, daß es sich von der einen Seite zu sehr einwickeln läßt. Seine eigentliche Aufgabe wäre vielmehr etwas

Drittes ... Doch ich lege heute für meine Person das Gewicht ganz bewußt mehr auf die westliche Seite.»

«Indem es beständig laviert, läuft Deutschland die Gefahr der Verzettelung. Es ist doch nicht Zufall, daß es eine dauerhafte Synthese in Deutschland eigentlich noch nie gegeben hat!»

«Die Synthese liegt in der Zukunft. Es ist die Aufgabe von uns Aelteren, soweit wir lebensfreudig sind, die Fühlung mit der Zukunft nicht zu verlieren. Ich sehe zwei große Mittel, die es uns Aelteren ermöglichen, gute Beziehungen zur Zukunft zu wahren – Nietzsche und Rußland.»

«Eine nationale Synthese ist nur denkbar, wenn sie aus einer sichtbar gemachten Tradition hervorwächst. Es gibt wohl eine deutsche Tradition, in der die spätere Synthese keimartig beschlossen liegt. Doch sie fließt unterirdisch. Man kennt sie nicht und niemand scheint sich der Mühe unterziehen zu wollen, sie endlich ins Bewußtsein zu heben und für alle sichtbar zu machen.»

«Die deutsche Tradition ist verschwommen und heimlich. Doch Nietzsche sah in dem ‹Meistersingervorspiel›[5] etwas spezifisch Deutsches. Hier wäre die deutsche Tradition in sichtbarer Verkörperung hervorgetreten.»

«Worin besteht das Deutsche im ‹Meistersingervorspiel›?»

«Das läßt sich in Worten kaum sagen.»

«Es ist also vielleicht doch nur das Werden. Verrät nun die Unmöglichkeit, das deutsche Wesen klar zu definieren, einen Mangel oder einen Reichtum?»

«Ein Plus und ein Minus zugleich. Ein Plus, weil die Möglichkeiten des Werdens und der Entwicklung, also die eigentlichen Lebenswerte, nicht beschnitten sind. Ein Minus, weil dem deutschen Menschen in fast tragischer Weise die endgültige Form versagt bleibt. Demzufolge besteht das berechtigte Bestreben, das Deutschtum zur Form und zu einem klaren Begriff seiner selbst anzuhalten. Da das Musikalische als verschwommen und alles Verschwommene als formfeindlich betrachtet werden kann, hat es zu jeder Zeit Deutsche gegeben, die der Auflösung ins Musikalische widerstreben. Nietzsches Ueberwindung Wagners war eine große stellvertretende geistesgeschichtliche Tat – eine Tat heroischer Selbstüberwindung.[6] Heute hat Stefan George ein ähnliches Verhältnis zur Musik, die er, um der deutschen Plastik willen, befehdet.»

«Dem Gegensatz von Osten und Westen entspricht also, auf

einer anderen Ebene, der Gegensatz von Musik und Plastik?»

«Die Renitenz gegen das Russische geht Hand in Hand mit der Renitenz gegen das Musikalische. Auch ich mißtraue heute dem Musikalischen und bin mehr auf plastische Klarheit und formale Geschlossenheit bedacht. Die Gefahr der Verweichlichung ist zu groß.»

«Wenn Sie heute dem plastischen Element, das mit dem westlichen in hohem Maße identisch ist, den Vorzug geben, dann neigen Sie, mit anderen Worten, mehr zu Settembrini?»

«Mit dem Castorpschen Vorbehalt . . . Naphta – eine zerrissene, unglückliche, zutiefst problematische Natur – hat zwar sachlich in vielen Punkten gegen Settembrini recht. Doch ich bin mehr auf Seiten Settembrinischer Lebensfreudigkeit – wenn ich auch vollkommen auf keiner Seite bin. Am ehesten möchte ich mich noch mit Hans Castorp identifizieren, insofern er im Kapitel ‹Schnee› einen positiven Augenblick hat. Ein kompositioneller Fehler meines Buches ist, daß das Schneekapitel nicht am Ende steht. Die Linie senkt sich, anstatt sich nach oben zu wenden und in jenem positiven Erlebnis zu gipfeln.»

«Ich bewundere am meisten die Komposition des ersten Bandes.[7] Im zweiten Band bewundere ich, daß es Ihnen gelungen ist, abstrakte Ideen bis auf den letzten Rest episch zu machen. Doch späterhin gewann ich den Eindruck, daß Sie in Peeperkorn dem Ideellen das Vitale als gleichwertiges Gegengewicht gegenüberstellen wollten. Hier haben wir wieder einen neuen Gegensatz – und ein neues Balancieren.»

«Ich wollte wohl dem Ideellen und Abstrakten ein Stück Natur gegenüberstellen. Doch in der Natur sehe ich keineswegs das absolut Positive, denn sie hat auch etwas Unzulängliches. Peeperkorns Tragik ist, daß er versagt. Er hat nebenbei auch eine symbolische Bedeutung. Er verkörpert die deutsche Kraftverschwendung. Denken Sie an den Dreißigjährigen Krieg, denken Sie auch an den Weltkrieg.»

«Muß nicht alle Natur, die nicht über das intellektuelle Rüstzeug verfügt und sich blindlings auf die heute so überschätzten Mächte des Unbewußten verläßt, notwendig versagen?»

«Ja, darin kann ich Ihnen nur vollkommen beistimmen. Man neigt in Deutschland viel zu sehr dazu, das Dichterische mit dem Dummen, Unbewußten, Außergeistigen zu identifizieren. Ich halte es für notwendig, den Wert des Schriftstellerisch-Geistigen zu betonen. Der bewußte Prosaist, in welchem sich der Geist europäischer Kritik verkörpert, kann Deutschland mehr helfen, als der reine Tor, der tumbe Dichter. Wir brauchen – und das ist wiederum eine Frage des Balancierens – geistige Selbstdisziplin, Selbstkritik und Selbstkorrektur, nicht Selbstverhimmelung und intellektuelle Verschlafenheit.»

«Ihr ‹Zauberberg› ist von einer großen intellektuellen Wachsamkeit. Doch man könnte etwas Gefährliches, ja Dämonisches darin sehen, daß Sie mit den Ideen nur spielen, indem Sie Wortgefechte zwischen erfundenen Personen anzetteln, wobei Sie keinerlei Verantwortung tragen.»

«Eine Einstellung, die es auf Erkenntnis um der Erkenntnis willen absieht – und das, nicht ein spielerischer Betätigungsdrang des Denkens, war meine tiefere, aufbauende Absicht – sollte in Deutschland nicht befremdend wirken. Das Bedürfnis, das allenthalben nach geistiger Hilfe und eindeutiger Stellungnahme besteht, ist zwar unverkennbar. Mein ‹Zauberberg› wurde deshalb in manchen Kreisen als ‹relativistisch› empfunden. Doch diese Empfindung beruht auf einem Mißverständnis. Ich habe für meine Person nicht viel für jene Philosophen übrig, deren verschämter Relativismus in einer bloß verfeinerten und veränderten Spielart unter dem Decknamen Totalität wiederkehrt. Mir war es wirklich um Totalität zu tun. Die großen Dialoge im ‹Zauberberg›, bei denen scheinbar nichts herauskommt, sind nicht dazu da, die Nutzlosigkeit aller Gedankenarbeit nihilistisch darzutun. In dieser Ergebnislosigkeit ist jedesmal die Lebensfreundlichkeit und der gute Wille mitenthalten, über alle vorläufigen Formulierungen hinauszusehen. Jede Doktrin, so lebenswichtig und über alle Verunglimpfungen erhaben sie auch sein mag, wird irgendwie ironisiert. Doch gerade diese Ironie, die wiederum eine intellektuelle, zugleich aber eine lebensfreundliche ist, überwindet den Nihilismus. Sie ist lebensoffen, weltoffen. Mein Buch ist nicht höhnisch, nicht boshaft, nicht mephistophelisch, wie etwa Flauberts ‹Bouvard und Pécuchet›.»[8]

«Sie wollten im ‹Zauberberg› nicht predigen, sondern? . . .»

«Zur intellektuellen Klarheit über das Leben erziehen.»

«Es ist heute Mode geworden, den Intellekt zu schmähen . . .»

«Die Leute wollen immer etwas ganz anderes sein, als sie sind. Indem unsere Intellektuellen den Intellekt schmähen, treffen sie nur den ordnenden und durchschauenden Geist, den sie zuweilen besitzen, zuweilen aber auch nicht besitzen ...»

B. Guillemin

1] Charles Ferdinand Ramuz (1878–1947), im Kanton Waadt geboren, siedelte seine Prosa und Lyrik stofflich ebenfalls im Waadt an. – 2] Titelheld von Jakob Wassermanns (1873–1934) Roman ‹Christian Wahnschaffe›, Berlin 1919. – 3] Im Vertrag von Locarno (16. Oktober) hatte sich eine Reintegration Deutschlands in Europa auf der Grundlage einer deutsch-französischen Verständigung angebahnt. – 4] Seit der deutsch-sowjetischen Kooperation von Rapallo (16. April 1922) war die diplomatische Isolierung Deutschlands gescheitert. – 5] Vgl. Nr. 240 in Nietzsches ‹Jenseits von Gut und Böse›; Eröffnungsstück des achten Teils «Völker und Vaterländer». – 6] ‹Der Fall Wagner›, 1888, thematisierte den Selbstüberwindungsprozeß. – 7] ‹Der Zauberberg› erschien 1924 in zwei Bänden; der Schnitt lag nach dem fünften Kapitel, nach der «Walpurgisnacht». – 8] Flauberts Romanfragment ‹Bouvard et Pécuchet›, 1872 in Angriff genommen, erschien erst postum (1881). In den Titelhelden verkörpert sich eine Kritik angelesener, positivistischer Wissenshäufung.

Les Nouvelles Littéraires, Paris, 23. Januar 1926

Thomas Mann – ein Porträt

Wir wandeln durch Münchens Englischen Garten, diese Symphonie in Grün, die eine willkommene Abwechslung zu den antiken Palästen bietet. Überall rauschen absinthfarbene Bäche; zwischen den hohen Linden rieseln die Trauerweiden auf die Asternwiesen hinunter, deren weiße Wellen im Winde wogen. Vor den Terrassen, an denen ganz München um fünf Uhr Milchkaffee trinkt, spenden runde Brunnen dieser schon berggigen Landschaft anhaltende Kühle. Durch die Prinzregentenstraße gelangen wir zur Brücke über der tänzelnden Isar, die über Kiesel und Stein pfeilschnell schießt. Wir sind jetzt in dem Villenviertel mit seinen geraniengeschmückten Gärten, in dem sich Thomas Mann vor fünfzehn Jahren ein Haus bauen ließ.[1] Heinrich Mann sucht ebenfalls seinen Bruder auf. In diesem Sommer wollte man eine Sensation in der Szene sehen, die sich bei Thomans Manns fünfzigjähriger Feier abspielte: Heinrich, der Kindheitserinnerungen wachrief, und Thomas, der seinen Platz verließ, um seinen Bruder gerührt zu umarmen. Wen diese Geste in Staunen versetzte, kannte die köstliche Feinfühligkeit solcher Männer nicht, die sich scheuen, ihren Gefühlen freien Lauf zu lassen. Der Strudel des öffentlichen Lebens mag sie zeitweilig in entgegengesetzte Richtungen gezerrt haben[2], ihre Art zu schaffen und zu geben mag grundverschieden geartet sein, trotzdem verbindet sie mehr als die reine Blutverwandtschaft. Es ist kein Wunder, wenn sich ihre Wege über alle Felder Germaniens und des lateinischen Südens heute wieder kreuzen.

Thomas Mann, in einem schmucken Anzug aus Tussorseide, empfängt uns auf der Terrasse, die den Blick auf die Rasenflächen, die er entworfen, die Tannen und Birken, die er gepflanzt hat, freigibt. Ein Haus bauen, einen Baum pflanzen, ein Kind zeugen, das ist Mannespflicht, wiederholte Goethe gern.[3] Dies alles tat Thomas Mann: er tut alles, was man tun muß, um glücklich zu sein.

Es gibt harmonische Naturen, die ein neidloser Gott gleich bei der Geburt in seine Obhut genommen zu haben scheint. Zu ihnen gehört Thomas Mann. Über ihm ist der Segen. Er weicht nicht von ihm, was er auch im privaten Bereich oder in seiner Kunst unternehmen mag. Er erzählte selbst scherzend in einer biographischen Skizze, wie ihm sein Reichtum im Schlaf gekommen sei.[4] Wir sollten ihn nicht beim Wort nehmen. Zwischen zwei Schlafpausen hat er gearbeitet, hart gearbeitet. Auch hat er gelitten, und in sein lachendes Gesicht haben sich bleibende Furchen eingegraben. Seine verblüffend lebhaften braunen Augen starren manchmal ernst, beinahe schmerzhaft vorbeihuschende innere Schatten an. Die Lippe, über die sonst nur der Honig der Worte reichlich fließt, zuckt plötzlich unter dem borstig gestutzten Schnurrbart. Die spitze Nase in diesen feinen Zügen, die Wangen, auf denen Licht und Schatten ruhen, das kleine entschlossene Kinn, die gefurchte Stirn, deuten auf eine Seele, die zwischen Sorge und Genugtuung schwankt, zwischen der Freude am Dasein, der Freude, so zu sein und dem Bestreben, sich emporzuschwingen und das innere Leben hinauf ins ewig Neue, Unerreichbare zu tragen, zögert. Und eine solche Bestimmung riecht weder nach Öl noch nach Studierlampe. Mitten in der Anstrengung verläßt ihn sein Lächeln nicht. Er besitzt einen ausgesprochenen Sinn für Spiel und dessen künstlerische Beherrschung. Auch den Sinn für das Sparen, die Gabe, ein Vermögen zu verwalten, das man eigentlich in alle Winde zu streuen versucht wäre. Er ist nicht zersplittert, verzettelt sich nicht. Vom Horizont aus, der ihn scheinbar widerstandslos anzieht, versäumt er nicht, über die Schulter einen Blick zu werfen. Pro Körnchen Narrheit vier Körnchen Verstand. Nie erfaßt ihn die Leidenschaft, ohne daß ihm ein Stimmchen sofort Mäßigung zuspricht. In seinen Gemütsregungen wahrt er das Gefühl für Maß. Vom stärksten Impuls fortgerissen hält er, durch die Vorstellung notwendiger Zwänge getragen, inne, und sollte des Gefühls reißender Bach die Schleusen sprengen: er kann ihn immer eindämmen, abschwächen – ein Tropfen Humor, eine ironische Geste leichthin. Und jede Komponente dieser feinen Mischung kommt beizeiten richtig dosiert zum Vorschein.

Als Romanschriftsteller bietet er 1924 S. Fischer, zu einem Zeitpunkt, in dem Editoren und Publikum scheinbar nur noch Kurzromane für das Bad brauchen, einen Roman über Selbsterziehung an, der 80 Francs kostet. Die 40 000 Exemplare des ‹Zauberbergs› werden im Handumdrehen abgesetzt. Als Grundstücksbesitzer ersteht er ein Grundstück in einem Viertel, das die Spekulation erst eine Viertelstunde später heimsucht; er baut sein Haus am Vorabend des Kriegs und des bürgerlichen Ruins, für dessen Pläne macht er *den* Münchener Architekten mit Geschmack ausfindig. Als Familienvater, sieht man ihn von den Kindern umgeben, die er in ‹Frühes Leid›[5] beschreibt; sie sind paarweise gekommen, dreimal hintereinander, ein Bub und ein Mädchen, und sie treten im väterlichen Haus so schalkhaft wie in seiner Novelle auf. Romane, Haus, Kinder, sicher hat er seinen Beitrag geleistet, aber ... die Götter beschützen ihn, und er ist ihnen dankbar.

Der Autor des ‹Tristan› ist Musikliebhaber. Trotz ihrer lateinischen Züge, der Plastizität ihrer Figuren, der Gedanken- und Ausdrucksschärfe, entfalten sich seine Werke wie ein wagnerisches Thema. In der Tonwelt findet er seine tiefste Inspiration, man könnte in den ‹Buddenbrooks›, ‹Tristan›, dem ‹Tod in Venedig› eine Dichtkunst nachweisen, die Verlaine mit Boileau vereint. Man erkennt eine Art musikalischer Komposition, Leitmotive, die auseinander fliehende Motive wieder einsammeln; die Inspiration, die im Begriff war, sich zu verzetteln, findet zur Einheit wieder; in diesem Einklang wird die Handlung fortgeführt und kommt zum Abschluß wie im ‹Tannhäuser›. Aber wir haben hier mit etwas anderem als bare Beeinflussung zu tun. Thomas Mann mag Wagners Verführung zeitweilig erlegen sein, er hat sie überwunden, und seine musikalische Komposition entspricht eher einer Grundkomponente des germanischen Geistes.

Auf dem Grammophon hören wir Melodien, die der Schriftsteller in seinem ‹Zauberberg› kommentiert hat, und den ‹L'Après-midi d'un Faune› (Thomas Mann bedauert, Mallarmés Gedicht nicht gelesen zu haben, dessen Schönheit ihm Debussy offenbart hat)[6], dann gehen wir zum Arbeitszimmer hinüber und unterhalten uns über Übersetzungen. Der Stock-Verlag, der Verlag der ‹Revue européenne›, der ‹Revue de France› haben Thomas Mann in französischer Sprache gedruckt und werden ihn noch drucken.[7] Das französische Publikum interessiert sich für sein Werk. Solche Nachrichten erfreuen den Autor.

Frankreich, das er zu einem Zeitpunkt hart anfaßte, als viele leicht aus dem Gleis kamen, war ihm nie gleichgültig. In seiner Bibliothek, die eine Bibliothekarin aus Nürnberg methodisch auf den Kopf stellt, um einen Katalog herzustellen[8] – sie mag jung und rotwangig sein, aber gelehrt ist sie ungefähr so wie Sylvestre Bonnard – hier also, gleich zur Hand Maupassant, Flaubert, Zola. Darüber die fahlroten Einbände der Klassiker unseres großen Jahrhunderts.[9] Gegenüber leuchtet Dostojewski kräftig aus dem Dunkeln hervor.

Mit dem Entgegenkommen, das man Photographen gegenüber an den Tag legt, aber freundschaftlicher noch, denn das Bild ist für Frankreich bestimmt, schickt sich Thomas Mann an, von seinem Werk zu sprechen, zeigt verschiedene Gesichter, dreht sich um, entfaltet sich, erläutert sich selbst, während er von Zeit zu Zeit nervös an seiner Orientzigarette zieht.

«Die Probleme, die mich beschäftigen, stammen nicht aus dem sozialen oder politischen Bereich. Es sind innere Probleme.»

«Sie haben aber während des Kriegs ein polemisches Werk geschrieben, das einiges Aufsehen erregte. Nicht daß man es in Frankreich intensiv gelesen hätte; aber zwei oder drei ziemlich tendenziöse Zusammenfassungen und Ihr Briefwechsel mit Pierre Mille haben der Meinung Vorschub geleistet, daß Sie voll in diesen Krieg einstiegen, als Sie das ‹Dämonische› der germanischen Kultur verherrlichten, und die lateinische ‹Form› als saft- und kraftlos ansahen.[10] Daraufhin beobachteten wir mit sympathischer Aufmerksamkeit Ihre Abkehr vom wilhelminischen Deutschland.[11] Scheinbar stellte ‹die deutsche Republik› eine wichtige Etappe dar. Sie mochten selbst die Idee der Republik nicht so abstrakt auffassen wie die Erben der 89er Revolution, Sie mochten den geschichtlichen Errungenschaften, der Vielseitigkeit, der Komplexität der deutschen Gesellschaft huldigen, bei der es nicht so sehr darum geht, alles niederzureißen, um wieder aufzubauen, als den Todgeweihten zum Tode und dem Lebensträchtigen zum Gedeihen zu verhelfen, in einem Organismus, der sich verjüngt, – trotzdem sind Sie uns heute näher als gestern. In unserem politischen Staat ist auch nicht alles logisch, rationell, abstrakt. Unsere junge Generation hat den Eindruck, daß Republik, Demokratie im Werden begriffen und keineswegs endgültige Kristallisierungen des französischen Wesens sind. Man sieht, wie manche sich für das Brodeln im heutigen Deutschland leidenschaftlich interessieren und gleichzeitig für das Brodeln in Frankreich. Sie halten eine Verschmelzung für möglich. Wenn eine gewisse Auffassung der Freiheit und der Wichtigkeit des Individuums uns das Gefühl verleihen, Euch etwas im Voraus zu haben, so halten die Jugendlichen die Begriffe von Gemeinschaft, Hierarchie, Autorität doch für aufhebenswert und wert, in die französische Ordnung eingebracht zu werden. Die Äußerungen Maurois' zur Herrschaft[12], die Ausführungen von Romier zeigen nur, wo der Wind herweht, aber es ist ein wertvoller Hinweis. Man trifft viele Franzosen, die eine Elite wieder heranbilden möchten, eine Art Aristokratie – eine intellektuelle, politische, finanzielle? – vielleicht das alles auf einmal. Eine Art Block, der führend und europäisch wäre.»

«Was mich betrifft, sehe ich die Sache anders. Nur durch meine Zeit, durch die Umstände gezwungen, habe ich mich zum Politischen, zum Sozialen hingewendet. Höchst ungern. Denken Sie an den Titel meines Werks, in dem man eine Apologie Deutschlands hat sehen wollen: ‹Betrachtungen eines *Unpolitischen*›. Sogar dann gab ich einem ethischen Bedürfnis nach, viel mehr als der politischen Notwendigkeit.

Die Ethik, die ich zu entwickeln mich bemühe, ist vor allem ein persönliches Problem. Ich bin vor allem Individualist. Ich rechne mit mir selbst ab. Meine Probleme sind die Probleme meiner Zeit. Aber durch diese Zeit hindurch erstrebe ich mein besseres Ich. Es wäre müßig, eine Definition meines Bemühens woanders her zu holen. Ich entwickle mich fortwährend, instinktiv, und bei näherer Betrachtung wird man auch die versteckte Einheit entdecken.

Sicher, der Krieg hat diese Linie unterbrochen, einen Abgrund geöffnet. Über diesen Abgrund werfe ich einen Steg, um die Verbindung aufrechtzuerhalten. Seit meinem zwanzigsten Lebensjahr habe ich unablässig dazugelernt. Mit fünfzig korrigiere ich mich ohne Unterlaß. Ich bin als Zwitter, als geteilter Mensch geboren. Ich fühlte mich nicht ‹romanisch›; hatte aber dabei eine ausgesprochene Neigung zur ‹Form› und eine deutliche Abneigung gegen alles Sichgehenlassen, Aufgeben; bei aller Liebe fürchtete ich mich vor der Musik, vor der unfaßbaren, die konturenlos zerrinnt. Ich mußte jetzt Formen schaffen, die Inspiration eindämmen. Der Lateiner in mir ist zum Stil geworden, nicht zum politischen Kritiker ...»

«Aber, Sie beteten doch Wagner an, Sie haben doch die ‹Tristan›-Novelle geschrieben, wo sich die Seele der Aufsicht entzieht, der Wirklichkeit entflieht und im Rausch des Zaubertranks aufgeht?»

«Musik und Form zogen mich an, ohne sich gegenseitig zu zerstören. Sie versöhnten sich in der Begegnung. Von Nietzsche habe ich dies geerbt: Eros und Logos ... Nietzsche, Goethe, mit zunehmendem Alter sehe ich immer deutlicher, wie meine Konstellation mit beiden Namen anfängt und aufhört. Sie sind unzertrennlich. Deutschlands Zukunft soll aus Goethe und Nietzsche hervorgehen, nicht aus dem wagnerischen Geist, der überwunden werden muß, weil er Romantik, Nationalismus und Tod bedeutet.

Ich warte gespannt auf eine weitere Aufführung des ‹Parsifal› in Bayreuth. Es bedeutet Begegnung. Ich habe Wagner grenzenlos geliebt: ‹Tristan› bezeugt es. Es fällt mir unsäglich schwer, mich loszureißen; aber es muß sein!»

«Zeichnet sich keine Reaktion gegen Wagner in Deutschland ab? Die nietzscheanisch heftige Kritik Ihres Bruders in ‹Macht und Mensch›, Werfels ‹Verdi› ...?»

«Werfels Roman enthält neben hübschen lyrischen Stellen interessante Ansichten über aktuelle Probleme. Aber die Haltung der Jugend ist noch charakteristischer. Die jungen Leute interessieren sich nicht mehr für Wagner – Wagner, wer ist das? Das wissen sie nicht.

Abgesehen von der Wagner-Saison, die in München eröffnet wird, war ich in der Tat erstaunt, Wagner nie auf dem Programm vorzufinden – doch zufällig bekam ich Amateure zu hören. Ich erinnere mich an ein Konzert, das Münchener Studenten in Oberammergau gaben, um ihre Urlaubsreise mit solchen Aufführungen zu finanzieren. Wunderbare Dilettanten, diese zukünftigen Notare, Rechtsanwälte, Ärzte. Aus ihnen werden vielleicht vollendete Philister, die nie ein Buch aufschlagen; aber ihr musikalisches Gefühl könnten ihnen manche Berufsmusiker neiden. Sie spielten aber nur Mozart und Händel.

Unsere Jugend ist ganz frei von dem, was man ‹Romantik› nennt, mit allen Anklängen, die das Wort wachruft, mit der Gewitterschwüle von Wagners Musik. Meine Generation ist dabei, sich ebenfalls zu läutern. Die ‹Betrachtungen eines Unpolitischen› waren ein romantisches Werk, das in einer Atmosphäre der Zerstörung entstanden ist. Es war also gewollt Hingabe zum Tod, Sympathie mit dem Tod. Mein letzter Roman, ‹Der Zauberberg›, stellt im Gegenteil mit dem Symbol des Sanatoriums den Sieg des Lebens über den Tod, das Bestreben, die Krankheit zu überwinden, dar.

Sich übertreffen, weitergehen, das ist es. Mein ausdrücklicher Verzicht auf vergangene Geisteshaltungen, den gewisse Deutsche meinen Verrat nennen, ist nichts anderes als der Wille zur Läuterung. Das habe ich auch bei Nietzsche gelernt. Der Mensch ist etwas, was überwunden werden muß . . . Falsche Anhänger Nietzsches, ungeschlachte Leser haben aus dem Übermenschen denjenigen gemacht, der über Leichen geht, um nach oben zu gelangen. Nietzsches Beispiel belehrt uns eines Besseren, er zeigt uns, wie eine innere Hierarchie angestrebt werden muß, wie wir den Menschen in uns schaffen, indem wir das Niedrige in uns nach unten verbannen.

Das alles ist so einfach! Ich bin ein gutwilliger Mensch; ich habe den Willen zum Guten, eine Art Pflichtgefühl mit der gewissen Färbung meiner nordischen Herkunft. In mir sprechen meine Lübecker Vorfahren. Durch das ästhetische Spiel erstrebe ich eine Ethik.»

«Der ‹Zauberberg› spiegelt den letzten Stand Ihrer Anschauung. Welchen Erfolgsanteil glaubten Sie der Jugend verdanken zumüssen?»

«Die Aufnahme des Buches ist von Milieu zu Milieu verschieden. Die hakenkreuzgeschmückten Jünglinge, die heftigen Rechts-Extremisten werfen mir meinen Relativismus vor. Sie finden im ‹Zauberberg› keine von den kompromißlosen Formeln, die den Halbwüchsigen und der großen Masse gefallen. Ich bin aber der Ansicht, daß ein aktives, sogar ein ‹aktivistisches› Prinzip über meinem Roman waltet. Aber jeder muß es selbst herausschälen, nuancieren. Meine Haltung ist weder die eines Skeptikers, noch eines Nihilisten. Hans Castorps Traum im Schnee gewährt einen Einblick in etwas Positives, eine unbekannte Wirklichkeit, die wir aufzubauen haben. Das hat die links-denkende Jugend genau gespürt, auch die Jugend, die weder rechts noch links anzusiedeln ist, eine fassungslose, vorsichtige, im Werden begriffene Mehrzahl. Auf sie werde ich einwirken. Sie sind das Publikum der Zukunft, ein Publikum, das mir Freude macht, nach der ewigen Gegenüberstellung von Revolution und Reaktion. Ich bin kein Mann der ‹Restauration›; ich sehe in den restaurierenden Tendenzen die große Gefahr; ich glaube, daß Metamorphosen notwendig sind.»

«Eine Ihrer häufiger wiederkehrenden Formeln fiel mir auf: ‹sich binden›, sich Zwänge auferlegen. Wie fassen Sie diese Zwänge auf? Nach Ihrem Friedrich II.[13], könnte man nicht denken, daß es nicht nur um die Ketten von Nietzsches schönem Tänzer geht[13a] – die hat eine erhabene Vernunft geschmiedet –, sondern auch um leichter definierbare Einschränkungen, die von außen, vom Staat kommen und mit der Disziplin in der Armee, dem Militarismus, dem Preußentum zusammenfallen?»

«Friedrich II. war für mich bloß ein Symbol, die große Gestalt, die kein Schicksal bricht. Lassen wir den Militarismus beiseite. So wie wir ihn kennen, hat er ausgespielt; er tritt nie wieder auf. Aber es gibt eine militante, ‹militärische› Geisteshaltung, deren Größe nicht verkannt werden darf. Mein Joachim aus dem ‹Zauberberg› kokettiert nicht mit der Jugend von rechts. Diese zerbrechliche Figur, von der Idee der Militärspflicht, der Pflicht schlechthin besessen, huldigt nicht bloß dem Soldateninstinkt, es gilt, diesen umzusetzen und zu läutern. Ein gefährlicher Instinkt, zugegeben, aber er kann in einer Idealbildung von Nutzen sein. Wir sollten Heldentum und Trunkenheit nicht verwechseln!»

«Ich sehe englische Werke in Ihrer Bibliothek.»

«Ich habe englische Erscheinungen nie regelmäßig verfolgt. Ich kannte Shaw, der in Deutschland viele Leser hat, Galsworthy, der im Augenblick übersetzt wird. Ich liebe Dikkens, Thackerays Satire. Unter den Russen fühlte ich mich von Tolstoi noch viel mehr als von Dostojewski angezogen. Aber meine bleibenden kräftigen Eindrücke sind mir durch die französische Literatur gekommen.»

«Maupassant?»

«Möglicherweise. Als ich den ‹Kleinen Herrn Friedemann›, eine Jugendnovelle, schrieb. Aber mit ‹Salammbô› hat Flaubert vor allem auf mich eingewirkt. Ich habe selbstverständlich Zola gelesen; aber trotz ‹Germinal› schätze ich ihn nicht so sehr, und meine ‹Buddenbrooks› haben mit den ‹Rougon-Macquart› nichts anderes gemein, als eine Familiengeschichte zu sein. Die Lektüre von ‹Renée Mauperin› war ein einschlägiges Erlebnis zu einem Zeitpunkt, als ich nur kurze Novellen geschrieben hatte. Ich hatte mich nie getraut, über eine Romankomposition nachzudenken, und plötzlich blitzte der Gedanke hervor: es muß zu machen sein! Seitdem habe ich Charles-Louis Philippe[14], Gide entdeckt[15]; ich kenne Jammes[16]; ‹L'Annonce faite à Marie› fesselte mich lange Zeit, seit Hellerau Claudel inszenierte.»[17]

Viele Fragen bleiben noch unerörtert, als wir den Raum verlassen, in dem Breughels ‹Winter› sich neben den Orientteppichen hell abzeichnet. Dieses Vorwort zu den ‹Wahlverwandtschaften›, diese jüngeren Artikel, in denen Thomas Mann dem «Geiste der Musik» immer mehr entgleitet: eine Brücke spannen zu den rein intellektuellen Gegenden, aus denen sein Bruder stammt. Die Hauptfrage lautet: Wo zwischen diesen beiden Polen wird sich der deutsche Geist ansiedeln?

Félix Bertaux

Übersetzt aus dem Französischen von Christiane Giesen.

Das Gespräch mit dem französischen Germanisten Félix Bertaux (1881–1948) dürfte am oder um den 6. Juni 1925 geführt worden sein. 1925 hatte Paris den ‹Tod in Venedig› (‹La Mort à Venise›) in Bertaux' Übersetzung (zusammen mit Ch. Sigwalt) kennengelernt. Bertaux publizierte das Gespräch während Manns Paris-Besuch vom 20.–28. Januar 1926, der seine Stellung in der europäischen Öffentlichkeit endgültig festigte. In der Schilderung seines Besuchs, in der ‹Pariser Rechenschaft› (1926), registrierte Mann unter den persönlichen Begegnungen mit Bertaux am 28. Januar: «Bertaux, der über meinen Aufenthalt zusammenfassend schreiben will, verlangt interviewmäßige Auskunft über meine Eindrücke, und so heißt es denn noch einmal reden, reden» (GW XI, 92), vgl. in diesem Zusammenhang auch Félix Bertaux, ‹Thomas Mann à Paris›, L'Europe Nouvelle, 6. 2. 1926. – 1] Das Grundstück Poschingerstraße 1 wurde im Februar 1913 erworben; im Januar 1914 konnte das Haus bezogen werden. – 2] Anspielung auf den vielbesprochenen Brüderkonflikt im Ersten Weltkrieg, der erst 1922 beigelegt wurde. – 3] Sprichwörtlich belegt. – 4] ‹Im Spiegel› (1907). Möglicherweise auch ‹Süßer Schlaf› (1909). – 5] ‹Unordnung und frühes Leid›, erster Abdruck im Juniheft 1925 der ‹Neuen Rundschau›, der Zeitschrift des Hausverlegers S. Fischer. – 6] Abschnitt «Fülle des Wohllauts» des siebten ‹Zauberberg›-Kapitels

(GW III, 897 f.). Die gleichnamige «Églogue» von Mallarmé ist in Frankreich allgemein bekannt (‹Stéphane Mallarmé. Oeuvres complètes›, hrsg. von Henri Mondor u. G. Jean-Aubry, Paris ²1965, S. 50 ff.). – 7] 1924 kam die erste französische Übersetzung zustande: Geneviève Maury übersetzte für «Stock, Delamain, Bontelleau & Cie» frühe Erzählungen. – 8] Die Buchhändlerin Ida Herz (geb. 1894), die durch die Buchordnung 1925 einen lebenslangen Kontakt begründete. Sie rettete wesentliche Teile der Bibliothek Manns ins Exil und baute mit dessen Unterstützung eine ‹Thomas-Mann-Sammlung› auf. Persönliche Begegnungen verliefen nicht immer konfliktfrei. Mit «Sylvestre Bonnard» spielt Bertaux auf den lebensfremden Bibliomanen an, der als Titelfigur im Tagebuchroman ‹Le crime de Sylvestre Bonnard, membre de l'Institut› (1881) von Anatole France figuriert. – 9] Das siebzehnte Jahrhundert mit Molière, Racine, Corneille. – 10] Auf die Kritik an den ‹Betrachtungen eines Unpolitischen› durch den Reporter und Erzähler Pierre Mille (1864–1941): ‹Un romancier allemand contre la démocratie› (‹Le Temps›, Paris, 15. Mai 1921) reagierte Mann im Tagebuch am 19. Mai: «Mit der Abendpost langer politisch-tendenziöser Artikel aus dem ‹Temps› über die ‹Betrachtungen›. Die Schlußfolgerung, unausgesprochen, ist natürlich das Ruhrgebiet.» Auch in der öffentlichen Auseinandersetzung ‹Das Problem der deutsch-französischen Beziehungen› (‹Der Neue Merkur›, München, Januarheft 1922) betonte Mann den Vorwurf, Mille habe sein Buch nicht gelesen, sondern aus zweiter Hand polemisiert (GW XII, 608 ff.). Milles Replik ‹Réponse à Thomas Mann› in der ‹Revue Rhénane-Rheinische Blätter›, Mainz, vom 1. April 1922. – 11] ‹Von deutscher Republik›. – 12] André Maurois (1885–1967), Mitglied der Académie française 1938, vertrat seit seiner Shelley-Biographie (1923) eine stärkere Hinwendung zu England. – 13] ‹Friedrich und die große Koalition›. – 13a] Im Abschnitt ‹Vom Ursprunge der Poesie› (84) der ‹Fröhlichen Wissenschaft› leitete Nietzsche die Macht des sprachlichen Rhythmus von der zugleich dämonisch-steigenden wie befreienden Kraft des Tanzes ab. – 14] Der Prosaschriftsteller Charles-Louis Philippe (1874–1909) konnte zeitgenössischen Ruhm vor allem durch die entromantisierte Unterweltsdarstellung in ‹Bubu de Montparnasse› (1901) erringen. – 15] Seit 1921 registrierte Mann André Gides (1869–1951) Bereitschaft, zu einem neuen französisch-deutschen Austausch zu kommen (GW XII, 604 ff.). Die ‹Falschmünzer› (‹Les faux-monnayeurs›, 1925) verstand er als parallelgerichtete Destruktion des Bildungsromans alter Art. – 16] Der Erzähler und Lyriker Francis Jammes (1868–1938) zählte zunächst, wie Philippe, zum Freundeskreis von Gide. Seine simple persönliche Frömmigkeit, unter dem Einfluß von Claudel entwickelt, wurde vor dem Ersten Weltkrieg zum Schlagwort («jammisme»). – 17] Der Schriftsteller und Diplomat Paul Claudel (1868–1955) konnte sein Mysterienspiel ‹Verkündigung› 1912 in Paris uraufgeführt sehen. Im September 1913 erlebte Mann eine deutsche Aufführung im Festspielhaus Hellerau bei Dresden. Von mehrfacher bewegter Lektüre berichtete Mann noch in den ‹Betrachtungen eines Unpolitischen› (GW XII, 404 ff.).

Hannoverscher Kurier, 30. Januar 1926

Thomas Mann klärt auf

Thomas Mann ist am Freitag von seinem neuntägigen Aufenthalt in Paris wieder nach München zurückgekehrt. Der Leiter unserer Münchener Schriftleitung nahm die Gelegenheit wahr, sofort bei Thomas Mann vorzusprechen, um von ihm selbst Näheres über die peinlichen Vorfälle zu erfahren, welche sich im Zusammenhang mit seinem Vortrag vor der Carnegie-Gesellschaft ereignet haben[1] und über die unser Pariser Vertreter berichtet hat.

Thomas Mann empfing unseren Vertreter in seinem Arbeitszimmer in seiner Villa in Bogenhausen bei München und gab bereitwillig auf alle Fragen Antwort. Er erklärte, er freue sich, nach seiner Rückkehr nach Deutschland zu allererst mit einem Vertreter der rechtsstehenden Presse Rücksprache nehmen zu können, um Dinge aufzuklären, die er selbst am allermeisten bedauere. Die Unterredung spielte sich folgendermaßen ab:

«Wie erklärt es sich, daß zu Ihrem Vortrag in der Carnegie-Gesellschaft zahlreiche Pressevertreter und vor allen Dingen der Pariser Vertreter des ‹Hannoverschen Kuriers› trotz ursprünglicher Einladung nicht zugelassen wurden, und wer hat diese Ausschließung veranlaßt?»

«Zunächst trifft es nicht zu, wie ich verschiedentlich gelesen habe, daß nur Vertreter rechtsstehender deutscher Blätter ausgeschlossen wurden. Vielmehr hat die Carnegie-Gesellschaft in letzter Stunde von sich aus den Kreis sämtlicher Eingeladenen bedeutend verengert und von dieser Einschränkung wurden auch Vertreter der französischen und amerikanischen Presse gleichermaßen wie die Vertreter der deutschen Zeitungen aller Parteirichtungen betroffen.»

«Welches ist die Ursache dieser Einschränkung?»

«An dem Tage, der meinem Vortrag vorausging, hielt Alfred Kerr[2], der ganz unabhängig von meiner Einladung durch die Carnegie-Gesellschaft auf Grund der Einladung eines Pariser Theater-Direktors nach Paris gekommen war, einen Vortrag über das neueste deutsche Drama und hierbei kam es zu einem Zwischenfall durch einige in Paris studierende serbische Studenten, welche durch politische Zwischenrufe und chauvinistische Verdächtigungen den Vortrag Kerrs empfindlich störten, so daß sie schließlich durch die Polizei aus dem Saale gewiesen werden mußten. Auf Grund dieses Vorfalles beschloß der Vorstand der Carnegie-Gesellschaft, meinen Vortrag in einen kleineren Raum zu verlegen und nur im engsten Kreise stattfinden zu lassen.»

«Wer wurde daraufhin eingeladen und wer nahm die Auswahl vor?»

«Mir ist nur bekannt, daß an deutschen Vertretern der Vertreter des Wolff-Büros und der Vertreter des ‹Berliner Tageblattes› bei meinem Vortrag zugegen waren. Und ich muß sagen, daß diese überstürzt vorgenommene Auswahl sehr unglücklich war. Ich selbst hatte jedoch hiermit nicht das geringste zu tun. Der Vorstand der Carnegie-Gesellschaft, vor allen Dingen Professor Lichtenberger selbst[3], wollten aus dem Grunde um jeden Preis einen Zwischenfall vermeiden, weil der deutsche Botschafter, Herr von Hoesch, bei meinem Vortrag zugegen war und man am Ende diplomatische Verwicklungen befürchtete. Die Carnegie-Gesellschaft lud daraufhin sämtliche Pressevertreter auf 7 Uhr abends, also eine Stunde vor Beginn meines Vortrages, zu einem Presseempfang ein, bei welchem ich die Herren über die Gründe für die erfolgte Zurückziehung zahlreicher Einladungen aufklären sollte. Mich selbst hat jedoch, was ich aufs äußerste bedauere, die Benachrichtigung über diesen angesetzten Presseempfang nicht mehr erreicht, so daß die Pressevertreter mich umsonst erwarteten und sich mit Recht getäuscht fühlen mußten, während ich ahnungslos im Hotel meine Vorbereitungen zum Vortrag traf.»

«Wie haben sich die Dinge am Abend abgespielt?»

«Die Carnegie-Gesellschaft hatte an den Türen des kleinen Saales eine dreifache Kontrolle eingerichtet. Ich selbst habe von den heftigen Szenen nichts bemerkt, da ich mit meinem Vortrag bereits begonnen hatte. Die Pariser Ausgabe des ‹New York Herald› veröffentlichte jedoch einen sehr satirischen Artikel am anderen Tage, worin geschildert wurde, wie mehrere Dutzend von Pressevertretern, darunter auch zahlreiche französische, alle mit Einladungskarten bewaffnet, der Polizei ein förmliches Gefecht lieferten und gewaltsam auf die Straße gedrängt und dort zerstreut wurden.»

«Wie urteilen Sie selbst über diese Ereignisse?»

«Ich bin mir erst hinterher im Zusammenhang darüber klar geworden, wie sehr durch die übergroße Aengstlichkeit des

Vorstandes der Carnegie-Gesellschaft die Pressevertreter vor den Kopf gestoßen wurden, und ich habe, soweit es hier bei der Kürze der Zeit möglich war, an den darauffolgenden Tagen mit den betroffenen Herren, die mir erreichbar waren, Fühlung genommen, um sie über den unglücklichen Zusammenhang aufzuklären. – Im übrigen waren meine Pariser Tage mit Privat-Einladungen ausgefüllt, bei denen ich mich meistens auf kurze Dankesworte beschränkte, während die verschiedensten Vertreter des literarischen Frankreich längere Ansprachen hielten. Der ‹Matin› sowohl wie das ‹Journal des Debats›, beide rechtsstehende Blätter, haben übrigens über meinen Vortrag sehr wohlwollend berichtet. Es waren an diesem Abend etwa 130 bis 150 Personen zugegen, und ich selbst bin mit dem Ergebnis meiner Pariser Reise äußerst zufrieden.»

1] Am Abend des 20. Januar 1926. – 2] Mit dem berühmten Theaterkritiker Alfred Kerr (1867–1948) verband Mann eine literarische Intimfeindschaft. – 3] Der Germanist Henri Lichtenberger (1864–1941), ein Kenner der deutschen Literatur des 19. u. 20. Jahrhunderts.

Vossische Zeitung, Berlin, 31. Mai 1926

Thomas Mann zum Akademiestreit

Thomas Mann, der soeben erst aus der Schweiz hierher[1] zurückgekehrt ist, teilt Ihrem Vertreter auf dessen Anfrage, wie er sich zu Gerhart Hauptmanns Absage stelle, folgendes mit: «Ich war in der Schweiz und habe dort die Aufforderung des Ministeriums erhalten und ohne Zögern und ohne lange zu fragen, wer sonst gewählt werden sollte, meine Zustimmung gegeben, weil ich der Ansicht bin, daß man sich solchen Dingen nicht entziehen darf, wenn der Staat den guten Willen an den Tag legt, die Literatur etwas repräsentativer zu machen. Eine akademische Einrichtung dieser Art kann immerhin dazu beitragen, den Einfluß der Geistigen in Deutschland zu erhöhen, und obwohl ich kein Mensch der Organisation und des Amtlichen bin, obwohl ich es wie Gerhart Hauptmann empfinde, daß die Beamtung und Verstaatlichung der Literatur sogar ihre komische Seite haben kann, hielt ich es doch für meine Pflicht, dem Staat nicht vor den Kopf zu stoßen und mich zur Verfügung zu stellen, und, wie es scheint, haben die anderen Herren ebenso gedacht.

Mit Gerhart Hauptmann bin ich persönlich befreundet[2]. Ich kann und will auch keine Kritik an seinem Verhalten üben. Ich war allerdings durch die Nachricht, daß er abgelehnt hat, sehr überrascht. Der Staat und das Ministerium tun mir geradezu leid. Es ist ein schlechter Anfang, es ist eigentlich eine Katastrophe. Ich weiß nicht, ob da ein leichtsinniges Vorgehen auf seiten des Ministeriums vorliegt. Jedenfalls hätte die Sache unter der Hand erledigt werden müssen und nicht öffentlich. Die Ablehnung Hauptmanns ist ja fast ein Austritt. Sein Bild ist schon durch die Zeitungen gegangen, und nachdem seine Absicht bekannt geworden war, ist die Sache fast blamabel. Ich habe auch schon darüber nachgedacht, ob das nicht Grund genug wäre, die Sache wieder fallen zu lassen. Der erste deutsche Lyriker Stefan George ist für solche Dinge prinzipiell nicht zu haben. Hauptmann scheidet nun auch aus. Immerhin denke ich nicht daran, irgendwie seinem Beispiel zu folgen; denn erstens wäre das eine Nachahmung und zweitens würde es die Sache verschlimmern. Obwohl ich die weitere Entwicklung der Dinge ziemlich pessimistisch ansehe, werde ich doch bei der Sache bleiben.»

Die Geschichte der neugegründeten Institution schildert Inge Jens, ‹Dichter zwischen links und rechts. Die Geschichte der Sektion für Dichtkunst der Preußischen Akademie der Künste, dargestellt nach den Dokumenten›, München 1971. – 1] München. – 2] Seit 1903 kannte Mann Gerhart Hauptmann (1862–1946) persönlich. Die persönlichen Züge Hauptmanns, die Mann der Peeperkorn-Gestalt des ‹Zauberberg› mitgab, führten nach Zwischenträgereien zu einer gewissen Entfremdung.

Uhu, Berlin, August 1926

Die neuen Kinder

Ein Gespräch mit Thomas Mann

Wir sind nicht allein. Klaus Mann ist da; er weiß gut, daß dies Gespräch nur zu sehr auf ihn geht und auf seinen Aufsatz über die «neuen Eltern», und so diskutiert er mit, schnell und leise.

Erika Mann sitzt dabei, still, mit dunklem Haar, blitzt aber manchmal auf und wirft ein gutes Wort ein.

«Die Eltern hätten sich also geändert», sagt Thomas Mann, er hat den Kopf etwas gesenkt und seine Stimme klingt zweifelnd. «Sie hätten veraltete Autoritätsansprüche aufgegeben, wären keine Tyrannen mehr, die alles und jedes mit dem Wort ‹Pubertätserscheinungen› abtun, und kein Sohn brauchte infolgedessen heute mehr zum ‹Vatermord›[1] aufzurufen.» Und dann gibt er zu bedenken, ob nicht vielmehr die Kinder neu, d. h. älter und einsichtiger geworden seien, und ihre Eltern richtiger sähen, einfach kraft der inzwischen erlebten Jahre. Das müssen wir zu Teilen zugeben, wir anderen – «Aber», sagt Klaus Mann, «das mag für die Jugend zutreffen, die Krieg und Revolution schon einigermaßen erwachsen erlebt hat. Die aber, die heute 20–22 sind, bilden schon eine neue Generation und stehen ganz woanders. Für sie sind die Eltern doppelt unverständlich, dabei ein steter Gegenstand ihrer Betrachtung – und das ist doch nur natürlich!»

«Ja», antwortet der Vater und spricht schneller und wie ein Angegriffener, «da scheint ihr überhaupt ein wenig der Meinung zu sein, wir hätten den Krieg gemacht und ihr hättet's nur schwer durch unsere Schuld – als ob es für uns nicht doppelt schwer gewesen wäre, das alles durchzumachen, vom Alten hinein ins Neue. Ich kann nur von mir reden», sagt er und sieht uns groß an, «mich hat der Krieg gezwungen, diesen dikken» – er spreizt Daumen und Zeigefinger weit auseinander, sehr weit – «diesen dicken Schinken zu schreiben, die ‹Betrachtungen eines Unpolitischen› – glauben Sie, zum Spaß?»

«Nein», versichere ich guten Gewissens, «das meint auch höchstens die Vatermord-Generation, aber wir, wir haben ein wenig die Angst, die Eltern möchten dem ‹neuen› Elterntum noch nicht von Herzen gewonnen sein. Sie sehen nun, wie alles gekommen ist, sie sind auch bereit zu Nachsicht und Leben-Lassen. Aber sie kommen sich dabei immer noch ein wenig auf Sonntagswegen vor, fürchten wir, und haben noch das alte Verhältnis der Autorität als das ‹eigentlich Richtige› im Sinn.» Doch sind wir uns einig, daß weder das «brave» noch das «revolutionäre» Kind diesen Eltern heute gegenübersteht, sondern – und zwar vielleicht typischer als je vorher – das «freie» Kind (rasch, beiläufig und über die Maßen richtig wirft Thomas Mann dies Wort ins Gespräch – «das freie Kind» – es war nichts von Ironie dabei zu hören!). Dann, rekapitulierend und formulierend, springt er auf und findet im Gehen ein glückliches Wort: «Von der Fiktion des tyrannischen Vaters hat die literarische Jugend vier Jahre lang sozusagen in Saus und Braus gelebt, aber jetzt sieht sie, das geht nicht mehr.»

Damit sind wir erst beim Kern des Themas angekommen, bei der Frage: Wie steht ein Vater diesem neuen, freien Kinde gegenüber, wie weit kann er, wie weit will er ihm eine hilfreiche Hand entgegenstrecken? Thomas Mann, den Kopf wieder gesenkt, sagt: «Man denkt sich, wir könnten da helfen, indem wir unsere Erfahrungen den Kindern mitteilen und ihnen Umwege ersparen. Aber ich erwarte mir nicht viel von positiver Belehrung, von ausgesprochener und bewußter Anleitung. Abgesehen von allem anderen, würde das doch wieder bedeuten, daß man zur Herbeiführung jener Mitteilungen von der väterlichen Autorität Gebrauch macht, und die ist doch, wie gesagt, eine zweifelhafte Stütze.» Er wartet einen Augenblick, dann fährt er fort, lebhafter und wärmer: «Wenn ich zurückdenke – das heißt, ich brauche gar nicht zurückzudenken, ich ertappe mich jeden Augenblick dabei –, dann schwebt mir eigentlich immer das Beispiel meines Vaters vor. Dabei gab er sich nicht viel mit uns ab; natürlich, er machte Dummheiten mit uns, aber sonst war er ein beschäftigter Vater, der wenig Zeit für uns hatte. Nun, mir geht es nicht anders: ich fühle mich beschäftigt, und ich kann nicht mehr tun, als daß ich mich auf den Eindruck meiner Haltung und meiner ehrlichen Bemühung verlasse. Das Vorbild des Vaters – aber –» unterbricht er sich, «– Vorbild, das darf nicht schlecht und altmodisch verstanden werden, das Vorbild ist das Wichtigste. Ich meine, das Elternhaus wird nie einen positiv belehrenden, sondern nur einen – atmosphärischen Einfluß auf die Kinder haben können.»

Was wäre dagegen zu sagen? Heute, wende ich ein, sei der lehrhafte Gehalt jener Atmosphäre aber notwendigerweise dünner und unergiebiger als früher. Das Allgemeine, das «Leben» werde von ihr ja längst nicht mehr hinreichend umhüllt; ob und wie die Eltern da wohl Hand und Hilfe geben könnten? Und nun beginnt gleichsam der praktische Teil der Unterhaltung.

Freilich, sagt Thomas Mann, freilich sei es für die Eltern schwerer, Rat zu wissen. Da habe – über Krieg und Kriegsfolgen weit hinaus – eine Veränderung der Welt stattgefunden, die ihnen mehr zu schaffen mache als uns, denen sie von vornherein viel vertrauter sei. «Die Eltern sind ja selbst revolutioniert», sagt er – zurückgelehnt, den Blick angestrengter und ferner hinter den Brillengläsern. «Wir machen mit, wir gehen ins Kino, aber im Grunde haben wir etwa das Gefühl, das sei eine Welt nach uns.» Ob ihm die Moralbegriffe der jungen Generation auch sehr gelockert schienen, erkundige ich mich, so sehr, daß es über sein Verständnis ginge? Zur Antwort nimmt er ein Wort her, das im Titel seiner letzten Erzählung steht: «Unordnung» sei da überall, große Ungezogenheit, Lust am Exzeßhaften – und merkwürdigerweise finde er das vor allem bei der geistigen Jugend des bisher konservativsten Landes, in Frankreich. Selbst von Älteren geführt – er nennt André Gide – mache sich da ein Zug zum Immoralismus, zur selbstgefälligen Unordnung breit, doch sei das keine literarische Mode, sondern eine Welle analytischer Revolution – (er hebt die Hand und zeichnet die Welle in der Luft) – sei von Rußland her durch Europa gegangen und habe ihre Träger nun vornehmlich in Frankreich, wie es scheine.

Hier, fallen wir ein, hier sei vielleicht der wichtigste Punkt, die deutlichste und praktischste Verschiedenheit der Generationen. Denn soundso oft, aller Ecken und Enden, seien wir eben beim besten Gewissen nicht mehr imstande, mit dem Urteil «schlecht» oder «unerlaubt» zu reagieren, wo die ältere Generation noch Böses und Finsteres gesehen habe. Deutlicher gesagt: wir seien gelassener und weitherziger in der Trennung des Menschlichen vom Moralischen.

«Das mag sein», lautet die Antwort, «aber gemacht hat die Jugend das wieder nicht. Es stammt von Dostojewski, um einen Namen zu nennen; es liegt auf der von den Aelteren vorgezeichneten Linie, die auf eine intimere Erkenntnis des Menschen hinausläuft.» Und Freud – Freud sei doch auch ein alter Herr heutzutage.

Zugegeben, alles zugegeben von unserer Seite. Aber haben wir nicht härter und praktischer zu leiden unter dem Mißverhältnis zwischen dem nun schon lange richtig Analysierten und den noch bestehenden Gesetzen jeglicher Art, dem von Jahr zu Jahr weiter zurückbleibenden Kodex?

«Der Vater ist nicht mehr das Schreckgespenst, die zu bekämpfende, halsstarrige Macht», hat Klaus Mann ganz richtig geschrieben. Aber ist nicht die Vater-Zeit halsstarrig, die von den Vätern zugelassene Konvention, die Organisation, um ein ungefähres Wort zu gebrauchen? Nun ja, gibt der Befragte uns zu, das sei ja vielleicht in jeder Zeit das Schlimmste, daß das geschriebene Wort im weitesten Sinn zurückbleiben müsse hinter der Wirklichkeit.

Mir kommt ein Wort von John Galsworthy in den Sinn, und ich frage: «Scheint Ihnen nicht auch vielleicht dies für die neue Jugend typisch, daß das Besitzprinzip im weitesten Sinne seine Wichtigkeit für sie verloren hat?» «Ja, das hängt ja alles zusammen. Wirtschaftliche Bürgerlichkeit gibt es ohnehin nicht mehr. Es gibt nur reiche Proletarier und arme Proletarier.» Kein Wunder. Rußland stürzt damit ins Gespräch, Bolschewismus, Kollektivismus. Aber Thomas Mann glaubt an die Mächte, die jener Bewegung entgegenstehen («Die Bolschewisten, sie hassen die Seele», sagt er). Der Amerikanismus, selber seelenlos, könne nicht Widerstand leisten. Deutschland und Frankreich, diese beiden fast allein, seien Hüter der Seele geblieben. Die Frage der Versportlichung unserer Jugend tut sich auf – und Thomas Mann will da eine Rückkehr zu neuklassischen Idealen und zum Körperdienst sehen und überdies das deutlichste Zeichen vom Untergang des Christentums, den er ursprünglich viel früher habe datieren wollen, in die Zeit hinein, da Darwin den Menschen dem organischen Naturgeschehen einfügte.

«Was erwarten Sie sich von unserer Generation?» frage ich und muß mir liebenswürdig auf den Mund klopfen lassen: «Aber wissen die jungen Menschen denn, was sie wollen, haben sie denn Ziele?»

«Also schien Ihnen die Strömung Ihrer Jugend lebhafter zu sein, bewegter? Empfinden Sie eine Art von Dekadenz bei uns?»

Aber Thomas Mann weicht aus. Er antwortet indirekt, das aber mit großer Lebhaftigkeit. Er geht auf sein Jahrhundert zurück, das neunzehnte – und bekennt sich zu ihm –, was Wunder, daß das zwanzigste darunter zu leiden hat? «Wenn nach dem letzten Jahrhundert heute einer verächtlich von Mangel an Dynamik spricht (hat es denn damals das Wort gegeben?), so macht er sich lächerlich. Es gab einen Wald von großen Männern –» und er führt sie auf, nennt die Russen, nennt Bismarck, nennt Helmholtz[2], nennt Balzac und Flaubert. «Die heutige Zeit aber», mit feiner Betonung, «geht sie nicht viel mehr auf Anmut aus als auf Dynamik? Werden nicht», so schließt er, «die Generationen immer schmächtiger?

Sind wir nicht alle schmächtig geworden, seit die letzten Alten tot sind, Björnson und Tolstoi?» –

So schließt das Gespräch mit Thomas Mann.

W. E. S.

Dem Interview ist der Aufsatz ‹Die neuen Eltern› von Klaus Mann (1906–1949) vorangestellt; der Interviewer, W. E. Süskind (1901–1970) war in den zwanziger Jahren mit Klaus Mann befreundet. Zu der durch das Interview ausgelösten Kontroverse mit Bertolt Brecht vgl. die Erläuterungen zum Interview vom 14. November 1926. – 1] In ‹German Letter› (III) in ‹The Dial›, New York, vom 4. Oktober 1923 nimmt Mann zu Arnold Bronnens Schauspiel ‹Vatermord› Stellung, vgl. GW XIII, 289. – 2] Mann denkt unter den Forschungen, die sich mit dem Namen des Physikers und Physiologen Hermann von Helmholtz (1821–1894) verbinden, an Entdeckungen auf dem Gebiet der Musik: Funktion der Obertöne, Summationstöne, physiologische Grundlagen der Tonempfindung.

Neues Wiener Journal, 14. November 1926

Begegnung mit Thomas Mann

Gespräch mit dem Dichter

Man tritt in ein gesichtsloses Hotelzimmer und findet einen schlanken, geschmeidig-kräftigen Mann mit viel schlichteren Zügen, als jedes Porträt ihn zeigt – einen Dichter, dessen Sein durch Schicksalsbestimmung an das Leben seiner Nation geknüpft ist – Thomas Mann.

Er empfängt mich mit jener bestimmten Höflichkeit, die den bewußten Geist verrät – gemeinsame Erinnerungen werden ausgetauscht, heitere Bemerkungen über zufällige Erlebnisse gleicher lieber Freunde, und bald waren wir mitten drin in einem Gespräch voll Problematik und Erregung.

Eine der wesentlichsten Fragen des geistigen Deutschland von heute bildet die Frage der Neugründung der Sektion für Dichtkunst in der Akademie der Künste.[1]

«Der voreilige Austritt Gerhart Hauptmanns», sagt Thomas Mann, «hat im Ausland, besonders aber in Frankreich, eine gewisse Schadenfreude hervorgerufen, man glaubte die neue Sektion als ‹totgebornes Kind› bezeichnen zu müssen. In Wirklichkeit liegt der Fehler aber bei dem Kultusministerium, das als einzige Instanz in Deutschland scheinbar nicht wußte, daß Gerhart Hauptmann und Arno Holz derart verfeindet sind, daß sie sich nie an einen Tisch setzen würden. Ich glaube, daß die Schaffung der Sektion für Dichtkunst ein großer Fortschritt für das deutsche Kulturleben ist. Ich glaube an die Auswirkungsmöglichkeiten dieser Sektion, mögen sie nun in einem Zusammenfassen aller geistigen Kräfte Deutschlands gegen das Zensurgesetz bestehen oder in der Schaffung eines Fonds für talentierte junge Schriftsteller.»

«Glauben Sie», fragte ich, «im Zeitalter der Technik, des Sports, der Pleiten vieler Buchverleger an eine Regeneration der Kultur?»

«Ich glaube», antwortet mir der Dichter, «an eine Regeneration der deutschen Kultur! Wohl ist auch bei uns die radikale Mechanisierung aller Werte, die man fälschlich mit Amerikanisierung bezeichnet, eine große Gefahr. Die Pole dieser Bewegung scheinen mir, ganz im Gegenteil, Rußland und Italien zu sein. Bolschewismus und Faschismus, beides Weltströmungen antimusealer Art, beide wehren sich gegen Vergangenheitsbelastung und Tradition. Aber ich habe das starke Empfinden, daß schon jetzt in Deutschland ein allgemeiner Ekel hier und da bemerkbar wird gegen diesen Klimbim, und ich glaube auch schon Anzeichen dafür entdeckt zu haben, daß sich das Volk hiergegen zur Wehr setzt. Buchgemeinschaften und Theaterorganisationen sind erste Anzeichen auf dem Wege zur Regeneration der Kultur, nicht zu vergessen einzelne Bucherfolge von Werken literarisch qualifizierter Art. Wenn ich, ohne unbescheiden zu sein, von mir selbst sprechen darf: Mein ‹Zauberberg›, ein wahrhaft nicht ‹amerikanisches› Buch, welches zudem noch ziemlich teuer war (es kommt jetzt allerdings eine Dünndruckausgabe in einem Band für zwölf Mark heraus), hat jetzt schon eine Auflage von 80 000 Exemplaren, eine Zahl, die ich nicht für möglich gehalten hätte.»

«Wie ist nun Ihr Verhältnis zur sogenannten jungen Generation, die sich teilweise so heftig gegen Sie gebärdet?»

«Ich muß betonen», spricht Thomas Mann, «daß ich zu der Ansicht gekommen bin, daß die Kluft zwischen meiner Generation und der nächstfolgenden lange nicht so tief ist, wie diese letztere glauben machen möchte. Bei dieser Gelegenheit möchte ich auch Bert Brecht entgegnen, der vor kurzer Zeit in einer Berliner Zeitschrift dadurch mich vernichten zu können glaubte, daß er behauptete, Spielhagen sei mein geistiger Vater gewesen.[2] Ich habe noch nie in meinem Leben eine Zeile von Spielhagen gelesen, und ich muß gestehen, daß ich auch niemals ein Verhältnis zu dieser Generation gewinnen konnte.

Ich bekenne, daß ich mich sogar gern ein wenig mokieren möchte über diese jungen Dichter, ja, ich möchte ein wenig lächeln über die, die sich voll Stolz für den Schreck des Kulturbürgertums halten. Die jungen Dichter sollen nicht glauben, sie seien die Revolutionären, die Dynamischen, und wir seien verknöchert. Auch an uns hat Krieg und Revolution und Inflation gezehrt, auch wir, meine Generation, ist revolutioniert, gleichermaßen oder mehr noch als die Jungen, denn wir sind Menschen aus zwei Zeiten und tasten noch immer nach den Idealen der neuen Zeit, während die Jungen, darin geboren, den Unterschied nicht kennen.

Die französische junge Dichtergeneration hält mit der deutschen gleiches – beträchtliches – Niveau. Nur kokettieren die Franzosen nicht mit ihrer Dynamik, sondern sie sind ein sanfteres, sensibleres Geschlecht.»

Bert Brecht, dessen ‹Trommeln in der Nacht› Thomas Mann für ein ausgezeichnetes Werk hält, sagt einmal: ‹Kulturgeschichte machen nur die Dichter!› Dieses Satzes Bedeutung ist nicht abzuschwächen – es sind, neben einigen anderen Faktoren, die großen Dichter, die die Kulturmetamorphosen eines Landes bestimmt beeinflussen. Thomas Mann fühlt sich in erhöhtem Maße für diesen Satz verantwortlich. Er, der, wie er sagt, seine tiefste Berufung nicht dann empfindet, wenn man ihn lobt oder ablehnt, mit ihm weint oder lacht – sondern da, wo man sein Werk als das Wort eines Führers bestimmend für seine Gegenwart und Zukunft empfindet –, dieses Mannes Gedanke über seine Nachkommenschaft im Geiste ist eine der wichtigsten Fragen für die Zukunft deutscher Kultur. Und daß Thomas Mann, sich liebevoll bemühend, die Kluft zwischen sich und der jungen Generation zu verkleinern, diese junge Generation achtet und liebt und von ihr alles erhofft, das ist fast eine Gewähr für unsere Zukunft.

Heinz Liepmann

Das Gespräch wurde Anfang November in Hamburg geführt. – 1] Zu Manns Eintreten für diese Neugründung vgl. auch Inge Jens, ‹Dichter zwischen rechts und links›, München 1971. Vgl. Erläuterungen zum Interview vom 31. 5. 1926. –

2] Brecht: «Wenn ich bedenke, was er mir außerdem noch zu bedenken gibt, was für ein Revolutionär Thomas' Vater Spielhagen war, dann beginne ich, auch ohne ihn gesehen zu haben, zu begreifen, was für ein Reaktionär ‹mein Sohn Klaus› sein wird», in ‹Wenn der Vater mit dem Sohne mit dem Uhu ...› (‹Das Tagebuch›, Berlin, 14. August 1926; zitiert nach: ‹Gesammelte Werke in 20 Bänden›, Frankfurt/M. 1967, Bd. 18, S. 40 ff.). Von den Werken Friedrich Spielhagens (1829–1911), zuvor als «musig und weich» charakterisiert, denkt Brecht vor allem wohl an die ‹Problematischen Naturen› (1861), deren liberaler Held Oswald Stein auf den Berliner Barrikaden von 1848 stirbt. Wie sehr sich Mann durch diesen Vergleich verletzt fühlte, geht aus seiner Abgrenzung gegen Spielhagen in ‹Die Unbekannten› (‹Berliner Tageblatt›, 10. Oktober 1926) hervor. Zur Rollenverteilung zwischen Vater-Tyrann und «patrizidem Sohn» schrieb er dort: «Ein Verhältnis, über das ich neulich von einem Berliner Magazin ausgeholt wurde und über das ich mich, wie der Drucksatz mich lehrte, gesprächsweise mit so eklatantem Ungeschick geäußert habe, daß es für den wachsamen Bert Brecht allzu schwer war, keine Satire zu schreiben» (GW XI, 751 ff.). Fragment blieb ein erneuter Anlauf Brechts, den «eventuellen Disput zwischen einer Droschke und einem Auto» für sich, für den Steyrwagen, zu entscheiden. Betroffenheit konstatiert sich in seinem Erfahrungssatz, «daß eher wir selber es waren, die ihnen nicht gefielen» (‹Unterschied der Generationen›). Brechts frühe Stücke waren für Mann Paradigmen eines proletarischen Expressionismus (GW XIII, 289 f./304 f., 1923/25 in ‹The Dial›, New York); Anfang 1926 hatte Brecht die Fehde mit ‹Kehren wir zu den Kriminalromanen zurück!› eröffnet: «Ist es nicht [un]angenehm, daß man, wenn man nach der Lektüre von ‹Jerusalem› und ‹Buddenbrooks› feststellt, diese Bücher seien von Frauen geschrieben, bei ‹Jerusalem› recht behält und bei den ‹Buddenbrooks› nicht?» Über den weiteren Fortgang der Kontroverse unterrichtet Herbert Lehnert, ‹Bert Brecht und Thomas Mann im Streit über Deutschland›, in ‹Deutsche Exilliteratur›, Bd. I: Kalifornien, hrsg. von J. M. Spalek u. J. Strelka, Bern 1976, S. 62–88; vgl. Hans Mayer, ‹Thomas Mann›, Frankfurt/M. 1980, S. 386 ff. Zu ergänzen ist: von seinen «pornographischen Gedichten» meinte Brecht ‹Über die Verführung von Engeln› und ‹Sauna und Beischlaf› (1948) auf Mann beziehen zu müssen. Unbemerkt ist geblieben, daß sich Manns Festreden ‹Lübeck als geistige Lebensform› (1926) und ‹Hundert Jahre Reclam› (1928), die den Begriff des Bürgers mit der Verpflichtung zum sozialen Fortschritt verbinden, in der Form eines Reclam-Heftchens (1928) gleich zweimal in Brechts Privatbibliothek erhalten haben, ebenso wie der Bericht aus dem gemeinsamen Exil-Land Kalifornien, ‹Die Entstehung des Doktor Faustus›, 1949 (Brecht-Archiv, Berlin). Klaus Mann meinte später: «Und der Dichter Bertolt Brecht, der weder meinen Vater noch mich ausstehen konnte, begann einen launigen Artikel in der Berliner Zeitschrift ‹Das Tagebuch› mit folgender Pointe: ‹Die ganze Welt kennt Klaus Mann, den Sohn von Thomas Mann. Wer ist übrigens Thomas Mann›?» (‹Der Wendepunkt. Ein Lebensbericht›, Frankfurt/M. 1953, S. 182).

Epoka, Warschau, 13. März 1927

Großer deutscher Schriftsteller in Warschau

Gespräch mit Thomas Mann

Gestern traf der hervorragendste zeitgenössische Schriftsteller Deutschlands, Thomas Mann, in Warschau ein. Nicht ganz eine Stunde nach seiner Ankunft empfing er den Mitarbeiter der ‹Epoka›.

«Ich komme hierher», so sagte uns der Autor der ‹Buddenbrooks›, «aus München, wo ich ständig wohne. Ich habe unterwegs in Berlin Station gemacht, um an einer Sitzung der Akademie der schönen Künste teilzunehmen, einer Sektion, die gerade eingerichtet worden ist. Bei dieser Gelegenheit habe ich auch Theater besucht, die in Berlin wirklich auf einem hohen künstlerischen Niveau stehen, sowohl in Hinblick auf die Schauspieler als auch auf Regie und Technik, was besonders durch die Lichteffekte, die zur Zeit eine große Rolle spielen, auffällt.»

«Der Polnische Pen-Club ist nicht der erste, der Sie einlädt, nicht wahr?»

«Vor zwei Jahren war ich als Gast des dortigen Pen-Clubs in London.[1] Mich hieß sein Gründer und Präses John Galsworthy[2] im Kreise von H. G. Wells[3] und des heute schon nicht mehr lebenden berühmten Kritikers William Archer[4] willkommen. Vor einem Jahr, als ich auf Einladung der Carnegie-Stiftung in Paris weilte, wurde ich dann durch den Pariser Pen-Club gastlich aufgenommen. Während des Banketts saß ich zwischen dem bekannten Kritiker Edmond Jaloux und Jules Romains. Ebenso war ich Gast des Wiener, Amsterdamer und mehrmals des Berliner Pen-Clubs.»

«Ist es erlaubt zu fragen, an welchem Werk Sie gegenwärtig arbeiten?»

«Das wird eine auf sehr altem Stoff aufgebaute Handlung. Sie spielt im Jahr 1450 vor Christi Geburt. Es geht um die Geschichte des Joseph von Ägypten. Ich versuche die Wiedergabe der Ereignisse, wie sie stattfanden – wenn sie überhaupt stattfanden ... Sie müssen sich mehr oder weniger während der Regierungszeit der Amenophis III. und IV. abgespielt haben, denn Jakob und seine Söhne müssen wesentlich später gelebt haben als Abraham, in dem man den Zeitgenossen des hochberühmten babylonischen Gesetzgebers Hammurabi sehen kann.»

«Gestatten Sie zum Kontrast die Frage: Was halten Sie von der jüngsten deutschen Literatur? Ich denke besonders an Brecht, Hasenclever, Kaiser, Unruh ...»

«Und nun die Expressionisten? Etwas habe ich den Eindruck, daß der Expressionismus zwar für die Literatur gewisse Werte von dauerhaftem Charakter brachte, wie das vor ihm schließlich schon der Impressionismus gemacht hatte, und doch sage ich, daß der Impressionismus mächtigere Individualitäten, hervorragendere Einzelne geschaffen hat. Unter den von Ihnen genannten ist der interessanteste Brecht, dessen ‹Trommeln in der Nacht› ohne Zweifel ein interessantes Werk ist.[5] Als Talent von technischer Vollkommenheit macht vor allem Kaiser auf sich aufmerksam, er ist ein ausgezeichneter Theaterkenner und baut seine Stücke technisch sehr geschickt. Unruh ist vielleicht ein allzu großer Rhetoriker. Sein zweifellos Interesse hervorrufender ‹Bonaparte›[6] ist ein wenig unentschieden in Hinblick auf die Mischung der historischen und der ideellen Faktoren.»

«Besteht noch die junge literarische Gruppe?»

«Ja ... die, zu der mein Sohn Klaus sich zählt. Aus dieser Gruppe möchte ich Ebermayer herausheben, dessen Drama ‹Kaspar Hauser›[7] unlängst in München aufgeführt wurde.»

«Was halten Sie von diesem Drama?»

«Es steht ziemlich stark unter dem Einfluß von Film-Elementen.»

«Darf ich hier fragen, ob eines Ihrer Werke verfilmt wurde?»

«Ja. Umgcsctzt in Film wurden meine ‹Buddenbrooks›.[8] Es war jedoch eine schwache Umsetzung, die fast nichts gemein mit dem Original mehr hat, und ich kann daher nicht sagen, daß ich mit ihr zufrieden war. Dagegen würde sich nach meiner Meinung ‹Königliche Hoheit› sehr für eine Verfilmung eignen, und ich wundere mich, daß noch niemand sich des Romans angenommen hat.»

«Folglich sind Sie kein prinzipieller Gegner der Umsetzung literarischer Werke in den Film?»

«Ich bin der Auffassung, daß Dramen sich nicht für eine Verfilmung anbieten, Romane dagegen sehr. Der Film, als Umsetzung von Erzählung ins Bild, kann manchmal viel interessanter sein. Ich sah zum Beispiel jetzt in Berlin die Verfilmung von Gorkis ‹Mutter› und war direkt bezaubert. Ich bin dabei erstaunt über das hohe Niveau der russischen Filmproduktion.»

Wir kehrten zu den literarischen Themen zurück. Wir riskierten es, dem ‹Zauberberg›-Autor folgende Frage zu stellen: In welche Richtung bewegt sich die deutsche Literatur?

«Ich bin kein Prophet. Letztlich hängt das doch wohl in großem Maße vom Charakter der Verfasser ab, und wer kann da voraussehen? Das Talent, seine Kraft geben, manchmal Richtungszeichen. Sturm[8a], ohne Unterstützung eines ausgezeichneten Talents, wird niemals bedeutenden Einfluß haben.»

«Haben Sie sich mit der polnischen Literatur beschäftigt?»

«Ja, obwohl ich zugeben muß, daß im allgemeinen bei uns die russische Literatur mehr bekannt ist als die polnische, weil sie viel mehr übersetzt wurde. Auf jeden Fall ist Mickiewicz bei uns überall bekannt, bei mir persönlich rief dagegen die ‹Nieboska Komedja› von Krasiński[9] den tiefsten Eindruck hervor. Ich las sie gerade in der Periode der geistigen Vorbereitung der deutschen Revolution, folglich faszinierte mich die herrliche Darstellung des Konflikts zwischen Aristokratie und Demokratie. Außerdem ist bei uns Reymont sehr bekannt. Besonders seine ‹Chopti›, und dann auch die ‹Ziema obiecana›.[10] Schließlich kennen wir viele Beispiele von Przybyszewskiego[11], der übrigens viele Jahre in München und Berlin verbracht und an unserem literarischen Leben lebhaften Anteil genommen hat.» H. L.

Übersetzt aus dem Polnischen von Anita von Wnuck-Lipinski.

Acht Jahre nach der Wiederherstellung eines unabhängigen polnischen Staats legte der von deutscher wie polnischer Seite gepflegte offiziöse Charakter des Besuchs den Grundstein für ein stetiges, heute eher verstärktes Anwachsen der Geltung Manns als intellektueller Anreger (vgl. Hubert Orłowski, ‹Heinrich und Thomas Mann in der literarischen Öffentlichkeit Polens›, in: ‹Arbeitskreis Heinrich Mann, Mitteilungsblatt›, Nr. 16, S. 3–10; hier S. 5).

1] Anfang Mai 1924. – 2] Von John Galsworthy (1867–1933), Gründungspräsident des englischen Pen-Clubs 1921 und Nobelpreisträger 1932, schätzt Mann neben der ‹Forsyte Saga› (dt. 1925) den Liebesroman ‹The dark flower› (‹Die dunkle Blume›, dt. 1926). Mann war während des Englandbesuchs Gast im Haus Galsworthys und dessen Schwester. – 3] Der sozialistisch-pazifistische Herbert George Wells (1866–1946), bekannt durch seine Science-Fiction-Romane und ‹Outline of History› (1919), war Nachfolger Galsworthys als Pen-Präsident. – 4] Der Theaterkritiker und -schriftsteller William Archer (1856–27. 12. 1924) setzte Ibsen in England durch seine Übersetzungen durch. In der ‹Personal Note›, die G. B. Shaw Archers ‹Three Plays› (1927) vorausschickte, erscheint Archer als «physically a tall upstanding well-built Scot»; vgl. GW X, 445. – 5] «Die bittere Geschichte eines aus dem Kriege heimkehrenden Soldaten, die zwei gute Akte besitzt, dann aber zerflattert»; Mann im Juni 1923 (GW XIII, 289). – 6] Schauspiel ‹Bonaparte›, Frankfurt/M. 1927. – 7] Erich Ebermayer (geb. 1900), ‹Kaspar Hauser. Dramatische Legende in zehn Bildern›, Leipzig 1926. – 8] Den Stummfilm unter der Regie von Gerhard Lamprecht (1923) kritisierte Mann schon am 21. Februar 1923 als falsche Dramatisierung (‹Thomas Mann an Ernst Bertram. Briefe aus den Jahren 1910–1955›, hrsg. von Inge Jens, Pfullingen 1960, S. 117). Vgl. auch Regesten 23/27. Wegen des Hinweises auf die Möglichkeit, ‹Königliche Hoheit› zu verfilmen, bedrängte Ebermayer 1927 mehrfach Mann und realisierte eine Bearbeitung (Regesten 27/45, 27/58, 27/62). – 8a] Der expressionistische Kreis um die Zeitschrift ‹Der Sturm›, von H. Walden 1910–32 herausgegeben. – 9] Die ‹Ungöttliche Komödie› (1835, dt. Übersetzung 1841) des Romantikers Zygmunt Graf Krasiński (1812–1859). – 10] ‹Bauern› u. ‹Versprochene Erde›. – 11] i. e. Stanislaus Przybyszewski, vgl. das Interview vom 22. April 1927. Er zählte zum Dehmel-Kreis.

Jüdische Rundschau, Berlin, 22. April 1927

Thomas Mann über die Palästinabewegung

Der bekannte deutsche Schriftsteller Thomas Mann, der vor kurzem in Warschau als Gast des dortigen Pen-Klubs weilte, erklärte dem Redakteur der ‹Zionistischen Welt›, dem Organ des Zentralkomitees der Zionistischen Organisation in Polen, gegenüber[1]:

«Vor einiger Zeit wandten sich einige Mitglieder des Deutschen Pro-Palästina-Komitees mit der Bitte an mich, ich möchte den Aufruf dieses Komitees[2] mit unterschreiben. Ich bin dieser Bitte gern nachgekommen, war aber sehr überrascht, bald darauf in der ‹Frankfurter Zeitung› und im ‹Berliner Tageblatt› Artikel gegen den Zionismus zu lesen, die aus den Kreisen der liberalen Juden stammten. Ich habe da zum ersten Male erfahren, daß der Zionismus so stark durch die Juden selbst bekämpft wird.[3] Es ist für mich ganz unverständlich, wie Juden die jüdisch-nationalen Ideale bekämpfen können.

Ich erblicke im Zionismus einen großen historischen Prozeß der nationalen Wiedergeburt eines der ältesten und kulturellsten Völker der Welt. Palästina, das mit Recht als die Wiege der modernen Menschheit betrachtet wird, sollte in ein jüdisch-nationales Heim verwandelt werden, damit das jüdische Volk frei und ungehindert leben und große kulturelle und menschliche Werte für sich und die ganze Welt schaffen kann. Ich erblicke im Zionismus einen kulturellen Faktor von großer humanitärer Bedeutung. Die ganze Welt wird von zwei Tendenzen beherrscht, dem Universalismus und dem Nationalismus. Die Juden haben bis jetzt viel für den Universalismus getan, und es wäre Zeit, daß sie auch ihren eigenen Nationalismus pflegen, denn erst durch diesen, durch die eigenen nationalen Formen, wird das jüdische Genie dem Universalismus am besten dienen können. Die Weltkultur ist ein Mosaik, in dem jedes Volk seine eigene Farbe haben muß.

Der Zionismus hat für die Menschheit auch große Bedeutung infolge seiner ausgesprochen pazifistischen Natur. Die Zionisten wollen dem jüdischen Volk ein Heim schaffen nur vermittelst der Kraft ihrer Ideale, vermittelst des großen Glaubens an die allmenschliche Gerechtigkeit und durch ihre eigene, opfervolle Arbeit. Wenn ein Volk mit friedlichen Mitteln das erreicht, was zu erreichen anderen Völkern heute nur durch Gewalt und Blutvergießen gelingt, dann ist es ein schönes, tröstendes Beispiel für die Menschheit.

Die Kulturwelt muß die zionistischen Bestrebungen unterstützen. Die Intelligenz der ganzen Welt, Schriftsteller und Dichter, sollten ihre Sympathie für den Zionismus zum Ausdruck bringen. Der Zionismus verdient die Unterstützung durch eine solche Organisation, wie es die internationale Schriftsteller-Vereinigung ‹Pen-Club› ist.

Ich verfolge alles, was die Juden in Palästina schaffen, mit großem Interesse. Besonders interessiert mich die Hebräische Universität und ihre Entwicklung. Leider muß noch viel getan werden, um aus ihr das zu schaffen, was sie für den Osten und den Westen sein soll, nämlich die geistige Atmosphäre, in der die beiden Kulturen verschmelzen sollen, die uralte erneute Kultur des Ostens und die neue Kultur des Westens.

Ich interessiere mich jetzt für Palästina auch aus dem Grunde, weil ich ein Werk vorbereite, das sich auf die Legende von Joseph und seinen Brüdern stützt. Zum Schluß sei mir noch erlaubt, meinem Wunsche Ausdruck zu verleihen, daß das Land mit so reicher Vergangenheit so schnell wie möglich in ein Land reicher Gegenwart und Zukunft verwandelt werde.»

1] Nicht ermittelt. – 2] Nicht ermittelt. Im Rahmen der zionistischen Bestrebungen in zahlreichen europäischen Ländern konstituierten sich in allen großen europäischen Ländern nationale Komitees. Sie gehören unmittelbar zur Siedlungsgeschichte der Juden vor der Gründung von Israel. – 3] Vgl. Joseph Walk, ‹Das Deutsche Komitee Pro Palästina›, in: ‹Bulletin des Leo-Baeck-Instituts›, Tel Aviv, N. F. 15 (1976), Nr. 52, S. 162 ff.

Magdeburger Zeitung, 28. April 1927

Thomas Mann in Warschau

Ein Gespräch mit dem Dichter[1]

«Man hat mich auf Händen getragen.» Wenn man jedoch auf Händen getragen wird, ist es zu gehen nicht einfach und so lag schon darin das Bedauern begründet, das Thomas Mann anschließend noch besonders hervorhob: «So daß ich von vielem, vor allem von der gegenwärtigen polnischen Dichtung und ihren geistigen Strömungen nicht die unmittelbaren Eindrücke zu gewinnen vermochte, die ich gern erfahren hätte. Es geschieht in Deutschland wenig für die polnische Literatur, und so muß auch ich meine Kenntnisse als leider nur dürftig bezeichnen. Natürlich weiß ich von den dichterischen Größen Polens, aber man erlebt sie doch erst in ihrem Werk. So lernte ich Krasińskis ‹Ungöttliche Komödie› erst 1917 kennen, und wenn auch wahrscheinlich in einer unzulänglichen Uebersetzung, so vermittelte sie mir doch einen außerordentlichen Eindruck. Beim Schriftsteller Kaden-Bandrowski, dessen Freundlichkeit ich nicht dankbar genug gedenken kann, entspann sich ein Disput, ob dieses Werk überhaupt aristokratisch, ob es nicht vielmehr antiaristokratisch sei. Es könnte von einem Deutschen von 1920 geschrieben sein – aber wir sind diesem Problem schicksalmäßig viel später nahegekommen. Wir haben das Geistige viel zu isoliert erlebt und gesehen und das Politische zu sehr verwiesen. Hier im Hause des Herrn Kaden-Bandrowski machte ich auch die Bekanntschaft des persönlichen Adjutanten des Marschalls, dessen Mitteilungen über die Stellung Pilsudskis[2] im Lande und seine geistige Potenz mich außerordentlich interessierten. Ich gewann den Eindruck einer gemäßigten Persönlichkeit, die sehr verehrt und, obzwar Militär, durchaus kein Militarist ist.

Es war ein festlicher Aufenthalt, mit dichtestem Programm Stunde für Stunde, ein bißchen, drolligerweise, der Aufenthalt eines *chef d'état*; aber die Herzlichkeit, von der er getragen war, war besserer Art als die, von der bei staatsmännischen Reiseanlässen in den Zeitungen zu lesen ist. Angefangen von dem solennen Empfang am Bahnhof durch alle prominenten Mitglieder des Pen-Clubs bis zur Verabschiedung ebendort, bei der Staatssekretär des Aeußeren, Grabowski, dem Scheidenden die Grüße des eben aus Genf zurückgekehrten Ministers Zalewski überbrachte, herrschte ein Entgegenkommen, eine Aufmerksamkeit, eine Geste der Generosität und Liebenswürdigkeit, die ich mich zu hüten hatte, allzu persönlich zu nehmen, die ich aber als ausdrucksvolle Kundgebung der Sympathie für deutsche Kultur und der Achtung vor ihr tief dankbar empfand. Es war eine Demonstration der Freundwilligkeit, des Verlangens nach nationalem Einvernehmen – wie es der außerordentlicherweise in deutscher Sprache abgefaßte Gruß des führenden Warschauer Literaturblattes ‹Wiadomosci literackie› in schöne warmherzige Worte faßte. Uebrigens beschränkte sich die Anteilnahme nicht auf die literarischen Kreise. Auch der Adel zeigte sich interessiert. Prinz Janusz Radziwill, ein Mann von ernster Vornehmheit, Führer der konservativen Partei, gab ein Frühstück in seinem prächtigen Palais und bekundete mit dieser Stellungnahme, daß das Wort ‹konservativ› in Polen einen anderen Sinn hat als bei uns. Ferner gehörte der Empfang in Wilanow, dem Schloß des Grafen Branicki, sogar zu den ausdrucksvollsten Punkten des Programms.

Es war freundlich gedacht, daß gleich nach meiner Installierung und einer ersten Rundfahrt durch die Stadt ein Frühstück in intimen Pen-Club-Kreise stattfand, das Gelegenheit gab, ein gegenseitiges persönliches Vertrauen zu begründen, das sich in den folgenden Tagen so glücklich bewährte. Schon dieser Abend brachte das große Bankett des Clubs, das mich in seiner eleganten Festlichkeit an das Londoner Diner erinnerte; das Pariser war wesentlich schlichter. Die Reden des Abends, die dem Gaste Ehre über alle Gebühr erwiesen, lagen ihm in Maschinenschrift vor, soweit sie nicht in deutscher Sprache, sondern auf polnisch oder französisch gehalten wurden. Es sprachen die Herren Przeimycky, Goetel, Horzyca,

Kaden, und denke ich der eindringlichsten und mit dem wärmsten Beifall aufgenommenen Worte des Abends, der Rede Stanislaus Przybyszewskis, die er mit Umarmung und Kuß beschloß, so überkommt mich noch heute ein Gefühl tiefer Rührung. Durch eigene Schuld hatte ich Przybyszewski, den Freund Dehmels und Liliencrons, der lange in Deutschland und selbst in München gelebt hat, niemals kennen gelernt und darum durch einen Nachmittagsbesuch bei ihm nachzuholen versucht, was sich bisher nicht gefügt hatte.

Mein eigener Trinkspruch[3], mit dem ich für alle Güte zu danken hatte, wurde sehr freundlich aufgenommen, war aber vorbereitet und dem lebendigen Augenblick nicht angepaßt. Vielleicht sogar hätte ich meine Sache besser gemacht, wenn ich der Eingebung der Stunde vertraut hätte. Ich feierte den Pen-Club, nach seinen Ideen überhaupt und seiner polnischen Sektion im besonderen. Ich sprach über Polen, über Deutschland und über den Weltgegensatz zwischen Osten und Westen, der heute bedrohlich herrschend geworden und auch für das deutsche Gefühl den älteren Gegensatz von Norden und Süden, das Faust-Helena-Problem abgelöst hat. Deutschland, meinte ich, und das slawische, dabei aber von jeher stark lateinisch und humanistisch beeinflußte Polen, sie beide seien bestimmt, in diesem Weltgegensatz eine vermittelnde Rolle zu spielen, und vielleicht sei es diese gemeinsame Aufgabe, in deren Betreuung sie sich am leichtesten finden könnten.

Wenn ich über polnische Gastlichkeit rede, so darf ich der deutschen nicht vergessen. Herr von Pannwitz, der Geschäftsträger des Reiches, in Anwesenheit des Gesandten Rauscher, machte mit seiner schönen Frau in der gewinnendsten Weise die Honneurs bei einem Abendessen mit nachfolgendem großem Empfang, bei dem sich, wie im Hotel Europa, das künstlerische, literarische und diplomatische Polen einfand. Den Besuch in Wilanow erwähnte ich schon. Ein schöner, ehemals königlicher Besitz im Renaissance- und Barockstil erbaut, mit älterem Mitteltrakt, zu dem wir dann – in Pelze gehüllt – aus dem Flügelbau und nach einem Spaziergang durch den mächtigen, an einem Weichselarm gelegenen Park hinübergingen, um die Sammlungen, besonders das kostbare chinesische und sächsische Porzellan zu besehen. Es war ein kleiner Kreis von Gästen, die der Graf in sein Haus gebeten hatte, unter ihnen auch Ossendowski, und sehr patriarchalisch nahmen an dem

Frühstück auch die alten Hausangestellten teil. Der Graf, eine vornehme, stattliche Erscheinung, spricht außer seiner Muttersprache nur Französisch – Wort und Umwelt schlossen sich zu einem selten harmonischen Bild. Im übrigen aber merkte ich aber fast überall eine fabelhafte Beherrschung der deutschen Sprache – ja, als ich mich das erstemal in französischer Sprache an den Prinzen Radziwill wandte, kam er mir gleich mit einem ‹Wie, bitte?› entgegen.

An den sehr eindrucksreichen Besuch in Wilanow schloß sich am Nachmittag ein Empfang im Teatr Polski, einem Privattheater, dessen Direktor eine Art junger Reinhardt ist. Ich sah drei bis vier Szenen der Bühnenbearbeitung eines polnischen Romans, in einer Inszenierung, die mir durch ausgezeichnete Lichtwirkungen auffiel. Ein zwangloses Beisammensein mit den Schauspielern folgte, die im Kostüm zu einer Jause von der Bühne herüberkamen, das demgemäß zwanglos heiter verlief. Am gleichen Abend noch hielt ich meinen Vortrag im pompejanischen Saal des Hotels Europa, der – wie man mir sagte – als viel zu klein sich erwies.

Am folgenden Tage war es mir noch ein Bedürfnis, einen Besuch dem germanistischen Seminar der Universität abzustatten, in Begleitung des Rektors und des Professors Lempikki.[4] Es ergab sich ein sehr herzlicher Kontakt mit den jungen Leuten, die mich durch eine Studentin und einen Studenten mit überaus hübschen Ansprachen begrüßten. Gleichsam eine Fortsetzung dieser vergnügten Stunden bildete am Abend die Hoffmann-Feier des Pen-Clubs bei Fugger, einer alten Weinstube mit schweren Eichentischen in der Art eines Refektoriums, die von einem Nachkommen der alten Augsburger Patrizierfamilie geführt wird. Rede und Gegenrede gab es, Wilam Horzyca gedachte in schönen Worten E. T. A. Hoffmanns, der in diesem Raum gern verweilt hatte, und schloß mit den Worten: ‹Die Dichter wissen es besser›, die der Phantasiewelt Hoffmanns sich neigten. Und zum Schluß sang noch ein Gitarrensänger mit mephistofelischem Typ alte und auch beherzt zotige Lieder.

Ehe ich in der nächsten Nacht abreiste, vereinigte noch ein nachmittägliches und abendliches Beisammensein manche Teilnehmer der mir unvergeßlichen Tage bei den Herren Kaden-Bandrowski und Professor Lempicki. Ich verließ eine Stadt, von der ich den Eindruck gewann, daß sie so recht erst zu atmen beginnt. Es ist wohl so, wie man mir sagte, daß seit der Befreiung der Bevölkerung eine Last von der Brust fiel. Von Petersburg aus bestand eine Tendenz, die polnische Geschichtstradition zu zerstören. Es mag sich viel Haß angesammelt haben – und es ist wohl auch wieder ein solcher Exzeß des Hasses temperamentmäßig zu erklären, wenn er auch uns zunächst einen Schock versetzt, die Tatsache nämlich, daß eine mächtige russische Kirche einfach vom Boden wegrasiert wurde. Doch sie mag eben als eine Art Zwing-Uri empfunden worden sein. Aber wir kommen weiter und von allem bleibt nur das Menschliche. Was mir in Chopin, den ich seit meiner Jugend liebe, gegenwärtig ist; die Wildnis des Herzens, gepaart mit der Zivilisation des Westens, das ist das Lebendige. Oder praktisch: aristokratischer Radikalismus, den mir als Ziel begeistert der Adjutant des Marschalls bestätigte, als ich in dieser Brandes'schen[5] Definition einen Zusammenhang mit der angeblichen polnischen Abstammung Nietzsches suchte, von der einmal die Rede war.

Wir kommen weiter – oder ich will lieber sagen: man selbst kommt weiter. Hat eine solche Reise nützliche Wirkung fürs Allgemeine, für die ‹Atmosphäre› – desto besser. Zuerst fördert sie mich selbst, innerlich. Sie bedeutet die Eroberung eines neuen Stückes Welt, einer bisher nur mythischen und begrifflichen Wirklichkeit. Man sieht einander, spricht miteinander, erkennt den Menschen ineinander. Es ist eine Wohltat, es ist befreiend. Man hat fortan viel stärkere Widerstandsmöglichkeiten in sich gegen die Lüge und die Verhetzung.»

1] Anmerkung der Redaktion: «Wir bringen das von einer Korrespondenz verbreitete Interview, das Thomas Mann dem Schriftsteller Arthur Ernst Rutra gewährt hat, in einer vom Dichter durchgesehenen und korrigierten Fassung.» Ein Vergleich mit dem früheren Abdruck im ‹Neuen Wiener Journal› vom 10. April läßt wesentliche Abweichungen erkennen. Vom Beginn des zweiten Absatzes («Es war ein festlicher Aufenthalt») bis zur Mitte des vierten Absatzes («Ein schöner, ehemals königlicher Besitz») handelt es sich um einen neuformulierten Text, zu dem noch eine Einzeländerung im siebten Absatz tritt («mir unvergeßlichen» aus «für mich sehr festlichen»). Nach der Redaktionsanmerkung, der sprachlichen Dichte und inhaltlichen Kriterien – Vervollständigung, Namenkorrekturen, Herausnahme einer mißverständlichen Anekdote – handelt es sich bei dem neuen Stück um eine schriftliche Ergänzung durch Mann selbst. Dadurch erhält das Interview den Charakter eines abschließend-offiziellen Berichts. Es folgt die frühere «unkorrigierte» Partie:

Mein Aufenthalt in Warschau, der sich überaus festlich gestaltete, trug, merklich unterschieden darin von früheren Auslandsreisen, einen stark offiziellen Charakter. So darf ich ihn wohl als wertvolle Errungenschaft für den weiteren geistigen Austausch betrachten, als eine Kundgebung für die deutsche Kultur, in jenem Sinne etwa, wie ihn das führende Warschauer Literaturblatt ‹Wiadomosci literackie›[6] in ihrem deutschen Gruß an mich mit dem Wunsch nach gegenseitiger Einfühlung ausgesprochen haben. Es war in der Tat höchst offiziell – angefangen vom Empfang am Bahnhof durch die prominenten Mitglieder des Pen-Clubs, bis zur Verabschiedung ebendort, in Gegenwart des Staatssekretärs des Aeußeren, Grabowski, der als Vertreter des Ministers Zaleski erschien. Und wie ich später zu hören Gelegenheit hatte, hat der Minister selbst in Genf einem Pressevertreter gegenüber meinen Besuch in Warschau erwähnt und sich Förderung der wechselseitigen Annäherung davon versprochen. Aber auch das Frühstück beim Prinzen Janusz Radziwill, dem Führer der konservativen Partei, der Austausch der Karten mit dem Prinzen Lubomirski, mein Empfang in Wilanow beim Grafen Branicki und an diesem Abend auch beim deutschen Geschäftsträger v. Pannwitz, wobei vorwiegend diplomatische Vertreter zugegen waren, zeichneten das Gesamtbild nach der offiziellen Seite. Nicht etwa, daß die Herzlichkeit darunter gelitten hätte, aber die Höflichkeit ist ausgesprochener als bei uns. Man liebt die große Geste, die Dienerschaft verneigt sich, fast nach altrussischem Rituale, indem sie den Oberkörper waagerecht bis zur Gürtellinie beugt. Auch das Abendessen, das zu meiner Begrüßung veranstaltet wurde, bei dem alles in großer Toilette erschienen war, erinnerte mich in seiner Feierlichkeit sehr an das Diner anläßlich meiner Anwesenheit in London; und der Empfang, der sich daran anschloß, der größte, den ich bisher erlebt hatte, vereinigte die gesamte literarische, künstlerische und diplomatische Welt Warschaus. Die Reden des Abends, die mir sehr viel Ehre erwiesen, waren in polnischer, deutscher und französischer Sprache gehalten, von Persönlichkeiten wie Przemieski, Goetel, Horzyca, Kaden, und denke ich der eindringlichsten Worte des Abends, der Rede Przybyszewskis, die er mit einer herzlichen Umarmung schloß, so überkommt mich heute noch ein tiefes Gefühl der Dankbarkeit und Rührung. Seltsamerweise hatte ich Przybyszewski, der ja lange in Deutschland, zuletzt in München, gelebt hat, niemals kennengelernt, und darum suchte ich schon durch einen Nachmittagsbesuch bei ihm nachzuholen, was sich bisher nicht gefügt hatte. Ich weiß natürlich nicht, ob meine Rede, mit der ich antwortete, die Anwesenden so zufriedenzustellen vermochte wie mich die vernommenen Ansprachen. Man ist ja, im Mittelpunkt stehend, immer im Nachteil. Nun, ich versuchte es; der Gedanke, der mich leitete, war der Einfluß des Geistes in den letzten zehn Jahren, die Wandlung, die er in geistpolitischem Sinne bewirkt hat. Ich erblicke Polen in einem ähnlichen Sinn wie uns Deutsche. Der frühere Gegensatz Nord-Süd ist geschwunden, der west-östliche steht nunmehr im Vordergrund. Wir sind Mittler zwischen Kulturen und Welten. Ich müßte viel erzählen, wollte ich von allen Eindrücken berichten, die sich mir eingeprägt haben, die besonderen aber möchte ich nicht missen. Vor allem die Einladung des Grafen Branicki auf sein Schloß Wilanow: imposant. – 2] Józef Pilsudski (1867–1935), dem die Konstituierung und Konsolidierung Polens wesentlich zu verdanken war (Friede von Riga, 1921), Marschall von Polen 1920, und starker Mann der polnischen Politik, nahm nach einem Staatsstreich 1926 vom Oktober 1926 bis Juni 1928 das Amt des Ministerpräsidenten wahr. Mit den vorhandenen Hilfsmitteln waren weitere Personen nicht zu ermitteln. – 3] ‹Im Warschauer Pen-Club›, GW XI, 401 ff. – 4] Mit dem Germanistikprofessor S. von Lempicki verbinden sich die Einbeziehung der Literaturkritik in den Forschungskanon (1924) und seine Ansätze zu einer Fachgeschichte im 18. Jahrhundert. – 5] «Aristokratischer Radikalismus» ist der Schlüsselbegriff der Nietzsche-Interpretation durch Georg Brandes. Der Essay ‹Friedrich Nietzsche› (1888) trägt den Untertitel: «Eine Abhandlung über aristokratischen Radikalismus» (G. B., ‹Menschen und Werke›,

Frankfurt/M. 1894, S. 137–224). Dort ist auch die kurze ‹Vita› abgedruckt, die Nietzsche am 10. April 1888 Brandes übermittelt hatte: «Meine Vorfahren waren polnische Edelleute (Niezky); es scheint, daß der Typus gut erhalten ist, trotz dreier deutscher ‹Mütter›. Im Auslande gelte ich gewöhnlich als Pole; noch diesen Winter einzeichnete mich die Fremdenliste Nizzas *comme Polonais*». Der Begriff des «aristokratischen Radikalismus» hat Mann in seiner Ausgabe der Briefe Nietzsches (Bd. III, ²1905) angestrichen (Brandes an Nietzsche 26. XI. 1887; Nietzsche an Brandes 2. XII. 1887; Freundl. Auskunft von Prof. H. J. Sandberg). – 6] In der Ausgabe vom 13. März 1927.

Unbekannte Zeitung, nach 2. Mai 1927

Thomas Mann und der Aufruf für Max Hölz

Wie erinnerlich, hat ein Komitee, das sich als neutral bezeichnet, einen Aufruf für Max Hölz in die Oeffentlichkeit gebracht, in dem eine schleunige Nachprüfung des Urteils vom 22. Juni 1921 verlangt wird. Der Aufruf ist von 87 Personen unterzeichnet worden, darunter befindet sich eine große Anzahl von Schriftstellern, die politisch meist sehr weit links stehen, von Rechtsanwälten, Schauspielern, Verlegern usw. Auch Thomas Mann hat diesen in der Oeffentlichkeit lebhaft erörterten Aufruf unterzeichnet. Thomas Mann hatte die Freundlichkeit, unserem Münchner Vertreter in einer längeren Unterhaltung seine persönliche Auffassung in dieser Angelegenheit darzulegen.

Einleitend betonte Thomas Mann, er habe seine Unterschrift unter den Aufruf für Max Hölz nicht etwa voreilig in einem unbedachten Augenblick, sondern vielmehr nach reiflicher Überlegung gegeben. Er halte auch heute trotz der vielfach scharfen Kritik an dem Aufruf an seiner Unterschrift fest, denn die Erwägungen, die für ihn maßgebend waren, seien durch die Gegner des Aufrufs nicht erschüttert worden. Gerade weil er die kommunistische Lehre als eine Utopie betrachte und weil Max Hölz mit seiner politischen Auffassung ihm ganz fern stehe, habe er sich zu einer Unterzeichnung verpflichtet gefühlt. Denn es handle sich für ihn hierbei lediglich um ein Eintreten für die Idee des reinen Rechts, die unter der Einwirkung politischer und parlamentarischer Leidenschaften nicht nur in Deutschland, sondern in der ganzen Welt abhanden zu kommen drohe. In diesem konkreten Falle seien doch seiner Überzeugung nach offensichtlich die Grundlagen des Urteils erschüttert worden. Schon vor geraumer Zeit habe sich ein Mann als Mörder des Gutsbesitzers Heß selbst bezichtigt. Schon diese Tatsache allein erfordere eine Nachprüfung des Urteils, da hierin Max Hölz als der Täter betrachtet werde. Wer den Aufruf so auslege, als ob dadurch Max Hölz als unschuldig im Sinne des Gesetzes hingestellt und dem endgültigen Urteil vorgegriffen werde, sei im Unrecht, denn der Aufruf behaupte lediglich, daß die für die Verhängung der lebenslänglichen Zuchthausstrafe maßgebenden Unterlagen heute erschüttert seien, und daß deshalb das Urteil nachgeprüft werden müsse. Thomas Mann gab sodann seiner Ueberzeugung dahin Ausdruck, daß es sich bei Max Hölz nicht um einen Verbrecher aus niederen Instinkten handle, sondern daß die Taten von Max Hölz rein ideellen Motiven entsprungen seien. Man dürfe ihn daher nicht einen Mordbrenner nennen, weil er ja aus einer bestimmten politischen Ueberzeugung heraus gehandelt habe. Es könne auch nicht davon die Rede sein, daß der Aufruf, über dessen äußere Fassung man bei einzelnen Redewendungen streiten könne, das Rechtsempfinden der breiten Masse zu untergraben geeignet sei. Gerade das Gegenteil treffe zu. Eine Nachprüfung derartiger Urteile aus politisch hochbewegten Zeiten werde, zumal in diesem besonders gelagerten Falle, dem Ansehen der Justiz nur zuträglich sein. Es sei nur zu begrüßen, wenn die Oeffentlichkeit durch diesen Aufruf auf diesen Fall hingelenkt und ein leiser Druck auf die Justiz ausgeübt werde. Es sei nun einmal so, daß in der Republik eine Kundgebung dieser Art eine größere Wirkung habe als früher. Am Schlusse der Unterredung machte Thomas Mann unserem Münchener Vertreter gegenüber folgende Ausführungen:

«Ich weiß wohl, daß ich durch meine Stellungnahme einem gewissen bürgerlich-erhaltend gesinnten Deutschtum, wie schon in manchem früheren Fall, eine Enttäuschung bereite und ihm als Abtrünniger erscheine. Solche Enttäuschungsgefühle, die natürlich Zorn gegen mich hervorrufen, beruhen aber auf einer irrtümlichen Deutung meiner geistigen Existenz. Wenn die Tatsache, daß meine künstlerische Ausdrucksform deutsch-traditionelle Züge aufweist, die politische Reaktion und eine Vaterlandsliebe, der es nichts ausmacht, einen Menschen widerrechtlich im Zuchthause verkommen zu lassen, zu dem Glauben verführen konnte, sie dürfe auf meine Parteigängerschaft rechnen, so war das ein Mißverständnis, an dem ich nicht schuld bin. Im Gegenteil sind solche Züge der Ausdruck innerer Verbundenheit mit einem älteren und, ich sollte denken, höheren und echteren Deutschtum, das immer die Idee liebte, vor allem die des Rechts, und das sich auch heute in vielem erhebt, die die Rechtsbeugung aus politischem Racheinstinkt als unmenschlich verabscheuen.»

Der Aufruf hat folgenden Wortlaut: «Das neutrale Komitee für Max Hölz, zusammengesetzt aus Frauen und Männern der verschiedensten politischen Richtungen, erstrebt die schleunige Nachprüfung des Urteils des außerordentlichen Gerichts vom 22. Juni 1921. Durch dieses Urteil ist Max Hölz mit lebenslänglichem Zuchthaus und mit dem dauernden Verlust der bürgerlichen Ehrenrechte bestraft worden, insbesondere wegen der angeblichen Tötung des Gutsbesitzers Heß. Seit fast einem halben Jahre ist der Oeffentlichkeit und den Behörden bekannt, daß infolge der Selbstbezichtigung des wahren Täters, des Widerrufs des Hauptbelastungszeugen und auf Grund anderer wichtiger Tatsachen die Grundlagen des Urteils im Falle Heß erschüttert worden sind; auch liegt bedeutsames Material vor, das geeignet ist, andere wesentliche Teile des Urteils als auf Justizirrtümern beruhend, erscheinen zu lassen.

Weite Kreise des In- und Auslands, die den politischen Anschauungen von Max Hölz völlig ablehnend gegenüberstehen, sind davon überzeugt, daß sein ganzes Tun stets nur von den lautersten Beweggründen geleitet war.

Das Komitee fordert die schleunige Herbeiführung eines neuen Urteils über die Taten und über die Person von Max Hölz.[1]

Es erhebt gegen die auffallend langsame Bearbeitung des Rechtsfalles den schärfsten Protest und macht die Behörden auf die Erbitterung aufmerksam, die weite Kreise angesichts der ungleichmäßigen Anwendung der Amnestiegesetze ergriffen hat.

Das Komitee fordert alle diejenigen auf, die es in diesem Rechtskampf unterstützen wollen, sich ihm durch schriftliche Erklärung (zu richten an die Adresse des Komitees, Berlin W. 8, Friedrichstraße 59/60, z.H. von Dr. Beck) anzuschließen, und zwar unter Angabe der genauen Adresse.

Berlin, den 23. April 1927.»

Im Anschluß an das Interview folgen neben Mann weitere Namen von Unterzeichnern, u. a. Johannes R. Becher, Bert Brecht, Otto Dix, Albert Einstein, Lion Feuchtwanger, S. Fischer, Heinrich George, Egon Erwin Kisch, Käte Kollwitz, Fritz Kortner, Heinrich Mann, Max Pechstein. Die nationalistische Presse benutzte Manns Engagement zu weiteren Angriffen, so daß er u. a. im ‹Berliner Tageblatt› vom 23. September erneut reagierte. – 1] Max Hölz (1889–1933) wurde 1928 freigelassen.

Neues Wiener Journal, 25. Dezember 1927

Gespräch mit Thomas Mann

Als Thomas Mann in der Literarischen Gesellschaft Wiesbadens das feinziselierte Kapitel ‹Freiheit und Vornehmheit› aus seinem großen Essay ‹Goethe und Tolstoi› liest, habe ich schon die Zusage, ihn vor seiner Abreise sprechen zu können, und da am nächsten Morgen die Zeit knapp bemessen ist, gehe ich, liebenswürdig von Thomas Mann in seinem Hotel empfangen, sofort in *medias res.* Das Gespräch gleitet auf den ‹Zauberberg›.

«Schwebte Ihnen, als Sie den ‹Zauberberg› schrieben, der Gedanke vor, an der bestehenden Art der Tuberkulosebehandlung Kritik zu üben, Herr Doktor?»

«Latent war die Absicht wohl vorhanden. Sicher war ich zuweilen satirisch eingestellt, als ich dieses Buch schrieb, aber ich muß mich immer gegen die Auffassung verwahren, daß der ‹Zauberberg› ein ‹Krankheitsroman› sei.[1] Das Krankenmilieu bildet doch nur den äußeren Rahmen.»

«Haben Sie nicht vorausgesehen, daß die medizinische Wissenschaft auf Grund der in Ihrem Werk niedergelegten Beobachtungen sich mit der Frage neuartiger Behandlungsweisen der Tuberkulose beschäftigen könnte oder würde?»

«Nein. Ich habe mir niemals träumen lassen, daß der ‹Zauberberg› einen so großen Erfolg haben würde und daß somit die aufgerollten Probleme so weite Kreise ziehen könnten. Ich bin gewissermaßen überrascht über den Anstoß, den ich unbewußt gab . . .»

«Ein Anstoß, der bekanntlich bereits zu neuartigen Methoden in der Tuberkulosebehandlung, der Abkehr vom ‹vorzüglichen Liegestuhl› und Transformation der euphorischen Energie in Leistung geführt hat.»

«Was mir», ergänzte Thomas Mann, «aus einem Vortrag Dr. Hellpachs[2] bekannt ist und mich wirklich außerordentlich überrascht und erfreut hat.»

«Was halten Sie vom Projekt einer internationalen Universität in Davos?»

«Es ist ein großer, rührender Gedanke, den ich herzlich begrüßt habe. Der junge Leichtkranke wird arbeiten, studieren können dort oben. Junge Kranke aller Länder werden sich begegnen, einander finden. Krankheit und Geist, Krankheit und Erkenntnis haben viel miteinander zu schaffen; das ist eine Zauberberg-Wahrheit. Wichtigstes Wissen vom Menschen verdankt man der Krankheit. Und eine Studiengemeinschaft der Kranken wird manches zur Verbrüderung der Völker beitragen können.»

Diese Frage bringt das Gespräch auf die Jugend und Thomas Manns entzückende Novelle ‹Unordnung und frühes Leid›.

«In dieser Novelle scheint mir Ihre Einstellung zum Problem der Emanzipation der modernen Jugend eine leise ironische und stark resignierte.»

«So ist es», bekräftigt Mann meine Frage. «Die heutige Jugend lebt so viel leichter, unbeschwerter, weniger eingeengt als die Jugend früherer Zeiten. Die unendlich wichtige Wissenschaft der Psychoanalyse entlastet sie, nimmt ihr die Hemmungen, unter denen wir in der Jugend litten. Sie steht dem Leben real gegenüber und ist stark kritisch eingestellt – damit müssen wir uns abfinden. Ich staune über die Unbekümmertheit, mit der sie an alles herangeht, von allem Gebrauch macht, was die Welt bietet. Die modernsten Errungenschaften der Technik, Flug, Ozeanfahrten, sind für sie Selbstverständlichkeiten (hier denkt Thomas Mann wohl auch an seine ältesten Kinder Klaus und Erika, die zum Beispiel eine Amerikatournee machen); die Jugend von heute amüsiert sich, man könnte sie leise beneiden!»

«Und scheint Ihnen die Kluft zwischen der heutigen älteren und jüngeren Generation nicht viel größer als die selbstverständlich stets bestehende Kluft zwischen zwei Generationen?»

«Nein. Man muß überhaupt unterscheiden zwischen den ‹Kriegs- und Revolutionskindern› und den ‹Nachkriegskindern›; die jetzige Jugend ist schon wieder anders geartet, ich kann diese Beobachtung an meinen eigenen Kindern machen.»[3]

Ich bitte Thomas Mann, sich über seine Arbeitspläne äußern zu wollen, er erfüllt bereitwillig diesen Wunsch.

«Ich arbeite augenblicklich an einem großen Roman ‹Joseph und seine Brüder›. Der Versuch, diese Legende in Form eines Romans zu verarbeiten, in die Psychologie der Menschen von damals einzudringen, lockt mich schon lange. Es ist ein Stoff, der schon Goethe beschäftigt hat.»[4]

«Da müssen Sie ja zum Orientalisten werden, Herr Doktor?»

«Ja», meint Thomas Mann lachend, «der geschätzte Aegyptologe Professor Spiegelberg in München[5] fand kürzlich, daß ich es schon ein wenig geworden sei.»

«Und sind Sie noch mit der Komposition weiterer Werke beschäftigt?»

«Nein. Der Roman ‹Joseph und seine Brüder› nimmt mich völlig in Anspruch.»

«Und doch finden Sie Zeit, in vielen deutschen Städten Vorträge zu halten und kürzlich sogar in Paris, als ‹außerordentlicher Gesandter deutschen Geistes› begrüßt, zu sprechen! Dürfte ich von Ihnen erfahren, was Ihnen als das wichtigste Ergebnis Ihres Pariser Aufenthalts, von dem Sie ja bereits interessante ‹Rechenschaft› ablegten, erschien?»[6]

«Ich kam von neuem zu der Ueberzeugung, daß das für Deutschland, ja für Europa wichtigste Problem der Sicherheit wie der Verständigung der Völker stets heißen wird: das Verhältnis zwischen Deutschland und Frankreich. Das Verhältnis zwischen England und Deutschland kommt erst in zweiter Linie. Ich gewann in Paris den Eindruck, daß man sich in Frankreichs intellektuellen Kreisen ungemein für Deutschland interessiert. Man verfolgt sein geistiges Vorwärtskommen mit einer Art ‹beunruhigter Neugierde›, man forscht nach, ob etwa auf irgendeinem Gebiet Deutschland Frankreich voran sei. Nie sind so viele Bücher aus dem Deutschen ins Französische übersetzt worden, nie zuvor bemühten sich Franzosen so eifrig, perfekt Deutsch zu lernen, um deutsche geistige Produkte in der Ursprache verfolgen zu können.»

«Versprechen Sie sich Wichtiges vom Zusammenschluß deutscher und französischer Intellektueller? Nach 1870 fand dieser doch ebenfalls statt.»

«Nicht in dem Maße wie heute. Leider kommen aber noch zu wenig Franzosen nach Deutschland, um im gleichen Sinne zu wirken.»

«Sie sprachen in Paris den Grafen Coudenhove-Kalergi.[7] Wie stehen Sie dem paneuropäischen Gedanken gegenüber?»

«Aeußerst freundlich. Nur halte ich es für falsch, England und Rußland auszuschließen.»

«Dünkt Ihnen der Zusammenschluß Oesterreichs und Deutschlands nicht eine Keimzelle des paneuropäischen Gedankens?»[8]

«Sicher. Wir sind wohl eigentlich auch schon auf dem besten Wege dazu. Alles drängt ja in Europa auf Bildung größerer Einheiten und der Zusammenschluß von Oesterreich und Deutschland ist, rein objektiv betrachtet, für Deutschland ein Problem von allergrößter Wichtigkeit; auf dem Wege zum deutschen Einheitsstaat liegt die Notwendigkeit, daß diese zwei Völker zusammenkommen. Das Problem muß aber mit Behutsamkeit gelöst werden, da es bei Frankreich und Italien auf Besorgnis stößt; die Entwicklung zum Zusammenschluß muß sich langsam, etappenweise vollziehen, wie man ja unter anderem schon mit der Vereinheitlichung der Rechtsprechung begonnen hat. Wo wir Deutsche unter uns sind, sind wir der Ueberzeugung, daß der Anschluß kommen muß. Und wer sollte», fährt Thomas Mann fort, «dieses Ziel rein menschlich in Deutschland nicht wünschen? In Oesterreich fühle ich mich, fühlt sich wohl jeder, außerordentlich wohl. Die Liebenswürdigkeit und Herzlichkeit der Wiener, die Musikalität ihrer Natur macht sie wohl zu den angenehmsten Menschen unter den Nationen. Das wirkt sich ja auch in der Politik aus. Oesterreich zog sich nie den Haß anderer Nationen in dem Grade wie Deutschland zu; daß es zertrümmert wurde, war eine Zufälligkeit, die der Gang der Ereignisse mit sich brachte.»

Das Gespräch gleitet auf Allgemeines über. Aus einem Thema entstehen neue Themata, über die Thomas Mann sich in sorgsam gewählten Worten und der ihm eigenen kristallklaren Sprache ergeht, Themata, deren Vielseitigkeit aber, gleich einem das Ufer überflutenden Strom, die Eindämmung in die Grenzen eines zu veröffentlichenden Gesprächs verbietet.

Evelyn Rossen

1] 1925 entwickelte sich eine rege medizinische Diskussion um den Roman, z. B. Curt Schelenz, ‹Der Zauberberg vom Standpunkt des Tuberkulosearztes aus gesehen› in ‹Deutsche Medizinische Wochenschrift› vom 15. Mai, S. 831 f. u. Goswin Zickgraf, ‹Noch eine ärztliche Kritik über den Zauberberg› in ‹Zentralblatt für innere Medizin›, Nr. 37 vom 12. September, S. 869 ff. Vgl. auch ‹Vom Geist der Medizin›, GW XI, 591 ff. – 2] Willy Hellpach (eig. Adolf Pfanner), ‹Die Zauberberg-Krankheit› in ‹Medizinische Welt›, Jg. 1 (1927), Nr. 38 f., S. 1425–29 u. 1465 f. Vgl. den Brief Manns über den «Karlsbader Vortrag über die ‹Zauberberg-Krankheit› (Regesten 27/189). – 3] Die jüngsten Kinder, Elisabeth (geb. 1918) und Michael (geb. 1919). – 4] ‹Joseph›, ein Heldenepos in Prosa, entwarf der jugendliche Goethe 1765 in Frankfurt/M. Goethe berichtet über die Erzvätergeschichte im 4. Buch von ‹Dichtung und Wahrheit› (‹Goethes Werke›, hrsg. von Erich Trunz, Hamburg [6]1967, Bd. IX, S. 136 ff.). Manns stoffliches Interesse dürfte sich aber unabhängig von Goethes Heldenepos entwickelt haben; vgl. schon Tagebuch, 18. III. 1919: «Las abends den I. Akt von Beer-Hoffmanns ‹Jaákob›. Das Thema ist schön.» – 5] Wilhelm Spiegelberg war bei der Lesung aus dem ‹Joseph›-Manuskript im Auditorium Maximum der Universität München am 8. November 1927 anwesend. Zu einem persönlichen Gespräch ist es nach dem 16. November gekommen (vgl. Regesten 27/191). Am 20. Januar 1928 bat Mann in der Bibliothek um Bücher, die ihm Prof. Spiegelberg genannt hatte (Regesten 28/15). – 6] Als «außerordentlichen Gesandten des deutschen Geistes» hatte der Germanist Henri Lichtenberger Mann am 20. Januar 1926 in Paris begrüßt; die Interviewerin zitierte nach der ‹Pariser Rechenschaft› (Berlin 1926, S. 21; GW IX, S. 18). – 7] Nach dem Welterfolg der Schrift ‹Paneuropa› (1923) propagierte Richard Nikolaus Graf von Coudenhove-Kalergi (1894–1972) seine Idee eines europäischen Staatenbunds in der Zeitschrift ‹Paneuropa› (1924 ff.) und Buchpublikationen. Unter dem 22. Januar 1926 schilderte Mann eine Begegnung mit ihm (‹Pariser Rechenschaft›, S. 56 f.; GW XI, S. 46 f.). – 8] Nach der Auflösung der Habsburgermonarchie Österreich-Ungarn konstituierte sich der deutsche Teil am 12. November 1918 als Teil einer deutschen Republik. Im Frieden von Saint-Germain erzwang die Entente die Selbständigkeit einer Republik Österreich und untersagte einen Anschluß an das Deutsche Reich.

Comedia, Paris, 31. Januar 1928

Ein Gespräch mit Thomas Mann

«Ich als Deutscher fühle mich den Franzosen näher als den Engländern»

Thomas Manns Arbeitszimmer in München ist hell, anheimelnd. Eine vertrauliche Sonne streift die Bücher, verleiht Holbeins ‹Lesendem Erasmus› eine unerwartete Patina und weilt auf einem Album von Masereel. Beinahe unvermittelt erwähnt der Autor der ‹Buddenbrooks› mit Genugtuung den

Erfolg, der seinem Bruder Heinrich Mann letzten Dezember in Paris zuteil wurde.

«Ich freue mich», fügt er hinzu, «jedesmal, wenn sich etwas derartiges ereignet, sei es in Berlin, sei es in Paris. Für meinen Teil glaube ich, daß, als ich meinen Vortrag in der Carnegie-Stiftung hielt[1], die Gemüter noch nicht besänftigt waren, wie sie es heute sind. Von Monat zu Monat gewinnen die Beziehungen an Festigkeit. Beide großen Kontinentalmächte scheinen dem Bedürfnis Folge zu leisten, einander besser kennenzulernen, einander näher zu kommen ... Ich sage absichtlich: zwei Kontinentalmächte. Denn bei aller Rassenverwandtschaft mit den Engländern sind wir Deutsche den Franzosen näher als den Engländern. Diesbezüglich führte ich Gespräche mit Edmond Jaloux, Félix Bertaux, Jules Romains, die ich mit keinem Engländer jemals hätte führen können. Die Fragen, die Frankreich und Deutschland beschäftigen, sind England und seiner *splendid isolation* fremd. Was aber heute von Bedeutung ist, das ist das Leben des europäischen Kontinents und nichts anderes; es geht nicht mehr darum herauszufinden, welche Nation die Oberhand gewinnen muß. Es geht lediglich darum, unter von dem Krieg und den neuen Zeiten veränderten Voraussetzungen weiter zu leben. Die Welt ist sehr klein geworden.»

«Glauben Sie jedoch, daß die deutsche Jugend einer europäischen Verständigung positiv gegenübersteht und daß sie geneigt ist, besonders zu Frankreich freundschaftliche Beziehungen zu unterhalten?»

«Ich bin überzeugt», beteuert Thomas Mann, «daß unsere junge Generation die aufrichtig – ich betone das Wort – die aufrichtig friedfertige Politik Herrn Stresemanns[2] fortsetzen will. Es ist zumindest, abgesehen von jeglicher Sympathie, sozial und wirtschaftlich notwendig. Im übrigen stellt die nationalistische Partei bei uns in meinen Augen keine Gefahr dar. Es gibt in Deutschland keinen ‹Kriegsschriftsteller›, wie Barrès[3] sich gern nannte. In Frankreich verfügte der Nationalismus über einen Barrès. In Deutschland ist der Nationalismus keine intellektuelle Tatsache wie bei Ihnen. Deswegen messe ich ihm keine Bedeutung bei, er ist nicht imstande, die intellektuelle Jugend um sich zu scharen, weil er kein Prinzip, keine Lehre anzubieten hat.

Auch haben die jungen Autoren ganz andere Interessen: Sehen Sie sich Unruh[4], Arnold Zweig[5], von der Vring[6] und ihre Kriegsromane an, die so menschlich, jenseits jeglichen Hasses, jeglichen Chauvinismus sind.»

Thomas Manns helle Augen, die sein ernstes Gesicht ironisch überstrahlen, scheinen einer flüchtigen, einer subtilen Gedankenverbindung nachzuhängen.

«Wir haben alle sehr viel zu lernen ... Ich lese Gide oder Valéry sehr gern. Sie haben das, was uns fehlt, das analytische Denken. (Der einzige Essayist, den wir jemals hatten, ist Schiller.) Weder Gide noch Valéry haben sich den Theorien der Freudschen Psychoanalyse verschlossen. Ist das nicht schon ein Beispiel für den französisch-deutschen intellektuellen Austausch, der den eigenständigen Horizont erweitert, ohne der nationalen Eigenart des Schriftstellers Abbruch zu tun? Was uns an den französischen Autoren gefällt, das ist dieses psychologische Einfühlungsvermögen, das uns nicht in solchem Maße zuteil geworden ist ... wobei unsere Literatur sich seit etwa zwanzig Jahren ernsthafter um psychologische Analyse bemüht, nicht zuletzt unter Nietzsches Einfluß, der uns neue Perspektiven eröffnete; aus diesem Grunde sind alle Werke, die zwischen dem Ausklang der Romantik und Nietzsche verfaßt wurden, für uns und für alle Zeiten unleserlich.»

Thomas Mann nennt mir die ‹Falschmünzer›[7] als eines seiner französischen Lieblingsbücher.

«Haben Sie von François Porchés Kritik[8] in ‹Die Liebe, die sich nicht zu nennen traut› gehört, der dagegen Protest einlegt, daß die französischen Autoren aus der Homosexualität ihr Lieblingsthema machen?»

Der Autor des ‹Zauberbergs› lächelt.

«Ich glaube nicht, daß die Deutschen die französische Gesellschaft anhand moderner Romane beurteilen. Es wäre absurd. Heute sieht man auch in der Homosexualität eher einen pathologischen Fall, eine Tatsache. Abgesehen von der Frage der Wirkung im Ausland, der man wohl zu Unrecht zu viel Bedeutung beimißt, gibt es in Gides Buch sehr schöne Abschnitte, die mir sehr nahegingen.»

«Eine letzte Frage: Was halten Sie vom deutschen Theater?»

«Wenig erwähnenswerte Autorennamen. Aber in jeglicher Hinsicht bemerkenswerte Inszenierungen. Vor zwei Jahren besuchte ich häufig die Pariser Bühnen. Also, ehrlich gestanden – hier spricht kein Chauvinist – ist mir kein Stück begegnet, dessen Inszenierung die Qualität von Gerhart Hauptmanns ‹Dorothea Angermann› in Berlin auch nur annähernd erreicht hätte.»

Dann, mit einem Lächeln: «Ich bin gern bereit, meine Theatereindrücke aus Paris zu revidieren, sobald mir die Gelegenheit gegeben wird, mir neue zu verschaffen! Und ich will hoffen, daß die nächste Gelegenheit nicht zu lange auf sich warten läßt.»

Louis Durieux

Übersetzt aus dem Französischen.
In der ‹Berliner Nachtausgabe› vom 6. Februar 1928 wurde das Interview unter dem Titel ‹Thomas Manns Kotau vor Paris. Der Mann, der für Vaterlandsverräter eintritt und sein Volk lästert› angegriffen. Die «Unterhaltung, die kürzlich ein junger Franzose, Herr Durieux, Sohn des französischen Konsuls in München, mit mir geführt und in der Pariser Zeitung ‹Comoedia› veröffentlicht hat», verteidigte Mann gegen «bezahlten Partei- und Gassenpatriotismus» in einem Offenen Brief an Willy Haas (‹Literarische Welt›, Berlin, Nr. 8 vom 24. Februar 1928, S. 1 f.; GW XI, S. 766 ff.). – 1] 20. Januar 1926: ‹Die geistigen Tendenzen des heutigen Deutschlands› (GW XIII, 581 ff.). – 2] Der Reichsaußenminister Gustav Stresemann (1878–1929) verkörperte eine Politik der friedlichen Revision des Versailles-Vertrags auf der Grundlage einer deutsch-französischen Annäherung. 1926 erhielt er zusammen mit seinem französischen Partner Aristide Briand (1862–1932) und dem englischen Außenminister J. A. Chamberlain den Friedensnobelpreis. – 3] Maurice Barrès (1862–1923), Mitglied der Académie française seit 1906, bedeutendster Vertreter eines deutschfeindlichen französischen Nationalismus. Auf sein Plädoyer für den französischen Charakter des Rheinlands (‹Le génie du Rhin›, 1921) reagierten sowohl Ernst Robert Curtius (‹Maurice Barrès und die geistigen Grundlagen des französischen Nationalismus›, 1921), Ernst Bertram (‹Rheingenius und Génie du Rhin›, 1922) als auch Mann (‹Der ›autonome‹ Rheinstaat des Herrn Barrès›, GW XII, 624 ff.). Im Tagebuch, 10. IV. 1921: «Las abends Curtiussens Buch über Barrès zu Ende, schließlich abgestoßen von den geistigen und seelischen Ergebnissen eines Nationalismus à la française. Barrès' Verwahrung gegen die Verwechslung mit den Philistern des Patriotismus ist am Ende doch ungerechtfertigt.» – 4] Friedrich Franz von Unruh (geb. 1893), ‹Stufen der Lebensgestaltung›, Hamburg-Bergedorf 1928. – 5] Arnold Zweig (1887–1968), ‹Der Streit um den Sergeanten Grischa›, Berlin 1927. – 6] Georg von der Vring (geb. 1889), ‹Soldat Suhren›, Berlin 1927. – 7] André Gides Roman. – 8] François Porché (1877–1947); ‹L'Amour qui n'ose pas dire son nom›, Paris 1927 (243 S.).

La Stampa, Turin, 4. Februar 1928

Gespräch mit dem größten deutschen Romanschriftsteller

Thomas Mann und der biblische Roman, an dem er arbeitet: ‹Joseph und seine Brüder›

Man kommt zum Haus von Thomas Mann[1], dem Dichter von ‹Der Tod in Venedig›, von welchem Stadtteil auch immer man kommt, das letzte Stück Wegs muß man an der Isar entlanggehen. Unten fließt der Fluß durch zwei geometrisch geradlinige Eindämmungen, die ihn in steter Beschleunigung zum Staudamm leiten, der zur vielfältigen Wassernutzung gebaut wurde. Das Wasserwerk liegt in der Ferne, so daß es zu jener Seite hin den Horizont beschließt. Es verschließt ihn – so verschwommen und weiß in der Sonne – wie eine Tür, welcher der schöne Azurstreifen eine Haube aufsetzt; wenn man sich an dem Bild freut und über die Anspielung lächelt, könnte man sagen: hier sind Disziplin und nützliche Realität dichterisch vereint.

Jenseits des Flusses liegt die Grenze des Englischen Gartens, im Augenblick nur belebt durch Wolken, die darüber hinziehen. Über den Wellen des Flusses spielen Möwen scheinbar ermüdend, und doch ruhelos. Ich verweile im Anblick dieser Dinge, die der Dichter täglich auf seinen Spaziergängen sieht. Vor allem aber möchte ich keine Minute zu früh ankommen, und da die Straßenbahnverbindung ausnahmsweise günstig war, gehe ich den Eschenweg weiter hinunter, an dem Haus vorbei. München ist hier zu Ende. Wie fast alle Städte heute endet es in den eleganten, wohlgeordneten Vierteln mit ihren herrschaftlichen Gebäuden und Parks und Gärten. Es bleibt mir keine Zeit mehr, bis zur «Schonung» weiterzugehen, dem kleinen Wäldchen, das man dem alten Sumpf abgewonnen hat, dem verwunschenen Garten, wo in den Sommermonaten der Hund Bauschan und sein Herr[2] umherstreifen. Ich begnüge mich damit, von weitem die Wipfel der Weiden, Pappeln und Birken zu erkennen.

Bauschan! Unwillkürlich suche ich ihn, als ich das halbgeschlossene Gartentor öffne. Die Dichter schaffen merkwürdige Überzeugungen: die Gestalten, denen sie in ihren Werken durch die Kunst das Leben geschenkt haben, müßten auch, so denkt man, in Wirklichkeit leben, oder, wenn sie tatsächlich gelebt haben, unsterblich und unverändert sein. In den zehn Jahren, die vergangen sind, seit Bauschan zur Literaturgeschichte gehört, könnte der Bracke das Opfer einer Krankheit, eines Tausches oder zumindest des Alters geworden sein. Ich glaube das nicht. Ich spitze sogar die Ohren: ich höre das Klingeln der Steuermarke am Halsband nicht. Und im Hause keine Spur von der frühreifen Liebhaberin Lorchen, nicht einmal ein Widerhall vom Schluchzen des schrecklichen Sünders Beißer, den beiden Helden der kürzlich erschienenen köstlichen kleinen Familienerzählung des Dichter-Vaters. (Diese Novelle ‹Unordnung und frühes Leid› kann man jetzt in der vorzüglichen italienischen Fassung von L. Mazzucchetti lesen.)[3]

Auch wenn Thomas Manns Leser nicht beim ersten Mal vom Dienstmädchen begleitet würde, hätte er keine Schwierigkeiten, sich in dem Haus zurechtzufinden. Von der wohlbekannten Garderobe aus durchquert man sicher das große, wohlbekannte Vorzimmer und betritt das berühmte Arbeitszimmer, dessen breite Glastür zum Garten hinführt. Im Arbeitszimmer nur eine praktische, keine pedantische Ordnung; bis zum Diwan, der den Besucherraum von der Schreibecke trennt und an einem günstigen Punkt die beharrliche Arbeit und die Heiterkeit der Meisterschaft dieses einzigartigen Künstlers verknüpft, sind die Bücher aufgereiht, die während der Wartezeit ein wenig beunruhigen. Aus einer Ecke blickt aufmunternd der Genius loci, eine Büste Homers; doch weiß ich schon jetzt, daß ich ihm den Rücken zuwenden muß, wenn ich mich setze. Thomas Mann ist in jeder Hinsicht ein Herr. Sogleich begegnet er seinem Besucher mit einem Lachen, mit Umgangsformen eines Gentleman aus gutem Hause, die dem Gegenüber augenblicklich ein Gefühl der Sicherheit verleihen, auch wenn automatisch eine natürliche Distanz bleibt. Komplimente sind nicht nötig. Die Tatsache, daß er mich empfangen hat, erlöst mich von der Schuld der Aufdringlichkeit, hierher zu kommen und ihn über eine noch nicht beendete Arbeit zu befragen.

Der Titel des neuen Romans, mit dessen Vorbereitung er vor einigen Jahren und mit dessen Ausführung er vor ungefähr einem halben Jahr begann, und welcher, wenn auch fortgeschritten, noch etliche Zeit bis zu seiner Vollendung beanspruchen wird, lautet ‹Joseph und seine Brüder›.[4]

Weshalb dieser Übergang von einem Schweizer Sanatorium – Szene des letzten großen Werks von Thomas Mann, ‹Der Zauberberg› – und von der bürgerlichen Welt, der er seit den ‹Buddenbrooks› fast immer treu geblieben ist, zum Orient und zu biblischen Gestalten? Der Dichter erzählt mir von seinem wachsenden Interesse an historischen Studien – die während und nach dem Krieg veröffentlichten Essays beweisen es – und an religiösen Studien – aber diese Wendung seines Interesses ist neu. Um seine Worte mit einer Kurzformel zusammenzufassen, könnte man sagen, daß er von dem Problem seiner Zeit (welches im ‹Zauberberg› vorherrscht) zur Erforschung des Problems oder besser des Geheimnisses des Mythos übergeht. Außerdem waren die Idee und der Stoff des Josephsromans schon immer in der Vorstellung Thomas Manns lebendig. Von frühester Jugend an reizte ihn die ägyptische Plastik und der Orient im allgemeinen mehr als die griechisch-römische Plastik und die klassische Antike. Er spürte in sich und seiner Tradition eine spontanere Affinität zu den Ursprungsländern der Geschichte.

Bei diesem Geständnis kommt mir eine idyllische Stelle in den Sinn, die er seinem jüngsten Töchterchen gewidmet hat, das er so sehr liebte, daß er sogar – einmal wenigstens – zum metrischen Dichter wurde. Der glückliche Vater erzählt, wie er einmal als junger Mann in Venedig die erste Gondel durch die Lagune gleiten sah, die fabelhafte Flucht der Paläste über dem Kanal betrachtete, in den goldenen Glanz der byzantinischen Basilika eintauchte; da fühlte er mit süßer Verwunderung eine Verwandtschaft zwischen seiner eigenen nordischen Heimat und den Ländern des Orients. Und der Sohn von Lübecker Kaufleuten und Seefahrern ruft aus:

«Nein, nicht leugne man mir geheimnisvolle Beziehung
Zwischen den Handelshäfen, den adligen Stadtrepubliken,
Zwischen der Heimat nicht und dem Märchen, dem östlichen Traume!»[5]

Mit der Wahl des orientalischen Stoffes folgt er also keineswegs einer Laune oder einem modischen Geschmack. Das wäre übrigens auch gar nicht denkbar. Die ganze Kunst Thomas Manns ist ein Sich-Selbst-Bewußtwerden, ein zähes Bauen, und zwar nicht im Lichte von Theorien oder Suggestionen, sondern im Lichte der eigenen Seele und aus dem Antrieb des eigenen Bedürfnisses, seine eigene persönliche Wahrheit zu erreichen.

«Ich glaube», sagt mir Thomas Mann, «daß sich jedem

ernsthaften Künstler nach den ersten Versuchen die Notwendigkeit zeigt, einer geraden Entwicklungslinie zu folgen, die ihn dazu führt, sich im ganzen zu offenbaren und sich immer weniger um den Geschmack der anderen und die sogenannten Zeitströmungen zu kümmern; wenn er wirklich etwas zu sagen hat, und wenn er es zu sagen versteht, müssen sich die anderen in ihm wiedererkennen und nicht umgekehrt.»

Demnach ist auch der biblische Stoff des neuen Romans sein Stoff, mit dem er bestimmte persönliche Positionen verdeutlichen kann.

«Und weshalb ausgerechnet der Stoff von Joseph?» Die Frage mag naiv erscheinen. Die Bibel hat nicht viele Geschichten, die so reich an Motiven und so anziehend sind wie die des vom Schicksal begünstigten Sohns Jakobs. Zu wieviel Kunstwerken ist sie nicht schon in allen Literaturen verarbeitet worden! Doch Thomas Mann begegnet ihr mit besonderer Sympathie. Er sieht in Joseph den faszinierenden Typus des Abenteurers, natürlich nicht im gewöhnlichen Sinn, sondern als einen Mann, der als schicksalsbeladener Erbe von jahrhundertelanger gärender Unruhe in einer Zeit der großen Möglichkeiten lebt. Ich erlaube mir, zu unterbrechen. Im Werk des Lübecker Dichters gibt es schon eine Abenteurergestalt: Krull; die Erzählung seines amüsanten Geschicks ist leider wegen äußerer Umstände unvollendet geblieben (von dieser Geschichte wurde nur ein Fragment veröffentlicht).[6] Führt jetzt dieser Joseph in einer anderen Weise und in einem anderen Sinn den alten Plan aus?

«Nein, Krull lebt weiter, tief schlafend in der Phantasie seines Autors; eines Tages wird er wieder aufgeweckt.»

Immerhin ist die Definition Josephs als Abenteurer kostbar und wird bei der Interpretation des vollendeten Werks beachtet werden müssen. Für den Augenblick beleuchtet Thomas Mann ein wenig die Physiognomie seines Helden:

«Ich nehme an, daß Joseph gegen 1400 v. Chr. nach Ägypten gekommen ist. Zu dieser Zeit saßen Regenten auf dem Pharaonenthron, die einen ganz besonderen Platz in der Geschichte einnehmen: Einer von ihnen, Amenophis, der vor allem für seinen revolutionären Geist bekannt ist, hatte die Veränderung der Landesreligion in die Hand genommen, wobei der traditionelle Polytheismus durch eine monotheistische Form ersetzt wurde. Joseph, der Sohn des letzten Patriarchen, der Vertreter eines Stammes, dessen einzige, jedoch gewaltige

Eroberung die des Einzigen Gottes gewesen war, gelangte in diesem entscheidenden Augenblick nach Ägypten. Diese beiden, der reformatorische Pharao und der Bewahrer des hebräischen religiösen Geistes, hatten sich etwas zu sagen.

Der Roman, der die Handlung aus dem Land Kanaan schnell in das Land des Nils führt, wird uns mitteilen, wie der Monarch und der Abenteurer sich verstanden haben.»

«Müssen wir eine Reihe von Diskussionen erwarten, ähnlich wie im ‹Zauberberg›?» frage ich.

«Nein. Alles wird erzählt; alles wird lebendig in Personen, Situationen, Ereignissen, die sich ziemlich eng an die biblische Fabel halten und die Grenzen eines einzigen, wenn auch durchaus schweren Bandes nicht überschreiten.»

Auch die manchmal polemischen Bezüge zu unserer Zeit, die sich nach und nach von selbst ergeben, sind implizit oder werden durch die Mittel der Ironie, die Thomas Mann so liebt, hervorgetrieben.

Mit umfassenden Studien hat der Schriftsteller sich auf diese Arbeit vorbereitet, Studien, die ihm einerseits die geschichtlichen Ereignisse und die Umweltbedingungen jener Epoche vertraut machten und ihn andererseits den mythischen Charakter des Lebens jener Männer erkennen ließen. Hier vor allem liegt für ihn der größere Reiz dieses Stoffes.

«Offensichtlich strebt Joseph in seiner Entwicklung danach, sein Leben nach dem Vorbild seines Vaters und seiner Vorfahren zu formen, und zwar nicht aus erbärmlicher Angst vor dem Scheitern, aus dem kleinmütigen Bedürfnis, sich auf bereits fertige Erfahrung zu stützen, sondern weil er sich daran halten mußte, auf diese Weise ein gottgewolltes Schema zu wiederholen und zu befestigen, die Nahrung direkt aus den ursprünglichen Wurzeln des Seins zu ziehen, in seiner vergänglichen Person die Vergangenheit und die Zukunft zu vereinen und noch als Lebender in die Ewigkeit einzutreten: genau das ist mythisches Leben.»

Mit welchen Bildern und Handlungsverwicklungen der Romancier uns mitteilen wird, wie sich in seinem Künstlerblick Geschichte und Zeit des biblischen Joseph spiegelten, wird uns das vollendete Buch zeigen; es wäre mehr als indiskret, ja geradezu kindisch, ihn jetzt danach zu fragen. Für den Augenblick jedoch ist der Hinweis auf das ziemlich wichtig, was sich vielleicht als die lyrische Matrix des neuen Werks herausstellen wird.

Es soll noch kurz von anderem die Rede sein: von der Zeit, die Thomas Mann als Neunzehnjähriger mit seinem Bruder Heinrich in Italien verlebte (ein Sommer auf dem Land in der Romagna – neunzig Sonnentage – ist ihm besonders lebendig in Erinnerung)[7], von Berlin[8], das ihn immer wieder mit seinen Theatern lockt (doch wird dem Leben eines arbeitsamen Schriftstellers in Berlin von allzu vielen Zerstreuungen aufgelauert), von dem einzigartigen Phänomen nach jedem Krieg, wo sich jede Nation politisch von der anderen distanziert, im Geiste jedoch das Bedürfnis nach Annäherung verspürt (typisches Beispiel dafür sind die gegenwärtigen Beziehungen zwischen Deutschland und Frankreich).

Ich frage ihn, ob er während der Niederschrift des Romans schon an etwas anderes denke.

«Ja, an einen Essay, der in der Märzausgabe der ‹Neuen Rundschau› erscheinen wird, über den ‹Amphitryon› von Kleist aus Anlaß des 150. Geburtstags des unglücklichen Tragödiendichters.»[9]

Man wird mit Sicherheit auch Beziehungen zwischen der kritischen Studie und dem Roman finden können, denn die Arbeitsweise Thomas Manns erlaubt keine grundsätzliche Ablenkung des Interesses. Und dies wird die zweite, wenn auch indirekte Mitteilung des Autors über sein Werk sein. Die erste ist im vergangenen Dezember auf den Seiten eben dieser Zeitschrift gemacht worden.[10] An sie denke ich, als ich mich zum Abschied bei dem Dichter bedanke.

«Höllenfahrt» heißt das erste Kapitel. «Es ist eine Art Einführung», sagte mir der Autor, «die ich wirklich mehr für mich als für die anderen geschrieben habe, um in Schwung zu kommen.» Dennoch ist es sehr gut, daß er sie uns nicht vorenthalten hat. Diese rhapsodische Annäherung an den Stoff, die Meditation über die unergründliche Quelle der Geschichte, diese Darstellung des Landes, des Volkes, der Familie des Helden, der Rätsel, die seinen Geist beschäftigen sollten, die sich in Hinweisen, geschichtlicher Reflexion und phantastischen Ausblicken zeigt, erweist sich als besonders wirksam zur Herstellung jenes Gemütszustands beim Leser, mit dem er sich dem neuen Buch nähern muß. Wenn wir vom ersten Ahn des hebräischen Kindes lesen, der aus Ur in Chaldäa fortwanderte, von Land zu Land pilgerte und Weiden für seine Herden und Licht für seinen erschöpften Geist suchte, um den neuen, einzigen Gott zu schaffen; wenn wir sehen, wie sich auf den Gesichtern aller seiner Nachkommen dasselbe Stigma der göttlichen Sehnsucht abzeichnet; wenn wir uns in die Probleme der uralten Überlieferung vom Turm zu Babel vertiefen, von der Sintflut, vom irdischen Paradies, vom Wesen des ersten Menschen, in der Zeit vor- und zurückschreiten, verstehen wir, wie die Erzählformel «Einst» zugleich Vergangenheit und Zukunft in sich birgt, wie die Zeit im religiösen Betrachter sich zu einer unbegrenzten Gegenwart zusammenzieht und eins wird mit einem immer gleichen Mysterium. Weshalb diese Interpretation des Mysteriums? Der Geist Josephs und seiner Zeitgenossen war voll davon, und dort liegt der lyrische Mittelpunkt ihres Seins.

Auch war in der Tat noch etwas anderes in ihrem Geist, wie Thomas Mann mit ironisch gerunzelten Augenbrauen feststellt. Wir hätten es nicht mit einem Meister des Humors zu tun, wenn er im Höhenflug des Geistes die klägliche Last Adams vergessen hätte, die von altersher auf den Menschen liegt. Schon in der Einführung zeigt der kleine künftige Abenteurer Charakterzüge, die ihn eines Tages auf wer weiß welch schlechte Wege führen können. Und muß uns nicht dieses endlos weite Umherschweifen auf dem Meer der Jahrhunderte die drei oder vier Jahrtausende gering erscheinen lassen, die uns von der Ära des reformatorischen Pharao trennen? Im Josephsroman ist also Raum für alle Farben des menschlichen Lebens, so wie es immer war und sein wird.

Wer ist besser geeignet als der Erzähler, uns noch einmal an seine Quellen heranzuführen?

«Ist nicht sein Planet derselbe», meint Thomas Mann mit seiner Phantasie, «wie jener der Wanderer aus allen Zeiten und schon jenes ersten chaldäischen Wanderers aus Ur, der Mond?» Eine ähnliche Unruhe zwingt nun diesen modernen Erzähler, in die unergründliche Quelle der Vergangenheit einzutauchen. In der Tat eine Reise in die Unterwelt, in die Gegenden, wo der Tod das Leben zeugt. Wünschen wir dem Dichter einen glücklichen Abstieg! Daß er für ihn köstlich ist, zeigt uns diese Einführung, in der er für uns Leser seine Festtagskleider anlegt («Das Fest des Erzählens!»). Hier und da besitzt seine dichte, strenge Prosa den Impetus der Hymne.

Leonello Vincenti

Übersetzt aus dem Italienischen von Gabriele Bettina Berardi.
1] München, Poschingerstraße 1. – 2] Anspielungen auf die Idylle ‹Herr und Hund› (1919). Bauschan hatte am 16. Januar 1920 wegen einer eitrigen Lungenentzündung eingeschläfert werden müssen. – 3] Erstdruck im Juniheft der ‹Neuen Rundschau›, Berlin 1925, S. 578–611; erste Buchausgabe Berlin 1926. Erster Abdruck der italienischen Übersetzung 1927 in der Zeitschrift ‹Il Convegno› (vgl. den Brief an L. Mazzucchetti vom 9. August 1927, Regesten 27/127). Erster Buchdruck: ‹Disordine e dolore precoce. Cane e padrone›, Mailand 1929. Für die Schriftstellerin und Literaturhistorikerin Lavinia Mazzucchetti (1889–1965) handelte es sich um die erste Übersetzung eines Werks von Mann; später folgten u. a. ‹Lotte in Weimar› und die ‹Bekenntnisse des Hochstaplers Felix Krull›. Als Initiatorin der italienischen Gesamtausgabe und Verfasserin von Essays über Mann wurde sie nach dem Zweiten Weltkrieg zu dessen bedeutendsten Vermittlerin in Italien. Vgl. Ilsedore B. Jonas, ‹Thomas Mann und Italien›, Heidelberg 1969, S. 27. – 4] Die konkrete Vorbereitung setzte 1925, die Niederschrift im Juli 1927 ein. – 5] Der Abschnitt ‹Vom Morgenlande› in der Hexameteridylle ‹Gesang vom Kindchen› in ‹Herr und Hund. Gesang vom Kindchen. Zwei Idyllen›, Berlin 1919, S. 168 ff. (Zitat S. 170; GW VIII, S. 1088.) Mann hatte die Passage aber selbst gerade in ‹Lübeck als geistige Lebensform› (1926) hervorgehoben (GW XI, 392). – 6] ‹Bekenntnisse des Hochstaplers Felix Krull› erschien 1922 (Rikola-Verlag) und 1923 (Deutsche Verlags-Anstalt) in einem Fragment, das den größten Teil des damals vorhandenen Manuskripts publizierte: bis zum Selbstmord des Vaters, dem Schluß des ersten Buchs (GW VII, 321). – 7] Der gemeinsame Sommer 1897 mit Heinrich Mann in Palästina; vgl. Peter de Mendelssohn, ‹Der Zauberer. Das Leben des deutschen Schriftstellers Thomas Mann›, Bd. I (Frankfurt/M. 1975), S. 273 ff. – 8] Von den etwa zwanzig Aufenthalten in Berlin bis zu diesem Zeitpunkt lag der letzte Anlaß, eine Lesung aus dem ‹Joseph›-Manuskript, gerade zwei Wochen zurück (12. Januar). – 9] ‹Amphitryon. Eine Wiedereroberung›, Juniheft der ‹Neuen Rundschau›, Berlin 1928. Mann hatte sich seit September/Oktober 1927 mit dem Thema befaßt; am 10. Oktober 1927 trug er ‹Die große Szene in Kleists Amphitryon›, eine Vorstufe des Essays, als Festrede vor. – 10] «Höllenfahrt» als Beginn des ‹Joseph› im Dezemberheft der ‹Neuen Rundschau›, Berlin 1927, S. 561–97; GW IV, 9 ff.

Neue Freie Presse, Wien, 28. Oktober 1928

Bei Thomas Mann

An der Isar, die hier vom Geleise einer Vizinalbahn[1] zweimal unterstrichen wird, hat Thomas Mann sein Haus, in einem Münchner Villenbezirk. Frei steht es, in einem Garten, der sich durch eine gemauerte Planke von den beiden Straßen trennt, die er mitbilden hilft, einer kleinen, der (unverdient) die Ehre der Adresse zufällt, und einer langen Allee, die zwischen Baum und Baum in den ruhigen Fluß guckt und auf der anderen Seite das Gartenportal empfängt. Hier hält der Besucher, der ums Haus herumgegangen ist, wie um eine Festung, läutet und wird ins Arbeitszimmer geführt.

Da also arbeitet der vielbewunderte Dichter; auf diesem freistehenden, geräumigen Schreibtisch, der sein Licht vornehmlich durch eine den Garten begrüßende Glastüre erhält, schichtet er Satz auf Satz seiner berühmten Perioden, deren Tonfall nachahmlich, aber sein ureigener Besitz ist; hier entstand, Schichte auf Schichte, das ‹Zauberberg›-Werk, Blatt um Blatt die ‹Königliche Hoheit›, Aufsatz nach Aufsatz die ‹Betrachtungen eines Unpolitischen›; und hier die wahren Heim-Arbeiten: ‹Gesang vom Kindchen›, ‹Herr und Hund›, ‹Unordnung und frühes Leid› – Penatenopfer gleichsam, dargebracht den Geistern seines eigenen Hauses.

Selbst einem Dichter, der im unendlichen Reich der Phantasie zuhause ist, kann es nicht gleichgültig sein, ob er Jahrhunderte zurückeilt und ein vorgeschichtliches Aegypten aufsucht oder seine Stoffe an der Ecke seines Arbeitszimmers findet: die größere Nähe ist die größere Liebe. Namentlich bei einem Dichter wie Thomas Mann, der sich zwar selbst für einen vornehmlich akustischen Menschen hält, indes durch manche seiner Werke bewiesen hat, daß die Beobachtung und die Anschaulichkeit ihrer Wiedergabe seine besondere Kraft ist. Was hier nun, in der Wohnung des Dichters, dem Besucher sichtbar wird, das alles, Dinge und Leben darin, scheint schon nachgeformt, durchgestaltet und für viele Zeiten festgelegt durch den Wohner selbst: man betritt also nicht nur das Heim, sondern zugleich die Schauplätze eines Dichters. Mit größerem Interesse daher will Arbeits- und Schauplatz angeschaut werden: Bücher und Bücher bedeuten den Inhalt dieses Zimmers, sie wohnen an den Wänden, halten sich an den Simsen der Regale fest, sie häufen sich auf dem runden Tisch in der Ecke und tropfen sogar auf die Lehne des Sofas herab. Und was auf dem Schreibtisch entsteht, Tag um Tag, von 9 bis 12 Uhr morgens, rundet sich wieder zum Buch, schließt sich einmal zwischen zwei Deckel ein und wandert hinauf in ein Wandfach – wenn es noch, beim großen Andrang der fremden Dedikationen, ein Plätzchen da findet . . .

Thomas Mann ist – keine Bedingung jedes Dichters – ein Bücherfreund, ein Sammler und Liebhaber des Gedruckten und Gebundenen. Und vom Buch geht unsere Unterhaltung aus, vom Gedruckten und Formgebundenen. Auf dem Tisch liegt Jakob Wassermanns ‹Maurizius›[2], und Thomas Mann, lebhaft und interessiert wie immer, ungealtert, unspleenig, frisch, ein herzlicher, gewinnender Weltmann, ein Professor, Dr. h.c.[3] und Künstler von natürlicher, ja warmer Würde, er erzählt, wie sehr ihn dieser Roman impressioniert habe und wie er überhaupt Wassermanns «eigentümlich blumigen, düstern und poetisierenden Stil» schätze. Davon geht das Gespräch auf den Roman als Kunstform über, ein Lieblingsthema des Dichters, wie denn anders.

Der Roman als Kunstform

«Wassermann und Heinrich Mann, mein Bruder, sind heute die Vertreter des deutschen Gesellschaftsromans. Im übrigen aber ist ja der Deutsche nicht so sehr Gesellschaftsmensch wie der Franzose etwa; daher ist der deutsche Roman, *faute de mieux*, durchsetzt von lyrischen, philosophischen, sozialen Exkursen. Und ich selbst mache, schreibend, die Krisen und die Problematik des deutschen Romans durch; daher auch ist ‹Der Zauberberg› kein Roman im eigentlichen Sinn dieses Begriffes. Das hängt aber, in meinem Fall, mit meiner Herkunft und geistigen Erziehung (durch Nietzsche und Wagner) zusammen. Für mich ist Glück nichts anderes als Wohllaut, und Kunst eine musikalisch-geistige Konstruktion, ein Gewebe geistiger Themen. Ich sehe den Roman als Ideen-Architektur. England und Frankreich haben eine völlig andere Romanform. Bei den romanischen Dichtern ist der Roman die Nachfolge des Versepos – und auch meine ‹Buddenbrooks› können als ein Modernisierungsversuch des Ur-Epischen gelten. Ich denke da an die Romanform, wie sie aus der nordischen Saga, ursprünglich einem Gesang zur Harfe, entwickelt, und wie sie heute noch von der Lagerlöf fortgebildet wird. Auch bei Hamsun, wohl dem Größten unter den Lebenden (ich habe sein Lebenswerk Buch für Buch verfolgt), finden sich ähnliche Auffassungen und Formen des Romans. Natürlich ist der Charme und die Intensität der Franzosen unerreichbar – ich erinnere mich eben einiger Bücher jüngerer Dichter, wie Maurois und Mauriac, dessen ‹Désert d'amour› mich sehr impressioniert hat, ich empfehle es Ihnen.»

Die Empfehlungsliste, mit dem ‹Maurizius› begonnen, wird fortgesetzt und Thomas Mann nach weiteren nachhaltigen Eindrücken gefragt.

«Ich habe auch die ‹Therese› Schnitzlers gelesen[4], es ist kein Roman im älteren Sinn, jedoch als Konzeption merkwürdig, und rührend in seiner Einfachheit, in der Monotonie des erzählten Schicksals. Mit größter Teilnahme las ich Werfels ‹Abituriententag›[5], das Werk hat eine Wärme und Glut, die kaptiviert.»

Noch jüngere Dichter? (Denn Thomas Mann ist, *mirabile dictu*, ein Leser.)

«Von den jungen Talenten verspricht Willy Süskind sehr viel, er hat Skurrilität, Humor, in seinem Jugendroman viel kluge Beobachtung im Kleinen und eine merkwürdige Intensität des Ausdrucks. Dann fielen mir auf: ein junger Schriftsteller Helmert mit einer Geschichte aus der Femesphäre, der begabte Manfred Hausmann, der Matrose Hauser mit einem Seemannsroman, der Afrikaner Kurt Heuser; auch Herbert Schlüter, der allerdings schon fast ein Nachahmer von Klaus ist ... Klaus Mann – das geht ja heute rasch bei den jungen Leuten. Die letzteren Bücher sind in einer verdienstvollen Sammlung ‹Junge Deutsche› bei Reclam erschienen.»[6]

Hier angelangt, ergibt sich von selbst die Frage nach den Aussichten der jüngsten deutschen Generation, wenn anders ihre Umrisse und Absichten schon sichtbar geworden sind; gibt es sie also?

«Wir leiden heute noch an dem tragischen Ausfall durch den Krieg: eine sehr wertvolle Generation wurde geopfert. Wie wertvoll, das merkt man deutlich und wie eine Offenbarung aus den Kriegsbriefen gefallener Studenten, die eben jetzt herausgegeben wurden[7]. Ein *Ver sacrum* ist uns verloren. Die heranwachsende Jugend aber ist von der allgemeinen Desorientiertheit und Anarchie der Zeit betroffen und beeinflußt. Eine gewisse Demoralisation greift um sich und macht sich breit, an der Stelle eines größeren Kultur- und Verantwortungsgefühles, das in ruhigeren und gesättigteren Zeiten gewiß aufgekommen wäre. Eine Gefahr liegt darin: Man wird, ich muß es gestehen, oft angesteckt von diesem *sauve qui peut*, und eines Tages erwacht man selbst mit dem quälenden Zweifel: Wozu arbeiten?»

Wer Thomas Manns Selbstzucht kennt – sie hat sich im ‹Tonio Kröger› und im ‹Tod in Venedig› selbst beschrieben –, zweifelt nicht an der Zukunft seiner Entwürfe. Wie steht es um sie?

«Ich arbeite, wie Sie wissen werden, an einem biblisch-mythologischen Roman ‹Joseph und seine Brüder›, es wird ein starker Band werden. Der Stoff beschäftigt mich schon seit langem, ich habe mich früh für ägyptische Kunst, Plastik und Architektur interessiert, wie ich überhaupt alte Sympathien für Ägypten hege. In meinem Roman spielen religionsgeschichtliche Momente ihre Rolle. Auch die Fortsetzung und Vollendung meines Hochstaplerromans habe ich nicht aufgegeben. Nur muß ich, namentlich in diesem Winter, vielen Ansprüchen von außen genügen, die meine Arbeit unterbrechen.»

Die Unterhaltung verläßt das weite Feld des Romans und wendet sich dem Drama zu, man möchte auch darüber die Ansichten des ‹Fiorenza›-Dichters hören.

«Der deutsche Aspekt vom Drama war immer der frömmste, religiöseste. Schiller, Hebbel, Wagner, die ich die Heiligen des deutschen Dramas nennen möchte, bauten Dramen, wie man Tempel aufbaut. Diese Aufgabe: eine große und feierliche Angelegenheit zu sein, hat das deutsche Drama nicht vergessen, nur blieb es bei Velleitäten, halb verfehlten Experimenten. Das Drama ist eine aristokratische Angelegenheit, das kann sich nicht ändern. Die Kunstform, die der Welt am gemäßesten ist, ist heute der Roman. Deswegen erleben wir heute eine Blüte des Romans in Europa. Erst eine geschlossene europäische Kultur kann die Blüte des Dramas hervorbringen.»

Wie steht Thomas Mann zum Film-Drama?

«Der Film ist ein Kunst-Surrogat, keine Kunst. Mit Kunst hat er überhaupt nicht viel zu tun, denn Kunst ist eine kalte Sphäre, dies in vornehmem Sinne gesagt, nämlich: mittelbar, nicht crud, nicht sensationell – der Film aber ist unmittelbare Lebenswiedergabe. Daher auch ist man von dieser modernen Erscheinung sehr gefesselt, und ich gestehe, daß ich häufig, namentlich auf Reisen, Filmhäuser aufsuche: wie bald werden einem da die Augen feucht – was doch im Theater eine Seltenheit ist. Von historischen Filmen halte ich nichts. An der Überlegenheit der Russen auf diesem Gebiete können Sie aber erkennen, daß der Film eine epische Angelegenheit ist, keine dramatische, wie denn auch die Russen große Erzähler, keine Dramatiker sind.»

Über Radio und Grammophon, Surrogate ebenfalls, zur Musik, Thomas Manns Lieblingskunst. Liebt er auch die neuen Strömungen darin?

«Ich bin nach meinen musikalischen Instinkten Romantiker. Mit Wagner aufgewachsen, liebe ich die Prosamusik zu sehr. Nach der Romantik (Weber, Schubert, Schumann) tendiert mein musikalisches Bedürfnis, nicht nach dem Klassizistischen. Ich habe eine instinktive Neigung zu den Modernsten, weil bei denen das Konstruktive hervortritt, und das Intellektuelle, im musikalischen Sinne, zieht mich an.»

Nach manchen Partien in den ‹Buddenbrooks›, nach seiner Schrift über Pfitzner[8], könnte man glauben, daß Thomas Mann einmal selbst komponiert hat.

«Nein, es hat wohl nicht sein sollen. Ich habe bloß einmal Violine gelernt. Der Dichter liebt immer eine andere Kunst mehr als die eigene. In diesem Sinne kann man von mir sagen: Ich bin ein versetzter Musiker.»

Unversehens (oder listig) zum politisch' Lied. Nein, nicht zu den verschiedenen Tonsystemen dieser oft mißtönigen, oft atonalen Musik; nur ein Wort über das Instrument des Völkerbundes.

«Ich halte es für möglich», formuliert Thomas Mann ohne Zögern, «daß der Völkerbund zu einem lebensfähigen und wichtigen sozialen Organ für Europa und die Welt werden kann. So langsam die Fortschritte sind, so boshaft und lächerlich wäre es, sie zu leugnen und abzulehnen. Der Glaube an die Verständigung ergibt sich aus der Einsicht in ihre Unerläßlichkeit.»

Schließlich skizziert der Dichter sein eigenes Programm für diesen Herbst und Winter, ein Reise- und Vortragsprogramm: Anfang November ist er Gast der Freien Studentenschaft in der Schweiz, Ende Dezember führt der Intendant Dr. Saladin Schmitt[9] seine ‹Fiorenza› in Hamburg und Lübeck, der Vaterstadt, auf, eine Vortragsreise in diese Städte und nach Schlesien schließt sich an. Vorher ab, Ende Oktober, ist und liest er wieder einmal in Wien, der Stadt, «die durch die Mischung seiner Rassen so viel Charme gewonnen und bewahrt hat» und in der er sich eines besonders innigen Verständnisses sicher weiß.

Sie wird den Dichter herzlich wie immer begrüßen.

Victor Wittner

1] Kommunalbahn; von lat. vicinus (Nachbar). – 2] ‹Der Fall Maurizius›. Roman, Berlin 1928. – 3] Den Titel eines Professors erhielt Mann am 5. Juni 1926 von dem Senat der Stadt Lübeck verliehen. Mit seinem ersten Ehrendoktor zeichnete die Universität Bonn am 3. August 1919 Mann für die ‹Betrachtungen eines Unpolitischen› aus; zur weiteren Geschichte mit Aberkennung (1936) und Erneuerung (1945) vgl. Paul Egon Hübinger, ‹Thomas Mann, die Universität Bonn und die Zeitgeschichte›, München und Wien 1974. – 4] Arthur Schnitzler (1862–1931) spricht im Untertitel die Sonderform des Romans an: «Chronik eines Frauenslebens», Berlin 1928. Am 28. Mai hatte Mann von seinen Lektüreeindrücken Schnitzler berichtet (‹Arthur Schnitzler-Thomas Mann. Briefe›, hrsg. von Hertha Krotkoff, in: ‹Modern Austrian Literature› 7 (1974), Nr. 1/2; Regesten 28/81). Wie Mann selbst, waren Wassermann und Schnitzler Autoren des S. Fischer-Verlags. – 5] Franz Werfel (1890–1945), ‹Der Abituriententag. Geschichte einer Jugendschuld›, Wien 1928. – 6] In der Festrede ‹Hundert Jahre Reclam› (1. Oktober 1928) hatte Mann dieses Verdienst gerade gefeiert: «Ja, wenn seine Enkel eben jetzt eine neue Bücherreihe kreieren, die ‹Junge Deutsche› heißt und ein unbändiges Füllen im Schilde führt, eine Bibliothek des Nachwuchses, in der das Talent gärt und die schon das ein oder andere frühe Meisterwerk aufzuweisen hat (. . .)» (GW X, 244). Von Heinrich Hauser (1901–1955) empfahl Mann in der weihnachtlichen ‹Bücherliste› in ‹Das Tagebuch›, Berlin, 1. 12. 1928, vgl. GW XIII, 418 ff., den Roman ‹Brackwasser› und von Kurt Heuser die liebenswerten afrikanischen Novellen ‹Elfenbein für Felicitas›. – 7] ‹Kriegsbriefe gefallener Studenten› herausgegeben von Philip Witkop, München 1928. In einer Anzeige des Georg Müller Verlags ist die folgende Äußerung Manns wiedergegeben: «Ich habe gelesen, mit Andacht und Bewunderung, mit Qual und Scham und Grauen und tiefster Rührung. Es ist das ergreifendste Gefallenen-Denkmal, das errichtet worden. Die herrlichen Jungen! Welche Treue – bei soviel Klarsicht zuweilen! ‹Sieger ist nur der Tod› schreibt einer schon 1916. Ja, Deutschland hat seinen Mann gestanden in diesem Grauen – durch sie, deren junge, reine, schuldlose Stimmen aus diesen Briefen sprechen, und durch ihresgleichen.« – 8] ‹Tischrede auf Pfitzner› in ‹Rede und Antwort› (Berlin 1922, S. 283 ff.; GW X, 417 ff.) oder der Abschnitt zu Pfitzners ‹Palestrina› in den ‹Betrachtungen eines Unpolitischen›. – 9] Es kam zu einer Aufführung am Schauspielhaus Bochum am 25. November 1928, die Saladin Schmitt betreute; er hatte sich schon um die Aufführung in Brüssel 1918 gekümmert. In Lübeck war ‹Fiorenza› am 4. Juni 1926 aufgeführt worden, unter Thur Hemmighoffen.

Lübecker Volksbote, 5. Dezember 1928

Gespräch mit Thomas Mann

Thomas Mann, so lange schon von der Heimat entfernt und doch zutiefst gebunden an seine Herkunft aus lübischem Patriziertum, ist wieder einmal bei uns. Als er zum letzten Male hier sprach, zur Zeit der 700-Jahr-Feier, da war seine Rede ein Bekenntnis zu eben dieser Herkunft, zur Bürgerlichkeit, aus der er hervorgegangen und in der er gewachsen ist vom hanseatischen Bürgertum zum Weltbürgertum, das in ihm heute einen seiner repräsentativsten deutschen Vertreter hat.[1]

Doch wie in seinen Schriften so war auch damals stets nur vom Bürger die Rede. Sah Thomas Mann die andere Seite nicht? Warum sprach er nicht davon? Schon lange war es unser Wunsch, von diesem Denker, der trotz allem die repräsentativste Erscheinung hanseatischer Art im deutschen Schrifttum ist, über seine Stellung zum Sozialismus, zur Arbeiterbewegung, zu hören.

Mit größter Bereitwilligkeit kam Thomas Mann unserem Wunsch entgegen. Es sind nur Bruchstücke des weitläufigen Gespräches, zu guter Morgenstunde geführt im Hotelzimmer zwischen Koffern und Reiseutensilien, die ich nach bestem Wissen und Gewissen hier wiedergebe.

«Gewiß bin ich Bürger», sagt Thomas Mann, «das ist begründet in meiner Herkunft, der Kultur, die ich in mich aufgenommen habe; aber ich weise jeden Zusammenhang mit dem klassenmäßig gebundenen, der Arbeiterschaft als Gegner gesinnten Bourgeois von mir, mit dem deutschen, mit dem internationalen Bourgeois, der sich ja nur in Nuancen unterscheidet.

Eine antisozialistische Haltung ist heute einfach atavistisch, ebenso wie eine nationalistische Haltung heute Atavismus ist.

Soweit ich Sozialist bin», fährt er fort, «bin ich es aus einer lebenswilligen, lebensfreudigen Grundhaltung heraus. Ich kann nicht auf der Stelle treten, während das Leben um mich weitergeht.» Für ihn war der Krieg die große Erschütterung und Lehre. Auf dem Wege über die internationale Politik, über den Gedanken «Europa», ist er dazu gelangt, die Kräfte der Arbeiterbewegung kennen und achten zu lernen.

«‹Soweit ich Sozialist bin›» – das Wort verlangt nähere Deutung.

«Marxist bin ich nicht» – und auf den Einwurf, ob er Marx kenne – «ich habe das ‹Kapital› nicht studiert; aber ich glaube gleichwohl das Wesen der Lehre ergriffen zu haben; und ich kann mich mit ihr nicht befreunden, weil sie meines Erachtens zu sehr rein materialistisch, ökonomisch ist und den geistigen Kräften zu wenig Raum läßt.» Aber den Einwand, daß im Marxismus doch auch ein gut Teil deutscher Philosophie steckt, läßt er gelten; und er meint, hier sei das Zukunftsvolle der Arbeiterbewegung, der neu schaffende schöpferische Wille, der auch in der jungen Arbeiterdichtung – es ist von Schönlank und Barthel[2] die Rede – zum Durchbruch kommt. Ohne im einzelnen zu werten – hier sieht er starke positive Kraft. Und dieser Teil des Gesprächs endet mit der interessanten Feststellung des Dichters:

«Wir haben heute den seltsamen Zustand zu verzeichnen, daß in allen entscheidenden Fragen das Bürgertum, das sich programmatisch zum Idealismus bekennt, zu einem allzugroßen Teil den materialistischen Interessenstandpunkt vertritt, während die programmatisch materialistische Arbeiterbewegung den geistigen Kräften dient. In den sozialen Fragen, in der Frage der notwendigen Rationalisierung der Reichsverwaltung, in den Beziehungen zu den anderen Völkern Europas, überall vertritt die Arbeiterbewegung das Notwendige; und eben so weit sie es tut, muß der geistige Mensch auf ihrer Seite stehen.»

Und die Zukunft des geistigen Deutschland sieht er in der Verbindung sozialistischen Geistes mit den Schätzen deutsch-bürgerlicher Kultur: der Synthese von Hölderlin und Marx.[3]

Im Anschluß an die Bemerkung über die Reichsreform wendet sich das Gespräch der näherliegenden Frage zu: Was soll aus Lübeck werden?

«Ich will ganz offen zu Ihnen darüber sprechen», sagt Thomas Mann, «ich würde die Verbindung Lübecks mit Hamburg für ein großes Glück halten; denn ich sehe darin eine Stärkung hanseatischen Geistes.»

Die unbedingte Aufrechterhaltung der staatlichen Autonomie Lübecks ist ihm ein zwar schöner, aber unpraktischer Gedanke. Worauf es ihm ankommt, das ist die Erhaltung des speziell hanseatisch gefärbten Deutschtums, das ihm gefährdet erscheint, würde Lübeck mit Preußen oder Mecklenburg in staatlicher Gemeinschaft vereinigt werden. Zusammenschluß von Hamburg und Lübeck aber bedeutet gegenseitige Stärkung.

«Überhaupt sehe ich», spinnt Thomas Mann den Faden weiter, «den guten Kern des Nationalismus in der landschaftlichen Verbundenheit. Diese Heimatliebe ist viel unmittelbarer und echter als der großtönende Patriotismus. Gerade für Deutschland liegt hier eine Quelle seiner eigentlichen Kultur. Darum sollte eine Neugliederung des Reiches auf den stammesmäßigen und landschaftlichen Zusammenhalt wohl Bedacht nehmen, nicht aber auf die verschiedenen Eigenstaatlichkeiten. «Die Staatsbildungen des 19. Jahrhunderts vor allem sind durchaus künstlich. Das sehe ich am deutlichsten in Bayern, das ganz verschiedene Stämme umfaßt.»

Zum Schluß wendet sich das Gespräch persönlichen Dingen zu. Durch die Presse ging die Nachricht, er beabsichtige, München zu verlassen.[4]

«Ich bitte Sie, das Gerücht ganz entschieden zu dementieren. München ist eine wunderschöne Stadt; ich bin dort zu Hause, und ich denke gar nicht daran, den Treibereien einer gewissen Clique nachzugeben und mich von München wegekeln zu lassen. Es ist natürlich nicht ausgeschlossen, daß ich noch einmal meinen Wohnsitz wechsele. Einstweilen denke ich gar nicht daran.»

Zum Schluß noch ein kurzes Geplauder allgemeiner Art. Vom Elternhaus, von der Gesellschaft, die in den ‹Buddenbrooks› gezeichnet wurde, einige herzliche Worte des Gedenkens an Ida Boy-Ed[5], Dinge, die reizvoll und neu sind für den, der sie aus dem klugen Munde dieses Mannes hört, und die sich doch nicht wiedergeben lassen, ohne das Wesentliche ihres Reizes einzubüßen. Und dann fällt eine Tür ins Schloß, durch die man eine halbe Stunde lang ein wenig in die Gedankenwelt eines nicht mehr so ganz «Unpolitischen» schauen durfte.

S.

Während einer Vortragsreise durch Norddeutschland hielt sich Mann vom 2.–4. Dezember in Lübeck auf. – 1] ‹Lübeck als geistige Lebensform›, am 5. Juni 1926 in Lübeck gehalten. – 2] Bruno Schönlank (1891–1965) und Max Barthel (1893–1975) sind vermutlich vom Interviewer (Dr. Solnitz?) ins Gespräch gebracht worden, da sonst nirgends nachzuweisen ist, daß Mann sich mit den Werken der beiden Arbeiterdichter beschäftigt hätte. – 3] Manns sentenziöse Zusammenstellung von Marx und Hölderlin, die 1925 noch darauf hinauslief, daß der deutsche Sozialismus «seiner nationalen Aufgabe nicht wahrhaft gewachsen sein (wird), bevor nicht – sozusagen – Karl Marx den Friedrich Hölderlin gelesen hat: Eine Begegnung, die übrigens im Begriffe ist, sich zu vollziehen» (in ‹Deutschland und die Demokratie›, GW XIII, 578) bekam 1928 den Zusatz: ‹Ich vergaß hinzuzufügen, daß eine einseitige Kenntnisnahme unfruchtbar bleiben müßte.» (‹Kultur und Sozialismus›, GW XII, 649). – 4] Anspielung auf die seit Sommer 1928 von den ‹Süddeutschen Monatsheften› ausgehende Kontroverse; vgl. Erläuterung 2 zum folgenden Interview vom 9. Januar 1929. – 5] Die Lübecker Schriftstellerin Ida Boy-Ed (1852–1928) stellte bis zu ihrem Tod am 13. Mai 1928 in Travemünde einen freundschaftlich-kollegialen Kontakt zur Vaterstadt Manns her – nach dem Erscheinen der ‹Buddenbrooks› zunächst ein schwieriges Unternehmen. Von ihrer «unverwüstlichen Vitalität, der hanseatischen Würde ihres Wesens, mit der sich Schalkheit entzückend paart, diese Heiterkeit und Lachlust, die dem geistigen Menschen so gut ansteht», schrieb Mann 1927 (‹Thomas Mann. Briefe an Otto Grautoff 1894–1901 und Ida Boy-Ed 1903–1928›, hrsg. von Peter de Mendelssohn, Frankfurt/M. 1975, S. XXII).

Vossische Zeitung, Berlin, 9. Januar 1929

Kultur und Technik

Ein Winterspaziergang mit Thomas Mann

Ich durchwandere auf Skiern das langgestreckte, verschneite Tal von Garmisch und ersteige die Hänge bei Ettal. Noch vor der Höhe begegnet mir Thomas Mann, ein eleganter und ausdauernder Fußgänger in gutsitzendem Sportpelz. Er weist mir im Aufwärtsschreiten die Gegend. Unter Schneewolken und dem magischen Blau eines lichtlosen Himmels erscheint zu Füßen einer Bergwand, tief in den Winter gegraben, die gelbe Fassade und die Barockkuppel des Ettaler Klosters. «Der Eskorial im Schnee»[1], meint Thomas Mann, während wir seiner Behausung zuwandern, einem Gasthof behaglichen Komforts, der ihn und seine Arbeit in den letzten Jahren oft vor Verkehr und Besuchern verbirgt. Das Gespräch bei Tisch und während eines winterlichen Spazierganges überfliegt Tagesfragen und Gegenstände kultureller Politik, streift den Zweck meines Kommens.

«In Ihren ‹Betrachtungen eines Unpolitischen› », sage ich, «ist nicht nur die Demokratie, sondern auch die Technik als ein Akt der Zivilisation behandelt. Der Romantiker der Kultur hat sich bis auf die Gegenwart gegen die Technifizierung unserer Zeit gewehrt. Was ich nun heute gern von Ihnen wüßte, wäre dies, ob, wie Ihr Verhältnis zur Demokratie, sich nun auch das zur Technik gewandelt hat.»

«Seit dem Kriege», lautet die Antwort, «hat sich doch sehr geändert, was man unter Demokratie zu verstehen hat, hat sich der Begriff der Demokratie erweitert. Ihre politischen Formen sind heute eine selbstverständliche Voraussetzung allen Lebens. Das aristokratische, das geistig aristokratische Deutschland, sieht sich gezwungen, sich mit ihr auseinanderzusetzen. Von Natur ist ja der Deutsche kein Demokrat; Goethe jedenfalls, Schopenhauer und Nietzsche waren nicht politisch radikal. Aber sie wären heute keine Reaktionäre; auch

Lessing, von dem wir heute sprachen, wäre es nicht. Hierbei, kann man sagen, hebt und veredelt sich der Begriff des Aristokratischen. Ein geistvoller Franzose hat einst gesagt: Ein Meisterwerk darf nicht aussehen wie ein Meisterwerk. Das Aristokratische, das geistig Aristokratische, ist nicht gebunden an eine bestimmte politische Gestaltung.»

«Verstehe ich Sie recht, so ist es dem Wesen der wahren Aristokratie eher schädlich, wenn, wie vor dem Kriege, dem Tüchtigen zwar theoretisch, aber nicht praktisch gleiche Bahn gewährt wird. Sie betrachten also die Demokratie eher als eine günstigere Form zur Auslese der geistig Bedeutenden. – Wie ist es nun aber mit der Technik, und wie stellen Sie sich heute zur Technifizierung der Zeit?»

«Da ist es genau das gleiche. Sie wird Gemeingut, sie bildet die Voraussetzung alles Seins. Wogegen ich mich wehre und was mich reizt, ist nur die einseitige Verherrlichung einzelner technischer, auch sportlich technischer Leistungen als besonders deutsch. Das und nichts weiter war es, was ich mit meinem vielberufenen Wort über die Flieger[2] habe sagen wollen. Wir sind heute, wie in der Demokratie so auch in der Technik über die Anfänge hinaus. Sie bietet Ausdrucksmittel der Kunst. Ich traf vor kurzem in Zürich Strawinsky[3]; er fuhr nach Paris, bloß zu dem Zwecke, um dort Orchestermusik für Grammophonplatten zu dirigieren. Auch Bruno Walter nimmt die Dinge sehr ernst. Er besitzt wie ich einen großen Grammophonapparat und benutzt ihn gern. Oder der Film. Er ist heute nicht mehr die kleine, lächerliche Angelegenheit, deren Hilflosigkeit etwas Rührendes hatte.»

«Sie meinen also, daß wir auch hinaus sind über die Epoche, da man die ‹Buddenbrooks› verfilmte?»

«Gewiß, man würde heute diesen Film weniger dramatisch, man würde ihn breiter, epischer gestalten. Ich glaube überhaupt, daß das Epische das eigentliche Ausdrucksgebiet des Films ist. Er bietet die Möglichkeit des Zurückgehens in der Handlung, der Reprise. Die Russen haben das längst erkannt, und hieraus erklärt sich die Vortrefflichkeit ihrer Filmwerke. Das Episch-Sachliche war, was mich auch schon früher am Film fesselte, wenn man das Ganges-Delta etwa oder den Niagara zu sehen bekam. Und neue Möglichkeiten zur Anregung künstlerischer Intuition bietet heute das Automobil, das viel unmittelbarer gestattet, die allmähliche Veränderung der Landschaft aufzunehmen als andere Verkehrsmittel.»

«Es ist also so, daß Sie sich nicht romantisch rückgerichtet gegen die Technik als solche, sondern nur gegen die einseitige Verherrlichung des Technischen und Sportlichen auf Kosten geistiger Lebensgebiete richten.»

«Das ist richtig, und wir erwähnten ja heute schon das Beispiel von dem jungen genialen Atomtheoretiker aus München[4], der bahnbrechend, aber im Gegensatz zu manchen Sporthelden doch nur in Fachkreisen bekannt ist. Sportfeindlich bin ich durchaus nicht.»

(Und hier sei für den Leser angemerkt: Thomas Mann selbst betreibt Sport. Zwar hat etwa die maßvolle und im tiefsten beruhigende Art seiner Schwimmkunst wenig gemein mit den Bewegungen etwa von Rademacher oder Gertrud Ederle, wie denn auch die harmonische Bedachtsamkeit, mit der er wenigstens noch vor einigen Jahren auf sein Fahrrad einzuwirken liebte, nicht sehr den Attitüden eines Sechstagerennens gleicht. Aber an sportlicher Unternehmungslust fehlt es ihm wirklich nicht. Und es war kein kleines Wagnis, als er jetzt zu Weihnachten durch den meterhohen Schnee mit dem Auto in die Berge hinauffuhr, wobei er allein auf der Strecke zwischen Oberau und Ettal vier umgestürzte Münchner Wagen passieren mußte.)

«Aber zum Schluß die Landschaft. Sie selbst schildern in Ihrer Novelle ‹Herr und Hund› die Gegend von Ihrem Münchener Haus isarabwärts, in der Sie täglich zu spazieren pflegen und die, einst der Gegenstand einer verfehlten Grundstücksspekulation, alsbald von Gestrüpp und romantischer Wildnis überzogen, mit poetischen Reizen ausgestattet wurde. Wenn nun heute neue Villenbauten den Reiz dieser Gegend Schritt für Schritt wieder zerstören, schwindet da nicht wieder die Poesie?»

«Mein Gott, es wäre doch absurd, sich darüber zu kränken, daß heute das Gestrüpp gerodet und eine Villenkolonie, wenn auch mit sehr modernen Häusern, dort erbaut wird. Das Idyll findet doch immer einen Schlupfwinkel, in den es sich zurückzieht. Und wenn sich heute Stimmen im Namen der Kultur vernehmen lassen und diesen oder jenen Winkel der Erde zu retten suchen, so hege ich oft einen leisen Argwohn, ob nicht die nackten Interessen lokaler Interessenten dahinterstehen. Denn das eben ist es, was mich reizt und verletzt: wenn mit kulturellen Ideologien nur bloße materielle Interessen verhüllt werden. Das Gewachsene, das Bodenständige wird der

Mensch nicht ausrotten. Wie sollte das auch zugehen? Wie möchte schließlich eine deutsche Staatsumgestaltung, eine Vereinheitlichung, welche auch immer es sei – und wir gehen ja wohl mit logischer Notwendigkeit auf diese Entwicklung zu – an der Eigenart des Oberbayern, des Schwaben, des Rheinländers rütteln wollen! Ich selbst fuhr im vorigen Herbst mit der Bahn von Frankfurt bis Köln. Ich betrachtete das Land, seinen rheinischen Charakter, seine Burgen. Und doch ist es die Domäne eines Einheitsstaates, das Gebiet einer Macht, die heute so vielfach als die große Gefahr für die deutsche Kultur in Süddeutschland verlästert wird.[5] Was aber hat sie an Landschaft und Leuten geändert? –

So hat sich mein Urteil in manchem gewandelt. Aber nur dem mag das seltsam und unbegreiflich erscheinen, der die ‹Betrachtungen eines Unpolitischen› für etwas anderes hält als sie sind; sie sind kein Dogma, sie sind der Versuch der Selbstrechtfertigung, und in der Selbstrechtfertigung, in dem Vorübergleitenlassen alles Gewesenen und Gewirkten zum Zweck des Klarwerdens liegt ja bereits der Moment des Fortschritts.»

Dr. W. H.

1] Den Vergleich mit dem spanischen Königschloß bei Madrid hatte Mann bereits auf einer Ansichtskarte an Gerhart Hauptmann vom 9. Februar 1927 vorgenommen (Regesten 27/28). – 2] Als Teil der Polemik um die «Überarbeitung» der ‹Betrachtungen eines Unpolitischen› ([2]1922) druckten die ‹Süddeutschen Monatshefte›, München, im Augustheft 1928 einen Artikel ‹Ein Racheakt?›, in dem unautorisiert mehrere Briefe Manns veröffentlicht wurden. Im Brief vom 27. Juni 1928 an den späteren Schopenhauer-Herausgeber Arthur Hübscher lautete eine Passage, aus der sich ein polemischer Seitentrieb entwickelte: «... da ich Ihnen gerade an dem Tage schreibe, wo unsere gute, aber mißleitete Stadt zu Ehren der beiden Flieger-Tröpfe den nationalistischen Kopfstand vollführt» (zitiert nach: ‹Der Streit um Thomas Manns Betrachtungen. Als Handschrift gedruckt›, hrsg. von den ‹Süddeutschen Monatsheften›, München 1928, S. 6). Mann äußerte sich daraufhin über den «denunziatorischen Mißbrauch von Privatbriefen» in ‹Die Flieger, Cossmann und ich› (‹Berliner Tageblatt› vom 13. August 1928; GW XIII, 609 ff.) – 3]Auf dem Weg an die Côte d'Azur hatte Mann im April 1928 Zürich berührt. – 4] Werner Heisenberg (geb. 1901), Nobelpreisträger für Physik 1933, hatte 1925/27 bahnbrechende Arbeiten zur Quantentheorie in der ‹Zeitschrift für Physik› veröffentlicht. – 5] Preußen. Zur Neugliederung des Reiches, vgl. Manns Antwort auf die Rundfrage ‹Neugliederung des Reiches› (Beilage zum ‹Hannoverschen Kurier› vom 9. Oktober 1927).

Königsberger Allgemeine Zeitung, 29. August 1929

Gespräch mit Thomas Mann

Lebensbekenntnis: Der Deutsche soll deutsch sein!

Das ist Thomas Mann, der Dichter: der reife, klare, tiefe Geist, der Klassiker unter den Neuen, der wahrhafte Poet, der uns die Form neu geschenkt hat, das lebendige, erfüllte Gesetz des Schaffens.

Das ist Thomas Mann der Mensch: der europäische erreichte Charakter, der nicht «Arrivierte», der Feind des Geräusches, der Reklame, der Mache, der künstlichen Blumen, der imitierten Lorbeerkränze, der sinnende kluge ernste Freund aller Menschen, die dem Werte zustreben.

Da sitzt er vor uns, das schmale vornehme Gesicht, gebräunt von Herrgotts-Sommertagen an der Ostsee, die Seele spannkräftig, die zarten und doch so starken Sinne erfüllt von Bildern und Melodien aus seinem kurzen Sommerurlaub in Rauschen.[1]

«Ich liebe diese Landschaft da oben, das Meer und die Menschen, die Wälder, die Schluchten, die zerrissene Küste, den Urwuchs ... alles das war so echt und groß, eine alte Sehnsucht hat sich erfüllt ... ich möchte mir ein Häuschen bauen an der Nehrung, ein einfaches Blockhaus, ein Asyl der Betrachtung, der Ruhe, der Naturnähe.»

Es klingt anders und schöner, wenn Thomas Mann es sagt, in seiner ruhigen, verhaltenen Sprache, die in die Menschen hineinleuchtet, zu denen er spricht. Man spürt: Hier liegt Wesenhaftes.

«Ich weiß nicht, warum mir die Gestalt des Ostens so lieb geworden ist in dieser kurzen Zeit. Ist es Ergänzung meines Wesens? Der Ostpreuße ist so anders, so einmalig in seiner Art. Vielleicht, daß unbewußt in diesen Herzen und Hirnen ein fremder großer Mythos lebt ... hier finde ich die Brücke zum slawischen Kulturkreis. Ich muß immer an Tolstoi denken, den ich so verehre, der mir näher steht als selbst Dostojewski.»

Flugs sind wir bei der Literatur der Alten und Jungen. Der Name «Sewastopol» fällt, Tolstois Vermächtnis über ein Kriegserlebnis. Jetzt hat ein Blutjunger geschrieben: Remarque. «Wie denken Sie über das Buch?»

«Es hat schöne Stellen, meinetwegen Dichterisches. Ich kann das Buch nicht ablehnen. Freilich, Vieles ist grell, Reportage. Aber das ist der neue Stil, die Plakatmanier.»[2]

Es überrascht, den Meister der Harmonie über ein entgegengesetztes Werk so loyal zu hören. Aber Thomas Mann ist wie sein poetisches Lebenswerk: Groß, gut, versöhnend. Er hat sein Herz an die Idee der Menschlichkeit verloren, die bei ihm nicht gleichbedeutend ist mit der Limonade der All-Eins-Politik.

«Alle guten wahrhaften Geister sollen sich aussprechen, in allen Ländern, in allen Zonen. Aber: Der Charakter macht es. Ich fahre nicht nach Mussolinien, obwohl ich Italien liebe. Die Unterdrückung der Tiroler schneidet mir ins Herz. Das ist so engstirnig und ungerecht. Der Deutsche soll Deutscher sein, der Ostpreuße Ostpreuße, der Westfale, der Hannoveraner Niedersachse.

Aus dem Zusammenklang der Individualitäten kommt erst die wahrhafte Einheit. So ist es auch in der Völkerfamilie. Der europäische Geist, den wir kultivieren wollen, kann nur zustande kommen, wenn jeder ‹sich selbst› ist. Verleugnung macht feige.»

Warum hören so wenige, was Thomas Mann bekennt, der Denker in sich selbst, der Aristokrat der Gesinnung. Denn das ist sein Weg: Von der Person zur Persönlichkeit, als Mensch, als Volk. Die ganz Jungen sollen es hören, was hier ein organischer Geist sagt:

«Nichts ohne Tradition. Die Ströme des Blutes, des Geistes, der Bildung, rauschen wie ewige heilige Wasser. Wir alle sind heute: Goethe, Schiller, Friedrich der Große, Kant, wir sind Ursache und Wirkung – aber wir spüren es nicht. Da war kürzlich eine Umfrage (lächerlich!)

Lebt Schiller heute noch? Fragen Sie einen Franzosen, ob Molière, Racine, Corneille, Zola – fragen Sie dieses Volk, aus Traditionen geschweißt, ob ihre Granden des Geistes heute noch leben . . . der geringste Mann dieser Rasse wird Sie anfunkeln mit seinen schwarzen Augen. Aber bei uns – fragt man. Was soll man ihnen antworten?[3]

Alles lebt in jedem Nerv von uns, was einmal gut und stark war. Schiller, der Glühende, der Edelschmied der Sprache, er lebt so wahr und sensibel in uns, daß ich oft seine Gebärde zu spüren glaube. Und gewiß lebt Wagner ganz dicht unter unserem Herzen. Ich fühle mich glücklich, vom Atem der Schöpfung durchströmt, wenn ich seinen großen Erzählungen lausche. Dann erlebe ich, daß es nichts altes gibt, das nicht täglich neu geboren würde.»

Ein kleines Licht der Vormittagssonne fällt auf das immer noch junge, ernste Gesicht des Sprechers. Seine Augen sind grau, sie sind kühl und licht, und man empfindet so etwas wie Glück, wenn man diesen, der einer unserer Besten ist, so treu und unverhüllt sprechen hört.

«Das Vaterland, das Vaterland», das ist sein Leitmotiv, das ihn in tiefster Seele beschäftigt, und man glaubt im Banne seines Wesens Goethisches durchklingen zu hören:

Was sucht ich denn den Weg so sehnsuchtsvoll,
wenn ich ihn nicht den Brüdern zeigen soll.[4]

«Ist es nicht ein Jammer», spricht er, «daß wir Deutsche dazu verdammt scheinen, immer wieder von vorn anzufangen.» Das ist bitter und richtig. Wir sind Schüler, die nie ihre Reifeprüfung machen.

Ueber seine literarischen Arbeiten spricht Thomas Mann mit feiner Zurückhaltung. Seit vielen Jahren beschäftigt ihn die Josephslegende. Die Figur ist ihm ein Mythos. Er horcht in ihn hinein und wird ihn gestalten. Religiosität, Frommheit, Einfalt wird in diesem Gebilde aufsteigen.

Sonst – ja sonst ... «früher habe ich Gedichte gemacht, die Lyrik ist ja so schön, auch das Drama hat Platz in der Region meiner künstlerischen Liebe, aber ich kann nur erzählen, ich kann nur dichten, wenn ich spreche, wie ich zu guten Freunden rede – und ist es nicht wahr, daß die Epik alles umfaßt, den Stoß des Gefühles, den der Lyriker spendet, den dramatischen Atem, den der Bühnendichter haucht?»

Das ist wohl recht, und wir danken es Thomas Mann, daß er nicht literarischer «Hans in allen Gassen» ist. Sonst hätten wir nie die Lust empfunden, die wir seinen reifen, einheitlichen, seelisch geformten Prosawerken verdanken.

Uebermorgen wird uns der Dichter verlassen, er wird auf dem Gut eines Freundes durch reifende Felder gehen und gedankenvoll mit der Schöpfung stumme Zwiesprache halten. Dann wird er nach München zurückkehren, das Rauschen der ostpreußischen See noch in den Ohren, und wenn er in seinem schönen Heim sitzt und in gewohnter Weise die Vormittage mit Arbeit füllt, dann wird er an uns denken.

Und wir an ihn! Dr. Ernst Keienburg

1] Ferienaufenthalt mit Katja und den Kindern Elisabeth und Michael in Rauschen, Samland, vom 29. Juli–23. August. Während dieser Zeit entstand die politisch-allegorische Novelle ‹Mario und der Zauberer› – daher die Kontrastfigur «Mussolinien»/«Italien». Der Goethe-Bund, Königsberg, hatte das Quartier vermittelt (Regesten 29/72). – 2] Erich Maria Remarque (1898–1970), ‹Im Westen nichts Neues›, Berlin 1929. – 3] ‹Ist Schiller noch lebendig?› in ‹Königsberger Allgemeine Zeitung›, Nr. 526 vom 10. November 1929. Mann übernahm in diese Überlegungen zum 170. Geburtstag Schillers Formulierungen aus dem Interview. – 4] Aus der «Zueignung» im Bd. I der ‹Ausgabe letzter Hand› (1827), die Einleitungsfunktion hat, S. 1–7; hier S. 6.

Neue Freie Presse, Wien, 21. September 1929

Meine Stellung zu Coudenhove

Paneuropa als Weg zur seelischen Entspannung
Von Thomas Mann. (Aus einem Gespräch)

«Das erste Echo ist gewiß nicht übermäßig aufmunternd.» Seltsamer Gegensatz zwischen dieser nüchternen Feststellung, mit der Thomas Mann, der deutsche Poet, die Unterhaltung einleitet, und dem gläubigen Schwung etwa eines Wirtschaftspolitikers wie Loucheur[1], der wie seinerzeit im Gespräch über das gleiche Thema jeden Einwand und jedes Wort der Kritik abschnitt. Aber vielleicht nur scheinbarer Gegensatz; während nämlich der Industrielle, Minister, Organisator und Tatsachenmensch, mit zwingender Energie den Dingen die Gestalt gibt, die sie nach seinem Willen haben sollen, erleuchtet der freie, überlegene Geist des Dichterphilosophen Thomas Mann ihre Problematik auch dort, wo sie sich nicht ins eigene Konzept zwängen lassen will. Es wäre übrigens verfehlt, anzunehmen, daß Thomas Manns paneuropäische Gedanken mit der Konzeption des Grafen Coudenhove-Kalergi vollständig übereinstimmt. Der Dichter selbst legt Wert auf gewisse Unterscheidungen. «Ich habe mich mit großer Bereitwilligkeit in den Dienst der von Coudenhove so glänzend vertretenen Sache gestellt», erklärt er, «weil ich ihren letzten Forderungen aus ehrlicher Ueberzeugung zustimme. Das soll aber nicht heißen, daß ich in allen Fragen die Auffassung von Coudenhoves paneuropäischem Programm teile.

Um nur ein Beispiel zu nennen: Ich möchte nicht ebenso

scharf wie Graf Coudenhove ein vereinigtes Europa gegen das bolschewistische Rußland abgrenzen. Nicht etwa, als hätte ich Sympathie für den Bolschewismus. Ich bin ins Bürgertum geboren und erkenne den Schrecken und die Gefahr des Bolschewismus. Ich zweifle nicht daran, daß dieser Bolschewismus ein Leidensmaximum vom russischen Volk fordert, und ich halte es für vollkommen ausgeschlossen, daß das deutsche Volk oder überhaupt eine mittel- oder westeuropäische Nation ein System des Kommunismus ertragen könnte. Dazu sind wir, auch Deutschland, das ja eine eigentümliche mittlere Stellung zwischen West und Ost einnimmt, denn doch zu sehr westliche Menschen. Unser Volk und unsere Völker sind zu klug, zu individualistisch, zu kultiviert, wenn man will, um bolschewistische Experimente über sich ergehen zu lassen. Dennoch mag der Bolschewismus in Rußland aber seine historische Funktion haben: als Schärfer des sozialen Gewissens unserer Epoche. Die große französische Revolution hat eigentlich nie gesiegt und dennoch hat sie die Welt erobert. Vielleicht wird auch von einem in Rußland zusammengebrochenen Bolschewismus ein Stück Idee sich über die Welt verbreiten. Ich möchte also keine zu hoch gezogenen Schranken sehen. Unser Europatum verbindet uns aus den beiden großen gemeinsamen Wurzeln des Hellenentums und des Christentums. Das gilt auch für Großbritannien. Großbritannien ist seiner Ausdehnung und seinem Schwergewicht nach zumindest so sehr ein asiatisches Reich wie ein europäisches. Es ist dem europäischen Kontinent aber eben durch die hellenischen und christlichen Wurzeln seiner Kultur, die auch die unsere ist, untrennbar verbunden. So kann ich eine organisatorische Scheidung zwischen dem Kontinent und England nach meiner Ueberzeugung nicht mitmachen.

Nationales und europäisches Vaterland

Ueber solche Kritik am paneuropäischen Konzept hinaus bekenne ich mich aber als Deutscher und als Europäer zum Glauben an eine gesamte europäische Zukunft. In diesem Bekenntnis liegen keineswegs der Deutsche und der Europäer miteinander im Widerstreit. Das Deutschtum ist eingeborene Herzenssache. Es ist das Gefühl oder, wie ich es in einer Berliner Rede nannte: das Mütterliche in uns. Europa ist die Erkenntnis der Vernunft, die ratio, in jener Rede sagte ich: das

Väterliche.[2] Ich weigere mich, der neuerdings wieder ausgesprochenen Philosophie zu glauben, als lägen Gefühl und Vernunft in natürlichem, unlösbarem Widerstreit miteinander. Im Bekenntnis zum Volkstum und zugleich zu Paneuropa erweist sich aufs deutlichste, daß beides wohl verbunden werden kann. Nun wird im deutschen Lager eingewendet, daß eine paneuropäische Organisation die vielfach törichte und schmerzhafte Grenzziehung von Versailles verewigen müßte. Aber selbst der nationale Deutsche sieht wohl noch für längere Frist keine Möglichkeit, diese Grenzziehung zu korrigieren. Daß ein neuer Krieg keine solche Möglichkeit darstellt, sondern daß er Selbstmord bedeuten müßte, daß mithin Krieg und Kriegsgedanken völlig indiskutabel wurden, darüber sind wir uns ja alle einig. Gewiß erscheint die Situation, die sich aus einem geeinigten Europa ergäbe, zu neu, als daß man heute schon politische Folgen aus ihr ziehen könnte. Mir will es aber scheinen, daß man erst in der Atmosphäre eines solchen friedlich organisierten Europas über Grenzveränderungen auf dem friedlichen Wege, den wir alle beschreiten wollen und können, zu sprechen in der Lage sein wird. Erst wenn es Paneuropa gelungen ist, die Grenzen zu entgiften, erscheinen mir, faßt man die realen Möglichkeiten ins Auge, neue Grenzlegungen gangbar.

Eine Atmosphäre der inneren Verträglichkeit

Aehnlich ist es um die Beziehung zwischen Paneuropa und der Minderheitenfrage bestellt; gewiß verbietet uns die Humanität, die Minderheiten unsicherem und unerfreulichem Schicksal auszuliefern. Ich glaube aber, daß das Leid, das auf den Minderheiten lastet, wesentlich erleichtert wird, wenn eine europäische Verständigung staatliche Konflikte ausschließt. Schließlich kommt es wesentlich auf die Verbesserung von unser aller Wirtschaftslage an. Ich hüte mich natürlich, über ein mir fremdes Gebiet Meinungen zu äußern. Aber das ist keine Frage, daß eine Konsolidierung der wirtschaftlichen Verhältnisse in Europa zu einer ganz wesentlichen seelischen Entspannung führen würde. Auch die inneren Gegensätze, die in ihrer Schärfe heute sich kaum mehr steigern können, werden abflauen, und hierin liegt eine fundamentale Notwendigkeit. Unser soziales Gewissen ist geschärft. Wir sind hellhörig geworden in sozialen Fragen. Diese finden nicht mehr, wie in einer vergangenen Zeit, taube Ohren. Hellhörigkeit muß natürlich beiderseitig sein. Auch die Arbeiterschaft muß sich der Berechtigung des Unternehmertums bewußt werden. Gemeinsamer wirtschaftlicher Aufstieg, ja, schon eine leise Besserung der Lebensverhältnisse des einzelnen schafft die Atmosphäre innerer Verträglichkeit, die unbedingt geschaffen werden muß. Wenn die paneuropäische Erörterung, über die politische Gegensätzlichkeit des Standpunktes hinweg, die sich nun erkennen läßt, diese Atmosphäre im Innern schafft, hat sie damit schon zu einem großen Ziel geführt.»

R. K.

1] Louis Loucheur (1872–1931), Leiter der französischen Rüstungsindustrie während des Krieges; Minister in den Regierungen Briand und Poincaré. – 2] Bachofens Terminologie benutzend, gipfelte die ‹Rede über Lessing› vom 21. Januar 1929 in einem Angriff auf alle «antirationale und geistfeindliche Modernität»: «Wir haben es zur inferioren Lust aller Feinde des männlichen Lichts, aller Priester des dynamischen Organismus im Irrationalen schon so weit gebracht, daß der natürliche Rückschlag ‹gegen aufklärerische Abstraktheit› bösartig-lebensgefährlich auszusehen beginnt und nachgerade ein Rückschlag gegen den Rückschlag nötig scheint, um das chthonische Gelichter, das allzuviel Wasser auf seine Mühlen bekommen hat, in sein mutterrechtliches Dunkel zurückzuscheuchen» (GW IX, 244 f.).

Vossische Zeitung, Berlin, 13. November 1929

Nobelpreis für Thomas Mann

Gespräch mit dem Dichter

Thomas Mann ist ein Vormittagsarbeiter. Oft sitzt er von frühmorgens bis tief in den Nachmittag am Werk. Und seine Wohnung liegt weit draußen in einsamer Ruhe hinter dem Englischen Garten an der Isar. So hat ihn die hohe Auszeichnung erreicht, wie Cincinnatus an der Pflugschar. Mitten im Streben stiller Arbeit, in schöpferischem Schaffen.

Eine ernste würdige Freude sprach aus seinem ruhevollklaren Auge, als ich ihm die Nachricht überbrachte. «Es ist mir natürlich eine große Freude und Genugtuung», sagte er, «dieserart von Stockholm zu hören. Denn zum nordischen Wesen und zur nordischen Literatur habe ich von Jugend her sehr herzliche und sympathische Beziehungen. Namentlich in der Zeit der ‹Buddenbrooks› beschäftigte ich mich tief mit skandinavischer Literatur, und ganz entscheidende Eindrücke habe ich aus diesem Studium empfangen. Ich wurde geführt und gestützt in meinem Jugendschaffen durch die Erkenntnisse aus tiefer Betrachtung nordischer Geschlechter und Kaufmannsfamilien. Strindberg, die Lagerlöf, Per Hallström, Verner Haidenstam[1] gaben mir nachhaltige Eindrücke.

Auf der anderen Seite macht mir die weithin sichtbare Auszeichnung auch Sorge und Beunruhigung. Ist die Wahl recht getroffen?» fuhr Thomas Mann in schlichter Nachdenklichkeit fort. «Es gibt in Deutschland eine ganze Reihe von erlesenen Dichtern, die den Nobelpreis mindestens ebensogut verdient hätten, ganz zu schweigen von Europa und von Namen wie Galsworthy, Gide, Gorki. Und wenn ich heute in den Kreis der Geister und Persönlichkeiten wie Hamsun, Lagerlöf, Shaw, Anatole France aufgenommen worden bin, so fallen hierauf auch Schatten der Melancholie. Hatte nicht gerade Arno Holz ein Recht auf die Auszeichnung? Sein Tod berührte mich doppelt schmerzlich in diesem Zusammenhang.»[2]

Ueber sein jüngstes Schaffen, das der stattlichen Reihe von den ‹Buddenbrooks› bis zum ‹Zauberberg› folgt, bestätigte Thomas Mann, daß er seit einigen Jahren wieder an einem großen zweibändigen Roman arbeitete: ‹Joseph und seine Brüder›. «Es ist das erstemal, daß ich die individuelle und bürgerliche Sphäre verlasse, um in das Biblisch-Mythologische vorzudringen. Aber das liegt an den Jahren, daß man in Dinge einzudringen sucht, diesmal in religionspsychologisch-mythologische, mit denen man sich in der Jugend weniger beschäftigt. Es ist ein Fortschreiten künstlerischer Entwicklung, wenn ich versuche, das Mythologische mit modernen Mitteln darzustellen und das Mythologische mit dem Psychologischen zu verschmelzen.

Grüßen Sie bitte nach Stockholm hin, wenn Sie jetzt sprechen.»

Damit ging Thomas Mann etwas versonnen wieder in sein Arbeitszimmer, in dem ihn die Ernennung zum Nobelpreisträger betroffen hatte.

Karl Jundt

1] i.e. Verner von Heidenstam, vgl. Interview vom 9. Dezember 1929. – 2] Der Naturalist Arno Holz (1863–1929) verstarb am 26. Oktober. Er war mehrfach für den Nobelpreis im Gespräch, konnte sich jedoch keineswegs einer besonderen Schätzung durch Mann erfreuen; vgl. in diesem Zusammenhang Manns Brief vom 15. Oktober 1929 an Gerhart Hauptmann (Briefe I, 294f.).

Aftonbladet, Stockholm, 9. Dezember 1929

Thomas Mann liest heute abend aus ‹Buddenbrooks›

Außer den am Sonntag angekommenen englischen Nobelpreisträgern sind heute morgen der Nobelpreisträger für Literatur Dr. Thomas Mann, für Physik Herzog de Broglie sowie Professor O. Richardson, der den voriges Jahr zurückgestellten Chemiepreis erhalten hat[1], in der Hauptstadt angekommen und ins Grand Hotel eingezogen.

«Was ich besonders betonen will», sagte Dr. Thomas Mann heute vormittag in einem Gespräch mit einem Mitarbeiter des Aftonbladet, «ist, daß es mir ein besonderer Anlaß zur Freude ist, daß die Ehre, die mir durch den Nobelpreis zuteil wird, aus einem der nordischen Länder kommt. Seit meiner Jugend habe ich nämlich lebhafte Verbindungen mit dem Norden gehabt, von dem ich starke Eindrücke empfangen habe.»

Dr. Mann hob fernerhin im Laufe des Gespräches hervor, daß er, als er mit 23 Jahren sein Werk ‹Buddenbrooks›, das ihn zum Meister machte, begann, kaum glaubte, es bewältigen zu können, daß er jedoch aus dem Studium der nordischen Literatur, wie z. B. Kielland und Lie[2], die Kraft holte, das große Werk zu vollenden. Später hat er eine immer weitere Bekanntschaft mit der nordischen Literatur gestiftet und von schwedischen Schriftstellern kennt er besonders gut Strindberg, Heidenstam, Per Hallström[3] und Selma Lagerlöf, mit deren späterem Werk er besonders gut vertraut ist.

Es hat früher verlautet, daß Dr. Mann auf der Veranstaltung des schwedisch-deutschen Vereins heute abend aus dem Roman ‹Joseph›, der sich unter Ausarbeitung befindet, lesen soll. Wie Dr. Mann mitteilt, hat er ganz richtig zuerst die Absicht gehabt, aus ‹Joseph› vorzulesen, aber nach seiner Ankunft hier hat er erfahren, daß das Thema vielleicht zu schwer und schwerverständlich für eine Vorlesung ist und daß er deshalb ein Stück aus ‹Buddenbrooks› vorzulesen gedenkt, von dem er gehört hat, daß es hier geschätzt wird, und zwar handelt es sich um eine Episode mit humoristischen Einschlägen.

Dr. Mann und seine Frau bedauern, daß der Nobelpreistag auf einen so ungünstigen Zeitpunkt verlegt ist, wo es weder Sommer noch Winter ist. Er hätte unser Land sonst gern in seiner vollen Naturschönheit gesehen, am liebsten im Sommer. Nachdem er erfahren hatte, warum der Nobeltag ausgerechnet auf den 10. Dezember fällt[4], verstand er wohl den Grund und sah resigniert aus, freute sich aber darüber, daß das Wetter heute so ansprechend ist. Die Reise hingegen war alles andere als angenehm gewesen. Ganz gewiß waren die Schlafabteile zu rühmen, aber die Fahrt auf der Fähre im Sturm . . .

Übersetzt aus dem Schwedischen.
Das Ehepaar Mann reiste zusammen mit dem Nobelpreisträger für Physik, Louis de Broglie, sowie dessen Schwester und älterem Bruder zu der Preisverleihung nach Stockholm. – 1] Owen Richardson (1879–1959) erhielt nicht den Chemiepreis, sondern den Physikpreis des Jahres 1928, den er jedoch erst 1929 entgegennahm. – 2] Vgl. Interview vom 4. 12. 1919, Fußnote 6. – 3] Per Hallström (1866–1960) und Verner von Heidenstam (1859–1940) gehören zu den Autoren, die Mann in schwedischen Interviews regelmäßig erwähnt, ohne daß mehr als eine «Kontaktnahme» mit deren Werken vorgelegen haben dürfte; Hallström diente ihm allerdings bei seiner Fehde mit Romain Rolland als Eideshelfer, vgl. z. B. GW XII, 171 ff. – 4] Nobels Todestag.

Hamburger Anzeiger, 21. Dezember 1929

Europäisches Gespräch

Unterhaltung mit Thomas Mann

Er ist eben auf dem Rückweg zu sich selbst. In den Nobel-Tagen von Stockholm war das Scheinwerferlicht der Oeffentlichkeit grell auf ihn gerichtet. Immer noch ist er, da er mir nun schmal und straff gegenüber sitzt, vom Abglanz dieser leuchtenden Tage umflossen. Dieses Profil, diese Gebärden, diese Stimme – das alles war jetzt ein paar Tage lang sensationsumlauert. Hat aber nichts von der natürlichen Anmut eingebüßt, die diesen Dichter in so gar nicht alltäglichem Sinne adelt. Nun ist, nach einer «Zeit voller Feiertage», wie er selbst es sagte, die Entspannung da. In manchen Augenblicken ist Thomas Mann schon wieder aufgelockert, beinahe aufgeräumt in all seiner Feierlichkeit, die ebenso edel ist wie natürlich.

«Ich freue mich, wieder in den Hafen einzulaufen!» meint er lächelnd, und macht eine sehnsüchtige kleine Bemerkung über die Stille seines Münchener Heims, die ihn nun erwartet. «Es waren Tage voll Unruhe», fährt er fort, «aber sehr schöne Tage sind es gewesen.»

Der Besucher fragt, welcher des Dichters stärkster Eindruck vom Fest in Stockholm war.

«Die Sympathie, wir dürfen ruhig sagen: die Liebe für Deutschland und das Deutschtum, die ich in Schweden fand!» erwidert er rasch. «Wir wissen noch aus dem Krieg her, wie stark und traditionsgebunden die Hinneigung nach Deutschland in Schweden ist. Sie ist in diesen Jahren wohl noch stärker geworden. Ich habe in meiner kleinen Dankrede gewiß patriotische Töne angeschlagen, die ich mir in der Heimat selbst versage. Warum? Unter uns scheint mir die Idee des Deutschtums und der Vaterlandsliebe so selbstverständlich zu sein, daß ihre betonte Herausarbeitung zuweilen die Grenzen des guten Geschmacks sprengen könnte. Nicht so im Ausland. Und am allerwenigsten, wenn ein Deutscher einmal das Ohr des Auslandes hat. In diesem Augenblick muß jeder von uns den leidenschaftlichen Willen haben, der Welt die Nöte und die Probleme Deutschlands darzutun. Es ist ein innerer Zwang. Daß ich ihm folgte, ist selbstverständlich. Aber überraschend war das anteilnehmende Verständnis unserer schwedischen Hausherren. Nach meiner kleinen Ansprache sind sie zu mir gekommen, begeistert von Deutschland, besorgt um Deutschland, ergriffen von Deutschland, um mir zu versichern, wie stark sie mit uns empfinden ... Ja», wiederholt der Dichter, «das war das Schönste.

Ich muß nun noch ein Wort des Dankes für die aristokratische Kultur schwedischer Gastfreundschaft sagen. Schon das Zeremoniell der Festlichkeit im Konzerthaus von Stockholm war bezaubernd. Erst betrat das Publikum das Gebäude, dann folgte der Hof mit dem König an der Spitze und am Ende wurden die Preisträger von den ihnen attachierten Akademiemitgliedern in den Saal geleitet. Es ist dies wohl der einzige Fall von höfischem Zeremoniell, da ein König programmgemäß zu warten hat. Kleinigkeiten? Mag sein – aber bezwingend sind sie als Huldigung eines Landes und einer Dynastie vor dem Geist.»

Und nun hat Thomas Mann das Bedürfnis, sich im Gespräch dafür zu rechtfertigen, daß die Wahl der Preisrichter gerade auf ihn fiel. Schmerzlich, beinahe andachtsvoll klingt es: so spricht er den Namen Arno Holz aus, dem er selbst den Nobelpreis gewünscht und, wäre es nach ihm gegangen, zuerkannt hätte. Thomas Mann, der weltgewandte, der Repräsentative, ist scheu. Vom eigenen Wirken und von eigenen Werken spricht er nicht ohne Befangenheit. Er geht erst mehr aus sich heraus, wenn er von seiner Arbeit wieder im Zusammenhang mit dem großen Geschehen erzählen kann. Eben noch meinte er, daß er gewisse Hemmungen davor hätte, sich patriotisch zu gebärden. «Es hängt natürlich von den Umständen ab», führt er diesen Gedanken fort. «Denken wir an den Krieg zurück. Ich wäre damals nicht imstande gewesen, ohne eine tiefe Zäsur weiterzuarbeiten. Unmöglich war es, Romane zu schreiben und die Phantasie frei spielen zu lassen. Was die Menschen dieser Zeit bewegte, und was auch mich so tief bewegt hat, rang nach Ausdruck. In den ‹Betrachtungen eines Unpolitischen› habe ich meinen Beitrag zur inneren Klärung all dieser Probleme gewandelt. Aber ich bedauere auch vom heutigen Blickpunkt aus diesen Versuch nicht.

Jetzt? Seit Jahren arbeite ich an einem umfangreichen Roman biblischen Inhalts, der ‹Joseph und seine Brüder› heißen wird. Zwischendurch geht unausgesetzt, in Reden und Aufsätzen, die Beschäftigung mit den großen geistigen und, wenn man so will, politischen Zeitfragen. Im Frühjahr wird eine neue Novelle erscheinen: ‹Mario und der Zauberer›. Ich habe sie meinem Bruder Heinrich vorgelesen, und daß sie ihm gefiel, ist mir eine besondere Genugtuung. Diese Novelle scheint mir insofern kennzeichnend, als sie Persönliches mit Politischem vereinigt. Sie spielt in Italien. Beginnt mit der Schilderung privater kleiner Reiseerlebnisse und will dann weiterführen in die Atmosphäre des faschistischen Heute. Der Konflikt des Verkrüppelten, der eine Art telepathisch begabter Zauberer ist und schließlich erschossen wird – diese Figur steht im Mittelpunkt – erklärt sich schon nicht mehr aus seinem eigenen Schicksal, sondern aus dem des faschistischen Italien. Ich scheue mich nicht, offen auszusprechen, daß der Faschismus mir keineswegs sympathisch ist. Ich kann nicht begreifen, wieso ein solch liebenswürdiges, kluges und vor allem ein dermaßen skeptisches Volk, wie die Italiener, ihn dulden. Ja: dulden ist schon die richtige Bezeichnung. Deutschland würde ich den Faschismus wahrhaftig nicht wünschen.

Aber man darf nie vergessen, wie vielfältig unser altes Europa ist. Man muß sich davor hüten, fremde Vorgänge mit unseren eigenen Augen zu betrachten. Die Vereinheitlichung Europas mag ja ein sehr einleuchtender Gedanke sein. Wer aber meint, den United States of America etwa United States of Europa gegenüberstellen zu können, verkennt eben die Problematik unseres Erdteils. Bei uns ist alles soviel komplizierter und verworrener, als die Amerikaner sich's vorstellen können. Die Zukunft Amerikas ist hell und klar. Die Zukunft Europas scheint mir in Halbdunkel getaucht.

Aber Europa hat eine Zukunft, das ist keine Frage. Wohin unser Weg geht? Ich für meine Person glaube: aufwärts, aber mit sehr vielen Hemmungen und Rückschlägen. Es wird noch lange ein ständiges Spiel und Widerspiel sein. Gewiß sind die Völker durch das Kriegserlebnis klüger geworden. Auch ist der soziale Gedanke – sozial im weitesten und tiefsten Sinn des Wortes – sieghaft stark. Andererseits läßt sich die Materialisierung unserer Zeit nicht leugnen und es läßt sich nicht leugnen, daß diese Materialisierung schwere Gefahren in sich birgt. Betrachten Sie nur unsere Jugend: das Talent dieser jungen Generation, das an sich nicht bestritten werden darf, ist nach außen gekehrt. Unsere jungen Leute können schildern. Sie können sehen. Sie können aufnehmen. Wir freilich haben unseren Blick damals mehr nach innen gerichtet. Darin liegt, so glaube ich, der entscheidende Unterschied zwischen ihrer und unserer literarischen Generation. Es ist aber keineswegs eine Frage der Literatur allein. Es ist eine Frage der Schicksalsgestaltung. Ich glaube an das Schicksal Deutschlands, ich glaube an das Schicksal Europas, wenn unser Geschlecht wieder lernen wird, nach innen zu blicken.»

René Kraus

The Palestine Bulletin, Jerusalem, 10. April 1930

Interview mit dem Zauberberg-Autor

Deutschlands größter Romancier von der jüdischen Ausdauer beeindruckt

Die Umstände, unter denen ich ein Gespräch mit dem großen deutschen Romancier Thomas Mann, der sich gerade von einem Anfall von Darminfektion im Deutschen Krankenhaus von Jerusalem erholt, führte, können das alte Sprichwort bestätigen, das sagt: je größer der Mann, desto leichter ist er zugänglich; ich war erstaunt, nachdem mir eine sanftzüngige, blonde Schwester den Weg zu seinem Raum gewiesen hatte, Herrn Mann auf und angezogen, und nicht, wie ich erwartet hatte, im Bett, vorzufinden. Er empfing mich herzlich und bat mich, Platz zu nehmen. Er begann, um mir Zeit zur Erholung und zur Einstellung zu geben, über die Umstände seiner Krankheit und seine Reise zu sprechen.

Vor mir saß ein Mann ziemlich trockenen Gesichtsausdrucks, trockener Haltung und beinahe femininer Bewegungen. Er sprach sehr flüssig und als wären es die vollblühenden Sätze, wie er sie schreibt. Und die sanften deutschen Silben schienen sich in einem endlosen Strom zu winden, glatt, mühelos und ohne die geringste Kräuselung durch ein Zögern. Das kleinste Zeichen aber von meiner Seite, daß ich eine Bemerkung machen wollte, und der Strom hielt ein, und der fließend sprechende Redner entpuppte sich seinerseits als guter und geduldiger Zuhörer. Er hatte Geduld nötig bei meiner anstoßenden Zunge, da Deutsch so selten über ihre angelsächsische Eckigkeit kommt.

«Ja», sagte Herr Mann, «meine Frau wurde von der Darminfektion in Kairo ergriffen, und ich kam noch bis Jerusalem, wo die unglückliche Krankheit mich ebenfalls vierzehn Tage ans Bett fesselte. Aber morgen werden wir, nachdem meine Frau wieder zu mir gestoßen ist, nach Haifa aufbrechen, von wo aus wir ein Schiff nach Triest nehmen werden. Und Triest ist natürlich schon so gut wie zu Hause. Ich wohne in München, müssen Sie wissen.»

«Werden Sie in den jüdischen Siedlungen im Emek halt machen?» fragte ich.

«Ich bin bereits in Tel-Aviv gewesen und habe auch schon

in einer der Gemeinschaftssiedlungen bei Jerusalem angehalten.[1] Nun, wie war noch der Name? Der Name hatte etwas mit Trauben zu tun?»

«Kiryat Anayim», schlug ich vor.[2]

«Ja, das ist's», sagte er. «Ich war sehr beeindruckt davon. Aber was mich besonders beeindruckte, war Tel-Aviv. Es schien mir so, als wären die Juden dort irgendwie von den Juden in Europa oder sonstwo auf der Welt verschieden. Sie schienen mir freier und, wenn ich so sagen darf, glücklicher. Ja, es schien mir, als ob diese Menschen tatsächlich glücklich wären. Und die Stadt ist so mirakulös aus den gelben Dünen erblüht. Ich glaube tatsächlich, daß Tel-Aviv eine Zukunft vor sich hat. Die Stadt gibt ein solches Gefühl von Wachheit und Intellektualität.» Er wiederholte, mit Nachdruck, «ich glaube tatsächlich, daß Tel-Aviv eine Zukunft vor sich hat.»

«Alles in allem ist der Fortschritt, den ich hier sehe, großartig. Die Juden leisten eine gute Arbeit, aber sie dürfen nicht mit dem Kopf durch die Wand wollen. Sie müssen rücksichtsvoll sein. Schließlich lebt der Araber hier länger als ein Jahrtausend. Auch er hat historische Bindungen und Rechte an dieses Land. Aber der Jude ist nicht als Eroberer gekommen. Er ist gekommen, um zu sich selbst zu kommen. Seine Seele zu befreien, wenn ich es so ausdrücken darf.»

«Aber glauben Sie, daß Araber und Juden zusammen arbeiten und leben können?»

«Aber gewiß. Ich sehe keinen Grund, weshalb sie nicht in vollkommener Freundschaft leben sollten. Der Zionismus bringt allerdings große Schwierigkeiten mit sich, und die Feuerköpfigkeit und der Mangel an Geduld der Juden verstärkt diese Schwierigkeiten.»

«Sie müssen bedenken», warf ich ein, «daß die Juden eine Vision fix und fertig in ihren Köpfen haben, und es ist schwierig, zu denen tolerant zu sein, die ihrer Erfüllung Hindernisse in den Weg legen.»

«Natürlich, ich verstehe das, und es ist genau wegen dieser Vision, wegen der kulturellen und idealen Selbstverwirklichung, der das jüdische Volk im Zionismus entgegensieht, daß ich meine Sympathien mit ihm ausspreche.»

«Dann sind Sie entschieden für den Zionismus?»

«Sehr entschieden. Ich habe meine Auffassung schon in der deutschen Presse festgehalten und bin, sehr zu meinem Erstaunen, von einigen deutsch-jüdischen Blättern dafür scharf angegriffen worden. Natürlich haben sie davor Angst, daß sie, wenn sie für den Zionismus sprechen, wegen Mangel an Patriotismus angeklagt werden. Ich vergleiche den Zionismus in einigen seiner Zielsetzungen und seiner Ideale mit der romantischen Bewegung unter den Deutschen im neunzehnten Jahrhundert, die durch einen ähnlichen Wunsch nach Selbstbefreiung stimuliert war.»

Ich kam wieder auf die Siedlungen im Emek zurück und empfahl Herrn Mann, sie zu besichtigen, denn sie sind das größte Werk des Zionismus in Palästina. Weiterhin beschrieb ich die verschiedenen Siedlungstypen, und Herr Mann zeigte ein ausgeprägtes Interesse. Er versprach, auf dem Weg nach Haifa Zwischenstation zu machen.

«Mein Ziel während dieser Reise ist – natürlich – Studien für einen Roman treiben, an dem ich arbeite. Ich habe einige Zeit in Ägypten damit zugebracht, Material zu sammeln, und ich reise durch Palästina mit derselben Absicht. Meinen Stoff habe ich der Bibel entnommen – die Geschichte von Jakob und Joseph. So können Sie sehen, wie notwendig dieser Abstecher für mich war.»

Ich erwähnte gegenüber Herrn Mann, daß das Ohel, das Arbeitertheater von Palästina, eine interessante Aufführung zu Jakob und Rahel aufgeführt und zuvor mit Beduinen zusammengelebt hätte, um Material zu sammeln.[3] Es sei zu schade, sagte ich, daß Herr Mann diese Aufführung nicht sehen könne.

«Ich habe die Habimah gesehen, und ihre Arbeit gefiel mir sehr.»[4]

Unsere Unterhaltung kehrte zum Zionismus zurück, und Herr Mann erzählte mir, daß er mit Dr. Magnes[5] viel Zeit zugebracht habe. «Ich sehe in ihm einen ehrlichen, aufrichtigen und geraddenkenden Mann», sagte er.

Ich stimmte Herrn Mann zu, gab ihm aber zu bedenken, ob es nicht gerade die aufrechte Denkweise war, die Dr. Magnes in die Sache seines gegenwärtigen Pamphlets hineingedrängt habe, indem er sich selbst ins Recht setze, und alle anderen Zionisten als hoffnungslos im Unrecht ansehe.

Als ich Herrn Mann die Hand gab, wiederholte er: «Sie können mich jederzeit entschieden an die Seite des geistigen Zionismus stellen.» E. R.

Übersetzt aus dem Englischen.
Das Ehepaar Mann befand sich vom 14. Februar–16. April 1930 auf der Nahostreise. Katja Mann lag ab dem 2. März in Kairo im Krankenhaus, ihr Mann vom 26. März an in Jerusalem im Deutschen Diakonissen-Hospital. Am 27. März schon hatte das ‹Palestine Bulletin› seine Leser von Manns Krankheit unterrichtet. – 1] Das ‹Palestine Bulletin› meldete am 23. März dazu: «Die herausragende Gestalt der gegenwärtigen Literatur der Gegenwart, Thomas Mann, der in Palästina angekommen ist, macht eine Reise durchs Land. Als er Tel-Aviv besuchte, sagte er, das gesunde Aussehen der Kinder habe ihn mehr beeindruckt als die Stadt selbst. Er erklärte, daß er solche schönen Kinder niemals zuvor gesehen habe.» – 2] «Kirjat Anayim» («Stadt der Weintrauben») heißt ein Kibbuz westlich Jerusalems. – 3] Das Ohel-Theater (1925–1969) führte ‹Jakob und Rahel› von N. Kraschninikow in der hebräischen Bearbeitung und Regie von M. Halevy auf; Premiere am 21. 1. 1929, Bühnenbild: B. Polakow, Musik: Sch. Rosowsky. – 4] «Die Bühne» (hebr. habimah), das 1916 gegründete Moskauer hebräische Theater, hatte sich 1927 gespalten; ein Teil der Truppe ging in die Vereinigten Staaten, der andere nach Palästina. Während ihrer Deutschland-Tournee 1930 spielte die Habimah in Berlin von Shakespeare ‹Twelfth Night›, von Karl Gutzkow den in der ‹Nathan›-Tradition stehenden ‹Uriel Acosta›. – 5] Der amerikanische Rabbiner Jehuda Leon Magnes (1877–1948), promoviert 1902 in Heidelberg mit einer orientalistischen Arbeit, half schon 1905–1922 in New York die Gegensätze zwischen den jiddisch sprechenden osteuropäischen und den hebräisch sprechenden westeuropäischen Juden zu überbrücken. Sein pazifistisches Credo wußte er mit Standhaftigkeit und forensischen Fähigkeiten auch während des Ersten Weltkrieges durchzuhalten. Seit 1923 in Jerusalem, wurde er 1925 zum Gründungskanzler (Dean) der heräischen Universität Jerusalem und plädierte als Zionist für ein binationales Palästina mit Selbstbeschränkung der Einwanderung und Einbindung der jüdischen Siedlungsgebiete in eine arabisch dominierte Palästina-Konföderation. Seit Ende 1929 stand er im politischen Kreuzfeuer, denn am Jahrestag der Belfour-Deklaration von 1917 (2. 11. 29) sowie am 24. 11. 29 (in der ‹New York Times›, die schon ein Interview mit ihm publiziert hatte) hatte er in diesem Sinn auf die antijüdischen Pogrome des August reagiert. In ‹Like all the Nations?› (Jerusalem 1930) faßte er seine Positionen zusammen (vgl. Norman Bentwich, ‹Judah L. Magnes›, London o.J., S. 172 ff.).

Neue Leipziger Zeitung, 15. Juni 1930

Unfruchtbarkeit des Radikalismus

Thomas Mann gegen politisches und kulturelles Obskurantentum

Im ganzen Schaffen Thomas Manns gibt es keine Stelle, der Leerlauf oder Stillstand nachzuweisen wäre. Getragen vom Verdienst und begünstigt vom Glück hat in der Person des

Dichters und Nobelpreisträgers Fortschreiten und harmonisches Verweilen einen solchen Ausgleich gefunden, daß die Welt seiner Arbeit von jeder Arbeitsminute aus rund erscheint.

Dem Jüngeren, aus einer anderen, zerrisseneren Generation stammend, bedeutet diese Ueberlegenheit des Alters und kritischen Denkerfahrung immer eine willkommene Möglichkeit zu einer Orientierung über das schöpferisch-konservative Elemente im deutschen Geistesleben der Gegenwart.

Der Dichter kam gerade von seiner großen Aegyptenreise, der Interviewer von einem kürzeren Ausflug, vom Erlebnis einer angelsächsisch-oberbayrischen Massengläubigkeit, aus Oberammergau.

Auch Mann hat soeben Segen und Problem eines Glaubens am praktischen Resultat beobachten können. Er war in Palästina gewesen, wo er die neuen jüdischen Siedlungen mitten in einer vorläufig noch feindlichen, arabischen Umwelt besichtigt hatte. Er erzählt von seinem Gespräch mit dem Rektor der jüdischen Universität, Dr. Magnes, von der Ueberraschung, mit der er hier ein zerstreutes und innerlich oft genug unsicheres Volk in straffem Selbstbewußtsein und ohne das so häufige Minus einer gewissen Gedrücktheit vorgefunden habe.

«Ja», meint der Interviewer, «von Glauben und Gläubigkeit, mehr oder minder, ist jetzt die ganze Welt schwanger. Der Eisen-Hütten-Verband verlangt auf seiner Tagung Durchdringung der Maschinenwelt mit Volksgefühl, die katholische Kirche durch ihre Kardinäle Brückenbögen, Radio-Sender, und schließlich beruhen die beiden großen politischen Glauben der Gegenwart, der Faschismus und der Bolschewismus, auch auf einem Massenglauben.»

«Das gerade», greift Thomas Mann lebhaft ein, «ist es, was ich ablehne. Mir erscheinen Faschismus und Bolschewismus Surrogate einer wahrhaft gläubigen religiösen Weltsicht. Mag man zu ihnen stehen wie man will, sie schöpfen den Sinn des Lebens nicht aus. Ihn zu finden, ihn in neuer Formulierung als Ziel zu setzen, ist die Arbeitsaufgabe des geistigen Europas. Wir Deutsche werden nicht umhin können dabei anzuknüpfen an Goethe und Nietzsche, wie man ja immer mehr einsieht, daß gerade letzterer der wahre Initiator aller jungen Versuche ist, eine neue Art der ‹Heiligung der Erde› zu finden.»

«Wobei die Gefahr eines Abgleitens in einen politischen

Obskurantismus, wie die Tatsachen zeigen, nicht unerheblich ist?»

«Gewiß, ein großer Teil des sogenannten neuen Nationalismus ist nichts anderes als ein Mißverständnis eines neuen Lebensgefühls, das sich äußert in einem Rückschlag gegen den Intellektualismus des neunzehnten Jahrhunderts. Es ist ein Zurück zu den ‹Müttern›, diese Heroisierung des ‹Dynamischen›.»

«So erheben Sie jetzt, im Chaos, schon die Forderung der Harmonie?»

«Ich bekämpfe jede einseitige Bewegung aus meinem Gleichgewichtsbedürfnis heraus. Mein Ziel: die Klassizität des Menschen, die Ausgewogenheit geistigen natürlichen Lebens. Niemals darf Geist gegen Natur ausgespielt werden oder umgekehrt. Die Synthese, Geist des Lebens, ist es, die allein das Schöpferische ausmacht. Darum habe ich auch Furcht vor Bestrebungen mancher Zirkel, die in gefährlicher Weise romantisch-dämonische Kräfte gegen den Geist mobilisieren, freilich gegen eine Karikatur des Geistes, wie sie ihn sehen. Schon jetzt kann man ein Ueberwuchern derartiger Philosophien feststellen, die nichts anderes schaffen werden als Deutschland zu isolieren. Eine neue Vertrotzheit, eine neue Eigenbrödelei sind dabei, Deutschland wieder in einen Gegensatz zu der gesamten Umwelt hineinzutreiben. Das deutsche Gemüt empört sich gegen die vernünftigen Tendenzen der Welt, es ironisiert alle philosophischen und sonstigen Bewegungen, die auf eine praktische Besserung der Völkerverständigung hinarbeiten. Und nun» – ein kleines Lächeln liegt um die Mundwinkel des Dichters – «werden mich Unverständige mit einem Alt-Liberalen verwechseln.»

«Immerhin scheinen Sie für Deutschland die faschistische und kommunistische Welle als vorübergehend anzusehen?»

«In gewissem Sinne schon. Beide werden freilich Spuren zurücklassen, wobei der Kommunismus nicht so einfach abzutun ist wie das Hakenkreuzlertum, das das Bild der Revolution einfach gestohlen und ins reaktionäre Lager geschleppt hat. Ich empfinde diese Art reaktionärer Revolte lediglich als einen Aufruhr des Ressentiments. Der Kommunismus wird ebenso wenig siegen wie die französische Revolution je gesiegt hat. Er hat aber einen gewissen Anteil an der Veränderung des sozialen Empfindens der Menschheit, er übt für sie sozusagen (wenn man seine Bewegung einst rückwärts schauend betrachten wird) die Funktion eines Gewissens-Korrektivs aus.»

Damit gleitet, wie immer an solchen Stellen, das Gespräch auf das andere, die Menschenbesserung versuchende Systeme der Gegenwart, die Psycho-Analyse, über. Mann hat Freud im Grunde erst vor zwei Jahren kennengelernt und schätzt an ihm (von den Jüngern wurde nicht gesprochen, d. Interviewer) besonders sein Arzttum, das ihn vor dem Aufbau einer neuen dämonologischen Religion bewahrt.

«Die Lektüre der Freudschen Arbeiten hat mir übrigens viele Bestätigungen für die Vorgänge und Zusammenhänge gebracht, die ich mehrfach in meinen Arbeiten im psychischen Schicksalsablauf meiner Personen zu beschreiben versuchte.»

«Nun ja, der Dichter ist ja schließlich auch dem Psycho-Analytiker um die Unendlichkeit der Intuition voraus. Aber finden Sie nicht, daß in der Literatur von heute eigentlich außer einigen, meist sozial-politisch durchtränkten Einfällen, die notwendige Verbindung mit der Zeit, mit der Situation der Menschheit in diesen Augenblick fehlt?»

«Im Rahmen meiner Weltbetrachtung nicht. Für mich ist z. B. die Gottesunmittelbarkeit Gides, ist die Arbeit Shaws eine Bestätigung meines eigenen Wollens. Es wundert mich sehr, daß man beginnt von Shaw abzufallen und ihm gegenüber anscheinend eine Stellung einnimmt, wie etwa zu Anatole France, obwohl in Shaws Werk viel mehr Lebendigkeit, Temperament und Weisheit steckt. Vielleicht fehlt mir aber für die Verbindung mit der allerjüngsten Literatur, namentlich auch mit der proletarischen, zu sehr die Fühlung, vielleicht komme ich mit meinen Nerven durch den Mangel an Kunstreizen, der hier für mich herrscht, nicht heran. Ich kann wohl das heute bestehende Bedürfnis nach der Verkündung eines positiven Glaubens, so wie er sich in besonders zeitbetonten, aktuellen Schöpfungen äußert, verstehen. Aber hier ist es wie in der Politik: Derartige Absoluta werden als Glaubensersatz nur den Wert von Surrogaten haben.»

Manfred George

Das Heft. Die Zeitschrift der Hausfrau, München, 4. Juli 1930

Thomas Mann über die berufstätige Frau

«Selten noch sind derartige Aufgaben an Frauen herangetreten wie heute. Denn die Pflichten der heutigen Frau erscheinen mir zwiefach: nicht nur, daß sie jetzt mitten im Leben steht, sich und oft gar die Familie erhalten muß, alle Kräfte auch muß sie aufbieten, um ihre innere Zartheit zu retten vor den rauhen Einflüssen des täglichen Existenzkampfes.»

«Meinen Sie, daß diese Bedenken die Frauen und vor allem die Mädchen ein wenig vor dem Beruf zurückschrecken lassen werden?»

«Das Rad der Zeit läßt sich nicht zurückdrehen. Die seit den achtziger Jahren erkämpfte Befreiung ist nicht wieder rückgängig zu machen.»

«Die Begeisterung für gleiche Berufe und Rechte hat aber doch nachgelassen.»

«Gewiß. Aber wir würden einen großen Fehler begehen, wollten wir das als Rückschlag deuten. Der ganze Zug unserer Kultur von Sachlichkeit und Herzlichkeit – ja – beinahe möchte ich sagen: Romantik, scheint mir ein Moment physischer und moralischer Erholung. Es ist eine Restaurationsbewegung nach der großen Auflockerung der guten Sitten durch die Katastrophen des Krieges und der Inflation.»

«Welche Auswirkungen erwarten Sie von dieser Restaurationsbewegung auf das Leben der berufstätigen Frau?»

«Nun, dafür sind nur die Frauen zuständig. Im Eifer der letzten Jahre haben sie manchmal übersehen, daß in jeder regelmäßigen Berufstätigkeit der Frau ein gewisser Widerspruch zu ihren psychischen Bedingungen steckt. Der Mann ist nun einmal unabhängiger von seinem Körper. Achtet die Frau nicht auf diese Schwierigkeit, so könnte sich gerade für die körperlich tätige Frau ein tragischer Konflikt zwischen ihren organischen Bedingtheiten und psychischen Tendenzen ergeben. Sobald es sich aber um mehr geistige Arbeit handelt, glaube ich, daß die Welt sich derzeit in einem so problematischen Zustand befindet, daß sie nie auf die Mitarbeit der Frau verzichten könnte. Der geistige Neubau der Welt, an dem wir schaffen, würde mir stets unvollkommen erscheinen, müßten wir jener Ergänzung entbehren, die wir durch die weibliche Teilnahme erfahren.» V. E.

Neue Freie Presse, Wien, 15. August 1930

Thomas Mann, ganz privat

Ernsthaftes Feriengespräch mit dem Dichter

Die unendliche Weite der Dünenwelt wird jäh unterbrochen vom Betrieb des Berliner Literaturcafés. Nidden ist nicht mehr ein Fischerdorf an der Kurischen Nehrung, da Meeressand und Märchenwald sich wundersam vereinigt. Dieses kleine Nidden, gestern noch nicht viel mehr als kostbares, kleines Ausflugsziel zwischen Königsberg und Memel, ist heute ein literarischer Begriff. Eine literarische Angelegenheit, um es in der Sprache des Berliner Literaturcafés auszudrücken, das sich hier eingenistet hat. Hier verbringt, in seiner eben fertiggestellten Villa, der deutsche Dichter Thomas Mann einen geraumen Teil des Jahres. Infolgedessen sind die Gasthöfe, die sich etwas übertrieben Hotels nennen, die Saison über von Bewunderern überfüllt, und infolgedessen werden die Aussichten des neuen Remarque[1], von seinen Tantiemen ganz zu schweigen, in diesem Fischerdorf eifervoller erörtert als anderswo die Wetteraussichten für den nächsten Tag. Im Kramladen sind, zwischen Bücklingskisten und Heringsfässern, die ‹Buddenbrooks› zu Hauf gestapelt, und jedes Kind im Dorfe vertreibt außer selbstgepflückten Himbeeren und frischen Flundern Thomas-Mann-Photographien.

Der Dichter selbst hält sich von diesem Treiben völlig fern. Ich glaube nicht, daß die Kommerzialisierung seines Ruhms ihm sonderlich erwünscht ist. Bestimmt ist ihm die Gefolgschaft aus dem Literaturbetrieb unerwünscht, die Mädchen mit den Intellektualbrillen und die verkannten Genies, die ausgerechnet am Badesteg entdeckt werden wollen. Sein Häuschen ist nicht absichtslos in ziemlicher Entfernung vom Ort errichtet. Er erzählt mir, daß er überhaupt nie ‹in die Stadt› kommt. In Nidden braucht er seine Arbeitsruhe. Schon München, meint er, wo er den Winter verbringt, ist im heutigen Deutschland, namentlich im literarischen, einigermaßen entlegen. Aber die Entfernung zwischen München, Jahrgang 1930, und der Welt schützt ihn nicht vor ihren Schrecken: nicht vor den tausendfältigen Verlockungen und Versuchungen, mit denen die Oeffentlichkeit an ihn herantritt. Da ist zu schreiben, zu sprechen, zu raten, zu entscheiden, Stellung zu nehmen in zahllosen Fragen – und so ganz nebenbei muß er schließlich auch an dem großen biblischen Roman arbeiten, der ihn nun seit Jahren beschäftigt. Er aber, weit abgewandt und menschennah zugleich, vermag sich auch der Ruhe seines eigenen Werkes zuliebe den Pflichten seiner Autorität nicht zu entziehen. Er nimmt diese Pflichten, wie jeder wirklich Große übrigens, sehr ernst. Freilich vermag er nicht ganz einzusehen, daß es auch zu diesen Pflichten gehören soll, am Strand von Nidden lebende Bilder zu stehen, wenn neudeutscher Snobismus begierig ist, Thomas Mann in Badehosen zu knipsen.

Es ist nicht wahr, daß es im Sommer Ferien gibt. Sommer – das bedeutet vervielfachte Arbeit. Das leise Rauschen der Brandung muß doch irgendwie in Worte gefaßt werden. So entstand, als Ablenkung gleichsam, im letzten Sommer die zauberhafte Novelle ‹Mario und der Zauberer›. Heuer geht es um den großen Bibelroman ‹Joseph und seine Brüder›. Mit einer Pünktlichkeit, von der die verkannten Genies aus dem Literaturcafé nie begreifen werden, wie wesentlich sie das wahre Genie kennzeichnet, sitzt Thomas Mann täglich von halb neun bis halb zwölf über seinem Manuskript. Er sitzt schon jahrelang daran. Und wenn ich ihn frage, wann die Arbeit fertig wird, erwidert er: «Übers Jahr vielleicht . . .» Um freilich gleich fortzufahren: «Das sage ich nun allerdings schon seit einiger Zeit . . .»

Und dann fährt er ein bißchen nachdenklich fort: «Wissen Sie, eine große Arbeit muß man sich selber ablisten. Wenn man daran denken wollte, wie lange sie dauern wird – man würde nie darangehen. Man kann nicht um der Beendigung willen, nein, man kann nur um der Arbeit selbst willen schreiben. Ich sage mir, das Schreiben macht mir an sich Freude, ob's kürzer dauert oder länger, und so schreibe ich eben. Es ist übrigens das erste Mal, daß ich die Welt des Bürgerlich-individuellen verlasse mit diesem biblischen Stoff. Das erste Mal, daß ich symbolhafte Figuren schreibe, statt individueller, wie bisher . . .»

«Konzentration auf die eine große Arbeit?» fährt Thomas Mann auf meine Zwischenfrage fort. «Nein – ich glaube, daß literarische Arbeit und essayistisch-kritische einander notwendig ergänzen. Es sind zwei Seiten desselben Wesens. Viele Jahre lang habe ich das unabweisbare Bedürfnis empfunden, zu den großen Zeit- und Tagesfragen Stellung zu nehmen.

Nun ist das so, daß ich auf den Essay natürlich nicht verzichten will – aber daß ich doch einen kleinen Abschied von der Politik nehmen möchte, richtiger: von der Kulturpolitik, die mich bisher in Reden und Schriften stark beschäftigte. Insbesondere die Reden werde ich wesentlich einschränken müssen. Zweimal spreche ich noch. Und zwar im September: Im Haag das erste Mal, da habe ich mich verpflichtet, die Festrede beim Treffen der Rotarier zu halten, und dann, unmittelbar darauf, in Genf. Bei dieser Gelegenheit werde ich das Völkerbundmilieu kennenlernen. Dann aber Schluß!» Aber kaum hat er das Wort «Schluß!» mit starkem Nachdruck ausgesprochen, erklärt er mir schon, wie wesentlichen Bestandteil der Dichtung der kritische Essay bildet. Und wie er sich manche Dinge von der Seele sprechen oder schreiben muß, ehe er sich wieder in den Roman versenken kann. Nein, Thomas Mann wird, allen guten Vorsätzen zum Trotz, niemals auf die Beschäftigung mit Zeitfragen verzichten. Und in einem heimlichen Augenblick gesteht er mir sogar, daß er von einem neuen Essayband träumt, von einem freilich, in dem von der Politik mit keinem Wort die Rede sein soll.[2] An das Essaybuch glaube ich. An die politische, natürlich kultur- und geistespolitische, Abstinenz, die er sich zugeschworen hat, nicht.

Noch einen Traum träumt Thomas Mann: den Traum vom deutschen Lustspiel. «Ich bin ein sehr fleißiger Theaterbesucher», erzählt er. «Natürlich gehe ich in jede Münchner Premiere. Und an jedem schönen Abend denk' ich mir, daß ich nun eigentlich einmal ein Lustspiel schreiben müßte. Ja, ich nehme mir das ganz fest vor[3] – immer wieder, bis ein schwächerer Eindruck von der Bühne die guten Vorsätze zurückdrängt. Aber es ist doch etwas Merkwürdiges um den Theaterfanatismus. Wir alle wissen, daß die schwächeren Eindrükke sehr viel zahlreicher sind – und man freut sich doch kindlich auf jeden neuen Abend. Und auf das Stück, das doch einmal geschrieben wird. Bisher habe ich ja nur ein einziges Theaterstück geschrieben, die ‹Fiorenza›. Die deutsche Bühne greift immer wieder gelegentlich auf sie zurück. Jetzt kommt sie in Braunschweig heraus.[4] Aber wenn ich im Publikum sitze, mein eigener Zuschauer, so habe ich etwas wie ein schlechtes Gewissen.»

Ich frage den Dichter, ob es wahr ist, daß Max Reinhardt, wie das Gerücht wissen will, seine Tonfilmproduktion mit einem Spiel nach Thomas Mann einleiten will. Er selbst behauptet, nichts davon zu wissen. Gewiß, er interessiert sich sehr für den Tonfilm und hätte nichts dagegen, wollte man eines seiner Werke verfilmen. Es müßte freilich eine andere Art von Verfilmung sein als jene der ‹Buddenbrooks›, aus der eine Gesellschaft vor einiger Zeit, wie Thomas Mann meint, eine sehr durchschnittliche Kaufmannstragödie unter Benützung der Namen, aber auch nur der Namen seines Romanes, gemacht hat. Auch eine andere Art Verfilmung als jene des ‹Professor Unrat› . . . «Sie haben aus dem starken und eigenartigen Buch meines Bruders irgendeine belanglose Sexualtragödie gemacht», meint er. «Gewiß, der ‹Blaue Engel› war ein Sensationserfolg und gewiß hat er den Roman neuerlich popularisiert. Aber dann hätte man gleich Plakate kleben können: Lest Professor Unrat! . . . Für den Dichter wäre der Effekt der gleiche gewesen. Zumindest. Nein, diese Art Vertonfilmung, die eine Banalisierung ist und sonst gar nichts, stelle ich mir nicht vor. Vielleicht wird die Technik bald so weit fortgeschritten sein, daß man anders wird produzieren können. Mittlerweile trauere ich dem stummen Film nach, der ja scheinbar endgültig aussterben soll. Und doch war dieser stumme Film – muß ich auf Chaplin verweisen? – etwas ganz Wunderbares. Es will mir nicht eingehen, daß er unwiederbringlich dahin sein soll.»

Der Zeitgeschmack aber! Oh, Thomas Mann stellt sich ihm nicht entgegen. Sein Geschmack ist er ja – wie sehr begreiflich – nicht immer. Aber seine Zeit ist es, die Zeit, in der wir leben und zu der er sich in wachem Bewußtsein bekennt. Ein bißchen melancholisch spricht Mann freilich über die Generationsfrage. «Als ob die Menschen immer kleiner würden . . .», meint er. «Wieviel kleiner ist schon meine Generation als die, die vor uns war. Als die Generation um Tolstoi und Dostojeswki . . . Und die Jungen? Man muß zu ihrer gerechten Beurteilung sich über den schweren Wirtschaftskampf klar sein, in den sie gestellt sind. Sehen Sie, ich zum Beispiel kann an meinem Joseph-Roman arbeiten, so lange ich will. Die Jungen aber müssen fertig werden, rasch! Weil sie kein Geld haben und darum nicht warten können. Die Armut Deutschlands ist der wahre Grund der angeblichen Verflachung unserer Literatur. Trotzdem: da ist Alfred Döblin . . .[5] Da hat der junge Süskind ein ganz starkes Buch geschrieben. ‹Brackwasser› habe ich mit stärkster Anteilnahme gelesen.[6] Und Remarque. Ich glaube, er wird neuerdings ein bißchen verkannt.» . . . So fühlt sich Thomas Mann in die anderen, in die ganz anderen ein. Weil er ein Dichter ist. Und der nobelste, den die Welt hat. Wir lieben ihn.

Mit zärtlichem Verständnis spricht er von Wien. Nicht – wie wohl das tut! – von der Mehlspeise, vom Kaffeehaus und vom vielzitierten unsterblichen Walzer, von dem man draußen ein bißchen zu schwärmen so freundlich ist. Sondern von der Stadt und Stätte Arthur Schnitzlers. Von der Stadt, die ihn selbst zu seinem fünfzigsten Geburtstag mit – des Dichters eigenes Wort – «Verständnis ohnegleichen» empfangen und gewürdigt hat. In allen Einzelheiten ruft er die beiden Wiener Vorstellungen seiner ‹Fiorenza› sich selbst und dem Besucher in Erinnerung. Thomas Mann, wie er erzählt, seit langen Jahren täglicher Leser der ‹Neuen Freien Presse›, bittet uns, seine Wiener Freunde zu grüßen. Er mag die verehrungsvolle Freundschaft empfinden, mit der Wien den Dichter grüßt.

René Kraus

«Wir besuchten von dort aus ⟨Rauschen⟩ die Kurische Nehrung ⟨. . .⟩, verbrachten einige Tage in dem zum litauisch verwalteten Memelgebiet gehörigen Fischerdorfe Nidden und waren von der unbeschreiblichen Eigenart und Schönheit dieser Natur, der phantastischen Welt der Wanderdünen, den von Elchen bewohnten Kiefern- und Birkenwäldern zwischen Haff und Ostsee, der wilden Großartigkeit des Strandes so ergriffen, daß wir beschlossen, uns an entlegener Stelle ⟨. . .⟩ einen festen Wohnsitz zu schaffen» (‹Lebensabriß›, Juniheft der ‹Neuen Rundschau›, 1930, S. 732 ff.). – 1] ‹Der Weg zurück› erschien erst 1931. – 2] Verwirklicht in ‹Leiden und Größe der Meister›, Berlin 1935. – 3] Mann verlor diese Absicht nicht aus dem Auge: ‹Lotte in Weimar› sollte zunächst Lustspielform annehmen, und noch das letzte Arbeitsprojekt, Luthers Hochzeit thematisierend, verfolgte dieses Ziel. – 4] Thur Himminghoffen, 1925–1929 Intendant in Lübeck und 1929–1933 in Braunschweig, führte ‹Fiorenza› 1925 in Lübeck (vgl. GW XI, 419) auf. Nach Ausweis der Theaterzettelsammlung des Stadtarchivs Braunschweig kam eine Aufführung nicht zustande. – 5] ‹Berlin, Alexanderplatz› (1929). – 6] Nicht Süskind, sondern Heinrich Hauser hatte ‹Brackwasser› geschrieben, vgl. Anm. 6 zum Interview vom 28. Oktober 1928.

Schweizer Illustrierte Zeitung, 8. Oktober 1930

Zum Riesenwerke des Völkerfriedens bedarf es der Mitarbeit aller!

«Auch der Künstler und Dichter», sagt Thomas Mann

«Welch ein glücklicher Schicksalsvorzug muß es doch sein», begann der literarische Nobelpreisträger des letzten Jahres unsere Unterhaltung, und es schien, als ob in den offen blikkenden, blauen Augen ein wenig harmloser Neid aufleuchte, «in einem Lande zu leben, wo sich drei Sprachen, drei Kulturen schwesterlich die Hände reichen.» Am Vorabend der Unterhaltung hatte Deutschlands größter lebender Romandichter vor einem mit dem internationalen geistigen Publikum Genfs zum Brechen vollen Saale Bruchstücke aus seinem der Vollendung entgegengehenden biblischen Josephsroman vorgelesen.[1] «Es war mir eine besondere Freude», fuhr der Dichter fort, «meine Genfer Vorlesung während der Tagung des Völkerbundes, in europäischer Atmosphäre und gewissermaßen im Rahmen einer Diskussion zu halten, deren großer Gegenstand der Friede ist. Es ist mir wohl bekannt, daß es für einen Dichter schier als kompromittierend angesehen wird, mit dem Herzen und mit dem Geiste durchaus positiv zu sein, und der Vernunft das Wort zu reden. Aber heute ist der Moment gekommen, wo auch der Künstler, der Dichter, der Schriftsteller ihren Anteil an den großen, rationalen Problemen zu nehmen haben, die auf der Tagesordnung der Welt stehen. So sehr sich auch der Dichter in seinem Herzen der heiligen Unvernunft, als seiner ureigensten Domäne, verbunden fühlen mag, muß er doch dem eigentlich Menschenwürdigen der Vernunft die Vorhand lassen. Wenn die Stunde des Lebens ihn aufruft, dann hat er ihrer Mahnung zu folgen, die auf verständige Rationalisierung und Vernunft als Lebensziel weist. Dagegen sich stemmen, wäre Sünde am Geist. Dem unbeschadet, ist das eigentliche Reich des Dichters nicht von dieser Welt. Es ist die luftige Domäne der Phantasie, der Fiktion. Es soll auch nicht Aufgabe des Dichters sein, sich im Streite vorzudrängen. Noch weniger jedoch ist es ihm erlaubt, beiseite zu stehen und seine Stimme zu verweigern, wenn die Welt sich müht, das größte aller Probleme zu lösen: wie es anzustellen sei, daß der Mensch aufhöre, dem Mitmenschen der ärgste Feind zu sein?»

1] Am 14. September 1930.

Berliner Montagspost, 20. Oktober 1930

Thomas Mann und die Nationalsozialisten

Ein Interview der ‹Montagspost›

Halten Sie den Nationalsozialismus für eine vorübergehende Erscheinung oder für eine Weltanschauung, der man eine Zukunft zubilligen kann?

Thomas Mann: «Man muß unterscheiden zwischen Nationalsozialismus und Nationalsozialisten. Ich habe in meinem Vortrag in der Philharmonie versucht, eine Psychologie des Nationalsozialismus zu geben und die geistige Entstehung dieser Bewegung aufzuzeigen. Der Nationalsozialismus hat zweifellos als eine weltanschauliche Strömung, die man in zahlreichen Ländern beobachten kann, eine gewisse Bedeutung. Die Nationalsozialisten als Partei halte ich für einen Spuk, der bald vergehen wird. Die Furcht vor den Nationalsozialisten ist übertrieben und unnötig. Ich bin gegen jeden Fatalismus. Das Bürgertum darf sich nicht unterwerfen. Der nationalsozialistische Wahlerfolg[1], der auf sehr komplizierte Motive zurückgeht, kann bereits in einem Jahr verweht und zerstoben sein, da es sich bei den Wählern fast ausschließlich um Zufallsanhänger handelt.»

Ist Ihrer Ansicht nach der deutsche Nationalsozialismus eine Abart des italienischen Faschismus?

Thomas Mann: «Die deutschen Nationalsozialisten unterscheiden sich von ihren italienischen Freunden durch ihre unerhörte Ungeistigkeit. Außerdem – ich mag auch Mussolini nicht leiden, aber er ist doch ein Halbgott gegen Herrn Hitler. Mussolini weiß doch wenigstens etwas von der Welt.»

Sie sprechen doch auch oft im Ausland? Ist der Radikalismus dort bei den Auslandsdeutschen ebenso stark wie hier? Sind Ihre Vorträge dort jemals gestört worden?

Thomas Mann: «Ich habe niemals etwas Derartiges erlebt. Wer jemals ins Ausland kommt, hat nicht mehr die engstirnige Gehässigkeit, die unsere Nationalisten an den Tag legen. Ich habe vor einiger Zeit auf Einladung des Carnegie-Instituts in Paris einen Vortrag gehalten, ohne dabei im geringsten irgendwelche deutschen Interessen preiszugeben. Trotzdem haben die Rechtsradikalen in Deutschland mir diesen Vortrag verübelt und mich als Vaterlandsverräter beschimpft.»[2]

Wie kam es zu den Störungen in der Philharmonie?

Thomas Mann: «Die Zeitverhältnisse bringen es mit sich, daß die weltanschaulichen Gegensätze besonders scharf ausgetragen werden. Aber die Störungen bei meinem Vortrag in der Philharmonie entsprangen nicht so sehr politischen Gegensätzen wie dem privaten Rachebedürfnis von Herrn Arnolt Bronnen. Dieser Zwischenfall hat nämlich eine kleine Vorgeschichte. Bronnen hatte im ‹Lokalanzeiger› einen Artikel über das Drama ‹Amnestie› von Geheimrat Finckelnburg geschrieben. Meine Freunde übersandten mir das Buch zugleich mit dem Artikel. Ich war empört über die niederträchtige und gehässige Gesinnung des Artikels von Bronnen und habe in der Zeitschrift: ‹Die Justiz› gehörig gegen Bronnen vom Leder gezogen. Meine Ausführungen waren so scharf, daß Bronnen eigentlich hätte klagen müssen.[3] Das hat er aber nicht getan. Die Quittung auf meinen Angriff war, daß er mit seinen Nationalsozialisten den Vortrag stören wollte. Das gelang ihm aber nicht, weil das Gros des Publikums sich das Benehmen Bronnens und seiner Leute nicht gefallen ließ. Die Nationalsozialisten waren in zu geringer Anzahl erschienen, sie hätten sich die Sache dann schon etwas mehr kosten lassen müssen.»

Sie sind doch parteipolitisch nicht festgelegt?

Thomas Mann: «Ich habe mich keiner politischen oder weltanschaulichen Gruppe organisatorisch angeschlossen, weil ich frei von parteipolitischen Einflüssen bleiben will. Deshalb habe ich auch eine Beitrittsaufforderung zur Staatspartei abgelehnt. Aber ich bekenne mich jetzt zur demokratischen Republik und bin auch aus diesem Grunde für die Zusammenarbeit des freiheitlich gesinnten Bürgertums mit der Sozialdemokratie eingetreten.»

Wie beurteilen Sie die politische Entwicklung für die nächste Zukunft?

Thomas Mann: «Ich bin sehr froh über den Verlauf der letzten Reichstagssitzung und habe mich sowohl über die Wahl Löbes[4] zum Reichstagspräsidenten wie über die Ablehnung der Mißtrauensanträge herzlich gefreut. Der gefährlichste Moment ist, glaube ich, überwunden. Die Wahlen waren natürlich ein Schock für das Ausland. Deshalb habe ich auch in Genf, wo ich zufällig gleichzeitig mit der Völkerbundstagung eine Vorlesung hielt, mit ausländischen Staatsmännern in beruhigendem Sinne gesprochen. Im übrigen habe ich die feste Ueberzeugung, daß im deutschen Volk viel zu viel Vernunft vorhanden ist, als daß für längere Zeit eine wirtschaftliche Deroute oder eine politische Anarchie von entscheidendem Ausmaß eintreten könnte.»

Ulrich Salingré

Die Redaktion schickte die Bemerkung voraus: «Die Exzesse einer Gruppe von Nationalsozialisten, die unter der Führung des Schriftstellers Arnolt Bronnen eine Versammlung von Thomas Mann zu stören versuchten, haben die ‹Berliner Morgenpost› veranlaßt, durch einen ihrer Mitarbeiter Thomas Mann über seine Stellung zum Nationalsozialismus interviewen zu lassen.» Es handelte sich um Manns ‹Deutsche Ansprache. Ein Appel an die Vernunft›, die mit dem Untertitel «Rede, gehalten am 17. Oktober 1930 im Beethovensaal zu Berlin» wenig später als Broschüre erschien (Berlin 1930). Bronnen äußerte sich am 4. November unter dem Titel ‹Wie es war – und wie es ist› in der ‹Deutschen Allgemeinen Zeitung›, Berlin (Nr. 515). – 1] In den Reichstagswahlen vom 14. September war die NSDAP von 12 auf 107 Sitze hochgeschnellt. – 2] Vgl. das Interview vom 30. Januar 1926, Hannoverscher Kurier. – 3] Auf Bronnen Kritik ‹Die Zerstörung des Rechts› antwortete Mann im Märzheft ‹Die Justiz›, Berlin, S. 337–340 mit ‹Amnestie› (GW XIII, 614 ff.). Die Attacke auf die talentlose Menschenfeindlichkeit Bronnens, der eine «Apologie des Justizmords als eines dem Staatsgötzen geziemenden Blutopfers» liefere, gipfelte in dem gezielten Satz: «So frech und mißtrauisch ist das Tier» (S. 616). – 4] Der SPD-Politiker und Journalist Paul Löbes (1875–1967), seit 1920 Reichstagspräsident (1924 eine Unterbrechung), konnte sich trotz der geänderten Fraktionsstärken durchsetzen.

John O' London's Weekly, 17. Oktober 1931

Thomas Mann zu Hause

Auf einem kleinen Hügel in den Dünen bei Nidden, einem Dorf im Memelland, das vor dem Kriege zu Deutschland gehörte, jetzt jedoch unabhängig ist, hat Thomas Manns Sommerhaus einen weiten Blick auf die See. Es ist eine pittoreske, strohgedeckte Villa aus hellem Holz mit hellblauen Fensterrahmen und -läden. Dahinter liegt ein Dickicht aus großen Kiefern; und die frische Seebrise ist mit einem delikaten Fichtengeruch gesättigt. Die Fischer, die im Dorf wohnen, vermieten ihre Zimmer im Sommer an Besucher, die auf kleinen Dampfern aus Königsberg und Memel kommen, um sich in diesem friedvollen Ort zu erholen.

Das «Haus Thomas Mann» ist für den Schriftsteller gebaut worden und hat Platz für ihn, seine Frau und seine sechs Kinder.

«Ich bin patriarchisch», bemerkte er, als er inmitten seiner Familie am Teetisch saß. «Trotz der Schwierigkeiten, die wir nach dem Kriege hatten, bin ich froh darüber, so viele Kinder zu haben. Ich liebe es, von meiner netten Familie umgeben zu sein!», fügte er hinzu und warf einen humorvollen Blick auf seine Frau und die jüngere Generation, die aus seinem ältesten Sohn Klaus, dem Autor von ‹Alexander› und ‹Abenteuer›[1] sowie verschiedener anderer Romane und Schauspiele, der schönen Schwester von Klaus, eine Schauspielerin, die im Münchner Festspieltheater aufgetreten ist[2], und zwei munteren Schulkindern besteht.

Thomas Mann, der namhafte deutsche Schriftsteller und Nobelpreisträger, ist 56 Jahre alt, obwohl er wesentlich jünger aussieht und auch nicht zu dem anerkannten blonden germanischen Typ gehört. Er ist mittlerer Größe, mit dunklem Haar, das grau zu werden beginnt, und hellen, scharfen Augen, die durch eine Brille auf die Welt blicken – ein gedankenvolles, fein intellektuelles Gesicht: in einer englischen Universitätsstadt könnte er leicht für einen berühmten Professor gehalten werden, der kürzlich mit einem deutschen Haarschnitt aus den Ferien zurückgekommen ist.

«Ich bin oft mit einem Engländer verwechselt worden», bemerkte Herr Mann, «aber das ist wahrscheinlich der germanischen und lateinischen Blutmischung meiner Vorfahren zuzuschreiben. Ich bin in Lübeck geboren, einer der drei Freistaaten, wo mein Vater Senator war. Meine Mutter, eine Brasilianerin aus Rio de Janeiro, die Tochter einer portugiesisch-südamerikanischen Mutter und eines deutschen Vaters, war in Lübeck erzogen worden und heiratete dort. Meine Kindheitserinnerungen sind sehr glücklich, insbesondere was die zusammen mit meinen Brüdern und Schwestern in Travemünde verbrachten Ferien betrifft. Dort lernte ich die Ostsee lieben. Meine erste große Arbeit, ‹Buddenbrooks›, enthält viele Erinnerungen an diese Tage. Ich begann diesen Roman zu schreiben, als ich 23 Jahre alt war, und das Schreiben nahm zwei Jahre in Anspruch. Mein Vater starb, als ich 15 Jahre alt war, und nach seinem Tod zog meine Mutter nach München. Ich folgte ihr nach, sobald ich die Schule absolviert hatte, und habe seither dort gewohnt, aber ich besuche häufig meinen Geburtsort. Übrigens werde ich in Kürze dort anläßlich des 400-Jahrestages meiner alten Schule eine Rede halten.[3]

Von Jugend auf habe ich nie etwas anderes gewollt als Schriftsteller werden und habe schon in der Schule begonnen, Erzählungen zu schreiben. Als ich 19 Jahre alt war, veröffentlichte ich meinen ersten Roman – einen Fortsetzungsroman[4] in einer modernen realistischen Zeitschrift.

Zu dieser Zeit verbrachten meine Mutter[5], mein Bruder Heinrich und ich ein Jahr in Rom. Italien hat immer eine große Anziehungskraft auf mich ausgeübt, aber das vorfaschistische Italien war mir lieber als das Italien Mussolinis. Meiner Meinung nach werden die Vorzüge des derzeitigen Regimes übertrieben. Die italienischen Züge fuhren in meiner Jugend ebenso pünktlich wie heute, und es gab damals sehr viel mehr Freiheit als jetzt. Während ich in Italien war, schrieb ich für die ‹Neue Rundschau›, die beste deutsche realistische Zeitschrift. Als junger Mann hatte ich keine ausgeprägten politischen Anschauungen, weil ich völlig von dem Studium der Literatur und der Menschen in Anspruch genommen war.

Ich glaube, meine frühen Arbeiten waren mehr von Theodor Fontane (der damals in seinen siebziger Jahren war) beeinflußt als von irgendeinem anderen Schriftsteller. Meiner Meinung nach hat sein großes Talent nicht genügend Anerkennung gefunden. Sein Roman ‹Effie Briest› hat das gleiche Niveau wie ‹Anna Karenina›, ‹Väter und Söhne›, ‹David Copperfield› und andere große Klassiker. Auch von Goethe, Schopenhauer und Nietzsche war ich stark beeinflußt, sowie von Richard Wagners dramatischer Musik. Meine literarische Schulung war international. Ich las unter anderen Tolstoi, Zola und Ibsen.

In meiner Jugend waren ausländische Autoren jedoch sehr schlecht übersetzt, mit Ausnahme von Shakespeare, den ein Dichter übersetzt hatte. Heute ist es anerkannt, daß ein Übersetzer wirkliche literarische Fähigkeiten haben muß, und wir haben ausgezeichnete deutsche Ausgaben von Shaw, Wells und Kipling und von anderen großen Schriftstellern. Ich habe Lyrik nie so sehr geschätzt wie Prosa, aber Heinrich Heine und Theodor Storm gehörten auch zu den Lieblingen meiner

Jugend. Frank Wedekind, der erfahrene Dramatiker, der ‹Frühlings Erwachen› und ‹Erdgeist› schrieb[6], war ein Freund von mir und lebte bis zu seinem Tod vor wenigen Jahren in München.

Das einzige Schauspiel, das ich geschrieben habe, ist ein Dialog ‹Der Todestag Lorenzos des Großen›[7], und es ist in Berlin, Wien und München gespielt worden. Es besteht aus Gesprächen zwischen Künstlern und Humanisten am Hofe Lorenzos. Die Hauptszene ist eine Begegnung zwischen Lorenzo und Savonarola, Schönheit und christlichem Leiden, am Tage von Lorenzos Tod.

Das Studium der mythologischen und religiösen Geschichte, in der die Wurzeln des Christentums liegen, hat mich immer interessiert. Obwohl die katholische Kirche heute eine Renaissance erlebt und obwohl es während des Krieges ein religiöses Wiedererwachen gab, glaube ich, daß die heutigen Religionen von einer neuen humanistischen und sozialen Religion abgelöst werden und daß die metaphysischen Probleme von den brennenden sozialen und menschlichen Problemen unserer Tage in den Hintergrund gedrängt werden.

Die Sozialdemokraten in Deutschland haben viele Leute der Religion entfremdet, es gibt jedoch noch immer eine starke Zentrumspartei der Katholiken. Die Nationalsozialisten (Nazis) kommen hauptsächlich vom Kleinbürgertum her, dem es heute wirtschaftlich nicht besser geht als dem Proletariat, das jedoch nicht in diesem aufzugehen wünscht. Der ‹Nazi› ist ein Pilz ohne Wurzeln. Es gibt Leute, die behaupten, daß diese die heutigen Revolutionäre sind, wie die Sozialdemokraten es zu Bismarcks Zeiten waren, und daß man ihnen deshalb eine Chance geben sollte – aber das ist eine falsche Theorie. Die philosophischen und geistigen Wurzeln der Sozialdemokraten lagen in dem epochemachenden Buch von Karl Marx, ‹Das Kapital›, während die Bibel der Nazis Hitlers lächerliche Selbstbiographie ‹Mein Leben›[8] ist.

Es ist wahr, daß die kommunistische Partei viele Anhänger hat, aber ich glaube nicht, daß Deutschland kommunistisch wird, es sei denn als Resultat einer großen Katastrophe, und dann wird der deutsche Kommunismus wesensverschieden von dem russischen Kommunismus sein.

Während eines Besuches vor kurzem in Palästina[9] war ich sehr von den jüdischen Siedlungen beeindruckt, die sehr effektiv auf kommunistischer Grundlage geleitet werden. Einige

Zeit vor meiner Fahrt ins Gelobte Land habe ich einen großen biblischen Roman begonnen, und es war deshalb eine besondere Inspiration für mich, die jüdische Renaissance in Palästina zu sehen und Hebräisch als lebende Sprache zu hören.

Ich besuchte die Siedlung in Tel Aviv, die 90 000 Einwohner und eine jüdische Staatsoper hat, und Professor Magnes führte mich durch die Universität von Jerusalem und zeigte mir die wohlgeordneten Laboratorien.

Leider beendeten meine Frau und ich unseren Besuch als Patienten im deutschen Krankenhaus von Jerusalem, aber wir waren unter der sorgfältigen Fürsorge eines arabischen Arztes und guter deutscher Krankenschwestern bald wiederhergestellt. Seit meiner Rückkehr habe ich an meinem biblischen Roman ‹Joseph und seine Brüder› gearbeitet, der nächstes Jahr fertig sein wird.»

In Beantwortung einer Frage nach der Tendenz des modernen deutschen Romans bemerkte Herr Mann: «In der Technik sind die äußeren Einflüsse sehr stark. Die deutschen Romanschriftsteller beschäftigen sich heute hauptsächlich mit der Krise der bürgerlichen Kultur. Hermann Kesten schreibt über die Inflationsunruhen und die Auflösung des Bürgertums.[10] ‹Bauern, Bonzen und Bomben› des begabten Schriftstellers Fallada ist ein sehr realistischer und pessimistischer Roman über das Leben in einer kleinen deutschen Stadt.[11]

Der Autor von ‹Berlin Alexanderplatz›, Alfred Döblin, ist ein armer Arzt, der im Osten Berlins praktiziert. Er ist sehr von Joyce beeinflußt, obwohl er einen entschieden originalen Stil hat. Seine Bücher handeln von Kriminellen und Proletariern, während der bemerkenswerteste Schriftsteller von allen, Oskar Maria Graf, selbst ein Proletarier und Kommunist ist. Seine Autobiographie ‹Wir sind Gefangene› ist die Geschichte eines jungen Mannes aus dem Dorfe, der durch Krieg und Revolution geht. Sie ist im Dialekt geschrieben und ist original, grotesk und voll von Volkshumor.[12]

Wir haben sehr wenige Nachkriegsdramatiker», fügte Herr Mann hinzu. «Das gesamte literarische Talent in Deutschland scheint sich auf den Roman zu konzentrieren. Es ist eine Periode großen Blühens.»

Carmel Haden Guest

Übersetzt aus dem Englischen.

Ferienaufenthalt von Mitte Juli–Anfang September 1931. Interview nach einer Abbildung mit Autogramm vom 26. August; häufig ungenau. – 1] ‹Abenteuer.

Novellen›, Leipzig 1929 u. ‹Alexander. Roman der Utopie›, Berlin 1929. – 2] Erika. – 3] 7. September, Katharineums-Feier; Mann hielt die ‹Ansprache an die Jugend› (GW X, 316 ff.). – 4] Mann spricht wohl von der Novelle ‹Gefallen›, die 1894 im Oktoberheft der naturalistischen Zeitschrift ‹Die Gesellschaft›, Leipzig, erschienen war und der zunächst weitere Novellen folgten. – 5] Julia Mann nahm an dem Italienaufenthalt nicht teil. – 6] Mann erwähnt Jugendwerke Frank Wedekinds (1864–1918), ‹Frühlings Erwachen. Eine Kindertragödie›, Zürich 1891 u. ›Der Erdgeist. Eine Tragödie›, München u. Paris 1895. – 7] Gemeint ist natürlich das Florenz-Drama ‹Fiorenza›. – 8] ‹Mein Kampf›, 1925 zuerst veröffentlicht. – 9] Vgl. Interview des ‹Palestine Bulletins› vom 10. April 1930. – 10] Hermann Kesten, ‹Glückliche Menschen›, 1931. – 11] Hans Falladas (1893–1947) Roman erschien 1931 in Berlin. Mann empfahl das Buch in der Dezembernummer des ‹Tagebuchs›, Berlin, erneut (Regesten 31/158). – 12] Oskar Maria Graf (1894–1967), ‹Wir sind Gefangene. Ein Bekenntnis aus diesem Jahrzehnt›, München 1927.

Münchener Post, 31. Dezember 1931

Mit Thomas Mann – der Isar entlang

> «Nie hat das Enge, Gehässige, Rohe und Kulturfeindliche mit einem Schimmer von Recht den deutschen Namen beansprucht, diesen Namen, der seinen wahren Anwärtern noch immer als Inbegriff aller Frömmigkeit zum Geiste und zur Kultur gegolten hat.»
> (Aus dem Vortrag: ‹Kampf um München als Kulturzentrum›)[1]

Es ist ein Dezembertag – aber keine Spur von winterlicher Rauhe. Es ist, als liege der erste Frühjahrssonnenschein über der Isar, die hier, kein ungestümer Gebirgsbach mehr wie noch vor der Bogenhausener Brücke, ruhig und besonnen dahinfließt. Weiße, frohe Vögel kreisen über dem Fluß – es sind Möwen, hier so weit vom Meere ...

Poschingerstraße 1, hier wohnt der Verfasser der ‹Buddenbrooks› und des ‹Zauberberg› und der ‹Tristan›-Novellen. Sein Arbeitszimmer – schön und bequem, und Bücher und Ordnung, bewußte, bewußt-betonte Ordnung: «Man ist als Künstler», sagt Tonio Kröger Lisaweta Iwanowna, «innerlich immer Abenteurer genug. Aeußerlich soll man sich gut anziehen, zum Teufel, und sich benehmen wie ein anständiger Mensch ...»[2]

Hier wohnt und schafft ein großer Künstler, aber kein Bohemien.

Er kommt bald. Er ist jünger als er auf Photographien aussieht, auf denen auch die letzte Weihe des Unwiderruflichen, Einmaligen fehlt. Man sieht gleich: er stammt aus einem Lübecker Patrizierhaus und «man hört nicht auf zu sein, was die Väter waren, sondern ist ebendieses in anderer, freierer, vergeistigterer, symbolisch darstellender Form nur noch einmal . . .»[3] Aber die Augen, die sind gut und weich und tief und schelmisch – Dichter- und Erkenneraugen zugleich.

Ob es mir nicht unangenehm ist, einen Spaziergang zu machen? Es ist so schön draußen. O gerne . . . Und wir beginnen's gleich auch mit den Problemen.

«Man hat oft wenig Zeit und Lust und Gesammeltsein, das Künstlerisch-Geistige zu erleben», sage ich. «Man erlebt aber Geist, unheimlich-beglückend unruhigen Geist – deutschen Geist in seinem höchsten Zustand, wenn man nur eine Zeile von Thomas Mann liest, ob er nun über Paris oder das Lübekker Vaterhaus, über Psychoanalyse oder die geistige Situation des Schriftstellers schreibt.[4] Und wenn man als Fremder das Glück hat, vom deutschen Geiste in schweren Zeiten des Lebens Ausgeglichen- und Aufgerichtetheit der Seele erhalten zu haben, so fühlt man es als einen festlichen Augenblick, Thomas Mann persönlich begrüßen zu können.»

Er nimmt das Wort ruhig und gelassen an, und er hebt aus dem Persönlichen gleich das Objektive heraus:

«Wenn der deutsche Geist, wie Sie sagen, unendlich tiefer bohrt als der westeuropäische, so ist dies eine geradezu selbstverständliche Folge der Tatsache, daß hier bei uns alles im Gären ist; daß es uns schlecht geht. In Paris zum Beispiel ist man zunächst beglückt, wie ich dies auch unlängst wieder erlebte, das Schöne, das anständige Wort, die ungehinderte Freude am Aesthetischen – das der ‹Idee› des Menschen ja wesentlich zugehört – in hoher selbstgenügsamer Ehre zu finden. Man wird aber gleich, nach vier Wochen, satt. Man kriegt Sehnsucht inmitten dieses Fertigen, aus diesem Zurück ins Vergangene (um wenigstens fünfzig Jahre), nach Deutschland, nach unserem Werden des Heute.»

«Aber was wird aus diesem deutschen Werden des Heute», stelle ich gleich die Frage. «Heute, wo der Entscheidungskampf wieder auf deutschem Boden geführt wird wie zur Zeit Luthers und der Reformation, wie zur Zeit der Entstehung und Vorkriegsentfaltung des wissenschaftlichen Sozialismus. Heute, wo Verzweiflung und Verantwortungslosigkeit zugleich – ‹kommunistisch› oder ‹nationalsozialistisch› – versuchen, die demokratisch-revolutionäre Entwicklung zu unterbinden, sie zu vernichten, die Auflösung zu organisieren. Das ist unendlich mehr als eine politische Machtfrage, das ist eine Kulturfrage – vielleicht ein Anfang des spenglerisch-prophezeiten Unterganges. Sie werden mich, Meister», sage ich, «sicherlich verstehen, wenn meine Angst – bei weitem nicht eine persönliche – an Sie, an Ihren bejahenden Intellekt die Frage stellt: Wie sehen Sie die Lage, sehen Sie einen Ausweg aus der heutigen deutschen und damit europäischen Situation?»

«Ich habe keine Angst», lautet die Antwort. «Wir werden diese Krisis der Demokratie überwinden. Die Republik, wohl nicht ohne Fehler in ihrer heutigen Form, ist eine gute Grundlage der Zukunft. Und Sie haben recht, es wäre eine Katastrophe der Kultur – und nicht nur der deutschen –, die werdende Demokratie durch Wahnsinnsexperimente niederschlagen zu lassen. Ich bin ein Gegner des Nationalsozialismus, denn die Kultur hat von diesen Menschen nichts zu erwarten. Auch ich bin überzeugt, daß dies völkische Heidentum auf außenpolitischem Gebiete nichts, aber gar nichts, erreichen würde, daß seine ‹Ergebnisse› nur innenpolitisch wären. Aber ich glaube nicht, daß die Nationalsozialisten ans Ruder kommen. Starke Gegenkräfte sind da am Werk: neben dem Marxismus auch der Katholizismus. Eben hier in München sehen wir auch jetzt und auch auf diesem Gebiete jenen starken Willen zum Ausgleich der Gegensätze, zur Schaffung einer erträglichen Atmosphäre, der mir diese Stadt so lieb gemacht hat – freilich, unnötig zu sagen, ‹das höhere, das bessere, man darf sagen das wirkliche München› ... Und wenn wir fragen, warum dies eben hier möglich ist, so werden wir nicht ohne Ueberraschung feststellen müssen: etwas ist da am Werke, von dem man eigentlich eine ausgleichende Wirkung nicht erwarten wollte: der Katholizismus, der deutsche Katholizismus. Ich bin selber Protestant, stamme vom Norden, wo man – in pietistischer Innerlichkeit aufgewachsen – nicht ohne wohlwollende Geringschätzung auf den Katholizismus, auf seine kindlich-sinnliche Aeußerlichkeit, herabblickt. Und siehe da – der deutsche Katholizismus zeigt, wie sein ‹Heidentum› eigentlich nur äußerlich ist; wie er, geistig, das Universelle – dies Eigentlich-Christliche – vertritt. Wie auch er ein Bollwerk der deutschen Freiheit, ein Damm gegen den Ansturm der Barbarei sein kann. Während der heidnische Einschlag des Protestantismus geistiger Natur, völkisch und reaktionär ist.»

Wir gehen am Ufer der milden und Frühjahrsillusionen erweckenden Isar. Seine Schritte sind hanseatisch-überlegt. Er stammt vom Norden und seine Augen – «Norden, Ethik, Musik, Humor» – blicken mich oft ein bißchen schelmisch an.

«Aber abgesehen davon», setzt er fort, «wir erleben da ein typisch deutsches Schicksal: Der Deutsche ist wohl heute zur Politik berufen, aber nicht geboren. Er ist und bleibt der Unpolitische. Mir kommt das deutsche Volk in seinem Ringen, mit seinem Leiden an der Aufgabe wie Hamlet vor, der auch zur Handlung berufen und zum Denken, Anschauen und Analysieren geboren war.[5] Mich beschäftigt jetzt außer meinem mythischen Roman die ewige Gestalt: Goethe. Ich habe über ihn im Frühjahre des nächsten Goethe-Jahres in Prag und Wien, in Berlin und vielleicht auch im Weimarer Stadthause zu sprechen. Auch er, in dessen Gestalt ja Anlagen vorhanden sind, die sie befähigen, ins Mythische zu wachsen (‹ich lebe in Jahrtausenden›, hat er über sich ruhig gesagt) – auch diese einzig dastehende Gestalt der Kulturgeschichte ist ein großer Ausdruck deutschen Wesens auch darin, daß seine Augen nicht so sehr auf das Historisch-Politische, sondern auf das Rein-Menschliche und Ewige gerichtet waren.»

Wir kommen zum Schluß auf den «mythischen Roman» zu sprechen, aus welchem ein Kapitel im Novemberheft der Zeitschrift ‹Corona› erschienen ist: ‹Jaakobs Hochzeit›.[6] Ich sage: «Mächtig ist diese unendlich tiefe und weihevolle Einfachheit, diese Gestalten, die aus dem Dunkel der biblischen Vorzeit in das Rembrandtsche Licht ihres Schöpfers treten, dieser beglückende Humor. Woher dies alles, nicht nur ein mächtiges Wissen auch über diese primitiven Sachen, auch eine fast beispiellose Einfühlungsfähigkeit in primitive Seelen – nach Hans Castorp des ‹Zauberberg› und den ‹Buddenbrooks›? Fleiß und Gnade? ‹Lebensbürgerlichkeit› in höchstem Zustand?»

Nicht ohne sichtliche Freude hört er meine Worte: Es ist die Freude des Künstlers, der gerne über die Wirkung seines Schaffens erfährt. Und als ich hinzufüge, ich war beim Lesen dieser großen Hochzeit nur froh und fühlte nirgends ein zyklopisches Ringen mit dem Problem, wie sonst nicht selten in Thomas Mannschen Werken, gibt er als Erklärung, daß dies eine Folge der mythischen Einfachheit und Heiterkeit des Stoffes ist; eine Folge davon, daß er hier nicht der qualvollen Kompliziertheit der modernen Seele gegenüberstand.

Wir sind schon wieder an der Poschingerstraße Eins. Sein Auto steht vor seiner Villa. Er ist Bürger, «der den Geist liebt», und er ist stolz darauf. Er bittet mich, ein bißchen schelmisch, um Verzeihung, daß er mich so weit herausgelockt habe. Ein Junge saust mit seinem Rad an uns vorbei und schreit uns frisch und froh ein «Grüß Gott!» zu, als wäre der Mann vor mir ein x-beliebiger Schulze oder Meyer aus der Poschingerstraße in München. Und Thomas Mann antwortet ihm gleich frisch und froh. Dann verschwindet er mir mit hanseatisch-überlegten Schritten aus dem Auge.

Ich bin allein am Ufer der Isar, über der weiße, frohe Vögel kreisen. Und ich denke an einen Satz aus seinem Lübeck: Das Ethische sei «im Gegensatz zum bloß Aesthetischen, zur Schönheits- und Genußseligkeit, auch zum Nihilismus und zur Todesvagabondage, recht eigentlich Lebensbürgerlichkeit, der Sinn für Lebenspflichten, ohne den überhaupt der Trieb zur Leistung, zum produktiven Beitrag an das Leben und an die Entwicklung fehlt ...»[7]

Dies Ethische habe ich jetzt eine gute frohe Stunde erlebt. Wo ist, wo bleibt aber sein Bürgertum?

Desider Hort

1] Aus ‹München als Kulturzentrum›, GW X, 226; veröffentlicht in ‹Kampf um München als Kulturzentrum›, München 1926, S. 7–12. – 2] ‹Tonio Kröger›, GW VIII, 294 f. – 3] ‹Lübeck als geistige Lebensform›, GW XI, 386. – 4] ‹Pariser Rechenschaft› (1926), ‹Lebensabriß› (1930), ‹Die Stellung Freuds in der modernen Geistesgeschichte› (1929), ‹Vom Beruf des Schriftstellers in unserer Zeit› (Maiheft 1931 der ‹Neuen Rundschau›). – 5] «Deutschland ist Hamlet», seit Freiligrath ein Topos des deutschen Selbstverständnisses: tatenarm, gedankenreich. – 6] In: ‹Corona›, München u. Zürich, Novemberheft 1931. – 7] ‹Lübeck als geistige Lebensform›, GW XI, 387.

Vossische Zeitung, Berlin, 15. März 1932

Der Sieg der Vernunft

Unser Korrespondent hatte heute vormittag Gelegenheit, Thomas Mann, der sich zur Zeit in Prag aufhält, über die deutschen Präsidentenwahlen zu befragen:

«Ich fühle mich wie von einem Alpdruck befreit», sagte er, «wenn ich an die 19 Millionen Stimmen für Hindenburg denke. Das ist doch im Grunde schon ein definitives Ergebnis.»[1]

«Und die 11 Millionen Stimmen für Hitler?»

«Ich bin der Ansicht, daß wir in Deutschland nicht 11 Millionen Nationalsozialisten haben. Das wäre eine Täuschung. In dieser Zahl sind doch Millionen von Mitläufern eingeschlossen, Leute, die sich kein selbständiges Urteil bilden können. Im ganzen war es, wie das Ausland richtig gesehen hat, eine Probe auf das Maß der Vernunft in Deutschland. Ich glaube, wir können zufrieden sein. Es hat sich die alte Erfahrung bewahrheitet: Wenn es auf Biegen und Brechen geht, hat das deutsche Volk immer noch genug gesunden Instinkt und Vernunft aufgebracht, um sich für das Rechte zu entscheiden. So war es beim preußischen Volksentscheid[2] und jetzt wieder. Schließlich sind die Deutschen doch ein maßvolles Volk und im Grunde keine rabiaten Menschen. Die 19 Millionen Stimmen für Hindenburg zeigen auch, welche ungeheuer starken Kräfte sich gegen eine Faschisierung Deutschlands auflehnen würden, anders als in Italien, wo kaum ein innerer Widerstand vorhanden war.

Mit dem Ausgang der Wahl ist Zeit gewonnen zur Beruhigung, zum Abwarten günstigerer wirtschaftlicher Verhältnisse. Zeit ist das, was man jetzt braucht. Wir leben in einer Übergangszeit, die in künftige staatliche und wirtschaftliche Lebensformen hinüberführen wird. Man muß hoffen, daß der Übergang ohne blutige Katastrophen vor sich gehen kann. Die Wahl am 13. März ist keine konservative Wahl. Sie drückt den Wunsch aus, für die Entwicklung Zeit zu gewinnen. Jedermann ist überzeugt, daß wir in eine neue Entwicklungsphase hinübersteuern, daß es mit der jetzigen Form der kapitalistischen Ordnung schon weitgehend vorbei ist und daß etwas Neues kommen muß. Aber, wie gesagt, dafür braucht es Zeit. Jedenfalls wird sich die deutsche Arbeiterschaft nie die Aufhebung der Weimarer Verfassung, die Auflösung der Gewerkschaften und der sozialen Errungenschaften der Republik gefallen lassen.»

Interview vom 14. März 1932. Als Gast des Prager Pen-Clubs nahm Mann an einer Goethe-Gedenkfeier im Neuen Theater teil. – 1] Der zweite, entscheidende Wahlgang vom 10. April bestätigte Hindenburgs Wiederwahl zum Reichspräsidenten. – 2] Mißglückter Volksentscheid vom 9. August 1931 über Landtagsauflösung.

Wiener Allgemeine Zeitung, 17. März 1932

Thomas Mann über Adolf Hitler

Der «Nichtösterreicher» Hitler und sein verbrecherischer Einfluß auf Deutschland

Thomas Mann, der heute abends die Festrede anläßlich der Goethe-Feier des Kulturbundes halten wird[1], empfängt in seinem Hotelzimmer.

«Wollen Sie bitte, über die Einwirkung der Politik in den Jahren nach dem Krieg auf die deutsche Literatur sprechen?»

«Der unmittelbare Einfluß der Politik auf die schöne Literatur ist vor allem feststellbar in den Kriegsromanen und Kriegsstücken. Merkwürdig und beachtenswert ist hier der Abstand der Bücher etwa von Remarque, Renn[2] und anderen Autoren von der Zeit des Krieges, die sie schildern. Offenbar mußte eine gewisse Frist, eine längere Frist, zwischen dem furchtbaren Erlebnis und seiner literarischen Verarbeitung liegen. Ich gebrauche ein Bild: Wie eine Granate lange im Boden liegen kann und dann erst explodiert, mag vergleichsweise die Kriegsliteratur ihre Zeit gebraucht haben, um die Kriegsereignisse formen und gleichsam literaturfähig machen zu können.

Im übrigen ist die moderne Literatur naturgemäß von der Problematik unserer Zeit stark beeinflußt. Beeinflußt von den sozialen Problemen, vom Problem des einzelnen Menschen und denen seiner Umgebung. Die Zeitaufgaben und die Zeit-Notwendigkeiten berühren naturgemäß alle diejenigen, die in deutscher Sprache schreiben. Es ist verständlich, daß es trotzdem eine starke Bewegung zu einer Zweckkunst hin gibt, sehr begreiflich, da das Gefühl groß geworden ist, man wolle sich von dem starken Druck, von Krisen und Problematik, unter der wir stehen, frei machen. Schließlich ist das Wesen der Kunst: Freiheit, Wahrheit, Welterlebnis. So wird sich die Idee der absoluten Kunst und des reinen Geistes zweifellos gegen die Dinge durchsetzen, die im Augenblick jegliche Literatur beeinflussen. Aber ich wiederhole: es ist so, daß in der Gegenwart die Beschäftigung mit Politik und politischen Dingen irgendwie berechtigt ist. Denn das Wesen des europäischen Menschen wurde in einem solchen Maße problematisch, daß auch die Kunst an den aufgeworfenen Problemen nicht vorbeigehen kann. Die Gegenwart verlangt von jedem Teilnahme, verlangt irgendwie politisches Bekenntnis nicht so sehr als Lehrmeinung für die anderen, sondern als Klarheit für sich selbst.»

«Sie haben also die Berechtigung einer politisierten Literatur in der Gegenwart festgestellt und von der Zukunft einer reineren und metaphysischeren Kunst gesprochen. Läßt sich die Literatur der Hakenkreuzidee in diesem oder in jenem Sinn als Kunst ansprechen?»

«Kaum. Höchstens im ersten Sinn einer ‹politisierten Literatur› der Gegenwart. Denn zumeist handelt es sich um Propagandaschriften der Hitler-Bewegung, die objektiven Schriften über Hitler und seine Idee scheiden hier aus. Nur ein kleiner Teil ihrer Anhänger hat überhaupt Anspruch auf literarische Beachtung. Ich nenne beispielsweise Arnolt Bronnen und Hanns Johst, deren Werk vom literarischen Radikalismus seinerzeit ausgegangen ist und sich dem politischen Rechtsradikalismus widerstandslos unterworfen hat.[3] Irgendwie kam diese Literatur von der George-Bewegung her[4], irgendwie lassen sich geistige Verbindungen nachweisen zur deutschen Jugendbewegung, zu Hans Blüher[5] und anderen. Sie ist gefährlich, da sie eine rückläufige Richtung gegen den Humanitätsgedanken enthält.

Sie hat aber nur eine kleine und gewissermaßen kurz-zeitliche Bedeutung, denn sie erklärt große Ideen für überaltet, die mit dem europäischen Leben innig verbunden sind. Sie steht gegen die Idee der Freiheit und muß sterben, da die Idee der Freiheit nicht sterben kann.»

«Wie beurteilen Sie die merkwürdige Tatsache, daß ein österreichischer Provinzler immerhin große Massen in Deutschland hinter sich zu stellen verstand?»

«Das einzige, das ich an Hitler als österreichisch zu bezeichnen vermag, ist die Tatsache, daß er vieles von österreichischer politischer Mentalität in sich aufgenommen hat. Damit meine ich vor allem seinen Antisemitismus. Es ist ein Antisemitismus österreichischer Färbung, der sich vielleicht ableitet aus der Zeit des höchsten politischen Einflusses Luegers[6] in Wien und anderer österreichischer Antisemiten, die freilich nie mehr Bedeutung hatten, als ihnen ihr kleinerer oder größerer Kreis innerhalb Oesterreichs zugestand.

Im übrigen kann ich Hitler nicht als Oesterreicher betrachten. In seiner äußeren Erscheinung ist nichts Germanisches, das Böhmische an ihm ist unverkennbar – er stammt ja wohl auch von Böhmen her! Um so – wollen wir sagen – komischer wirkt es, wenn dieser Hitler reines Germanentum und Rassenreinheit propagiert. Bei ihm und vielen seiner Leute ist der Gegensatz zwischen Besitz und Verlangen eigenartig genug.

Sein Erfolg aber ist ein rein agitatorischer, ein an den Augenblick gebundener, ein für die Zukunft nicht kennzeichnender. Denn es ist spottbillig, die Situation des Deutschtums in der Welt rednerisch denen gegenüber auszunützen, die unter der Not Deutschlands leiden.

Billig wie Brombeeren ist es, mit dem Schmerz des Volkes rednerische Erfolge zu erzielen. Weder Rednerkunst noch persönliche Bedeutung sind dazu notwendig! Es ist elend billig, auf den schweren Vertrag von Versailles, auf die Atrozitäten, die er zur Folge hatte, hinzuweisen und die vergiftete Atmosphäre Europas durch agitatorisches Blendwerk weiter zu vergiften. Hitler beschwört durch seine Agitation die Gefahr eines neuen Krieges herauf. Er ist abzulehnen von allen denjenigen, die es nicht sehen wollen, wie durch seine Arbeit die Kluft zwischen Deutschland und der Welt sich noch mehr vertieft.

Mit einem, freilich starken Wort, kennzeichne ich Hitlers, des Nichtösterreichers, Einfluß: Er ist verbrecherisch.»

Johannes Ilg

1] ‹Goethe als Repräsentant des bürgerlichen Zeitalters›, am 15. März gehalten. – 2] Ludwig Renn, geb. 1889, ‹Krieg›, Frankfurt/M. 1928; seit 1929 Mitherausgeber der ‹Linkskurve›, Berlin. – 3] Expressionistische Ausgangspunkte haben sowohl Arnolt Bronnen (1895–1959) als auch Hanns Johst (geb. 1890). Johst schlug wenig später, am 10. Oktober 1933, dem Reichsführer der SS, Heinrich Himmler, eine «Herbstfrische in Dachau» für «das verleumderische Fleisch» vor, ein «Geiselverfahren»: «Könnte man nicht vielleicht Herrn Thomas Mann, München, für seinen Sohn ein wenig inhaftieren?» (Nach Kurt Pätzold, ‹Zur politischen Biographie Thomas Manns (1933)› in ‹Werk und Wirkung Thomas Manns in unserer Epoche. Ein internationaler Dialog›, hrsg. von H. Brandt u. H. Kaufmann, Berlin u. Weimar 1978, S. 339 ff.; hier S. 344). – 4] Besonders durch den ihm seit 1910 bekannten, seit dem Ersten Weltkrieg befreundeten Germanisten Ernst Bertram war Mann über die Entwicklung im Kreis um Stefan George (1868–1933) orientiert. Während Mann noch am 1. August 1921 gemeint hatte, daß «der George-Sphäre, ... wahrscheinlich die Wahrheit und das Leben gehört» (Tagebuch), zeichnete sich der politische Dissens mit Bertram ab. Georges Aufenthalt in der Schweiz, wo er starb, kann nicht als stillschweigende Mißbilligung des Dritten Reichs gesehen werden, sondern er verstand sich – seiner elitären Grundhaltung unbeschadet – als Wegbereiter dieser Entwicklung. – 5] Hans Blüher

(1888–1955). – 6] Der Wiener Bürgermeister und Führer der Christlich-Sozialen Partei Kurt Lueger (1844–1910), den Hitler in ‹Mein Kampf› hervorgehoben hatte.

Neue Freie Presse, Wien, 18. März 1932

Thomas Mann bei Sigmund Freud

Gestern hat Thomas Mann dem Schöpfer der Psychoanalyse, Professor Dr. Sigmund Freud, einen Besuch in seiner Wiener Wohnung abgestattet. Der Dichter äußerte sich über diesen Besuch einem unserer Mitarbeiter gegenüber folgendermaßen: «Ich war sehr erfreut, den großen Forscher wieder zu sprechen[1] und ihn geistig so rege wie nur je zu finden. Auf meine Frage, ob er mit dem Triumph seines Lebenswerks zufrieden sei und sich glücklich fühle, erwiderte Professor Freud, er habe für dieses Glück allzu bitter büßen müssen. Ich hielt Sigmund Freud vor, daß der Keim, den er vor Jahren gepflanzt habe, heute zu einem weltüberschattenden Baum geworden sei – eine Tatsache, die ihn doch sichtlich mit Genugtuung erfüllen müsse, was er schließlich auch zugab.»

1] Von einer früheren Begegnung ist nichts bekannt, vgl. auch das Interview vom 8. Mai 1936; eine briefliche Beziehung wurde von Freud mit einem Dankschreiben vom 23. November 1929 eingeleitet, nachdem Mann ihm ‹Die Forderung des Tages› (mit ‹Die Stellung Freuds in der modernen Geistesgeschichte›) zugesandt hatte.

L'Eveil des Peuples, Paris, 6. November 1932

In Nidden . . . bei Thomas Mann

Aus dem von schwarzen Wolken umsäumten weißen Licht tauchen, wüstengleich und märchenhaft, die hohen weißen Dünen mit ihrer schwarzen Fichtenlast hervor.

Auf dem schwarzen Wasser des Kurischen Haffs gleitet ein kleiner weißer Dampfer. Eine Landschaft in zwei Farbtönen, romantisch und dämmerig!

Bald hüllt der Regen die hübschen, schaukelnden Boote mit

ihren symbolischen Aushängeschildern – Häuser, Vögel aus bemaltem Blech –, die sich in dem Hafen von Nidden, wo wir an Land gehen, aneinanderschmiegen, in einen Trauerflor.

Nun stehen wir auf dieser sonderbaren Halbinsel, die sich zwischen der Ostsee und dem ungeheuer weiten Binnenmeer, das man Kurisches Haff, nennt, erstreckt.

Auf halbem Wege zum Binnenmeer, zwischen Memel und Königsberg, liegt das kleine Fischerdorf Nidden am Fuße der Dünen versteckt. Dahinter ahnt man die düstere weite Sandfläche. Wenn wir später in Begleitung der Familie des großen Mannes, den wir aufgesucht haben, durch den flachen, grenzenlosen Wald spazieren gehen, wie es Touristen auf der Suche nach Elchherden gewöhnlich tun, welche auf der öden Küste – ihrem letzten Zufluchtsort in Europa – frei grasen, dann erfaßt uns der angstvolle Taumel der weiten russischen Steppen. Russisch ist auch die alte gedrungene Kalesche, die uns bei höchster Geschwindigkeit über Busch und Kluft hinwegschaukelt, eine lebhafte Holperfahrt, der allein die Birken mit ihren weißen Stämmen und ihren dürren den niedrigen Himmel verzweifelt anflehenden Armen Einhalt bieten.

«Neulich», vertraut mir Frau Thomas Mann an, «mußte mein Mann seinen Spaziergang abbrechen und nach Hause eilen. Er konnte die Beklommenheit dieser riesigen Weite, diese von keinem Vogelschrei unterbrochene Stille, nicht ertragen.»

Unbehagen einer starken Persönlichkeit, die sich im Angesicht des Unendlichen aufbäumt! Aufruhr eines immer geschärften Empfindens, das sich den Stimmungen gewaltig öffnet: trotzdem hat der Autor des ‹Tod in Venedig› dieses karge Land zu seiner Heimat erkoren, diesen nur spärlich, hart an der Küste besiedelten Landstrich, mit seinen wilden Elchen.

Hier, an dieser herben Küste, die Seeleute seit eh und je aufsuchten, um durchsichtige Bernsteinbrocken – lebendiges Blut der von Sintfluten verschütteten Wälder – Kleinodien, denen die Weisen Griechenlands geheimnisvolle Funken entlockten, aufzuspüren; hier auf dem Gipfel dieser von den Winden der Ostsee gepeitschten Wanderdünen, dieser immer wandernden Dünen, die gestern verschüttete Dörfer enthüllen und neue Weiler bedrohen, in denen sich zerbrechliches Menschenleben verkroch: hier weilt während der Sommermonate der Mann, den man zu Recht als den größten Schriftsteller des heutigen Deutschland ansieht.

Jedes Jahr verläßt er seine Heimat ein wenig (Nidden gehört heute Litauen), er flieht vor Journalisten und aufdringlichen Reportern und richtet sich mit seiner Familie in dem kleinen Haus mit den blauen Fensterläden und dem Rieddach ein. «Haus Thomas Mann» nennen es einstimmig Photographen und Einheimische, die es nicht für nötig hielten, das Haus mit einem anderen Namen zu schmücken.

In dessen Schatten arbeitet er nun «sehr regelmäßig» jeden Morgen, sagt er uns. Diese überaus gewissenhafte, ausgesucht präzise Arbeit, die die Einzelheit ausfeilt, wie sie uns im ‹Zauberberg› entzückt, und die wir mit Sicherheit in seinem großen, augenblicklich in Vorbereitung begriffenen Werk wiederfinden werden – einer biblischen Geschichte in drei Bänden, die der Meister dem Publikum nicht einzeln vorlegen will, um deren Einheit zu wahren und für die er voriges Jahr nach Ägypten fuhr, wo sich die biblischen Eindrücke so frisch erhalten haben.

Der Regen scheint nachzulassen. Von der Terrasse aus zeigt uns Thomas Mann den herrlichen Blick auf die Lagune des Kurischen Haffs, wo langsame Schiffe gleiten.

Bald versammelt uns die Mittagszeit um einen großen Familientisch in einer Ecke des Eßzimmers. Thomas Mann hat sechs Kinder. Er stellt uns den Gast des Hauses vor, den Dichter Hans Reisiger[1], der sich auf französische Übersetzungen in Deutschland spezialisiert hat. Ein Dichter? Es war unnötig, es zu verkünden! Die durchsichtigen, traumumwobenen blauen Augen, hatten es schon verraten.

Mit dieser Schlichtheit, dieser Gutmütigkeit, die große Herzen und große Geister auszeichnet, erkundigt sich Thomas Mann nach den letzten Neuigkeiten und Gerüchten aus Paris, nach seinen dortigen Freunden.

Mit dem leicht singenden Tonfall des Südens, drückt er sich in einem sehr reinen Französisch aus – bei aller Bescheidenheit: trotzdem benutzt er lieber die eigene Sprache, deren Nuancenvielfalt er besser beherrscht. Die letzten Filme und Theaterereignisse werden erörtert. Thomas Mann erinnert schmunzelnd an das Lustspiel, das wir zusammen in Paris gesehen hatten.[2] Seine muntere jüngste Tochter erinnert sich gern an einen längeren Aufenthalt in Frankreich.

Der Dichter Hans Reisiger spricht von seiner letzten Übersetzung: ‹Nachtflug› von Saint-Exupéry. Er gibt seinem Wunsch Ausdruck, diesen Winter nach Paris zu kommen.

Die jüngsten Kinder schweigen. Um sie erneuert sich das Wunder von Paris.

Der dreizehnjährige Junge ist seines Vaters Ebenbild. Aber ... es ist ein guter Schüler – noblesse oblige! – im Gegenteil zu Thomas Mann, der eingesteht, als Kind seine Familie zur Verzweiflung gebracht zu haben.

Die Jüngste, Medi, deren Kosename aus den ersten Silben von Meditation besteht, beobachtet uns Fremde mit tiefem Blick. Im Angesicht dieses ernsten Profils aus einem antiken Medaillon spricht man unwillkürlich das Wort zu Ende «Meditation», hört man sie Medi rufen ... Ein lebendiges Bild der Meditation.

Ich frage Frau Thomas Mann nach den Abwesenden. Die älteste, Erika, eine leidenschaftliche Theaterliebhaberin, ist in Schweden auf Tournee mit ihrem literaturbegeisterten Bruder, dem Ältesten der Söhne.

Ich versuche, in Erfahrung zu bringen, wie der Zwischenfall ausgegangen ist, der durch die Einmischung der hitlerfreundlichen Blätter die junge Schauspielerin eine Rolle gekostet hatte; sie hatte das Vergehen begangen, bei einer pazifistischen französischen Konferenz in München ein Gedicht vorzutragen.

«Meine Tochter Erika, kann es nicht ertragen, so unterdrückt zu werden», antwortet Frau Mann, «sie hat einen Prozeß gegen die Zeitung angestrengt.» Heute wissen wir, daß sie diesen Prozeß gewonnen hat!

Ich frage Thomas Mann, ob er nicht in Erwägung zieht, München, seinen ständigen Wohnsitz und zugleich Sitz des «Braunen Hauses», zu verlassen, um die Integrität seines Denkens zu wahren.

«Nein», sagt er, und sein Blick verfinstert sich. «Ein Schriftsteller ist zu sehr an das Volk, an die Sprache gebunden, deren Botschaft er verkündet. Sich davon zu trennen, das hieße, sich vom sprudelnden Lebensquell zu trennen, das könnte ich nicht!»

Thomas Mann ist zu sehr Deutscher, um die in Aussicht gestellten Verfolgungen dem Exil, sogar dem vorübergehenden, vorzuziehen. Aber wie schmerzhaft dauert ihn das Vaterland, das er so erschüttert, so zerrissen sieht!

Die Jugend beschäftigt ihn am meisten; diese Jugend, die einem geistlosen Leben entgegengeht, von den harten Nöten des Augenblicks vollkommen vereinnahmt; diese Jugend, die sich wie ein Mann um einen geistlosen Führer schart, die ohne jegliche Gedankenfreiheit herangebildet wird, im Banne eines Ideals steht, das nichts anderes ist als Hochmut.

Die Zukunft ist Thomas Manns größte Sorge. Er befragt mich eingehend über die französische Jugend, und wir sind uns darüber einig, daß man dem Frieden nur dann dienen kann, indem man die friedfertige Kultur und die friedbringenden Bestrebungen des einen Landes in das andere einfließen läßt.

Er bedankt sich für den vom ‹Foyer de la Nouvelle Europe› im ‹Institut de Coopération Intellectuelle› organisierten Vortrag, der ihm ermöglichte, in Paris über Schiller und Goethe zu sprechen. Er bereitet einen weiteren Vortrag über Wagner vor[3], ein anderes Genie aus seinem Volk, und ich verstehe seinen heimlichen Wunsch, Frankreich noch einmal aufzusuchen, um diesmal mit der Jugend aus den Provinzuniversitäten Kontakt aufzunehmen. «Im Monat Mai», sagt er mir, «ist das Wetter schön, da kann ich ohne Strapazen eine Rundreise durch Ihr schönes Land machen.»

Mit einem Gespräch über Arbeitsplätze nehmen wir Abschied von Thomas Mann und seiner Frau, die auch seine beste Mitarbeiterin ist; wir entschuldigen uns noch, ihre friedliche Abgeschiedenheit gestört zu haben, um unsere reizendste Urlaubserinnerung zu pflücken.

Ja, auf bald, Thomas Mann, großer deutscher Schriftsteller, aber noch größerer europäischer Denker!

Bei der Einweihung des ‹Institut d'Etudes Germaniques› in Paris schrieb Herr Poincaré höchstpersönlich in dem ‹Temps› vom 17. Dezember 1930: «Die Eintracht zwischen diesen beiden Völkern muß wiederhergestellt werden; ihr eigenes Interesse verbietet ihnen, entzweit zu bleiben; wir müssen sie, zum Wohle der ganzen Menschheit, dazu bringen, an alte Traditionen wieder anzuknüpfen und den regen Kontakt zwischen Intelligenzen, die voneinander nichts wissen, zu fördern.»

Das ‹Foyer de la Nouvelle Europe› freut sich, diese regelmäßigen Kontakte erneut zu fördern, und wird für Sie, Thomas Mann, Vorträge in unseren Provinzuniversitäten veranstalten, damit unsere französische Jugend durch Sie ein anderes Deutschland kennenlernt, ein Deutschland, das Marktschreier und Uniformparaden versteckt halten, ein Deutschland mit freiem Herzen und freien Gedanken, dessen Sorge wie unsere auch dem brüderlichen Nebeneinandergehen der Menschheit und ihrem Schicksal gilt.

Germaine Kellerson

Übersetzt aus dem Französischen.
Der Interview muß zwischen Mitte Juli und Anfang September 1932 gegeben worden sein, denn nur zu dieser Zeit waren Familie und der befreundete Reisiger anwesend. – 1] Hans Reisiger (1884–1968) war einer der engsten Freunde Manns. Erst ab der Mitte der zwanziger Jahre treten Übersetzungen aus dem Französischen neben die aus dem Englischen. 1932 erschien bei S. Fischer in Berlin seine Übersetzung von Antoine de Saint-Exupérys (1900–1944) ‹Vol de nuit›, 1931. – 2] Während eines Parisbesuchs Anfang Mai 1931; am 7. Mai trug Mann ‹Freiheit und Vornehmheit›, einen Goethes und Schillers Freiheitsbegriff untersuchenden Abschnitt aus ‹Goethe und Tolstoi›, vor (‹Bemühungen. Neue Folge von Gesammelten Abhandlungen und kleine Aufsätze›, Berlin 1925, S. 51–60; GW IX, 95 ff.). Zu dieser Fassung des Essays: Hinrich Siefken, ‹Thomas Mann. Goethe – «Ideal der Deutschheit». Wiederholte Spiegelungen 1893–1949, München 1981, S. 112 ff. – 3] Mit der Arbeit an ‹Leiden und Größe Richard Wagners› setzte Mann erst im Dezember 1932 ein.

Neue Freie Presse, Wien, 15. November 1932

Festgrüße deutscher Dichter zu Gerhart Hauptmanns siebzigstem Geburtstag

Thomas Mann (Aus einem Gespräch)

Gerhart Hauptmanns siebzigster Geburtstag ist mir ein willkommener Anlaß, dem Dichter aufs neue meine Verehrung zu bezeugen, eine alte und mein Leben immer begleitende Verehrung, die ich zu bekennen bereit bin, wann immer die Stunde es will. Ihren Sinn und Charakter habe ich zum erstenmal in meiner Rede ‹Von deutscher Republik›, die zu Hauptmanns sechzigstem Geburtstage in der ‹Neuen Rundschau› erschien und ihm gewidmet war, öffentlich dargelegt.[1] In dieser Rede versuchte ich, deutschen Republikanismus zu deutscher Romantik in Beziehung zu setzen, oder wies vielmehr die historischen, seelischen und geistigen Zusammenhänge zwischen den beiden Sphären auf, indem ich namentlich die Ideen des Novalis über den Staat heranzog.

In Hauptmanns Persönlichkeit verbinden sich zwanglos und organisch Elemente, die man spezifisch deutsch nennen mag, mit solchen republikanischer und demokratischer Natur, und diese persönliche Verbindung beweist am besten, wie falsch es ist, das Deutsche und Republikanische in einem notwendigen Gegensatz zu sehen. In dem Glückwunsch, den ich jetzt zu Hauptmanns siebzigstem Geburtstage für die ‹Neue Rundschau› schrieb[2], habe ich hingewiesen auf eine Rede, die er kürzlich in Breslau vor einem Arbeiterauditorium gehalten[3] und worin er ein starkes und autoritatives Bekenntnis zu Ideen abgelegt hat, die heute wenig Popularität genießen. Er hat von dem Engel des Friedens gesprochen, in dessen Brust der Schöpfer wahrhaftig kein Feiglingsherz gelegt habe, und hat seine tiefe Abneigung erklärt gegen den «schwarzen Undank» von Volksführern, die auf der Masse nur spielen und sie dabei verachten, während er, der Dichter, es als ein Glück empfinde, sich von einer Menge getragen zu fühlen, der er selbst entstamme. Das ist ein neues, klares Bekenntnis zur sozialen Demokratie, mit dem der Siebzigjährige beweist, daß er der gleiche geblieben ist, der er als Dichter der ‹Weber› war.

Die Wiener Aufführung von Hauptmanns ‹Vor Sonnenuntergang› mit Emil Jannings war mir ein starkes Erlebnis.[4] Die Dichtung ist von Goethe-Reminiszenzen überglänzt. In der Leidenschaft des älteren Mannes für ein junges Geschöpf, wie Hauptmann sie dramatisiert, spiegelt sich Goethes späte Liebe zu Ulrike v. Levetzow. In Berlin sah ich das Werk mit Werner Krauß[5]; so sehr mich aber seine darstellerische Leistung fesselte, hat Jannings auf mich menschlich dennoch stärker gewirkt, obwohl er nicht über so viel Eleganz und solche Stimmittel wie Werner Krauß verfügt. Vor allem der Schluß des dritten Aktes, der furchtbare Ausbruch mit dem immer wiederholten «Hinaus!» war bei der Wiener Aufführung von erschütternder Wirkung.

Mit Gerhart Hauptmann habe ich manche gute Stunde verbracht. Etwa auf Hiddensee und in Bozen.[6] Wenn wir von seinen Werken sprachen, so erklärte ich ihm wohl meine Vorliebe für eines seiner mittleren Periode, den ‹Armen Heinrich›.[7] Er hat sie nicht mißbilligt, sondern es schien, als ob auch er auf irgendeine Weise besonders daran hing. Was mich persönlich daran fesselt, ist die eigentümliche Poetisierung der Krankheit, des Pathologischen, die ja für Hauptmanns Kunst sehr vielfach charakteristisch ist. Das Interesse am Pathologischen hängt ohne Zweifel mit dem naturalistischen Kunstgefühl zusammen, das ganz vorzugsweise auf das Leiden und auf die Nachtseiten des Lebens zentriert ist. Ich nenne als ein zweites

Beispiel nur die wundervolle Komödie ‹Schluck und Jau›, worin das Kleistsche Problem der Identitätsirrung eine so rührende und komische Rolle spielt, eine pathologische Seelenverwirrung, die mit echt Hauptmannscher Liebe und Kunst in die Sphäre des Poetischen erhoben wird.[8]

Ich weiß, daß Hauptmann widersprechen würde, wenn man ihn als Naturalisten bezeichnete, und mit Recht. Wohl wurzelt sein Schaffen im Naturalismus, aber immer, allein schon durch die Sprache, auch wenn sie sich im Heimatlich-Dialekthaften hält, wird das Stoffliche bei ihm dichterisch geadelt. Als naturalistische Schulstücke betrachtete man einst bei ihrem Erscheinen auch ‹Fuhrmann Henschel› und ‹Rose Bernd›.[9] Heute sieht man sie in einem anderen Licht: sie sind keine experimentelle Literatur mehr, sie sind Volksstücke, und zwar die stärksten und menschlich erfülltesten, die in Deutschland geschaffen wurden. Sie werden niemals vom deutschen Theater verschwinden, denn sie geben großen Schauspielern Gelegenheit, sich menschlich zu entfalten, und es gibt keine anderen Volksstücke dieser Kraft und dieses Ranges.

Für Hauptmann bedeutet die Menschengestaltung eine natürliche Ausdrucksform. Er ist kein *homme de lettres*, er ist nicht geistreich, er analysiert nicht, aber er ist ein mächtiger Dichter. Das ist das Schlichte und Erhabene an ihm. Was auch zu Zeiten aus der Sphäre der radikalen Literatur und Intellektualität gegen ihn mag eingewandt worden sein: er ist der größte Dramatiker der Gegenwart. Auch Bernard Shaw wirkt neben ihm nur keck und witzig, ich sage das bei aller Vorliebe für die helle Tapferkeit des britischen Dichters. Hauptmann ist kein Dialektiker. Aber wenn er die Hand rührt, stellt er lebendige Menschen hin aus Fleisch und Blut. Er kann nicht anders, und er braucht nichts anderes. Seine Erscheinung beweist in unserer Zeit die Unsterblichkeit der Kunst als eines natürlichen Ausdrucksmittels, einer Redeweise in Gestalten und Bildern, die nicht aus der Welt kommen kann.

1] Gehalten am 15. Oktober 1922 in Berlin, veröffentlicht im Novemberheft der ‹Neuen Rundschau›, Berlin 1922, S. 1072–1106 mit der Bemerkung: «Geschrieben in guten Sommertagen dieses Jahres für das Gerhart-Hauptmann-Heft der ‹Neuen Rundschau›.» – 2] ‹Herzlicher Glückwunsch›, Novemberheft der ‹Neuen Rundschau›, Berlin 1932, S. 596–600; der Hinweis auf die Breslauer Rede wird dort wiederholt (GW X, 470). – 3] Der Eröffnungspassus der Rede, gehalten bei der Feier des Arbeiter-Bildungsausschusses Breslau am 4. September 1932:

«Nicht nur empfindsame, weltfremde Geister sprechen von der Menge und Masse mit Geringschätzung: das tun selbst anerkannte, praktische Volksführer. Ich sehe darin je nachdem nur Äußerungen von Dünkel oder Gedankenlosigkeit. So gesehen, nämlich aus weiter Ferne gesehen, wo die Menge und Masse nur unter dem Begriff Menge und Masse zu fassen ist, würde sie Menge und Masse sein, ob auch jedes ihrer Mitglieder ein Immanuel Kant, ein Dante, Napoleon oder Goethe wäre. Nichts Höheres kann der Mensch erreichen, als daß er vom Vertrauen der Menge, der Masse, getragen wird: es ist schwarzer Undank, mit Verkennung dafür zu danken», nach: Gerhart Hauptmann, ‹Sämtliche Werke›, hrsg. von Hans-Egon Hass, fortgeführt von Martin Machatzke (Centenar-Ausgabe), Bd. XI (1974), S. 1115–1118. In der ‹Vossischen Zeitung›, Berlin, vom 5. IX. 32 ein Teildruck. – 4] Mitte März 1932. – 5] 19. März 1932; von seiner gespannten Erwartung berichtet Mann schon am 21. Februar 1932 Reisiger (Regesten 32/36). – 6] Gemeinsamer Ferienaufenthalt im ‹Haus am Meer›, Kloster/Hiddensee, 2. Julihälfte 1924; Treffen in Bozen im Oktober 1923. Nach der Begegnung in Bozen hatte Mann dem Mynheer Peeperkorn des ‹Zauberberg› Züge Hauptmanns mitgegeben – nach Zwischenträgereien eine spätere Belastung der Beziehung. – 7] 1902. – 8] 1900. – 9] ‹Fuhrmann Henschel›, 1898; ‹Rose Bernd›, 1903.

The New York Times, 10. September 1933

Thomas Mann äußert sich über den Nazi-Staat

In seinem freiwilligen Exil in Frankreich äußert sich Thomas Mann, der Schriftsteller, der vor einigen Jahren den Nobelpreis für Literatur erhalten hat, pessimistisch über Deutschland. Mann verließ sein Vaterland, als Hitler in Deutschland an die Macht kam, obwohl nichts ihn zwang, sein Haus in München aufzugeben.

Er wohnt jetzt in einer Villa in einer abgelegenen Gegend der französischen Riviera, in Sanary-sur-Mer, wo er am letzten Band eines monumentalen Romans ‹Joseph und seine Brüder› arbeitet, dessen Vorbereitung fünf Jahre in Anspruch genommen hat. Hier hat er sich mit einem längeren Exil abgefunden. Er glaubt nicht, daß Hitlers Macht von kurzer Dauer ist.

«Ich bin schließlich lange genug mit Deutschland und dem deutschen Volk verbunden gewesen, um mich nicht zu der Meinung verleiten zu lassen, eine vorübergehende Wolke schwebe über Deutschland», sagte er mir neulich. «Was heute geschieht, ist die Kulmination von fünfzehn Jahren der Verbitterung und Verzweiflung. Wie eine ansteckende Krankheit hat sich die Unzufriedenheit über Deutschlands Antlitz verbreitet.

Die Revolution Hitlers kann aus dem einfachen Grunde kein vorübergehender Ausbruch sein, weil die Mehrheit der Deutschen – ob sie nun mit der antisemitischen Politik Hitlers sympathisieren oder nicht – jetzt zum ersten Mal nach dem Kriege fühlen, daß Deutschland etwas von seiner früheren Würde wiedergewonnen hat. Deutschland ist – in ihren Augen – endlich wieder ein Land geworden, mit dem man rechnen muß, ein Land, auf das man aufpassen, das man fürchten und respektieren muß. Dieses Gefühl berauscht die Massen – und bringt sogar einen großen Teil der Opposition unter das Hakenkreuzbanner –, die nicht weitsichtig genug sind, um zu erkennen, daß die Mittel, die zur Wiedergewinnung ihrer Würde und Selbstachtung dienen, minderwertig und auf längere Sicht kostspielig sind. Hitlers und Görings Redekünste haben sie zu einer Begeisterung und Ergebenheit für die neue Sache entflammt.»

«Und was», so fragte ich Dr. Mann, «ist es mit den 48 Prozent, die bei der Wahl, die ihn an die Macht brachte, gegen Hitler stimmten?»

«Das wird von den Optimisten immer als Argument dafür vorgebracht, daß Hitlers Regierung nicht von langer Dauer sein kann», antwortete er. «Ich halte nicht viel von diesem Argument. Hitler ist mit seiner Redekunst – und seinem überspannten Patriotismus – sehr ansteckend. Die Zahl der früher Kritischen und Mißtrauischen, die Hitler jetzt zulaufen, ist enorm. Deutschland ist heute nazistischer als vor der Wahl. Denn Hitler appelliert nicht an die Intelligenz eines Volkes; er appelliert an seine Gefühle. Die Kräfte der Opposition fallen vor seiner Rhetorik wie ein Kartenhaus zusammen.»

«Und was ist Thomas Manns persönliche Reaktion auf Hitlers Deutschland?»

«Als Deutscher kann ich verstehen, was geschehen ist und warum es geschehen ist», sagte er. «Als Mensch kann ich es nicht rechtfertigen. Wenn sie ihre seit langem aufgestaute Wut, die sie insgeheim gegen die fremden Länder hegten, von denen sie seit dem Versailler Vertrag unterdrückt worden sind, gegen die hilflosen Minderheiten in ihrer eigenen Mitte – Juden, Ausländer, Kommunisten – wenden, so zeugt das von einer Kurzsichtigkeit und einem Gerechtigkeitsmangel, die barbarisch sind.

Das deutsche Volk mag unterdrückt worden sein; das ist kein Grund dafür, daß sie bei erster Gelegenheit ihrerseits zu Unterdrückern werden. Das deutsche Volk mag erfahren haben, was es bedeutet, gehaßt zu werden; das hätte ihnen nur beibringen sollen, daß ein unversöhnlicher Haß nicht in die zivilisierte Welt gehört. Das ist die Ursache dafür, daß ich beschlossen habe, Deutschland für immer zu verlassen. Denn für jemanden, der stets gemeint hat, daß Gerechtigkeit, Toleranz und Freiheit die kostbarsten Güter der Welt sind, ist das heutige Deutschland untragbar. Ich kann nicht nach Deutschland zurückkehren, ehe Gerechtigkeit und Freiheit dort Einzug gehalten haben.»

Thomas Mann ist unglücklich in seinem Exil – das wurde in dem Augenblick offenbar, als ich ihn traf. Obwohl es nur drei Jahre her ist, daß ich ihn das letzte Mal gesehen habe, war er wesentlich gealtert. Er war – so schien es mir an dem Nachmittag, den ich in seiner Villa verbrachte, – ein Mann gebrochenen Geistes.

«Ich habe sehen müssen, wie die Hefe meines Landes nach oben gespült und zur herrschenden Klasse wurde – mit der Macht zu befehlen, die Gedanken und die Kultur eines Landes zu kontrollieren, die Zügel der Regierung zu halten», sagte er. Die Tragik Deutschlands war seiner Meinung nach nicht, daß es gegen die Verhältnisse der vergangenen fünfzehn Jahre laut protestieren mußte; sondern daß eine Gruppe «mit hoffnungslos verzerrten Sinnen und Perspektiven hochkommen mußte, um das Volk zu repräsentieren und dem Protest Ausdruck zu verleihen.

Gewiß, sie gaben ihrem Protest derart Ausdruck, wie nur Ignoranten und Degenerierte es für wirkungsvoll ansehen können: durch erbarmungslose antisemitische Angriffe, um an die niedrigsten Instinkte der Massen zu appellieren; durch vulgäre Schauspiele und Zeremonien – wie die lächerlichen Bücherverbrennungen[1]; durch kaltblütige Unterdrückung aller oppositionellen Parteien in ihrer Mitte; durch Überwachung der Bücher, die eine Nation lesen sollte, der Musik, die sie hören und der Dramen, die sie sehen sollte. Die Tragik des heutigen Deutschlands ist die Tragik eines früher erhabenen Landes, das sich jetzt vor den Augen der Welt erniedrigt.

Was wird Deutschlands Zukunft sein? Ich kann nur mutmaßen, was mit dem Deutschland der Kunst geschehen wird, wenn die straffe Politik der Nazis so weitergeht. Die intelligentesten Deutschen werden unweigerlich dazu getrieben werden, ihre Lehren und Meinungen anderswo zum Ausdruck zu bringen.

Die einzigen Bücher, die erscheinen, werden jene sein, die die Ideen des Chauvinismus und deutschen Nationalismus laut herausposaunen; die einzige Musik, die man hört, wird die vulgäre Blechmusik eines militaristischen Landes sein; Originalität, Frische, Talent werden verstoßen. Deutschland wird intellektuell so steril werden, daß es Jahrhunderte dauern wird, bis es etwas von seinem früheren geistigen und kulturellen Ansehen wiedererlangt hat.»

Dann fügte Thomas Mann nachdenklich und wie in einem Nachsatz hinzu: «Vielleicht spreche ich nicht so wie ein wahrer Deutscher es tun sollte. Aber wenn mehr deutsch sein bedeutet, daß man weniger menschlich ist, dann bleibt mir nur eine Wahl.»

David Ewen

Übersetzt aus dem Englischen.

Manns Interviews im Exil bis zum Januar 1937, der öffentlichen, in aller Welt beachteten Absage an das NS-Regime in dem Offenen Brief an den Dekan der philosophischen Fakultät der Universität Bonn (‹Ein Briefwechsel›, Zürich 1937), stehen unter zwei Grundbedingungen: von seiten des Reichs eine drohende Ausbürgerung, von seiten Manns eine Enthaltsamkeit in bezug auf direkte Angriffe gegen die neuen Gewalthaber in Deutschland. Beide Faktoren sind teilweise miteinander verknüpft. Nach einem Offenen Brief vom 3. Februar 1936 (vgl. Briefe I, 409 ff.), den das Platen-Zitat

«Doch wer aus voller Seele haßt das Schlechte,
Auch aus der Heimat wird es ihn verjagen,
Wenn dort verehrt es wird vom Volk der Knechte.
Weit klüger ist's, dem Vaterland entsagen,
Als unter einem kindischen Geschlechte
Das Joch des blinden Pöbelhasses tragen.»

beschloß, war die Ausbürgerung allerdings eine gegebene – nur durch die Rücksichtnahme auf die Olympischen Spiele in Berlin verzögerte – Tatsache, der Mann durch Erlangung der tschechischen Staatsbürgerschaft zuvorkam. 1936 hielt sich Mann – wenn überhaupt – so nur aus Rücksicht auf seinen Verleger von politischen Äußerungen zurück.

Im «Gesetz über den Widerruf von Einbürgerungen und die Aberkennung der deutschen Staatsangehörigkeit» vom 14. Juli 1933 (‹Reichsgesetzblatt›, I, 1933, S. 480) heißt es u. a. im § 2: «Reichsangehörige, die sich im Ausland aufhalten, können der deutschen Staatsangehörigkeit für verlustig erklärt werden, sofern sie durch ein Verhalten, das gegen die Pflicht zur Treue gegen Reich und Volk verstößt, die deutschen Belange geschädigt haben. 〈. . .〉 Bei der Einleitung des Aberkennungsverfahrens oder bei Erlaß der Rückkehraufforderung kann ihr Vermögen beschlagnahmt, nach Aberkennung der deutschen Staatsangehörigkeit als dem Reiche verfallen erklärt werden.» Seit 1933 war Manns Vermögen (Münchner Haus, Bibliothek, Fahrzeuge, Bankguthaben, Honorare) zeitweilig ohne jede Rechtsgrundlage beschlagnahmt worden, seit dem 18. Januar 1934 war er beinahe ständig mit einem Ausbürgerungsverfahren konfrontiert. Mann entschied sich aus drei Gründen für eine vorläufige Zurückhaltung bei direkten Angriffen in der Öffentlichkeit: 1. Er hatte, besonders nach der Zahlung einer «Reichsfluchtsteuer», Hoffnung, sein Vermögen vor der Enteignung bewahren zu können. 2. Durch diese politische Zurückhaltung konnten seine Schriften weiterhin in Deutschland erscheinen; die Darstellung geschichtlich gewordener Humanität leistete damit einen mittelbaren Beitrag der Kritik in Deutschland selbst. 3. Durch eine gezielte, nicht durch verstreute Äußerungen verzettelte Kritik sollte der Unrechtscharakter des Regimes in einem Eklat vor der Weltöffentlichkeit bloßgestellt werden.

Zur engeren Vorgeschichte des Interviews zählt das Erscheinen des ersten ‹Joseph›-Bandes, der ‹Geschichten Jaakobs›, im Berlin des Oktobers 1933. Um die Veröffentlichung und Auslieferung des Werks in Deutschland zu ermöglichen, hatte sich Mann sogar von der Exilzeitschrift ‹Die Sammlung› seines Sohns distanziert (‹Börsenblatt für den deutschen Buchhandel›, Leipzig, Nr. 240 vom 14. Oktober 1933; vgl. Regesten 33/155).

Das Tagebuch Manns erlaubt uns nun einen genaueren Einblick in die Geschichte des Interviews. Am 23. Juli 1933, einem Sonntag, kam es nachmittags in Sanary-sur-Mer, einem kleinen Badeort zwischen Marseille und Toulon, zu einem Gespräch. Aus diesem Gespräch entwickelte David Ewen drei Interviews; eines erschien in einer ‹Jewish Revue› (New York, nicht ermittelt), das andere, hier abgedruckte, in der ‹New York Times›, ein drittes in ‹Boston Evening Transcript› vom 8. 1. 1934. Die relative Offenheit des Gesprächs führte auf der Seite Manns zu heftigen Reaktionen bei der Veröffentlichung. Am 9. September notierte er, daß Ewen sich ohne Veröffentlichungsabsicht bei ihm eingeführt habe. Erneut auf Hörensagen hin handelt er am 28. September. Das Tagebuch hält fest: «Das falsche Interview des D. Ewen auch in der ‹New York Times› erschienen. Dementi dorthin und entsprechender Brief an Bermann.» Das Dementi wurde in der Zeitung nicht gedruckt (nach dem zuverlässigen NYT-Index für 1933/34), und im Brief an den Verleger äußerte er sich ausführlich: «Ich schreibe heute wegen einer ärgerlichen Sache, die mir gerade vorgekommen. Am 10. September ist, wie ich höre, in den ‹New York Times› ein Interview erschienen, das ein Herr David Ewen in Sanary mit mir gehabt haben will und das ich schon, mit dem größten Erstaunen, in einer New Yorker jüdischen Monatsschrift gelesen hatte. Ich habe beiden Blättern erklärt, daß es sich um eine Fälschung handelt, und bitte auch Sie, für alle Fälle von dieser Tatsache Kenntnis zu nehmen. Ewen, Musikschriftsteller seiner Angabe nach, hat sich als Verehrer meiner Arbeit bei mir eingeführt, den es einzig danach verlangte, mir einmal die Hand zu drücken. Mit keinem Wort hat er die Absicht einer publizistischen Ausbeutung unserer Begegnung angedeutet. Auch hat das Gespräch, das er zum Besten gibt, gar keine Berührungspunkte mit dem wirklich geführten. Alles, was er mich über das deutsche Regime, den Boykott, den Zionismus etc. sagen läßt, ist frei erfunden. Er entwickelt einfach seine eigenen Meinungen und legt sie mir in den Mund – wobei ich es ganz kann dahingestellt sein lassen, wie weit ich mit ihnen übereinstimme. Jedenfalls handelt es sich um einen höchst unanständigen Mißbrauch freundlich gewährter Gastfreundschaft. Ich habe das, wie gesagt, den Blättern mitgeteilt und ermächtige auch Sie, nötigen Falles davon Gebrauch zu machen» (‹Thomas Mann. Briefwechsel mit seinem Verleger Gottfried Bermann Fischer 1932–1955›, hrsg. von Peter de Mendelssohn, 2 Bde. Frankfurt/M. 1975, Bd. I, S. 46 f.). Offenkundig setzt dieser Brief die Lektüre des ersten Interviews voraus, doch obwohl der Brief so abgefaßt ist, daß er zur Vorlage bei Behörden dienen kann, zeigte sich der Verleger «erschreckt» (Tagebuch, 2. X. 33). Erst am 9. Oktober erhielt Mann das Interview der ‹New York Times› und notierte: «Es kam Ewens Interview in den New York Times – ganz manierlich und nicht, wie ich gedacht hatte, identisch mit dem in der Jewish Revue. Man hat in Amerika lebhaftes Gefallen daran gefunden, weshalb mein Dementi mir fast leid tut. Aber die Illoyalität der publizistischen Ausnutzung überhaupt bleibt bestehen.» Schon am folgenden Tag sieht er sich in seine Verteidigungsposition zurückgebracht: «Ausschnitt aus der deutschen Presse: Verballhornte Wiedergabe des Interviews aus der New York Times, ins Positive gefälscht und als ‹interessant› bezeichnet. Schmierfinken.» Am 13. Oktober spricht er von «Ärger und Komplikationen wegen des amerikanischen Interviews», am 3. November diktiert er in dieser Angelegenheit. Den Nationalsozialisten scheinen die Interviews aber entgangen zu sein, denn in dem Antrag auf Aberkennung der deutschen Staatsangehörigkeit, den das Bayrische Staatsministerium des Inneren am 18. Januar 1934 stellte, werden sie nicht erwähnt (Hübinger, S. 398ff.). – 1] Am 10. Mai 1933 hatte die nationalsozialistische Deutsche Studentenschaft in zahlreichen deutschen Städten öffentliche Bücherverbrennungen durchgeführt.

Prager Presse, 22. Januar 1935

Thomas Mann in Prag

Prag, 21. Januar. In der heutigen deutschen Sendung des Radiojournals in Prag hielt Thomas Mann um 18.45 Uhr einen Vortrag ‹Gruß an Prag›[1], sozusagen als Auftakt zu seinem morgigen Vortrag in der Urania über ‹Leiden und Größe Richard Wagners›.[2] Unser dah-Redakteur hatte Gelegenheit genommen, den Dichter über verschiedene aktuelle Fragen des Kunstlebens zu befragen. Im nachstehenden die Ausführungen des Dichters, die mit einer Charakterisierung Prags beginnen:

«Für Prag hatte ich immer ein großes Faible, bin ja auch nicht das erstemal da. Vor allem ist Prag die Barockstadt par excellence, an reinem und Frühbarock, das in der Architektonik manchmal über Italien gestellt werden muß. Dann aber ist es die ganz eigenartige Atmosphäre, die Prag für mich so anziehend macht: diese ganz wundervolle Kombination zwischen der Atmosphäre des spukhaften Elements, des Romantischen, mit der geradezu amerikanisch anmutenden modernen Architektur. Elemente, die immer auf mich den größten Eindruck gemacht haben, und die Meyrink in seinem ‹Golem›[3] so unwirklich hervorzauberte.» Thomas Mann beschreibt höchst anschaulich seine Spaziergänge in verborgene Prager Winkel, wo einfachste Häuschen und Häuser mit den schönsten Portalen geschmückt scheinen, Höfe, Barockstiegen und Wandelgänge aufweisen – ein Reichtum, wie ihn wohl keine andere Stadt aufzuweisen hat.

«Ich komme also gern nach Prag, ich fühle mich hier wohl, wie zu Hause. Und auch die literarischen Beziehungen datieren ja weit zurück, waren von jeher sehr intim. Allerdings verhindert die Unkenntnis der tschechischen Sprache manches, um tschechische Literatur ganz aufnehmen zu können.»

Auf den Einwurf, es sei doch schade, daß es keine vollkommene Übersetzungen gebe, antwortet Thomas Mann: «Ja, aber es ist doch schön und begrüßenswert, daß es etwas Irrationales gibt in der Poesie, etwas Unfaßbares, dem mit dem Verstand nicht beizukommen ist. Es ist schön, daß es in der Kunst Geheimnisse gibt, die nicht zu entschleiern sind. Es gibt ja wundervolle Übersetzungen, so Dehmels Verlaine-Übersetzung: da ist aber dann Dehmel mit Verlaine eine organische Mischung zweier Personen.[4] Genau dasselbe etwa Georges Baudelaire-Übersetzung[5] – alles eher Deutungen als Übersetzungen.» Thomas Mann hat die gleichen Erfahrungen mit der französischen Übersetzung seines ‹Zauberberg› gemacht; gute Erfahrungen![6] Aber doch: «Wenn man's genauer ansieht, da merkt man die Unterschiede im Rhythmischen und Sprachlichen. Zu einer vollwertigen Übersetzung gehörte eine Identifikation mit dem Autor, und das ist wohl nicht durchzuführen.»

«Sie meinen: im Musikalischen könne der Ausdruck des Werkes immer wiedergegeben werden?» «Doch nicht immer: Ich glaube kaum, daß ein Bach, sagen wir, von einem italienischen Dirigenten so echt wiedergegeben werden könnte – denn immer ist eine natürliche Gebundenheit als eine Lebensform vorhanden. Es gibt natürlich Werke, die Übernationale sind, die einen höheren Wert haben und die allen das gleiche zu sagen haben. Sie dürfen aber nicht verwechselt werden mit einer gewissen demokratischen Gebrauchsware, die mühelos über die Grenzen gelangt, und die doch jeden inneren Wertes bar ist.

Für den Film habe ich mit der Zeit Sympathie gefaßt. Es ist ja wohl das meiste, was man zu sehen bekommt, kärglich, und man geht mit einem Katzenjammer aus dem Kino. Doch gibt es auch ausgezeichnete Dinge zu sehen; und eines ist vor allem wichtig und interessant: daß die Technik den mangelnden Geist des öfteren ersetzt, das ist auch schon etwas. Ich habe immer gesagt: der Film kann darum niemals mit dem Theater konkurrieren, weil er keine dramatische Angelegenheit, sondern eine epische ist. Der Film erzählt in Bildern und Anschauungen, daher spielt das novellistische Detail eine große Rolle und kann große Wirkungen hervorrufen. Deshalb auch die Spezialbegabung der Russen im Film, da die Russen stets große Epiker waren. Meine Sachen sind wenig geeignet für den Film. Der Film ‹Buddenbrooks› war eine verunglückte Angelegenheit, ein kleiner Kaufmanns-Roman. Jetzt zum ersten Male glaube ich, könnte sich ‹Joseph und seine Brüder› filmisch verwerten lassen. Der London-Film hat schon das Optionsrecht darauf erworben, und es hat den Anschein, daß es ein guter Film werden könnte, da viele Gestalten, Milieu usw. filmisch äußerst wirksam sein können.»[7]

Über das Theater befragt, meint Thomas Mann, die moderne Produktion sei einigermaßen mangelhaft. Der Roman spielt heute in Europa unbedingt die wichtigere Rolle: «Der Roman ist heute die moderne literarische Ausdrucksform. Das Drama braucht einen festen, gesicherten Kulturboden, eine sichere Kultureinheit. Und da die Zeit ihrer selbst nicht sicher ist, kann die dramatische Produktion nicht aufkommen. Und so gibt es nichts, was man als repräsentativ anerkennen könnte.

Meine persönliche Arbeit ist ausgefüllt mit dem dritten Band ‹Joseph in Ägypten›; ganz in der Art der ersten beiden Bände schließt sich der dritte Teil an. Es ist ein Versuch, mit modernen Mitteln die Urfabel der Bibel zu realisieren, neu zu gestalten und auszugestalten. Sonst habe ich nur eine Kleinigkeit geschrieben, einen Essay, der in der ‹Zürcher Zeitung› erschienen ist, ‹Meerfahrt mit Don Quijote›[8] – eine Beschreibung meiner Amerikareise im heurigen Jahre, kombiniert mit der Analyse des Don Quijote, den ich als Reiselektüre mithatte. Dieser Essay bildet den letzten Beitrag zu einem Essayband, der im März bei Fischer herauskommen soll, und der zwei Goethe-Reden, den großen Aufsatz über Wagner und zwei Aufsätze über Platen und Th. Storm beinhalten wird, unter dem Sammeltitel ‹Leiden und Größe der Meister›.»

Vom 19.–30. Januar 1935 befand sich Mann auf einer Vortragsreise (Prag, Brünn, Wien, Budapest, Wien). Im Tagebuch, Prag, vom 21. Januar: «Vormittags Journalistengespräche». Manns Radioansprache und das hier abgedruckte Interview veranlaßte die deutsche Gesandtschaft in Prag zu einem negativen Bericht an das Auswärtige Amt. Dort heißt es: «Der Umstand, daß er ausgerechnet einem Vertreter der deutschfeindlichen ‹Prager Presse› ein Interview gewährte, wird in deutschfühlenden Kreisen als skandalös empfunden» (Hübinger, S. 460 f.). – 1] GW XIII, 629 ff. – 2] Dieser Vortrag hatte zu dem ‹Protest der Richard-Wagner-Stadt München› (‹Münchner Neueste Nachrichten› 16./17. April 1933; vgl. Hübinger, 381 ff.) und Manns ‹Erwiderung› vom 19. April 1933 (GW XIII, 76 f.) geführt. – 3] Gustav Meyrink (1868–1932), ‹Der Golem›, Roman 1915. – 4] Übersetzung der Lyrik Paul Verlaines (1844–1896) von R. Schaukal (1906), Stefan George und Stefan Zweig sind bekannt geblieben, die von Richard Dehmel (1863–1920), dem Mann besonders durch seine literarischen Anfänge verbunden war, untergegangen. «Verlaine-Übertragungen» hat Dehmel (gegenüber Zweig am 19. 3. 1914) seine Nachdichtungen in ‹Weib und Wein› (1896) genannt, unter denen ‹Helle Nacht› (‹La lune blanche›) herausragt. Vgl. Karl Oetter, ‹Richard Dehmel als Übersetzer romanischer Dichtungen›, Diss. Würzburg 1936. – 5] ‹Baudelaire. Die Blumen des Bösen. Umdichtungen› (1901); «vermehrt um drei stücke» in der Gesamt-Ausgabe (1927 ff.), Bd. XIII/XIV. – 6] ‹La Montagne Magique›, übersetzt von Maurice Betz, Paris 1931. – 7] London-Film-Production Alexander Korda, durch Vermittlung von Ludwig Biró (vgl. Regesten 34/152, 34/162, 35/40); nicht zustande gekommen. – 8] ‹Neue Zürcher Zeitung›, 5.–15. November 1934.

Die Rote Fahne, 23. Januar 1935

Thomas Mann über die Sowjetunion

Thomas Mann, der gestern in Prag einen Vortrag über Richard Wagner hielt, äußerte sich einem Berichterstatter des ‹A-Zet› gegenüber über die Sowjetunion. «Die Sowjetunion ist ein Land, das jeder Intellektuelle kennen lernen sollte.» Er sprach mit Anerkennung vom sowjetrussischen Theater, bewunderte die «phantastische Theaterleidenschaft», die in der Sowjetunion herrscht und erklärte, wahrscheinlich selbst bald in die Sowjetunion zu reisen.

Über Deutschland sich auszusprechen, hat Mann allen Prager Berichterstattern abgelehnt. Was nicht verwunderlich ist, wenn man weiß, daß seine Bücher noch immer in einem deutschen Verlag erscheinen und er auch weiterhin beabsichtigt, Bücher zu schreiben, die in Hitlerdeutschland erscheinen können.

Selbstwehr. Jüdisches Volksblatt, Prag, 25. Januar 1935

Thomas Mann und das Judentum

Die faszinierende Persönlichkeit des Dichters Thomas Mann, den eine schamhafte Keuschheit hindert, aus sich herauszugehen und sein Gefühl bloßzustellen, offenbart die persönliche Begegnung. Weil aber das Schlagen eines Herzens nur schwer zu übertönen ist, weil dieser wahre Humanist empfindsam ist, flüchtete er sich in die Form des leichten Glossierens, ließ er eine leise, ja geradezu innige Ironie spüren und legte er sich, bewußt, eine Distanz zu den Personen auf, die er schuf und – immer wieder ist es zu erkennen – liebt und mit Zärtlichkeit betreut. Das dichterische Werk wird begleitet von dem essayistischen Schaffen, aus der inneren Notwendigkeit, sich bekennen zu müssen. Hier ist Gesinnung hüllenlos. Hier sind auch die Herzlichkeit und Wärme deutlich, die in den Dichtungen an der Oberfläche nicht zu bemerken sind. Im Gespräch nun vollends ist Thomas Mann ohne jede Hemmung mitteilsam; dort vereinen sich die edle Geistigkeit und tiefe Empfindsamkeit.

Thomas Mann hatte die Freundlichkeit, mir für die ‹Selbstwehr› einige Worte zu sagen, die seine Einstellung zum Judentum ausdrücken. Es war, wie der Dichter betonte, mehr als eine konventionelle Freundlichkeit, gerade unserem Blatt seine Anschauung mitzuteilen. Er begrüßte es, zu unseren Lesern sprechen zu können, da ihm das Schicksal der deutschen Juden nahegeht und ihn tief schmerzlich berüht.

«Gewiß», meinte der Dichter, «habe ich auch einige Juden zu meinen Feinden, die, vielleicht schärfer als meine anderen Gegner, mich bekämpfen. Aber was will das besagen? Verdanke ich doch, besonders in den Anfängen, gerade den jüdischen Menschen die Erkenntnis und somit auch die Förderung meines Werkes. Antisemitismus ist wohl die dümmste Haltung, die ein aufgeweckter Mensch einnehmen kann. Antisemitismus ist die Schande jedes Gebildeten und kulturell Eingestellten. Es läßt sich doch nicht die Tatsache hinwegleugnen und aus der Welt schaffen, daß das Judentum, zu dem später das Griechentum hinzukam, die geistige Grundlage der abendländischen Gesittung darstellt. Was ist das Christentum denn anderes als eine geistige Frucht des Judentums?! Das Judentum in seiner religiösen Größe ist gesittungsgemäß die kulturelle Grundlage des Seins; denn es ist von seinen Anfängen an positiv.

Daß gerade mir als Schriftsteller das Judentum äußerst sympathisch ist, wird jeder begreifen müssen, denn durch die religiöse Grundlage des Judentums ist den Juden die tiefe Sympathie und Hingezogenheit zu allem Geistigen gegeben. Die Haltung der Juden zum Schrifttum muß für jeden schreibenden Menschen etwas Bestechendes haben. Ich möchte in diesem Zusammenhang sagen, daß eine gleiche Liebe zur Dichtung nur bei den Franzosen zu finden ist, denen diese Kunst fast als Nationalkunst gilt.»

Es ist nicht zu lange her, daß der Dichter in Palästina gewesen war. Und es ist nicht uninteressant, zu hören, daß Thomas Mann ursprünglich das Land «mit der Perspektive ins Altertum» betrachten wollte. Daß dann aber die Eindrücke, die er durch die Pioniertätigkeit der jungen Juden empfing, unauslöschlich ihn beeinflußten und auch begeisterten. «Ich spürte, daß ich wirklich inmitten eines Volkes bin, das national empfindet und denkt, das mit einem ungeheuren Mut von der Zivilisation sich löste, um von vorn zu beginnen und sich eine Welt zu bereiten, wie sie Sehnsucht und Ideal nun als Wirklichkeit gestalten sollten. Wenn ich diese jungen Juden in selbstbewußter nationaler Geschlossenheit und Freiheit sah, diese sehr sportlichen und muskulösen Gestalten in ihrer nationalen Aggressivität bewunderte, dann fühlte ich, daß ein Land nach einem Willen geformt wird und zukunftsträchtig ist. Ich war auch in einigen Kwnzoth. Und die Tapferkeit und der tätige und somit wahrhafte Idealismus erschütterten mich. Ein neues Volk, das sich seine Geistigkeit bewahrte und dennoch seine Hände zu benutzen versteht, zimmert sich ein neues Leben. Erdgebunden ist dieses, es ragt in die Zukunft und wird voller Bestand bleiben.»

Dieses Interview wurde, als das ‹Pariser Tageblatt› Nr. 412 vom 28. Januar 1935 einen Auszug unter dem Titel ‹Thomas Mann gegen Antisemitismus› abdruckte (alle direkten Zitatstellen, bis auf die beiden Einleitungssätze), ein Nebengrund für die Ausbürgerung Manns am 2. Dezember 1936. Ausdrücklich verweist Heydrich, Preußische Geheime Staatspolizei, bei einem erneuten Ausbürgerungsantrag vom 19. Juli 1935 auf das Interview. In dem Antrag Heydrichs vom 25. März 1936, der schließlich zur Ausbürgerung führte, wird es erneut erwähnt. Nur aufgrund der Olympischen Spiele stellte Hitler nach einem Vortrag von Goebbels die Ausbürgerung zurück, die nach «persönlichem Führerentscheid» wenige Monate später getroffen wurde (vgl. Hübiger, S. 173 ff., 462 f., 470 f., 504 ff., 552 ff.). Es ist charakteristisch, daß diese Anträge sich nicht auf gleichgeartete

Textstellen beziehen, die Mann in Deutschland veröffentlichte, z. B. in ‹Meerfahrt mit Don Quijote›: «Sagt, was ihr wollt: das Christentum, diese Blüte des Judentums, bleibt einer der beiden Grundpfeiler, auf denen die abendländische Gesittung ruht und von denen die andere die mediterrane Antike ist. Die Verleugnung einer dieser Grundvoraussetzungen unserer Sittlichkeit und Bildung, oder gar ihrer beider, durch irgendeine Gruppe der abendländischen Gemeinschaft würde ihr Ausscheiden aus dieser und eine unvorstellbare, übrigens gottlob gar nicht nachvollziehbare Zurückschraubung ihres humanen Status, ich weiß nicht, wohin, bedeuten» (GW IX, 462). Mann dementierte seine Äußerungen zum Antisemitismus im Brief vom 3. Februar an die Redaktion (Regesten 35/16). In einem Brief vom 15. Februar an den Interviewer, Heinz Stroh, gibt Mann zu, «daß sich die Äußerungen, die mich in der fettgedruckten Wiedergabe des Zentralblattes sehr ärgerten, natürlich in dem größeren Zusammenhang Ihres Artikels weniger kraß wirken.» Jedoch habe er gewisse Wendungen nie gebraucht und Redensarten wie «Schmach des Gebildeten» und «Grundlage des Seins» seien nie aus seinem Mund gekommen. «Wenn ich mit Deutschland brechen will, so will ich das auf eigene Hand tun und nicht durch irgendwelche Interviewers», hebt er schließlich hervor.

Völkischer Beobachter, München, 25. Januar 1935

Ein «Mann» empfängt

Thomas Mann nämlich. Nach Prag gekommen – just in dem Augenblick, da seine beiden Sprossen hier in ihrer Pfeffermühle literarische Exhibition treiben.[1]

Er – S. M. der Literatur, Nobelpreisträger in Permanenz, Ehrenemigrant, weil er bloß wollte und nicht unbedingt mußte, empfängt die Presse im Prager Grandhotel «Esplanade». Sehr soigniert, reserviert, den Schmerz um Deutschland von gestern diskret durch leicht gepuderte Schläfen angedeutet. Seine schmalen Hände sehr betont dekadent, die Stimme verschleiert, jede der kostbaren Wortperlen, die er so freigebig verschenkt, nur sozusagen – verhaucht!

Was sagt er? Was er nicht sagt, nur andeutet – mit einem wehen und müden Lächeln? Die Schmöcke reißen ihre Münder auf – jedes seiner Worte gilt zehn und ein halbes Karat! Die Parker Duofold Füllfeder erzittert vibrierend.

Sein Leben – *mais* ... Eine müde Handbewegung beendet den Satz. Sie haben ihm alles genommen – seine berühmte Villa in München, Möbel, Bücher, Silber! Deutschland vom Feinde besetzt! Dann fährt er sich durchs Haar. Schweigt.

Schweigt darüber, daß seine Bücher immer noch in

Deutschland erscheinen dürfen, daß sie (unbegreiflicherweise) immer noch gelesen werden, daß der S.-Fischer-Verlag ihm nach wie vor gute Honorare in sein Schweizer Exil überweist, daß er auch am Mietertrag seines Münchener Heimes recht gut beteiligt ist.[2]

Dann hängt er den rechten und linken Daumen in die Ärmelausschnitte seiner Weste. (Wenn man Romane mit biblischer Themengebung schreibt, wirkt solches immer dekorativ und stilecht!) Mit einem Male spricht der Hanseat in kehlig anklagenden Tönen: Er habe auch keinen Reisepaß mehr.[3] Aber (so sagt er wörtlich), der Paß seiner Werke sei für die ganze Welt geltend und es gäbe keine Grenzschwierigkeiten für ihn, jeder Kulturstaat öffne ihm gern seine Pforten. Na also!

Mit dem dritten Jaakob-Band hat er's angeblich bald geschafft. Dann wird die Trilogie verfilmt. Mit Conrad Veidt als Jaakob! Die Lea oder Rachel mimt natürlich die Bergner![4] Gemanagt wird das Ganze von einem gewissen Ludwig Biro.

In den nächsten Tagen hält er in der «deutschen Urania» einen Wagnervortrag. «Die deutsche Tragik Wagners.» Der große deutsche Meister ist leider schon tot. Wehren kann er sich also nicht mehr. Würde er aber noch leben – ich wette, er zuckte nur gutmütig die Achseln und spräche in seinem freundlichsten «Sächs'sch»:

«Nu – da gann ‹Mann› nischt machn!»

abor.

1] ‹Die Pfeffermühle›, gegründet von Erika und Klaus Mann, am 1. Januar 1933 in München eröffnet und in Zürich erfolgreich weitergeführt, gastierte als wirkungsvolles polititisches Kabarett mit Therese Giehse und Erika Mann in den Hauptrollen am 21. Januar 1935 in Prag (vgl. Tagebuch). – 2] Vgl. zu dieser Lüge des NS-Blatts die Erläuterung zum Interview vom 10. September 1933. – 3] Paßverlängerungen wurden verweigert (vgl. Hübinger). – 4] Berühmte, emigrierte, jüdische Schauspieler.

Neues Wiener Tagblatt, 25. Januar 1935

Thomas Mann in Wien

«Mein heutiges Vortragsthema ‹Leiden und Größe Richard Wagners›», sagt Thomas Mann, «ist für mich Bekenntnis und Erkenntnis zugleich. Wagner war mir stets eine faszinierende

Erscheinung, und ein gewisser, passionierter Ton muß mir eignen, wenn ich über ihn spreche. Freilich kann es sich mir dabei um keine bloße Verhimmelung handeln. Meine gewisse psychologische Reizbarkeit, der ich stets noch bei Betrachtung von Charakteren unterlegen bin, zwingt mir auch hier einen Willen zur Wahrheit und Erkenntis auf.

Welche Arbeiten darüber hinaus mich beschäftigen? Nun, das Nächste, was das Publikum von mir zu sehen bekommen soll, wird der Essayband sein, der im kommenden Februar unter dem verbindenden Titel ‹Leiden und Größe der Meister› bei S. Fischer erscheinen wird. Zwei Goethe-Reden leiten ihn ein, der Wagner-Aufsatz sowie zwei Arbeiten über August v. Platen und Theodor Storm folgen, und den Beschluß macht die ‹Meerfahrt mit Don Quijote›, Widerklang meiner Amerikareise im vergangenen Frühjahr, hier gemeinsam nacherlebt mit dem von mir gewählten Reisegefährten Don Quijote. Und dann ist es natürlich der dritte Band der Joseph-Triologie, der ‹Joseph in Aegypten›, der mich vollauf in Anspruch nimmt. Ich stehe mitten darin und werde noch ziemlich lange zu tun haben. Derlei läßt sich nicht übers Knie brechen. Einiges Ungedruckte daraus werde ich kommenden Montag in meinem hiesigen Uraniavortrag zu Gehör bringen können.[1]

Gewiß, der dritte Band wird seinen eigenen Charakter gegenüber den beiden ersten haben. War der erste Band essayistisch, wie man ihm des öfteren nachsagte (aber pseudo-essayistisch, wie ich sagen möchte), und der zweite – zur lebhaften Freude des Publikums – novellistisch, so wird der dritte, ich möchte sagen, romanhaft werden. Oder, da mir heute Bilder aus der Richard-Wagner-Sprache naheliegen, so wird gegenüber dem Vorspiel der ‹Geschichten Jaakobs›, die rheingoldartig Urmotive anschlugen, der ‹Joseph in Aegypten› in gleichem Maße romanhaft sein, wie etwa die ‹Götterdämmerung› opernhaft ist. Die Handlung folgt schrittweise der Bibel: von der Einführung des jungen Joseph in Potiphars Haus bis vor das Angesicht des Pharao, durch die fetten und die mageren Jahre bis zur Wiedervereinigung mit der Josephs-Familie. Noch sind die siebzehn Jahre angedeutet, die Jaakob in Gosen verlebt, mit dessen Tod und der Rückschaffung seiner Leiche nach Palästina wird das Werk schließen. Jawohl, dem ägyptischen Milieu ist breiter Raum gewährt, in Potiphars Haus wie am Pharaonenhof der Jahre um 1450 vor Christo. Amenophis III. und Amenophis IV. sind es, die meinem Pharao Vorbild waren, der letztere namentlich, Echnaton, dessen Bestrebungen zur Einführung einer universellen Einheitsgottheit, der Sonnenscheibe an Stelle der einzelnen Sonnengötter, mit der monotheistischen Anschauung Josephs die ergiebigsten Berührungspunkte zeigen. Und Joseph selbst? Ich verlasse ihn auf der Höhe seiner Macht. Wie mein schließliches Verhältnis zu ihm ist? (Lächelnd:) Kordial. In Billigung seiner Tugenden und in humorvollem Hinnehmen seiner Untugenden.

Arbeit darüber hinaus? Der Joseph-Stoff beschäftigt mich seit zehn Jahren etwa. Er wuchs mir plötzlich zu, aus einem Gedanken an ‹Historische Miniaturen›, die den ägyptischen Joseph, einen ‹Don Carlos›-Stoff und das Thema ‹Luther und Erasmus› zeichnen sollten. Aus dem geplanten Joseph-Essay ist ein dreibändiger Roman geworden. Ich vermag nicht zu sagen, welches das Schicksal der beiden anderen Stoffe sein wird. Mehr als sie fesselt mich allerdings der Gedanke an ein Nietzsche-Essay, zu dem vom Wagner-Vortrag ein gerader Weg führt.»

Der Dichter beginnt über die Atmosphäre Wiens und deren wohltuende Wärme zu sprechen. Er fühlt sich wohl in Küsnacht, seinem jetzigen Aufenthaltsort,[2] und noch wohler fühlen sich dort seine beiden jüngsten Kinder; der Junge will Geiger werden, das Mädchen steht vor dem Abitur. Wir kennen sie, sie hießen Beißer und Lorchen in ‹Unordnung und frühes Leid›. Hingen sie nicht so sehr an ihren Schulen, «wer weiß», sagt Thomas Mann, «was die Zukunft bringen kann im Hinblick auf Daueraufenthalt in Wien.» Wollen wir hoffen, daß Beißer und Lorchen ihre Prüfungen recht gut bestehen – dann dürfen auch wir hoffen.

Dr. Viktor Polzer

1] 29. Januar 1935. – 2] Seit dem 27. September 1933 Manns ständiger Wohnsitz bei Zürich.

Pester Lloyd, Budapest, 28. Januar 1935

Gespräch mit Thomas Mann

Der anstrengende Teil von Thomas Manns Budapester Besuch war zu Ende. Ein gespannt aufmerksames Auditorium hatte seinen Vortrag gehört, begierig, kein Wort zu verlieren, nicht nur dem Inhalt, sondern auch der Sprache lauschend, denn es wußte, daß der Redner, oder besser der Vortragende Thomas Mann mit dem Stilisten Thomas Mann identisch ist. Dann kam ein Kreuzfeuer von Interviewen («Wen halten Sie für den größten ungarischen Schriftsteller?»), dann eine Autogrammschlacht im Theatersaal, auf dem Korridor und schließlich auf der Straße, von der jemand bemerkte, daß man seit Moissis[1] Jugendtagen nichts Ähnliches gesehen hatte, und dann wird Thomas Mann vor diesem Masseninteresse mit dem Auto nach Hatvan gerettet.[2] Dort wandelt er mit uns durch die aufgeweichten Alleen des Schloßparks. Er weiß, daß wir ihn tausend Dinge fragen wollen, aber man hat so vieles im Sinn, worüber man sein Urteil hören möchte, daß es schwer wird anzufangen. Dann beginnt man mitten im Zentrum. Wir fragen ihn nach seinem Urteil über die Stellung des geistigen Menschen in der heutigen Welt. Das politische Leben verlangt in vielen europäischen Ländern die volle Unterordnung des Einzelnen unter das Statut der Organisation, unter die Heilslehre, die die politische Gruppierung verkündet. Für das innere freie Urteil des geistigen Individuums, das nur sich, seinem Denken und seinem Gewissen verantwortlich sein will, scheint die Möglichkeit der Wirksamkeit genommen, wo die sozialen Körper den Ausspruch auf Totalität erheben.

«Ich glaube», sagt Thomas Mann, «daß zunächst der Begriff der Totalität falsch ist, mit dem man heute in der Politik operiert. Denn was ihm fehlt, ist die Totalität selbst. Er fordert bedingungslos den ganzen Menschen, aber nur für die Politik, und aus dieser Totalitätsvorstellung bleibt das eigentlich Menschliche heraus. Früher mag die geistige Sphäre genau so wenig umfassend gewesen sein, es fehlte in ihr gerade das, was heute zum allein herrschenden Prinzip gemacht wird. Die Menschen waren Fachleute, Techniker, Ästheten, Wissenschaftler und vergaßen dabei das Politische. Aber in der heutigen Totalitätsideologie mangelt das Wesen des Menschlichen, die Ideen, das Streben nach Wahrheit . . . Allerdings, viele dieser Zeitströmungen sind subjektiv idealistische, aber ihr Idealismus ist schief. Und für den geistigen Menschen bleibt nichts anderes übrig, als bei sich und seiner Überzeugung auszuharren, selbst wenn seine Wirksamkeit eingeengt wird . . .»

Wir sprechen vom englischen Dichter Aldous Huxley, der für den Intellektuellen den Zwang empfunden hat, sich jener kämpfenden Ordnung anzuschließen und zu unterwerfen, die ihm am nächsten steht, und der in die katholische Kirche eintrat. Thomas Mann spricht von der Anziehungskraft des Katholizismus in der Gegenwart. «Der Universalismus der katholischen Kirche übt auf Intellektuelle heute wieder einen sehr starken Einfluß aus. In dem neuen, ausgezeichneten Buch des Ungarn Karl Mannheim[3], ‹Mensch und Gesellschaft im Zeitalter des Umbaus›, wird es so plastisch geschildert, wie falsch es war zu glauben, daß unsere Kultur sich zur Internationalität erst langsam durchgerungen hat. Sie war vom Anfang an international, weil sie von der Kirche geschaffen war, und hat erst langsam nationale Prägung gewonnen. Aber ich glaube, daß die kulturelle Absperrung der Völker wieder, und in nicht allzulanger Zeit, überwunden sein wird.» Thomas Mann beginnt schnell und eindringlich zu sprechen, man merkt ihm an, daß er Wert darauf legt, diesen Gedanken, diese Hoffnung mitzuteilen. «Ich habe den Eindruck, daß zwischen den europäischen Geistern in allen Ländern ein stillschweigender Zusammenhang besteht, daß schon heute im Verborgenen die Grundlagen eines neuen Humanismus entstehen. Nehmen Sie ein Beispiel: ich schreibe in München einen religionsgeschichtlichen Roman und bekomme dann aus Budapest von einem mir ganz unbekannten Universitätsprofessor der Philologie einen Brief. Er interessiert sich für die gleichen Probleme, es entwickelt sich eine Korrespondenz, zwischen uns besteht ein fester geistiger Zusammenhang ...[4] Dieser neue Humanismus, an den ich glaube, muß entstehen, weil das Interesse für den Menschen schlechthin auf die Dauer nicht unterdrückt werden kann. Er wird wohl anders sein, als der frühere Humanismus, nicht so optimistisch, dunkler gefärbt, er wird die Gedanken der Anthropologie in sich aufnehmen, der Psychologie, der Psychoanalyse, aber er wird, wie jeder Humanismus, übernational sein.»

Dann stellen wir eine persönliche Frage. Wir fragen Thomas Mann, ob sich seine Stellung zu den von ihm selbst geschaffenen Figuren inzwischen nicht gewandelt hat, zu den beiden geistigen Typen, die er im ‹Zauberberg› zeichnete, zu dem idealistischen Humanisten Settembrini, der daran glaubt, daß das Wohl der Menschheit fortschreitend friedlich und vernünftig gehoben werden kann, und Naphta[5], der stets an das Irrationale erinnert, an Mythos und Blut, die Kampf und Krieg unaustilgbar machen.

Thomas Mann bejaht, etwas unschlüssig, die Frage. «Wissen Sie, wenn man einen Roman schreibt, distanziert man sich von den Personen, man versucht objektiv zu sein und ergreift nicht Partei, sondern läßt die Gegensätze aufeinanderprallen.» Für einen Augenblick geht es uns durch den Sinn, wie ausgezeichnet in diesen Worten eine Seite seiner Dichtung charakterisiert ist, dann fährt Thomas Mann fort: «Wenn ich den ‹Zauberberg› heute schreiben würde, würde ich, glaube ich, genau so schreiben, obwohl mir Settembrini immer sympathischer war, wenn auch Naphta ihm gegenüber oft Recht hatte. Leider wird manchmal das, was man schreibt, mißbraucht zu Zwecken, die man verurteilt. Was hat man alles mit dem wirklich etwas herabsetzenden Worte ‹Zivilisationsliterat› gemacht, das ich einmal gebrauchte. Darum ist mir vielleicht Settembrini heute näher, vielleicht auch weil ich mehr Mitleid und Verständnis habe für die Menschen und weniger für die Verkündung des Irrationalen ...» m.m.

Das Interview wurde am 27. Januar gegeben. – 1] Der Schauspieler Alexander Moissi (1880–1935). – 2] Barockschloß im Besitz der Familie Hatvany; Mann war bei dem befreundeten Schriftsteller Lajos von Hatvany (1880–1961) zu Gast. – 3] Der Soziologe Karl Mannheim (1893–1947), in Budapest geboren, veröffentlichte 1935 ‹Man and society in an age of reconstruction›. – 4] Der freundschaftliche Kontakt mit Karl Kerényi (geb. 1897) setzte mit einem Brief des Altphilologen vom Anfang Januar 1934 ein, dem er einen Vortragsdruck (‹Unsterblichkeit und Apollonreligion›) beigelegt hatte; vgl. ‹Thomas Mann – Karl Kerényi: Gespräch in Briefen›, hrsg. von Karl Kerényi, München 1967. – 5] im Text: Naschita.

The Washington Post, 1. Juli 1935

Kommunistischer Erfolg zu erwarten, sagt Thomas Mann

Der deutsche Autor, zu Besuch in der Hauptstadt, hält den Faschismus für die einzige Alternative

Es war kaum Morgen und trotzdem, um 9 Uhr 30, wogte die Hitze mit einer überwältigenden Kraft durch die Stadt. Im Aufenthaltsraum einer Suite im Mayflower Hotel saß ein schlanker kleiner Mann, das hellblaue Hemd weitoffen am Hals, mit Schweißtropfen auf der Stirn, und wunderte sich, wie jemand das aushalten kann.

«Das ist ja wie in den Tropen», sagte Thomas Mann, der einst in unvergeßlichen Worten geschildert hat, wie der Tod in einer von der Hitze hervorgerufenen Epidemie nach Venedig gekommen war.[1]

Der Autor des ‹Tod in Venedig›, des ‹Zauberberg› und der ‹Buddenbrooks›, vielleicht der größte derzeitige Schriftsteller und auf jeden Fall der größte aus Deutschland in diesem Jahrhundert, bereute, daß er nicht der Einladung Dorothy Thompsons, statt der Präsident Roosevelts, gefolgt war.[2] Dann wäre er kühl und behaglich in den gastfreundlichen Gärten des Ehepaars Sinclair Lewis in Vermont gewesen, anstatt heiß und unbehaglich in Washington.

Aber heiß oder wie auch immer, er war nett zu seinem Interviewer. Er saß da, ein schlanker kleiner Mann mit einem kurzgeschnittenen Schnurrbart, der sich grau zu färben beginnt, und ließ seinen Gedanken – überraschenderweise ohne teutonischer Schwere – freien Lauf über solche Themen wie die Wahl zwischen Kommunismus und Faschismus, wen er in der amerikanischen Literatur vorzieht, Nietzsche und Wagner und seine eigenen Bücher. Er sprach zuerst in seinen sorgfältig gewählten Worten von den Schriftstellern. Und wie so viele andere literarische Europäer, die nach Amerika kommen, sprach der Mann, von dem die Nazis nichts wissen wollen, mit großem Enthusiasmus von Ernest Hemingway.

«Ich ziehe Hemingway vor», sagte er. «Ich bewundere das große Talent, das in ‹Farewell to Arms› zum Ausdruck kommt, das zum Ende hin immer besser wird.[3] Und dann ist da –»

«Dos Passos», sagte Frau Mann, die sich nahebei aufhielt.

«Ah ja. Dos Passos und Sinclair Lewis. Wissen Sie, daß wir kürzlich die so außerordentlich intelligente und sympathische Dorothy Thompson getroffen haben?»

Wie Thomas Mann hat die Reporter-Gattin des Autors von ‹Main Street› und ‹Work of Art› die fast beneidenswerte Auszeichnung erlangt, unter den Hitlerianern persona non grata zu sein.

Indem er an seiner Zigarette zog, machte der kleine Mann weitere liebenswürdige Bemerkungen über seine amerikanischen Freunde. Im Gegensatz zu den meisten Autoren auf Reisen hält er keine Vorträge. Er sucht Ruhe und Frieden, wohin er auch immer geht. Denn zusammen mit ihm reist das Manuskript des dritten Bandes seines neusten Werkes, das sich noch im Anfang des Manuskriptstadiums befindet. Er hat daran gearbeitet – er schreibt sorgfältig mit einer Füllfeder und notiert Worte langsam in einem Notizbuch – seit er aus seinem Exil-Heim in der Schweiz abgereist ist.

Und dann wendet sich das Gespräch von der Literatur der Politik zu, als der Interviewer ihn fragt, was er von den produktiven und entschlossenen Schriftstellern der sogenannten «proletarischen Schule» in Amerika hält.

«Wissen Sie, ich bin kein Kommunist», sagte Thomas Mann langsam. «Aber ich muß gestehen, daß der Kommunismus die einzige Idee, das einzige Ding ist, was man dem Faschismus gegenüberstellen kann.

Im Vergleich ziehe ich den Kommunismus vor. Aber eine kommunistische Welt wäre nicht meine Welt. Ich würde nicht glücklich sein.»

«Er meint, daß der Kommunismus Ideen enthält», sagte Frau Mann über das Zimmer hinweg. «Es ist etwas Zukunft darin. Deshalb sieht er es für natürlich an, daß Schriftsteller, Ihre Schriftsteller, diese Richtung einschlagen.»

«Ja. Der Kommunismus ist im Kommen», griff Doktor Mann den Faden auf. «Er kommt von allein. Die Welt wird kommunistisch, ohne es recht zu wissen. Der Kommunismus ist in der Luft, ob wir es mögen oder nicht.»

Vom Kommunismus wechselte er zum ‹Joseph›, seinem neuesten Roman, über, der drei Bände umfassen wird, wenn er fertig ist. Er hofft, das Buch in diesem Jahr zu beenden, und dann wird er, seine Augen leuchteten, als er das sagte – ein «freier Mann» sein. Er möchte gern reisen, ganz Amerika sehen, in den Orient gehen. «Man kann nicht reisen und arbeiten. Um reisen zu können, muß man frei sein.

Ich bin sehr stolz und sehr froh», sagte er in seinem präzisen Englisch mit einem Akzent, der eine Mischung von Frankreich und Deutschland zu sein schien, «ja, sehr stolz, daß mein großes Buch in Amerika entschieden ein literarischer Erfolg ist. Die Presse war sehr gut. Wie Sie wissen, war es etwas Neues für mich. Vorher hatte ich nur bürgerliche Sachen gemacht – Bücher, die individuell waren. Dies war das einzige Mal, daß ich etwas Mythisches versucht habe.» (Man hat die Joseph-Trilogie einen Roman über ein immer modernes altes biblisches Thema genannt.)

«Wenn ich damit fertig bin», fuhr er fort und vergaß die Hitze, «möchte ich einen großen Essay über Nietzsche schreiben.»

Es war nichts Anstößiges an der Art und Weise, wie er «groß» sagte.

«Es wäre ein Gegenstück zu meinem großen Essay über Wagner, der für Euch Amerikaner nicht eben gut übersetzt worden ist.»[4]

Welches seiner eigenen Bücher zieht er vor?

«Ich glaube, daß ich den ‹Tod in Venedig› am meisten liebe. Es ist am geschlossensten.»

«Das gelungenste Werk», sagte Frau Mann.

«Es ist am meisten all right», sagte sein Autor.

«Was er meint ist: o.k.», sagte Frau Mann.

Karl Schriftgiesser

Übersetzt aus dem Englischen.

Tagebuch, 30. VI. 35: «Nach dem Frühstück Journalisten von der W.-Post. Interview und photogr. Aufnahmen.» Mann befand sich vom 9. Juni – 13. Juli auf seiner zweiten Amerikareise. – Schon im Juli übernahmen Emigrantenzeitschriften die Äußerungen zur Wahl zwischen Faschismus und Kommunismus, und am 19. Juli wird das Interview in dem zweiten Ausbürgerungsantrag erwähnt (Hübinger, S. 470 f.). Am 5. August steht im Tagebuch: «Gefährdung der Münchener Interessen durch das amerik. Interview über Kommunismus.» Wenig später schreibt er in einem distanzierenden Brief an den Verleger u. a.: «Das in Washington geführte Gespräch ist natürlich von meinem Gesprächspartner nicht sehr exakt wiedergegeben worden und durch die weitere Wiedergabe hat es neuerdings noch an Genauigkeit verloren. Es war ein Gespräch, wie man es überall in der Welt unter gebildeten Leuten führt über die nachliberalen Staatsformen. Ich habe erklärt, daß ich kein Kommunist sei und mich unter dem Kommunismus nicht glücklich fühlen würde; so viel aber sei zugegeben, daß der Kommunismus, wenn wirklich die Freiheit tot sei, die einzige positive Idee sei, die man dem Faszismus entgegenstellen könne» (vgl. Regesten 35/162). Dieser Passus wird in einem erklärenden Brief des Verlags an einen Beamten des Reichsinnenministeriums zitiert (5. September; Hübinger, S. 476 f.). – Eine zweite amerikanische Äußerung löste eine ähnliche Reaktion aus (‹Boston Evening Globe›, 26. VI. 35). Das Generalkonsulat vor Ort meldete den Vorfall (Hübinger, S. 470), Mann schrieb am 5. September einen dementierenden Brief (Regesten 35/163), und einer Recherche des Auswärtigen Amts stützte Manns Behauptung (Hübinger, S. 478 f. u. 492 ff.). – 1] ‹Der Tod in Venedig›, GW VIII, 480. – 2] Die Einladung ins Weiße Haus hatte Mann am 25. Juni erhalten: «Aufgabe des Besuchs bei Lewis» notierte er ins Tagebuch. Die Journalistin Dorothy Thompson (1894–1961) war die zweite Frau des amerikanischen Romanautors Lewis. Am 5. Mai hatte sie die Übersetzung des ‹Jungen Joseph› (‹Young Joseph›, übersetzt von H. T. Lowe-Porter, New York 1935) in der ‹New York Harald Tribune Book Review› positiv besprochen. 1934 hatte man sie als Auslandskorrespondentin aus Hitlerdeutschland ausgewiesen. Mit kargen Notizen gibt Mann seinen Besuch vom 29. Juni 1935 bei Franklin D. Roosevelt, dem Präsidenten der Vereinigten Staaten bis zu seinem Tod 1945, wieder. Wie bedeutungsvoll diese Begegnung jedoch für ihn war, zeigt unter anderem die Integration von Roosevelts ‹New Deal›-Politik in die Staatsaktionen Josephs. – 3] 1929 erschienen. – 4] ‹Past Masters and Other Papers›, übersetzt von H. T. Lowe-Porter, New York 1933.

Neue Deutsche Hefte, Berlin, Januar 1975
(Für: Das Neue Tagebuch, Paris, Sommer 1935)

Thomas Mann äußert sich zu seiner Zeit

Thomas Mann hat bisher zu den Veränderungen seit 1933 nicht schriftlich Stellung genommen. Das allgemeine Bedauern hierüber war um so größer, als man wußte, daß seine Formulierungen durch ihre Tiefe und gleichzeitige Diesseitigkeit oft auf die jeweils dargestellte Zeit zurückgewirkt haben. Einige Gespräche, die ich jetzt in Salzburg mit ihm hatte, scheinen mir mindestens die Lauterkeit der Gründe dieses Schweigens zu beweisen. Darüber hinaus geben sie sachlich interessante Ausklärungen.

«Die Ereignisse der letzten Jahre», erklärte Thomas Mann zunächst abwehrend, «sind für eine vollgültige Darstellung noch nicht reif. So mußte ja auch der Krieg erst zehn bis zwölf Jahre zurückliegen, bis die ersten künstlerischen Bücher über ihn erschienen. Ich selbst empfinde weitgehende Resignation gegenüber den unmittelbaren Zeiterlebnissen.» Nach dieser abweisenden Einleitung gesteht er aber zu: «Eine Möglichkeit, die Epoche zu verarbeiten, bestünde höchstens in ähnlichem Stil, wie ich seinerzeit die Inflation in ‹Unordnung und frühes Leid› mitformuliert habe: ich würde mich ganz bescheiden auf ein Winkelchen dieser Zeit konzentrieren, mit völliger Harmlosigkeit Begebenheiten darstellen, die dann doch als Symbole die Epoche begreiflich machen würden. Man muß mit bescheidenen Absichten anfangen, und wenn man jemand ist, macht sich die Sache dann von selbst.»

Frage, ob er von einer Äußerung seinerseits nicht günstige Wirkungen auf die Zeit erhoffe. Er sitzt nachdenklich, mit hochgezogenen Brauen, den kantigen Kopf halb zustimmend seitwärts geneigt. «Die Kunst kann das Gesicht einer Zeit prägen», gibt er zu, «Kunstwerke liefern Abbilder von Menschen und Epochen und formen sie durch diese Bewußtmachung. So ist das Werk Balzacs der Widerschein der französischen Gesellschaft einerseits, und in gewissem Sinn und Maß ist auch diese Gesellschaft das Werk Balzacs. Ich selbst habe erlebt, daß die Sprechweisen der Buddenbrooks und Tonio Krögers direkt die Verkehrssprache beeinflußten.»

«Aber heute», bestehe ich, «welchen Einfluß erwarten Sie von der Kunst gerade in der Epoche der Faschismen?»

«Soweit menschliche Gruppen faschistisch geworden sind, hat die Kunst keinen Einfluß. Für faschistische Perioden treten Kunst und Kultur an Wichtigkeit zurück; man mag das bedauern, es ist aber an sich gerechtfertigt, nicht in jeder Epoche muß die Kunst im Vordergrund stehen. Die Lösung politischer und sozialer Fragen kann wichtiger sein. Natürlich müßte man diese Fragen dann richtig lösen!»

«Halten Sie einen vollkommenen Verzicht auf Kultur heute überhaupt für durchführbar? Hat denn nicht auch der Faschismus seine Parolen aus dem Gedankengut großer Geister geholt?»

«Gewiß, gewiß. Es ist viel von der Substanz Nietzsches in die Zeit eingedrungen, aber eben in verdorbenem Zustand, nicht verdaut, nicht verstanden.» (In einer früheren Unterhaltung erwähnte Thomas Mann, daß er einen Essay über Nietzsche zu schreiben vorhabe, als Gegenstück zu dem großen Wagneraufsatz. Vielleicht wird man darin die erhofften politischen Analysen finden?) Er gibt zu, daß auch Freud und Bergson Einfluß auf die Entwicklung hatten.

Eine veredelnde Wirkung der großen Ideen glaubt er aber in ihrer Popularisierung nicht zu spüren. Mißmutig sagt er: «Es ist ein großer Ausverkauf in Geist, ein rascher Verschleiß wechselnder Ideen. Ein recht unglücklicher Zustand. Die gleichen Ideen hätten hervorragend Gutes erzeugen können. Der Mißerfolg liegt in der allgemeinen Reduziertheit der Menschen. Not und Niedergeschlagenheit sind schuld, daß die Menschheit die Gedanken in schädlicher, verhäßlichender Weise verarbeitet hat. Die Parolen wurden nur als Waffen benutzt, um einander die Köpfe einzuschlagen.»

Ich frage ihn, wie er zur politisierenden Verhunzung des Mythischen steht. Diese Frage führt ihn auf seine persönliche Entwicklung vom rational-analytischen Zauberberg zur Urmelodie des Josephsepos und auf die seltsam problematische Übereinstimmung mit den antirationalen Strömungen der Gegenwart. «Ich selbst bin als Schriftsteller zum Mythos gekommen, weil mir die Ebene des Bürgerlichen nicht mehr genügte. Das ist eine Alterserscheinung: das Individuelle verliert an Interesse, man schreitet zum Typischen vor; und das Typische ist das Mythische.»Wie himmelhoch steht diese Begründung seiner mythologischen Stoffwahl über allem nebelhaften Modegeschwätz!

Er malt aus, was aus den aktuellen Ideen bei günstiger Zeitlage hätte werden können. «Die Idee des ‹Dritten Reichs› wurde zuerst von Ibsen verkündet, in dem Stück ‹Kaiser und Galiläer›[1]. Damals dachte man dabei sehr Schönes: die Vereinigung des christlich-Spirituellen mit der heidnischen Antike, die Emanzipation des Körpers, das Wiedererwachen der harmlosen, blühenden Sinnlichkeit und eine neue Synthese mit dem nazarenischen Geist.»

Abschließende Frage: «Halten Sie diese Lösung für verloren, oder glauben Sie an eine künftige Verwirklichung?»

«Da schwankt man – das ist schwer zu prophezeien. Wenn das Abendland eine Zukunft haben soll, muß diese Idee das Ziel sein. Es ist eine biologische Frage, ob in der Tiefe dieses Erdteils noch Kräfte liegen, die sich manifestieren können, wenn die Krise vorbei sein wird.» Leise und schwer, sozusagen sich selbst überredend fügt er hinzu: «Ich glaube es im Grunde.»

Stephan Lackner

Mann nahm vom 21.–28. August an den Salzburger Festspielen teil, trug den Wagner-Vortrag und ein Stück aus dem ‹Joseph› vor. Im Tagebuch sind «Journalisten» am 22./23. August erwähnt. Der Interviewer Stephan Lackner, der freundlicherweise zu weiteren Auskünften bereit war, schildert: «Im Sommer 1935 saß ich mit Thomas Mann auf der Terrasse des Café Bazar in Salzburg und entlockte ihm ein Interview» (St. Lackner, ‹Ein Gespräch mit Thomas Mann› in ‹Neue Deutsche Hefte›, Berlin, 22 (1975), H. 1, S. 118–123). Lackner, damals ein junger Mann, schickte eine erste Fassung seines Interviews an Mann, der daraufhin «ein paar politisch abschwächende Korrekturen» vorschlug, die Lackner ausführte. Die überarbeitete Fassung, die hier vorliegt, lehnte Mann dann in einem Brief vom 31. August mit grundsätzlichen Überlegungen ab: «Ich habe über die Dinge, nach denen Sie mich fragten und die Ihr Interview in knapper und etwas trockener Form behandelt, in diesen ganzen Jahren seit dem deutschen Umsturz geschwiegen, nur einmal, in dem Don Quichote-Essay einiges anklingen lassen, unter dem Vorbehalt, eines Tages mit meiner Ansicht über diese Vorgänge, meinem Erlebnis davon, in ausführlicher und für mich entscheidender Weise hervorzutreten. Eine vorläufige, verfrühte und notwendig unzulängliche Äußerung über den Komplex in Form eines Interviews ist mir in der Seele zuwider». –1] ‹Kaiser und Galiläer›, 1873, deutsch 1888.

Das Echo, Wien, 24. August 1935

Bei Thomas Mann in Salzburg

Den tausenden kunst- und kultursüchtigen Menschen, die jetzt Salzburgs Wege kreuzen, hat sich seit zwei Tagen ein großer Deutscher gestellt: Thomas Mann ist mit seiner Gattin aus Gastein gekommen, um hier zwei Vorträge[1] zu halten.

«Aber auch ganz intensiv in diese wunderbare eigne Landschaft unterzutauchen – und wie erst, an den Festspielen teilzunehmen! Zunächst bin ich glücklich, hier zu sein. Dann finde ich, es ist wie ein Wunder, dieser überwältigende Erfolg der Salzburger Idee in diesem Jahr! Ganz sicher mag es der Welt zu denken geben, der nächstgelegenen nicht zuletzt ...[2]

Gestern habe ich mir den ‹Faust› Reinhardts[3] angesehen und finde, es ist eine außergewöhnliche Erfüllung goethescher Illusion. Das Wort kommt keineswegs zu kurz. Die kühne Idee der landschaftlichen Nutzung symbolisiert in ihrer Raumhöhe sehr richtig die Horizonte des Werkes selbst. Die Wessely ist in ihrer Schlichheit wahrhaft ergreifend – da schwingt eine seelische Anmut besonderer Art durch ...

Nachher erfreute ich mich auf Schloß Leopoldskron der kultivierten Gastfreundschaft Max Reinhardts in gleichgestimmtem Kreise. Er geht jetzt ganz in der Vorgestaltung von Werfels Bibeldrama auf.»[4]

«Ist es nicht eine sonderbare Wahlverwandtschaft», füge ich ein, «daß auch Sie in ihrem neuen Werke Geschicke des jüdischen Volkes behandeln?»

«Ja, gewiß. Doch meine Joseph-Trilogie ist ja ganz episch, auf breiteste, objektivierte Schilderung gestellt, während Werfel doch ausgesprochen dramatisch vorgeht.

Der dritte Band meines Werkes behandelt ‹Joseph in Ägypten› und ist jetzt ungefähr bis zur Mitte gediehen. In meiner idyllischen Behausung, wie ich sie in Küßnacht am unteren Zürichsee fand, geht die Arbeit gut vonstatten.»

«Waren Sie nicht nach Ihrem freiwilligen Weggang aus Deutschland in Südfrankreich?»

«Ja, dort war es auch schön und behaglich. Wir bildeten einen Freundeskreis, zu dem René Schickele und Lion Feuchtwanger zählten – lasen einander unsere eben entstandenen Manuskripte vor.[5]

Doch zog es mich in die deutsche Schweiz, um meiner deutschen Heimat näher zu sein – so sehe ich sozusagen immer hinüber ...»

Wir kommen auf Thomas Manns erklärte Liebe zu Oesterreich zu sprechen. «Denken Sie, es gibt sogar ein kleines Buch über mich, ‹Thomas Mann, der Oesterreicher ...›,[6] in dem meine Art mit der Grillparzers verglichen wird. Faktisch hat es mich von je in dieses naturgesegnete Land der freundlichen Menschen, der weicheren Sinnesart gezogen.»

Wir streifen die Namen Hebbel, Brahms, Billroth, Laube[7] die es alle aus dem Norden an diese südliche, lebensstarke Metropole zog, in der sich so ausgleichend viele Elemente finden.

Manns Gattin tritt zu uns in die Ecke des «Oesterreichischen Hofs» – sie ist die Tochter des berühmten Mathematikers Pringsheim in München, ihre Mutter aber eine der Töchter Hedwig Dohms,[8] in deren Berliner Heim sich einst die besten Geister fanden. So wirken in ihr Traditionen besonderer Geisteskultur fort – und ganz gewiß ist die reife Ausgeglichenheit einerseits, andererseits die humane Dominante in allen Gestaltungen Thomas Manns nicht unbeeinflußt von der inneren Harmonie und dem weitgestreckten Geisteshorizont der Gattin.

Ihr Bruder, Klaus Pringsheim, ist seit mehreren Jahren als Dirigent in Tokio zu hohen Ehren gelangt. Mit seinen 100 japanischen Orchesterkünstlern führt er sogar Bruckner und Mahler in Tokio auf. Die Resonanz ist so stark, daß zum Beispiel Mahlers «Fünfte» mehrmals wiederholt werden mußte.

In den vielen Münchner Jahren war Thomas Mann der Nachbar Bruno Walters im Herzogspark. Daher stammt seine enge Freundschaft mit diesem großen Musiker, die jetzt in diesen Salzburger Tagen ihre schönste Erinnerung findet, indem der eine dem ‹Don Giovanni› des anderen lauscht, dieser hierwieder den gehaltvollen Vorträgen Thomas Manns.

Auf diese kommen wir hier noch ausführlicher zurück, wenn der zweite stattgefunden hat.

Als ich meinen Besuch bei dem Dichter beende, bei diesem klaren, goethischen Geist, diesem aufrechten, echten Deutschen geistigster Kultur – lösen mich ausländische Kollegen in Fülle ab. Sie alle erweisen dem Deutschen Mann ihre Reverenz, der auf die Zeit hoffen und harren mag, wieder im deutschen Vaterland zu leben ... R. K.

1] Wagner-Vortrag und Lesung aus dem ‹Joseph›. – 2] Anspielung auf deutsche Bestrebungen, die Salzburger Festspiele zu boykottieren – unter anderem durch rigorose Devisenbestimmungen. – 3] Während hier von einer Max Reinhardt-Inszenierung von Goethes ‹Faust› mit Paula Wessely als Gretchen die Rede ist, berichtet die ‹Chronik› (S. 116) – vermutlich auf Grundlage einer Mitteilung Manns an Ida Herz vom 24. August 1935 (Regesten 35/153) von der Aufführung der Faust-Oper (Gounod). – 4] ‹Der Weg der Verheißung. Ein Bibelspiel›, Wien 1935. – 5] Sanary-sur-Mer, Mitte Juni – Mitte September 1933. – 6] Oswald Brüll, ‹Thomas Mann der Österreicher›, in ‹Die Ähre›, Zürich, 1. September 1915; Wiederabdruck in O. Brüll, ‹Thomas Mann. Variationen über ein Thema›, Wien 1923. – 7] Für den Dramatiker Friedrich Hebbel (1813–1863), geb. in Dithmarschen, wurde Wien ab 1845 von entscheidender Bedeutung; der Komponist Johannes Brahms (1833–1897), geb. in Hamburg, übersiedelte 1862 nach Wien; der Chirurg Theodor Billroth (1829–1894), auf Rügen geboren, lehrte ab 1867 in Wien und gehörte dort zum Freundeskreis um Brahms; der jungdeutsche Schriftsteller Heinrich Laube (1806–1884), im schlesischen Sprottau geboren, entwickelte nach 1850 das Burgtheater zur führenden deutschsprachigen Bühne. – 8] Die Frauenrechtlerin Hedwig Dohm (1833–1933); vgl. ‹Little Grandma›, GW XI, 467ff.

Neues Wiener Journal, 8. Mai 1936

Bekenntnis zu Sigmund Freud

Mein Wiener Aufenthalt gilt diesmal der Ehrung Sigmund Freuds. Wie es dazu kommt, daß gerade ich berufen wurde, den großen Psychiater zu feiern? Nun, es hat sich erwiesen, daß ich – wenn auch unbewußt – gewissermaßen vom Bau bin. Meine Beziehung zur Psychoanalyse stammt eigentlich schon aus dem Beginn meines Schaffens. Als ich meinen ersten Novellenband herausgab, den ‹Kleinen Herrn Friedemann›, erhielt ich von einem mir unbekannten Schüler Freuds eine psychoanalytische Arbeit zugesandt, die sich mit einem ähnlichen Problem beschäftigte – und so ist es geblieben. Fast bei jedem meiner Bücher erhielt ich zustimmende Erklärungen und Abhandlungen aus dem Kreise der Analytiker, die bei mir Elemente aus ihrer eigenen Welt wiederfanden. Nun stehe ich allerdings nicht allein unter den Schriftstellern, die sich mit Freuds Lehre begegnen oder seinen Einfluß erfahren haben. Leonhard Frank und Hermann Hesse, um nur zwei Namen zu nennen, verwerten die Ergebnisse der Psychoanalyse in ihren schönsten Erzählungen. Mich selbst fesselt vor allem die mythische Seite des Freudschen Gedankengutes. Denn es hat sich ergeben, daß die Psychoanalyse, wenn sie beim einzelnen Menschen in die Kindheit zurückdringt, auch imstande ist, die Kindheit der Menschheit zu erhellen. Der Mythos gewinnt unter dem Licht der Tiefenpsychologie greifbare Gestalt. Ich habe mich selbst in einem Essay mit Freud und seinem Werk von meinem Standpunkt aus beschäftigt.

Meine persönliche Bekanntschaft mit dem Gelehrten ist verhältnismäßig jungen Datums. Vor drei Jahren besuchte ich ihn spontan in seinem Wiener Heim, und bei meinem sechzigsten Geburtstag erfreute er mich durch einen Glückwunschbrief, den er der mir von meinem Verleger überreichten Mappe von Gratulationen wohlwollender Zeitgenossen beilegte. Heute nun habe ich Professor Freud wiedergesehen und ihm eine ähnliche Huldigung von dreihundert Persönlichkeiten aus aller Herren Ländern übergeben. Es war ein Besuch ohne alles Zeremoniell, im engsten Kreise seiner Familie und Freunde – und ich war glücklich, den Achtzigjährigen in voller Frische, lebendig Anteil nehmend, zart und gütig wie je, anzutreffen.

Mein Wiener Aufenthalt ist diesmal nur kurz. Unmittelbar nach meinem morgigen Vortrag reise ich nach Brünn und Prag, wo ich die Wiener Rede wiederhole. Dann geht es auf ein paar Wochen in mein Züricher Heim zurück. Dort lege ich letzte Hand an den dritten Band meines Josephs-Romans, der im Herbst erscheinen wird – und zwar in Wien![1] Ich freue mich, daß meine Bindung an Wien nun dadurch noch enger wird, daß der Verlag Bermann-Fischer, in dem meine Bücher herauskommen, seinen künftigen Sitz in Wien haben wird. Und so komme ich denn bereits im Juni zu längerem Aufenthalt nach Wien und lese im Rahmen der Festwochen ein Stück aus dem neuen Teil des Romans vor. Von Wien aus fahre ich nach Budapest, wo das Völkerbundkomitee für geistige Zusammenarbeit, dem ich als Mitglied angehöre, auf Einladung der ungarischen Regierung eine Tagung abhält.

Dann aber erwartet mich ein neues Erlebnis: meine erste Reise nach Südamerika! Anlaß ist die diesjährige Versammlung des Penklubs in Buenos Aires. Auf dem Wege dorthin aber mache ich Station in Rio de Janeiro, dem Geburtsort meiner Mutter, die mir als Kind nicht genug erzählen konnte von der zauberhaften Schönheit ihrer Heimat. Meine Mutter kam in Rio als Tochter eines Deutschen und einer Kreolin zur Welt – daher der Tropfen lateinischen Blutes in meinem Wesen.

Meine weiteren Pläne? Der Josephs-Roman ist mit dem

dritten, 600 bis 700 Seiten langen Band nicht abgeschlossen. Er führt nur bis zu der Katastrophe, die durch die Liebe der Frau Potiphar ausgelöst wird. Ein vierter Band soll folgen, der Josephs Aufstieg bei Hofe schildert und ‹Joseph der Ernährer› heißen wird. Aber dazwischen möchte ich etwas ganz anderes machen: eine Goethe-Novelle,[2] die eine Episode aus dem Alter des Dichters in Weimar schildert, und einen Nietzsche-Essay, der ein Gegenstück zu meinem Wagner-Essay bilden soll.

Am 7. Mai traf Mann in Wien ein, um am 8. Mai den Festvortrag ‹Freud und die Zukunft› zu Freuds 80. Geburtstag zu halten. Die geplante Südamerikareise kam nicht zustande. – 1] ‹Joseph in Ägypten› erschien im Oktober 1936. – 2] Der Roman ‹Lotte in Weimar›, 1939.

Der Morgen, Wien, 15. Juni 1936

Thomas Mann: Der Geist im Exil

Thomas Mann, der Hüter der deutschen Geistigkeit, hat, aus Budapest kommend[1], in Wien Station gemacht[2], wo er dieser Tage zwei bedeutsame Vorträge hält.

Thomas Mann hat einem unserer Mitarbeiter in einem Gespräch seine Ansichten über die deutsche Geistigkeit in der Emigration mitgeteilt.

«Ist es nicht zu befürchten», so lautete die Frage, die wir an Thomas Mann stellten, «daß es der deutschen geistigen Emigration mit der Zeit ebenso ergehen kann, wie es anderen Emigrationen ergangen ist, daß sie nämlich den Zusammenhang mit dem Vaterland verliert und so in sich zusammenbricht oder zumindest, auf jenem Standpunkt verharrend, den sie einnahm, als sie emigrieren mußte, langsam veraltet und lächerlich wirkt?»

«Das, was Sie befürchten», antwortete Thomas Mann nach einigem Nachdenken, «und was für einige Emigrationen, so etwa für die russische, zum Teil zutrifft, glaube ich für die deutsche Emigration, zumindest aber für meinen Teil, nicht befürchten zu müssen. Denn die deutsche Emigration genießt den Vorzug, daß der Begriff ‹Deutschland› im Geistigen sich nicht auf das Deutsche Reich beschränkt und daß man in der glücklichen Lage ist, auch außerhalb des Deutschen Reiches deutsches Sprachgebiet und alte deutsche Kultur vorzufinden, ja, zum Teil altes deutsches Sprachgut oft noch besser erhalten vorfindet, wie ich zum Beispiel in meiner neuen Wahlheimat, in der Schweiz, oder etwa in Österreich.»

«Trägt nicht dazu, daß der deutsche geistige Mensch die Emigration leichter erträgt als etwa der Russe, auch die Tatsache bei, daß der deutsche geistige Mensch auch Weltbürger ist, daß ihm Deutschland nur engere Heimat, die Welt aber die weitere Heimat bedeutet?»

Thomas Mann: «In gewissem Sinne ja. Anders liegt der Fall bei den Russen. So ist die emigrierte russische Literatur, etwa Iwan Bunin, den ich hoch schätze und dessen Roman ‹Der Mann in Chikago› ein vortreffliches Buch ist[3], in der Atmosphäre des neunzehnten Jahrhunderts steckengeblieben. Diese Gefahr besteht überall, wo die Entwicklung im Heimatland weitergeht und die Emigration nicht teil hat an ihr. Bei der deutschen Emigration ist – ich möchte sagen – beinahe das Gegenteil der Fall. In meinem Heim in Küsnacht am Zürcher See habe ich fast täglich Freunde aus Deutschland bei mir, wir haben teil an allem, was in der Welt vorgeht, ja, manchen von uns hat die Emigration in seiner geistigen Entwicklung eher gefördert als gehemmt.

So», sagt Thomas Mann mit einem feinen Lächeln, «finde ich, daß zum Beispiel meinem Sohn Klaus Mann die Emigration geradezu gut getan hat. Klaus, der ständig in Amsterdam lebt, den ich aber jetzt bei mir daheim in Zürich antreffen werde, hat sich in der Emigration außerordentlich entwickelt. War schon sein Buch ‹Flucht nach Norden› gut, so finde ich sein neuestes Werk ‹Symphonie pathétique›[4] vorzüglich, besonders die Schilderung, wie Brahms und Tschaikowsky einander in Leipzig begegnen.»

«Wie steht's aber um das Heimweh? Sie haben doch in Deutschland manches zurücklassen müssen. Ein schönes Heim, eine herrliche Bibliothek, zwei Autos, von den immateriellen Gütern gar nicht zu reden!»

«Ich fühle mich in der Schweiz gar nicht in der Fremde», meint Thomas Mann nachdenklich. «Ich, der ich in Lübeck geboren bin, habe, genau genommen, in München ebenso in der ‹Fremde› gelebt wie jetzt in Zürich oder ebenso wenig.»

Das Gespräch findet nach der Vorstellung im Akademietheater statt. Thomas Mann sagt: «Hier im Akademietheater habe ich übrigens kurz nach dem Weltkrieg die vorzüglichste

Aufführung meines Theaterstücks ‹Fiorenza› erlebt, und heute konnte ich hier im Konzerthaus ein Werk bewundern, das mir wegen seiner künstlerischen Vollkommenheit, wegen der technischen Akribie, die ich an allem künstlerischen Schöpfen so sehr respektiere, vor allem aber wegen des ‹langen Atems›, der zu einer besonderen künstlerischen Eigenart gehört, so sehr gefällt. Es ist das große Triptychon des Malers Max Oppenheimer, das er von seinem Gemälde ‹Das Konzert› angefertigt.[5] Ich bin fest überzeugt, daß der Staat es nicht verabsäumen wird, dieses grandiose Werk zu erwerben.»

«Der lange Atem, er zeichnet auch Ihre Werke aus. Sie haben hier in Wien das dritte Buch der Josephslegende vorgelesen. Ist sie hiermit beendet?»

«Keineswegs. Dieses dritte Buch endet mit der zweiten Erniedrigung Josephs, der nach der Liebesaffäre mit Potiphar in den Kerker geworfen wird. Enden soll die Josephslegende mit dem Tode Jaakobs. Das dritte Buch erscheint im Oktober im Wiener Bermann-Fischer-Verlag, wo übrigens noch im August mein kleines Heftchen über Freud erscheinen wird. Darf ich mir übrigens schmeicheln, daß jener besonders warme Empfang, jenes nachdrückliche Interesse, das gerade meinem jetzigen Wiener Besuch entgegengebracht zu werden scheint, auf meine Broschüre über den Wiener Freud zurückzuführen ist?»[6]

«Vielleicht nicht in erster Linie», erlaubt sich nun der Interviewer eine Gegenäußerung, «aber Wien und die Wiener bringen jenem Mann, der ein offenes deutsches Wort spricht, als einem Freund, den herzlich zu begrüßen wir nicht ermangeln, wärmste Sympathie entgegen. Der Name Thomas Mann ist ein Anlaß, für Geistigkeit einzutreten, und man muß solche Anlässe wahrnehmen.»

Thomas Mann: «Offen gestanden, empfinde ich es auch ein wenig als meine Aufgabe, solchen Anlaß zu bieten. Auch im Deutschen Reich darf ich noch solchen Anlaß bieten. Doch zum Abschluß wollen Sie wissen, was ich als nächstes großes Werk plane. Es ist ein Novellenzyklus über den alternden Goethe in Weimar.«

r. h.

1] Ungarnreise vom 6.–13. Juni 1936. Am 7. Juni las Mann das Schlußkapitel «Benoni» aus ‹Die Geschichten Jaakobs›, am 12. trug er ‹Freud und die Zukunft› vor. Vom 8.–12. Juni tagte das ‹Comité de la Coopération Intellectuelle› in Budapest, in bedeutender internationaler Zusammensetzung. Mann referierte über ‹Humaniora und Humanismus›; zu einer Pressesensation wurde die improvisierte Rede «Gegen die Freiheitsmörder und über die Notwendigkeit einer militanten Demokratie» am 9. Juni (abgedruckt: ‹Pester Lloyd› vom 11. Juni; vgl. GW XIII, 633ff). – 2] Wienaufenthalt vom 13.–17. Juni; am 13. Lesung aus dem ‹Joseph›. – 3] Der Lyriker und Erzähler Iwan Alexejewitsch Bunin (1870–1953), Nobelpreisträger 1933, emigrierte 1920 mit zahlreichen anderen russischen Emigranten nach Frankreich; ‹Der Herr aus San Francisco› erschien 1916. Einen Band der Erzählungen Bunins hatte Mann Mitte Mai 1935 gelesen (Tagebuch). – 4] Der Roman ‹Flucht nach Norden›, Amsterdam 1934, der Tschaikowsky-Roman ein Jahr später. – 5] Tagebuch, 14. VI. 36: «Mit Born und Oppenheimer in dessen Atelier zur Besichtigung seines großen Konzertbildes. Starker Eindruck». Zum ‹Symphonie›-Bild des Malers und Zeichners Max Oppenheimer (1885–1954) vgl. GW X, 877–79. Aus dem Jahr 1926 stammt das Ölbild ‹Porträt Thomas Mann› (Wien) zu dem sich Oppenheimer in ‹Menschen finden ihren Maler›, Zürich 1938, S. 46–48 äußert. – 6] ‹Freud und die Zukunft. Vortrag, gehalten in Wien am 8. Mai 1936 zur Feier von Sigmund Freuds 80. Geburtstag›, Wien 1936. Die Entscheidung für den Druck der Broschüre registrierte Mann am 14. Mai (Tagebuch). Dort heißt es am 14. Juni: «Die Presse sehr aufmerksam. Leitartikel zu meiner Begrüßung im ‹Tageblatt› und ‹Tag›. Besprechungen der Vorlesung, auch in der ‹Neuen Freien Pr.›»

Der Montag, Prag, 11. Januar 1937

«Ich bin stolz ... diesem Staate anzugehören»

Thomas Mann über die Tschechoslowakei

Thomas Mann, nach Masaryk und Beneš wohl der berühmteste Tschechoslowake und vorläufig einzige Nobelpreisträger dieses Landes, hatte die Liebenswürdigkeit, unserem h. n.-Mitarbeiter über seine neue Heimat einige Erklärungen abzugeben:

«Ich bin froh und glücklich, Bürger dieses Staates zu sein.[1] Ich bin den Prager amtlichen Instanzen sehr dankbar, daß sie mir den Weg so rasch geebnet haben. Ich bin stolz, diesem Staatswesen anzugehören, dessen politische und geistige Haltung meinen eigenen Anschauungen entspricht. Es ist nur natürlich, daß ich mich als Bürger eines Staates wohl fühle, dessen Repräsentanten wie der Präsidentenbefreier T. G. Masaryk und sein Nachfolger Beneš die geistigsten, durchgebildetsten Persönlichkeiten ihres Volkes sind, Männer von europäischer Geltung, Gelehrte in einem durchaus modernen und umfassenden Sinne. Es kommt hinzu, daß ich in einem Staate

Aufnahme gefunden habe, der eine große deutsche Minderheit besitzt. Als Deutscher und Kulturdeutscher sehe ich hier, ohne mich überschätzen zu wollen, Möglichkeiten, die der im Gange befindlichen Annäherung der beiden Nationen förderlich sein können. Trotz mancher Gegensätze ist das Kulturelle das Verbindende. Und im Kulturellen hat die deutsche Bevölkerung der Tschechoslowakei vorbildliche Entfaltungsmöglichkeiten. In seinen besten Zeiten und in seiner Grundhaltung hat der Deutsche stets im Kulturellen seine Erfüllung gefunden. Unstimmigkeiten zwischen dem Mehrheitsvolk und der Minderheit hat es immer und überall gegeben. Es ist das Übel, daß diese Unstimmigkeiten politisch mißbraucht werden. Es scheint mir, daß eine deutsche Minderheit, die ihr kulturelles Leben frei gestalten kann, dies als ein großes Aktivum empfinden und nicht die Unzulänglichkeiten grollend in den Vordergrund stellen sollte.»

Pragbesuch vom 9.–12. Januar 1937; zum erstenmal als tschechischer Staatsbürger. Tagebuch, 10. I. 37: «Beim Kaffee Interview mit einem besseren Journalisten vom ‹Montag›.» – 1] Seit dem 19. November, als er den Eid vor dem tschechischen Konsul in Zürich abgelegt hatte, war Mann Bürger der Tschechoslowakei. Am 11. Januar wurde er von Präsident Beneš zu einem zweistündigen Gespräch empfangen; abends las er aus dem ‹Lotte in Weimar›-Manuskript das Einleitungskapitel, danach «Die Damengesellschaft» aus ‹Joseph in Ägypten›.

Neues Wiener Tageblatt, 16. Januar 1937

Gespräch mit Thomas Mann

Jünger, elastischer und arbeitsfreudiger denn je, geht der Dichter von einem Dank an das Wiener Publikum aus, das seiner Vorlesung aus dem dritten Band des ‹Joseph›-Romans wie aus der im Entstehen begriffenen Novelle ‹Lotte in Weimar› so liebevollen Beifall spendete. Das zu Gehör gebrachte erste Kapitel der Goethe-Novelle bezeichnet er als «ersten Akt eines Lustspieles», und spricht über dessen Voraussetzungen und weitere Entwicklung: «‹Lotte in Weimar› ist ein historisches Faktum, wenn auch nicht mehr als eine knappe Anekdote. In Goethes ‹Annalen› des Jahres 1816 findet sich unter den aufgezählten Besuchern auch Frau Hofrätin Kestner aus Hannover. Nicht mehr. Doch wissen wir, daß die ungewöhnliche Begegnung zwischen dem siebenundsechzigjährigen Minister und der dreiundsechzigjährigen Hofrätin, wie kaum anders möglich, vergleichsweise enttäuschend ausfiel. Diese Begegnung bildet die Höhe und zugleich den Schlußpunkt meiner Erzählung, welch letzterer es zuvor darum geht, die Welt um Goethe, um den ‹großen Mann›, in Handlung und Gespräch erstehen zu lassen, in allzuviel Handlung und Gespräch vom Gesichtspunkt der armen Hofrätin Kestner aus, die vor lauter Vorsprachen, Aufwartungen, Befragungen, wenn sich auch unter den Besuchern Persönlichkeiten, wie August v. Goethe, Adele Schopenhauer oder Doktor Riemer, befinden, fast nicht zum eigentlichen (oder wenigstens als Grund angegebenen) Zweck ihrer Weimarer Reise kommt, zur Visite bei ihren Verwandten. Schließlich finden wir die Personen des ‹Lustspieles› an Goethes Tisch zum Speisen beisammen, wobei es nicht allzu gemütlich hergehen mag, bis eine Unterredung der beiden Hauptakteure unter vier Augen den versöhnlichen Abschluß bringt.

Was mich zu ‹Lotte in Weimar› trieb, war das Bedürfnis, zwischen den dritten und vierten Band des ‹Joseph›, der Abwechslung halber, eine Arbeit aus ganz andrer, auch sprachlich durchaus verschiedenartiger Sphäre einzuschieben, ehe mich der letzte Teil meiner Tetralogie wieder an den Pharaonenhof führt, auf den Weg Josephs aus dem Kerker, darin wir ihn verließen, bis zum Staatsminister und ‹Ernährer›, bis zum Wiedersehen mit seinen Brüdern und dem alten Jaakob, dessen Tod den Schlußstein des Gebäudes bilden soll.

Auch Fahrten und Reisen fallen in diese Zwischenzeit meiner Romanarbeit. Nach Wien kam ich von Budapest und Prag, wo ich bei einer Begegnung mit Präsident Beneš aus dessen Mund Äußerungen über die europäische Gesamtlage hören durfte, die einen tröstlichen Blick in die Entwicklung der Dinge gestatten. Meine geplante Amerikareise – meine dritte – geht auf die Einladung der in New York gegründeten ‹New School for Social Research› zurück, deren Senat ich angehöre. Prinz Löwenstein[1] ist der *spiritus rector* dieser Vereinigung. Fritz Busch[2] steht ihm zur Seite. Die Vereinigung hat sich die Förderung des gesamten deutschen Geistes- und Kunstlebens außerhalb Deutschlands zum Ziel gesetzt, wobei also Wissenschaft, Dichtung, bildende Kunst usw. gleichmäßig berücksichtigt werden sollen. Dem europäischen Senat gehören Adolf Busch, Sigmund Freud, Feuchtwanger, René Schickele[3],

Heinrich Mann und so fort an, das europäische Sekretariat versieht in London Peter de Mendelssohn[4]. Preise[5], Arbeitsbeihilfen, Verlegerzuschüsse, eine Buchgemeinschaft, repräsentative Darbietungen gehören zu den Obliegenheiten der Gesellschaft, die nun bei Veranstaltungen, zu denen mich meine Reise führt, auf breite Basis gestellt werden wird.

Dr. P.

1] Hubertus Prinz zu Löwenstein (geb. 1906) hatte unter der Mitarbeit des Leiters der ‹New School for Social Research›, Alvin Johnson, die ‹American Guild for German Cultural Freedom› gegründet und eine deutsche Universität im Exil in die Wege geleitet (vgl. GW XI, 941–945). – 2] Der Dirigent Fritz Busch (1890–1951); Bruder des Violinisten Adolf Busch (1891–1952). – 3] Mit dem erfolgreichen Erzähler Lion Feuchtwanger (1884–1958) und dem pazifistischen Schriftsteller René Schickele (1883–1940), die wie der Bruder Heinrich zunächst nach Südfrankreich emigrierten, verbanden Mann, besonders durch Sommertage 1933 in Sanary-sur-Mer, kollegial-freundschaftliche Beziehungen. – 4] Der Schriftsteller und Übersetzer Peter de Mendelssohn (1908–1982), der in den letzten Jahren durch Publikationen wie dem Anfang einer Mann-Biographie, Brief- und Werkeditionen und die Herausgabe der Tagebücher der Mann-Forschung neue Impulse gab. – 5] Mann gab in diesem Zusammenhang Preisrichtergutachten über Manuskripte unbekannter Schriftsteller ab.

New Yorker Staats-Zeitung und Herold, 13. April 1937

Thomas Mann hofft, «den Fall Hitlers noch zu erleben und nach Deutschland zurückzukehren»

«Obwohl ich schon 62 Jahre alt bin, so habe ich doch noch große Hoffnung, das Ende des gegenwärtigen Regimes in Deutschland zu erleben und dort bessere Zeiten zu sehen», sagte Thomas Mann, als er gestern mit der ‹Normandie› der Französischen Linie und in Begleitung seiner Frau zu einem zwölftägigen Besuche hier eintraf.

«Allerdings», fuhr der Verfasser der ‹Buddenbrooks›, des ‹Tonio Kröger›, des ‹Tod in Venedig›, sowie des ‹Zauberberges› und anderer Romane fort, «ich befürchte, daß das Ende in Deutschland nicht so bald kommen wird. Aus politischen Gründen ist das, was heute dort geschieht, für das deutsche Volk sehr gut. Es wird lernen, was Freiheit und Demokratie eigentlich bedeuten, es wird den Wert dieser Güter schätzen lernen. Das deutsche Volk hat nie gewußt, was Freiheit bedeutet; nun ist ihm eine gute Gelegenheit gegeben, dies zu lernen.»

Mit Bezug auf seine Ausbürgerung und die Entziehung des Bonner Ehrendoktors sagte Mann: «Es hat mich verbittert und ich fühle jetzt auch besser danach. Bitter habe ich es empfunden, daß man den Mut hatte, mir mein Deutschtum abzusprechen. Obwohl es lächerlich und absurd war, mich auszubürgern, so ist mir doch viel besser danach, denn nun, da meine Bücher verboten sind, hat sich die Lage geklärt. Da meine Bücher bisher in Deutschland gelesen und ich die Verbindung mit dem deutschen Publikum aufrecht erhalten wollte, war die Lage schonungsbedürftig. Doch jetzt ist kein Grund mehr zu Kompromissen vorhanden, und die Rücksicht fällt fort.»

Der Schriftsteller wird Ehrengast bei der Feier des vierten Gründungstages der ‹University in Exile› sein, die der New School for Social Research hier in New York angegliedert ist.[1] Im Programm ist er mit drei Vorträgen über Goethe, Freud und Wagner vorgesehen.[2] Am Donnerstagabend wird er in Cherry's bei einem Dinner in Englisch über ‹Liberty and Freedom of Science and the Spirit as it exists in Germany› sprechen.

«Diese Rede wird etwas politisch sein», sagte er. «Ich will über politische Freiheit im weitesten Sinne des Wortes und über Gedankenfreiheit sprechen. Dann über die Notwendigkeit, eine Verbindung zwischen Christentum und Sozialismus herbeizuführen, die Möglichkeit beide zu vereinen.»

Thomas Mann beabsichtigt, einen vierten Band des Joseph-Romanes zu schreiben, ‹Joseph, der Ernährer›. Aber nicht sogleich. Zunächst will er eine Novelle ‹Lotte in Weimar› beenden. Und zwar behandelt sie den seltsamen Vorfall aus dem Leben Goethes, als seine Jugendgeliebte Lotte, 63 Jahre alt, nach Weimar kam, um Goethe zu besuchen. Sie hatte ihn 44 Jahre nicht gesehen und fand einen recht steifen Herrn Geheimrat von 67 Jahren vor, so daß sie von diesem Wiedersehen weidlich enttäuscht war.

«Das literarische Leben in Deutschland ist sehr still geworden und nicht sehr rührig. Die Nachricht heute aus Belgien[3] von der Niederlage des Faschismus dort, ist sehr gut. Im allgemeinen hat es den Anschein, als ob der Faschismus seinen Höhepunkt überschritten hat und keine Zukunft besitzt. Schon zeigen sich Wandlungen, zum Beispiel macht sich die Jugend nicht viel daraus.

Es gehen auch Wandlungen in Deutschland vor. Das Regime hat so viele Leute enttäuscht. Ein Zeichen dafür ist der Hunger nach der von dem Ausland eingeschmuggelten Literatur. Der Brief, welchen ich dem Dekan der Bonner Universität nach Entziehung meines Ehrendoktors geschrieben habe, wurde nachgedruckt und in Zehntausenden von Exemplaren nach Deutschland geschmuggelt.»

Mann traf hier mit einem tschechischen Paß ein, und zwar ist er vor einem Monat Bürger des Marktfleckens Prosec in der Tschechei geworden.

Dritte Amerikareise, 12.–23. April 1937. – 1] 15. April 1937. – 2] Wohl Ausschnitte aus: ‹Freud, Goethe, Wagner. Three Essays›, übersetzt von H. T. Lowe-Porter u. Rita Mathias-Reil, New York 1937 (‹Freud und die Zukunft›, ‹Goethes Laufbahn als Schriftsteller›, ‹Leiden und Größe Richard Wagners›). – 3] Léon Degrelle, der Führer der wallonischen Faschisten, die 1936 einen beträchtlichen Wahlerfolg erzielt hatten, versuchte bei einer neuen Wahl im April 1937 Ministerpräsident Paul van Zeeland in dessen eigenem Wahlkreis zu schlagen, was mißlungen war.

New York Post, 21. Februar 1938

Dr. Mann sagt voraus, daß Hitler die Tschechen als die nächsten angreifen wird

Teils wegen der rauhen See und teils wegen Hitlers gestriger Rede war Dr. Thomas Mann, der deutsche Schriftsteller im Exil, etwas wacklig auf den Beinen, als er heute auf der ‹Queen Mary› ankam, um einen Vortrag ‹Vom zukünftigen Sieg der Demokratie› zu halten.

Obwohl er zugestandenermaßen durch diese Kombination aus dem Gleichgewicht gekommen war, beharrte Dr. Mann darauf, daß die Demokratie von Dauer ist. «Aber», fügte er hinzu, «sie muß stärker werden und lernen, sich gegen Mörder zu verteidigen.»

Dr. Mann sagte, er habe Hitlers Rede nicht über das Schiffsradio gehört. «Zusammen mit der rauhen See wäre das für meinen Magen zuviel gewesen.

Österreich war Hitlers Äthiopien und seine letzte Chance», sagte der deutsche Schriftsteller. «Er brauchte diesen Sieg im Augenblick, genauso wie Mussolini den Sieg in Äthiopien brauchte.»

Dr. Mann meinte, daß Österreich möglicherweise nach einer gewissen Zeit ebenso nazifiziert sein werde wie Deutschland, das ohne Zweifel das nächste Mal die Tschechoslowakei angreifen wird.

«Aber die Eroberung dieses Landes durch die Nazis wird nicht so leicht werden. Seine Regierung ist stark, und es hat ein starkes Heer.»

Dr. Mann glaubt nicht, daß das Bündnis zwischen Hitler und Mussolini von langer Dauer sein wird, «denn Mussolini ist kein treuer Bundesgenosse». Er glaubt nicht, daß Dr. Kurt Schuschnigg Österreichs Kanzler bleiben wird[1], fügte der Schriftsteller hinzu.

Als einer seiner Interviewer andeutete, daß «Faschismus durch Kommunismus erzeugt wird», antwortete Dr. Mann: «Das ist eine Lüge», verfolgte das Thema jedoch nicht weiter.

Thomas Mann hat Schwierigkeiten mit allen Sprachen außer der deutschen und spricht keine fließend. Er beginnt ein Interview auf Englisch, erwägt Frage und Antwort sorgfältig, aber bald springt seine Frau als Dolmetscher ein. Wenn sie die Fragen übersetzt hat, zögert er nicht mit der Antwort. Sein Humor wäre klarer, wenn er direkt käme.

Er spricht langsam, zurückhaltend und erhebt nie die Stimme. Er zieht es vor zu stehen, mit beiden Händen in den Taschen, was ihm eine gebeugte Haltung gibt. Er wendet sich seiner Dolmetscherin zu und antwortet ihr, indem er die Zuhörer nicht beachtet, was diese unbehaglich finden.

Er schreibt langsam, nach eingehender Vorbereitung, und es nimmt für ihn ebenso viel Zeit in Anspruch, einen Vortrag vorzubereiten, den er auf Englisch halten soll, wie das Schreiben eines Buches für einige andere Schriftsteller.

Übersetzt aus dem Englischen.
Vierte Amerikareise, 21. Februar – 29. Juli 1938. – Der letzte Teil des Interviews («Thomas Mann hat Schwierigkeiten . . .») ist in einem separaten Abschnitt gedruckt. – 1] Durch den deutsch-italienischen Achsenvertrag vom Oktober 1936 war Österreich seines Rückhalts beraubt. Durch das Berchtesgadener Abkommen vom 12. Februar 1938 geriet der österreichische Bundeskanzler Kurt von Schuschnigg ganz in die Abhängigkeit zu Hitler und wurde Anfang März 1938 auf ein Hitler-Ultimatum hin von Arthur Seyss-Inquart, einem der Führer der

österreichischen Nationalsozialisten, abgelöst, den Schuschnigg nach dem Berchtesgadener Treffen mit Hitler als Minister des Inneren in die Regierung aufgenommen hatte.

Detroit News, 3. März 1938

«Die Diktatoren werden am Ende doch verlieren», sagt der von den Nazis vertriebene Schriftsteller

Thomas Mann, der hervorragende deutsche Schriftsteller und Nobelpreisträger, der in Amerika am besten durch seine ‹Buddenbrooks› und ‹Der Zauberberg› bekannt ist, war heute in Detroit und sagte voraus, daß die Demokratie letztenendes den Kampf gegen die Diktaturen gewinnen wird.

Mann, dem nach seiner freiwilligen Emigration im Jahre 1936 die deutsche Staatsbürgerschaft entzogen wurde, ist für seine langen Romane bekannt – der dritte und vierte Band der als Trilogie geplanten Bibel-Erzählung von Joseph ist soeben in englischer Übersetzung erschienen[1] –, und er nimmt das Leben gelassen und philosophisch.

Schlank, etwas nervös, Anfang sechzig – Mann spricht über Europa, Amerika, den Faschismus, den Kommunismus, Hunde und seine eigenen Werke. Er befindet sich auf einer Vortragsreise von Küste zu Küste und wird heute abend in Ann Arbor sprechen.

Mann, der fast 30 Jahre lang der meistgelesene Schriftsteller seines Landes war, sagte, er würde nie nach Deutschland zurückkehren, um dort zu leben, selbst wenn das Naziregime gestürzt und von einer demokratischen Regierungsform abgelöst werden würde.

«Es wäre zu peinlich», fügte er hinzu. «Ich würde fortwährend auf alte Freunde stoßen, die unter Hitler Dinge tun mußten, die sie nicht tun wollten. Es wäre mir höchst unangenehm, ihnen immer wieder sagen zu müssen, ‹nun seht ihr, daß ich recht hatte›.»

Mann war Sozialdemokrat und mußte, als Hitler 1933 zur Macht kam, mit seiner Familie Deutschland verlassen. Er lebt jetzt in der Schweiz, möchte jedoch irgendwann einmal nach Amerika übersiedeln.

«Das ist ein Traum», sagte er. «Es gibt heute keinen Ort in Europa, wo ein Künstler oder überhaupt ein sensitiver

Mensch sich wohlfühlen kann. Das Gefühl der Freiheit, das ich hier habe, läßt sich nicht beschreiben.»

Manns Tochter Erika, die ihn zusammen mit Frau Mann auf der Reise begleitet, bestätigt dies. Die Tochter lebt in New York und hat um die amerikanische Staatsbürgerschaft nachgesucht.

«Ich habe nicht die Absicht», sagte er, «die demokratischen Länder über Politik zu belehren. Am wenigsten die Vereinigten Staaten. Ich kann nur meiner Überzeugung Ausdruck geben. Die Demokratie ist in dieser Welt so stark, wie sie selbst glaubt. Der Faschismus ist so stark, wie die Demokratie es zuläßt.

Ich fürchte nicht für das Schicksal der Demokratie, obwohl sie in Europa ihren Sieg durch ihre moralische Schwäche hemmt. Ich habe vor allem deshalb keine Furcht, weil ich darauf vertraue, daß Amerika das Ideal der Freiheit und Menschlichkeit nicht verlassen, sondern es stark und machtvoll verteidigen wird.

Der Faschismus ist ein Kind unserer Zeit, ein recht häßliches Kind. Demokratie hingegen ist ewig menschlich. Und indem sie ewig ist, enthält sie einen Fond potentieller Jugendlichkeit. Und diese ist viel stärker als die zeitgebundene Jugendlichkeit des Faschismus.»

Mann glaubt, daß der Führer Adolf Hitler der Kultur in Deutschland einen tödlichen Schlag versetzt hat. «In Italien und Rußland», sagte er, «gibt es einen vernünftigen Grad von Freiheit für Schriftsteller, Künstler und Denker.

In Deutschland jedoch ist es anders», sagte er. «In Ministerpräsident Benito Mussolinis Weltordnung sind die kulturellen Dinge von sekundärer Bedeutung. Auch in Rußland gibt es eine beträchtliche Freiheit in solchen Dingen. Aber in Deutschland? Nein. Hitler hat die Kultur in seine Idee vom totalitären Staat eingegliedert. Sehen Sie, Hitler war Tapezierer. Er sieht sich selbst als Künstler. Deshalb muß alle Kunst mit seinen Ideen übereinstimmen.»

Clifford Epstein

Übersetzt aus dem Englischen.
Tagebuch, 3. III. 38: «Danach Photograph und Interview für das hiesige Blatt.» –
1] Natürlich nur der dritte Band, ‹Joseph in Egypt›, übersetzt von H. T. Lowe-Porter, New York 1938.

Tulsa Tribune, 18. März 1938

Ein gewaltsamer Tod kann Hitlers Wahnsinn Halt gebieten

Thomas Mann sieht eine große Gefahr in zunehmender Macht

Der liebenswürdige Thomas Mann, der gezwungen ist, die unheimliche, schonungslose Ausbreitung des nazistischen Schattens von der Westseite des Atlantischen Ozeans aus zu verfolgen, hat das Vertrauen noch nicht verloren, daß die Demokratie eines Tages triumphieren wird.

Denn «Demokratie ist dem Wesen nach menschlich», glaubt der berühmte Schriftsteller und Vortragshalter, der seine deutsche Staatsbürgerschaft verlor, weil er es wagte, sich Hitler und seiner Macht zu widersetzen. Mann wird seinen Glauben in einem Vortrag vor Mitgliedern der Tulsa Town Hall und ihren Gästen am Freitag um 20 Uhr 15 im Akdar Theater zum Ausdruck bringen.

Er kam Mittwoch nachmittag hier an, zusammen mit Frau Mann und ihrer Tochter, Frau W. H. Auden[1], die viele der unbeschwerten und deutsch gesprochenen Aussagen ihres Vaters ins Englische übersetzte.

«Demokratie ist der beste Ausdruck für menschliches Hoffen und der beste Weg für menschliches Leben», sagte er. «Wahnsinn des Faschismus und Nazismus verdüstert jetzt die Welt, aber ich glaube fest daran, daß dies nur vorübergehend der Fall ist – es kann nicht dauern.»

Dr. Mann glaubt, daß die Person Hitlers mehr als die auf ihm aufgebaute Ideologie Deutschland zusammenhält, und eines Tages, so sagte er mit einem plötzlichen Kopfnicken, wird Hitlers Laufbahn von einem gewaltsamen Tod beendet werden.

Er hat zu wenig von den Vereinigten Staaten gesehen und hat zu wenig Gelegenheit gehabt, ihre Haltung und Entwicklung zu verfolgen, um sich über eventuelle hiesige faschistische Symptome äußern zu können.

Jedoch, «Amerika muß auf der Hut sein, jedes Anzeichen von Machtdominanz wie die der Gangster, Lyncher und Ku-Klux-Klan zu bremsen.

In solchen Dingen findet der Faschismus seinen Ursprung

und seine Nahrung. Regierung durch Macht, gleichgültig wie klein die Regierungseinheit ist, stellt keine demokratische Regierung dar.

Ich habe Herrn Roosevelt getroffen und mit ihm gesprochen», fügte er hinzu, «und ihn persönlich angenehm gefunden. Er scheint die Ideale der Demokratie am höchsten zu setzen. Aber ein solcher Mann wie er könnte sich andererseits zu einem Diktator entwickeln, wenn er der verkehrte Typ wäre. Er hat die notwendige geistige Stärke.»

Indem er sich auf die Ereignisse der vergangenen Woche bezog[2], sagte er: «Das österreichische Ereignis kam zu einem sehr guten Zeitpunkt für Hitler und dementsprechend zu einem schlechten für seine Gegner. Mißtrauen und stiller Widerstand gegen das Hitlerregime waren im ständigen Anwachsen in Deutschand. Hitler selbst strauchelte bis zu einem gewissen Grad. Früher oder später hätte der Widerstand sich herauskristallisieren können.

Aber jetzt hat Hitler einen imponierenden Coup gemacht; er hat den deutschen Massen ein Schauspiel gegeben; er hat ihnen gezeigt, daß er noch immer allmächtig ist, und er hat das Aufwachen Deutschlands auf Jahre hinaus verzögert.»

Dr. Mann glaubt auch nicht, daß Hitler bei Österreich haltmachen wird.

«Hitler wird sich nie zufriedengeben», sagte er. «Er hat vor Jahren in seiner Autobiographie ‹Mein Kampf› seinen Plan für die Expansion Deutschlands dargelegt. Jetzt führt er seinen Plan aus. Nichts weniger als ein Krieg oder ein gewaltsames Ende wird den Führer bremsen.

Wenn Hitler seine Eroberungen fortsetzt, werden wir auch eine ernste Verschiebung des europäischen Machtgleichgewichts erleben. Das arme, im Mahlstrom gefangene England wird eine Macht zweiten Ranges werden. Ebenso Frankreich. Keines dieser beiden Länder wird dem widerstehen können, was ein riesiges Hitler-Imperium zu werden scheint. Der Mann ist machttoll.

Ja, Ungarn und die Tschechoslowakei werden die nächsten sein. Die fast 70 Millionen Deutschen, die auf kleinen Rationen leben, brauchen den Weizen und den Mais Ungarns.»

Dr. Mann sieht zur Zeit keine Hoffnung für die deutsche und die österreichische Kultur, es sei denn, sie wird von Künstlern, die ihre Arbeit in anderen Teilen der Welt fördern können, in dieser dunklen und vorübergehenden Periode am

Leben gehalten. Er trägt dazu bei, diese Gruppe zu leiten, indem er in seinem heimischen Zürich die Zeitschrift ‹Maß und Wert› herausgibt.[3]

Übersetzt aus dem Englischen.
Tagebuch, 16. III. 38: «Journalisten. (Österreich, der nahe Krieg, das Verbrechen).» – 1] Erika Mann, seit 1935 mit dem Lyriker Wystan Hugh Auden (1907–1973) nach dem Trauschein verheiratet und damit britische Staatsbürgerin. – 2] Anschluß Österreichs am 13. März 1938. – 3] ‹Maß und Wert. Zweimonatsschrift für freie deutsche Kultur›, herausgegeben von Thomas Mann und Konrad Falke, Zürich 1937–40. Während Mann die redaktionelle Arbeit nur von ferne betreute, gab er der Zeitschrift durch programmatische Vorworte zu jedem Jahrgang (GW XII, 798ff.) und die Vorabdrucke aus ‹Lotte in Weimar› das Profil.

The Daily Illini. Student Newspaper of the University of Illinois, Urbana-Champaign, 29. April 1938

Mann greift die Buch-Säuberungsaktion der Nazis an

Thomas Mann, der deutsche Schriftsteller im freiwilligen Exil, sagte heute abend,[1] er sei der Meinung, daß die von deutschen Funktionären in Wien durchgeführte Säuberungsaktion gegen «nicht-arische» Bücher den Wienern den «vollständigen Charakter des Nazismus» vor Augen führen würde.

Der hervorragende Schriftsteller sagte, er sei schockiert darüber, daß geächtete Bücher aus der Österreichischen Nationalbibliothek entfernt und verbrannt worden sind. Die Werke Thomas Manns waren unter denen, die bei einer von Nazi-Funktionären geleiteten Säuberungsaktion in Wiener Buchläden vernichtet wurden.

Übersetzt aus dem Englischen.
1] 28. April in Chicago. Im Tagebuch: «Erika gab der Associated Press Statement über die Wiener Büchervernichtungen, die öffentlich nicht stattgefunden zu haben scheinen».

Boston Evening Transcript, 8. März 1939

Thomas, Frau, Erika – verspotten wie ein Mann das Gerücht über Hitlers Tod

Wer könnte sonst eine solche Stimme haben? fragt Frau Mann

Thomas Mann, seine Frau und das älteste ihrer sechs Kinder, Erika, bezeichneten heute hier das Gerücht über Hitlers Tod als lächerlich.

Mann, der Nobelpreis-Autor des ‹Zauberberg›, der im Juni 1935 schon einmal in Boston war, um von Harvard zum Ehrendoktor promoviert zu werden, sagte: «Das ist eine Tendenz, Legenden zu schaffen.»

Frau Mann, die den Schriftsteller im Februar 1905 geheiratet hat, fragte im Zusammenhang mit Hitler: «Wer hätte dann seine letzte Rede gehalten? Niemand in der Welt hat so eine Stimme.»

Erika, Schriftstellerin und Schauspielerin, die hier mit ihren Verlegern, Houghton Mifflin[1a], beraten will, sagte: «Ich glaube es nicht, und es gefällt mir nicht.» Was bedeutete, daß ihr der Gedanke, es gäbe andere Personen mit Hitlers Eigenschaften, abscheulich war.

Thomas Mann ist aus Princeton gekommen, um am heutigen Abend im Ford Hall Forum ‹Vom zukünftigen Sieg der Demokratie› zu sprechen. Er wurde im Ritz-Carlton interviewt, und es war typisch ein Gruppeninterview. Die Manns sprachen wie eine Person.

Sie hatten Familienneuigkeiten (zwei Heiraten in der vergangenen Woche), Neuigkeiten über den Widerstand gegen Hitler in Deutschland und Neuigkeiten über Einstein, ihren Nachbarn und guten Freund in Princeton. Neuverheiratet, so berichtete die Familie, ist der neunzehnjährige Michael, in New York mit einem Schweizer Mädchen[1], mit dem er die Schule besucht hat, und Monika in ihren zwanziger Jahren, in London, mit einem ungarischen Kunsthistoriker[2]. Die letztgenannte Heirat war neu für Erika, die sagte, Monika sei verlobt, während die Mutter berichtigte, sie habe geheiratet.

Erika ist die Frau von W. H. Auden, dem jungen britischen Dichter, und im April kommt hier ein Buch mit dem Titel ‹Escape to Life› heraus, das sie zusammen mit ihrem Bruder Klaus geschrieben hat. Thomas Mann, der es gelesen hat, begann ernsthaft zu sagen, daß er es für sehr gut hält. Frau Mann und Erika lachten über seinen väterlichen Enthusiasmus; aber er protestierte und sagte, er sei objektiv.

Die Manns haben kürzlich aus Deutschland gehört. Sie bekamen eine mysteriöse Mitteilung über einen Mr. Macauly, der eine Rückenoperation nötig habe. Dann kam ein Band Macauly. Im Einbandrücken war ein Brief aus einem Konzentrationslager. Sie haben auch gehört, daß Thomas Manns berühmter Brief an einen Naziprofessor,[3] in dem er den Nazismus verurteilt, in seiner Gesamtheit von dem Richter in einer Strafsache gegen einen jungen Mann, bei dem der Brief gefunden worden war, gelesen worden war. Der Richter hatte der Nachricht zufolge geweint, als er las. Dies zeigt den Manns, daß es noch aufrechte Gesinnung in dem Deutschland gibt, aus dem sie geflohen sind.

Die Neuigkeit über Einstein hängt mit den neusten Anekdoten zusammen, die sie über den Wissenschaftler gehört haben, der, wie sie berichten, selbst zu spaßen liebt. Am lustigsten ist der Witz von dem Mann, der von einem Besuch bei Einstein erzählt. «Wie hast du ihn gefunden?» wird er gefragt. «Oh», lautet die Pointe, «ich habe nur sein Haar zurückgestrichen, und da war er.»

Erika wird das nächste Mal in Detroit vorlesen (sie sprach letzte Woche in Boston), und Thomas Mann hat Absprachen mit Chicago, Seattle und anderen Orten im Westen. Klaus hält auch irgendwo Vorträge.

Julius Kaplan

Übersetzt aus dem Englischen.
Tagebuch, 8. III. 39: «Interview um 12 Uhr zusammen mit K. und Erika». – 1a] Die Houghton Mifflin Company, Boston, verlegte 1939 ‹Escape to Life›, von Erika Mann zusammen mit dem Bruder Klaus verfaßt. – 1] Gret Moser (geb. 1916). – 2] Jenö Lányi (1902–1940). – 3] Mann war der Name des formalen Adressaten von ‹Ein Briefwechsel› (vgl. Erläuterung zum Interview vom 10. 9. 1933) nicht bekannt. Als «unleserlich» hatte er dort die Unterschrift des Bonner Germanisten Karl Justus Obenauer (geb. 1888) bezeichnet.

St. Louis Post-Dispatch, 18. März 1939

Thomas Mann sagt, daß Hitler einer Katastrophe zusteuert, aber daß seine Tage gezählt sind

Thomas Mann, der hervorragende deutsche Romanschriftsteller und Emigrant, einer der effektivsten Kritiker des Faschismus, war nicht so entmutigt oder bitter über die Weltverhältnisse, wie man es hätte erwarten können, als er gestern abend auf einer Vortragsreise in St. Louis ankam.

Am bittersten war er vielleicht über Neville Chamberlain[1], den er in spottendem Ton «einen sehr dummen Mann» nannte. Er war entmutigt von Hitlers neuesten Überfällen und glaubt, daß sie keineswegs die letzten sind und daß sie schließlich zu einer «schwarzen Katastrophe» für Deutschland, wenn nicht die Welt, führen werden.

Aber seine Entmutigung wurde zumindest teilweise durch seine ebenso feste Überzeugung behoben, daß Hitlers Tage der Macht gezählt sind. Er wollte den Zeitpunkt nicht vorhersagen, aber gemessenen und nachdrücklichen Tones, der von seiner großen Menschen- und Geschichtskenntnis zeugte, sagte er: «Auf solche Weise schafft man es nicht.»

In einem zweistündigen Gespräch im Zuge von Springfield, Illinois, nach St. Louis und später in einem unformellen Interview in seinem Zimmer im Chase Hotel zeichnete Dr. Mann sein Bild von der heutigen Welt, das kurz so aussieht:

Die deutschen Eroberungen werden im Osten weitergehen und sich, wie heutige Nachrichten bestätigen, gegen Rumänien, Ungarn, Jugoslawien und Memel richten. Der Konflikt mit Rußland über die reiche Ukraine steht in weitem Felde, weil «Hitler sich niemanden zum Gegner machen will, der wirklich kämpfen wird». Alle Aggressionen Deutschlands der letzten Zeit sind auf Kosten Englands gegangen, das vorübergehend von den englischen Vertretern einer «internationalen Clique von Pro-Faschisten» beherrscht wird. Die deutschen Annexionen werden weitergehen, bis Großbritanniens traditioneller Imperialismus sich gegen die faschistischen Sympathien durchsetzen kann. Dann wird es Krieg geben. Die Hoffnung der Welt auf Frieden beruht auf den Vereinigten Staaten und Rußland.

Dr. Mann, der von seiner Frau und seiner Tochter Erika begleitet ist, kam von Chicago, wo er vor ein paar Tagen einen Vortrag hielt und wo er seinen Freund, den früheren tschechischen Präsidenten Eduard Beneš wiedergesehen hat.

«Präsident Beneš war nicht so verzweifelt, wie man meinen könnte», sagte Dr. Mann. «Er ist ein Mann mit einem feinen und mutigen Wesen. Aber ich glaube nicht, daß er eine Vorausahnung von den Ereignissen dieser Woche hatte. Wenn er das gehabt hätte, so würde er meiner Meinung nach im September gekämpft haben. Er glaubte, das Münchner Abkommen würde eingehalten werden.»

Dr. Mann wiederholte seine früher geäußerte Meinung, daß durch ein entschlossenes Handeln vor München von seiten Englands und Frankreichs die Zerstückelung der Tschecheslowakei verhindert und der Zusammenbruch des Hitler-Regimes hätte herbeigeführt werden können. Seine Auffassung von Hitler ist schlicht und einfach, daß dieser ein «Erpresser» ist, dessen Drohungen bisher enorm erfolgreich gewesen sind.

Premierminister Chamberlains Protest gegen die endgültige Besitzergreifung der gesamten Tschechoslowakei wurde, so sagte Dr. Mann, des «öffentlichen Druckes» wegen erhoben, er jedoch setze wenig Vertrauen in die Rede.

«Hitlers neuer Anschlag hat einen schlechten Eindruck in England gemacht», fuhr er fort, «und ein Schauspiel des Widerstandes war notwendig. Ich glaube, daß die Regierungen Englands und Frankreichs überrascht wurden, obwohl sie ganz sicher die allgemeinen Ziele Hitlers im Osten kannten und sie sanktioniert hatten.»

Nur wenn Deutschland wieder «an den äußersten Rand des Krieges» gebracht wird, besteht eine Möglichkeit, daß der Nationalsozialismus vom deutschen Volke selbst gestürzt wird, glaubt Dr. Mann. Die Untergrundbewegung ist zu zersplittert, um viel ausrichten zu können, sagte er, obgleich er auf die Tatsache stolz ist, daß sein scharfer Brief an den Rektor der Universität Bonn, den er schrieb, nachdem die Universität seinen Ehrendoktortitel zurückgenommen hatte, zur Untergrundliteratur gehört.

«Viele junge Deutschen haben ihn auswendig gelernt», sagte er, «so daß sie nicht mit etwas ertappt werden können.»

Dr. Mann sann kurz über die möglichen Veränderungen in Deutschlands Kurs im Falle eines Attentats auf Hitler oder dessen natürlichen Todes nach. (Die Chancen für ein Attentat steigen im Zusammenhang mit der Einverleibung der leicht erregbaren Balkanvölker, sagte er und fand es bezeichnend, daß der Führer, als er in Prag war, die ganze Zeit über abgeschirmt blieb). Aber Hitlers Tod, so meinte er, würde höchstens eine geringfügige Verbesserung der deutschen Politik bewirken.

Eine andere Perspektive, über die Dr. Mann nachdachte, war die mögliche Verbindung oder gar Vereinigung Deutschlands und Rußlands in zukünftigen Jahren. Er gab deutlich zu verstehen, daß dies nicht sein Gefallen finden würde, aber er wies auf die äußeren Ähnlichkeiten der beiden Systeme hin, die zu so einem Ereignis führen könnten.

Die wesentlichsten Unterschiede zwischen dem Kommunismus und dem Faschismus beschrieb er als mehr moralischer denn politischer Art.

«Obwohl sie sich in ihren technischen Methoden zu einem gewissen Grade ähnlich sind», sagte er, «sind sie in Wirklichkeit recht verschieden. Der Kommunismus ist in gewissen Aspekten mit der Idee der Humanität verbunden. Obwohl er sich falscher Methoden bedienen mag, die nicht mit der menschlichen Natur im Einklang stehen, ist sein Ziel trotz allem die Verbesserung der Bedingungen für die Menschheit. Der Faschismus ist ausschließlich destruktiv und bewundert nur die reine Macht.»

In seinen zwei Jahren in Amerika hat der nun 63jährige Dr. Mann Englisch beherrschen gelernt und gebraucht ab und zu sogar mundartlich Amerikanisches. Gelegentlich bittet er seine Frau oder Tochter, eine Antwort zu übersetzen, aber gewöhnlich beantwortet er die Fragen selbst.

Obwohl das Thema vieler seiner Geschichten die – zumindest geistige – Isolation des Künstlers von der großen Masse des Volkes ist, ist er in Wirklichkeit einer der am leichtesten zugänglichen Männer. Sein Wesen ist reserviert und sein Sprechen abgewogen, in Übereinstimmung mit der Tradition, die die schriftstellerische Tätigkeit als hohen Beruf auffaßt, aber seine Interessen durchstreifen alle Felder. Er hat keine oberflächlichen Exzentrizitäten.

Seine Bewunderung für Amerika und Präsident Roosevelt ist groß , und auf die Frage, wie Durchschnittsamerikaner den Faschismus bekämpfen können, antwortet er: «Unterstützt die Regierung Präsident Roosevelts, die die kräftigsten Proteste gegen den Faschismus erhoben hat.»

Er glaubt, daß «die Wurzeln der Demokratie» in Amerika zu stark sind, um eine totalitäre Bewegung hier zuzulassen, aber wenn sie hierher kommt, so meint er, daß sie «unter dem Deckmantel der Freiheit» kommen wird.

Als symptomatisch zitiert er die Erklärung des früheren Präsidenten Herbert Hoover, die dieser nach seiner Rückkehr von einer europäischen Reise, «auf der er Hitler die Ehre antat, ihn zu besuchen», abgab, dahingehend, daß «der Faschismus in Amerika nicht zugelassen werden darf und die Methode, dies zu verhindern, die Bekämpfung der Politik Roosevelts ist.»

Dr. Mann hat das Vordringen des Nazismus in Deutschland beobachtet und ist unsicher, was die Taktik anbelangt, die Amerika gegen die keimende Nazi-Bewegung hier anwenden sollte. Das Problem steht natürlich im Zusammenhang mit den Prinzipien der Demokratie, aber er meint, daß die demokratischen Länder «ihre tödlichen Feinde nicht ermutigen sollten». Diese Frage wird in seiner Rede über «Das Problem der Freiheit» morgen abend in der Y.M.H.A. eine eingehende Behandlung erfahren.[2]

Als Dr. Mann und seine Frau[3] im Hotel ankamen, hatte seine Tochter, die ihnen mit 14 Gepäckstücken vorausgefahren war, bereits das kleine Rundfunkgerät angestellt, das sie mit sich führen. Eine Nachrichtensendung brachte die (nicht bestätigte) Mitteilung, Frankreich habe erklärt, für Polen kämpfen zu wollen.

«Wie dumm!» rief Dr. Mann aus. «Natürlich ist es nie zu spät, aber wenn sie jetzt kämpfen wollen, weshalb nicht früher?»

Das Gepäck der Manns umfaßt ein merkwürdiges Stück, einen hölzernen Karteikasten mit Vorhängeschloß. Frau Mann erklärte, daß er drei Gläser und zwei «prachtvolle kleine Flaschen» Whisky enthält. «Wenn wir in einen trockenen Staat kommen», sagte sie, «können wir uns immer noch verlustieren.»

Im Hotel, über einem Glas Bockbier, plaudert Dr. Mann über die helleren Dinge des Lebens. Es zeigte sich, daß er das amerikanische Speiseeis sehr bewundert und auch amerikanisches Bier gut leiden mag. Als großer und gewissenhafter Schilderer von Essen in seinen Romanen ist er froh darüber, daß sein Negerkoch in Princeton, wo er jetzt wohnt, unter Anleitung seitens der munteren und lebhaften Frau Mann gelernt hat, deutsche Gerichte zu bereiten.

Im Zug hat er ‹Die Brüder Karamasow› zum «sechzigsten Mal», wie seine Tochter erklärte, gelesen. Unter den amerikanischen Autoren liebt er besonders Hemingway. Er hat ‹Farewell to Arms› – das «im Laufe der Zeit wächst» – auf deutsch gelesen, liest jedoch jetzt Hemingways Geschichten über Spanien auf englisch[4]. In seiner Jugend hat er «eine kolossale Bewunderung» für Poe gehegt. «Alle Deutschen kennen» Mark Twain, sagte er.

Zufälligerweise war der einzige in St. Louis, den die Manns kannten, Cyril Clemens, Mark Twains entfernter Vetter, der Mann zum «Ehrenmitglied» seiner eigenen Mark-Twain-Gesellschaft gemacht hatte. Mann hat jedoch Clemens' Bitte, seine Hobbys aufzuzählen, abgeschlagen. Er hat keine, es sei denn, sie seien das Schreiben von schöner Literatur, was ihm den Nobelpreis für Literatur eingebracht und ihn nach Meinung viele Kritiker zum «größten lebenden Schriftsteller» gemacht hat.

Otto Fuerbringer

Übersetzt aus dem Englischen.
Tagebuch, 17. III. 39: «Von Springfield bis St. Louis junger Journalist, Ausfragung ‹. . .› Im Hotel: Fortsetzung des Interviews, mit Bockbier»; 18. III.: «Interviews und Bilder in den Zeitungen». – 1] Die Politik des englischen Premiers, die «Apeasement»-Politik der Erfüllung berechtigter deutscher Forderungen, gewährte ausgerechnet Hitler-Deutschland die zuvor verweigerte Revision des Versailler Vertrags. Am 29. September 1938 hatte die Konferenz von München (mit Mussolini, Chamberlain, Daladier) die deutschsprachigen Gebiete der Tschechoslowakei dem Druck Hitlers geopfert und die Republik damit ihrer wirkungsvollsten Verteidigungspositionen beraubt. Mit der Errichtung des «Reichsprotektorats Böhmen und Mähren» nach dem Einmarsch der deutschen Truppen am 15./16. März 1939 war ein Wendepunkt erreicht: mit dem offenen Gewaltakt hatte Hitler die Grundbedingung der Apeasement-Politik verkannt. – 2] Tagebuch, 19. III. 39: «Abends, nach Imbiß, Vortrag in der überfüllten ‹Turnhalle› mit Lautsprecher Neben-Saal. Hunderte abgewiesen. Die Leute hatten seit 5 Uhr gewartet». – 3] Vers. «daughter». – 4] Hemingway nahm als Reporter am Spanischen Bürgerkrieg teil; es war noch nicht sein berühmter Roman (‹Wem die Stunde schlägt›) erschienen, sondern ‹The first 49 stories› (1938).

Dagens Nyheter, Stockholm, 1. September 1939

Thomas Mann erwartet Umschwung

«Ich hoffe ja, daß meine Bücher über kurz oder lang in Deutschland gelesen werden», sagt Thomas Mann zu dem recht internationalen Kreis von zuhörenden Journalisten, während er in einem goldenen Sofa von komischen Hotelrokokostil im Grand in Saltsjöbaden neben seiner Gattin sitzt.

Die ganze Atmosphäre ist schwül, düster, drohend und es ist schwer, das Gespräch auf die Literatur zu lenken. Alle möchten das politische Horoskop des Nobelpreisträgers hören – ob sie nun für Basel, Amsterdam, Helsingfors oder Stockholm schreiben. Man will höflichst wissen, was der Herr Professor zur Weltlage meint.

Der Professor an der Universität Princeton[1], der Schriftsteller Thomas Mann wehrt ein wenig ab.

«Das ist der schwierigste Augenblick, den Krieg zu diskutieren, viel spricht für beide Möglichkeiten, daß er kommt und daß er nicht kommt. Ich glaube trotz allem, daß niemand sich die Gräßlichkeiten und die Folgen des nächsten Krieges ausmalen kann. Gleichzeitig wünsche ich auch, daß die Vermeidung eines Krieges nicht zu viel kostet – d. h. ein solches Nachgeben, daß das Regime, das auf den Krieg hinarbeitet, so fortfahren kann. Denn wenn das Regime, das ich meine, bestehen bleibt, bekommt Europa nie Frieden. Dieses Regime benötigt die Atmosphäre des Krieges, es hat die Idee des Krieges als Grundlage und würde seine gesamte Daseinsberechtigung verlieren, wenn ein dauerhafter Friede herrschen würde.

Ich glaube, daß der Pakt mit Rußland der zweite große Fehler des sogenannten Führers war[2] – der erste war Prag», fügt Thomas Mann hinzu. «Auf die Dauer kann man keine Politik ohne jegliche menschliche Moral betreiben, so kann die Welt nicht beherrscht werden.»

Thomas Mann hätte auf dem nun abgesagten Kongreß des Pen-Clubs einen Vortrag über ‹Das Problem der Freiheit› halten sollen, dazu ist er hergekommen. Wenn es nicht losbricht, hält er ihn trotzdem auf der Sitzung der Nordischen Goethe-Gesellschaft am 8. September in der Musikakademie – vielleicht bekommt er auch H. G. Wells, der morgen in Schweden erwartet wird, als Zuhörer.

«Wie ist es in Amerika?»

«Taufrisches kann ich von dort nicht berichten, es ist zwei Monate her, daß ich USA verlassen habe, und in der Zwischenzeit bin ich in Holland und in der Schweiz gewesen. Ich habe aber das Gefühl, daß der Isolationismus nachläßt und daß man sich mehr und mehr der Roosevelt-Politik anschließt. USA würde vielleicht nicht gleich in einen eventuellen Krieg eintreten, man würde jedoch die Demokratien sicher auf andere Art und Weise unterstützen. Die Amerikaner haben den naivsten, stärksten und gesundesten Abscheu vor der Diktaturatmosphäre.

Meine Frau und ich befinden uns wohl da drüben. Princeton, das eine Stunde von New York und von Philadelphia entfernt liegt, ist eine kleine Universitätsstadt. Wir haben ein behagliches Haus, in dem es sich arbeiten läßt, wo zwei Neger in weißen Jacken uns an dem Speisetisch bedienen, der von den silbernen Kandelabern meiner Großmutter aus Lübeck beleuchtet wird. . . Man kann nach New York ins Theater fahren, nach Philadelphia, um Musik zu hören, glänzendes Theater, wunderbare Konzerte. Die Studenten sind nett, die Leute im allgemeinen sehr liebenswürdig.» Frau Mann fügt hier hinzu, daß sie sogar den Sekretär des Schriftstellers abwehren muß, damit die amerikanische Gastfreundschaft nicht zu viel wird, und dann gibt es Einladungen zusammen mit Beneš oder anderen Berühmtheiten, immer mehrere jeden Tag: «und das amerikanische Publikum macht ja einen europäischen Vorleser ebenso verwirrt wie froh durch seine Herzlichkeit. Wer an 5–600 Zuhörer gewöhnt ist und auf einer Tournee oft auf 5–6000 entzückte, dankbare Menschen stößt, von denen viele nach dem Vortrag hochkommen, um die Hände zu schütteln, kann ja nur froh sein.»

«Zeit zum Schreiben? Ja, jetzt habe ich in dem holländischen Badeort Noordwijk mein neuestes Buch fast vollendet[3]. Ich habe mich einige Zeit vom Joseph-Zyklus ausgeruht und ein anderes Thema aufgegriffen, an das ich seit meiner Jugend gedacht habe. Ich wollte über Goethe schreiben, ich wollte ihn lebendig auf die Beine stellen, konnte es jedoch nicht. Damals wurde nur der ‹Tod in Venedig› daraus. Erst jetzt im Alter von 64 Jahren getraue ich mich an das Thema heran, das ursprünglich eine Erzählung werden sollte, da das Buch nur auf einer historischen Anekdote aufbaut.

Sie besteht nur darin, daß Lotte, Werthers verehrte Lotte, auf ihre alten Tage eine sentimentale Reise nach Weimar unternimmt, um den Geliebten ihrer Jugend, den berühmten Hofrat wiederzusehen. Sie war 63 und er 67. So weit geht das Historische, aber dann hat das Thema mich gepackt und ich habe versucht, die menschliche Atmosphäre um den großen Mann herum aufzubauen, so wie Lotte sie in ihrem Zimmer im ‹Zum Elephanten› im Gespräch mit Personen, die Goethe nahestehen, vermittelt. Anfangs stellt er sich nämlich abweisend zu dem Gedanken einer Begegnung. Es stehen nur noch ein paar Kapitel des Buches aus, das angeschwollen und dick geworden ist, vielleicht gelingt es, sie hier in Saltsjöbaden zu schreiben. Was fertig ist, ist bereits in mehrere Sprachen übersetzt worden, so daß der Roman‹Lotte in Weimar› im Herbst voraussichtlich sowohl auf deutsch, schwedisch, englisch, tschechisch als ungarisch herauskommt. Mein deutscher Verleger, Bermann Fischer, hat ja sein Unternehmen jetzt nach Stockholm überführt und wird auch eine neue Gesamtauflage meiner Werke herausgeben, als Ersatz der in Wien beschlagnahmten. Wenn ich dann nach Princeton heimkehre – wir wollen am 12. September mit dem Schiff abfahren –, werde ich mich endlich wieder dem Joseph widmen, dem Torso Glieder geben mit einem vierten, abschließenden Teil».

Was Übersetzungen anbelangt, zeigt Thomas Mann sich als ein sehr toleranter Autor. «Selbst wenn die Übersetzung schwach ist, so kann sie nicht die einem guten Buche innewohnende Kraft zerstören», meint er. «Das merkt man wohl am besten an den Auflagen der großen Russen, denen wir so viel zu verdanken haben. Tolstoi z. B. hat, wie man sagt, ein wunderbar schönes Russisch geschrieben, wovon man bei den Übersetzungen nichts merkt, und trotzdem sind mehrere seiner Bücher unerreichbare Meisterwerke».

Über die heutige deutsche Literatur will Thomas Mann nicht gern sprechen. «Fallada war gut einmal, ‹Kleiner Mann-was nun?› war ganz nett,[4] aber ich weiß nicht, was jetzt aus ihm geworden ist. Kultur kann ja im derzeitigen deutschen Boden nicht gedeihen. Ich bin jedoch optimistisch genug zu glauben, daß dieses Regime nur ein vorübergehender Zustand ist», sagt Thomas Mann, indem er seine Unterlippe vorschiebt und so streng aussieht, wie nur ein Herr seines englischen Gentlemantyps in einem preußisch blauen Tweed-Anzug aussehen kann. Aber Frau Manns distinguiertes, sorgenvolles Profil sieht nicht so sicher aus.

Colomba

Übersetzt aus dem Schwedischen.
Mann war zum PEN-Kongreß nach Stockholm gekommen, der jedoch noch vor Kriegsausbruch am 1. September abgesagt wurde. – 1] Vom Herbst 1938 – Frühjahr 1941 wohnte Mann in Princeton und lehrte an der Universtität. – 2] Der Nicht-Angriffspakt zwischen Deutschland und der Sowjetunion vom 23. August 1939. – 3] ‹Lotte in Weimar› erschien Anfang Dezember 1939 in Stockholm. – 4] Erschienen in Berlin 1932.

Minneapolis Morning Tribune, 15. Februar 1940

Thomas Mann «ruht» vor dem Vortrag heute abend

Der «größte lebende Schriftsteller» verbrachte gestern einen ruhigen Tag in Minneapolis. Thomas Mann kam einen Tag vor seinem Vortrag – heute abend im Northrop Auditorium –, um sich ausruhen zu können.

Dr. Mann ruhte sich gestern abend in seinem Zimmer im Nicollet Hotel aus – soweit sein energischer Geist dies zulassen wollte. Während des lässigen Gesprächs vermochte der Mann, der eine Nation zugunsten eines Ideals aufgab, nur vorübergehend in einem Stuhl zu sitzen. Entspannt war er ein Mann wie jeder andere, mit einem buschigen Schnurrbart, Salz und Pfeffer-Haar, einem gefurchten, rotwangigen Gesicht und tiefen, nußbraunen Augen, ein Mann wie jeder andere, der die Probleme der Welt gern mit einer leichten Handbewegung löst.

Aber in diesem Mann war etwas, was ihn nicht lange in seinem Stuhl sitzen ließ. Eine rastlose Getriebenheit ließ ihn alle paar Minuten aufstehen und das lange Zimmer mit der Energieentfaltung durchmessen, die auch für seine immer wieder unternommenen Versuche charakteristisch ist, die Kriegszensur zu durchbrechen, um das Volk aufzuklären, das er verlassen, aber nicht aufgegeben hat, die ihn fortfahren läßt, der milden, ironischen Philosophie Ausdruck zu geben, der er sein Leben gewidmet hat.

Während er saß, während er ging – pardon, während er sich ausruhte –, sprach Thomas Mann von dem Land, aus dem er freiwillig emigriert ist, weil er dessen Regierungs-Doktrin nicht ertragen konnte. Er sagte, daß Deutschland arg verführt worden ist, daß Hitler sein Volk im dunklen läßt, daß Deutschland als Nation flüchten würde, wie er selbst geflüchtet ist, wenn nur die Nazi-Propaganda nicht so effektiv wäre.

Dr. Mann sah jedoch eine Hoffnung.

«Ich glaube», sagte er, «daß es eine starke Reaktion gegen den nationalistischen Geist geben wird. Im deutschen Volk ist eine große Sehnsucht nach Gedankenfreiheit. Wenn das Nazi-Regime vorbei ist, wird der wahre Charakter des deutschen Volkes – es neigt, wissen Sie, dazu, die Welt und die Hervorbringungen fremder Völker zu lieben –, die engen nationalistischen Ideen überwinden.»

Dr. Mann erklärte, daß der Impuls zu einer solchen Reaktion aus einer wirklichen Niederlage des deutschen Heeres kommen muß. So eine Niederlage kann, meint er, das Signal für eine Revolution sein. Und nach dem Sturz der Nazis würde er die Vereinigten Staaten Europas als eine «prächtige» Sache für das deutsche Volk ansehen.

Dr. Manns rastlose Persönlichkeit war außerdem gestern abend ein Vorgeschmack für die endgültige Überwindung der Probleme seines Volkes. Er hat sich seiner neuen Umgebung ohne Verlust der deutschen kulturellen Integrität angepaßt. Dr. Mann sprach Englisch ohne Akzent, weil er es in Princeton benutzt, wo er jetzt Vorlesungen hält, und seine Frau brauchte nur gelegentlich aus ihrem reichhaltigeren Vokabular ein Wort beizutragen, wenn er sich an sie wandte.

Der deutsche Schriftsteller – er ist kein Jude, obwohl er Deutschland aus Protest gegen die Judenverfolgung verließ – ist im Begriff, amerikanischer Bürger zu werden. Er hat kurz nach seiner Ankunft in Amerika vor zwei Jahren, nach seiner ersten Exilperiode in der Schweiz, um amerikanische Staatsbürgerschaft angesucht. Er beharrt darauf, daß er, obwohl Veränderungen in seinem Alter schwer sind, selbst nach einer Befreiung Deutschlands Amerikaner bleiben würde. Er würde seiner Vergangenheit nur das Zugeständnis machen, sechs Monate des Jahres im Ausland zu verbringen.

Dr. Mann sagte, daß er damit fortfährt, Romane zu schreiben, mit seinem derzeitigen Projekt, dem letzten Band der ‹Joseph›-Serie, der in etwa zwei Jahren unter dem Titel ‹Joseph der Ernährer› erscheinen wird. Er hat soeben einen Roman beendet, der auf einem Ereignis im Leben Goethes beruht, die Liebe des Dichters im Alter von 63 Jahren für Charlotte Buff. Dieser Roman wird jetzt aus dem Deutschen, das Dr. Mann noch immer beim Schreiben vorzieht, obwohl er auf englisch zu denken gelernt hat, ins Englische übersetzt.[1]

Dr. Mann war wieder aufgestanden –. Sein Vortrag findet heute um 20 Uhr 15 statt und das Thema ist «The Problem of Freedom.»

Fletcher Wilson

Übersetzt aus dem Englischen.
Tagebuch, 14.II.40: «Nachher zur Cigarre Interview mit einem Journalisten der Morning Tribune»; 15.II.40: «Interviews u. Bilder in den Blättern». – 1] ‹The Beloved Returns›, übersetzt von H. T. Lowe-Porter, New York 1940.

New York Times Book Review, 19. Mai 1940

Thomas Mann in Princeton

Pünktlich um 5 Uhr betraten Herr und Frau Thomas Mann das Empfangszimmer ihres Hauses in Princeton, begleitet von einem französischen Pudel, der trotz der Hitze ungeschoren war. Nach der Meinung Frau Manns hat das Empfangszimmer «Konzertsaalgröße». Ein Konzertflügel am entfernteren Ende des Raumes sah nicht viel größer als ein Büroschreibtisch aus. Das in der Stocktonstreet gelegene Haus ist massiv gebaut, von Gärten und von einer hohen Ziegelmauer umgeben; hohe Bäume schirmen das Haus noch außerdem von der Straße ab. Eine vom Wetter arg mitgenommene Ankündigung, die über der Mauer emporragt, teilt mit, daß das Haus zum Verkauf bestimmt ist oder auch möbliert vermietet wird. Die Familie verreist bald, um den Sommer in Südkalifornien zu verbringen. Ob sie im Herbst nach Princeton zurückkehren wird, «ist noch nicht entschieden», erzählt Dr. Mann.

«Mein Freund Max Reinhardt hat ein Haus in Kalifornien, und viele Deutschsprechende betätigen sich jetzt im Film. Der Himmel leuchtet dort überirdisch blau. Es ist ein von starkem Leben erfüllter Teil Ihres großen Landes. Ja, dorthin wollen wir für einige Zeit reisen.»

Es war einer der ersten wirklich warmen Tage des Jahres, und Frau Mann meinte nachdenklich, wer noch nicht so ganz die Mitte seines Lebens erreicht hätte, könne den Wechsel der Jahreszeiten nicht voll verstehen.

«O nein», fuhr sie fort. «Sie schenken ihm überhaupt keine Aufmerksamkeit. Wahrscheinlich wissen Sie gar nicht, daß wir Frühling haben. Sie fühlen sich im Winter genauso wohl.»

Erika Mann trat ein und verließ mit dem Ausruf: «O, ein Interview!» sofort wieder den Raum durch eine hohe Gartentür. Es scheint, daß recht oft Interviewer Dr. Manns Ansichten einholen, wie lange der Krieg dauern, wer ihn gewinnen wird und welches Land nun angegriffen werden wird – Fragen, für deren Beantwortung weder er noch die Mitglieder seiner Familie zuständig sind. Er erkundigt sich, ob das Interview «politischen oder literarischen» Charakter aufweisen werde, und da ich entgegne, es werde gänzlich unpolitisch sein, scheinen Frau Mann und James H. Meisel,[1] der früher ein bedeutender deutscher Redakteur war und sich jetzt als Manns Sekretär betätigt, sehr erleichtert zu sein.

Dr. Mann erwähnte seinen kommenden Geburtstag – er wird am 6. Juni 65 Jahre – und erinnerte sich einer Theateraufführung, die vor fünf Jahren in Zürich Teil einer ganz besonders gelungenen Feier seines Geburtstags war.[2] Hier gab's etwas, das sich fast mit ihr vergleichen ließ, als sich nämlich sein Vortragsraum mit einer bunten Gesellschaft füllte.[3]

«Mein Vortrag fand zu einer Zeit statt, als viele junge Damen zu den alljährlichen Princetonveranstaltungen hier weilten. Nicht nur die jungen Herren besuchten meinen Vortrag – auch die Mädchen erschienen, was für einen Mann meines Alters einen erhebenden Erfolg bedeutet.»

Er plauderte lebhaft. Nur über seine Arbeit äußerte er sich in kühler, nüchterner Weise. Er hofft, den Josephzyklus während dieses Sommers in Südkalifornien fortsetzen zu können. Sein letztes Werk ist ein auf eine Anekdote im Leben Goethes aufgebauter Roman. Charlotte Kestner, Goethes Lotte aus den Leiden des jungen Werther, ihretwegen beging Werther Selbstmord, besucht im Alter von 63 Jahren Weimar und wird beim Essen vom altgewordenen Dichter unterhalten.

«Mich interessierte diese Anekdote, die, relativ gesehen, unbedeutend ist. Der Roman ist eine Studie Goethes, des Künstlers – ein Porträt des inneren Lebens des Genies.»

Der Roman spielt im Jahr 1816, und für Mann war es schwierig, aus dieser Zeit in die des Josephzyklus zurückzukehren.

«Deshalb arbeite ich jetzt an einer Erzählung, die sich auf einer alten indischen Legende – nein, nein, keine amerikanischen Indianer – aufbaut.»

Seine Arbeitsmethode hat sich mit den Jahren wenig geändert. Er wacht um ungefähr halb acht oder acht auf und geht gleich nach dem Frühstück in sein Arbeitszimmer, wo er «langsam mit der Hand» schreibt. Das durchschnittliche Tempo seiner Produktion hat sich in den letzten Jahren etwas gesteigert, aber für mehr als etwa 1¼ Manuskriptseiten im Tag langt es doch nicht. Mittags beendet er seine Tätigkeit.

«Ja, so geht es unverändert Tag für Tag weiter – sieben Tage hindurch in jeder Woche. Ich glaube, ich könnte am Morgen gar nichts anderes tun als arbeiten. Ich verspüre keine Lust zum Lesen, Niederlegen oder Sprechen. Ohne meine Post zu öffnen oder eine Zeitung zu lesen, gehe ich mit frischer Kraft und klarem Geist zu meinem Schreibtisch.»

Mittags geht er für eine Stunde spazieren, denn «klar tauchen die Gedanken auf, während man geht». In früheren Jahren legte er beträchtliche Strecken zu Fuß oder mit dem Fahrrad zurück, jetzt genügt aber eine Stunde Spaziergang. Der Nachmittag ist der Korrespondenz, der Lektüre und den besuchenden Freunden gewidmet.

Er kam wieder auf den Krieg zu sprechen, als er die Schwierigkeiten berührte, die dem Künstler von heute in seinem Versuch begegnen, sein ganzes Ich in das Werk zu legen. Wieder wurde sein Ton ein anderer; er sprach mit starker Bewegung über «die abscheulichen Mächte des Bösen, die auf die Welt losgelassen wurden». Unbeweglich saß er da und blickte gerade vor sich hin, während er die Teetasse in Brusthöhe vor sich hielt, was so gar nicht zu seiner Erregung passen wollte.

Später zeigte er mir sein Studierzimmer, einen in seiner Vollendung fast fehlerlosen Raum, von Büchern umsäumt. «Die Nazis nahmen mir meine Bibliothek weg – diese Bände hier habe ich während der letzten Jahre erworben.» Ein großer Schreibtisch, den er aus Deutschland herausschmuggelte, beherrscht den Raum; er steht zwischen einem breiten Kamin und den nach Süden gerichteten Fenstern. Über das Sofa lagen Bücher verstreut und große, den Eindruck des Behaglichen verbreitende Stühle, auf deren Lehnen Bücher zu sehen waren, standen davor.

«Hier läßt sich's gut arbeiten», schloß Mann. «Hier haben wir den Schutz eines starken, großen Landes hinter uns; aber selbst in diesen Raum dringen die Explosionen, die der Welt das Leben in Ruhe unmöglich machen. Erst wenn die Feinde der Menschheit vertrieben sein werden, wird es anders sein können.»

Robert van Gelder

Übersetzt aus dem Englischen.
Tagebuch, 6.V.40: «Zum Thee Times-Journalist zu einem Interview anläßl. des 65. Geburtstag. Mit Meisel». – 1] Der Schriftsteller und Zeitgeschichtler Hans James Meisel, geb. 1900, Sekretär Manns 1938–40. – 2] Offizielle Geburtstagsfeier am 26. Mai 1935, bei der der dritte Akt von ‹Fiorenza› aufgeführt wurde. – 3] 2./3. Mai 1940, Lesung aus einer ersten Fassung ‹On Myself›; vgl. Hans Wysling, ‹On Myself. Thomas Manns Doppellecture vor den Studenten der Universität Princeton, 2./3. Mai 1940›, in: H. W., ‹Dokumente und Untersuchungen. Beiträge zur Thomas-Mann-Forschung› (TMS, Bd. 3), Bern 1974, S. 67–100.

Aufbau, New York, 7. Juni 1940

Thomas Mann – Interview

Der Dichter über seine Arbeit, den Krieg und Amerika
Zum 65. Geburtstag

Es ist nicht leicht, Thomas Mann zu interviewen.

Es mag zum Teil auch an mir liegen. Ich bin nicht gerade das, was man einen *snappy reporter* nennt. Wichtige Dinge entgehen meinem Auge vollständig. Zum Beispiel weiß ich im Augenblick gar nicht mehr, was für einen Anzug und was für eine Krawatte Thomas Mann trug, als das Interview vor sich ging.

Jawohl, es kam schließlich zu diesem Interview, wenn man es ein Interview nennen will. Ein Interview ist ja eigentlich etwas prinzipiell Aktuelles. Es soll sich auf Dinge beziehen, die gerade jetzt – und morgen schon nicht mehr – im Mittelpunkt des Interesses stehen. Ein Interview soll handeln von Erlebnissen der allerjüngsten Vergangenheit oder Plänen, die die allernächste Zukunft betreffen, von Ansichten über ein soeben erschienenes Buch oder über einen soeben begonnenen Krieg... Ein Interview hat immer etwas Pressiertes an sich, etwas von einem Mann, der sich abhetzen muß, um einen bestimmten Zug nicht zu versäumen.

Nein, es ist wirklich nicht leicht, ein Interview mit Thomas

Mann zu machen, denn es gibt im Grunde kaum einen größeren Gegensatz als eben zwischen einem Interview und Thomas Mann.

Ich fuhr nach Princeton hinaus und betrat das schöne alte Haus mit den weitläufigen, sehr hohen Räumen, das immer ein bißchen stolz wirkt, in sich abgeschlossen und in sich ruhend.

Am Abend, nachdem der Dichter aus dem Schlußkapitel des Romans ‹Lotte in Weimar› vorgelesen hatte, sprachen wir noch ein wenig über die Entstehungsgeschichte dieses seines letzten Buches. Er hatte es vor mehr als drei Jahren begonnen. Damals dachte er an eine Erzählung – so zwischen 100 und 200 Seiten. Aber die Arbeit war ihm unter den Händen gewachsen. Jetzt war sie mehr als 500 Seiten lang geworden, ein richtiger Roman.

«Drei Jahre, das ist viel Zeit, selbst für so ein Buch», meinte Thomas Mann ein wenig wehmütig.

Seine Gattin widersprach. Sie rechnete uns vor, wie oft diese Arbeit hatte unterbrochen werden müssen. Da waren Essays zu schreiben, Beiträge an Zeitschriften fertigzustellen, da gab es drei Tourneen durch die Vereinigten Staaten, einige Reisen nach Europa.

Es gab auch sonst Betrieb genug in diesen letzten Jahren, in denen Thomas Mann mehr und mehr das Zentrum der kulturellen Anti-Hitler-Bewegung geworden war. Da gab es Komitee-Sitzungen, Protest-Telegramme, Hunderte von Erklärungen und Formulierungen, die abzufassen und zu unterzeichnen waren. Und da gab es schließlich zahllose Menschen, denen geholfen werden mußte, langjährige Freunde oder auch völlig Unbekannte, die zu ihm kamen oder an ihn schrieben, weil sie alles verloren hatten – ihr Land, ihren Beruf, ihr Vermögen – und weil sie sich von ihm oder seiner Intervention irgendeine magische Errettung versprachen. Thomas Mann schrieb, unterschrieb, sprach, telegraphierte, sammelte Geldmittel, gab aus Eigenem.

Manchmal in diesen letzten Jahren sagte er dann plötzlich: «Eigentlich habe ich gar keine Zeit». Er sagte das mit der Miene eines Schulknaben, der etwas tut, was er eigentlich nicht tun sollte. Er erklärte: «Sehen Sie, ich bin nicht mehr jung. Ich habe nur noch ein paar Jahre. Und ich möchte schließlich noch die ‹Lotte› beenden und den letzten Band des ‹Joseph› fertigmachen und vielleicht noch einen Roman schreiben.»

Ich erinnere mich noch genau, mit welcher Erschütterung ich diese schlichten Worte hörte. Niemals war es mir in den Sinn gekommen, daß die ein wenig gleichgültige und abgedroschene Phrase von «keine Zeit haben» einen so wichtigen und wörtlichen Sinn besitzen könne.

Thomas Mann hat keine Zeit, aber trozdem vermag er sich dieser Zeit und ihren brennenden Fragen nicht zu entziehen. Früher einmal, ganz früher, glaubte er sich als Schriftsteller der Verpflichtung enthoben, sich mit aktuellen Problemen anders als nachgestaltend zu beschäftigen.

Er sagte: «Damals wollte ich darstellen. Die Dinge beim Namen zu nennen, von Begriffen wie Wahrheit, Recht oder Demokratie direkt zu sprechen wäre mir abgeschmackt und geistig undistinguiert erschienen.» Aber schon der Große Krieg brachte da eine Wandlung. Und in den Jahren nach dem Krieg entwickelte sich Thomas Mann, dessen Stolz es einmal gewesen war, «unpolitisch» zu sein, zu einem sehr politischen Schriftsteller.

«Dies ist kein Gegensatz. Ein Schriftsteller, dessen natürlichste Sache es ist, seine Kräfte im freien Dienst am Menschlichen zu bewähren, das wir Kunst nennen, darf es sich heute nicht genug sein lassen, sich innerhalb der Kunst um das Rechte, Gute und Wahre zu mühen, er muß dies auch im Politisch-Sozialen tun und seine Gedanken mit dem politischen Willen der Zeit vereinigen.»

Er ging ins Exil freiwilliger, weniger gezwungen als irgend sonst wer, nicht aus persönlichen Gründen, nicht weil er in Gefahr war, sondern weil er eine Gefährdung aller Kulturgüter, überhaupt alles dessen, was ihm bedeutsam und wichtig erschien, frühzeitig erkannte. Er wurde nicht müde, von dieser Gefährdung immer wieder zu sprechen, vor ihr zu warnen; sein Kampf gegen das Hitler-Regime ist ein Kampf des persönlich nicht Gekränkten, nicht Belangten, nicht Geschädigten.

«Die Untaten der sogenannten nationalsozialistischen Revolution sind ohne jede menschliche Entschuldigung, denn sie ist bar jeder Beziehung und jeder sei es auch verirrten Liebe zur Menschheitsidee und zur Idee der Vervollkommnung der menschlichen Gesellschaft. Sie ist eine Revolution der leeren Gewalt, will sagen: des geistigen Nichts. Eine Revolution, wie es sie noch nie gab, eine Revolution des absoluten Zynismus, ohne irgendwelche Glaubensbindungen und erfüllt von einer Lust an der Menschen- und Ideenschändung, die ohne Beispiel ist.»

Es ist nicht ganz leicht, mit Thomas Mann ein aktuelles Interview zu machen. Wenngleich er in diesen quälenden Tagen von nichts anderem spricht als von dem, was jetzt in Europa an Furchtbarem vor sich geht und was sich in den nächsten Wochen abspielen wird. Kann Frankreich durchhalten?[1] Wird Italien in den Krieg eintreten?[2] Wird Rußland die zweifelhafte Politik der letzten Monate in noch zweifelhafterer Form fortführen? Gerade der Stalin-Hitler-Pakt beschäftigt und erschüttert ihn immer wieder.

Freilich, Thomas Mann ist ja schließlich nie Kommunist gewesen. Er sagte jetzt: «Schließlich kann man den Unterschied, den Wesens-Gegensatz zwischen Bolschewismus und dem, was wir soziale Demokratie nennen, gar nicht stark genug unterstreichen.»

Trotzdem hält er es für abwegig, was jetzt ein wenig Mode geworden ist, nämlich plötzlich die Schuld am Ausbruch dieses Krieges allein Stalin zuzuschreiben. «Ich habe», sagte er, «seit sechseinhalb Jahren prophezeit, daß das nationalsozialistische Regime in Deutschland einen neuen Weltkrieg vorbereitet. Nun ist er da – und jetzt soll ich plötzlich sagen, Stalin sei am Krieg schuld? Schließlich kann man den Faschismus und den Kommunismus doch nicht in einem Atem nennen. Vergleiche zwischen dem moralischen Niveau dieser beiden Systeme werden immer zu Ungunsten des Faschismus ausfallen. Freilich, es bleibt dabei, daß kein Unterschied zwischen ihnen ist, soweit es die diktatorische Verneinung der Freiheit gilt.»

Um diese Freiheit aber und um ihre Erhaltung geht es dem Dichter vor allem. Es ist kein Zufall, daß er vor kurzem eine Vortrags-Tournee durch die Vereinigten Staaten mit einem Vortrag ‹Über die Freiheit›[3] unternahm. Es ist auch kein Zufall, daß er dieses Land so sehr liebt und so glücklich ist, hier leben zu können.

«Amerika ist mehr für mich – für uns alle – als eine Zuflucht, als ein mehr oder weniger zufälliger Hafen, in dem wir geborgen sind. Amerika ist die Zukunft, an der wir alle mitarbeiten dürfen.»

Nicht ohne Erregung wies er mich darauf hin, daß der 80jährige Goethe sich besonders intensiv mit Amerika beschäftigt und auf Amerika als das Land der Zukunft hingewiesen habe.

«Das zeigen die späten Teile des ‹Wilhelm Meister› und die lebensbegierig ausspähende Anteilnahme des Greises an utopisch-welttechnischen Fragen wie dem Durchstich der Landenge von Panama, wovon er mit Eindringlichkeit und Ausführlichkeit spricht... Er rät den Vereinigten Staaten, die Sache anzugreifen, und phantasiert von den blühenden Handelsstädten, die an dieser Küste des Pazifik nach und nach entstehen müssen...»

Aber dies erwähnte Thomas Mann nur nebenbei, als amüsante und symptomatische Arabeske. Seine eigene Bejahung Amerikas und sein Wille, hier zu leben und zu arbeiten, kommt aus anderen Bezirken.

«Die Wahrung und Verwaltung des abendländischen Kulturerbes ist auf Amerika übergegangen. Es ist seine Jugend und moralische Unverbrauchtheit, seine dem Biblischen und Monumentalen noch nahestehende seelische Form, durch die Amerika berufen erscheint, in das heutige Treiben hinein mit schlichter Autorität sein Wort zu sprechen. Möge in einer verwahrlosten, sittlich herrschaftslosen Welt Amerika dastehen als die Schirmherrin des Guten und Göttlichen im Menschen – ein Land, das Gewalt und Lüge verabscheut und ausharrt im Glauben an das Gute.»

Curt Riess

Tagebuch, 27. Oktober 1939: «Ankunft Klaus nebst Riess. Zu Hause Wermut und Unterhaltung mit ihnen. Viel über das Politische, den Schutzverband, auch die Vollendung des Romans.» Diese Unterhaltung hat der Journalist Curt Riess, geb. 1902, Freund von Klaus und Erika Mann, zu einem Interview verarbeitet, das im Dezember 1939 auf englisch in ‹Direction›, Bd. 2, Nr. 8, Darien/Connecticut veröffentlicht wurde.

Die Ausgabe des ‹Aufbau› vom 7. Juni 1940 enthält einige Seiten zum 65. Geburtstag Manns, darunter das Riess-Interview in leicht veränderter, aktualisierter Form. Eine Tagebuch-Notiz vom 20. Mai 1940 verzeichnet: «Bedrücktes Wochenende mit Gästen: Riess und Frau...»; es ist mithin nicht ausgeschlossen, daß Mann die aktuellen Äußerungen getan und seine Zustimmung zu dem «neuen» Interview gegeben hat.

Die folgenden beiden Abschnitte aus dem ‹Direction›-Interview sind nicht in das ‹Aufbau›-Interview übernommen:

(Im Anschluß an den 4. Absatz «Ich fuhr nach Princeton hinaus...)

Diesmal lag in der Luft, daß etwas ganz Besonders geschehen war. Alle, und ganz besonders mein Gastgeber, waren sehr gut gelaunt, ja glücklich erregt und in Feststimmung. Ich bemerkte, daß sich eine kleine Feier anbahnte. Aber erst bei Tisch erfuhr ich, was geschehen war.

«Denken Sie sich, heute morgen habe ich ‹Lotte in Weimar› beendet, ich bin wirklich fertig damit», berichtete Thomas Mann. ‹Lotte in Weimar› ist die Geschichte vom Leben des alternden Goethe, an der er mehrere Jahre lang gearbeitet hat.

(Nach dem Satz «Es ist nicht ganz leicht, mit Thomas Mann ein aktuelles Interview zu machen» folgen anstatt der aktuellen Äußerungen über Frankreich und Italien die folgenden Sätze)...und besonders an diesem Abend schien er keine Lust zu haben, über die Nachrichten des Tages zu sprechen. Er sagte jedoch, er habe über den Stalin-Hitler-Pakt nachgedacht und dieser habe ihn wirklich erschüttert.

«Jede Hilfe für Hitler, so klein und unwichtig sie letztenendes auch sein mag, ist zu bedauern. Jeder Tag, mit dem Hitlers Regime verlängert wird, kostet Leben und wird die allgemeine Zerstörung vergrößern, die von ihm und seiner Bande herbeigeführt wird.» Aber Thomas Mann zweifelt nicht einen Augenblick daran, daß Hitlers Ende in Sicht ist. Er glaubt an das deutsche Volk als Ganzes und daran, daß es erwachen und Hitler beseitigen wird.

«Es wird eine Revolution geben. Fragen Sie mich nicht, wer sie beginnen wird. Selbst wenn ich es wüßte, würde ich es nicht sagen. Kein Tag vergeht, ohne daß er Anzeichen von täglich wachsender Unruhe und Opposition in Deutschland bringt. Aber ich glaube nicht, daß die Kommunisten stark genug dazu sein werden.»

1] Der deutsche Angriff im Westen hatte am 10. Mai begonnen. – 2] Das Italien Mussolinis erklärte Frankreich erst am 10. Juni, als die französische Niederlage unausweichlich war, den Krieg. – 3] I. e. ‹Das Problem der Freiheit›.

Colorado Springs Gazette and Telegraph, 23. März 1941

Hitler muß besiegt werden

In einem Interview hier am Samstagmorgen, kurz nach seiner Ankunft zusammen mit Frau Mann im Broadmoor Hotel, erklärte Thomas Mann, der berühmte Romanschriftsteller, daß «alle Hoffnung der Menschheit auf der Niederlage Hitlers beruhen muß». Herr und Frau Mann kamen aus Chicago und sind auf dem Weg zur pazifischen Küste.

Indem sie die Szenerie von der MacNeill-Suite im 6. Stockwerk des Broadmoor Hotels betrachtete, sagte Frau Mann, die Aussicht erinnere sie an die Schweiz. Sie und ihr berühmter Gatte lobten die Gegend in warmen Tönen.

Zu dem derzeitigen Krieg sagte Herr Mann unter anderem:

«Jede Hoffnung der Menschheit muß auf der vollständigen Niederlage Hitlers beruhen. Ohne eine absolute Niederlage wird er niemals fallen. Der Krieg würde sonst nur zu einem unentschiedenen Ausgang führen, und es bestünde keine Hoffnung auf Frieden und Ordnung. Seine Niederlage ist eine absolute Notwendigkeit.»

Auf die Frage, ob die amerikanische Hilfe rechtzeitig kommen würde und ob sie für die Niederlage Hitlers notwendig ist,[1] sagte der Schriftsteller:

«England kann es allein nicht schaffen. Ich hege die größte Achtung für England und das britische Volk. Ich war lange Zeit von Großbritannien enttäuscht. Sie sahen oder verstanden die Gefahr der Situation in Deutschland nicht. Sie benutzten Hitler als Puffer gegen den Bolschewismus.

Wenn die Engländer sich mit oder ohne amerikanischer Hilfe die nächsten vier Monate halten können, wird Hitler besiegt werden. Seien Sie jedoch überzeugt, daß er alles tun wird, was in seiner Macht steht, um Großbritannien in den nächsten vier Monaten zu zermalmen. Dieses Frühjahr birgt schreckliche Möglichkeiten und viel Leiden wird sicher folgen. Hitler wird vor nichts zurückschrecken, nicht einmal vor der Anwendung von Giftgas in seiner Kriegstaktik.

Ich bin nicht ausreichend genug über die amerikanischen Methoden informiert, um entscheiden zu können, ob ihre Hilfe rechtzeitig kommen wird, um Großbritannien zu retten. Wenn die Briten sich aus eigener Kraft das Frühjahr hindurch halten können, dann wird die amerikanische Hilfe möglicherweise die Wende bringen.» A.H.D.

Übersetzt aus dem Englischen.
Tagebuch, 22.III.41: «Ausgiebiges Frühstück, danach Interview mit einem grauhaarigen Journalisten über den ‹Zauberberg› und die Weltlage». – 1] Das Pacht- und Leihgesetz vom 11. März 1941 ermächtigte den amerikanischen Präsidenten, anderen Staaten zu Verteidigungszwecken militärische Güter zu überlassen, wenn damit der Verteidigung der USA gedient sei. Folge waren umfangreiche Lieferungen an England.

Greensboro Record, 30. Oktober 1941

Berühmter Nazi-Exilierter sieht neues Mittelalter mit Hitler an der Macht

Ein langer und bitterer Krieg, schließlich mit einem Sieg der Alliierten, und ein vereintes Nachkriegs-Europa ohne übertriebene Ideen von nationaler Selbständigkeit – das waren die Vorhersagen, die heute von Dr. Thomas Mann, Deutschlands berühmtem Emigranten und Feind des Hitler-Regimes und einem der hervorragendsten Schriftsteller der Welt, gemacht wurden.

Dr. Mann, mit dem wir in seiner Suite im King Cotton Hotel sprachen, griff die Nazis an, die, wie er sagte, alle fundamentale Anständigkeit der Menschheit – Mitleid, Freundlichkeit, Brüderlichkeit – vernichten und die Zivilisation in ein vorchristliches Zeitalter zurückwerfen würden. Die Zivilisation steht in diesem Krieg auf dem Spiel, erklärte er, und ein Sieg der Achsenmächte wäre eine unübersehbare Katastrophe.

Der Nobelpreisträger gab jedoch deutlich zu verstehen, daß er fest an die Zukunft glaubt, und er hob hervor, daß die Demokratien friedfertige Völker sind, jedoch, einmal erwacht, zu scharfen und ernstzunehmenden Gegnern werden. Er pries den englischen Mut und lachte herzlich über die englische Gewohnheit, Niederlagen zu überwinden, indem man nicht an die Möglichkeit einer Niederlage glaubt.

Frankreich war von Anfang an zum Untergang verurteilt, erklärte er, indem er feststellte, daß die Nation «moralisch unterminiert» und durch Myriaden von Meinungen und egoistischen Interessen zersplittert war.

Dr. Mann sah eine schlagende Ähnlichkeit zwischen Napoleon und Hitler, beide peitschten die Nationalgefühle zu einem fiebrigen Höhepunkt auf, bauten eine mächtige Militärmaschine mit Hilfe von Opfern ihrer Untertanen auf und eigneten sich die Nietzsche-Philosophie Macht-ist-Recht an. Napoleon war ein viel besserer Mann als Hitler, bemerkte er.

Auf die Frage, wo im Falle eines Sieges der Demokratien Deutschlands Platz im Nachkriegs-Europa sein würde, sagte Dr. Mann: «Wir müssen hoffen, daß die Nation Mitglied eines neuen und besseren Völkerbundes wird, daß die Idee der Staatssouveränität verschwindet.» Er meint, daß Rußland sich einem solchen Bündnis anschließen würde, um den Frieden in Europa zu gewährleisten.

Er fand freundliche Worte für die Russen, obgleich er zugab, daß er persönlich keine Sympathie für Stalin hegt und daß er über den Hitler-Stalin-Pakt entsetzt war. «Rußland führte zumindest eine friedfertige Politik und war zu einer Zusammenarbeit mit den westlichen Demokratien bereit, bis diese nicht von ihm wissen wollten», erklärte er.

Er ist sehr zufrieden mit dem heroischen Widerstand der Russen gegen die totalitären Kräfte der Tyrannei und Destruktion. Rußland wird demokratischer und die Demokratien sozialistischer werden, eine Art politische Synthese, ein gemeinsamer Treffpunkt für die beiden Regierungsformen, glaubt er.

Der Krieg hat wie alle früheren Kriege einen wesentlichen Einfluß auf die Literatur, bemerkte er. Die Literatur bewegt sich wie so vieles andere im Kreise. In Vorkriegsperioden pflegen wir soziale und realistische Romane zu haben, die die Unvollkommenheiten einer Gesellschaft aufzeigen und anprangern. Wenn der Krieg näherkommt, verlassen wir diese Romane, denn sie neigen dazu, die nationale Einigkeit und Überzeugung, die wir in kritischen Zeiten benötigen, zu beeinträchtigen, sagte er.

Es gibt jetzt in der Literatur eine moralische Wiederaufrüstung, sagte Dr. Mann. Die Schriftsteller werden sich bewußt, daß soziale Wunden unwichtig werden verglichen mit Leben und Tod einer Nation, mit dem größeren Drama von Zivilisation gegen Chaos, Mitleid gegen Unduldsamkeit. Deshalb gibt es ein erneutes religiöses Interesse. Charakteristisch für diese Erweckung sind Cronins ‹The Keys of the Kingdom›[1] und Waldo Franks ‹Chart for Rough Waters›[2].

Dr. Mann selbst arbeitet jetzt an einem biblischen Thema, dem fünften[3] und letzten Buch eines Joseph-Zyklus. Sein im Entstehen begriffenes Buch wird sicher ‹Joseph der Ernährer› heißen, erklärte er.

Der hervorragende Schriftsteller sagte, daß Welt-Chaos eine höchste Prüfung des Menschen ist, indem er darauf hinwies, daß schwache Männer früherer Generationen die gerechte Lebensform zugunsten von Sachen, die verglichen hiermit unwesentlich erscheinen, im Stiche ließen. Die Lehren des Christentums sind das Fundament unserer Zivilisation, erklärte er, und die totalitäre Verwerfung der christlichen Grundsätze zeigt schlagend, welcher Art diese Welt sein würde, wenn unsere animalischen Leidenschaften zügellos werden.

Dr. Mann, der jetzt eine Vortragsreise unternimmt, die ihn durch den Süden geführt hat und die nun durch die mittelwestlichen Staaten zurück zu seinem derzeitigen Heim in Kalifornien geht, ist besonders von dem amerikanischen Roman beeindruckt, dessen soziale Form er als führend in der Welt ansieht. Hingegen meint er, daß unserem seriösen Drama etwas fehlt, da die Bühne mit ‹The Man who Came to Dinner›[4] und anderen Stücken leichter und satirischer Art erfolgreich ist; er hat jedoch wenige amerikanische Dramen von bleibendem Wert gesehen.

Er hat warme Worte des Lobes für North Carolinas Thomas Wolfe. «Er war einer Ihrer stärksten Stimmen in Amerika und im Vorkriegs-Deutschland fast so gut bekannt wie hier», erklärte er. Ihm gefällt auch der direkte, treffende Stil Hemingways und Steinbecks.

Dr. Mann ist ein charmanter Gastgeber, elegant in einem Tweed-Anzug, jünger aussehend als seine 66 Jahre und ein überraschend gutes Englisch sprechend, indem er nur gelegentlich nach dem «rechten englischen Wort» tastet. Er spricht direkt und aufrichtig und wich den Fragen des Reporters nicht aus. Er beantwortete eine jede ohne Zögern. Frau Mann hat ein wenig mehr Schwierigkeiten mit dem Wie-sagt-man-auf-Englisch, aber auch sie hat das charmante und zuvorkommende Wesen von jemandem, der weit gereist ist und viel gesehen hat, der das Leben liebt und sich für seine Umgebung interessiert.

Es gab keine Andeutung von Bitterkeit oder auch nur eine Erwähnung ihres Exils aus Deutschland, ihrer Flucht nach Amerika, nachdem sie Heim, Besitz und Staatsbürgerschaft verloren hatten. «Wir sprechen nicht davon» ist der Refrain eines populären Liedes, und die Manns schweigen anscheinend über dieses Thema, wenn man sie nicht fragt.

Die Manns haben Freude an ihrer Vortragsreise, an den verschiedenen Teilen Amerikas, an den Leuten, der Freiheit und Duldsamkeit. Sie sind glücklich darüber, amerikanische Bürger zu sein[5], und Amerika ist durch ihre Anwesenheit reicher geworden.

George O. Butler

Übersetzt aus dem Englischen.
Tagebuch, 30.X.41: «Nach dem Frühstück Interview mit intelligentem Journalisten». – 1] Archibald Joseph Cronin (geb. 1896), dessen Roman 1941 erschien. – 2] Waldo David Frank (1889–1967); ‹Chart for Rough Waters› (1940) enthält den Plan einer – idealistischen – amerikanischen Führerposition. – 3] Vierten. – 4] Schauspiel von George S. Kaufman (geb. 1889); Kaufmans Schauspiele waren auch in der Verfilmung sehr erfolgreich – neben dem hier genannten besonders die Frank Capra-Inszenierung von ‹You Can't Take it with You›. – 5] Die Einbürgerung wurde erst am 23. Juni 1944 vollzogen.

Cincinnati Post, 30. November 1943

Thomas Mann wartet gespannt auf die Bedingungen der «Großen Drei»

Wie ein Junge, der auf den großen Knall seines Feuerwerkkörpers wartet, wartet der bekannte deutsche Schriftsteller Thomas Mann auf Neuigkeiten von dem stattfindenden Roosevelt-Churchill-Stalin-Treffen.[1]

Er ist zu dem Ergebnis gekommen, daß die Roosevelt-Churchill-Stalin-Erklärungen die strahlenden Versprechungen der Moskau-Erklärungen erfüllen werden, und er fühlt sich ziemlich überzeugt davon, daß sie dem deutschen Volk die Wahl zwischen völliger Vernichtung oder Überleben durch den Sturz der Nazis geben werden.

«Und diese Bedingungen», sagte Dr. Mann erregt, «werden nichts weniger als ein moralischer Rammbock sein... Sie werden eine enorme Wirkung haben.»

Der berühmte Romancier, der bald amerikanischer Staatsbürger werden wird, kam am Dienstag zusammen mit Frau Mann nach Cincinnati, um heute abend im Rahmen der ‹University of Cincinnati Contemporary Thought Series› im Wilson Auditorium einen Vortrag über ‹The Coming Spiritual Renaissance›[2] zu halten.

Als er die Presse in seinem kleinen Zimmer im Netherland Plaza empfing, trug Dr. Mann einen dunklen Anzug. Er sprach fließend und in großen Stücken über viele Themen, schien sich jedoch auf dem Gebiete der europäischen Politik mehr zu Hause zu fühlen als auf dem der amerikanischen.

Der «moralische Rammbock» war sein schwungvollstes Thema.

«Das deutsche Volk ist des Krieges müde, das weiß ich aus Briefen, die aus Deutschland gekommen sind, und von Leuten, die mit der Widerstandsbewegung in Verbindung sind», erklärte er. «Die großen Mächte der Vereinigten Nationen können viel dazu tun, ihnen den Ausweg zu zeigen.»

Dr. Mann sagte, er könne nicht erraten, ob der Zusammenbruch Deutschlands auf dem Schlachtfeld oder an der Heimatfront erfolgen wird. Aber davon ist er überzeugt: Der Sturz des Nazi-Terrors kann nur mit Beistand des Heeres und einiger seiner Offiziere erreicht werden. Und wenn er kommt, wird es einen blutigen Bürgerkrieg geben, glaubt er.

Aber, sagte Dr. Mann, Deutschland wird nicht vom Faschismus zum Kommunismus überwechseln.

«Ich glaube, daß das Deutschland der Zukunft auf keine Weise totalitär sein wird», fuhr er fort. «Aber es wird eher eine sozialistische Demokratie als eine kapitalistische Demokratie sein. Es wird eine bessere Demokratie sein als die Weimarer Republik, weil es die moralische und physische Kraft haben wird, energisch gegen seine Feinde vorzugehen. Diese Kraft hatte die Weimarer Republik nie.»

Er glaubt, daß ganz Europa sich in linker Richtung bewegen wird. Er glaubt, daß Sowjetrußland demokratischer werden wird und daß England und die Vereinigten Staaten sich auf die Dauer nach links wenden werden. Und das ist, Dr. Mann zufolge, der das Exil dem Nazismus vorzog, gut und nicht schlecht.

Max Sien

Übersetzt aus dem Englischen.
Tagebuch, 2.XII.43: «Dienstag den 30. Cincinnati, Hotel Netherland Plaza (...) Presse-Konferenz». 1] Konferenz von Teheran. – 2] Chronik, 179 hält als Titel des Vortrags in Cincinnati ‹The War and the Future› fest; in anderen Städten ist der Vortrag unter dem Titel ‹On New Humanism› gehalten worden, vgl. Chronik (Taschenbuchausgabe), 199f. Zu dem – kaum jemals völlig zu entwirrenden – Komplex der amerikanischen politischen Vorträge (Mann bezeichnete sich gelegentlich als «Wanderprediger der Demokratie») vgl. vor allem ‹Dichter über ihre Dichtungen› II, 687ff.

DPD/Reuter und DENA/Reuter, Nachrichtenagenturen, 16. Mai 1947

Interview mit einem Reutervertreter

An Bord der ‹Queen Elizabeth› ist Thomas Mann mit Gattin und Tochter Erika am 16. 5. 47 in Southampton eingetroffen und gab einem Reuter-Vertreter an Bord folgendes Interview:

«Dieses Deutschland wird Mitglied der europäischen Föderation und weiter der Weltföderation werden[1], die – wie ich hoffe – eines Tages ohne einen neuen Krieg erreicht werden wird. Ich bin gegen ein neues zentralisiertes Reich. Ein zentralisiertes Deutschland war für die Deutschen niemals eine natürliche Lösung. Das ‹Preußische Reich› war niemals populär, und noch weniger war es Hitlers ‹Drittes Reich›.»

Thomas Mann erklärte, daß er mit Winston Churchills Plan eines vereinigten Europa nicht übereinstimme.

«Die Welt, die über so viele Erfahrungen verfügt», stellt Thomas Mann weiter fest, «soll nicht nur eine neue Atmosphäre, sondern auch einen neuen Glauben, eine neue Religion und ein neues Fühlen für Menschlichkeit und Persönlichkeit schaffen. Das ist mein literarisches Ziel, und wenn meine Arbeit einen Wert hat, dann aus diesem Grunde.

Churchill ist ein großer Mann, aber ich glaube nicht, daß er als Konservativer die zukünftige Welt gut versteht. Seine Rede in Zürich im September 1946[2] war ein wenig tendenziös; er zielte auf einen antisowjetischen Block der Westmächte ab. Diese Teilung Europas in Ost und West ist sehr gefährlich für den Frieden, und ich zweifle, daß Churchills Plan erfolgreich sein wird.»

Daß es in Deutschland an gutem Willen zur Zusammenarbeit mit den Alliierten fehle, begründete er mit der Auffassung, daß die Deutschen zuviel von den Alliierten verlangten.

«Sie erwarten nicht nur, daß die Siegermächte sie ausreichend mit Nahrung versorgen, sondern obendrein noch, daß sie ihre zerstörten Städte und Industrieanlagen wieder aufbauen.»

Seine Stellungnahme zur britischen Politik umriß Thomas Mann durch die Feststellung, daß er die Haltung des britischen Volkes als Siegermacht bewundere, weil Großbritannien nicht an Rache denke, sondern eine gemäßigte und freundschaftliche Haltung zeige und trotz der Lebensmittelknappheit im eigenen Lande Deutschland zum Teil mit Lebensmitteln versorge.

«Eine kommunistische Gefahr besteht trotz der von der sowjetischen Zone ausgehenden Propaganda nicht, der Kommunismus ist etwas Totalitäres, und die Deutschen sind nicht darauf erpicht, Hitlerismus gegen Kommunismus einzutauschen.»

Die gegenwärtige Spannung zwischen den Vereinigten Staaten und der Sowjetunion[3] könne nur gelöst werden, wenn Amerika sozialistischer und die Sowjetunion demokratischer werden würde, so daß sie sich auf halbem Wege begegnen würden.

Ferner äußerte Thomas Mann die Ansicht, daß gegenwärtig in Deutschland kein guter Wille zur Zusammenarbeit mit den Alliierten bestehe.

Er habe stets erwartet, daß die ehemaligen Nationalsozialisten die gegenwärtigen wirtschaftlichen Störungen in Deutschland ausnutzen und erklären würden, die Lage unter Hitler sei besser gewesen, aber er glaube nicht, daß dies etwas sehr Ernsthaftes sei, obgleich es die Lage komplizieren könne.

«Die Deutschen sind in der Geschichte stets für eine Selbstregierung der Länder eingetreten, und nach meiner Ansicht wäre eine lose Föderation die beste Lösung für das deutsche Volk und für den Frieden in Europa. Natürlich schließt das eine Wirtschaftseinheit nicht aus. Ich befand mich immer im Streit mit sozialistischen Ansichten, wie sie in Rußland vertreten werden, für das eine solche Föderation reaktionär ist. Ich bin der Meinung, daß ein föderalistisches Reich einen neuen deutschen Angriff verhindern könnte, während ein zentralisiertes Deutschland bald aggressiv werden müßte.»

Der Dichter erklärte weiter, seine Botschaft an Deutschland laute, nicht mit einem neuen Krieg zu rechnen, sondern ein neues Deutschland auf einem soliden und dauerhaften Frieden aufzubauen.

«Das Ende Hitlers und des Dritten Reiches ist nicht das Ende der deutschen Geschichte. Deutschland hat während des Krieges gelitten, aber die gleichen Leiden wurden von Frankreich, Italien, Polen, Griechenland und anderen europäischen Ländern getragen.

Die Deutschen scheinen von Selbstmitleid erfüllt und nicht in der Lage zu sein, das Chaos in den Nachbarländern zu sehen. Niemand kann erwarten, daß nach einer solchen Niederlage und Katastrophe sich Deutschland in einigen Jahrzehnten erholen wird.»

Die Deutschen sollten sich selbst als einen Teil der Welt betrachten. Der nationalistische Komplex sei nun erledigt, und das Ideal sei eine Art von Weltregierung, die nach seiner Überzeugung kommen werde.

«Ich möchte nicht gern unter alliierten Bajonetten zu Besuch nach München oder Bonn kommen, wo die Universität mir kürzlich die Würde des Doktors der Philosophie erneuerte. Es wäre zu beschämend für mich.»

(DENA-Fassung: «Ich möchte weder München noch Bonn besuchen, die kürzlich unter dem Druck der Alliierten mir mein Ehrendoktorat erneut verliehen. Es wäre beschämend für mich.»)[4]

Thomas Mann hat, wie er mitteilt, seinen Roman ‹Doktor Faust›, der nicht weniger als 240 000 Wörter umfaßt, soeben fertiggestellt. Das Buch ist die erdichtete Lebensbeschreibung eines modernen deutschen Komponisten, dessen Leben den deutschen Nationalcharakter und das deutsche Schicksal widerspiegeln soll. Das Buch soll im nächsten Frühjahr zunächst in Amerika herausgebracht werden, anschließend sollen deutsche Fassungen in Stockholm und Zürich erscheinen.

Europareise, Mai–August 1947. Am 4. Juli äußerte Mann in einem Brief: «Meine ‹Interviews› sind z. T. verstümmelt und um ihr Gleichgewicht gebracht wiedergegeben worden» (An Arnold Bauer; Briefe II, S. 540). Was das vorliegende Interview anbelangt, so lautet ein Satz im englischen Originaltext des Reuter-Korrespondenten wie folgt: «On the other hand I would not like to pay a visit to Munich and Bonn, where the university recently renewed my award of Honorary Doctor of Philosophy, under the allied bayonets.» Das Komma hinter «Honorary Doctor of Philosophy» wurde, wie aus dem Folgenden hervorgeht, von dem Übersetzer der DENA-Fassung des Interviews übersehen; dieser Kommafehler hat dann nicht unwesentlich zu dem Zerwürfnis zwischen Mann und der empfindlich reagierenden deutschen Öffentlichkeit beigetragen. – 1] Gründung der UN auf der Konferenz über Weltsicherheitsfragen von San Francisco, 25. April–26. Juni 1945. Mit dem Plädoyer für ein förderalistisches Deutschland plädierte Mann für die Auffassung der Westmächte. – 2] Churchills Vision von den Vereinigten Staaten von Europa am 19. September 1946 ging von dem Kerngedanken einer Zusammenarbeit zwischen Deutschland und Frankreich aus (‹The Times›, London, vom 20. September 1946). Die Sowjetunion sollte als potentieller vierter Kreis neben den USA, Großbritannien mit dem Commonwealth und dem Vereinigten Europa eine Rolle spielen. – 3] Mit der Truman-Doktrin vom 12. März 1947 hatten die USA ihre Hilfe für alle Völker angekündigt, deren Freiheit bedroht war. – 4] Die falsche DENA-Fassung wurde in der ‹Frankfurter Rundschau›, Nr. 59 vom 17. Mai 1947 verbreitet, während ‹Die Welt›, Hamburg, Nr. 58 vom 17. Mai den korrekten Text druckte. In der Erklärung der Universität Bonn vom 21. Mai heißt es nach einer Konfrontation der abweichenden Stellen: «Ich (der Althistoriker Prof. Dr. Friedrich Oertel, Dekan der Philosophischen Fakultät) stelle fest, daß von einem Drucke der Alliierten in gar keiner Weise die Rede sein kann, sondern daß die Fakultät aus freien Stücken und einhellig die im Jahre 1936 entzogene Doktorwürde erneuert hat. Die Meldung der Frankfurter Rundschau kann schon deshalb nicht stimmen, weil vor der Erneuerung der Doktorwürde Thomas Mann seine freudige Zustimmung zur Wiederverleihung erklärt hat» (Hübinger, S. 605).

Die Welt, Hamburg, 20. Mai 1947

Gespräch mit Thomas Mann

«Besuch in Deutschland vielleicht noch verfrüht»

Thomas Mann empfing heute unseren Vertreter zu einem längeren Interview in seinem Hotel in London, wo er sich auf der Durchreise zum kommenden Pen-Club-Kongreß in Zürich[1] einige Tage aufhält.

Thomas Mann, der mit seinem leicht angegrauten Haar und seinem straffen Gesicht wie ein angehender Sechziger aussieht – in Wahrheit wird er in wenigen Wochen 72 – spricht mit der ihm eigenen mühelosen Präzision. Wenn er sich an Vergangenes erinnert oder Zukünftiges zu erkennen sucht, zögert er manchmal ein paar Sekunden, sucht mit den Augen etwas, das weit entfernt zu liegen scheint, und kehrt dann mit einem Lächeln der Entschuldigung, in geschliffenen Sätzen und doch mit ungezwungener Leichtigkeit zum Kern der Sache zurück.

Von Zeit zu Zeit beteiligt sich seine Tochter Erika am Gespräch, die immer wieder störende Telephonanrufe abwimmelt und manchmal mit Daten oder Ziffern aushilft.

Frage: «Haben Sie die Absicht, im Laufe Ihrer Europareise Deutschland zu besuchen?»

Antwort: «Ich sage nicht, daß ich die Absicht habe, die Frage muß noch offen bleiben. Vielleicht wäre es weiser, wenn ich den Besuch in Deutschland noch verschöbe. Ich habe das Gefühl, daß ein solcher Besuch, der ja niemals rein privat sein könnte, sondern mit öffentlichen Meinungsäußerungen verbunden sein müßte, fruchtbarer und glücklicher wirken würde, wenn die Gemüter dort sich mehr beruhigt und geklärt haben werden – und mit den Deutschen besser zu reden sein wird. Übrigens scheint man dieses, mein Gefühl, in Deutschland zu teilen, da bisher keinerlei offizielle Einladung von dort an mich ergangen ist.»

Frage: «Wie denken Sie über die gegenwärtigen Verhältnisse in Deutschland? Eindrücke aus Briefen und Berichten?»

Antwort: «Es ist alles sehr traurig. Vor allem erhalte ich Briefe über das Elend. Wir schicken Pakete am laufenden Band. Aber auch mit alten Freunden in Deutschland, von denen das Schicksal mich getrennt hat, stehe ich wieder in Briefwechsel. Mein Eindruck vom geistigen Zustand in Deutschland ist, ganz allgemein gesprochen, nicht gerade der glücklichste. Vor allem fehlt den Deutschen die Einsicht, daß all die Leiden und Nöte die letzte und notwendige Konsequenz eines Zusammenbruchs sind, wie die Weltgeschichte ihn noch nicht gesehen hat, daß nicht etwa die Demokratie und die Okkupationstruppen schuld an ihrem Elend sind, sondern sie selbst. Sie müssen die Folgen dafür auf sich nehmen, daß sie sich in die Knechtschaft gefügt und dieser Regierung 12 Jahre lang Gefolgschaft geleistet haben. Sie haben ihre nationale Kraft, die deutsche Intelligenz, ihren Erfindungsgeist, Mut und kriegerische Tüchtigkeit unglücklicherweise bis zum bitteren Ende im Dienst dieses wahnsinnigen Regimes verbraucht. Ich glaube, daß die Deutschen auch an den gegenwärtigen elenden wirtschaftlichen Verhältnissen in Deutschland selbst einen Teil der Schuld tragen.

Auf der anderen Seite tragen natürlich zu der ökonomischen Notlage die Beschlüsse von Jalta und Potsdam[2], d. h. das, was nicht beschlossen worden ist, in hohem Grade bei. Es hätte von Anfang an beschlossen werden müssen, daß ein Güteraustausch zwischen den Zonen stattfinden solle, wie er jetzt Gott sei Dank zwischen der englischen und der amerikanischen Zone vereinbart worden ist.[3] Es ist zu bedauern, daß die russische und die französische Zone noch unzulänglich daran teilnehmen. Aber dieser Güteraustausch hätte eben von Anfang an zu einem Bestandteil der Beschlüsse gemacht werden müssen. Aber auch hier sind es wieder die Deutschen selbst, die die Lage erschweren. Die deutschen Bauern halten ihre Produkte zurück.»

Frage: «Welchen Eindruck haben Sie von der jüngeren deutschen Schriftstellergeneration? Wächst etwas nach?»

Antwort: «Ich mag da manches übersehen haben. Ich wohne in Kalifornien, und Kalifornien ist weit von Deutschland entfernt. Aber es scheint mir so zu sein – und ich glaube mich nicht zu täuschen –, daß das nationalsozialistische Regime eine kulturelle Wüste in Deutschland hinterlassen hat, die erst langsam wieder bewässert und kultiviert werden kann.

Es sind Versuche da, den deutschen Geist zu heilen und mit den Notwendigkeiten der Zeit in Kontakt zu bringen. Das drückt sich in gewissen Zeitschriften aus, wie ‹Die Wandlung›, die in Heidelberg von den Professoren Jaspers und Alfred Weber herausgegeben wird und wohlgesinnt um die Probleme der Gegenwart bemüht ist. Sie könnte einen sehr guten Einfluß haben, aber ich fürchte, sie ist auf einen kleinen Leserkreis beschränkt. Auch ‹Die Gegenwart› in Freiburg scheint mir zu diesen erfreulichen Erscheinungen zu gehören. Ein gutes Zeichen ist das Lesebedürfnis in Deutschland, das Bedürfnis nach Information. Sie stehen an den Bücherläden Schlange. Als 10 000 Exemplare von ‹Lotte in Weimar› gedruckt wurden, waren sie vergriffen, fast noch ehe sie in die Läden kamen.[4]

Ich wüßte im Augenblick keinen jungen deutschen Schriftsteller, der als Hoffnung für eine Belebung des deutschen geistigen Lebens genannt werden könnte. Es ist ja kein Wunder, man muß das wohl sagen. Nach dem ungesunden Rauschzustand des Nationalismus und dem nachfolgenden Zusammenbruch ist der Zustand der geistigen Erschlaffung selbstverständlich. Es ist einfach ein Katzenjammer sondergleichen. Tiefe Verzweiflung, tiefe Erschlaffung – davon wird die Nation erst langsam genesen. Alles das braucht Zeit.

Frage: «Wie stellt man sich in deutsch-amerikanischen Kreisen zur gegenwärtigen Situation in Deutschland ein?»

Antwort: «Ja, um die Wahrheit zu sagen, es ist nicht zuletzt der Auslandsdeutsche, der zum Nationalismus neigt. Und das Deutschamerikanertum denkt noch heute in nationalistischen Begriffen. Nach meiner Meinung ist der Nationalismus eine überalterte Einstellung, und man muß in Deutschland einer egoistisch-nationalistischen Denkweise wehren. Das geschieht durch die deutschamerikanische Presse nach meinem Gefühl noch zu wenig. Ich glaube, daß Deutschland, nachdem es allzulange nur an sich selbst gedacht hat, heute an Europa und die Welt denken soll.

Es gibt auch gegenwärtig zuviel Selbstbemitleidung in Deutschland. Wenn man in Deutschland an das Elend erinnert, das doch auch in anderen Ländern herrscht, stößt man nicht nur auf Gleichgültigkeit, sondern auf Ablehnung. Von alledem wollen sie nichts wissen, sie sehen nur ihr eigenes Elend und Unglück, wie es die Welt ihrer Meinung nach noch nicht erlebt hat, und bekennen sich mit einem gewissen Stolz dazu. Dieser nationale Egoismus ist überaltert, lebensuntauglich und muß beseitigt werden.»

Frage: «Sie haben mehr als ein Jahrzehnt außerhalb des deutschen Sprachkreises gelebt. Hat dies Ihre Arbeit und Ihre Betrachtungsweise stark beeinflußt?»

Antwort: «Natürlich hat es meine Betrachtungsweise beeinflußt, meinen Horizont erweitert, mich gelehrt, so zu denken, wie ich wünsche, daß alle Deutschen denken lernen – im Sinne, wie ich es eben anzudeuten versuchte. Aber meine künstlerische Arbeit ist wohl kaum dadurch beeinflußt worden – dazu war ich zu alt und zu endgültig geformt, als ich Deutschland verließ, und ich habe eigentlich nur fortgeführt, was ich vorher schon begonnen hatte. Ich habe die Josephs-Tetralogie beendet, die 1933 als Konzeption schon fix und fertig war, ich habe einen Goetheroman geschrieben, der ein sehr deutsches Buch ist und den ich in Deutschland ebenso hätte schreiben können.»

Frage: «Haben Sie – nach Beendigung des ‹Dr. Faust› – schon weitere literarische Pläne?»

Antwort: «Ich habe den ‹Dr. Faustus›, einen modernen Musikerroman, vor einigen Monaten beendet und die Übersetzung wird bald fertiggestellt sein, so daß im Frühjahr 1948 die englische Fassung herauskommen dürfte.[5] Die deutsche Ausgabe wird in der Schweiz gedruckt[6], kann aber leider nicht vor der amerikanischen veröffentlicht werden, weil es in Amerika ein Gesetz gibt, daß kein Buch eines amerikanischen Bürgers in Amerika copyright genießt, wenn es vorher in anderen Ländern erschienen ist.[7] Meine weiteren literarischen Pläne sind zu vage, als daß ich schon heute darüber sprechen könnte. Ich habe eine große Arbeit über Nietzsche geschrieben, die ich auszugsweise zu Vorträgen in Washington und New York verwendet habe. Ich werde diesen Nietzsche-Vortrag am Dienstag in der Londoner Universität und später in Zürich auf dem Pen-Club-Kongreß zum erstenmal in deutscher Sprache halten.»[8]

Frage: «Was halten Sie von der Weltuntergangsstimmung, wie sie jetzt in manchen Büchern zum Ausdruck kommt?»

Antwort: «Ich glaube nicht an den Weltuntergang. Die Menschheit ist eine zähe Katze und wird schon überleben, sogar einen neuen Krieg, der aber, wie ich nicht nur hoffe, sondern glaube, vermieden werden wird. Im Grunde schaudert alle Welt zurück vor der praktischen Anwendung der neuesten Zerstörungsmittel[9], und die völlige Unberechenbarkeit der physischen und moralischen Zerrüttung, die ein neuer Krieg mit sich bringen würde, scheint mir ein ziemlich zuverlässiges Vorbeugungsmittel gegen solch wahnsinniges Abenteuer zu sein. Ich bin im Grunde Optimist, ich glaube, daß die

Menschheit in den letzten Jahrzehnten trotz allem einen beträchtlichen Schritt vorwärts getan hat auf ihrem Weg zur sozialen Reife. Bleibt der Frieden bewahrt, wird die Menschheit sich Schritt für Schritt, wenn nicht aus Idealismus, so aus Notwendigkeit, den heute noch utopisch anmutenden Zielen nähern, die alle wohlwollenden Geister beschäftigen: Die Vereinigung der Völker, einer Weltregierung, einer gemeinsamen wirtschaftlichen Verwaltung der Erde.»

Abschließend drückte Thomas Mann seine Freude darüber aus, den alten europäischen Boden wieder unter den Füßen zu haben. Er sagte: «Ich habe immer eine große Bewunderung für England gehabt. Mag sein, daß es in der Welt der Zukunft nicht mehr die gleiche Rolle spielen wird wie im 19. Jahrhundert, das man vielleicht das englische Jahrhundert nennen könnte, aber ich glaube, in einer entscheidenden Hinsicht wird es führend sein: in der Vereinigung zwischen Sozialismus und Freiheit, die der Welt gegenwärtig am allernötigsten ist. Eine Zeitlang glaubte ich, daß Amerika auf diesem Gebiete führend sein werde, das heißt das Amerika Roosevelts. Roosevelt schien mir die Sendung zu haben, diese Synthese von Freiheit und Gleichheit, Sozialismus und Individualismus zu finden und darzustellen. Aber das Unglück wollte, daß er krank war und zu früh dahinging. Nun sieht es aus, als ob England diese Rolle übernehmen und die Freiheit mit den Ansprüchen der Gemeinschaft vereinen und damit allen Völkern ein Beispiel des Guten und Notwendigen geben möchte.»

Thomas Mann reist am kommenden Sonnabend nach Zürich weiter. Er hat die Absicht, sich nach Beendigung des Pen-Club-Kongresses einige Zeit in den Schweizer Bergen aufzuhalten und auch Mailand und Paris[10] zu besuchen.

J. H.

Tagebuch, 21. V. 47 (rekapitulierend nach 15. V.): «Unaufhörlich Telephonate, Briefe, Besuche». – Die Einladung, nach Deutschland zu kommen, lehnte Mann kurz danach in dem Brief an den Chefredakteur der ‹Leipziger Zeitung› ab (Regesten 47/179). – 1] 3./4. Juni 1947. – 2] Auf der Konferenz von Jalta vom 4.–11. Februar 1945 mit den «Großen Drei» Churchill, Roosevelt, Stalin wurden Beschlüsse über die Neugliederung nach der zu erwartenden deutschen Kapitulation gefaßt (Besatzungszonen, Teilung Berlins, Gebietsabtretungen, Entwaffnung, Kontrollrat, Beteiligung Frankreichs). Die Potsdamer Konferenz vom 17. Juli–2. August 1945 zwischen Churchill/Attlee, Stalin und Truman konnte die Gegensätze in der Frage der Ostgebiete, Reparationen und Wirtschaftseinheit in einem Konferenzprotokoll nur mühsam überdecken. – 3] Bizone seit dem 1. Januar 1947. – 4] 1946 hatte Bermann-Fischer 5000 Exemplare drucken lassen (Stockholm), während die Lizenzausgabe bei Suhrkamp mit 6000 Exemplaren erschien (Berlin). – 5] Der Abschluß des ‹Doktor Faustus›-Manuskripts am 29. Januar 1947. ‹Doctor Faustus. The Life of the German Composer Adrian Leverkühn as told by a Friend›, übersetzt von H. T. Lowe-Porter, New York 1948. – 6] Am 30. Mai wird Mann in Winterthur die Druckerei besichtigen, die den Roman herstellt; erschienen Mitte Oktober 1947 (Stockholm 1947). – 7] Dieses Problem wurde durch eine deutschsprachige Typoskriptausgabe in 50 Exemplaren gelöst, die in New York vorgeschaltet wurde (1947). – 8] ‹Nietzsches Philosophie im Lichte unserer Erfahrung›; gehalten in Washington am 29. April, Anfang Mai in New York, am 20. Mai in London und am 3. Juni in Zürich. – 9] Der Abwurf der ersten Atombombe auf Hiroshima am 6. August 1945 und der zweiten auf Nagasaki, am 9. August, hatte die Selbstzerstörungspotenz der Menschheit sichtbar gemacht. – 10] Der Besuch in Paris wurde nicht verwirklicht.

Sie und Er, Zürich, 30. Mai 1947

Wiedersehen mit Thomas Mann

Am vergangenen Pfingsttag sah ich Thomas Mann, in dessen Haus in Küsnacht ich zweimal zu Gast gewesen war, nach zwölf Jahren zum ersten Mal wieder, und bei einem Abendessen in intimem Kreise wurde das Wiedersehen gefeiert. Mit Thomas Mann war seine Frau anwesend, Katja, die treue Hüterin seines Lebens; dann die Tochter Erika, die in den dreißiger Jahren mit ihren ‹Pfeffermühle›-Aufführungen – den braunen Ungeist entblößend und bis auf die nackte Formel stilisierend – dem sich eben aufblähenden Nazismus den Kampf auf Leben und Tod angesagt hatte.

Zu meiner freudigen Ueberraschung fand ich Thomas Mann beinahe unverändert, kaum gealtert und trotz seinen 72 Jahren und den kolossalen Strapazen und innern Erschütterungen, die ihm sein seltsames Schicksal zu ertragen aufgegeben hatte, erstaunlich jugendlich und elastisch. Die Operation eines Lungenabzesses letztes Jahr, ein Eingriff, der das Schlimmste befürchten ließ, war glänzend überstanden und hatte keine nachteiligen Folgen hinterlassen. – Immer noch spricht sein Mund norddeutsch-bedächtig, endgültig formulierte Sätze, und noch ist es eine Lust, diesem mit klangvoller Stimme gesprochenen, vollendeten Deutsch zu lauschen: der Sprache, die seine Muttersprache ist, in der er dichtet und die er als Alltagssprache an das stammverwandte Englisch, das er in hohen Jahren perfekt erlernte, hat tauschen müssen.

Auf die Frage, ob es ihm schwergefallen sei, in Amerika, dieser völlig andern Welt und bei einem Volk mit einem andern Lebensgefühl als dem der Deutschen, sich einzuleben, antwortete Thomas Mann: «Nein, gar nicht; ich konnte fortfahren zu tun, was ich zu Hause auch getan hatte, ich führte meine Arbeit am ‹Joseph-Roman› fort, schrieb ‹Lotte in Weimar› fertig, usw. Zudem war ja drüben der Boden für mich günstig und gut vorbereitet; der ‹Zauberberg› z. B. galt schon vor meiner Ankunft als klassisches Werk, und die ‹Buddenbrooks› sind bis in die weitesten Schichten verbreitet.»

Wie populär in Amerika gerade die ‹Buddenbrooks› sind, beweist eine kleine, von Frau Mann erzählte Anekdote: Daß das «Buddenbrook-Haus» in Lübeck durch Bomben zerstört wurde, war für die Amerikaner ein bedauernswertes Ereignis, und selbst der Bediente einer Tankstelle, wo Frau Mann einzukehren pflegt, drückte ihr zu diesem großen Unglück sein herzliches Beileid aus.

Obwohl Thomas Mann in New York in Alfred Knopf einen tüchtigen Verleger gefunden hatte und Name und Werk des Dichters in der neuen Heimat überraschend gut bekannt waren, bedeutete nach seiner Aussage die Emigration doch kein Kinderspiel; der Verlust der Lebensbasis war nicht leicht, und das Schaffen einer neuen war, trotz den guten Voraussetzungen, ein schweres Stück Arbeit.

Das «Thomas-Mann-Haus» in München, kurz vor 1933 neu ausgestattet, ist großenteils zerstört, und die kostbare Habe, Bücher, Bilder, Möbel und Kunstgegenstände sind von den Nazis unwiederbringlich verramscht.

«Mehrere Jahre lang», sagte der Dichter, «bin ich an Europa verzweifelt und hegte den Glauben und die Hoffnung, das Amerika Roosevelts würde an Stelle Europas die geistige Führung in der Welt übernehmen. Mit Roosevelts Tod aber ist die von ihm ins Leben gerufene Bewegung ins Stocken geraten; sie scheint heute allen Anzeichen nach wieder in Europa Fuß zu fassen und auf England überzugehen.»

In vielen Reden, Briefen und Aufsätzen hat Thomas Mann seine herzliche Zuneigung zur Schweiz betont. «Ich habe richtiges Heimweh nach der Schweiz», schrieb er mir 1940 von drüben. Oder: «Alles Gute Ihrem schönen Land und seinem braven Volk!» «Ich habe herzlich mit der Schweiz gefühlt», bestätigte Thomas Mann auch wieder in Zürich «und ihre schwierige Lage zwischen zwei faschistischen Mächten besorgt beobachtet. Wie sie durchgehalten hat, bewundere ich noch heute. Schon lange vor Hitler sah ich in der Schweiz, in diesem trotz seiner sprachlichen, geistigen und kulturellen Vielgestaltigkeit einheitlichen Staatswesen, ein Modell des zukünftigen Europa.»

Auf die Frage, ob er an einen ernsten Konflikt zwischen Ost und West, Amerika und Rußland glaube, führte Thomas Mann aus: «Der Krieg *muß* nicht kommen. Ich glaube fest an die große, wenn auch mit argem – und einigermaßen berechtigtem – Mißtrauen gehütete Friedensliebe Rußlands. Aber auch in Amerika ist es nur eine kleine Interessengruppe, die, ermutigt durch den Sieg über die Deutschen, auf leichtsinnige Weise zum Kriege geneigt ist. Das Volk aber und die ganze Menschheit beben in der Angst vor einem neuen Krieg; dieser würde, geführt mit den modernen Zerstörungswaffen, das schreckliche Ende von allem bedeuten.»

«Was schon Nietzsche vor 75 Jahren erklärt hat», sprach Thomas Mann weiter, «daß die Bewahrung der Menschheit vor Kriegen und ihre Errettung vor dem völligen Untergang nur in der von einer zentralen Weltregierung und Weltverwaltung – nach dem föderativen Muster der Schweiz – überwachten Welteinigkeit liegen könne, hat heute höchste Gültigkeit. Große Fortschritte zur sozialen Reife, dem humanisierten Europa entgegen, sind bereits zu verzeichnen. Auch die Deutschen werden nolens volens mitmachen und sich einfügen müssen. Auf einmal werden sie, trotz anfänglicher Halsstarrigkeit, merken, daß sie wesentlich vorwärtsgekommen sind und auf einer neuen Ebene stehen. Die zwei hinter uns liegenden Halb-Friedensjahre mit all ihren Nöten, Schwierigkeiten und Problemen vermögen noch kein Bild von dem zu geben, was werden soll. Sechs Jahre Krieg haben fast ganz Europa und darüber hinaus einen Teil der Welt zerstört; es wieder und besser aufzubauen, braucht die doppelte Zahl von Jahren.»

Thomas Mann kam auch auf den momentan aktuellen Existenzialismus zu sprechen, der «seine deutsche Herkunft nicht verleugnen kann». «Er ist ein gefährlicher und im wesentlichen auf falscher Deutung beruhender Ausläufer Nietzsches», sagte er, «und seine Virulenz ist gerade heute, in dieser empfindlichen Zeit des Umbruchs und der Labilität, sehr zu fürchten. Es gibt dagegen aber bereits gute Kräfte, und zwar gerade in Amerika, wo Organisationen bestehen und im Entstehen begriffen sind, die eine künftige Weltkonvention geistig, wirtschaftlich und politisch sorgfältig vorbereiten.»

Ueber die kulturelle Verbundenheit Amerikas mit Europa befragt, antwortete Thomas Mann, daß trotz der großen Enttäuschung und moralischen Einbuße, die dieses dort durch eine in Europa mögliche Erscheinung wie die des Hitlerismus bereitet und erlitten habe, in Amerika der alte große Respekt vor dem europäischen Geist fortbestehe. «Goethe ist drüben wenig bekannt», sagte der Dichter heiter, «und ich bin eben jetzt an der Arbeit, für die Amerikaner eine Goethe-Ausgabe zu schaffen.[1] – Die deutsche Musik ist auch heute beherrschend, und selbst während des Krieges wurden zum Beispiel Wagner-Opern in deutscher Sprache aufgeführt. Das ist ein schönes Zeichen für den versöhnlichen Geist und die Weitherzigkeit der Amerikaner.»

Gegen den Schluß des Abends kam Thomas Mann abermals auf seine geliebte Schweiz zu sprechen. Er sprach von seiner Liebe zu Land und Volk und zu den Dichtern; von seiner Bewunderung der «dämonischen Größe» Gotthelfs und von seiner Ehrfurcht vor der Künstlerschaft Gottfried Kellers, dessen ‹Grünen Heinrich› er soeben in der ersten Fassung gelesen hat.[2] – Auch in Amerika werde die Schweiz geliebt, sie bedeute drüben «einen Begriff». – Einen großen Eindruck habe auf ihn die Schweizerische Landesausstellung von 1939 gemacht, sagte Thomas Mann: «Diese bot ein vollkommenes Bild vom großen Gewerbefleiß, vom kulturellen und geistigen Hochstand des kleinen Schweizervolkes, das hier, ohne nach Kolonien, Rohstoffen – obwohl es deren keine hat – und nach Lebensraum zu schreien, ein sichtbares Beispiel dafür gab, daß auch ein kleines und sogar wirtschaftlich benachteiligtes Volk seine Kräfte zum Schönen, Guten wenden und zum sozialen Wohl des Volksganzen investieren kann, wenn der Geist dazu da ist und wenn Wille und Tatkraft zu friedlich menschlichen Zwekken geleitet sind.»

Das Wiedersehen mit Thomas Mann hat mir beglückend bestätigt, daß er sich selber und dem Geiste treu geblieben ist. Sein großer Kampf für Friede, Freiheit und Demokratie ist nicht umsonst gewesen. Was er damit auch für unser Land direkt und indirekt geleistet hat, mag uns kaum bewußt sein. Daß dieser edle Menschheitserzieher, einer der größten humanen Geister der Neuzeit, die Schweiz als Maß und Zelle des zukünftigen Europa, ja der gewünschten und geplanten Weltorganisation proklamiert, mag uns mit Stolz und Zuversicht erfüllen; uns aber ist damit die Verpflichtung auferlegt, dem großen Anspruch und den Hoffnungen, die auf uns gesetzt sind, immer besser zu genügen.

Die Wiedersehensgespräche berührten des Dichters eigenes künstlerisches Schaffen kaum; zudem redet er in seiner angeborenen Bescheidenheit nie unaufgefordert von sich selber. Nach seinem kürzlich fertiggewordenen, aber noch nicht erschienenen Werk, dem ‹Doktor Faustus› befragt, sagte er: «Es ist das Buch, das von allen mir am nächsten steht, weil mehr als in den andern eigener Lebensstoff darin verarbeitet ist.»

Otto Basler

Tagebuch, 28. V. 47: «Souper und Interview mit Dr. Baumgartner u. Basler» und «Viel Post, zum Teil widerwärtig, im Anschluß an offenherzige Interviews». Die illustrierte Zeitung schickte dem Interview neben einer Skizze zu Manns Leben nach seinem Abschied von der Schweiz 1938 eine biographische Notiz – als Bildunterschrift – über den Interviewer voraus: «Otto Basler, der als Volksschullehrer in Burg (Aargau) wirkt und auch als Organist sowie als Chordirigent tätig ist. Vor zwanzig Jahren schrieb er eine Besprechung von ‹Mario und der Zauberer›. Der Dichter drückte ihm darauf seinen Dank und seine Anerkennung aus. Seitdem verbindet die beiden eine herzliche Freundschaft. – Im Literaturheft der ‹Schweizer Annalen› von 1945 wurden ausgewählte Briefe Thomas Manns an Otto Basler veröffentlicht.» Die Beziehung setzte 1930 mit einem Brief Baslers ein, der sich über eine Kritik von Fritz Rostosky (‹Mann, Mario und der Zauberer› in ‹Die Schöne Literatur›, Leipzig, Juliheft 1930, S. 339 f.) empört gezeigt hatte; vgl. ‹Briefe an einen Schweizer. 1930–45› in Thomas Mann, ‹Altes und Neues. Kleine Prosa aus fünf Jahrzehnten›, Frankfurt/M. 1953, S. 731–51. – 1] ‹The Permanent Goethe. Edited, Selected and with an Introduction›, New York 1948. – 2] Kellers Roman ‹Der grüne Heinrich› unterscheidet sich in der ersten Fassung (Braunschweig 1854/55) durch romantische Bildhaftigkeit und erotische Strahlkraft (Judith im Bade) nicht unvorteilhaft von der überarbeiteten Fassung 1879/80.

Sera, Mailand, 1. August 1947

«Das Bürgertum ist auf die Nazis und den Faschismus reingefallen»

Gespräch mit Thomas Mann

Als Thomas Mann gestern von einem Journalisten gefragt wurde, ob das Bürgertum sich heute seiner Verantwortung bewußt sei und sich der Zukunft zuwende, verneinte er dies und fügte hinzu: «Das Bürgertum ist auf die Nazis und den Faschismus reingefallen.»

Er bemerkte außerdem, daß er sich in der gleichen Position wie der ungarische kommunistische Philosoph Lukács[1] fühle, der die dringende Notwendigkeit sehe, die bürgerliche Kultur zu überwinden und gleichzeitig das zu retten, was an Lebendigem und Lebensfähigem in ihr sei.

Diese Antwort kennzeichnet seine geistige Entwicklung und zeigt den Weg, den er einschlug. Die Gleichung Thomas Mann – Tonio Kröger stimmt nicht mehr.

Thomas Mann verneinte dann die Frage eines Journalisten nach der Möglichkeit eines Krieges. Es sei noch nicht einmal daran zu denken.

Nach dreizehn Jahren ist Thomas Mann – er hat inzwischen den Nobelpreis für Literatur erhalten – wieder in Italien.[1a] Er war lange Zeit in Palestrina, wo er einen guten Teil seines berühmten Romans ‹Die Buddenbrooks› geschrieben hat. «Von diesem Ort», fügte er hinzu, «habe ich in Erinnerung die engen Straßen mit ihren Treppen, oft versperrt von Maultieren, kleinen Eseln und schwarzen Ferkeln.» In Rom war er und in Venedig, das er «wunderbar verwunschenes Lübeck» nannte. Dennoch spricht Thomas Mann nicht Italienisch. Und diesen Mangel mit Bedauern eingestehend, sagt er auf italienisch: «Ich habe vergessen, was ich wußte.»

Er ist groß, mager, hat graue, von einem Linksscheitel geteilte Haare, blaue, durchdringende Augen, wirkt aber jugendlich. Er trägt ein modern geschnittenes, weißes Hemd, sandfarbene Hosen, braune, spitze Schuhe (wahrscheinlich die ältesten aus seiner Garderobe – Künstlerkoketterie). Thomas Mann, seit einigen Tagen Gast des Verlegers Mondadori[2], hat gestern in Meina eine Pressekonferenz gehalten, die zweite seit seiner Rückkehr nach Europa.

Am Ringfinger der rechten Hand trägt er einen Ring mit dunkelgrünem Stein; oft raucht er mit der linken Hand, und während Zeige- und Mittelfinger die Zigarette halten, malträtiert er mit dem Daumennagel die Fingerkuppe des Ringfingers.

«Was soll ich Ihnen erzählen?» sagte er. Dann meinte er mit ermunternder Geste: «Fragen Sie!»

Er begann von seinem neuen Roman ‹Doktor Faustus› zu sprechen. Mehr aus persönlicher, als aus künstlerischer Qual heraus entstanden, ist der ‹Doktor Faustus› die ersonnene Biographie eines deutschen Musikers, dem schöpferische Kräfte fehlen. Eine fortschreitende Lähmung, die ihm befällt, gerät an einem bestimmten Punkt zum Pakt mit dem Dämon, der im Roman erscheint und lange Gespräche (im Deutsch des 16. Jh.s) mit dem Protagonisten führt. Der Roman, der politische, religiöse und soziale Bezüge aufweist, greift den Zustand der Sündhaftigkeit an, in dem der Protagonist sich befindet, der durch seinen Teufelspakt auf die Vernunft verzichtet und sich immer mehr erniedrigt. In diesem Verzicht auf die Vernunft und die eigene Würde zeichnen sich die Möglichkeiten des Faschismus ab.

Darüber hinaus erlebt man in diesem Werk das Wunder dieses Schriftstellers, der seit Jahren Englisch spricht und dennoch ein Deutsch schreibt, welches ihm «rituelle Rede» geworden ist und das die Wärme und Frische von Goethe und Stifter ausstrahlt.

«Weltbürger» – so hat Thomas Mann sich gestern genannt, nicht nur Literat und Politiker. Begonnen bei seinen ‹Betrachtungen eines Unpolitischen›, in denen er während des Krieges 1914–1918 leidenschaftlich gegen England und Amerika polemisierte, bis zu seinen Ansprachen, die während des letzten Krieges von der BBC im Radio übertragen wurden, ist das politische Engagement Thomas Manns äußerst intensiv. Der zögernde Friedensschluß des Monarchisten mit dem Weimarer Frieden, der würdevolle Appell an Frankreich im Namen Deutschlands, die Ermahnungen gegen die wachsende Macht des Nationalsozialismus, der endgültige Bruch mit seinem Land durch den Brief an den Dekan der Universität Bonn, seine Entdeckung Amerikas und der Demokratie, das wachsende Entsetzen über die barbarischen Grausamkeiten der Deutschen im Krieg. Auch wenn dieser Teil seines Werks vielleicht nicht so unvergänglich ist wie seine Romane, denn Thomas Mann ist kein politischer Denker und bleibt vor allem, wie er sich selbst genannt hat, ein «unpolitischer Mensch», so werden sie doch lebendige Schallplatten für den Biographen seines inneren Dramas bleiben.

Thomas Mann ist ein brillanter und scharfsinniger Plauderer. Nachdem er erklärt hatte, weshalb er amerikanischer Staatsbürger geworden sei, wurde er von jemandem gefragt, ob nicht eine amerikanische Vorherrschaft in der europäischen Kultur zu befürchten sei. Thomas Mann lächelte, setzte seine Brille auf und entgegnete: «Nein. Amerika ist eine intellektuelle Dependenz Europas. Wenn die Erzählkunst auch einige Schritte nach vorn getan hat, so hängt dies von gewissen Veränderungen und Entdeckungen Hemingways und Dos Passos' ab. Das Theater jedoch steht noch unter dem Einfluß von Pirandello und Wedekind.» Thomas Mann glaubt, daß auch in Zukunft die intellektuelle und kulturelle Vorherrschaft Europas über die Amerikaner anhält, die zwar viel Dante lesen, aber Goethe nicht kennen.

Auf die Bitte der Fotografen hin betrat er den Garten. Als man ihn nach den drei größten lebenden Schriftstellern fragt, antwortet er: «Shaw, Gide», und nach einem Augenblick der Unsicherheit, wobei er seine Gesprächspartner anlächelt: «Ich». Ein anderer wollte wissen: «Und Ihr bester Roman?» Thomas Mann, nach einem Moment des Überlegens: «Der ‹Zauberberg›.»

In Begleitung seiner Frau verließ er uns dann und ging zurück auf sein Zimmer. Mir wurde gesagt, daß er abends um 21 Uhr mit der Arbeit beginne. Bei geöffneten Fenstern, die zum See hinausgehen, liest und schreibt Thomas Mann, trinkt eisgekühlten Tee und raucht ein paar Zigaretten. Nachts überraschte man ihn tief versunken in den Anblick des Sees. Gegen ein Uhr geht er zu Bett.

Corrado Pizzinelli

Übersetzt aus dem Italienischen von Gabriele Bettina Berardi.
Interview am 31. Juli in Meina am Lago Maggiore, im «luxuriös-unkomfortablen Landhaus der patriarchalischen Familie» des italienischen Verlegers Mondadori: «Mittwoch Nachmittag Presse-Konferenz, zahlreiche Journalisten aus Mailand» (Tagebuch). – 1] Eine Beziehung der wechselseitigen Beachtung hatte schon vor dem Ersten Weltkrieg mit Georg Lukács (1885–1971) eingesetzt; die Gestalt des Naphta im ‹Zauberberg› erhielt Züge von Lukács, und in der Auseinandersetzung um den sozialistischen Realismus in den dreißiger Jahren spielte Lukács' Orientierung an Mann eine Rolle. 1945 faßte Lukács seine Mann-Deutung zusammen: ‹Auf der Suche nach dem Bürger› (in G. L., ‹Thomas Mann›, Berlin [5]1957). Ergänzendes, indem sie ein Interview als «Oral history» einsetzt, bringt Judith Marcus-Tar bei (‹Thomas Mann und Georg Lukács›, Köln/Wien 1982). – 1a] Vom 23.–29. Juli 1934 hatte Mann in Venedig an einem ‹Internationalen Kunst-Kongreß› teilgenommen. – 2] Mit dem Verlagshaus von Arnoldo Mondadori, Mailand, arbeitete Mann seit der Übersetzung des ersten ‹Joseph›-Bands zusammen (‹Le storie di Giacobbe›, übersetzt von Gustavo Sacerdote, 1933).

Göttinger Universitäts-Zeitung, 24. Oktober 1947

Gespräch mit Thomas Mann

Unerwartet schnell hatte Thomas Mann auf meine briefliche Bitte, mir eine Unterredung zu gewähren, bejahend beantwortet. Auf seinen Vorschlag trafen wir uns in einem der ruhigen Zimmer des Hotels ‹Baur au Lac›, in dem er während seines Züricher Aufenthaltes wohnte. Mann sah weit jünger aus, als seine 72 Jahre vermuten ließen. Die Begrüßung war so herzlich, wie ich es nach seinem freundlichen Brief annehmen durfte.

Zuerst erkundigte Mann sich nach der Möglichkeit eines Auslandsstudiums für deutsche Studenten, nach meinen Eindrücken in Zürich und war recht froh, daß ein Austausch zwischen der Schweiz und Deutschland in kleinem Rahmen schon wieder möglich sei. Gleichzeitig warnte er jedoch davor, das Leben in der Schweiz etwa als Standard europäischen Lebensmaßes zu betrachten. Ich bestätigte ihm, daß auch ich erst durch die Berührung mit zahlreichen Ausländern den wahren Eindruck der traurigen Gesamtlage Europas bekommen hätte.

Wir unterhielten uns dann ausführlicher über die vier Kapitel seines nächsten Romans ‹Dr. Faustus›, die ich in Zürich hatte hören können.[1] Mann fragte mich nach meinem Urteil, und ich kritisierte das Kapitel, in dem er in einem studentischen Gespräch aus dem Jahre 1911 alle Probleme des Jahrhundertbeginns anschneidet.[2] In diesem Kapitel sei das Problematische überbelastet auf Kosten des Vordergrundes, der zum Anlaß herabsinkt. Mann erwiderte auf diese Kritik nur: «Gewiß, jedes Werk hat seine guten und schlechten Stellen.» Nun sprachen wir über die – meiner Ansicht nach – so gelungenen zwei Kapitel über das Wesen der Musik, deren eines ich als Erneuerung der Riccaut-Szene aus ‹Minna von Barnhelm› bezeichnete[3], was Mann freudig aufnahm. Besonders froh war er darüber, daß mich das Kapitel über die Interpretation der Beethoven-Sonate so erfüllt hatte. Mit dem Erscheinen der deutschen Ausgabe des ‹Dr. Faustus› werde wegen gewisser Schwierigkeiten vor Sommer 1948 nicht zu rechnen sein.

Anschließend sprachen wir über Amerika. Thomas Mann meinte, daß sich der Standpunkt der Deutschen Amerika gegenüber wandeln müsse. Amerika sei nicht mehr ein Land, auf das Europa und Deutschland von oben herabsehen könnten. Überall machten sich starke kulturelle Bemühungen bemerkbar. Er hielte es für die beste amerikanische Kulturpropaganda, wenn einmal große amerikanische Symphonie-Orchester (Boston, New York, Philadelphia) mit ihren Dirigenten vor deutschem Publikum spielen könnten.

Allmählich unterhielten wir uns so, als ob wir uns schon lange kannten. Während Mann sprach – ruhig und besonnen mit einer feinen, hellen Stimme und ohne jeden Akzent –, wurde mit klar, warum er eigentlich daheim so viele Feinde hat. Mann hatte nicht sofort vergeben und vergessen, hatte aber auch nicht etwa den Anspruch erhoben, der geistige Führer einer führerlosen Masse zu werden, sondern er hatte weiter – vielleicht etwas zu lange – im alten Ton kritisiert. Dieses berechtigte Kritisieren an den deutschen Minderwertigkeitskomplexen einerseits und der deutschen Überheblichkeit andererseits schuf ihm ein Heer von Feinden in einem Lande, in dem das nationalsozialistische Ressentiment auch heute noch weiter glüht, fast unbewußt, jedoch nur eines feinen Anstoßes bedürfend, um neu ins Bewußtsein zu kommen.

Im Anschluß an diesen Gedanken bemerkte ich, wie scharf Hermann Hesse in ‹Krieg und Frieden› den deutschen Nationalismus kritisiert.[4] Mann dagegen räumte ein, daß es natürlich schwer sei, den Nationalismus während einer Okkupation durch fremde Mächte abzulegen, denn die Besatzungsmächte seien eben auch nur Menschen mit allen ihren Fehlern, Schwachheiten und Häßlichkeiten. Gerade er befinde sich als Amerikaner in dieser Hinsicht in einem Dilemma.

Hierbei machte ich Mann darauf aufmerksam, daß – meiner Meinung nach – von einem «jubelnden Empfang» in Deutschland nicht die Rede sein könne, wenn von einer größeren Menge gesprochen werde – wie einige offene Briefe in Schweizer Zeitungen es ihm glauben machen wollten. Die öffentliche Meinung in Deutschland sei fast nur von seinen kritischen Äußerungen unterrichtet. Sie wisse nichts davon, wie warm er sich zum Beispiel auf dem PEN-Kongreß für die Gründung einer deutschen Sektion eingesetzt habe.

Mann entgegnete, ihm sei das alles bekannt. Er sei überhaupt vom heutigen Deutschland nicht so isoliert, wie man das vielleicht annehme. Er korrespondiere eifrig mit alten und erhalte viele Briefe von neuen Freunden, die ihn davon überzeugten, daß ein Bruch zwischen ihm und seiner alten Heimat, dem Land seiner Sprache, ganz unmöglich sei: «Ich bin ein deutscher Schriftsteller, und es gibt für mich keinen Bruch mit dem Lande meiner Herkunft. Auch in der Fremde bin ich der deutschen Sprache treu geblieben, ja Wert und Würde der deutschen Sprache sind dort für mich gewachsen. Während das Englische dem täglichen Umgang diente, den Alltag ausfüllte, wurde mir das Deutsche zur Sprache des Feiertages, fast eine hierarchische Sprache.»

Die diesmalige Absage an Deutschland sei nie und nimmer als eine endgültige von ihm aus zu verstehen gewesen. Er plane vielmehr, wenn die augenblicklichen friedlichen Zustände (mit maliziösem Lächeln gesprochen) dem alten Kontinent erhalten blieben, jährlich einmal herüberzukommen, und er wolle beim nächsten Mal, falls sich die Dinge bis dahin besser gelagert hätten, auch Deutschland besuchen.

Später sprachen wir über Whitman, George, Rilke und endlich auch über Zuckmayers neuestes Drama ‹Des Teufels General›.[5] Mann fand es nicht voller wahrer Gesinnung. Man rühme es Zuckmayer nach, daß er nicht schwarz-weiß zeichne: doch in diesem Drama laufe das auf eine sträfliche Anschauungslosigkeit hinaus. Er sei (wie ich) dagegen, daß man das Stück schon jetzt in Deutschland aufführe. In der Schweiz sei es mit sehr geteilter Meinung aufgenommen worden.

Gegen Ende des Gespräches wollte Mann wissen, ob ich mit meinen Gedankengängen ganz vereinzelt dastünde. Ich erzählte ihm von einer Gruppe Gleichgesinnter an meiner Universität, die lieber an den Frieden denke als an den Krieg, lieber an jene Idee der Humanität, «der Freiheit und der Güte» als an einen neuen Staatstotalitarismus, daß diese kleinere Gruppe allerdings einer größeren, lethargischen gegenüberstehe, von der man noch nicht wisse, wohin ihr Weg ginge, wenn einmal die Schleier der Dumpfheit und inneren Leere von ihr abgefallen seien.

«Grüßen Sie mir alle Ihre Freunde zu Haus, wenn Sie zurückgehen, und sagen Sie ihnen, daß ich sie nicht vergesse; sagen Sie, daß ich kein Deserteur bin. Ich war sehr froh, mit Ihnen diese Stunde zu erzählen. Ich hoffe, wir können uns einmal wiedersehen, vielleicht nächstes Jahr, vielleicht in Göttingen.»

Hans-Geert Falkenberg

Tagebuch, 7. VIII. 47: «12 Uhr Besuch in der Halle von dem Göttinger Studenten Falkenberg, aufgeklärter, wohlmeinender Junge. Gerührt von seiner Jugend, seinem dichten, gescheitelten Haar. Er ist für möglichste Förderung der deutschen Auswanderung. Verminderung». – 1] Am 8. Juni hatte Mann im Züricher Schauspielhaus das Fitelberg-Kapitel (XXXVII) und «Opus 111» (aus: VIII) des ‹Doktor Faustus› vorgelesen, am 10. Juni war er im Auditorium maximum der ETH Zürich zu hören. – 2] Kapitel XIV. – 3] 4. Akt, 2. Szene. Im Interviewtext: «Riceau». – 4] ‹Krieg und Frieden. Betrachtungen zu Krieg und Politik seit dem Jahre 1914›, Zürich 1946. Hesse hat es dem Freund mit den Worten: «Für Thomas von der Trave von Jos. Knecht, Waldzell im Okt. 46» gewidmet; vgl. ‹Hermann Hesse – Thomas Mann. Briefwechsel›, hrsg. von Anni Carlsson/Volker Michels, Frankfurt/M. ^{2}1975, S. 174–76. – 5] Stockholm 1946, bei Bermann Fischer, erschienen und ein großer Bühnenerfolg. Manns Urteil dürfte von einer Kontroverse zwischen Erika Mann und Zuckmayer 1944 im ‹Aufbau› beeinflußt sein (21. 4./12. 5. 44); Zuckmayer hatte eine Einteilung in «Polizei- und Verbrechernationen» abgelehnt, Manns Tochter gegen «Apostel des guten Deutschland» Stellung bezogen.

San Francisco Chronicle, 23. November 1947

Der Kommunismus – ein «leeres Wort»

Thomas Mann berichtet über die Züricher Reise

Die Gefahr, daß Europa kommunistisch wird, wird stark übertrieben, erklärte der hervorragende Schriftsteller und Nobelpreisträger Thomas Mann hier.

Dr. Mann hat den Eindruck, daß es ein Vorteil für Amerika wäre, wenn es sich um ein besseres Verstehen der europäischen Interessen und der russischen Motive bemühen würde.

Der 72jährige Autor, der mit seiner Frau hier zu Besuch ist, kehrte im September nach einem dreimonatigen Aufenthalt in Europa in die USA zurück. Er hat an dem internationalen Kongreß des Pen-Clubs in Zürich teilgenommen und auf der Sitzung die Hauptrede gehalten.

«Kommunismus ist jetzt ein leeres Wort», sagte Dr. Mann. «Es gibt heute so viele Formen des Sozialismus in der Welt, daß wir zwischen ihnen unterscheiden müssen. In Europa ist sehr wenig Neigung für den Kommunismus russischen Stils vorhanden.»

Dr. Mann meint, Frankreich sei im Grunde so bürgerlich und individualistisch, daß Franzosen nie ein Sowjet-Regime akzeptieren werden. Auch in Deutschland ist wenig Stimmung für ein System nach Art der UdSSR, behauptet Dr. Mann.

«Etwas völlig anderes jedoch ist die Notwendigkeit einer

Planwirtschaft in Europa», hob Dr. Mann hervor. «Marktwirtschaft ist überall, mit Ausnahme der USA, ein zu großer Luxus. Europa ist zu arm, zu sehr zerstört, um sich eine Marktwirtschaft leisten zu können.»

Dr. Mann tritt für ein gewisses Maß an Planwirtschaft für jede Nation in Europa ein, möglicherweise abgesehen von der Schweiz, die er als eine reiche Vorkriegsnation beschreibt.

Seine neuerliche Reise führte ihn nach England und Holland, wo er Wirtschaftskontrolle auf demokratischer Grundlage durchgeführt sah. Er gab seiner Bewunderung für die Engländer in ihrer derzeitigen wirtschaftlichen Verfassung Ausdruck.

«Das Leben ist sehr schwer in England, aber sie finden sich darein – wie sie es immer getan haben», sagte er.

Dr. Mann ist besorgt über die amerikanische Furcht, daß Rußland den Krieg wünsche.

«Rußland will keinen Krieg», erklärte er nachdrücklich. «Rußland braucht Frieden und kann sich keinen Krieg leisten. Man muß bedenken, wie sehr Rußland gelitten hat. Eine Nation mit 20 Millionen Kriegsopfern und einer durch den Krieg verstümmelten Wirtschaft will nichts als Frieden», sagte er.

Er glaubt, daß die beiden Systeme friedlich zusammenleben können und daß der Ton der amerikanischen Presse gelegentlich zu «spannend» ist.

Dr. Mann bezeichnet den Marshall-Plan[1] als sehr idealistisch und gutgemeint, sagte jedoch, daß er in Europa auf Mißtrauen gestoßen ist.

«Der Marshall-Plan wird von vielen Europäern als Instrument einer amerikanischen politischen und finanziellen Kontrolle Europas aufgefaßt», sagte er und fügt hinzu, daß diese Furcht von Moderaten und Linksextremisten geteilt wird.

«Die neulichen Tumulte in Italien und Frankreich und die Unruhen in anderen europäischen Nationen sind zumindest teilweise auf die Tatsache zurückzuführen, daß wir finanzielle Unterstützung mit politischen Bedingungen verbinden und reaktionäre Regierungen verlangen.»

Er erklärt, man habe in diesen Ländern stark den Eindruck, daß Amerika den freien Willen des Volkes unterdrückt, indem es den linken Flügel aus den Regierungen ausschließt.

«Dieses Gefühl mag verkehrt sein, aber es ist nichtsdestoweniger vorhanden», sagte er.

Dr. Mann sagte, er wünsche eine Kritik Rußlands hinzuzufügen, nachdem er die UdSSR in einem so günstigen Licht diskutiert hat. Sein Einwand stützt sich darauf, was er als ein «Mißverständnis der Demokratie» in Rußland bezeichnet.

«Ich muß offen gestehen, daß ich nie in der diktatorischen Atmosphäre der UdSSR leben könnte. Die dortige falsche Konzeption der Demokratie – daß Kunst und Geist das niedrigste Niveau des am wenigsten gebildeten Volkes haben muß – ist sehr gefährlich.»

Übersetzt aus dem Englischen.
Tagebuch, 21. XI. 47 (Zum 19. XI.): «Mittwoch Vormittag Besuche von Dr. Borr, Dr. Benesch, Interviewer von S. F. Chronicle. Gewagte Auskunft». – 1] Nach dem amerikanischen Außenminister George Marshall benannter Plan, Europa beim Wiederaufbau zu unterstützen (5. Juni 1947). Führte zum Abkommen über die Organisation für europäische Zusammenarbeit (OEEC), 16. April 1948.

Münchner Merkur, 18. Mai 1949

«Das Kriegsbeil wird begraben»

Thomas Mann gewährt dem ‹Münchner Merkur› das erste deutsche Interview

Der 73jährige Thomas Mann, nach seiner ersten Ozean-Luftüberquerung in London gelandet, frisch, gesund, elastisch und lebhaften Geistes, hatte im Londoner Savoy-Hotel Erfreuliches zu verkünden:

Das Kriegsbeil wird, soweit er es schwang, unter einer Sykomore begraben![1] Mögen auch seine deutschen Freund-Feinde das gleiche tun! Er wird der Frankfurter Einladung zum 28. August, der Goethe-Geburtstagsfeier, Folge leisten und die Goethe-Festrede halten.[2]

Thomas Mann zeigte sich dankbar für die Frankfurter Ehrung durch die Verleihung des diesjährigen Goethe-Preises.

«Ich hoffe», sagte er, «daß gewisse Vorurteile, die über mein Verhältnis zu Deutschland bestehen, nunmehr hinfällig werden. Auch möge damit bewiesen sein, daß ich nicht den Bruch wünsche, der zudem völlig unlogisch wäre.»

Für Deutschland, so erklärte uns Thomas Mann, müsse leider sein Frankfurter Besuch symbolhaft bleiben, so gern er selber etwa nach seiner Vaterstadt Lübeck oder seiner letzten Wirkungsstätte München gereist wäre oder sich anderwärts umgetan hätte. Aber eine solche Rundfahrt übersteige seine Kräfte. Er suche Erholung.

Thomas Mann ist kein «Dichter im Exil». Er ist Amerikaner geworden und dennoch Weltbürger geblieben. Er macht den englischen Kreuzzug für eine Weltregierung mit, der er die Zukunft prophezeit. So ist er in den Vereinigten Staaten «internationaler Pate» (International Sponsor) des Verbandes der Vereinigten Weltföderalisten, für die sein Schwiegersohn Borgese wirbt.[3]

Hier aber liegen auch die Wurzeln für sein aufsehenerregendes Verhalten zum Nordatlantik-Pakt.[4] Der Dichter erklärte es uns so:

Er habe eine Eingabe an den amerikanischen Kongreß lediglich des Inhaltes unterzeichnet, die Pakt-Ratifizierung nicht zu überstürzen, sie nicht durchzupeitschen. Er habe den Pakt deshalb nicht begrüßt, weil er ja auch gleichzeitig ein militärisches Instrument ist und sich auf den Kriegsfall stützt. «Mir aber», meinte er, «liegt mehr am Frieden.»

Die Bedeutung des Paktes sei durch die neue Ost-West-Annäherung abgeschwächt. Eine Einbeziehung Deutschlands in eine höhere Friedensorganisation sei lebhaft zu begrüßen. Auch diejenigen Elemente, die zu Nationalismus und Militarismus neigten, würden sich dann wohl den neuen Erkenntnissen beugen. Indessen wünsche er in Deutschland ungern von Weltpolitik zu sprechen.

Die Deutschen geistig und seelisch? «Das Gute war immer da», sagte Thomas Mann. Er läßt sich gern vom Guten überzeugen.

Seine nächste Buchabsicht ist ein legendärer Stoff: die Gregor-Legende, nach Hartmann von Aues mittelhochdeutschem ‹Gregorius auf dem Stein›.[5] Ich fragte verwundert, warum der Dichter sich eigentlich noch keinem deutsch-amerikanischen Stoff zugewandt habe? Er erwiderte, trotz seiner vielen Jahre in Amerika habe er sich noch nicht an einen solchen herangetraut, obgleich er daran gedacht habe und auch von Amerikanern ständig ermuntert würde. Bei der Stoffwahl müsse man künstlerisch frei sein, und diese Freiheit fühle er in einem solchen Falle nicht. Ich fragte weiter, ob ihn nicht das Fehlen des deutschen Hintergrundes, also das fremde Milieu in Los Angeles, in seinem Schaffen behindere? Er meinte: «Nein.» Man möge dies an seinem ‹Faustus› erkennen. Er habe sich nie von der deutschen Sprache getrennt, noch aus ihrer Sphäre herausbegeben.

Und die deutsche Geistigkeit? Ein wenig Skepsis klang auf. Auch die «Schubladenliteratur«, auf deren Hervortauchen man gehofft habe, sei nicht erschienen. «Vielleicht», sagte er etwas versonnen, «ist sie wegen der geistigen Belastung der Zeit nie geschrieben worden.» Von Zwanzigjährigen, die zu Hoffnungen berechtigen, wisse er wenig. Die heute Schreibenden seien für ihn die ältere Generation. Aber auch von ihnen, bekannte er, wisse er nicht viel.

Thomas Mann hat bereits wieder viele persönliche Beziehungen in Deutschland aufgenommen. Er könne sagen, von beiden Seiten sei ein lebhaftes Echo vorhanden. «Sprechen wir nicht allzuviel von Politik, so kann das Kriegsbeil für ewig unter einer Sykomore begraben bleiben!»

Dr. Carl Wehner

Zweite Europareise, Mai–August 1949; 23. Juli–16. August Deutschland-Besuch. Während der Reise Programmumstellungen. – 1] Maulbeerfeige (Ficus sycomorus), bes. in Ägypten verbreitet. – 2] Festvortrag vom 25. Juli 1949, anknüpfend an Goethes Geburt in Frankfurt/M. am 28. August 1749: ‹Ansprache im Goethejahr›. – 3] Der Historiker und Schriftsteller Antonio Borgese (1882–1952), verheiratet mit der jüngsten Tochter Elisabeth, die später Präsidentin des Verbandes wurde. – 4] Der Nordatlantikpakt wurde am 4. April 1949 in Washington geschlossen. Unter der Überschrift «Thomas Mann gegen Atlantikpakt» meldete ein DENA-Reuter Telegramm vom 11. April 1949 aus Washington: «500 Personen, darunter der deutsche Schriftsteller Thomas Mann und der Pianist Artur Schnabel, haben den amerikanischen Kongreß in einem Offenen Brief zur Ablehnung des Atlantikpaktes aufgefordert. Die Unterzeichner fordern Präsident Truman zu direkten Verhandlungen mit der Sowjetunion zur Beilegung der bestehenden Differenzen auf. In dem Schreiben, das am Montag von Bischof James Baker, dem Präsidenten der Methodistenkirche, Clarence Pickett, dem Sekretär des ‹American Friendservice Committee›, und von dem Herausgeber der ‹New York Post›, Thackrey, veröffentlicht worden ist, heißt es u. a., der Pakt würde den Wiederaufbau Westeuropas verzögern und unausweichlich zu einer fatalen ‹Zwei-Welten-Politik› führen.» – 5] ‹Der Erwählte›, 1951.

Svenska Dagbladet, Stockholm, 20. Mai 1949

Thomas Mann schreibt in der Schweiz ein neues Buch mit einem alten Rittermotiv

Bündnisse haben erwiesen, daß sie mit Kriegsgefahr verbunden sind

«Ich gedenke ein neues Buch zu schreiben, ein kleines Buch, das ein altes mittelalterliches Rittermotiv als Grundlage hat – Hartmann von Aue hat es bereits behandelt –, und ich rechne damit, es während einiger Ferienmonate in den Schweizer Alpen fertigzustellen. Über mein Heimatland, das ich seit 1933 nicht gesehen habe, möchte ich am liebsten nicht sprechen, bevor ich seine Luft wieder geatmet habe, ich werde – wahrscheinlich – zu Goethes Geburtstag am 28. August in Frankfurt sein. Meine Einstellung zum Atlantikpakt beruht darauf, daß die Geschichte mich gelehrt hat, daß Bündnisse mit Kriegsgefahr verbunden sind. Ich bin der Liberale, der ich immer gewesen bin, und ich bin ein Europäer, der der Meinung ist, daß ein neuer Krieg vor allem Europa treffen wird.»

Das ist in kurzen Sätzen, was Thomas Mann erzählte, als er gestern Donnerstag zusammen mit seiner Gattin Katja[1] und seiner Tochter Erika mit der Londonmaschine nach Stockholm kam. Der siebzigjährige Schriftsteller sah nicht nur überraschend jung und vital aus – er war es auch. Ohne Unhöflichkeit den Damen gegenüber mußte man feststellen, daß er das am besten gekleidete Mitglied der Familie war. Seinem wohlorganisierten Äußeren entsprach voll und ganz eine innere Kontrolle. Aber – und das ist der stärkste Eindruck von der Begegnung mit ihm – weder die äußere noch die innere Disziplin verdunkelte die Tatsache, daß man hier dem Thomas Mann begegnete, der Deutschland im Jahre 1933 verließ, der in einem aufsehenerregenden Offenem Brief seinem deutschen Ehrendoktorat entsagte, die Kritik ertrug, daß er nach der Niederkämpfung des Nazismus nicht nach Deutschland zurückkehrte, und der nun in den letzten Tagen öffentlich vom Atlantikpakt Abstand genommen hat – und der immer ein echter Sohn seines Goethe-Deutschlands ist. Man kann bezweifeln, ob geistiger Liberalismus im derzeitigen Kalten Krieg wirksam ist, aber man kann nie aufhören, ihn als persönlich ehrenhaft aufzufassen.

Thomas Mann hat bekanntlich radikale Kinder; als er als

Fünfundzwanzigjähriger seine ‹Buddenbrooks› schrieb, war er bereits auf die Kurven der Generationen eingestellt. Seine Tochter Erika, die heute mit ihm nach Stockholm kam, schaltet sich diskret auf eine Art und Weise in das Interview ein, die zeigte, daß sie ebensowenig wie der Vater ihre Auffassung geändert hat. Thomas Mann hat die Absicht, elf Tage hierzubleiben, dann fährt er nach Kopenhagen, fliegt in die Schweiz, nimmt dort an den Goethe-Festlichkeiten teil, verbringt dann einige Ferienwochen in den Alpen und schreibt sein Buch, wonach er anläßlich Goethes Geburtstag in Frankfurt sein Heimatland nach 16 Jahren wiedersehen wird. Als wir im Interview zum Frankfurt-Besuch gekommen waren, flocht Erika Mann ein bedeutsames «Vielleicht» ein, und als Thomas Mann auf seine Einstellung zum Atlantikpakt zu sprechen kam, sah die Tochter den Zeitpunkt für gekommen, abzubrechen. Selbst erwähnte sie, daß sie nun ihre Zeit auf Journalistik und politische Vortragsreisen in Amerika aufteilt.

Auf die Frage nach der Distanzierung vom Atlantikpakt antwortete Thomas Mann, er sei der Auffassung, daß Bündnisse zu erschreckend an das erinnern, was früher in den schlechten alten Zeiten geschehen war. Es hat sich gezeigt, daß Machtkonzentrationen dieser Art zu Entladungen geführt haben, selbst wenn sie defensiv geplant waren. «Und», so unterstreicht er, «ich bin in erster Linie Europäer und meine, daß Europa vor allem der Leidtragende sein wird, wenn es zu einem neuen Krieg kommt.» Als das Gespräch auf Deutschland kam, ist es völlig offenbar, daß er eine starke Sehnsucht danach hat, sein Heimatland wiederzusehen um mit eigenen Augen zu beurteilen, was seit 1933 dort geschehen ist – trotz Erikas «Vielleicht». Deshalb betont er auch, daß er jetzt, da er dem Wiedersehen so nahe ist, sich am liebsten nicht zu diesem Thema äußern möchte.

Was das Buch betrifft, das er während der Ferienwochen in der Schweiz zu schreiben gedenkt, sagt er: «Das wird ein ganz kleines Buch, das auf einen mittelalterlichen Legendenstoff über einen flämischen Herzog baut, eine Legende von Sünde und Schuld.» Als das Gespräch auf seine früheren Bücher kommt, verrät er, daß er seine ‹Buddenbrooks› ein halbes Menschenalter lang nicht vom Bücherbord genommen und gelesen hat, daß es ihm jetzt sehr entlegen vorkommt, aber daß im ‹Doktor Faustus› dennoch gewisse Dinge aus dem Jugendwerk wiederkehren.

Attis

Übersetzt aus dem Schwedischen.
Der Aufenthalt in Schweden wurde von dem Freitod Klaus Manns am 21. Mai in Cannes überschattet; Mann beschloß, seinen Verpflichtungen nachzukommen und nur die gesellschaftlichen Veranstaltungen abzusagen. – 1] Im Interviewtext: «Maria».

Neue Zeitung, München, 14. Juni 1949

Begegnung mit Thomas Mann

«Es steht fest, daß ich nach Deutschland komme», sagte Thomas Mann seinem Besucher beim Apéritif in der Halle des ‹Baur au Lac›, wohl einem der schönsten Hotels in Europa, mit den Blumen- und Rasenteppichen seines Gartens am Ufer des Zürichsees.

Der Dichter sieht erstaunlich frisch aus, ein jugendlich wirkender alter Herr mit vollem, kurz gehaltenem und glatt gescheiteltem Haar. Seine lebhaften Augen blicken klar und freundlich hinter randlosen Gläsern. Es ist etwas von der behäbigen Jovialität eines wohlhabenden Kaufmanns oder Fabrikanten auf Ferienreise um ihn. Trotz der blauen Klubjacke und der gelblich hellen Flanellhosen deutet nichts auf angenommene Amerikanismen. Viel eher könnte der alte Herr einer der Villenbesitzer rund um den See sein, einer von jenen liberalen und toleranten Biedermännern, die in diesem buen retiro einen behaglichen Lebensabend genießen wollen.

Thomas Mann liebt die Schweiz, sein erstes Exil, und auch die Schweizer schätzen den Verfasser der ‹Buddenbrooks›, des Bürgerromans, der diesem Bürgervolke besonders gefällt. Der Dichter hat hier eine gute Presse. Besonders ist man davon angetan, daß er einen eidgenössischen Vorfahren besitzt, der zu Anfang des vorigen Jahrhunderts nach Lübeck verschlagen wurde. Eine ganze Bilderseite von Zürichs größter Zeitung wurde diesem Faktum gewidmet.[1] Auch wurde Thomas Manns Rede ‹Goethe und die Demokratie› zu Beginn der Züricher Festwochen, die ganz auf das Goethejahr abgestimmt sind, bewegt und mit starkem Beifall aufgenommen[2], so daß der Vortrag für die vielen, die keinen Einlaß mehr fanden, am 11. Juni wiederholt wird.

Den Dichter beglückt die Sympathie, die er beim Schweizer Volk genießt, das keine Vorurteile gegen Emigranten kennt.

«Ja, die bösen Emigranten», meinte Thomas Mann und versuchte die meist falschen Vorstellungen in Deutschland zu korrigieren. «Ich sah manche Untergänge», berichtete er, «ich hatte den Vorteil, schon bekannt zu sein, doch andere hatten es sehr schwer, sich zu behaupten, Alfred Döblin, der mich zu Unrecht bezichtigt, seinen Erfolg überschattet oder gar verhindert zu haben, wird drüben nicht gelesen. Ich habe mich vergeblich für ihn eingesetzt.»[3]

«Und Ihr Bruder?»

«Ja, mein alter Bruder Heinrich – ich bin ja vier Jahre jünger – hatte nur mit dem ersten Bande seines ‹Henri Quatre›[4] einige Resonanz.» Als das Gespräch sich erneut Deutschland zuwandte, bemächtigte sich des Dichters eine nachdenkliche Unruhe, vielleicht auch eine kleine Traurigkeit. «Ich bedauere, daß meine Rundfunkbotschaft auch nachträglich noch mißdeutet wurden – so leider auch von Karl Jaspers.[5] Es war mir eine Herzenssache, den Teufelsdreck zu bekämpfen, und ich habe fast die mystische Überzeugung, zum Sturz des Bösen zu meinem Teil beigetragen zu haben.»

Ich versuchte, seine Vorbehalte gegen das arme Deutschland von heute abzuschwächen. Doch Thomas Mann beharrte in seinem Mißtrauen, wenn auch kaum ein Wort der Bitterkeit oder des Vorwurfs fiel. Nur die Gattin des Dichters, die sich später zugesellte, gedachte noch bitter des erlittenen Unrechts: «Alles hatte man uns genommen. Und das nach einem ehrenvollen Leben.»

Im Gegensatz zu ihrem Gatten sah Frau Mann leidend aus – trauernd um den unlängst verstorbenen ältesten Sohn.[6] Sein Vater gedachte seiner mit Anerkennung. «Seine Schwester Erika – sie waren gute Gefährten, die beiden – hat um sein Leben so gekämpft...»

Ich fragte den Dichter, ob er seinen Goethe-Vortrag in Deutschland wiederholen würde. «Ja, doch fürchte ich, daß er sich für ein deutsches Publikum wenig eignet. Ich begreife nicht, warum sich manche Leute in Deutschland über die Verleihung des Goethe-Preises an mich so empören. Hat man die Geschichte mit den 36 Stunden wirklich so übel genommen? Ich habe diese Äußerung ganz unverbindlich und beiläufig bei einem Interview in Schweden fallen lassen.[7] Ich bitte, sie nicht wörtlich zu nehmen. Über die Länge meines Aufenthalts habe ich mich noch nicht entschieden. Zunächst gehen wir ins Berner Oberland und dann nach Österreich.»[8]

Dann berichtete der Dichter von dem Respekt und den Ehrungen, die ihm in England und Schweden zuteil wurden. Er ist jetzt nicht nur Ehrendoktor von Oxford, sondern auch von Lund, der alten Universität in Schonen. Lebhaft schilderte er das altertümliche Zeremoniell bei der Verleihung, bei der zehn Ehrenjungfrauen zugegen waren. Außer dem väterlichen Siegelring trägt der Dichter nun auch den Ring aus ziseliertem Dukatengold, den man ihm in Lund überreicht hat.

Ein kleines Mädchen in weißem Kleidchen näherte sich unserem Tisch mit einem Blumenstrauß. Es knickste schüchtern und sagte: «Ich gratuliere zum Geburtstag.» Es sei ein Urenkelkind von Richard Wagner, erklärte mir der Dichter. Andere Gratulanten näherten sich, unter ihnen der Musikwissenschaftler Professor Beirer[9], ein Enkel des Komponisten von Bayreuth und Hüter seines Erbes.

«Ich glaub', wir müssen es für heute unterbrechen.»[10]

Mit diesem Faustzitat wurde ich verabschiedet. Ich wurde noch einmal daran erinnert, als ich am selben Nachmittag von der Bühne des Züricher Schauspielhauses die Szene des Osterspaziergangs sah. Als sich die Bürger vor dem Tor um ihren gelehrten Doktor Faust huldigend drängten (Will Quadflieg spielte ihn mit jugendlichem Feuer), muß Wagner sagen: ‹Welch' ein Gefühl mußt du, o großer Mann, bei der Verehrung dieser Menge haben!›[11] Kein Zweifel, daß das freundliche Raunen im Publikum, das an dieser Stelle einsetzte, sich mit der Assoziation des Wortes ‹Mann› verband.

Sicherlich würde sich Thomas Mann auch des Beifalls in seinem Heimatland von Herzen freuen, der Ehrungen gewohnt und – glücklicherweise – über den Tadel nicht erhaben. Daß er nicht an eine deutsche Kollektivschuld glaube, hatte der Dichter versichert.

«Doch vielleicht an eine kollektive Gekränktheit?»

Auf diesen Einwurf hatte Thomas Mann zustimmend gelächelt. Warum sollte sich das Getrennte nicht wieder finden? Auch im Streit der Liebenden sind die Dissonanzen der Welt.[12] Das Wort von Hölderlins ‹Hyperion› sollte über der kurzen Wiederkehr von Deutschlands repräsentativem Dichter stehen.

Arnold Bauer

1] Der Großonkel und Taufpate Heinrich Marty (1779–1844); Richard Schweizer, ‹Heinrich Marti, ein Schweizer Vorfahre von Thomas Mann›, in: ‹Neue Zürcher Zeitung›, 5. Juni 1949. – 2] 7. Juni 1949 im Zürcher Schauspielhaus. – 3] Die Entwicklung von Döblins feindseliger Haltung Mann gegenüber läßt sich in den Briefen Döblins an Hermann Kesten (in Hermann Kesten, ‹Deutsche Literatur im Exil. Briefe europäischer Autoren 1933–1949›, München 1964) verfolgen. In einem Brief vom 12. März 1943 heißt es z. B. «... während es bei uns an der Westküste nur zwei Kategorien von Autoren gibt, solche, die im Fett, und solche, die im Dreck sitzen. Zur ersten Gruppe gehören Th. Mann, Werfel und andere, ...». Als Döblin Redakteur der Zeitschrift ‹Das goldene Tor› wurde, forderte er in einem Brief vom 26. Februar 1946 Kesten zur Mitarbeit auf «über die Ihnen bekannte Emigrantenliteratur (möglichst wenig über Th. Mann; ich habe nicht nötig, für den Reklame zu machen; zudem ist er im Lande sehr unten durch)...» Am 5. Januar 1947 heißt es dann: «... ich akzeptiere keinerlei Glorifizierung von Thomas Mann, er ist das Musterbeispiel großbürgerlicher Degeneration; ...» Vgl. auch Anthony W. Riley, ‹The Professing Christian and the Ironic Humanist: A Comment on the Relationship of Alfred Döblin and Thomas Mann after 1933›, in ‹Essays on German Literature in Honor of G. Joyce Hallamore›, Toronto 1968; Riley sucht Döblins Positionen weitmöglichst gerecht zu werden. – 4] ‹Die Jugend des Königs Henri Quatre›, Amsterdam 1935. – 5] Nicht ermittelt. – 6] Freitod Klaus Manns am 21. Mai 1949 in Cannes. – 7] Nicht ermittelt. – 8] Eine Reise nach Österreich fand nicht statt. – 9] Irrtümlich für «Dr. Franz Beidler» (geb. 1901), den Mann «schon aus Berliner und Münchener Tagen» kannte (vgl. GW XI, 296 ff.). – 10] «Ich bitt' Euch, Freund, es ist tief in der Nacht, / Wir müssen's diesmal unterbrechen» (Verse 594 f.; Faust zu Wagner). – 11] Verse 1011 f. – 12] «Wie der Zwist der Liebenden, sind die Dissonanzen der Welt. Versöhnung ist mitten im Streit und alle Getrennte findet sich wieder.» Schluß des zweiten Bandes, zweiten Buchs.

Neue Zeitung, München, 21. Juni 1949

Wandlung eines Dichters

Ein zweites Gespräch mit Thomas Mann

Zwei Punkte sind es im wesentlichen, die in der politischen Diskussion um Thomas Mann von demokratischer Seite aus polemisch erörtert und gelegentlich sogar in der Form eines schweren Vorwurfs vorgebracht werden: erstens die Phase seines konservativen, nationalbürgerlichen Denkens während des Ersten Weltkriegs, dokumentiert in seinen ‹Betrachtungen eines Unpolitischen›, und zweitens seine vom Verlangen nach friedlichem Ausgleich getragene, bedingte Loyalität gegenüber dem östlichen Totalitarismus nach dem Zweiten Weltkrieg. Zwischen diesen beiden Polen eines recht gemäßigten Nationalismus und eines stärker temperierten Pazifismus liegt eine menschliche Entwicklung vom politikfremden Literaten zum Stellung beziehenden Publizisten. Wir sollten, wenn wir uns mit dieser Entwicklung Thomas Manns beschäftigen, das Werk des Dichters, das ganz in sich geschlossen ist und sich von seinen Anfängen bis zum ‹Faustus› musikalisch-architektonisch abrundet, ganz außerhalb der Diskussion lassen. Bei der starken Resonanz jedoch, die sein Werk in der ganzen Welt auslöst, müssen die politischen Kundgaben des Autors wegen ihres möglichen Einflusses beachtet und nicht immer unwidersprochen hingenommen werden, zumal auch im Lande selbst Tendenzen bestehen, die bei aller Bemühtheit, die Literatur zu politisieren, irreal erscheinen. Der Verfasser dieser Zeilen hatte in einer zweiten Unterhaltung mit Thomas Mann (vgl. ‹Begegnung mit Thomas Mann› in Nr. 70 vom 14. Juni) Gelegenheit zu erfahren, wie der Dichter seinen widerspruchsvoll erscheinenden Weg selbst interpretiert. Ausgehend von einer Betrachtung der bewährten Institutionen der Schweizer Eidgenossenschaft bekannte sich Thomas Mann mit Entschiedenheit zu einer demokratisch-föderativen Verfassung. Er beantwortete die Frage, ob er das Vorbild der Schweiz mit ihrer starken gemeindebürgerlichen Selbstverwaltung und der politischen Beteiligung eines jeden Bürgers als selbstverantwortlichen Gliedes des Staates auch für Deutschland empfehlen würde, mit einem klaren Ja und fügte hinzu:

«Auch wenn ich mich damit in Gegensatz zu manchen zentralistischen Parteien, wie der Sozialdemokratie, stelle. Ich habe erkannt, wohin der Verzicht auf politische Selbstbestimmung, besonders in der Intelligenz, führt. Die Haltung des ‹Unpolitischen› gab ich bald nach dem ersten Weltkrieg auf. Hätte ich nicht mit meiner Vergangenheit gebrochen und mich für eine aktive politische Haltung in der Politik entschieden, so wüßte ich nicht, wie ich den Ereignissen von 1933 begegnet wäre.»

Viele deutsche Schriftsteller (unter anderen nannte der Dichter Ernst Bertram, dessen Irrtum er als tragisch empfindet) hätten wegen ihrer Politikfremdheit und Wirklichkeitsblindheit vor dem Hitlertum versagt und einen Marmorbau gesehen, wo nur Teufelswerk war. Der Hinweis auf eine entsprechende Wirklichkeitsfremdheit gegenüber der östlichen Diktatur lag nahe. Doch Thomas Mann kam dem Einwand zuvor: «Ich kann mir nicht vorstellen, daß der Kommunismus für Deutschland die gegebene politische Form ist. Aber ich kann der übertriebenen antibolschewistischen Propaganda, hinter der sich oft reaktionäre Kreise verstecken, nicht zustimmen. Wir müssen zu einem modus vivendi mit Rußland kommen, um des Friedens willen. Ein neuer Krieg würde Europa zerstören. Auch empfinde ich große Sympathien für die russische Kulturleistung. Ich möchte das Werk Tolstois und Dostojewskis nicht vermissen.»

Auch die Erinnerung an die fehlende Geistesfreiheit in der Sowjetunion und an die willkürlich entstellenden Deutungen am Werke des Dichters können in Thomas Mann nur partielle Vorbehalte bewirken.

«Georg Lukács ging gewiß zu weit, wenn er meine Auffassung von der modernen Musik mit der von der russischen Kommunistischen Partei vertretenen zu identifizieren versuchte.[1] Doch zeugt sein großer Aufsatz über den ‹Faustus› von einem tiefen Verständnis für mein Werk. Auch schätze ich seine kenntnisreichen Darstellungen der bürgerlichen Literatur des 19. Jahrhunderts, seine Essays über Raabe und Keller.»[2]

Auf die Frage, ob er es für möglich halte, daß die verschüttete geistige Tradition des goldenen Goethe-Zeitalters, wie es der Historiker Meinecke[3] nennt, in Deutschland wieder erweckt werden könnte, äußerte sich der Dichter lebhaft zustimmend. Er begrüßte die Tätigkeit einiger kulturell verantwortungsbewußter Verleger, in billigen Ausgaben die bedeutenden Werke der Vergangenheit und die unter dem Nationalsozialismus unterdrückten neu herauszugeben. In solchen Unternehmen sehe er einen wesentlichen Impuls für die Jugend, sich für die echten Werte zu begeistern. Was seine eigenen Bücher betreffe, so freue es ihn zu hören, daß auch heute noch junge Menschen den ‹Tonio Kröger› lieben. Doch resigniert sagt er von seinem Gesamtwerk:

«Ich glaube nicht, daß mein Werk der deutschen Jugend heute zuträglich ist. Die Jugend, so heißt es, sei voller Mißtrauen, sie sei skeptisch, mitunter sogar nihilistisch. Da ist das Parodistische meiner Bücher nicht gut für sie.»

Wir sprachen noch über das gegenwärtige Vakuum im deutschen literarischen Leben, über die leeren Schubladen nach den zwölf Jahren. Der Dichter sagte, er sei noch nicht in der Lage, sich ein Urteil über die neue Produktion zu gestatten. Von den älteren Autoren scheint ihm Hermann Hesse besonders sympathisch zu sein. Er liebt vor allem seinen klösterlich-romantischen Roman ‹Narziß und Goldmund›. Vielleicht klang ein wenig Eifersucht oder auch – um in den Worten Tonio Krögers zu reden – «ein wenig Sehnsucht und schwermütiger Neid» in seinen Worten, als er sagte: «Ja, um Hesse wird nicht so viel gestritten. Er hat sich aus allem heraushalten können, und die Jugend liebt ihn...»[4]

Den Nobelpreis hätte Thomas Mann auch gern Ricarda Huch zugesprochen gewußt.[5] Sie sei dieser Auszeichnung nicht minder würdig gewesen als Hesse. Thomas Mann sprach bewundernd von dem Mut, den diese großartige Frau vor den Machthabern des Dritten Reiches bewiesen habe.

Bald wird der Dichter seine Deutschlandreise antreten. München, Frankfurt und Weimar, dessen Ehrenbürger er wurde, sind die vorläufigen Ziele. Ja, auch die Ostzone will er besuchen, um ganz Deutschland wiederzusehen. Allerdings möchte er Berlin meiden. Zugleich will er seine Unabhängigkeit als Kosmopolit und amerikanischer Bürger bekunden. Von den Amerikanern sagt er: «Sie sind ein grundgutes Volk, und ich wurde generös von ihnen aufgenommen.»

Kein Zweifel: Thomas Mann wird im Osten wie im Westen feierlich begrüßt werden. Hüben wie drüben warten die Bankette. Zur wahren Unabhängigkeit gehören Eigenschaften, die er zweifellos immer wieder bewiesen hat – Skepsis, Selbstkritik und die Schärfe des ironischen Sehens hinter die Dinge. Über die Trinksprüche im Osten wird Thomas Mann gewiß nicht die Angst gequälter und verfolgter Menschen überhören; nicht das Leid der Verschleppten und Unterdrückten übersehen können.

Arnold Bauer

1] Georg Lukács, ‹Die Tragödie der modernen Kunst› (1948) in G. L., ‹Thomas Mann›, Berlin [2]1957, S. 40–85; hier S. 61: «Es ist ein merkwürdiger Zufall – wenn es ein Zufall ist –, daß der Verfasser dieser Zeilen die Lektüre des Mannschen Faustus-Romans gerade in der Zeit beendete, als der Beschluß des Zentralkomitees der Kommunistischen Partei der Sowjetunion über die moderne Musik erschien. Thomas Manns Roman erscheint, gerade in seinen die moderne Musik so glänzend charakterisierenden Teilen, als eine weitgespannte, die ganze moderne Kunst, ihre Ausdrucksprobleme (bis ins Technische), ihre menschliche und gesellschaftliche Grundlage umfassende geistig-künstlerische Begründung dieses Beschlusses.» – 2] ‹Gottfried Keller› (1939) u. ‹Wilhelm Raabe› (1939) in G. L., ‹Werke›, Bd. VII: ‹Deutsche Literatur in zwei Jahrhunderten›, Neuwied und Berlin 1974, S. 334–419 u. 420–451. – 3] Friedrich Meinecke (1862–1954), seit 1948

Rektor der von ihm mitbegründeten Freien Universität Berlin, hatte vor dem Horizont von ‹Weltbürgertum und Nationalstaat› (zuerst 1908) in ‹Die deutsche Katastrophe‹ (1946) die deutsche Klassik leuchtend erhöht. – 4] Zu Hesses Erzählung ‹Narziß und Goldmund› (Berlin 1930) hatte Mann notiert: «Von den Darbietungen der älteren Generation hat mich Hesses Roman ‹Narziß und Goldmund› am meisten beglückt, ein wunderschönes Buch in seiner poetischen Klugheit, seiner Mischung aus deutsch-romantischen und modern-psychologischen, ja psychoanalytischen Elementen» (‹Die besten Bücher des Jahres›, in ‹Das Tagebuch›, 6. Dezember 1930). In einem Brief vom 25. Februar 1937, nach Manns öffentlichen Bruch mit dem NS-Reich, hatte Hesse zur Rechtfertigung seiner Position geschrieben: «Ich bin fest gewillt, meinem Verlagsvertrag und meinen deutschen Lesern treu zu bleiben, solang nicht die force majeure es verunmöglicht, keineswegs werde ich einen Bruch provozieren» (Hesse/Mann-Briefwechsel, S. 115). – 5] Die Schriftstellerin Ricarda Huch (1864–1947), deren ‹Romantik›-Darstellung (Leipzig 1908 u. ö.) überdauert hat, achtete Mann vor allem wegen ihrer aufrechten Haltung gegenüber dem NS-Regime: Ende März 1933 trat sie aus der Dichterakademie aus. Zur Nobelpreisunterstützung vgl. Tagebuch, 16./18. September 1934; in der Nachkriegszeit plädierte Mann für sie als erste Präsidentin des deutschen PEN-Clubs.

Südkurier, Konstanz, 2./3. Juli 1949

Ein Gespräch mit dem Dichter

Im Gespräch mit Thomas Mann, zu dem ein verabredeter Besuch bei ihm im Hotel zu den drei Königen Gelegenheit gab, erfuhr ich, daß der Dichter mit seiner Arbeit an dem neuen Werk schon weit «vorangekommen» sei. Gegenwärtig liegt das Kapitel über die verhängnisvolle Begegnung Gregors mit der Mutter unter seiner Feder. Er rechnet mit dem Erscheinen des Buches zum Frühjahr 1950. Wer seinen höchst aufschlußreichen Bericht über die ‹Entstehung des Doktor Faustus› (erschienen im Suhrkamp-Verlag) gelesen hat, kennt die Methodik der Arbeit Thomas Manns, die ein ungewöhnliches Maß schriftstellerischer Disziplin verrät. Er schreibt Kapitel um Kapitel, ohne vorauszugreifen oder abzuschweifen, und die Form des Geschriebenen hat von vornherein den Charakter des Endgültigen. Er liest dann gern daraus vor, empfindet mit Genugtuung die Wirksamkeit des Vollendeten, hat aber für begründete Einwände ein sehr offenes Ohr. Ich sehe darin einen Beweis für die Überlegenheit des Schriftstellers seinem Stoff gegenüber. Nur dessen völlige Beherrschung erlaubt ein so systematisches, so selbstsicheres Verfahren.

Sehr bewegt erkundigt sich Thomas Mann und mit ihm seine Gattin nach dem Buch seines allzu früh verstorbenen jüngsten Bruders Viktor Mann, das ein Bildnis seiner einzigartigen Familie zeichnet. (Das Buch wird, wie mancher Leser sich erinnern mag, im Südverlag, Konstanz, erscheinen.)[1]

Es wird bald erscheinen, ich kann ihm im Auftrage des Verlages das erste gedruckte Exemplar in losen Bogen zeigen. Er blättert darin. «Daran werden Sie und Ihr Verlag viel Freude haben», sagt er dann. «Es ist ein ungewöhnlicher Vorgang, daß ein schriftstellerisch so begabter Mensch bis hoch in sein sechstes Jahrzehnt hinein wartet, um dann sein erstes und auch schon gleich sein letztes Buch zu schreiben.» – «Und ebenso erstaunlich», erwidere ich, «daß es ihm dann gleich auf Anhieb so gelingt, als habe er sein Leben lang geschrieben.» – «Er hat es eben in sich gehabt», ist die Antwort, die zugleich trauervoll und froh klingt.

Die Frage nach dem gegenwärtigen Stand der deutschen Literatur kommt etwas verhalten von Thomas Manns Lippen. Besonders der junge Nachwuchs interessiert ihn. Ob es wirklich noch keine sichtbar entwickelten Begabungen zu erkennen gebe? Ich erinnere mich des Lobes, mit dem er kürzlich in einem ähnlichen Gespräch des Buches von Elisabeth Langgässer Erwähnung tat.[2] Ich lenke das Gespräch auf Ernst Jünger. Er hebt die Augen, sein Blick ruht sehr forschend auf mir. «Ich bin gespannt, endlich Ernst Jüngers ‹Auf den Marmorklippen› zu lesen», sagt er dann, «ich habe viel darüber gehört, in der ganzen Welt galt und gilt es als ein echtes Résistancebuch.[3] Warum stellt Jünger das jetzt in Abrede und erklärt, es habe keine solche Bewandtnis damit?» Ich versuche, dies Verhalten Jüngers zu begründen. Ganz abgesehen davon, daß die Äußerung Jüngers aus einem Zusammenhang gerissen und wahrscheinlich nicht ganz richtig wiedergegeben sei – bei diesen Worten lächelt Thomas Mann verständnisvoll wehmütig –, sei Ernst Jünger ein Mann, der es verschmähe, sich auf etwas zu berufen und für etwas sich feiern zu lassen, was ihm eine notwendige Selbstverständlichkeit gewesen sei. Jünger sei ein Schriftsteller von so betonter Wahrhaftigkeit, daß er leicht Dinge sage, die einen Sachverhalt allzu scharf und gerade darum manchmal mißverständlich umreißen. Auf diese Erklärung hin nickt Thomas Mann einverständlich. «Wenn es das ist», erwidert er, «so ist das etwas Großes und Schönes.»

Auf meine Frage nach der Deutschlandreise Thomas Manns erhalte ich die Auskunft, daß der geplante Vortrag in

Frankfurt a. M. in der Tat auf Ende Juli vorverlegt worden sei. Er habe das Bedürfnis, aus gesundheitlichen Rücksichten, so bald wie möglich in die Arbeitsruhe seines Heims nach USA zurückzukehren. Über einen Vortrag in Nürnberg sei zwar wohl gesprochen worden, aber das sei noch ungewiß. Daß er, wie deutsche Zeitungen bereits gemeldet hätten, auch einen Besuch in Weimar zugesagt habe, davon wisse er nichts. Der Bericht habe da wieder einmal einen weiten Vorsprung vor seinem eigenen Wissen. Freilich erschiene ihm ein Besuch Weimars, wo er ja auch 1932 eine Gedenkrede zum 100. Todestag Goethes gehalten habe, sehr sinnvoll, schon weil dadurch die Einheit Deutschlands dokumentiert werden könne. Aber er glaubt nicht, daß es dazu kommen werde.

Ich wende mich an Frau Katja Mann, die lebhaft an dem Gespräch teilgenommen hatte, ob ihr ein Angriff in einer deutschen Zeitung zu Gesicht gekommen sei. Sie habe, wurde dort behauptet, erklärt: «Alles hat man uns genommen, alles. Und dies nach einem ehrenvollen, erfolgreichen Leben.»[4] An die Millionen von Flüchtlingen, Witwen und Waisen in Deutschland – so nahm die Zeitung dazu Stellung – habe Frau Mann offenbar nicht gedacht, was eine kaltherzige, egoistische Art zu denken und die Dinge zu sehen, verrate. Frau Mann lächelt. «Eigentlich«, meint sie, «sollte man darauf nichts erwidern. Wer mich kennt, weiß, daß ich nicht verlorenem Gut nachjammere.» Sie erinnere sich wohl eines privaten Gesprächs in größerem Kreise, wobei der Vorwurf wieder einmal zur Sprache gekommen sei, die Emigranten hätten aus bequemen Clubsesseln des Auslandes dem Untergang Deutschlands zugesehen. Darauf habe sie freilich geäußert: «So bequem waren die Clubsessel der Emigranten nun auch wieder nicht. Als wir uns entschieden, draußen zu bleiben, hat man uns alles genommen, und das war nach einem erfolgreichen und ehrenvollen Leben wahrhaftig keine Kleinigkeit. Wir haben damals wirklich ganz von vorn wieder anfangen müssen, während es vielen von denen, die in Deutschland blieben und ihren Frieden mit Hitler machten, ausgezeichnet ging. Das habe ich gesagt und das wiederhole ich gern. Aber jammern um Verlorenes – nein, das ist meine Sache nicht. Und natürlich weiß ich, daß man materielle Verluste nicht mit der Not und dem Elend vergleichen kann, die viele in Deutschland und auch persönlich Schuldlose erleiden mußten.»

Es wäre schwer, der Herzenswärme des Tones und dem Verstehensblick aus diesen wachsam offenen, sehr mütterlichen Augen nicht zu vertrauen. Ebenso schwer wäre es, der selbstverständlichen Natürlichkeit zu widerstehen, mit der Thomas Mann voller Interesse, oft fast leidenschaftlich Anteil nehmend, das Gespräch führt. Immer wieder kehren meine Blicke voll Staunen zu seiner Erscheinung, seinem Gesicht, dem jugendlich straffen Habitus seiner Gestalt zurück. Ich muß es mir immer wieder in Erinnerung rufen: dies ist ein Vierundsiebzigjähriger, der vor nicht langer Zeit eine schwere Lungenoperation überstanden hat.[5] Sein Haar ist noch ziemlich voll und wenig ergraut. Die Haut des Gesichts und der Hände ist glatt und zeigt kaum Spuren des Alterns. Das Auge, das von so viel Wissen, Erkennen und Erforschen zeugt, ist höchst beweglich, wechselnden Ausdrucks, spontanen Reagierens fähig.

Der Besucher hat, nicht zuletzt diesem Auge gegenüber, manchmal das Gefühl, statt auszufragen, wozu er doch gekommen ist, selbst ausgefragt zu werden und dies im Sinn des Prüfens, Wägens und Durchschauens. Gerade das aber macht den berühmten Mann vor ihm wiederum selbst durchsichtig, menschlich aufgeschlossen und zugänglich. Ehrliches Interesse kann und will sich nicht verbergen. So wird auch der Eindruck, daß Thomas Mann, seiner immer wiederholten Erklärung gemäß, nach wie vor zum deutschen Volke stehe und sich ihm zugehörig fühle, durch sein Verhalten dem deutschen Besucher gegenüber in der eindringlichsten Weise bekräftigt. Dieser Mann, der sich durch kein Mißverständnis, durch keinen entstellenden Angriff, von seiner menschlichen Empfindung und von dem, was er als Wahrheit erkannt hat, abbringen läßt, ist kein Feind Deutschlands, so wenig er irgend jemands Feind zu sein scheint. Wenn er als Geste einer Wiedergutmachung jetzt einer Filmgesellschaft im neuen Staat Israel als einzigem Filmunternehmen die Rechte der Verfilmung eines seiner bedeutendsten Werke überließ[6], so handelte er auch dabei nicht nur als mitempfindender, hilfsbereiter Mensch, sondern zunächst vor allem als der Repräsentant eines Deutschlands, an das er glaubt und für das er die «Gnade» erhofft, von der er im Schluß seiner Rede an die Amerikaner über ‹Deutschland und die Deutschen› sagte: «ihrer bedürfen wir alle».

L. E. Reindl

Das Gespräch wurde in Basel geführt. – 1] Viktor Mann (1890–1949), ‹Wir waren fünf. Bildnis der Familie Mann›, Konstanz 1949 (postum). – 2] Auf die Lyrikerin und Erzählerin Elisabeth Langgässer (1899–1950) hatte Mann in einem Interview vom 14. Mai 1949 hingewiesen: «Das sind die älteren wie die Langgässer» (‹Die Welt›, Hamburg). – 3] Jüngers Roman ‹Auf den Marmorklippen›, Hamburg 1939 wurde in Neuauflagen im Nachkriegsdeutschland ein großer Erfolg. Die Nähe zur Résistance spiegeln seine Tagebücher aus der Zeit als Besatzungsoffizier in Paris. – 4] Vgl. Interview vom 14. Juni 1949. – 5] Durch die ‹Entstehung des Doktor Faustus›, Amsterdam 1949/Frankfurt/M. 1949, im April erschienen, war diese Information bekannt geworden. – 6] Die ‹Joseph›-Romane, u. a.; im Interview vom 26. Mai 1950 (‹Allgemeine Wochenzeitung der Juden in Deutschland›) konstatierte Mann, daß die Verhandlungen über die Verfilmung im Sande verlaufen seien. Vorläufig solle nur ‹Mario und der Zauberer› in Angriff genommen werden (was ebenfalls nicht verwirklicht wurde).

New York Herald Tribune, 25. Juli 1949

Thomas Mann in Frankfurt wird möglicherweise Weimar, rote Zone, besuchen

Thomas Mann, betagter deutschgebürtiger amerikanischer Schriftsteller, kam gestern hier an, um Deutschland nach mehr als fünfzehn Jahren wiederzusehen, und kündigte an, daß er möglicherweise auch Weimar besuchen wolle.

Der vierundsiebzigjährige Goethepreisträger enthüllte, daß er morgen eine Delegation aus Weimar treffen werde und dann endgültig entscheiden wolle, ob und wann er die russische Zone besuchen könne.[1]

Weimar, sagte er, habe ihm die Ehrenbürgerschaft angetragen, aber er habe weder «Ja» noch «Nein» sagen wollen, bevor er nicht mit der Weimarer Delegation gesprochen habe.

Herr Mann sagte, daß dies hoffentlich nicht der letzte Besuch im Land seiner Geburt sein werde.

In Antwort auf deutsche Pressestimmen, daß sein Ausflug nach Deutschland von einigen Deutschen nicht enthusiastisch begrüßt werde, sagte Herr Mann:

«Natürlich weiß ich, daß es Leute gibt, die meinem Besuch hier nicht zustimmen, aber ich denke doch, niemand wird meine guten Absichten mißverstehen.

Es ist nicht wahr, daß ich plane, für immer nach Deutschland zurückzukehren. Ich bin amerikanischer Bürger und werde in mein Heim in den Staaten zurückkehren. Aber ich hoffe, dieser Besuch in Deutschland wird nicht mein letzter sein.»

Übersetzt aus dem Englischen. – 1] Vgl. Interview vom 25. November 1952.

Frankfurter Rundschau, 26. Juli 1949

Thomas Mann: Meine Heimat ist die deutsche Sprache

Nach herzlichen Begrüßungsworten von Oberbürgermeister Dr. Kolb begannen sofort die Journalisten ihre Fragen zu stellen, und Thomas Mann, in seinem hellgrauen Anzug, aufrecht und, zwischendurch mit tiefen Lungenzügen eine Zigarette rauchend, gab freundlich, gutwillig und ausführlich Auskunft.

Er freut sich, Deutschland wiederzusehen. Die Meldung, er wolle sich nur 36 Stunden im Lande aufhalten, sei von der Presse gar zu sehr aufgebauscht worden, er habe sie nur gesprächsweise und ohne jede Verbindlichkeit getan. Im übrigen stelle er mit Befriedigung fest, daß vielfach auch gerade in der deutschen Presse Artikel erschienen seien, die die Meinungen über sein Verhältnis zu Deutschland richtigstellten. Daß er Deutschland den Rücken gekehrt habe, daß er ihm als ein Fremder und Gleichgültiger gegenüberstehe, sei eine «böswillige Fiktion». Das beweise nicht nur sein Vortrag über ‹Deutschland und die Deutschen›, den er bald nach dem Kriege vor Amerikanern gehalten und in dem er sich ausdrücklich zu Deutschland bekannt habe[1], sondern vor allem sein Roman ‹Doktor Faustus›, der bewußt ein über und über deutsch getöntes und gefühltes Werk sei. Seine wahre Heimat sei die deutsche Sprache. Das sollte jedem, der guten Willens ist, zeigen, daß er, Thomas Mann, ein Deutscher geblieben sei und das Schicksal Deutschlands mitempfinde.

Nach seinem Frankfurter Besuch wird er am 28. Juli in München sein – der Stadt, in der er 30 Jahre lang gelebt hat – und hofft, wenn es irgend geht, auch Nürnberg und der dortigen ‹Thomas-Mann-Gesellschaft› einen kurzen Besuch abzustatten. Auch die Einladung nach Weimar habe er «sehr gern» angenommen, denn er wolle auf keinen Fall die Deutschen in der Ostzone «links liegen lassen». Er wolle der Stadt Weimar für das ihm verliehene Ehrenbürgerrecht und den Weimarer Bürgern seinen Dank persönlich abstatten. Sein Besuch habe aber keinerlei politische Akzente und er handele durchaus in Übereinstimmung mit seinen amerikanischen Freunden. Auf die Frage, ob er sich in Deutschland bedroht fühle, und die Leibwache von vier Kriminalbeamten nötig habe, erklärte der Dichter, die Leute, die mit seiner Existenz nicht einverstanden seien, würden wohl nicht gerade Bomben werfen.

Ein Teil der Fragen war literarischer Art: Der Dichter erklärte, daß der ‹Gregorius›-Roman, an dem er z. Z. arbeitet und über den er kürzlich vor Schweizer Studenten berichtet hat[2], etwa bis zur Mitte gediehen sei; es handele sich nur um eine kleinere Zwischenarbeit, die er noch in diesem Jahr abzuschließen hoffe. Später werde er möglicherweise, sein altes Fragment ‹Bekenntnisse des Hochstaplers Felix Krull› zu Ende führen, jedoch wisse er das noch nicht genau zu sagen. Seine Werke sind in Amerika von Anfang an sehr günstig aufgenommen worden, vor allem ‹The Magic Mountain› (so nannte er den ‹Zauberberg›). Auch mit dem Echo seiner letzten Bücher in Deutschland sei er zufrieden; er habe sich über die anerkennenden Rezensionen herzlich gefreut, sei aber auch kritischen Stimmen durchaus zugänglich, jedoch seien leider viele Kritiker mehr mit politischen als mit künstlerischen Gesichtspunkten an seine Werke herangegangen.

Von der neuesten deutschen Literatur sei ihm nur weniges bekannt geworden. Von zeitgenössischen amerikanischen Schriftstellern nannte er an erster Stelle Ernest Hemingway, dann auch Faulkner, Thomas Wolfe, Dos Passos, Steinbeck. Überhaupt meint er, man dürfe das kulturelle Leben Amerikas keineswegs, wie es in Europa häufig geschehe, «hochnäsig unterschätzen», und wies dabei auf die vortrefflichen amerikanischen Orchester hin.

Es blieb nicht aus, daß die Fragen der Journalisten gleich zu Anfang, noch mehr aber im weiteren Verlaufe des einstündigen Frage- und Antwortgesprächs «in das Politische abglitten» – so drückte es ein Journalist aus, und der Dichter bestätigte lächelnd das Wort «abgleiten».

Daß im Ausland ein antideutsches Ressentiment bestehe, bestritt der Dichter entschieden. Selbst während des Krieges habe es in den USA kaum einen Haß gegen Deutschland gegeben. Im ersten Weltkrieg sei alles Deutsche (vor allem in kultureller Hinsicht) viel mehr aus der Öffentlichkeit ausgeschlossen gewesen als im zweiten. Er habe immer wieder die Erfahrung gemacht, daß das amerikanische Volk eine ernste und aufrichtige Sympathie für das deutsche Volk hege.

Einer der Anwesenden zitierte ein kommunistisches Blatt in der französischen Zone, nach dem Thomas Mann erklärt haben soll, die Zukunft gehöre dem Kommunismus.[3] Der Dichter erwiderte, das stimme nicht. Einige bedeutende Geister glaubten freilich, daß die Zukunft dem Sozialismus gehöre (der aber freilich nicht ein Kommunismus russischer Prägung zu sein brauche). Der totalitäre Kommunismus scheine ihm nicht wünschenswert; wenigstens er für seine Person habe kein positives Verhältnis zu ihm. Es sei ein Tragödie, daß die Autokratie des Zarenregimes sozusagen in die Revolution «aufgegangen», daß «die Revolution autokratisch geworden» sei. Er wolle hier nicht von Terrorismus sprechen, sondern nur von Autokratie, was ihm objektiver scheine.

Er glaube nicht, daß die Menschheit zu einer Gebundenheit des Geistes zurückkehren könne; die teuer bezahlten Errungenschaften der menschlichen Vernunft seien nicht mehr rückgängig zu machen. Daraus habe er auch gegenüber kommunistischen Freunden und Bekannten nie einen Hehl gemacht. Die Zukunftsaussichten Deutschlands erblickt Thomas Mann in der Einfügung in eine europäische Staatenföderation, die das Vorspiel zu einem wirklichen Weltfrieden sein könne, der sich vielleicht sogar organisatorisch ausdrücken werde. Er glaubt, daß die Zukunft der heute noch utopisch erscheinenden Weltregierung gehört.

Einführung durch Dr. Walter Kolb, den Oberbürgermeister der Stadt Frankfurt. – 1] Entstanden Februar/März 1945, am 29. Mai 1945 in Washington vorgetragen (‹Germany and the Germans›). – 2] Lesung aus dem ‹Erwählten› im Juni. – 3] Nicht ermittelt.

Die Welt, Hamburg, 30. Juli 1949

«Ich bin optimistisch»

Der Fleiß und die Energie, mit der am Wiederaufbau gearbeitet werde, hätten auf seiner Deutschlandreise bisher den stärksten Eindruck auf ihn gemacht, sagte Thomas Mann in einer Pressekonferenz im Münchner Rathaus.

Über seine Stellungnahme zu dem Offenen Brief Dr. Eugen

Kogons befragt, erklärte der Dichter, er habe von diesem Brief noch keine Kenntnis, aber er sei bereits von der Gesellschaft zur Bekämpfung der Unmenschlichkeit in ähnlicher Weise angegangen worden.[1]

«Sollten Sie in Weimar sprechen, so stellen Sie sich der Freundschaft oder dem Haß von 12000 politischen Gefangenen in Buchenwald», schrieb der Vorsitzende des Deutschen Rates der europäischen Bewegung, Dr. Eugen Kogon, in einem Offenen Brief an Thomas Mann.

Kogon setzt sich darin mit der Erklärung des Dichters auseinander, daß es ihm unmöglich sei, im Rahmen seines Weimar-Besuchs Forderungen zu stellen, die von den einladenden deutschen Behörden nicht erfüllt werden könnten.

Er habe in Frankfurt a. M. schon die Gründe angegeben, die ihn zu der Weimarer Fahrt bewogen hätten. Sein Besuch gelte dem alten Vaterland als Ganzem. «Ich frage mich», fuhr Thomas Mann fort, «wer denn die Einheit Deutschlands heute gewährleisten und repräsentieren solle, wenn nicht ein unabhängiger Schriftsteller, dessen wahre Heimat die von der Zoneneinteilung unberührte deutsche Sprache ist.»

Weimar sei für alle Deutschen etwas symbolisch Bedeutsames, und die Tatsache, daß er Ehrenbürger dieser Stadt geworden sei, rühre ihn. Das Faktum, daß man sich jenseits aller politischen und ökonomischen Gegensätze auf kulturellem Grund geeinigt habe, auf ein und denselben Schriftsteller, halte er für ermutigend. Was Buchenwald angehe, so könne er sich bei dieser Reise, die völlig unpolitischer Art sei, unmöglich in Probleme einlassen, deren Lösung auch nicht in der Hand derer liege, die ihn eingeladen hätten.

«Ich werde aber nicht verfehlen, in Weimar der Überzeugung Ausdruck zu geben, daß bei allen revolutionären Veränderungen, in denen die Welt sich befindet, die teuer bezahlten Errungenschaften der Menschheit, Freiheit, Recht und Würde des Individuums, dabei nicht untergehen dürfen, sie vielmehr aufgenommen werden müssen auch von jeder revolutionären Bewegung, um die Ehre der Menschheit dabei aufrechtzuerhalten.» In seiner Dankesansprache in Weimar werde er von dem Humanismus sprechen, dem seiner Überzeugung nach die Zukunft gehöre.[2]

Zur Nachkriegssituation Deutschlands äußerte Thomas Mann: «Ich bin optimistisch für die Zukunft Deutschlands, und ich glaube, die Welt ist es mit mir.»

Die diplomatische Art, mit der Thomas Mann vielfach Antworten formulierte, ließ ihn die Frage des Vertreters des kommunistischen Berliner Rundfunks, ob nach seiner Überzeugung die für den Nationalpreis vorgeschlagenen Dichter würdige Repräsentanten der deutschen Demokratie seien, mit der Gegenfrage erwidern, das komme darauf an, was man unter Demokratie verstehe.

Über sein weiteres Reiseprogramm gab Thomas Mann an, daß er mit seiner Frau von Weimar aus auf ein oder zwei Tage nach Frankfurt kommen werde, um dann nach Holland zu fliegen. «Am 5. August schiffen wir uns in Rotterdam ein und werden sieben Tage später in New York sein.» J. O.

Eine ergänzende Perspektive zu dem Interview lieferte u. a. ein Eigenbericht der ‹Augsburger Tagespost› vom 30. Juli: «Der zähe Lebenswille des deutschen Volkes, der sich in dem energischen Wiederaufbauwillen dokumentiere, habe ihn stärkstens beeindruckt. Er sei Optimist genug zu sagen, daß man Deutschland nach zehn Jahren solch fleißiger Arbeit nicht mehr erkennen werde. Nach seiner Meinung werde das Land eines näheren Tages das geehrte Mitglied einer europäischen und später einer Welt-Föderation sein, die den Frieden zu sichern vermögen. ‹Dem Humanismus, einem neuen Gefühl der Zusammengehörigkeit der Menschheit, gehört die Zukunft›, sagte der Dichter in Bezug auf seinen Besuch in Weimar.

Von einem Journalisten über seine Meinung zur gegenwärtigen bayrischen Kulturpolitik befragt, sagte der Dichter, diese sei heute wie auch längst schon vor Hitler von dem besonderen Charakter Bayerns geprägt und er habe keinerlei Anlaß, irgendwelche Kritik daran zu üben.» – 1] Der bevorstehende Besuch in Weimar führte zu heftiger Kritik. Auf die Aufforderung der ‹Gesellschaft zur Bekämpfung der Unmenschlichkeit› hin, bei einem Besuch wenigstens eine Besichtigung Buchenwalds als neues Lager zu fordern, reagierte Mann zusätzlich mit einer schriftlichen Erklärung: «Ich habe die Gründe, die mich bei dem Entschluß bestimmten, auf meiner Deutschlandreise im Goethejahr auch Weimar zu besuchen, wiederholt, besonders bei der Frankfurter Pressekonferenz vom 25. Juli, auseinandergesetzt. Im Rahmen dieses Besuches Forderungen zu stellen, die die einladenden deutschen Behörden nicht erfüllen können, ist offensichtlich unmöglich, und die interpellierende Gesellschaft weiß das so gut wie ich» (27. Juli verfaßt, am 28. Juli in ‹Neue Zeitung›, München u. a.; GW XIII, 225). Der katholische Publizist und Zeitgeschichtler Eugen Kogon (geb. 1903) war von 1933–45 selbst in Buchenwald inhaftiert. In seinem weitverbreiteten Buch ‹Der SS-Staat› (1946) hatte er den monolithisch-totalitären Charakter des NS-Regimes betont. In seinem Offenen Brief, u. a. in der ‹Frankfurter Neue Presse›, 30. Juli 1949 abgedruckt, wies Kogon auf die systemstabilisierende Funktion eines Besuchs hin und forderte: «Für Goethes und Ihr Ansehen hörbar zu schweigen.» Daraufhin erklärte Mann einem DENA-Vertreter gegenüber: «Ich halte diese Äußerung für die indirekte Form, mir für meinen Besuch in der Ostzone die Mißbilligung auszusprechen.» (Frankfurter Rundschau, 1. August 1949). Von derselben Pressekonferenz am 29. Juli im Münchner Rathaus gibt die ‹Süddeutsche Zeitung›, München (30. Juli) als ergänzende Äußerung Manns wieder: «Ich werde keine Zustimmung äußern zu Verwaltungsmaßnahmen, die für viele Deutsche ein Schmerz und ein Kummer sind, und ich werde ausdrücken, daß mein Mitgefühl den leidenden Menschen in der Ostzone gehört.» – 2] Seiner ‹Ansprache im Goethejahr 1949› schaltete Mann am 1. August 1949 eine ‹Ansprache in Weimar› vor, die teilweise wörtliche Anleihen bei der Pressekonferenz nimmt; ‹Ansprache im Goethejahr 1949›, Weimar 1949 (nur in einem Teil der Auflage), S. 5 f., GW XIII, 794.

Neues Deutschland, Berlin, 2. August 1949

«Höhepunkt meiner Europareise»

Am Montag, um 18 Uhr, empfing Thomas Mann in Weimar die Vertreter der Presse.[1] Er sagte ihnen u. a., er habe selten einen so herzlichen und herzbezwingenden Empfang gefunden. Dankerfüllt fahre er von Weimar ab. Die Feier im Nationaltheater war ein Höhepunkt seiner Europareise und werde ihm unvergeßlich bleiben.

Befragt, wie er über den Weimarer Goethepreis in Höhe von 20 000 DM zu verfügen gedenke, erwiderte er, er habe den Frankfurter Goethepreis für notleidende Schriftsteller gespendet. Hier sei das ja nicht am Platz, da die Schriftsteller der Ostzone viel mehr Wertschätzung und Unterstützung genössen als die in Westdeutschland. Er werde daher den Betrag für die Wiederherstellung der beschädigten Herder-Kirche in Weimar bestimmen.[2]

Über die Berufung seines Bruders Heinrich an die Akademie der Künste nach Berlin sagte Thomas Mann, daß er es seinem Bruder dringend ans Herz legen werde, sie anzunehmen.[3] Er sei überzeugt, daß sein Bruder in Berlin einen schönen und glücklichen Lebensabend haben werde.

1] 1. August 1949. – 2] Die Herderkirche war am 9. Februar 1945 bei einem Luftangriff auf Weimar zerstört worden. – 3] Heinrich Manns Annahme der Präsidentschaft wurde durch seinen Tod verhindert. Am 19. März 1950 berichtet Thomas Mann über die letzten Wochen seines Bruders, dieser «wollte aber in ca. 6 Wochen die Übersiedelung nach Ost-Berlin auf sich nehmen, wo man Reichtum und höchste Ehren für ihn bereithielt. Wollte es und wollte es nicht; das Abenteuer stand ihm und uns allen schreckhaft vor und blieb eigentlich unglaubwürdig.» (Briefe III, 137).

New York Herald Tribune, 15. August 1949

Mann sagt, die «ehrlichen Deutschen» machten sich Sorgen über einen neuen Nationalismus

Führt tadelnd die Situation auf die deutsche Weigerung zurück, die wahren Ursachen für ihre gegenwärtige Lage zu erkennen

Der Schriftsteller Thomas Mann, der am Freitag von einer dreimonatigen Vortragsreise durch Europa mit dem Liner ‹Nieuw Amsterdam› zurückgekommen ist, sagte, daß die anständigen und ehrlichen Deutschen über den wachsenden Nationalismus in Deutschland tief beunruhigt sind.

Indem er von vorbereiteten Papieren ablas, sagte er, er habe «sehr aufnahmewillige und freundliche Zuhörer erlebt, besonders in den deutschen Städten».

«Es kann keinen Zweifel daran geben, daß die Administratoren der Städte in Deutschland – ich konnte mit den Oberbürgermeistern von Frankfurt, Stuttgart und München sprechen – meist Sozialdemokraten sind und ernsthaft und aufrichtig für die moralische und materielle Erholung ihres Landes arbeiten; sie sind sich in einem demokratischen Sinn der großen Schwierigkeiten bewußt, die ihrem Ziel noch entgegenstehen.

Ich sprach nicht mit einem einzigen anständigen und ehrlichen Deutschen, der nicht über den wachsenden Nationalismus in seinem Land tief beunruhigt wäre. Wir müssen einsehen, daß militärische Besatzung in einem geschlagenen Land immer einen gewissen Grad von Nationalismus erzeugt. Aber was wir jetzt in Deutschland erleben, scheint über diese normale Reaktion hinauszugehen.

Weithin verantwortlich für diesen Geisteszustand ist die seltsame Tatsache, daß die Deutschen die Gründe ihrer gegenwärtigen Bedingungen nicht erkennen und erkennen wollen.

Die große Mehrheit des Volks – und dies ist durch Dutzende von Briefen und persönlichen Eindrücken bestätigt – klagt: ‹Unter Hitler hatten wir es viel besser›.»

Dr. Mann fuhr fort:

«Die Art, wie die Entnazifizierung gehandhabt wird, ist eines der beunruhigendsten Symptome. Meiner Meinung nach müßten die aufrichtig demokratischen Kräfte, die existieren, aber nur eine gefährlich kleine Minderheit sind, von den westlichen Demokratien in ihrem Kampf gegen Nationalismus und Militarismus auf jede mögliche Weise unterstützt werden.»

Dr. Mann sagte, daß die wirtschaftliche Lage in Westdeutschland weit besser sei als in Ostdeutschland, und fügte hinzu, dies sei infolge der Währungsreform ganz natürlich.[1]

Er ergänzte, daß ihn die Menge und die Qualität der Nahrungsmittel in den westlichen Zonen überrascht habe, besonders, sagte er, «wenn man zuvor in England gewesen ist».

Dr. Mann sagte, sein Besuch in Weimar, in der sowjetisch besetzten Zone, sei völlig unpolitisch gewesen und mit völliger Billigung und in Übereinstimmung mit den amerikanischen Autoritäten geschehen.

«Ich weiß, daß die Deutschen im ganzen Land unter der vollständigen Teilung Deutschlands bitter leiden, und auf lange Sicht scheint ihnen diese Situation unerträglich», sagte er. «Es gibt keine Lösung für dieses Problem, bis es zu einer endgültigen Verständigung zwischen Ost und West gekommen ist.»

Dr. Mann sagte, seine Aufnahme in Thüringen und Weimar sei «überwältigend» gewesen.

«Sie war natürlich offiziell vorbereitet, aber auch der Teil der Bevölkerung, der gegen das Regime eingestellt ist, bezeugte mir Sympathie. Als ich im Theater von Weimar von dem unzerstörbaren Wert der Freiheit und der Würde menschlicher Beziehungen sprach, gab es großen Applaus», sagte er.

Er sagte, das Volk im Osten sei gespalten. Er sagte, daß das östliche Regime bei den jungen Leuten populär ist, aber nicht bei den Älteren. Es gibt Liberale in der ostdeutschen Regierung, sagte er. Aber sie haben Schwierigkeiten angesichts des kommunistischen Trends.

Übersetzt aus dem Englischen. – 1] 20. Juni 1948.

Schwarzwälder Post, Oberndorf, 12. Oktober 1949

Der Unbelehrbare

Thomas Mann erklärte am Montag vor Pressevertretern, Großbritannien, Frankreich und die USA schienen die Nazi-Elemente in Deutschland als mögliche Stoßtruppen gegen die Sowjetunion zu betrachten. Thomas Mann, der an der Universität Kalifornien Vorlesungen über «Goethe und die Demokratie» hält, warf den Westmächten vor, sie sympathisierten mehr mit den Nazis als mit den Sozialdemokraten oder der Demokratie überhaupt. In Deutschland sei ein deutlicher Rückschritt zum Nationalismus zu beobachten. Dieser erkläre sich zum Teil aus der Erbitterung des Volkes gegenüber den Besatzungsmächten. Die gegenwärtige Weltkrise helfe den alten Nazis in Deutschland, die besseren demokratischen Elemente an die Wand zu drücken. Thomas Mann forderte die westlichen Besatzungsmächte auf, den Kommunismus «mit Demokratie und nicht mit Faschismus zu bekämpfen».

Pressekonferenz vom 11. Oktober 1949 in Berkeley, Kalifornien.

Dagens Nyheter, Stockholm, 3. Mai 1950

Ein neues Buch von Thomas Mann

In seinem bemerkenswerten Buch über ‹Doktor Faustus›[1] deutet Thomas Mann an, daß er sein letztes Wort gesagt hat, daß das Werk nun vollbracht ist. An und für sich ist es ja nicht so merkwürdig, daß ein 74jähriger beschließt, die Feder aus der Hand zu legen. Aber Thomas Mann ist nicht eben ein gewöhnlicher 74jähriger. Deshalb überrascht es einen nicht im geringsten, als er davon spricht, daß er sich eines Besseren besonnen hat und an seinem nächsten Buch schreibt, von dem nur noch einige Kapitel ausstehen.[2]

Das wohlbekannte Profil des Nobelpreisträgers tauchte Dienstagnachmittag in der Drehtür des Grand auf – die er übrigens rechtsherum drehte. Mit einem roten Plaid auf dem Arm stand er plötzlich da, rank und elastisch, und sah sich um mit seinen dunklen, strahlenden, intelligenten Augen, die so wirken, als würden sie durch das meiste hindurchsehen. Er war soeben mit seiner Frau und der Tochter Erika in Bromma gelandet, und es war leicht zu sehen, daß er sich darüber freute, wieder hier zu sein.

Ganz gewiß war er ein wenig müde nach 24 Stunden in der Luft, aber nicht mehr als daß er gern ein paar Fragen beantwortete. Und dann erzählt er frohen Mutes von dem Buch, an dem er schreibt, von dem Joseph-Zyklus, der in Israel verfilmt werden soll – die Repliken werden zur Zeit ins Hebräische übersetzt – und vom ‹Faustus›, der gerade ins Französische übersetzt wird.

«Das Ziel der Reise ist eigentlich Paris, wo ich einiges mit meiner Übersetzerin Louise Servicen[3] zu erörtern habe. Aber natürlich wollte ich nicht nach Europa kommen, ohne auch Schweden, wo ich mich immer so außerordentlich wohl befinde, einen Besuch abzustatten», bemerkt er liebenswürdig. «Ich bleibe vier Tage!»

Die drei Reisenden haben einmal Aufenthalt gemacht, seit sie ihr Heim in Kalifornien verlassen haben, sie landeten in Chicago, wo Thomas Mann den Vortrag ‹The years of my life› zu halten hatte[4], die englische Version von ‹Meine Zeit›, den wir am Mittwoch im Börsensaal hören werden.

«Da erzähle ich von meinen Entwicklungs- und Jugendjahren, ja die Schilderung reicht ein gutes Stück in dieses Jahrhundert hinein», sagt Thomas Mann. «‹Buddenbrooks›? Die tauchen in diesem Zusammenhang auf.

In Paris muß ich mit Louise Servicen sprechen. Eine französische Übersetzung kann dem deutschen Original ja nicht so nahe kommen wie eine schwedische. Französisch ist eine eigensinnige Sprache, nicht so plastisch und biegsam wie die schwedische», sagt Thomas Mann nachdenklich. «Aber so kunstreich. Ich bin davon überzeugt, daß ‹Faustus› gut wird auf französisch, da der Übersetzer der gleiche ist, der das Lotte-Buch gemacht hat – wenn auch die schwedischen Übersetzungen wortgetreuer sind. Übrigens ist es meiner Meinung nach kein Fehler, wenn man schon auf der dritten Seite merkt, aus welcher Sprache ein Buch übertragen worden ist. Im Gegenteil, die Sprachatmosphäre darf nicht verwischt werden.»

Das neue Buch soll ‹Der Erwählte› heißen und wird nur 300 Seiten umfassen. «Die Vorlage ist die mittelhochdeutsche Ritterdichtung ‹Gregorius auf dem Steine› von Hartmann von Aue. Ja, das Gedicht findet sich auch in französischen und englischen Quellen.[5] Ich habe mich dem Stoff gegenüber so verhalten wie damals, als ich den Joseph-Zyklus schrieb und auf den sparsamen Bibeltexten frei weiterbaute. Es handelt sich um einen großen Sünder, der Erlösung sucht; außerdem kommt Liebe zwischen Bruder und Schwester vor, ein Thema, das ich ja bereits früher in ‹Wälsungenblut› behandelt habe.»

«Das sieht man ab und zu in schwedischen Buchkatalogen unter ‹Desiderata›.»

«Ja, es ist wohl nicht leicht zu bekommen jetzt, es ist so lange her, daß ich es schrieb», bestätigte Thomas Mann.

Thomas Mann hat ja großes und einsichtsvolles Verständnis für die moderne Tonkunst an den Tag gelegt, sogar für solche Hervorbringungen wie die Zwölftonmusik. Daß sich Adrian Leverkühn einige Züge von Schönberg ausgeborgt hat, hängt ja auch mit seinem Interesse für diesen Tonsetzer zusammen. Da Schönberg nun darauf bestanden hat, daß die Verbindung zwischen dem wirklichen und dem erdichteten Komponisten kundgemacht wird – obwohl der Letztgenannte seine Seele dem Teufel verschreibt –, ist dies denn auch säuberlich in den späteren Auflagen des ‹Faustus› angegeben.[6]

«Sowohl auf englisch als tschechisch und, ja in recht vielen Sprachen», sagt Thomas Mann mit einem kleinen Lachen, als er merkt, daß die Aufzählung lang werden würde.

Merkwürdigerweise sind Adrian Leverkühn und unser eigener Hilding Rosenberg[7] ja die einzigen Tonsetzer, die ein Oratorium über die Johannes-Offenbarung komponiert haben.

«Ich habe Teile des Werkes gehört», berichtet Thomas Mann. «Die Schallplattenaufnahmen, die Herr Rosenberg mir gesandt hat, haben mir sehr gefallen, ich bewundere seine persönliche und intensive Auffassung der Offenbarung. Ebenso wie ich das schätze, was ich von seinem Joseph-Zyklus gehört habe. Über den habe ich mit Bruno Walter sprechen können, und einen besseren Interpreten kann ein musikalisches Werk ja kaum bekommen.

Wann ‹Der Erwählte› fertig wird? Diesen Sommer, hoffe ich, in den schönen Ferien, die ich in den Schweizer Alpen zu verbringen gedenke.»

Vorher wird jedoch ein 75. Geburtstag in der Familie gefeiert, am 6. Juni hat Thomas Mann nämlich Geburtstag, und den will er zusammen mit Kindern und Enkeln verbringen.

Sein Sohn, der Bratschist Michael Mann (der kürzlich in Stockholm ein Konzert gab), ist mit einer Schweizerin verheiratet[8] und wohnt in der Schweiz. Er ist auch der Vater von Thomas Manns Lieblingsenkel, Frido, der in einem zarteren Alter Modell zu Nepomuk, den Leverkühn Echo nannte, gestanden hat. Ein großer Teil der Anziehungskraft der Schweiz ist wohl vor allem damit zu erklären, daß Frido sich in diesem Lande befindet.

Thomas Mann wirkt geradezu erwartungsvoll, wenn er davon spricht, daß er bald nach Zürich gehen soll!

Perpetua

Übersetzt aus dem Schwedischen.
Dritte Europareise, Mai–August 1950. Mann hielt den Vortrag ‹Meine Zeit› in Stockholm und Lund. – 1] ‹Die Entstehung des Doktor Faustus›. Eine schwedische Übersetzung von Nils Holmberg war in Stockholm 1949 erschienen (‹Roman om en roman›). – 2] ‹Der Erwählte›. – 3] Louise Servicen (geb. 1896) war seit Mitte der dreißiger Jahre Manns bevorzugte Übersetzerin ins Französische; im Text wird von «Lonis Servicen» gesprochen. ‹Le Docteur Faustus›, Paris 1950. – 4] 19. April 1950; eine weitere geplante Station des Vortrags in Washington mußte ausfallen, weil man Mann seinen Besuch in der Ostzone übel nahm. – 5] Vgl. Hans Wysling, ‹Thomas Manns Verhältnis zu den Quellen. Beobachtungen am Erwählten›, in: Scherrer/Wysling, ‹Quellenkritische Studien zum Werk Thomas Manns› (TMS, Bd. 1), Bern u. München 1967, S. 258–324. – 6] In einem Zusatz, wonach es nicht überflüssig scheine, den Leser zu verständigen, daß die «Kompositionsart, Zwölfton- oder Reihentechnik genannt, in Wahrheit das geistige Eigentum eines zeitgenössischen Komponisten und Theoretikers, Arnold Schönbergs, ist». – 7] Hilding Rosenberg (geb. 1892) komponierte in den Jahren 1945–1948 auch ein Opernoratorium ‹Josef och hans brödre› mit Manns Roman als Vorlage. – 8] Gret Mann, geb. Moser.

Der Kurier, Berlin, 4. Mai 1950

Thomas Mann sieht schwarz

Vor seiner Abreise nach Europa, wo er am 6. Juni seinen 75. Geburtstag in Zürich im Kreise seiner Familie begehen will, hat Thomas Mann hier einen Presseempfang gegeben. Assistiert von seiner Tochter Erika beklagte er sich darüber, daß die westlichen Besatzungsmächte den «guten und demokratischen Kräften in Deutschland zu wenig Hilfe angedeihen lassen». Sie zeigten vielmehr die Tendenz, «Faschismus und

Nationalismus zu fördern und sie als Bollwerk gegen den Bolschewismus zu betrachten». Im Osten Deutschlands sei man totalitär, was ihm mißfalle, Westdeutschland aber sei «reaktionär und faschistisch».

Die Zukunft Deutschlands sei dunkel, sagte Mann weiter. «Man sieht nicht, wie die beiden Teile je wieder zusammenkommen können. Es ist fast unvermeidlich, daß sie sich weiter entfremden.» Als den Kern der Tragödie bezeichnete er den Kampf zwischen West und Ost und «die verständliche Furcht der Amerikaner und Engländer vor dem Kommunismus». Diese Furcht bringe die Versuchung mit sich, den «Faschismus als Waffenbruder zu akzeptieren». Alles wäre besser, «wenn Amerika ernsthaft antifaschistisch wäre und nicht glaubte, daß es in der Hauptsache darauf ankäme, den Sozialismus überall zu unterdrücken».

Ende April 1950 in New York gegeben.

Figaro Littéraire, Paris, 14. Mai 1950

«Ich bin eine für die sowjetische Gesellschaftsordnung völlig unakzeptable Person»

Natürlich sprechen wir zuerst über Adrian Leverkühn, den Helden des ‹Doktor Faustus›, der das neueste und größte Werk, der ‹Faust› Thomas Manns ist. Aber ist es wirklich ein Buch, über das wir sprechen?

Er versichert mir eingangs, daß er es nicht besonders mag, wenn man Leverkühn als eine wirklichkeitsnahe Allegorie Nazi-Deutschlands auffaßt: daß er diese Figur geschaffen hat, wie Lermontow den ‹Helden unserer Zeit›; daß Leverkühn eher die Kulturkrise unserer Epoche symbolisiert und das Problem aller Künstler, die sich verbrauchter Mittel zu bedienen haben; und daß, wenn Leverkühn einen Pakt mit dem Teufel schließt, diese Hindernisse überwunden werden sollen, indem er über sich selbst hinausgeht.

«... weil er, indem er sich dem Schaffensrausch hingibt, das Volk symbolisiert, das sich dem faschistischen Rausch hingibt.»

Wir sind uns also einig und können, bevor wir weitergehen, über dieses Werk und seine Reichtümer, über sein farbenreiches Mittelalterdeutschland sprechen.

«Das ist ein Buch», sagte er, «das mit einem Fuß im 16. Jahrhundert steht.»

«Wie dem auch sei, dieses Werk ist ein kritisches Werk: Leverkühn, der – um zum Durchbruch zu kommen, ebenso wie Deutschland und in der gleichen Zeitspanne wie Deutschland – sich dem Irrationellen, dem Magischen, dem Dämonischen verschreibt, geht im Wahnsinn zugrunde. Aber Sie zeigen die dämonischen Kräfte, als seien sie ihrer Natur nach die innersten Kräfte Deutschlands. Können Sie sich denn gar nicht die Möglichkeit des Wiedererstehens eines Deutschlands unter einem anderen Stern als dem ‹Rausch des Gehorsams und des Bluts› vorstellen?»

«Deutschland hat große, althumanistische Traditionen. Um umzukehren, muß es die Stationen wiederfinden, von wo es auf den rechten Weg zurückfinden kann.

Luther, Goethe und Bismarck sind die drei Antlitze Deutschlands.[1] Die Deutschen geben immer der ‹Lutherform› oder der ‹Bismarckform› den Vorzug.

Aber da ist auch die ‹Goetheform›, und dies ist eben die Form, in der Deutschlands Größe besteht; es ist dann eine entscheidende Weltmacht. Wenn Deutschland von selbst zu dieser Form zurückkehrt, kann es eine Brücke zwischen sich und der Welt schlagen.»

«Kann Deutschland noch etwas zur abendländischen Kultur beitragen? Was denkt die deutsche Jugend heute?»

Thomas Mann lehnt sich in seinen Stuhl zurück. Sein Gesicht, das keine Runzel aufweist, schien von anderen unsichtbaren Linien gezeichnet: wie von einem Gedankengewicht in seinen Zügen.

«Es gibt heute keine besonders homogene deutsche Jugend. Aber ein Teil der deutschen Jugend entwickelt sich zweifellos in der Richtung ‹Goethe›. Zweifellos …

Das Tragische ist, daß der Nationalismus infolge der Besatzung von neuem zunimmt. Und außerdem ist Deutschland im Augenblick der neuralgische Punkt des großen Konflikts zwischen Ost und West. Beide Seiten brauchen die Deutschen. Die beiden gewaltigen Mächte hetzen die Deutschen gegeneinander auf.»

Er fährt mit der Hand über sein Gesicht. In schweigender

Übereinstimmung kehren wir zum ‹Doktor Faustus› zurück, bevor wir uns im Dschungel verlieren. Und insbesondere zu der Figur des Erzählers Zeitblom, dem bürgerlichen Humanisten.

«Er sieht die Gefahr kommen; und, verängstigt wie er ist, fällt es ihm nie ein, dagegen anzukämpfen? Er nimmt also keinerlei Verantwortung auf sich?»

Thomas Mann greift den Tadel sogleich auf.

«Ja», sagt er, «ja, Zeitblom, das bin ein wenig ich selbst. Ich habe mich – wie sagt man? – in zwei Figuren aufgespaltet: Leverkühn und Zeitblom. Ich spreche ebensosehr durch den Mund des einen wie des anderen.

Sehen Sie, nach dem Ersten Weltkrieg konnte ein deutscher Patriot noch an die Schuldlosigkeit Deutschlands glauben. Ich kann nicht vergessen, daß ich in dieser Epoche ein Vertreter der romantischen und bürgerlichen Geisteshaltung war und sie verteidigte. Ich schrieb meine ‹Betrachtungen eines Unpolitischen›. Ich verteidigte ... die metaphysische ... die musikalische ... gegen die demokratische Geisteshaltung.»

Er schweigt einen Augenblick. Dann:

«Es ist sehr, sehr merkwürdig. Ich bin immer ein Europäer gewesen, beeinflußt von den großen Franzosen, den großen Russen, den großen Engländern. Ich bin ein Sohn der zweiten Hälfte des 19. Jahrhunderts. Ich bin sehr stark vom Antiliberalismus beeinflußt gewesen – wie Dostojewski, wie Schopenhauer, wie Nietzsche. Das hat meine Entwicklung in Richtung des Irrationellen gelenkt. Und, sehen Sie, für einen Deutschen wie mich war deshalb eine ungeheure Schwierigkeit zu überwinden: trotz dieses Antiliberalismus, trotz meiner Vorbilder – und ohne sie zu verwerfen – an einen Weg zum demokratischen Humanismus zu glauben.»

Eine Pause.

«Als Sie vor einem Jahr nach Deutschland zurückkehrten, um den Goethe-Preis zu empfangen, und nach Ihrem Besuch in Frankfurt haben Sie sich dazu bereit gefunden, nach Weimar zu reisen, in die Sowjetzone, und es schien, als seien Sie von der Freundlichkeit ergriffen gewesen zu sein, die Ihnen die deutschen Kommunisten erwiesen haben. Glauben Sie wirklich ein Mensch zu sein, der ‹etwas zu der neuen Ordnung beitragen kann›, wie Sie damals geschrieben haben?»

«Ah», sagt Thomas Mann, «das ist mein Brief an Olberg ...»[2]

Ein kurzes Schweigen. Dann spricht er, klar und deutlich:

«Es ist völlig klar, daß ich für die sowjetische Gesellschaftsordnung absolut ungeeignet und unakzeptabel bin. Ich bin sehr weit vom Kommunismus entfernt.

Aber ich bin nach Weimar gegangen, weil ich, nach Deutschland zurückgekehrt, es nicht so aussehen lassen wollte, als schließe ich die Ostdeutschen aus Deutschland aus.

Deshalb nahm ich an den Festen teil, die zu Ehren Goethes stattfanden, und in Deutschland sind es zwei Städte, die zu Goethe gehören: Frankfurt und Weimar.»

Und mit einer unterdrückten Heftigkeit:

«Ich bin nach Weimar gegangen, weil ich es als eine große Gefahr, eine katastrophale Gefahr ansehe, den Gegensatz zwischen Ost und West zu verschärfen. Ich bin nach Weimar gegangen, weil ich glaube, sehr stark glaube, daß ein freier Mensch alles tun sollte, um dazu beizutragen, eine Verständigung zwischen Amerika und Rußland herbeizuführen. Es ist noch immer meine Hoffnung, daß Rußland nach und nach demokratischer wird und Amerika ein wenig sozialistischer... Man sollte sich auf dem Wege begegnen können... Es ist vielleicht nicht völlig unmöglich.

Wie? Buchenwald? Oh! Aber die Leute, die von mir verlangten, ich solle nach Buchenwald gehen, taten dies aus reiner Bosheit. Konnte ich, indem ich mich dazu bereit erklärte, in die Sowjetzone zu kommen, von den russischen Behörden verlangen, Buchenwald zu besuchen? Die das wollten, wußten, daß ich es nicht tun konnte. Ihr Verlangen war ganz einfach eine Provokation.

Aber in Weimar habe ich den Kommunisten sagen können, indem ich an sie appellierte, daß die Revolutionäre die großen Errungenschaften der Menschheit und der Kultur unversehrt bewahren sollten; es ist nicht so schlecht, was ich da erfahren habe.

Es muß gesagt werden», fügt er in einem sehr ruhigen Ton hinzu, «daß mein Brief an Olberg ein wenig das Resultat einer gewissen Gereiztheit ist, eine durch all diese Bosheiten hervorgerufene Gereiztheit. In diesem Brief bin ich viel zu weit gegangen.

Aber etwas anderes muß hinzugefügt werden: Ich bin immer der Meinung gewesen, daß zwischen dem Kommunismus und dem Faschismus ein Wesensunterschied besteht, und wenn ich von ‹Kommunismus› spreche, so spreche ich nicht von Stalinismus, nein. Ich spreche von dem Kommunismus und der russischen Revolution des Jahres 1917. Das war ein großes historisches Ereignis, eine soziale Revolution nach der politischen französischen Revolution, und sie hinterläßt, wie die andere, ihre Spur im Leben der menschlichen Gesellschaft.

Der Kommunismus ist, trotz allem, was er an Abstoßendem hat, die Verbindung zur Zukunft der Menschheit. Seine äußeren Formen können für den Augenblick denen des Faschismus und Nazismus ähnlich sein – aber Faschismus und Nazismus ist nichts anderes als eine Verneinung des Menschen, ein Nihilismus. Wohingegen der Kommunismus einen moralischen Inhalt hat und ein Ideal, was die Zukunft der Menschheit anbelangt.»

«Fassen Sie die marxistische Lehre (unabhängig von ihrer derzeitigen Verwendung) als einen Sieg über die menschliche und insbesondere die deutsche Ambiguität auf, über dieses anormale und nächtliche Element, worauf, nach Ihnen, die Kunst und damit die Kultur baut? Und, wenn ja, ist diese Lehre nicht der Tod der Kunst?»

«Es ist offenbar, daß die Kultur in den kapitalistischen Ländern in einer Sackgasse ist. Daher Leverkühns Drama. Aber ich glaube auch nicht, daß das stalinistische Experiment, die Kultur zugunsten und im Dienste der Unwissenheit zu simplifizieren, nachfolgendswert ist.

Zweifelsohne muß die Kunst, alle Kunstarten, durch eine lebende Verbindung mit der Volkskunst erneuert werden. Zur Zeit der ersten Wagner-Opern, des Lohengrin – und auch des Freischütz, der Verdi-Opern – schien es, als ob diese Verbindung wiederhergestellt sei. Das war ein sehr wichtiger Augenblick in der Musik, sehr wichtig und sehr glücklich: aber er war nicht von Dauer.»

«Sie haben einmal geschrieben, daß ‹das kollektive Leben die Sphäre der Bequemlichkeit ist›. Sucht der Mensch nicht die Selbstaufgabe im Kommunismus? Das ist es, was schon Dostojewskis Großinquisitor sagt: ‹Die Menschen ziehen das Brot der Freiheit vor.›»

«Die katholische Kirche und der Kommunismus sind die beiden Häfen der Schwäche. Beide haben die gleiche Anziehungskraft für Seelen, die der Freiheit müde sind.

Heute hängt die Rettung der Menschheit von dem amerikanisch-russischen Konflikt ab, wie sie früher von dem französisch-deutschen Konflikt abhing. Letztere haben sich gegenseitig zerstört. Das war die europäische Tragödie. Sie sollte als Schreckbild für die beiden anderen dienen. Wenn sie ihrem Haß freien Lauf ließen, wären sie für eine noch schlimmere Tragödie verantwortlich.»

Ich erhebe mich, um Abschied zu nehmen.

«Frankreich hat gesiegt», fügt Thomas Mann hinzu. «Aber ist es glücklich? Und England? Das Paradox, das ist...» Er lächelte wehmütig. «...das ist, daß es Deutschland besser geht als den Siegermächten. Die Lehre vom Irrsinn der Kriege.«

Dominique Arban

Übersetzt aus dem Französischen.
1] Vgl. ‹Die drei Gewaltigen›, GW X, 374 (Erstveröffentlichung 1949). – 2] ‹Antwort an Paul Olberg›, in ‹Das Volksrecht›, Zürich, 9. September 1949; GW XIII, 795 ff. (kein wörtliches Zitat).

Les Nouvelles Littéraires, Paris, 18. Mai 1950

Mit Thomas Mann an den Ufern der Seine

«Welch eine Erschütterung und welche Freude, Paris wiederzusehen! Es sind zwölf Jahre her, daß ich hier war.»

Mit einer fast zärtlichen Geste deutet Thomas Mann nach dem Louvre und den Tuilerien.

«Finden Sie, daß Paris sich seit 1938 verändert hat?»

«Äußerlich nicht. Die Stadt ist immer noch prachtvoll. Aber ich glaube in ihrem Lächeln etwas wie einen verborgenen Schmerz versteckt zu finden: vielleicht ist es die Enttäuschung darüber, daß die Befreiung nicht mit Befriedung identisch war.»

«Aber das geistige Leben?»

«Mein Eindruck ist, daß auch Frankreich Opfer des allgemeinen Niedergangs ist, den ich in dem geistigen Leben von heute beobachte: Verglichen mit der ersten Hälfte des 20. Jahrhunderts erscheint das vergangene Jahrhundert von einer fremdartigen Größe. Denken Sie an den Roman: welch ein Reichtum, in Frankreich, in England, in Rußland, in Skandinavien! Trotz all seiner Mängel wird das 19. Jahrhundert beispielhaft. Das Format der Werke ist reduziert, kein Schriftsteller reicht mehr an die Größe eines Dostojewski, eines Balzac heran.»

«Ohne den Vergleich mit diesen Giganten haben wir, in der neuen Generation, in Frankreich schätzenswerte Talente.»

«Von Ihren ‹Jungen› mag ich Camus besonders. Was Sartre anbetrifft, so glaube ich, daß man ihm Unrecht tut, wenn man seinen Existentialismus als destruktiven Nihilismus ansieht. Er erstrebt im Gegenteil den sozialen Fortschritt und entfaltet in diesem Sinne sehr viel guten Willen. Jedoch die größte Freude an der französischen Literatur haben mir immer noch Balzac, Flaubert, die Brüder Goncourt, Jules Romains gemacht, und besonders Proust, dieser Gipfelpunkt des gesellschaftskritischen Romans.»

«Kennen Sie das Werk Claudels?»

«Ja, und ich war früher einmal durch ‹L'Annonce faite à Marie›, das ich zuerst in seiner deutschen Übersetzung gelesen habe, sehr beeindruckt. Die Wirkung auf mich war so stark, daß ich mir sofort eine Originalausgabe kommen ließ, und ich war noch stärker gefesselt, als ich den französischen Urtext las. Es ist ein sehr starkes Werk, und obgleich ich persönlich dem Katholizismus Claudelscher Prägung sehr fern stehe, ist ‹L'Annonce› für mich die Schöpfung eines Künstlers, der einen tiefen Glauben bezeugt, und dieser Glaube kann auch auf einen Menschen von protestantischer Herkunft seine Wirkung ausüben.»

«Und André Gide?»

«Ich halte ihn für einen der bedeutendsten unter den zeitgenössischen französischen Autoren, und nach meinem Dafürhalten stellen die ‹Faux-Monnayeurs› ein aufsehenerregendes Experiment dar, weil sie einen neuen Beitrag zur Technik des Romans liefern.»

«Gide und Claudel sind wohl sehr beliebt im Deutschland von heute?»

«Ja, aber Sie rühren da an ein Problem, für das ich noch keine Lösung sehe: das Geistesleben in Deutschland wird von einer großen Verwirrung beherrscht. Der hitlerische Einfluß war verhängnisvoll für mein Vaterland, und wir haben uns darin getäuscht, nach der Waffenruhe aus den geheimen Schubfächern der jungen Schriftsteller schöpferische, klare Werke herauskommen zu sehen, aber es gibt keine, die des Interesses würdig wären. Hitler hat das ganze intellektuelle Leben erstickt, hat es heruntergebracht, nivelliert. Nur unter den jungen Lyrikern findet man neue Talente. Ein Verleger wird eine Anthologie der ‹Namenlosen› veröffentlichen, und ich bin glücklich darüber gewesen, zu bemerken, daß die poetische Tradition lebendig geblieben ist. Die jungen Unbekannten beziehen sich auf Hölderlin oder Rilke, und das sind die ‹Namenlosen›, auf denen ein Funken Hoffnung ruht.»

«Was halten Sie von Plivier?»[1]

«Er ist ein großes Talent, und sein Versuch eines epischen Freskengemäldes mit ‹Stalingrad› hat mich sehr interessiert. Dort finde ich einen Willen, die Masse zum Helden zu machen. Die Masse ist übrigens der wahre Held unserer Zeit.»

«Auch auf dem Theater keine Offenbarungen?»

«Auch nicht. Das beste Theater spielt in Ost-Berlin das Deutsche Theater, von Wolfgang Langhoff[2] geleitet, der mehrere Jahre in einem Konzentrationslager zugebracht und ein bestürzendes Buch über die Haftzeit veröffentlicht hat. Aber die deutschen Schauspieler sind erbärmlich: Sie sind abgestumpft, spielen voller Hysterie, Gebrüll ausstoßend, wie Hitler in seinen Reden.[3] Die Schauspieler, die aus dem Exil zurückkehren – Fritz Kortner, Bassermann und andere –, werden vielleicht die notwendige Wende herbeiführen. Die besten musikalischen Vereinigungen sind in Wien, und außer Furtwängler sehe ich niemand. Nichts nennenswertes in Malerei und Skulptur. Zum Film kann ich Ihnen nicht viel sagen. Sie sehen, das Bild, das ich Ihnen vom intellektuellen Leben in Deutschland zeichne, ist alles andere als ermutigend.»

Das so jugendliche Lächeln ist verschwunden, der Blick hat seine Schärfe verloren. Thomas Mann hält inne, entzündet eine Zigarette und scheint aufzuatmen, während er die Türme der Notre-Dame betrachtet, die sich jenseits des Flusses von einem klaren Himmel abheben:

«Wie glücklich sind Sie zu schätzen, daß Sie all dies täglich vor Augen haben!»

«Kalifornien, wohin Sie sich zurückgezogen haben, muß Ihnen doch auch eine Umgebung bieten, die der Beachtung wert ist?»

«Gewiß. 1940 habe ich mir in Santa Monica ein kleines Haus bauen lassen, und ich sehe zugleich auf den Pazifischen Ozean und auf die schneebedeckten Gipfel der Sierra. Das Klima ist lieblich, und ich finde dort, wenn ich will, eine Zurückgezogenheit, die der Arbeit günstig ist.»

«Und die amerikanische Literatur?»

«Ich lese so viel davon, wie ich kann. Der amerikanische Roman ist ein wesentlich sozialer Roman. Die ersten Bücher von Hemingway habe ich sehr geliebt. Faulkner ist vielleicht der begabteste der Gegenwartsautoren. Nach dem, was man mir in Stockholm gesagt hat, hat er die größten Chancen auf den Nobelpreis für Literatur. Steinbeck gefällt mir auch. Dos Passos repräsentiert eine eigenartige Technik, aber mir persönlich liegt er nicht. Ich ziehe ihm die Schmucklosigkeit von ‹The Naked and the Dead› von Norman Mailer vor.[4]»

«Der amerikanische Film?»

Thomas Mann lächelt verschmitzt:

«Ich habe diese Frage erwartet! Gut – meine Meinung ist die der ganzen Welt: Hollywood macht schlechte Filme, weil die Produzenten sich zu sehr mit der finanziellen Seite des Problems beschäftigen... das Bessere kommt heute aus Frankreich, Italien, England.»

Und, nach einem liebevollen Blick auf die Insel Saint-Louis, schließt Thomas Mann:

«Europa hat zuviel gelitten, es ist normal, daß diese Leiden sich in schöne Bilder, in die letzte Ausdrucksart, die der Mensch für sich entdeckt hat, übersetzen.»

Nach einem letzten Lächeln, das mehr Paris als meiner Person gilt, verläßt Thomas Mann mich, um sich ins Hotel Ritz zu begeben, wo der Empfang zu Ehren seines ‹Doktor Faustus› veranstaltet wird.

Véra Volmane

Übersetzt aus dem Französischen.

1] Theodor Plievier (1892–1955); der Roman ‹Stalingrad› erschien 1945 in Berlin mit großem Erfolg. – 2] Der Schauspieler Wolfgang Langhoff (1901–1966), ‹Die Moorsoldaten. 13 Monate Konzentrationslager›, Zürich 1935. Tagebuch, 25. XI. 34: «Nachmittags Besuch von dem Schauspieler Langhoff, der uns aus seinen Erinnerungen an das Konzentrationslager, teilweise Erschütterndes, vorlas.» Von 1946–63 Intendant des Deutschen Theaters. – 3] Diese Auffassung bewegte die Genossenschaft Deutscher Bühnen-Angehöriger zu einem Protest in ‹Die Bühnengenossenschaft›, 2. Jg., Nr. 4, Juli 1950, S. 99, wo es unter anderem heißt: «Es ist nicht bekannt, wann, wo und bei welcher Gelegenheit Herr Thomas Mann während seines kurzen vorjährigen Aufenthalts in Deutschland zu seiner Urteilsbildung gekommen ist. Man hat in der Öffentlichkeit nie von einem Theaterbesuch Thomas Manns gehört.» Und «Es ist bedauerlich, nun wiederum eine ihn und seine große Dichterpersönlichkeit beschämende Fehläußerung zurückweisen zu müssen.» – 4] 1948 erschienen; dt. ‹Die Nackten und die Toten› (1950).

Die Welt, Hamburg, 31. Oktober 1950

Thomas Mann unterschrieb nicht

Thomas Mann nahm am Montag einem Pressekorrespondenten[1] gegenüber zu Zeitungsmeldungen Stellung, die berichteten, er habe den kommunistischen Stockholmer Friedensappell unterschrieben. «Ich habe niemals den Stockholmer Friedensappell unterschrieben», sagte er. «Ich habe erst verhältnismäßig spät von dieser Behauptung gehört. Als ich davon erfuhr, habe ich die Meldung deshalb nicht dementiert, weil es zu spät war und weil ich immer für den Frieden eingetreten bin.» UP

In der McCarthy-Ära verleugnete Mann seine Unterschrift, über die Claude Morgan in einem Interview berichtet hatte (‹Les Lettres Françaises›, Paris, 18. Mai 1950: ‹Thomas Mann: En signant l'appel de Stockholm je crois agir dans l'intérêt de ma nouvelle patrie: l'Amerique›). Mann in einem Brief vom 12. Juni 1950: «Der Mitarbeiter der ‹Lettres Françaises› war mir zugeführt worden als Vertreter eines linksstehenden, nicht-kommunistischen Blattes. Daß ich in seiner Gegenwart den Aufruf zur Stockholmer Friedenskonferenz unterschrieben haben soll, ist ja offenkundiger Unsinn. Wenn ich ihn überhaupt unterschrieben habe (ich bin mir dessen nicht sicher), so ist es geschehen, weil man mir die Sache als eine über-parteiliche, nicht kommunistisch determinierte Aktion zugunsten des Friedens dargestellt hat» (nach: Chronik, S. 251 f.). – 1] Gespräch in Los Angeles.

Tagesspiegel, Berlin, 19. November 1950

«Neues Deutschland» vom 18. November: «Thomas Mann wurde in das Präsidium des Zweiten Weltfriedenskongresses gewählt.»

AP-Meldung aus Kalifornien: Thomas Man stritt energisch ab, irgendwelche Beziehungen zu dem in Warschau tagenden «Zweiten Weltfriedenskongreß» zu unterhalten. Er ließ erklären, daß er in keiner Weise mit dem «Friedenskongreß» in Zusammenhang gebracht werden, sondern der Sache des Friedens von sich aus dienen wolle und nicht in Verbindung mit irgendeiner «ausländischen Gruppe»[1], deren Propaganda der Idee des Friedens mehr schade als nütze.

1] Die mißbräuchliche Verwertung seiner Unterschrift unter Friedensappelle und dergleichen seitens der Kommunisten und die entsprechenden Reaktionen der amerikanischen «witch-hunters» veranlaßten Mann am 12. Februar 1951 zu der Erklärung, er wolle in Zukunft an überhaupt keinen Gruppenaktivitäten mehr teilnehmen, vgl. ‹Mann's Affiliations›, in ‹The Freeman›, New York, 8. April 1951. Dies hinderte den Redakteur des ‹Freeman›, Eugene Tillinger, und andere Blätter der extremen Rechten jedoch nicht an weiteren Angriffen. Eine dokumentierende Darstellung der Tillinger- und anderer Kontroversen in der McCarthy-Zeit steht noch immer aus.

Stader Tageblatt, 21. August 1952

Sehnsucht nach Europa

Ein Gespräch mit Thomas Mann

Gerüchte wollen wissen, daß der deutsche Dichter Thomas Mann, des langen Fernseins von seiner Heimat müde, wieder zurückkehren möchte nach Deutschland. Gerüchte sind es, die seit Jahren genährt werden von der Hoffnung und dem Wunsch vieler geistiger Menschen Deutschlands, den größten lebenden Dichter deutscher Sprache wieder unter sich zu haben und – wenn auch nicht auszulöschen, was mit seiner Ausweisung geschah, so doch zu einem Teil wiedergutzumachen.

Während eines zweitägigen Besuches Thomas Manns wurde einer unserer Mitarbeiter von ihm empfangen und hatte ein Gespräch mit ihm über die Frage nach seiner Rückkehr. Der Siebenundsiebzigjährige, sehr frisch und elastisch, erholt auch durch seinen Urlaub in der Schweiz, widersprach lächelnd den Gerüchten. Dennoch: «Man spürt mit den Jahren die Zugehörigkeit zur alten Erde mehr und mehr. Man sucht Kontakt mit Europa. Allerdings geschieht das nicht in Form einer endgültigen Rückkehr, sondern in einer Ausdehnung unserer jährlichen Urlaubsreise nach Europa. Jetzt werden wir vielleicht ein Jahr hier bleiben, in der Schweiz, im Tessin. Durch Californien sind wir ein warmes Klima gewöhnt und das finden wir im Tessin. Möglich, daß wir uns für diese Zeit dort ein Haus mieten werden. Aber man darf nicht sagen, daß ich Amerika den Rücken kehren werde. Das wäre undankbar gegenüber der Aufnahme und der Hilfe, die ich dort in den schweren Jahren fand. Ich bleibe ja auch amerikanischer Bürger.»

Wir fragten den Dichter, ob sich die Hoffnung vieler Deutscher erfüllen werde, Thomas Mann möchte wieder Einfluß nehmen auf die Kulturpolitik des zerrissenen Deutschlands. Wir fragten weiter, ob überhaupt die tragische Situation deutscher Kultur, unterworfen und bedroht von politischen Faktoren, ihm und den deutschen Dichtern im Auslande im ganzen Ausmaße bekannt sei. Ob von ihnen her etwas geschehen könne und werde zur Änderung und Besserung dieses gefährlichen Zustandes.

Thomas Mann erwiderte, daß man im Ausland wohl wisse, wie es um die Gefährdung der Kultur in Europa und Deutschland stehe. «Aber wie sollte von mir aus eine direkte Einflußnahme geschehen, eine Kontaktnahme mit aktuellem Bezug, der ich nie in meinem Leben und meiner Arbeit eine direkte Kontaktnahme auf die Politik ausgeübt habe. Doch ist es natürlich ein Unterschied, ob jemand wie ich in Californien lebt oder in Zürich. Mein Hiersein hat eine gewisse innere Bedeutung und soll es auch haben.»

Thomas Mann war nicht nur im Deutschland der Jahre 1945 und 1946 vielen Anfeindungen ausgesetzt. Man erinnere sich des heute schon fast vergessenen und ein wenig läppischen Streitgespräches deutscher Schriftsteller und Journalisten, die ihn im Gefühlsüberschwang zurückhaben wollten nach Deutschland und die ihm, dem von Deutschland Ausgewiesenen, Abtrünnigkeit von der Heimat vorwarfen, als er ihrem Ruf nicht sogleich folgte.[1]

Thomas Mann ist heute anderen Anfeindungen ausgesetzt, selbst in seinem Gastlande Amerika. Man verübelt es ihm, den man mit amerikanischen Augen schon fast als amerikanischen Schriftsteller anzusehen gewöhnt war, daß er trotzdem ein deutscher Dichter geblieben ist in seinen unpolitischen, wie in seinen politischen Worten. Und wie die Deutschen 1945, so werfen ihm gelegentlich die Amerikaner heute Abtrünnigkeit vor, Abtrünnigkeit von ihrer Welt. Wir sprachen davon. «Es wird schwerer und schwerer, einen Weg des Ausgleichs zu suchen und zu bejahen. Dieses Land betrachtet sich als im Kriege befindlich, und es ist – wie jedes kriegführende Land – außerordentlich reizbar und empfindlich und duldet keine unorthodoxen Äußerungen. Aber als geistiger Mensch kann man kein bedingungsloses Ja sagen zum Osten oder zum Westen. Als geistiger Mensch befindet man sich heute in der Lage des Erasmus zwischen katholischer Kirche und Reformation. Man kann nur den Weg des Ausgleiches suchen und bejahen. Ich bin auch in Amerika immer ein deutscher Schriftsteller geblieben, und ich bin froh darüber, daß heute wieder die deutsche Ausgabe meiner Bücher die Hauptrolle spielt, während es – ohne mein geringstes Zutun – in einigen der vergangenen Jahre die englische war.»

Unser Gespräch streift jene beschämende Auseinandersetzung, die mit Thomas Mann rechten wollte über die Annahme zweier Goethepreise, des einen in Frankfurt und des anderen in Weimar. «Es war meine Idee, durch diese Geste die Verbundenheit deutscher Kultur zu dokumentieren. Ich kannte keine Zonen und wollte sie auch nicht kennen, sondern nur ein Deutschland. Der Sinn der Überbrückung lag in dieser Geste. Ich halte es den Menschen auch immer wieder vor, daß dieser Zustand der Trennung ein unnatürlicher ist und überwunden werden muß. Ich bin fern davon, gutzuheißen, was mir, wo immer, verdammenswert erscheint, aber mein Weg ist – ich betone es noch einmal – der Weg des Ausgleiches. Und es schmerzt mich sehr, daß Deutschland so lange unter diesem furchtbaren Konflikt zwischen Ost und West zu leiden hat.»

Zum Abschluß seines Gespräches sagte Thomas Mann, er habe vor kurzer Zeit eine sehr große Freude erlebt. Das sei die Verleihung des ersten Literaturpreises der Römischen Academia dei Lincei gewesen,[2] die ihm den Preis mit der Begründung zuerkannt habe, er sei nicht nur für sein dichterisches Werk gemeint, sondern vor allem für seine Repräsentation eines lebenden Humanismus, der die geistige Spaltung unserer Zeit überrage und allen geistigen Menschen ein Vorbild sein könne. «Es ist gerade das, was ich selbst als meine Aufgabe ansehe und was allenfalls meine Bedeutung in der Welt sein mag. Ich kann nur da sein, ich selber sein, mein Leben zu Ende führen. Ich bin kein Politiker und kann keine Propaganda reden. Aber ich kann vielleicht durch mein Beispiel, durch mein Da-Sein etwas bewirken und die Atmosphäre um mich beeinflussen.»

-vx.

Am 24. Juli hatte Mann seinen Wohnsitz Pacific Palisades verlassen, wobei es ihm allerdings sehr darum zu tun war, der Übersiedelung in die Schweiz keinen demonstrativen Charakter zu geben. Schon in einem Brief vom 9. Dezember 1951 an den befreundeten Schweizer Literarhistoriker Fritz Strich (1882–1963), den er um Einholung amtlicher Informationen über eine Niederlassung in der Schweiz bittet, findet sich der in der folgenden Zeit oft wiederholte Hinweis auf den «irrationellen Trieb zurück»: «...je älter ich werde, desto mehr zieht es mich zurück zur alten Erde, in der ich einst meine Ruhestatt finden möchte...». Auch wird von Europa-Besuchen längerer Dauer gesprochen wie z. B. in einem Interview vom 15. April 1952 (in ‹Die Literatur›, Stuttgart), wo von einem «einjährigen Europa-Aufenthalt» die Rede ist. «Unser europäischer Aufenthalt zieht sich in die Länge und wird das noch eine Weile tun», schreibt Mann noch am 7. November 1952 an die langjährige amerikanische Freundin Agnes E. Meyer. Mann mag jedoch kaum geahnt haben, daß er Amerika überhaupt nicht mehr wiedersehen würde. – Das Interview dürfte in Salzburg (9.–12. August 1952) gegeben worden sein. – 1] Offener Brief Walter von Molos, mit der Aufforderung, sofort nach Deutschland zurückzukehren (‹Allgemeine Zeitung›, Berlin, 8. August 1945 u. ö.). Manns Antwort ‹Warum ich nicht nach Deutschland zurückgehe› (‹Aufbau›, New York, 28. September 1945, S. 5 f. u. ö.) betonte die Dankbarkeit gegenüber Amerika und problematisierte den Begriff einer inneren Emigration. Aus neuem Anlaß schaltete sich später Frank Thiess in die Debatte ein: ‹Antwort an Thomas Mann: Der Weltdeutsche und die innere Emigration› in ‹Ruhr-Zeitung›, Essen, 5. Januar 1946. Katja Manns Abgrenzung im ‹Südkurier› (2./3. Juli 1949, S. 302 f.) bezog sich schon auf diese Debatte. – 2] Feltrinelli-Preis vom 12. Juni 1952; Mann bezieht sich auf die Charakteristik durch die Verleihungsurkunde.

Die Weltwoche, Zürich, 14. November 1952

Trunken von Gedichten

Aus einem Gespräch mit Thomas Mann

Um drei Lieblingsgedichte befragt, erwidert der Dichter mit ironisch resignierender Gebärde vor dem sich zudrängenden lyrischen Reichtum: «Schwerlich dürfte mir gelingen, Ihnen drei Lieblings-Gedichte zu bezeichnen, – Gedichte also, auf welche ich in jeder Lebenslage und in allen Stimmungen meiner täglichen Existenz schwören könnte. Lassen Sie mich einwenden, daß fatalerweise die Forderung Ihrer Umfrage sich mit den Erfordernissen der Lyrik im Widerstreite befindet, ist doch das Wesen der Lyrik das Ineinanderspiel eines Gegebenen und der augenblicklichen physischen und geistigen Temperierung eines Hörers oder Lesers.»

Die geplante Unterhaltung über drei Lieblingsgedichte wird so zu einer Umsicht unter den Lyrikern, denen sich Thomas Mann als stets wacher Leser und Liebhaber zeitlebens verbunden fühlte. «Da ist Blake, William Blake, zu dem ich immer wieder meine Zuflucht nehme. Im ‹Faustus› finden Sie Zeugnisse meiner Beschäftigung mit diesem Dichter.[1] Unter den Franzosen will Verlaine in den Vordergrund, ein fast deutscher Dichter im Reimen. Ich bedenke da den phantastisch melancholischen Dreistropher ‹Un grand sommeil noir› mit der leidenschaftlich entsagenden Exklamation: ‹O la triste histoire!› Hier brechen tiefste Lebensmelancholien auf, die mich gewisse Stücke Verlaines zum Höchsten rechnen lassen. Das Herbstlied, das ist traurig und groß. ‹Et je m'en vais Au vent mauvais Qui m'emporte Deça delà, Pareil à la Feuille morte.›»

«Um zu den Deutschen zu finden: betroffen kehre ich immer zu den Mignon-Liedern zurück. ‹Heiß mich nicht reden, heiß mich schweigen...›, und natürlich ganz einfach: ‹Kennst du das Land...›.[2] Dann ist da unter meinen geliebtesten Versen Einzelnes von Platen, das venezianische Sonett, das mit der Zeile ‹Wenn tiefe Schwermut meine Seele wieget› beginnt, und das Gasel ‹Es liegt an eines Menschen Schmerz, an eines Menschen Wunde nichts› mit dem spitzen, schmerzlichen Geklimper auf dem ‹nichts›. Platen steht mir näher als Rückert, dessen Kühle mich nicht anmutet. Auch bei Heine gibt es gewisse sehr schöne Sachen, wenn auch die spielerisch-frivole Verkoppelung von Liebe und Tod mir nie lange vorhält. Aber ‹Belsazar: Die Mitternacht zog näher schon; in stummer Ruh' lag Babylon›. Das ist sehr schön und einprägsam.» Ich frage nach Brentano. «Natürlich, Brentano, ‹Großmutter Schlangenköchin›, manches von Brentano habe ich ja meinem Leverkühn aufgegeben.[3] Auch Novalis will ich nicht vergessen, die ‹Hymnen an die Nacht›.

Als junger Mensch, und auch später, hielt ich es mit Theodor Storm, einem sehr feinen Lyriker reinster Stimmungen. Sie kennen das Gedicht: ‹Sie sitzt im Thymiane, Sie sitzt in lauter Duft... Der Kuckuck lacht von ferne›. Sehr schön, nicht wahr. Jedenfalls weit über dem Niveau der Zeitgenossen, der Geibel, der Heyse.

Vergessen wir nicht das Verhältnis der Verse zur Musik. Lassen Sie mich anführen: ‹Der Musensohn› – mein Gott» (Thomas Mann lacht) «das Gedicht hat Goethe geschrieben, na ja, aber unvergänglich ist es durch Schubert geworden. Auch gewisse Stücke von Eichendorff sind durch Schumann erst wahrhaft verewigt worden; so die ‹Mondnacht›: ‹Es war, als hätt der Himmel Die Erde still geküßt...›.»

Meine letzte Frage galt Thomas Manns Verhältnis zu der neueren Lyrik. «Da ist Dehmel, der in Deutschland großen

Eindruck machte, auch auf mich. Er hatte Genie. Aber was ihm fehlte, war Geschmack. Liliencron war unbedeutender, aber gewinnender. Dann George: seine vom französischen Parnaß herkommende esoterische Spracherneuerung und stolze Strenge flößte mir Ehrerbietung ein, aber irgendwie hatte ich ihn nicht nötig. Sein Platz war sozusagen durch Platen besetzt. Und dann vermerkte ich ihm seinen Anspruch übel, dieses totalitäre Profil, eine Art Tyrannei. Ich verstand Hofmannsthals diplomatisch distanziertes Verhalten. Er entzog sich George, der ihn vor die eigene Karre spannen wollte, beizeiten.

Übrigens, dieser Hofmannsthal hat ein paar unsterbliche Gedichte gemacht... die ‹Ballade des äußeren Lebens› zum Beispiel... ‹Und dennoch sagt der viel, der Abend sagt...›.»

Die wiederholte Bitte, tausend ihm werte und treuerprobte Begleiter beiseite zu schieben um dreier ihm besonders lieber und naher Gedichte willen, schlägt der Dichter entschieden ab.

«Nein, dispensieren Sie mich von der Festlegung auf dies oder das Gedicht als das mir liebste! Ich würde die Aussage im nächsten Augenblick bereuen. Soviel will ich gestehen, daß in lyrischer Sphäre das Romantische mich am tiefsten anzieht. Eichendorffs

Zwielicht

Dämmrung will die Flügel spreiten,
Schaurig rühren sich die Bäume,
Wolken ziehn wie schwere Träume –
Was will dieses Graun bedeuten?

Hast ein Reh du lieb vor andern,
Laß es nicht alleine grasen,
Jäger ziehn im Wald und blasen,
Stimmen hin und wieder wandern.

Hast du einen Freund hienieden,
Trau ihm nicht zu dieser Stunde,
Freundlich wohl mit Aug und Munde,
Sinnt er Krieg im tückschen Frieden.

Was heute müde gehet unter,
Hebt sich morgen neugeboren.
Manches bleibt in Nacht verloren –
Hüte dich, bleib wach und munter!

Darüber, in Schumanns genialer Vertonung gar, geht mir nichts.»

ger.

Anmerkung der Reaktion: «Dieses Gespräch mit Thomas Mann gehört in den Rahmen unserer Umfrage ‹Drei Lieblingsgedichte›; Thomas Mann hatte die Freundlichkeit, die Niederschrift durchzusehen und, nach einigen Korrekturen, zu beglaubigen.» – 1] Kap. XXVII (GW VI, 350). – 2] Lieder der Mignon in Goethes ‹Wilhelm Meister›. – 3]‹Doktor Faustus›, Kap. XXI (GW VI, 244–246).

Freude an Büchern, Radio Wien, 1952, H. 12

Thomas Mann:
«Kein nihilistisches Hohngelächter!»

Frage I: Wir wollen Ihrem morgigen Vortrag nicht vorgreifen, aber wir möchten Sie dennoch bitten, etwas Grundsätzliches zum Thema ‹Der Künstler und die Gesellschaft› zu sagen.[1]

Antwort I: ‹Der Künstler und die Gesellschaft›, das ist natürlich ein weitführendes Thema und ich möchte da nicht zuviel vorwegnehmen. Der Vortrag und meine Ideen über dieses Problem laufen darauf hinaus, daß einerseits der Künstler die Einsamkeit braucht, daß sein Werk ein Geschöpf der Einsamkeit ist, daß es auf der anderen Seite aber doch unverbrüchlich mit der menschlichen Gesellschaft verbunden ist und sich ihr und ihren Bedürfnissen gegenüber menschlich zu bewähren hat. Das ist ganz kurz und dürftig gesagt das, was ich morgen zu entwickeln versuchen werde.

Frage II: Sind Sie der Ansicht, daß der Künstler auch in unserem Zeitalter der Technik und in einer Welt der nackten und brutalen Realität etwas Ideelles von bleibendem Wert auszusagen hat?

Antwort II: Es heißt bei Hölderlin: Was bleibet, stiften die Dichter, und ich glaube, daß die Dichter, wenn sie es wirklich sind, Bleibendes zu stiften und zu geben haben. Der Dichter ist ein Mensch, in dessen Persönlichkeit Treue und Erkenntnis eine untrennbare Einheit bilden und er wird dem Menschen, der menschlichen Gesellschaft auf diese formal betonte Art Erkenntnisse überliefern können die, wie ich glauben muß, von bleibendem Wert für sie sein können.

Frage III: Sehen Sie persönlich einen Weg, der nicht nur dem Künstler, sondern dem Intellektuellen schlechthin helfen könnte, zumindest die geistigen Gegensätze unserer heutigen Welt zu überbrücken?

Antwort III: Ich will da wiederum meinen Glauben an die Kunst bekennen und an die Heiterkeit, die die Kunst bringt und die kein zynisches, kein nihilistisches Hohngelächter ist, sondern eine Sphäre eben der Heiterkeit, in welcher Dummheit und Haß sich lösen mögen und die zu einer menschlichen Verständigung auch in den schwierigsten Problemen führen kann.

Frage IV: In Ihrem zweiten Vortrag werden Sie sich mit der Person des Felix Krull beschäftigen, die ja vor zwanzig bis fünfundzwanzig Jahren bereits Gegenstand einer Novelle war, und diese Novelle soll ja zweifellos zu einem Roman ausgebaut werden?

Antwort IV: Sie nehmen da sogar eine zu kleine Ziffer. Es sind schon mehr als 40 Jahre, daß ich diesen Roman zu schreiben begann, den ich dann um anderer Aufgaben willen unterbrach und den ich kürzlich wieder aufgenommen habe, um ihn, wenn Zeit und Kräfte noch reichen, eines Tages zu vollenden. Ich kann nicht sagen, wann, es kann ein bis zwei Jahre dauern, das hängt von sehr verschiedenen Umständen ab, aber wie gesagt, ich hoffe, dieses Buch, das eine Art von Abenteuerroman darstellt und auf eine lange Tradition zurückblickt, auf eine Tradition, die aus Spanien stammt und die auf deutsch am bekanntesten durch den ‹Simplicius Simplicissimus›[2] charakterisiert ist, fertigzustellen.

Frage V: Haben Sie sich in den letzten Monaten und Jahren auch mit jungen österreichischen Autoren beschäftigt?

Antwort V: Ein Name, der mir einfällt, ist George Saiko, der einen sehr schönen Roman ‹Auf dem Floß› geschrieben hat.[3] Das ist allerdings kein junger österreichischer Autor, sondern schon ein älterer Herr, nach allem, was ich höre. Das Buch wirkt aber nicht wie das eines alten Mannes, muß ich sagen. Um aber einen wirklich jugendlichen Namen zu nennen, so ist das Ilse Aichinger mit ihrem Roman ‹Die größere Hoffnung› – das scheint mir wirklich eine größere Hoffnung zu sein.[4]

Eduard Köck

Rundfunk-Interview vom 17. November 1952. – 1] Vortrag am 18. November 1952 in Wien. – 2] Grimmelshausens (1621–1676) Schelmen-(Picaro-)Roman (1668 ff.). – 3] George Saiko (1892–1962) beendete ‹Auf dem Floß› 1938, veröffentlichte ihn aber erst 1948. – 4] Erschienen Wien/Amsterdam 1948.

Tägliche Rundschau, Berlin, 21. November 1952

«Der Friede scheint mir der kategorische Imperativ unserer Zeit!»

Thomas Mann auf einer Pressekonferenz in Wien

«Ich habe der Deutschen Demokratischen Republik nur einen kurzen Besuch 1949 abgestattet, weil ich beide Goethestädte besuchen wollte: die, in der Goethe geboren wurde, und die, in der er gewirkt hat. Dieser Besuch verlief äußerst ehrenvoll für mich, und ich habe den Eindruck, daß in der Deutschen Demokratischen Republik vor allem Geistigen, soweit es nicht absolut feindlich eingestellt ist, größter Respekt herrscht.» Dies erklärte Thomas Mann, der gegenwärtig in Wien weilt, am Dienstag auf einer Pressekonferenz vor in- und ausländischen Journalisten. In dieser Pressekonferenz bekannte sich Thomas Mann in entschiedener Weise als «Mann des Friedens». Als der Dichter gefragt wurde, was er von der Weltlage und vom friedlichen Nebeneinanderleben zweier Weltanschauungen halte, erklärte er:

«Man muß hoffen, daß es möglich ist, weil ein dritter Weltkrieg eine unabsehbare Katstrophe bedeuten würde, weil er die Welt mit der letzten Barbarei bedrohen würde. Der Friede scheint mir der kategorische Imperativ unserer Zeit, dessen Nichtbefolgung die Welt bedroht. Ich bin ein Mann des Friedens. Man darf den Frieden nicht zu einer Parteiparole, sondern muß ihn zu einer Menschheitsparole machen.»

Auf die Frage, was er vom Völkerkongreß für den Frieden halte, an dem Sartre, Picasso und Cocteau teilnehmen,[1] erklärte Thomas Mann:

«Ich kann mir nichts anderes denken, als daß Sartre, Picasso, Cocteau und die anderen Intellektuellen der Sache des Friedens anhänglich sein müssen, da sie ihren Namen für die Sache des Friedens einsetzen. Man kann das Erscheinen dieser intellektuellen Persönlichkeiten nur begrüßen.»

Weiter wurde in der Pressekonferenz die Frage gestellt, ob Thomas Mann es für wichtig halte, daß sich die beiden Lager, in die die Welt von heute gespalten ist, friedlich auseinandersetzen. Thomas Mann antwortete:

«Das ist unsere Hoffnung und muß es sein. Es muß ein Zusammenleben und eine letzte Verständigung möglich sein.

Lassen Sie mich abschließend auf die Kunst zu sprechen kommen, die die Sphäre sein mag, wo die Verständigung des Menschlichen am besten möglich ist. Die Kunst bringt eine Heiterkeit in die Welt, die nichts mit Hohngelächter zu tun hat, sondern wo Haß und Dummheit sich lösen. Ich kann nur wiederholen: Was ich verlangen und hoffen kann, ist ein Einwirken auf die Menschheit, die auf Verständigung, Freundschaft, Heiterkeit, Frieden und letztes Glück hinausläuft. Ich kann keine politischen Bekenntnisse ablegen, sondern nur durch mein Talent dahin wirken, daß die Menschheit friedlicher und glücklicher wird.»

1] Weltfriedenskongreß in Wien, Dezember 1952.

Neue Literarische Welt, Darmstadt, 25. November 1952

Heimkehrer Thomas Mann

«Mit dem Vornamen heißen Sie Heinz, nicht wahr?» Ich muß gestehen, ich habe diese Frage selten so gern und so rasch beantwortet wie hier im Vestibül des Frankfurter Hofes zu Frankfurt, denn die Dame, die sie stellt, ist Frau Katja Mann, The first Lady der deutschen Literatur also, und es handelt sich darum, ein Interview mit Thomas Mann zu bekommen. «Er gibt eigentlich keine Interviews, aber... kommen Sie doch am Nachmittag.»

Vor drei Jahren, 1949, habe ich Thomas Mann hier in Frankfurt zum ersten Male gesprochen. Unter welch anderen Umständen! Damals kam ich als Legat des «Ostens», um ihn zu den Goethefeiern nach Weimar einzuladen. Vor dem Gästehaus der Stadt Frankfurt waren unsicher dreinblickende Kriminalbeamte postiert, und die Schaulustigen, die sich die östliche Gesandtschaft wohl schlitzäugig und auf struppigen Steppenpferden reitend vorgestellt hatten, flüsterten: «Die Russen kommen!»

Thomas Mann nahm die Einladung an, ignorierte die Zonengrenzen, weigerte sich, Weimar zum «Osten» zu zählen und huldigte Goethe an der Stätte seines Wirkens.

Ich war sicher, daß diese Reise für die terrorisierten nichtkommunistischen Intellektuellen der Ostzone eine Demonstration humanistischen Geistes werden müsse, trotz der Fahnen und Transparente der politischen Regie, trotz der journalistischen Schaumblasen des «Ost-West-Affekts», trotz all der Äußerlichkeiten, die sich vor die Persönlichkeit und ihr Wort drängen würden. In der Tasche führte ich einen Brief Thomas Manns mit, in dem er mir auf einen Aufsatz hin, der den Totalitätsanspruch der östlichen Ideologen zurückwies, geschrieben hatte: «Das menschliche Gewissen sollte nicht ins Polit-Bureau verlegt werden, nicht wahr?»

Man hat ihm diese Reise im Westen bitter verdacht, ungerechterweise, auch Anton Kippenberg,[1] eine Delegation des Rates der Stadt Frankfurt am Main und andere waren der Weimarer Einladung gefolgt. Aber ausgerechnet Thomas Mann, der in Naphta die tödlichste Karikatur des totalitären Dialektikers geschaffen hat,[2] wurde von flinken «Kulturpolitikern» beinahe zum Busenfreund Stalins gestempelt. Eine westdeutsche Stadt vermied es, ihm eine Einladung zur Weihe einer Kirche zu schicken, für deren Wiederaufbau er seine deutschen Honorare gestiftet hatte.[3] Man schien alles tun zu wollen, um ihn und sein Werk leichten Herzens an den Osten abzutreten, der dieses Geschenk zu gern auf einem besonderen Blatt seiner Propagandachronik verbucht hätte. In Deutschland werden Provinzen des Geistes von jeher leicht verschenkt, wenn erst die politischen Knallfrösche springen. (Aus diesem Grund ist z. B. George Forster, der Mainzer Jakobiner,[4] erst noch in seinen kulturgeschichtlichen Rang einzusetzen.)

«Es war ein glücklicher Einfall von Ihnen», sagt Frau Katja, «ihm zu raten, das Geld des Weimarer Goethepreises für den Wiederaufbau der Herder-Kirche zu stiften. Ärgernis und Mißverständnis dieser Reise, die er in bester Absicht unternommen hat, wären sonst noch größer gewesen.» In der Tat, es wäre an der Zeit, die Presse-Legende um diese Reise zu zerstören. Aber warum? Thomas Manns Platz in der Literaturgeschichte wird nicht von den östlichen oder westlichen Berichten jener Tage bestimmt. Nur einiges sei – weil wir noch ein wenig auf Thomas Mann warten müssen, der gerade auf viele ‹Why did you...› eines amerikanischen Journalisten zu antworten hat[5] – rasch mitgeteilt.

Wie war die Weimar-Reise zustande gekommen? Ich hatte dem Stadtparlament Weimars, in dem die Kommunisten nur ein verlorenes Häuflein waren, vorgeschlagen, Thomas Mann zum Ehrenbürger zu ernennen. Daraufhin hielt der Fraktionschef der Kommunisten (ein Mann namens Friedrich) eine wahre Brandrede gegen Thomas Mann, «den Knecht der Wallstreet», der noch nichts für die Arbeiterklasse geleistet habe, und die bürgerlichen Fraktionen, mit wenigen persönlichen Ausnahmen, duckten. Erst ein Telegramm J. R. Bechers[6] führte den «einstimmigen» Beschluß herbei.

Thomas Mann nahm Einladung und Ehrenbürgerschaft der Stadt Weimar an. (Die ihm angetragene Ehrenmitgliedschaft in der ostzonalen Akademie der Künste hatte er höflich abgelehnt.) Die Weimarer – nicht nur die von der politischen Regie aufgestellten FDJ-Hundertschaften – bereiteten ihm einen grandiosen Empfang. Und – Frau Katja erinnert daran – als er in seiner Rede von den «schwer erkämpften und unveräußerlichen Errungenschaften der Menschheit», von «Freiheit, Recht und der Würde des Individuums» sprach, wollten die stehend dargebrachten Ovationen kein Ende nehmen. Die liberale Zeitung Weimars brachte diese Stellen im Sperrdruck und war bald nicht mehr aufzutreiben. Dann kam die Stiftung für die Herder-Kirche, mehr als eine Geste; denn man hatte sich erhofft, daß er das Geld der VVN, die damals gerade in Westdeutschland als kommunistische Organisation demaskiert wurde, stiften werde. Er hat auch nach den Häftlingen des KZ Buchenwald gefragt, freilich nicht in der demonstrativen Form, wie man es ihm vom sichern Port aus nahegelegt hatte. Wie konnte er das? Er war Gast der Stadt Weimar, und er betonte es stets mit höflicher Distanz gegenüber der Zonenregierung, selbst noch in seiner späteren Dankadresse. Ein russischer General, der sich bei ihm angesagt hatte, wurde gebeten, Zivil anzuziehen. Ihn fragte er nach dem Schicksal eines seiner Verwandten, der aus politischen Gründen inhaftiert worden war. «Wenn Sie in Amsterdam ankommen, wird Sie das Telegramm mit der Nachricht seiner Freilassung schon erwarten«, antwortete der Russe. «Aber er hat sein Versprechen nicht gehalten, der General Tulpanow»,[7] erzählt Frau Katja jetzt. «Unser Verwandter ist im Zuchthaus gestorben.»

Kein Wort mehr: Wenn die Weimar-Reise als eine Art Engagement verstanden werden soll, wie manche meinen, so war sie es als das kühne Bekenntnis eines unabhängigen Geistes zu dem einen unteilbaren Vaterland, das Thomas Mann nach langem Exil im Unglück wiederzufinden gesonnen war, obwohl es ihn verleugnet und verleumdet hatte. Und was ihm damals in Ost und West in einem auf Nutzeffekte schielenden politischen Spiel nicht zugestanden werden wollte, nämlich eine freie Individualität zu sein, die außer sich selbst nichts, in dieser Unabhängigkeit aber den freien Geist dieses unfreien Landes repräsentiert, das gestand ihm drei Jahre später in Frankfurt ein erlesenes Publikum zu, als es ihn im Theater zu Frankfurt mit stehend dargebrachten Applaus empfing.

«Hälloo!» winkt der amerikanische Kollege herüber und packt seine Notizen zusammen. Thomas Mann tritt herzu.

«Ich werde nicht nach Kommunismus oder Eisenhower fragen», beteure ich, «auch nicht politische Gründe für Ihre Übersiedlung nach Europa aufzuspüren suchen...» «Bitte, jede Frage ist erlaubt», sagt Thomas Mann und lächelt, «an unserer Übersiedlung ist nichts Sensationelles. Wir sind in den letzten Jahren als Touristen nach Europa gekommen und wollen nun längere Zeit bleiben. Das ist alles. Je älter ich werde, desto mehr spüre ich, daß ich meine Wurzeln in europäischem Boden habe. Es ist das Bedürfnis, mit dieser alten Erde wieder Kontakt zu gewinnen, das unseren Entschluß bestimmt. Wir haben in Erlenbach bei Zürich ein kleines Haus gemietet, nur für ein Jahr übrigens, und das Weitere wird sich finden.»

Während er spricht, mit lebhaftem Mienen- und Gebärdenspiel, hier mit einer Handbewegung oder stimmlichem Nachdruck unterstreichend, dort mit einem Stirnrunzeln oder der Spur eines Lächelns die rechte Proportion der Dinge andeutend, vergewissere ich mich des Eindrucks seiner Erscheinung. Er scheint nicht älter geworden in den drei Jahren, ein Anflug von Grau am Scheitel mochte mir damals entgangen sein, aber im Typus glaube ich eine fast unmerkliche Veränderung wahrnehmen zu können. 1949 erschien er mir amerikanisch-robuster, Tonio Kröger in die Sprache Thomas Wolfes übersetzt; nun aber scheint sich das Hanseatische, süddeutsch-fränkisch gemildert, in seinen Zügen stärker ausgeprägt zu haben, ein wenig Wullenwever, ein wenig Goethe und eine Spur Lichtenberg. Ein Gesicht von Rasse, in intelligentester Weise aufgefaßt, kein Antlitz (das wäre 19. Jahrhundert), ein erasmisches Gesicht, das in seiner Wesensschrift der in Deutschland gängigen Typologie des Dichterischen widerstreitet. In ihm ist nichts zur Pose zurechtgelegt, nichts «Seelenhaftes» plakatiert, statt dessen Geist, Meinen und Erfahren in bewegtem Zusammenspiel. Die Stirn erhebt sich in weiser

Wölbung über dem Scharfgesichtigen der Augenpartie, kräftige Brauen, über den Jochbögen ein wenig Stolz, ein fluktuierendes Feld von Spannungen über der Nasenwurzel, Energie, die von den Augenwinkeln her von Güte und Interesse assistiert wird, die Nase sehr ausgeprägt, von einer vornehmen Aggressivität, und dann die Aussagekraft des Mundes, von den Nasenflügeln herab durch Skepsis und Ironie kontrolliert – kurz: es ist ein Gesicht, wie es Thomas Mann erfinden und beschreiben könnte. Feininger, wenn er Porträts malte, fände vielleicht ein malerisches Signum dafür, Kirchner wäre es vielleicht gelungen, diesen Kopf mit dem Stichel nachzuschaffen.[8]

Ich frage nach neuen Buchausgaben, nach der Lebensgeschichte des Hochstaplers Felix Krull, die er gerade über das Fragment hinausführt. «Ja, nun, der Felix Krull. Ihm liegt eine Jugend-Konzeption zugrunde, die mich an die 40 Jahre beschäftigt. Ich habe das Fragment, das ursprünglich als ein Gegenstück zu ‹Königliche Hoheit› gedacht war, nun zu einem Abenteurer-Roman erweitert, zu dem Versuch eines Abenteurer-Romans, dessen Handlung ins Komisch-Kriminalistische gesteigert ist.» Thomas Mann erzählt nun die Fabel des Romans – diese halbe Seite bleibe ungeschrieben, um dem späteren Leser keine Entdeckung vorwegzunehmen – nur so viel: Felix Krull gewinnt in der erweiterten Konzeption als Typus ähnlichen Gleichnischarakter wie ‹Don Quixote›... «aber auch wie der ‹Simplizissimus›», fällt Thomas Mann ein, als dieser Gedanke laut wird, «es ist die Geschichte eines jungen Menschen, der sich in die Arme der Welt wirft und den das Abenteuer erzieht, also auch die Parodie eines Bildungs- und Erziehungsromans, ironischer Abgesang auf eine zu Ende gehende Epoche.»

Wann das Buch erscheinen werde? «Vielleicht in zwei Jahren, ich weiß es nicht. Augenblicklich arbeite ich an einer kleinen realistischen Erzählung, ‹Die Betrogene› überschrieben, die in der Zeitschrift ‹Merkur› erscheinen soll.[9] Ich werde Ihnen die Fabel dieser Geschichte nicht erzählen, weil ich nicht sicher bin, daß Sie sie rasch genug vergessen.» Als nächstes Buch werde im Frühjahr ein Essayband erscheinen,[10] bis auf eine auf Englisch gehaltene Rede über G. B. Shaw, alles – wie der Dichter sagt – «olle Kamellen», eine Anthologie aus früheren Essaybänden, die manches weglassen, aber auch manches Neue «aus der Kampfzeit»[11] – der große Ironiker gebraucht dieses Wort in der Tat, und als ich ein wenig überrascht aufblickte, fügt er fast erschrocken hinzu, «aus der Kampfzeit gegen Hitler» – enthalten werde.

«Welches Ihrer Bücher ist Ihnen selbst das liebste?» frage ich und tippe insgeheim auf...

«Nun, das Buch, das mich selber am meisten gekostet, das mich am stärksten aufgewühlt hat, als es entstand. Es ist der ‹Doktor Faustus›. Das künstlerisch Beste aber habe ich wohl – auch Freunde sagen es – im 3. Band der in Deutschland noch relativ unbekannten Josephsromane geleistet, in dem Band ‹Joseph in Ägypten›. Daneben habe ich mir eine alte Schwäche und Anhänglichkeit an ein kleines (das Adjektiv wird ohne snobistische ‹Bescheidenheit› gebraucht) Jugendwerk bewahrt, an ‹Tonio Kröger›. Es muß etwas sein an ihm, etwas Dauerndes, denn auch junge Menschen haben mir schon geschrieben, daß sie gerade diese Novelle mit Ergriffenheit gelesen hätten.»

«Und welchen Büchern, die Sie selber seit 1945 gelesen haben, verdanken Sie starke Eindrücke?»

«Da muß ich Ihnen ganz vornean Tolstois ‹Hadschi Murat› nennen.» (Tolstoi, damals Mitte der 70, arbeitete 1901/02 an diesem Roman. Er unterbrach diese Arbeit oft mit religiösen Streitschriften, Appellen ‹An den Zaren und seine Gehilfen›, an das Volk und die Geistlichkeit, in denen er vor allem auf die Ursachen der sozialen Bewegung in Rußland hinwies und Minimal-Reformen forderte. Diese aktuellen Auseinandersetzungen hielt Tolstoi selbst für ‹viel wichtiger als den dummen H. M.›.) «Tolstoi ist ein Phänomen! Ein Epiker von homerischer Kraft. Man muß ihn immer wieder bewundern!»

«Und haben Sie in den letzten Jahren auch moderne Amerikaner gelesen?»

«O ja, da ist es Hemingway, zu dem ich eine besondere Neigung habe. ‹Farewell to Arms› ist ein sehr gutes Buch, männlich, kühn, erschütternd. Dagegen ist ‹For Whom the Bell Tolls› schwächer. Ich schätze auch seine Jugendnovelle ‹Fiesta›. Er hat vor kurzem einen neuen Roman veröffentlicht (‹The Old Man and the Sea.›), den man sehr lobt, den ich aber noch nicht kenne. Ich werde ihn noch lesen.»

«Und Bücher deutscher Autoren?»

«Ich las Kafka: ‹Das Schloß›, ‹Der Prozeß› und ‹Amerika›. Nun, ich bin nicht mehr in den Jahren, in denen er seinen verführerischen Einfluß auf mich ausüben konnte, aber er ist faszinierend, von einem phantastischen Zauber. Von ‹Amerika› war mir nur eine englische Ausgabe zur Hand,[12] ich las sie in einem Zuge, so gefesselt war ich.»

«Nun liegt die Frage nahe, welchen lebenden deutschen Autoren Sie – im Guten oder im Bösen – das stärkste literarische Vermögen zuschreiben. Ich möchte diese Frage aus der Perspektive der jüngeren Generation stellen, die ihre literarischen Leitbilder bei Ernst Jünger, Gottfried Benn oder Bert Brecht zu finden meint.»

«Nun sagen Sie selbst: im Guten oder im Bösen. Ernst Jünger ist ein Schriftsteller von seltener Intensität, der verwirrend wirken kann, der mißbraucht werden kann, aber ich glaube, er trägt zur Erkenntnis unserer Epoche und zur Charakteristik der heutigen Sensibilität Wichtiges bei. Brecht schätze ich sehr hoch. Er ist ja vielfach nur ein glücklicher Bearbeiter, daneben aber auch ein vorzüglicher Regisseur mit großem Theaterinstinkt.[13] Von Benn habe ich schöne Gedichte gelesen; er ist als Lyriker wohl sehr bedeutend.[14] Überhaupt, auf die deutsche Lyrik setze ich am meisten. Das Größte, Merkwürdigste und Schönste wurde bei uns immer auf dem Gebiet der Lyrik geschaffen. Der epischen Form hingegen sind wir nie so ganz mächtig geworden.»

«Aber Ihr eigenes Werk wäre doch ein bündiges Argument gegen diese Ansicht?»

«Ich glaube nicht. Es ist ein sehr persönlicher Fall; wenn Sie so wollen: ein sehr persönliches Arrangement mit der Kunst. Aber ich habe mich immer gewundert, daß man es manchmal in einem Atem mit den Werken der wirklichen Meister nennt. Glauben Sie mir: Ich habe mir nur so durchgeholfen. Wie sehr sind wir doch auf epischem Gebiet übertroffen worden, von den Franzosen, von den Skandinaviern, von den Russen...»

«Wie aber erklären Sie es sich, daß jene prägende Bedeutung, die bei Ihren literarischen Anfängen den großen Russen – Tolstoi, Turgenjew, Dostojewski – zukam, heute den modernen Amerikanern beigemessen werden muß? Ich denke an Faulkners psychologisch raffinierte Moralistik, an Thomas Wolfes dramatische Lebensinbrunst, an Hemingways melancholischen Optimismus.»

«Ja, wie ist es wohl zu erklären? Das ist eine interessante Frage. Die modernen Amerikaner schildern ihre Welt fast übertrieben negativ. Es gereicht ihnen zur Ehre, daß sie Menschen und Zustände in ihrem Land mit voller Wahrhaftigkeit darstellen. Und das ist es: Wahrhaftigkeit! Aus ihr sind vielleicht alle großen Wirkungen der Kunst zu erklären.»

«Sind Sie der Meinung, daß jene Literatur, die man mit dem Etikett ‹Neorealismus› versehen hat, das Ende einer Kunstperiode anzeige?»

«Die sogenannte neorealistische Literatur ist wohl eine geschichtlich sozusagen natürliche, ungebrochene Weiterentwicklung der Ausdrucksmittel, die die kritischen Realisten der zweiten Hälfte des 19. Jahrhunderts und der ersten Hälfte des 20. Jahrhunderts gewonnen und erkämpft haben. Man will sich den neuen Realitäten gewachsen zeigen. Ich habe aber oft den Eindruck, daß die junge literarische Generation zu wenig Anschluß an die Tradition hält. Es fehlt an Bildung. Wir leiden an dem Mangel an Erinnerung an den – fast möchte ich sagen – abendländischen Mythos. Und manchmal habe ich den Eindruck, als ob die höhere Literatur nichts als ein hastiges, oft parodierendes Resumée dieses abendländischen Mythos sei.[15] Denken Sie an Joyces ‹Ulysses›; aber auch meine Josephsromane können hier genannt werden, die dem ‹Ulysses› nicht so fern stehen, wie es äußerlich scheint.» Der Boy bringt die Post. Es ist ein Telegramm dabei, aus Amerika. «Von den Kindern!» Man wird es wohl sogleich beantworten müssen.

Thomas Mann ist heimgekehrt, nicht in das zwischen dem greisen, von Verkalkung bedrohten Settembrini und dem auf jung geschminkten, apoplektisch gezeichneten Naphta geteilte Deutschland, sondern nach Europa (das es noch gar nicht gibt). Wenn er sein kleines Haus in der Schweiz bezieht, werden sie ihn begrüßen, deren Epoche er im Wort gestaltet hat: Buddenbrooks und Madame Chauchat, Tonio Kröger und Serenus Zeitblom, Adrian Leverkühn und der kleine Herr Friedemann. Und auch die rauhen Söhne Hans Castorps – denen es vielleicht an Bildung, aber nicht an Mut zur kritischen Gestaltung ihrer Epoche fehlt – werden ihm Verehrung zollen: ihm, dem besorgten und in manchem irritierten Heimkehrer, der noch manche politische Erfahrung Europas, die sich von Amerika aus leichter ansah, jetzt an Ort und Stelle nachzuholen haben wird.

Heinz-Winfried Sabais

Interview am 10. November in Frankfurt/M. – 1] Der Sammler, Verleger und Goethekenner Anton Kippenberg (1874–1950), Leiter des Insel-Verlags ab 1905; von 1938–1950 Präsident der Goethe-Gesellschaft. – 2] Gegenspieler Settembrinis im ‹Zauberberg› auf Georg Lukács gemünzt. – 3] St. Marien in Lübeck. –

4] Georg Forster (1754–1794), einer der Entdecker des 18. Jahrhunderts (‹Reise um die Welt›), war ab dem 1. Januar 1793 Präsident in dem Jakobinerklub der ersten deutschen Republik, die aus einer Revolution hervorgegangen war. – 5] Nicht ermittelt. – 6] Der Lyriker Johannes R. Becher (1891–1958), ein großer Verehrer Thomas Manns, war 1945 aus der Moskauer Emigration zurückgekehrt; seit 1954 Kulturminister der DDR. – 7] Stadtkommandant von Berlin. – 8] Lyonel Feininger (1871–1956), deutsch-amerikanischer Kubist; Ernst Ludwig Kirchner (1880–1938), expressionistischer Maler und Graphiker. – 9] Hefte Mai–Juli des ‹Merkur›, Stuttgart. – 10] ‹Altes und Neues›, im März 1953 erschienen. – 11] Mann verwendete ein Wort, daß zu den Stereotypen der Reden Hitlers für die Zeit bis zum Sieg des Nationalsozialismus 1933 gehörte. – 12] 1941 war ‹Amerika› in englischer Übersetzung und mit einem Vorwort von Klaus Mann in New York erschienen. Thomas Mann selbst hat alle drei Werke wiederholt gewürdigt, vgl. z. B. GW X, 678 und 771 ff. sowie XIII, 424. – 13] Seit der Spielzeit 49/50 Leiter des Berliner Ensembles; Bearbeitungen u. a.: ‹Antigone› (Sophokles), ‹Der Hofmeister› (Lenz), ‹Prozeß der Jeanne d'Arc› (Hörspiel Anna Seghers), ‹Biberpelz und Roter Hahn› (Hauptmann), ‹Coriolan› (Shakespeare). – 14] ‹Statische Gedichte›, Zürich 1948; ‹Trunkene Flut›, Wiesbaden 1949. «Als Lyriker» klammert den Essayisten aus. – 15] In Äußerungen Manns aus dieser Zeit kehren sehr häufig Formulierungen wie: «Oft will mir unsere Gegenwartsliteratur, das Höchste und Feinste davon, als ein Abschiednehmen, ein rasches Erinnern, Noch-einmal-Hervorrufen und Rekapitulieren des abendländischen Mythos erscheinen – bevor die Nacht sinkt, eine lange Nacht vielleicht und ein tiefes Vergessen», vgl. z. B. GW XI, 691.

Diskus. Mitteilungsblatt von Freunden und Förderern der Johann Wolfgang Goethe Universität, Frankfurt/M., April 1953

Besuch bei Thomas Mann

Das Gespräch

Das Hausmädchen öffnet. Die kleine, weißhaarige Dame im schwarzen Seidenkostüm, die uns drinnen mit lebhafter Freundlichkeit empfängt, ist Frau Katja Mann. «Mielein» – fällt mir ein – nannte Klaus, der Sohn, seine Mutter in der Autobiographie ‹Der Wendepunkt›.[1] Die Frau des «Zauberers». Auch die braunen Augen, ein wenig schalkhaft, ein wenig forschend, aber doch warmen Glanz ausstrahlend, fallen mir gleich auf. «Es tut mir leid», sagt sie, «daß es gestern nachmittag nicht gepaßt hat. Der Herr Csokor aus Wien hatte sich bereits angesagt. Bitte, gehen wir einstweilen hier hinein. Mein Mann ist noch oben. Übrigens, wenn Sie irgendwelche Daten über ihn wissen wollen, so können Sie solche Fragen auch an mich richten.» Wir bedanken uns höflich, aber wir glauben hinreichend informiert zu sein; zudem habe man ja nicht nur die Werke des Dichters, sondern auch solche über ihn gelesen. «Einen Sherry vielleicht?» Nun, der Weg hier hinauf habe es in sich gehabt. Lachen. Wir trinken. Zaghaft.

Franz Theodor Csokor, das sei doch der österreichische PEN Club Präsident?[2] «Ganz recht, kennen Sie ihn?» Wir antworten, ihn einmal in Darmstadt anläßlich einer Tagung der dortigen Akademie als Redner gehört zu haben. «Und welchen Eindruck hatten Sie?» Wir kommen nicht zur Antwort, denn Thomas Mann hat – flüchtig angemeldet durch den Schatten seiner Gestalt hinter dem stumpfen Glas der Tür – das Zimmer betreten. Er ist mittelgroß, eher klein. Hager. Sehr aufrecht. Er trägt einen grauen Anzug mit seidenen Ziertüchlein in der Tasche. Den Kopf hat er ein wenig nach hinten geneigt, die linke Braue merklich nach oben gezogen. Um den Mund spielt ein höflich-freundliches Lächeln. Nichts von Ironie. Begrüßung. Ich fühle die Hand des Dichters in der meinen. Die Hand, die den gewaltigen Faustusroman niedergeschrieben hat. Und den ‹Zauberberg› und den ‹Tod in Venedig› – der Gedanke verwirrt mich einen Moment. Wir setzen uns. Thomas Mann bietet amerikanische Zigaretten an. Das also ist der «Zauberer», den Klaus Mann im ‹Wendepunkt› mit liebevoller Akribie gezeichnet hat. Das Bild, welches mir dies Buch von dem Dichter gab, sehe ich – schon nach kurzem Beisammensein – bestätigt. Ein Genie im Zweireiher, mit gepflegter Frisur und von zuvorkommender Höflichkeit. «Sie sprachen gerade über Csokor?» Wir bejahen und bemerken, daß Csokors Darmstädter Vortrag nicht überragend gewesen sei. «Nun, nicht jedem liegt das Essayistische...» Diese Antwort ist uns willkommener Anlaß, auf seine, Thomas Manns, eigene Doppelbegabung als Erzähler und Essayist zu sprechen zu kommen, womit übrigens die Ansicht Benns, das Essay liege besonders dem Lyriker, sich als nicht stichhaltig erwiesen habe. Frau Katja weist auf die glänzenden Essays ihres Schwagers Heinrich hin. «Ja», schließt Thomas Mann dieses Thema ab, «besonders das Alterswerk meines Bruders, ‹Ein Zeitalter wird besichtigt›, möchte ich Ihnen empfehlen.[3] Aber ich glaube, Sie werden es in Westdeutschland nicht ohne weiteres bekommen, weil es in der Ostzone erschienen ist.» Vielleicht ein bißchen unvermittelt, fragt einer von uns, welchen Eindruck der Dichter, der doch in den letzten Jahren gewiß des öfteren mit jungen Deutschen sich unterhalten konnte, von dieser deutschen Jugend habe? Mir scheint, daß Thomas Mann diese Frage mit besonderem Ernst beantwortet: «Ich sehe, wenn ich mich mit jemand unterhalte, immer nur die einzelne Persönlichkeit und halte es für falsch, in irgendeiner Hinsicht verallgemeinern zu wollen. Man sagt ja, es herrsche unter der heutigen deutschen Jugend eine beträchtliche Orientierungslosigkeit, was nach der Katastrophe auch zu verstehen ist. Aber ich halte diese Orientierungslosigkeit vornehmlich für einen Mangel an Bildung, der heute vielleicht eine europäische Erscheinung ist. Die einzigen Häfen, welche heute noch Sicherheit gewähren, sind wahrscheinlich Kommunismus und Katholizismus. Ich kann es schon verstehen, wenn so viele Menschen hier Geborgenheit suchen und finden. Für mich selbst – wenn ich das hinzufügen darf – kommt weder das eine noch das andere in Betracht, denn ich bin jedem Kollektivismus im Innersten abgeneigt.» Wir kommen auf die Massenflucht der Ostzonenbewohner nach Westberlin zu sprechen. Thomas Mann runzelt die Stirn und zieht die linke Braue noch höher. Er spricht von der Politik als von «Lausbübereien». «Unendlich viele von denen, die ihre Heimat mit den größten Illusionen verlassen, werden eine herbe Enttäuschung erfahren.» Aber wir betonen, daß es nicht unsere Absicht sei, spezifisch politische Fragen zu stellen, denn wir wüßten, welche Mißverständnisse sich nur zu oft aus solchem Spiel ergeben. «Sie meinen vielleicht jene leidige Pressekonferenz in Wien vor ein paar Monaten?[4] Nicht ungern würde ich ja alle Politik ganz und gar ignorieren, aber die Probleme brennen mir doch immer wieder auf den Nägeln.»

Ich habe den Eindruck, daß man wieder auf's Literarische zu sprechen kommen solle. «Was macht der ‹Krull›?» frage ich. «Nun, der ‹Krull› ruht momentan. Dagegen arbeite ich gerade an einer Novelle, die im Mai im Münchener ‹Merkur› erscheinen soll. Eine Novelle etwa vom Umfang des ‹Tod in Venedig›. Der ‹Felix Krull› ist für mich natürlich insofern problematisch geworden, als es ein Unterschied ist, ob man mit 40 oder mit 77 Jahren an ein und demselben Buche schreibt. Jenes Kapitel, das ich im vergangenen Jahre in der Aula Ihrer Universität vorlas,[5] läßt gegenüber dem alten Fragment bereits eine Zäsur erkennen, die sich notwendig ergeben mußte – sowohl in der erzählerischen Absicht wie auch in der Wahl des Stofflichen.» Frau Mann sagt, daß sie gern an den erfolgreichen Leseabend in der Frankfurter Universität zurückdenke. «Ja, die Herzlichkeit des Beifalls hat auch mich sehr angenehm berührt», sagt Thomas Mann, «aber ich glaube, ein anderer Vorleser, etwa ein Schauspieler, hätte mit diesem Kapitel nicht den gleichen Erfolg gehabt. Ich habe ja, wie Sie vielleicht wissen, das Vorlesen mein Leben lang gepflegt. Und ich habe mir da eine gewisse Technik zu eigen gemacht, die wohl nur mir als Autor gelingen konnte.» – «Sie erwähnten vorhin beiläufig den ‹Tod in Venedig›, wie stehen Sie heute zu dieser Novelle? Ich stelle diese Frage, weil ich den Eindruck habe, daß die Jugend Ihre kleineren Werke den großen Romanen vorzieht.» – «Nun ja, der ‹Tod in Venedig› ist eine künstlerisch höhere Stufe des ‹Tonio Kröger›. Aber ich muß sagen, daß der ‹Tonio› mir im Grunde meines Herzens doch näher steht als der ‹Tod in Venedig›. Vielleicht weil es sich um ein ausgesprochenes Jugendwerk handelt.»

Was er gerade lese, fragen wir. «An Modernem wenig. Ich finde auch heute noch in den großen Erzählern des 19. Jahrhunderts meine Vorbilder. Turgenjew, Gogol. Ersterer war es, der die treffende Bemerkung machte, wir alle seien aus Gogols ‹Mantel› gekommen. Auch die Franzosen und Engländer des vorigen Jahrhunderts, dessen letztes Kapitel ich ja noch in seiner vergehenden Großartigkeit miterlebt habe, halte ich für bedeutender als das meiste, was danach an erzählerischer Kunst erreicht wurde. Das soll nicht mißverstanden werden, wohlgemerkt. Auch Stifter war ein sehr bedeutender Künstler, oder Fontane, an dessen Können kaum ein modernes Stück heranreicht. Im Augenblick bin ich gerade dabei, zu einem neuen Roman von Hermann Kesten ein Vorwort für die französische Ausgabe zu schreiben.[6] Dies Buch hat hohe künstlerische Qualitäten.» – «Was halten Sie in diesem Zusammenhang von der sogenannten ‹Gruppe 47›?» Thomas Mann behauptet, diese Gruppe nicht zu kennen, und kann sich nicht dazu äußern. Dann kommt das Gespräch auf den ‹Dr. Faustus›. Wir weisen darauf hin, daß wir durch unseren Lehrer Prof. Adorno[7] besonderen Zugang zu diesem ungeheuren Werk haben. «Adorno war natürlich mein Berater, ein Berater von außerordentlicher Intelligenz. Und ich habe ihn regelmäßig die Partien, die sich auf musiktheoretische Dinge bezogen, geschickt oder sie ihm selbst vorgelesen. Was von diesem Mann kommt, ist immer erregend und exorbitant. Nicht nur was seine ‹Philosophie der neuen Musik› betrifft, sondern auch der kürzlich erschienene ‹Versuch über Wagner›.»

Das Gespräch dreht sich noch eine zeitlang um den Faustus. Interessant noch diese Detailfrage: Eine den Adornoschen Ansichten entsprechende Äußerung Leverkühns besagt, daß alle Stilmittel der Musik im Grunde nur noch zur Parodie taugten. Echt und wahr sei allein noch der kurze, höchst konsistente musikalische Augenblick.

«Was wäre nach Ihrer Auffassung die Entsprechung hierzu auf dem literarischen Gebiet?» Von der Beantwortung dieser Frage erhofften wir einigen Aufschluß über das wirkliche Verhältnis des Erzählers Thomas Mann zur Lyrik, denn es unterliegt wohl keinem Zweifel, daß der höchst konsistente, kurze literarische Augenblick das Gedicht ist. Aber Thomas Mann antwortet:

«Nun, ich denke da an die kurzen Prosastücke und Skizzen, wie sie Peter Altenberg und Alfred Kerr geschrieben haben.» Wir sind verwundert. Sind Altenbergs skizzenhafte Stücke nicht höchst inkonsistent?

Ich frage: «Würde man hier nicht das Gedicht nennen müssen?» Der Dichter antwortet nicht gleich. Dann sagt er: «Trakl vielleicht – bei ihm scheint mir das äußerste an Konsistenz erreicht.»

An dieser Stelle erhebt sich Frau Katja. Sie wolle inzwischen den Wagen vorfahren. «Darf ich Ihnen noch mein Arbeitszimmer zeigen?» Wir stehen auf. Ich blicke mich um und sehe eigentlich nichts als Bücher. Bis unter die Decke reichen die Regale. Auch im Flur und – die Frau des Hauses verzeihe mir die Indiskretion – selbst im Schlafzimmer, in das ich durch die nicht ganz geschlossene Tür flüchtig einen Blick werfen kann, entdecke ich vollgepfropfte Regale. Während wir die Treppe hinaufsteigen, machen wir hier an einem Gemälde, dort an einer merkwürdig gebauten Uhr halt, und immer weiß der Dichter mit wenigen Worten auf die Bedeutung hinzuweisen, die diese Dinge für ihn persönlich haben. Das Arbeitszimmer Thomas Manns liegt im ersten Stock. Ein großer, dunkler Schreibtisch mit einer mustergültigen Ordnung beherrscht den Raum. Er steht vor dem Fenster, welches den Blick ins Tal hinab zum Züricher See und den am jenseitigen Ufer aufsteigenden Bergen freigibt. «Ein herrlicher Ausblick!» – «Ja, uns gefällt es hier. Wir haben dieses Haus vor längerer Zeit schon einmal bewohnt.»[8] – «Und Sie pflegen noch immer am Vormittag zu arbeiten?» – «Wie aus frühester Zeit gewöhnt.» (Der Dichter pflegt den Tag früh um 5 Uhr zu beginnen.)[9] Frau Mann betritt das Zimmer. Sie nimmt vom Schreibtisch zwei Fotografien: «Und dies hier sind die Enkel», sagt sie lächelnd. – Wir gehen. Ich muß lächeln, wie ich dem größten Romancier unserer Zeit in den Mantel helfe. Wir steigen in den Wagen. Frau Katja am Steuer. Schon rollen wir die Serpentine hinab. Thomas Mann sitzt vorn neben seiner Frau. Wir beiden hinten. Wir sprechen über einige Philologen, die über den Dichter geschrieben haben. Das Buch von Jonas Lesser ‹Thomas Mann in der Epoche der Vollendung› bezeichnet der Dichter als eine Arbeit von rührendem Fleiß.[10] «Ganz und gar eine ästhetische Untersuchung von größter Genauigkeit. Hans Mayers Betrachtung meines Werkes vom gesellschaftskritischen Standpunkt ist wohl als bedeutender anzusehen, aber leider zu einseitig.»[11] Da sind wir schon vor dem Hotel. Wir halten. Eine kurze überaus freundliche Verabschiedung. «Es hat mich gefreut, Sie kennengelernt zu haben.» Frau Katja fährt an. Der Wagen rollt davon. Auf seinem Nummernschild steht ZH 23574. Ich nehme mein Notizbuch hervor und schreibe die Nummer auf.

Helmut Lamprecht

«Man hat sich gesehen»

Altbekannt ist's, daß Ideal und Leben sich nicht zusammenfinden. Wir haben uns das Erstaunen darüber abgewöhnt. Und fügt sich beides doch einmal zusammen, so können wir es kaum glauben.

«Wo bleiben denn Ihre Fragen?» bemerkte Thomas Mann, nachdem unser Gespräch schon eine Weile, improvisierend, von einem Gegenstand zum anderen gesprungen war. Später, beim Abfassen des Berichts, rächt sich der Verzicht auf die fest formulierten Interviewfragen und den Notizblock. Das Gedächtnis läßt uns oft im Stich, wenns darum geht, die Formulierung zu treffen, die Thomas Mann verwendete. Seine Bemerkungen sind so genau im Gedanken und Stil, daß sie kein Ungefähr vertragen.

Für die Besucher ist es nicht leicht, vor einem solchen Gesprächspartner zu bestehen. Er scheint es mit ihnen genau so zu halten, wie mit den Figuren seiner Romane. Ironische Distanz gehört zum Werk, dem alles untertan scheint. «Warum müssen fast alle Dinge mir als ihre eigene Parodie erscheinen?», steht im ‹Dr. Faustus› und der Besucher macht am allerwenigsten eine Ausnahme. Wie mag wohl dies ironische Bild von uns aussehen?

In Thomas Mann scheinen sich Ideal und Leben zusammenzufinden. Der Mensch besteht vor dem unmäßig großen Anspruch des Werks des Schriftstellers. Der Vergleich mit Goethe drängt sich auf. Aber die Distanz zu jenem ist nicht von der Eiseskälte erfüllt, die der Geheime Rat von Weimar um sich zu verbreiten schätzte. Die Befürchtung, das gleiche Schicksal wie Ritter von Lang zu erleiden, der im Sommer 1826 durch Weimar kam und Goethe einen Besuch abstattete, erwies sich als grundlos. Nichtsdestoweniger sei die Geschichte des Ritters von Lang hier mitgeteilt – als Gegenstück und der Kuriosität halber.

Ritter von Lang ließ sich, wie er schreibt, «vom Teufel verblenden» und bei «seinem alten Faust, dem Herrn von Goethe, in einem, mit untertänigsten Kratzfüßen nicht sparsamen Brieflein» anmelden. Aber die Unterredung verlief nicht ganz so, wie er es sich vorgestellt hatte. Mag der alte Geheimrat gerade schlechter Laune gewesen sein, mag ihn das Benehmen des fidelen Besuchers aufgebracht haben, wir wissen es nicht. Ritter von Lang berichtet: «Ein langer, alter, eiskalter, steifer Reichsstadtsyndikus trat mir entgegen in einem Schlafrock, winkte mir wie der steinerne Gast, mich niederzusetzen, blieb tonlos an allen Saiten, die ich bei ihm anschlagen wollte, stimmte bei allem, was ich ihm vom Streben des Kronprinzen von Bayern sagte, zu und brach dann in die Worte aus: Sagen Sie mir, ohne Zweifel werden Sie auch in ihrem Ansbacher Bezirk eine Brandversicherungsanstalt haben? Antwort: Jawohl. – Nun erging die Einladung, alles im kleinsten Detail zu erzählen, wie es bei eintretenden wirklichen Bränden gehalten werde. Ich erwiderte ihm, es komme darauf an, ob der Brand wieder gelöscht werde, oder Ort oder Haus wirklich abbrenne. – Wollen wir, wenn ich bitten darf, den Ort ganz und gar abbrennen lassen. – Ich blies also mein Feuer an und ließ alles verzehren, die Spritzen vergeblich sausen, die Herren Landrichter vergeblich brausen: rücke anderen Tages mit meinem Augenscheine aus, lasse den Schaden einschätzen, von der Schätzung so viel als möglich herunterknickern, dann neue Schönheitsbaurisse machen, die in München Jahr und Tag liegen bleiben, während die armen Abgebrannten in Baracken und Kellern schmachten, und zahle dann in zwei, drei Jahren das abgehandelte Entschädigungssümmlein heraus. Das hörte der alte Faust mit an und sagte: Ich danke Ihnen. – Darauf gab er mir die Hand, dankte mir für die Ehre meines Besuches und geleitete mich zur Tür. Es war mir, als wenn ich mich beim Feuerlöschen erkältet hätte.»

Doch ganz grundlos war die Beängstigung nicht, wie man im Gespräch bestehen würde. Über Feuerlöschwesen und Brandversicherung ausgefragt zu werden brauchten wir nicht zu fürchten. Aber ob die Problemkenntnis des Werks reichen würde? Eine nochmalige Lektüre der Essaybände sollte die Unorientiertheit, die unsere Generation auszuzeichnen scheint, wenigstens bei uns etwas verdeckt haben. Thomas Mann lehnt sich im Sessel zurück, nippt am Glas Sherry. «Unorientiertheit? Muß man nicht vielleicht auch sagen, es sei Unbildung? Ich stelle eine Verbindung mit der Bildungsvergangenheit dar, mit diesem vielgeschmähten 19. Jahrhundert, das schwer und traurig war, aber von großem Format, das nicht mehr erreicht wird. Gerechter Weise muß man sagen: nicht nur in Deutschland nicht erreicht wird, in ganz Europa ist nicht sehr viel da. Und weil ich dies alles noch mitbekommen habe, so wird mir Sympathie entgegengebracht...»

Nur Sympathie? Wir meinen, daß der Ausflug des Geistes der liberalen bürgerlichen Ära, die sich Thomas Mann noch bewahrt hat, auch Ursache für die Verwirrung ist, die seine Äußerungen in der Öffentlichkeit zuweilen erregen. Die Spur «Altmodischkeit» scheint heute revolutionärer zu sein, als manches, was sich als modern ausgibt.

«Sie meinen jene leidige Pressekonferenz in Wien? Freunde rieten mir dazu. Ich wollte zuerst gar nicht. Schließlich gab ich nach. Und die Reaktion kennen Sie ja. Ich mußte noch ein Dementi geben.»

Je älter er wird, desto ungebärdiger scheint der Zeitgenosse Mann, der ungläubige Thomas. Er will nicht einsehen, daß unser eigenes System das Paradies auf Erden ist. («Finden Sie nicht, daß das westliche System 1000mal besser ist als das kommunistische?» hatte der Reporter gefragt. «Junger Mann», lautete Thomas Manns Antwort, «junger Mann, erlassen Sie mir die Antwort auf diese Frage.») Das hat man ihm sehr übel genommen. Meinungsfreiheit scheint heute sich reduziert zu haben auf die Bestätigung dessen, was ohnehin jedermanns Meinung ist. Die Frageweise des Pressevertreters ist ein Beispiel dafür. Sie verlangt nur Bestätigung für das, was jedermann sagt, und wer sich ihr verweigert, gilt als Quertreiber, Unruhestifter und Kommunist. Das autonome Individuum, wie sich's im 19. Jahrhundert ausprägte, ist heute höchst suspekt, es wird «nur so weit geduldet, wie seine rückhaltlose Identität mit dem Allgemeinen außer Frage steht» (Horkheimer/Adorno: ‹Dialektik der Aufklärung›). Thomas Mann scheint nicht gern auszusprechen, woran ihm liegt. Vielleicht ist es die Scheu, der untrennbare Zusammenhang zwischen Wort und Sache könne mit der Abnutzung des einen auch das andere zerbrechen lassen, die ihn daran hindert.

Die Rede kommt auf unseren Professor Dr. T. W. Adorno, weiland und auch derzeit in Santa Monica, Californien, weilend, seinen «wirklichen geheimen Rat» in musiktheoretischen Fragen beim ‹Dr. Faustus›. – Ob er ihn in der zweiten Teufelserscheinung gemeint habe?[12] Die Indizien sind zahlreich, wenn auch die geschilderte Gestalt nicht ganz passen will: «Bleich und gewölbt die Stirn, aus der das Haar wohl erhöhend zurückgeschwunden, aber von der's zu den Seiten dicht, schwarz und wollig dahinstand –». Dafür geht die Mimesis der Sprache Adornos bis ins syntaktische Detail. Etwa das Zurücknehmen des Reflexivpronomens: «... wie Subjektivität in Objektivität sich wandelt»; die Verwendung bestimmter Wörter oder ganzer Sätze wie: «Was der Kritik verfällt, ist der Scheincharakter des bürgerlichen Kunstwerks, an dem die Musik teil hat, obgleich sie kein Bild macht», oder: «Die Subsumption des Ausdrucks unters versöhnlich Allgemeine ist das innerste Prinzip des musikalischen Scheins», oder: «Höre den abgestorbenen Akkord – selbst in seiner Versprengtheit steht er für einen technischen Gesamtstand, der dem wirklichen widerspricht» (In der ‹Philosophie der neuen Musik› heißt das: «Als abgestorbener repräsentiert der Akkord selbst in seiner Versprengtheit einen Stand der Technik als ganzer, der dem aktuellen widerspricht»). Aber Thomas Mann verneint sehr bestimmt, daß die Ähnlichkeit Absicht war.

(Katja, die temperamentvolle Gattin Thomas Manns, wirft ins Gespräch ein: «Ich habe manchmal den Eindruck, als ob Adorno denkt, er hätte das Buch geschrieben» – «Ach nein, das glaube ich doch nicht» wehrt Thomas Mann ab.)

Ob Parodie nicht immer ein gegen den Autor selber gerichtetes Element hat, weiß ich nicht zu entscheiden. Bei Thomas Mann scheints jedenfalls so zu sein. Er bleibt nicht draußen, treibt sein, vom Objekt immer bösartig genanntes Spiel nicht nur mit anderen, sondern auch mit der eigenen Person. Vielleicht ist Parodie des anderen immer nur verkappte Parodie auf sich selbst? Bei der Szene aus der Fortsetzung des Hochstaplers Felix Krull, alias Marquis de Venosta, in der sich der gelehrte Gesprächspartner im Speisewagen vorstellt – «Gestatten, Kuckuck» – ist jedenfalls ganz offenbar, daß sie die Szene parodiert, die dem jungen Thomas Mann oft bei der Vorstellung passiert sein muß. (Späterhin hat der wohltönende Martin Heidegger das Mißgeschick jenes Familiennamens zur Philosophie verdammt.)[13] Der Ruhm hat den Anflug des Spotts hinweggenommen. Man muß erst Thomas Mann sein, um Mann heißen zu können. (Ach, ist das nicht etwas ungerecht Heinrich Mann gegenüber?)

«Es war schön, daß man sich gesehen hat», waren die letzten Worte Thomas Manns, bevor die Tür des kleinen schnittigen Simca zuknallte. Man... Mann...? Katja am Steuer trat auf den Gashebel, und der Wagen brauste davon.

Hans W. Nicklas

Gemietetes Haus in Erlenbach bei Zürich (Dezember 1952–April 1954). – 1] ‹Der Wendepunkt. Ein Lebensbericht›, Frankfurt/M. 1952. – 2] Expressionistischer, mit Erika und Klaus befreundeter Schriftsteller Franz Theodor Csokor (1885–1969). – 3] ‹Ein Zeitalter wird besichtigt›, Stockholm 1946. – 4] Pressekonferenz in Wien vom 18. November 1952, mit außerordentlicher Resonanz (vgl. Bibliographie). Manns Stellungnahme dazu: ‹Bekenntnis zur westlichen Welt› (‹Aufbau›, New York, 19. Dezember 1952; GW XII, 971–73). – 5] 10. November 1952, ‹Krull›, Lesung aus dem fünften Kapitel des dritten Buchs (GW VII, 522 ff.). – 6] ‹Préface›, in: Hermann Kesten, ‹Les Enfants de Guernica. Roman›, Paris 1954, S. IX–XIV (GW X, 811–14). – 7] Adorno lehrte seit 1950 an der Frankfurter Goethe-Universität; seine Beteiligung am Roman im kalifornischen Exil seit 1943 hatte Mann in der ‹Entstehung des Doktor Faustus. Roman eines Romans› geschildert (GW XI, 172 ff.). 1952 hatte er das Wagner-Buch publiziert. – 8] Nicht zutreffend; Mann hat vermutlich gesagt: «Wir haben vor längerer Zeit hier schon einmal gewohnt» – dabei jedoch nicht an das Haus, sondern das Ufer des Zürichsees gedacht. – 9] Der normale Tagesbeginn Manns wird vom Interviewer 2–3 Stunden zu früh angesetzt. – 10] München 1952. – 11] ‹Thomas Mann. Werk und Entwicklung›, Berlin 1950. – 12] Kap. XXV des ‹Doktor Faustus›. – 13] «Das Man» als Durchschnittlichkeit ohne eigentliches Selbstsein ist in Heideggers ‹Sein und Zeit› der Kritik als «Uneigentlichkeit» mehrfach ausgeliefert.

Neue Zeitung, München, 10. Juni 1953

Thomas Mann bekennt sich eindeutig zum Westen

«Ich gehöre meiner ganzen Überlieferung nach zum Westen», erklärte Thomas Mann der Associated Press in einem Interview am Dienstag in Hamburg. «Es ist natürlich, daß ich hier lebe.» Der 78jährige Dichter und Schriftsteller verwahrte sich damit gegen den nach seiner letzten Wiener Pressekonferenz entstandenen Eindruck, er ziehe das östliche System dem Westen vor. Wenn er sage, der Sozialismus sei eine starke internationale Macht geworden, dann nicht, weil er ein radikaler Sozialist sei, sondern weil er die Welt ständig aufmerksam beobachte.

Thomas Mann, der mit seiner Frau der Hansestadt einen kurzen Besuch abstattete, gab das Interview in dem Gästehaus der Freiherr-vom-Stein-Stiftung an der Unterelbe. Auf die Frage, was er zu tun gedenke, wenn er vor einem Untersuchungsausschuß des amerikanischen Senators McCarthy erscheinen müßte, antwortete Mann, der jetzt amerikanischer Staatsbürger ist: «Ich werde die Wahrheit sprechen. Ich werde sagen, daß ich nie Kommunist gewesen bin. Aber wie viele gebildete Amerikaner verabscheue ich die Methoden McCarthys.» Er übe außerhalb der Vereinigten Staaten nur ungern Kritik an Amerika, «und zwar aus einem Pietätsgefühl heraus, das mich immer daran erinnert, wie warmherzig ich in den Staaten aufgenommen wurde».

Zum Problem einer europäischen Vereinigung sagte Mann, die «Idee eines deutschen Europa» sei vorüber. Vielmehr sei ein Deutschland erforderlich, «das sich als integrierender Bestandteil eines organisch zusammengefundenen Europas empfindet». In dieser Perspektive müsse man auch die Wiedervereinigung Deutschlands sehen. Die derzeitige Zweiteilung sei «unnatürlich», und «es ist eine Glaubensangelegenheit, daß die Geschichte Mittel und Wege finden wird, die Einheit Deutschlands wiederherzustellen»! Auf die Frage, ob er Bundeskanzler Adenauers Politik als günstig für eine solche Wiedervereinigung betrachte, meinte Thomas Mann, man müsse dem Kanzler schon glauben, wenn er sage, er wünsche eine solche Vereinigung.

Natürlich wünsche er eine Entspannung der internationalen Lage, sagte Mann weiter. «Die sowjetische Politik in ihrer gegenwärtigen Neigung, der Welt ein freundliches Gesicht zu zeigen, läßt auch die Hoffnung aufkeimen, daß in der Konsequenz dieser Haltung die deutschen Kriegsgefangenen freigegeben werden.»[1] Mehr auf den individuellen Fall komme es hingegen bei den noch in alliierten Gefängnissen befindlichen Deutschen an. Es habe nun einmal Deutsche gegeben, deren Taten in jeder Beziehung unverantwortlich gewesen und durch nichts zu rechtfertigen seien. Aber er betrachte es «nicht als schimpflich», wenn die Alliierten angesichts juristischer Schwierigkeiten die vorzeitige Entlassung verurteilter Deutscher durch medizinische Atteste arrangieren.

Thomas Mann sagte abschließend, der Schriftsteller – im Gegensatz zum Journalisten – habe keine unmittelbare politische Aufgabe im gegenwärtigen Konflikt der politischen Lager. Ein großer Schriftsteller weise sich vielmehr durch den allgemeinen Geist seines Werkes aus. Seine wahre Aufgabe sei es, Werke zu schaffen, in deren «gebildeter Erheiterung sich Haß und Dummheit lösen». Das bedeute aber nicht, daß ein Schriftsteller nicht zum politischen Kämpfer werden könne und dürfe. Wenn man ihm die Frage stellen würde, «wählen Sie den Osten oder den Westen», so würde er diese Frage als «unsinnig» bezeichnen, denn er habe bereits eindeutig gewählt.

Der Dichter, der sich endgültig entschlossen hat, in Europa zu bleiben, beabsichtigt mit seiner Frau bis zum 12. Juni in Hamburg zu bleiben.

1] Nach dem Tod Stalins am 5. März 1953; in Gesprächen vom 9.–13. September 1955 erreichte Adenauer die Entlassung der letzten deutschen Kriegsgefangenen.

Lübecker Nachrichten, 11. Juni 1953

Mit Thomas Mann vor dem Buddenbrook-Haus

«Es war für mich ein rührendes Erlebnis!»
Der Dichter als Gast der LN im Kurhaus Travemünde –
«Es ist dies mein Kindheitsparadies!»

Wir erwarteten ihn vor dem Kurhaus in Travemünde, wohin er uns gebeten hatte. Zur Begrüßung ein paar Worte der Erinnerung: wie er damals, als wir ihn darum gefragt hatten, für den Wiederaufbau von St. Marien spendete und andere zu Spenden aufrief;[1] wir erinnerten uns an die 700-Jahr-Feier, als er die zu Herzen gehenden Worte für das gewaltige Gotteshaus fand, in dessen Schatten er seine Kindheit verbracht hatte.[2]

So begrüßten wir uns und wandten uns dann dem Strand zu. «Richtige Seeluft», sagte er, «die hier, wo ich zu Hause war, rauher ist als drüben am Strand des Pazifik...»

Sein erster Blick ging hinüber zum Priwall, der im leichten Dunst lag. «Da drüben haben wir als Kinder Bernstein gesucht...» Während wir über die Strandpromenade schlenderten, ging der Blick immer wieder die Häuserzeilen entlang: Genau erinnerte sich Thomas Mann, wie die Baulichkeiten früher ausgesehen hatten, und notierte mit hindeutender Geste die Veränderungen. «Der Musiktempel drüben vor dem Casino stand früher gegenüber dem heutigen Kurhaus», stellte er fest. «Damals, als Junge, der gerade erst eine kurze Zeitlang Violinunterricht gehabt hatte, habe ich in diesem Musiktempel musiziert. Unter einem kleinen zigeunerhaften Kapellmeister namens Hess spielte ich die erste Geige, und immer kräftig drauf los, so daß der Hess zu seinen Musikanten zu sagen pflegte, wenn wir unser Volkslieder-Potpourri abspielten, sie sollten ja recht schön nachgeben. Es war die erste Orchestermusik, die ich hörte und mitmachte, hier im Musiktempel. Heute sieht in Travemünde freilich manches anders aus. Früher war alles schlichter und idyllischer. Die schöne steinerne Promenade gab es noch nicht, das waren damals noch Bretter, und das Kurhaus war noch ein altes Biedermeier-Gebäude.»

Ja, Thomas Mann kam ins Plaudern. «Diesen Besuch habe ich mir heimlich vorgenommen», sagte er lächelnd, «lange bevor ich meiner Frau gegenüber noch irgend etwas davon erwähnte. Es war das mein Kindheitsparadies, wo ich gewöhnlich die großen Ferien verbrachte. Und ich kann wohl sagen: so glücklich bin ich im späteren Leben nie wieder gewesen wie hier während der Ferien an der See...»

War der alte Mann, der da neben mir ging und dessen Gesicht heute nicht anders aussieht als vor zwei, drei Jahrzehnten – war er gerührt, gestern, als wir den Strand entlang gingen und er so aufmerksam die Stätten seiner Kindheit betrachtete? Ich weiß es nicht. Seine Augen blickten so klar und scharf und gütig, wenn er Katja, seiner Gattin, dieses und jenes zeigte. Aber seine Züge veränderten sich nicht. Wenn man 78 Jahre alt ist und Thomas Mann heißt und weiß, daß die eigene Lebensarbeit viele Generationen überdauern wird, dann zeigt man vielleicht keine Bewegung mehr. Wer das Werk Thomas Manns kennt, weiß, daß er sein ganzes langes Leben hindurch seine Gefühle «auf Eis zu legen» wußte.

Wir baten zum Essen ins Kurhaus. Das Ehepaar Mann wählte ein wenig Wermut, eine Brühe, ein Stückchen Wildbraten und Obst, dazu keinen Rotwein, sondern ein Glas Bier. «Man ißt nach wie vor gut in Travemünde», lächelte Thomas Mann. «In meiner Jugend – man saß damals an großen langen Tischen – waren fünf Gänge üblich. Nach dem ersten pflegte ich in einen Nebenraum zu gehen und mich auf ein Sofa zu legen und zu schlafen; der Kellner hatte Anweisung, mich zum Pudding zu wecken...!»

Bei der Zigarette, die noch immer sehr schnell bei der Hand sein muß, erzählte Thomas Mann, unbeschwert, gelöst und im bunten Durcheinander, wie es sich gerade ergab. Er sprach davon, daß sein großes Haus in Kalifornien nun verkauft werden solle, weil die neue Wohnung in der Nähe von Zürich endgültig sei.[3] Ob er Hermann Hesse schon gesehen habe, der ja auch in der Schweiz wohne? Nein, der Hesse kapsle sich sehr ab, und er sei noch nicht dazu gekommen, ihn zu besuchen, aber im Herbst sei es soweit.[4] Hesse habe sich entschlossen, nicht mehr zu schreiben, außer Briefen und ab und zu einem kleinen Feuilleton. Und auf unsere Bemerkung, wie es in dieser Hinsicht um ihn selbst bestellt sei: bei ihm, Thomas Mann, bestünde in dieser Hinsicht keine Gefahr, er habe noch vieles zu schreiben und nicht die Absicht, die Feder aus der Hand zu legen.

In der letzten Zeit sei er viel gereist, nach Rom erst,[5] dann nach England, um in Cambridge den Doktorhut entgegenzunehmen[6] – wobei er zu seiner Freude die Gelegenheit gehabt habe, im Hause des Sir Charles Darwin zu wohnen, des Enkels des großen Naturforschers[7] –, und von England dann in seine norddeutsche Heimat. «Es war für mich ein rührendes Erlebnis, nach so langer Zeit wieder die Luft meiner Heimat zu atmen», sagte er. «Besonders glücklich war ich, gleich anfangs vor Studenten in Hamburg sprechen zu können.[8] Und gestern abend, sehen Sie, da war ich geradezu erschüttert über die Herzlichkeit, mit der mich fast zweitausend Menschen begrüßt und mir mit so rührender Aufmerksamkeit zugehört haben.[9] Es war für mich ein wahres Fest!»

Welches denn seine weiteren Pläne seien, fragten wir. Nun, die Reisen sollen vorerst beendet sein. «Ich will jetzt am Schreibtisch arbeiten», meinte er, «und ich brauche eine lange Periode des gleichmäßigen Alltags. Das Maß der Reisen ist schon überschritten.»

Und dann kamen wir mit der kritischen Frage über Lübeck, ob er denn wohl einmal kommen würde, um in seiner Vaterstadt zu sprechen. Die Frage war kritisch, weil man das Gefühl hatte, er würde enttäuscht sein darüber, daß hier niemand nach ihm gefragt hatte in den ganzen Jahren nach dem Kriege, nicht einmal zur 700-Jahr-Feier der Marienkirche und auch jetzt nicht, zu den Nordischen Tagen. Aber Thomas Mann lächelte. Es habe sich nichts geändert an den guten Gefühlen zu seiner Vaterstadt, und gern würde er einmal kommen, wenn man ihn darum frage. Aber vorerst und auf längere Sicht hinaus sei es nun erst einmal zu Ende mit dem Reisen, weil die Arbeit zu Hause auf ihn warte. Und der Jüngste sei man schließlich auch nicht mehr...

Dann fuhren wir nach Lübeck zurück. Er sollte noch einmal einen Blick werfen auf das Haus Mengstraße 4, das Buddenbrook-Haus, das Haus seiner Väter. Und auf die Marienkirche. Zum erstenmal sah er das zerstörte Gebäude. Minutenlang stand er davor, dann setzte er sich ins Auto und fuhr davon. Der große Thomas Mann ist nicht heimgekehrt. Ganz heimlich und unbeachtet ist er nur gekommen, um zu sehen. Das Haus, von dem er einstmals vor einem Menschenleben ausgegangen ist, um einer der größten unter den Dichtern zu werden, ist zerstört. Das Auto trug ihn schnell und unbeachtet aus Lübeck heraus.

Einer der größten unter den Dichtern! Gewiß nicht unter den Politikern. Wenn er sich politisch äußerte, war es oft schwer, ihm zu folgen. Manchen Feind hat sich der alte Mann geschaffen, darunter viele, die es sehr ernst meinen. Aber es sollte eine Brücke geben. Man sollte daran denken, daß er Jahrzehnte hindurch weit entfernt wohnte und daß unter seinen Beratern viele schlechte Stimmen waren. Und auch das sollte man nicht vergessen, daß über seine Äußerungen und Meinungen vieles falsch berichtet worden ist, falsch in die Welt gesetzt aus Boshaftigkeit. Was dann noch übrig bleibt an Kritik, auch an ehrlicher Kritik – nun, Thomas Mann ist Dichter und nicht Politiker, er ist der große Epiker, Humanist, Warner, Prediger der Menschlichkeit, und alles andere sollte ohne Belang sein.

Er war in Lübeck, ein Dichter, der Heimweh hatte. Ganz aus eigenem Entschluß, aus einer Herzensregung und ohne eine offizielle Einladung ist er in seine Vaterstadt gekommen, nur für ein paar Stunden. Der große alte Thomas Mann...

Hans Schrem

10. Juni 1953, erster Besuch in Lübeck und Travemünde seit 1931; Schrem war Chefredakteur der ‹Lübecker Nachrichten›. – 1] ‹Aus einem Brief an Hans Schrem› in ‹Lübecker Nachrichten›, 19. Oktober 1948. – 2] ‹Thomas Mann grüßt St. Marien› in ‹Lübecker Nachrichten›, 2. September 1951. – 3] Die Entscheidung für die Nähe Zürichs war gefallen: im Juli wird Mann nach einem endgültigen Haus suchen. – 4] Während der letzten Septemberwochen 1953. – 5] 20.–30. April 1953, um den Feltrinelli-Preis in Empfang zu nehmen. Privataudienz bei Papst Pius XII. – 6] 4. Juni 1953. – 7] 3./4. Juni 1953. – 8] 8. Juni 1953. – 9] 9. Juni 1953.

Frankfurter Neue Presse, 13. Juni 1953

Rückkehr zur alten Erde

Interview mit Thomas Mann über deutsche und ausländische Literatur

«Wir sind aus dem ruhigen Cambridge gekommen und haben in Hamburg nun diese turbulenten, aber sehr schönen Tage verbracht», sagt Thomas Mann, der mir mit seiner Gattin im geräumigen Gästehaus Hamburgs an der Elbchaussee gegenübersitzt. «Ich bin hier mit einer Herzlichkeit begrüßt und aufgenommen worden, die wirklich rührend war.» Man sieht es dem Dichter an, daß ihm dieser Empfang nahegegangen ist. Mit einer ungewohnten schüchternen Koketterie erkundigt er sich, wieviel Plätze die Hamburger Musikhalle faßt, in der er aus seinen Werken las: «Zweitausend doch mindestens? – Aber Sie wollten über Literatur mit mir sprechen?» und er wendet mir sein Gesicht mit den durchdringenden Augen und der scharf profilierten Nase zu, ein Gesicht, das durchaus nicht das eines 78jährigen ist.

So, wie er nun dasitzt, ein wenig geneigt, in sich hineinlauschend, ist er ganz der frühere Thomas Mann. Sorgsam formt er beim Sprechen seine Sätze: Sie sind abwägend, ausdrucksstark, abgerundet und unwiderruflich. Entschlüpft seinem Gesprächspartner ein unvorsichtiges Wort der Anerkennung, so wird es mit leicht ironischem Kopfnicken unter verdächtiger Faltung der Mundwinkel quittiert.

«Sie erinnerten mich an eine meiner letzten Reden vor der Hitlerzeit», sagt er, «an die Rede über die deutsche Literatur zu Goethes hundertstem Todestag. Das war 1932 im Weimarer Nationaltheater. Ja, das war noch ein anderes Weimar, als das Weimar kurz darauf, als die Nationalsozialisten einzogen. – Wir sind nicht eigentlich vor ihnen geflohen», ergänzt Thomas Mann mit lebhafter Stimme. «Wir waren in diesem Februar 1933 zufällig verreist und hatten aus München nur das nötigste Gepäck mitgenommen. Nun aber blieben wir gleich draußen. Erst fünf Jahre in der Schweiz, später im amerikanischen Universitätsstädtchen Princeton. Das ist ein angenehmer, würdiger Ort, der an gewisse kleine deutsche Universitätsstädte erinnert. Aber nach fünfzehn Jahren hatte ich das Gefühl: Ich muß zurückkehren nach Europa, zur alten Erde, und so leben wir nun in der Schweiz. Es ist eine Erneuerung der Lebensform in ruhiger Ländlichkeit.

Es war eigentlich für mich eine gewisse Enttäuschung», so sagt Thomas Mann, «daß aus der Hitlerzeit so gar nichts in Deutschland vorhanden war. Man hatte im Ausland geglaubt, daß es eine Art Unter-‹Schubladen-Literatur› oppositioneller Art geben müsse. Nun, das scheint unter dem Druck des Regimes kaum möglich gewesen zu sein.» Mit der deutschen Nachkriegsliteratur ist Thomas Mann noch wenig vertraut. «Ja, wir haben schon über die Gruppe 47 gesprochen», sagt Frau Mann. Aber ihr Gatte erklärt: «Was die deutsche Literatur der Gegenwart betrifft, so bin ich in Verlegenheit, wenn man mich danach fragt. Ich bin ein sehr langsamer und ein sehr schlechter Leser. Neulich habe ich jedoch ein Buch von Hermann Kesten in der Hand gehabt, das mir eine Begegnung zu sein scheint. (Es ist der geschichtliche Roman ‹Sieg der Dämonen – Ferdinand und Isabella›).[1] Bei der Verwendung einer Art von Surrealismus ergeben sich übrigens allerlei Möglichkeiten.

Wie ich den Einfluß der Amerikaner auf unsere Literatur beurteile? Nun, viele dieser Amerikaner sind wirkliche Potenzen. Für Hemingways Kurzgeschichten habe ich immer viel übrig gehabt, auch für seinen Roman ‹Farewell to Arms› und für die letzte Erzählung ‹Der alte Mann und das Meer›, die wieder auf der Höhe seines Könnens steht. Daß Könner wie Hemingway, Faulkner und andere im Vakuum der Nachkriegszeit in Deutschland geschätzt werden, ist nicht zu verwundern. Übrigens ist nicht nur in Deutschland die ‹Mitte› verlorengegangen. Das ist auch in Frankreich so. Nur in England hat man noch ein anständiges Mittelmaß, das hauptsächlich von Frauen produziert wird.

Der große epische Stil, die Ausdrucksform in Werken eines großen Atems, ist mehr oder weniger abhanden gekommen. Das war eine Angelegenheit des 19. Jahrhunderts. Ich habe das Gefühl, daß es ein Vorzug ist, wenn man – wie ich – das letzte Viertel des 19. Jahrhunderts noch mitgemacht hat. Es hat durch die großen Romanciers, durch Thackeray und Dikkens, durch Balzac, für den ich eine besondere Vorliebe habe, durch Tolstoi und Dostojewski sein geistiges Gesicht erhalten. Diese Vorbilder haben wir nicht mehr. Das Format der heutigen Zeit ist viel kleiner, so viel kleiner, daß man keinen Grund hat, verächtlich vom 19. zu sprechen.

Sie erwähnten die Einwirkung der Psychoanalyse einerseits, des Existentialismus andererseits auf die Literatur unserer Zeit. Aber sind das nicht zum großen Teil rein atmosphärische Einflüsse? Als ich den ‹Zauberberg› schrieb, kannte ich Freud überhaupt noch nicht. Das alles lag aber damals schon so in der Luft, daß gewisse Elemente davon in den Roman eingedrungen sind. Es war keine direkte Beeinflussung. Man könnte ebensogut sagen, daß meine ‹Joseph›-Romane von Jung beeinflußt worden seien. Das ist auch nicht der Fall. Auch hier ist es die Zeit selbst, die spricht.

Und nun die letzte Frage: ob ich nie versucht war, ein Schauspiel zu schreiben? Nun, ich weiß keine schönere Art, einen Abend zu verbringen, als vor einem geistvollen Schauspiel. Ich habe das Theater immer sehr geliebt. Meine persönliche Veranlagung aber ist epischer Natur, und meine Bewunderung hat immer dem großen epischen Stil gegolten. Ich habe Tolstoi grenzenlos bewundert. Trotzdem habe ich es einmal auf der Bühne versucht, mit meinen dramatischen Renaissance-Dialogen ‹Fiorenza›. Sie wurden wiederholt aufgeführt, weil ein paar gute Rollen darin waren, aber ich muß offen sagen: ich hatte dabei ein schlechtes Theatergewissen.

Am nächsten war ich dem Theater, als ich ‹Lotte in Weimar› zu schreiben begann. Das wäre um ein Haar ein Lustspiel geworden», sagte Thomas Mann, der Erinnerung nachlächelnd, als er sich zum Abschied erhebt. «Aber inhaltlich war das ja für ein Theaterstück viel zu kompliziert. Was ich zu sagen hatte, wäre in einem Stück überhaupt nicht herausgekommen.»

Erich Hogestraat

1] München 1953; Neuauflage des Exilromans ‹Ferdinand und Isabella›, Amsterdam 1936.

Radio Basel, Sommer 1953

Bei einem Dichter zu Gast

Besuch bei Thomas Mann am Zürichsee

An einem schwülen, gewittrigen Sommertag 1953 bestieg ich am Bahnhof Erlenbach, gemeinsam mit dem Schweizer Maler Ernst Morgenthaler das Auto, an dessen Steuer Frau Katja Mann saß, die mehr als 70jährige, sehr aktive, jugendlich wirkende Gattin und Helferin des Dichters. In forschem Tempo fährt sie uns zum Hügel hinauf, auf dem das schmucke Haus steht, in dem Thomas Mann mit seiner Familie lebt und arbeitet. Der Rundblick über den Zürichsee zum nebelverhangenen Glärnisch-Gebirge ist einzigartig, die Szenerie der fernen Berglandschaft hinter dem See wechselt ständig. In den ersten Minuten, da man dem «Zauberer» – wie Freunde und Leser den Dichter zu nennen pflegen – am gastlichen Teetisch gegenübersitzt, verschlägt einem das Bewußtsein dieser gewaltigen, an Form und Inhalt so reichen künstlerischen Lebensleistung förmlich die Rede. Aber der liebenswürdig natürliche Ton des Hausherrn in dem bald lebhaft werdenden Gespräch, das von der freundlichen und überall nach dem Rechten schauenden Gastgeberin Katja kaum merklich dirigiert und mit anregenden, kurzen, oft humorigen Zwischenbemerkungen gefördert wird, läßt keine Minderwertigkeitsgefühle mehr aufkommen. Man vergißt, daß man den Meister interviewen wollte, lauscht seinem frischen und oft amüsanten Plauderbericht über seine Reisen nach England und Deutschland.

Kurz vor seinem 78. Geburtstag fuhr Thomas Mann nach Cambridge, wo er – übrigens gemeinsam mit Nehru – den Ehrendoktor der dortigen Universität empfing. Es war – wohlgemerkt – sein zwölfter Ehrendoktor. Dann fuhr er nach Hamburg, besuchte seine Heimatstadt Lübeck und Travemünde, das er das «Ferienparadies seiner Kindheit» nennt. Schmunzelnd, humorvoll erzählt er uns, wie er dort einmal als Knabe in der Kurkapelle die erste Geige spielen durfte. Der Kapellmeister sagte den Musikern: «Recht schön nachgeben!» – In Hamburg begrüßte ihn eine Delegation von Senatoren mit dem Landesbischof und brachte ihm – er erzählt es lächelnd – Lübecker Marzipan und Rotwein. Hamburg, wo Thomas Mann zu Vorträgen an der Universität eingeladen war, nennt er «eine ermutigende Stadt voller Lebensmut und Energie». Als ich den Meister fragte, wie er die Deutschen heute fände, ob er etwas von der deutschen «Kollektivscham» gespürt habe, antwortet er mir: «Ich war in einem Kreis von Menschen, die die Anschauung vertreten, daß die Deutschen allen Grund haben, sich nicht zu beklagen. Er weist auf die besonders fähige Persönlichkeit des sozialdemokratischen Bürgermeisters von Hamburg, Herrn Brauer, hin, auch auf Senator Erich Lüth, dem tapferen Kämpfer für christlich-jüdische Verständigung.

Allmählich gleitet das Gespräch in literarische und politische Bahnen. Auf meine Frage, worin seiner Meinung nach die Sendung des Dichters in unserer Zeit bestehe, welche spezielle dichterische und ethische Aufgabe er habe, antwortet der Meister: «Die Kunst als solche hat eine befreiende und vereinigende Macht. Die Art von Heiterkeit, die sie in die Welt trägt, ist vor allem auch eine begütigende Macht, eine Heiterkeit, in der Haß und Dummheit sich wenigstens vorübergehend auf eine versöhnliche Weise lösen.» Man sollte, meine ich, von der Aufgabe des Dichters nicht sprechen, sondern von der Wirkung, die er in die Welt hinausträgt, durch sein Erlebnis, sei es nun in didaktischer oder indirekter Weise, auf kühn prophetische oder eher meditativ ironische Art.

Auf meine Frage, ob der Dichter am politischen Zeitgeschehen tätigen Anteil nehmen soll, erwidert Thomas Mann: «Ich bin öfter dafür eingetreten, daß das Problem der Humanität eine Einheit bildet, aus der man das politische Element nicht ausscheiden darf. Das ist meine Art von Totalitarismus. Es war immer der Fehler des deutschen Bürgertums, mit einer gewissen Geringschätzung aus seiner rein kulturellen Sphäre auf das Politische und Soziale herabzublicken. Das hat für die Deutschen zu nichts Gutem geführt. Zum Kulturbegriff gehört eben das politische Element, das auch dem Dichter nicht ganz fehlen kann, selbst wenn er kein Prediger oder politischer Moralist zu sein wünscht.»

Thomas Mann weist ferner darauf hin, daß in seinem Werk das Kritisch-Essayistische Hand in Hand mit dem Erzieherischen und Epischen geht, und spricht von einem seiner letzten Werke, einem Essay-Band: ‹Altes und Neues›, in dem er eine Auswahl alter und neuer Beiträge zusammengestellt hat, und in dem eine durchgehende politische Haltung sichtbar wird.

Wir sprachen von Zeitereignissen, die gerade in jenen Sommertagen aktuell waren, und Thomas Mann betonte, lebhaft, daß er ein langes Protest-Telegramm gegen die geplante Hinrichtung des Ehepaares Rosenberg nach Washington gesandt habe.[1] «Ich bin der Letzte», fuhr er fort, «die Handlungsweise dieser Menschen zu billigen oder gar zu verherrlichen. An einen Freispruch war nicht zu denken, wohl aber, bei der juristischen Fragwürdigkeit des Falles, an die Begnadigung zu einer Freiheitsstrafe – und möchte es die schwerste sein. Die Exekution lag nicht im moralischen Interesse Amerikas, und ich habe mich nicht gescheut, das auszusprechen.» Thomas Mann wünschte ausdrücklich, daß die Öffentlichkeit erfährt, er habe sich in dieser Sache nicht stumm und gleichgültig verhalten.

Wir kehren wieder zu dem Gespräch über die Sendung und Aufgabe des Dichters zurück. «Ich spreche ungern von Pflichten und Aufgaben», sagt Thomas Mann. «Ich wünsche, durch meine Werke den Menschen zu helfen, sie besser, klüger, gütiger, freier zu machen.»

Noch einmal erwähnt der Meister in zufriedenem Ton seine Heimkehr nach Europa, «zurück zur alten Erde». – «Warum wählten Sie gerade die Schweiz, warum nicht Deutschland für Ihre Heimkehr?» fragte ich Thomas Mann. Da spricht er von seiner «alten Sympathie für die Schweiz», wo er schon in seiner Jugend, im Lesezirkel Hottingen, ermutigende Aufnahme gefunden habe.[2] Bereits 1933–38 lebte er mit seiner Familie in Küsnacht (Zürich) und habe immer dankbar an diese Zeit zurückgedacht. Stets habe er «ein gewisses Heimweh nach der Schweiz» verspürt. Die Schweiz sei ein Klein-Europa durch ihre Mehrsprachigkeit. In diesem kleinen Land, betont der Dichter, fühle man sich gleichwohl nicht beengt. Hier sei europäische Weite, hier atme man europäische Luft. Thomas Mann spricht begeistert vom internationalen Theater- und Musikleben in Zürich. Wenn auch das Züricher Schauspielhaus sich nicht auf der Höhe der Kampfzeit gegen Hitler habe halten können, die ihm viele bedeutende Kräfte zugeführt habe, so sei es doch auch heute imstande, bestrickende Aufführungen herauszubringen, wie z. B. die von ‹Maß für Maß›, die er gerade mit seiner Frau gesehen habe.

Trotz seiner Niederlassung in der Schweiz könne übrigens von einem Bruch mit Deutschland nicht die Rede sein, das er seit 1949 wiederholt besucht habe, und wo er sich vieler herzlicher Sympathie erfreue. Äußerlich freilich betrachte er die deutsche Periode seines Lebens als abgeschlossen, wie das Weltgeschehen es nun einmal gefügt habe. Nie habe er aufgehört, am deutschen Schicksal Anteil zu nehmen, aber sein höheres Interesse gelte Europa, und er wünsche dem Erdteil auf Grund seiner langen, ehrwürdigen Leidensgeschichte ein neues Solidaritätsgefühl und ein neues Selbstbewußtsein, auf das seine Einheit sich gründen könnte. «Dieses Selbstbewußtsein» – so behauptet Thomas Mann – «ist Europa leider weitgehend verloren gegangen, aber es sollte sich wieder herstellen lassen auf Grund eines großen Gemeinsamen: Europa hat eine Aufgabe für den Frieden.»

Der Maler Ernst Morgenthaler zeichnet während unseres Gesprächs den Dichter, verfolgt jede seiner Gesten und seine oft lebhafte Mimik mit gespannter Aufmerksamkeit. Dieses Porträt erscheint bereits einige Wochen später in einer Sonderausgabe der Erzählung Thomas Manns: «Die Betrogene», die als faksimiliertes Manuskript des Dichters zum Besten der Kinderhilfe in Israel gedruckt wurde.[3]

Immer wieder wendet sich das Gespräch literarischen und damit zusammenhängenden menschlichen Problemen zu. Auf meine Bemerkung, daß so oft zwischen dem Leben des Dichters und seinem Werk eine Diskrepanz bestehe, daß er – genauer gesagt – als Persönlichkeit menschlich und moralisch nicht das halte, was er als Schriftsteller verspreche, antwortet Thomas Mann kopfschüttelnd, dann könne sein Werk nicht ganz echt sein.

«Natürlicherweise, und wenn es redlich zugehe», so sagt er, «müßten Werk und Mensch sich decken, denn ein künstlerisches Lebenswerk sei der unwillkürliche, aus Bewußtem und Unbewußtem eigentümlich gemischte Ausdruck einer Persönlichkeit, entsprungen aus dem Drange nach Verewigung des Einmaligen.» Wieder ist Europa das Thema unserer Unterhaltung, man hat durchaus das Gefühl, daß Europa das wesentlichste Anliegen für den Dichter ist, der trotz amerikanischer Nationalität immer ein guter Europäer geblieben ist. «Je älter ich wurde», bestätigt er mir, «desto stärker fühlte ich meine europäischen Wurzeln.»

Viele Leser, die Thomas Manns Bücher lieben, fragen nach seinem Schweizer Heim, seinem privaten Leben. Nun, da gibt es nichts Sensationelles zu berichten. Jegliche Starallüren liegen diesem schlichten, bürgerlichen Charakter wahrlich fern. Wie sich in seiner Dichtung das Musische mit dem Gelehrten und behaglich Plaudernden vermählt, so ist auch sein gemütliches Heim überall Ausdruck seiner kunst- und musikliebenden, wissens- und erfahrungsreichen Persönlichkeit. Eine ungewöhnlich vielfältige und erlesene Schallplattensammlung – darunter Werke von Mozart, Brahms, Bruckner, César Franck, Wagner, Mahler – vereint fast allabendlich die Familie zum intimen Hauskonzert. – Ein anderes Hobby des Dichters ist seine Uhrensammlung, die seltene und komplizierte Uhrwerke aufweist. Sein Arbeitszimmer im 1. Stock mit dem schönen alten Mahagonischreibtisch, der noch von seinem Münchener Mobiliar gerettet werden konnte, mit den dichten Bücherreihen, den vielen Übersetzungen seiner Werke und schönen alten bibliophilen Ausgaben, läßt den geruhsamen und zugleich beschwingten Geist ahnen, der im Werk dieses magischen Dichters lebt. In diesem Arbeitszimmer befindet sich auch eine kleine lauschige Goethe-Ecke, in der man unter einem Bild Charlotte Buffs,[4] der Thomas Mann in seinem Roman ‹Lotte in Weimar› ein unvergeßliches Denkmal gesetzt hat, ein Goethe-Autogramm entdeckt: Es ist ein Goethe-Wort, das der Dichter besonders liebt:

Will einer sich gewöhnen,
So seys zum Guten, zum Schönen.
Man tue nur das Rechte,
Am Ende duckt, am Ende dient der Schlechte.

Das Goethische, diese Synthese von bürgerlichem Verantwortungsgefühl, Phantasie, geistiger Klarheit und künstlerischer Freiheit, scheint fast jedem Besucher Thomas Manns der wesentliche Eindruck seiner harmonischen und reichen Persönlichkeit. Einmal sprachen wir, schon vor Jahren, als er aus Kalifornien zu Vorträgen nach Basel und Zürich kam,[5] über seine Arbeitsmethode und die Art seiner Inspiration. Wohl sei die Inspiration wichtig, erklärte mir der Dichter, fuhr dann aber mit einem feinen, selbstironischen Lächeln fort: «Wenn ich freilich bei meiner Arbeit auf Inspiration warten würde, könnte ich wohl niemals fertig werden.» In der Tat ist Thomas Mann der Typus des Schriftstellers, bei dem das Dichterwort: «Genie ist Fleiß» vollauf zutrifft. Aber er erzählte mir damals lebhaft von der großen inspirierenden Wirkung, die das Spazierengehen auf sein Schaffen ausübe. «Ich bin ein alter leidenschaftlicher Spaziergänger», bekannte er mir, und er schilderte mir seine Landsleute, die Amerikaner, die keinen Schritt gehen und überhaupt kein Verständnis für den Spaziergänger haben. Es passierte Thomas Mann häufig während seiner Spaziergänge in Amerika, daß Autos anhielten und ihn im Wagen mitnehmen wollten. Sie glaubten, er wünsche Auto-Stop. Und der Dichter erzählte, er habe jedesmal Mühe gehabt, diesen netten Menschen seine Freude am Spazierengehen klarzumachen und ihnen auseinanderzusetzen, daß er zu seinem Vergnügen zu Fuß gehe.

Der Dichter hält viel vom Einfluß der Natur auf die Arbeit, vom physischen Wohlbefinden, vom Sauerstoff-Ein-und-Ausatmen, und nichts, gar nichts von künstlichen Stimulantien. Als ich von Schillers faulen Apfeln in der Schublade und von den ungeheuren Kaffeemengen, die Balzac zum Schaffen anregten, sprach, sagte er mit einem Lächeln: «Ich brauche keine Anregung, eher Beruhigung bei meiner Arbeit. Ich bin mit Schopenhauer der Meinung, daß der Fleiß, das Durchhalten, die höchste Form der Tapferkeit ist. Die Geduld ist alles. Fleiß allein nützt natürlich auch nichts, aber es geht nicht ohne ihn und nicht ohne die Ausdauer. Die Zweifel am Gelingen des Werkes müssen überwunden, müssen durchgehalten werden.»

Damals beschrieb mir Thomas Mann genau seinen Arbeitstag: «Die regelmäßige Arbeit und Disziplin des Schaffens ist für mich eine physiologische Gewohnheit. Von 9–½1 Uhr arbeite ich intensiv. Der Nachmittag gehört den Korrespondenzen, der Lektüre und den Besuchen. Sicherlich sind die Arbeitsmethoden bei Dramatikern, Lyrikern, Romanschriftstellern verschieden. Rapide und sehr fruchtbare Schaffenszeiten wechseln je nach Temperament und Charakter mit langen Arbeitspausen ab. Einen tiefen Einblick ließ mich der Dichter in seine Werkstatt tun, als er sagte: «Meine Bücher sind immer viel größer geworden, als ich wollte. Das Buch, das ich gerade schrieb, hatte plötzlich seinen eigenen Willen. Zum Beispiel war der ‹Zauberberg› ursprünglich als Novelle gedacht und hat sich fast gegen meinen Willen zu einem Roman entwikkelt.»

Wenn man das Heim Thomas Manns in seiner ganzen liebenswürdigen Traulichkeit und anregenden Geistigkeit schildern will, so darf man die freundliche Gastgeberin Katja Mann, den eigentlichen Mittelpunkt dieses Hauses, nicht unerwähnt lassen. Mit Recht schrieb die Tochter des Dichters, die Schriftstellerin Erika Mann, es bleibe merkwürdig, daß die Welt, das lesende Publikum vieler Länder, kaum je aufmerksam werde auf die Frau, unter deren Regie und unentbehrlichem Schutz ein dichterisches Lebenswerk entstand, das doch seinerseits einige Beachtung gefunden habe.[6] – Ja, die Gattin Thomas Manns, die ihm sechs Kinder schenkte und diesen Kindern nicht nur im landläufigen Sinne eine «gute Mutter» war, sondern eine prächtige Kameradin und geistige wie seelische Betreuerin, trat nie ins Rampenlicht der Öffentlichkeit. Sie gehört zu jenen ungemein bedeutsamen Frauenwesen aller Länder und Zeiten, die in der Stille ihres Heims, im Schoß der Familie ihre wesentliche Aktivität und Genialität der Anregung entfalten. Und welch einer Familie! Wenn es gewiß für keine Frau leicht ist, die Gattin eines Schriftstellers zu sein, seinen Stimmungen und Wünschen, seinen skurrilen Einfällen und Launen, seinen geistigen und seelischen Beanspruchungen gerecht zu werden und die Ambiance zu schaffen, in der seine Persönlichkeit und sein Werk gedeihen, aufblühen können, so mag das im Falle eines Dichters wie Thomas Mann, bei einem so reichen und vielfältigen schriftstellerischen Werk, besonders schwierig gewesen sein. Wenn wir, rein äußerlich gesehen, den gewaltigen Umfang des Lebenswerkes Thomas Manns betrachten und dazu die künstlerische, wissenschaftliche und schriftstellerische Aktivität der Mann-Kinder hinzuzählen – dann wächst die Lebensleistung Katja Manns, die einfach nur immer da war für ihren Gatten, ihre Kinder und darüber hinaus für viele hilfesuchende Freunde, geradezu ins Gigantische. Das «Mielein» wird sie von Kindern, Enkeln und Freunden genannt. Wenn man mit ihr plaudert, muß man die Schilderung ihrer Tochter Erika bestätigen, die sie «blitzgescheit, schnell von Witz und Verstand» nennt und «gut, wie die Neger braun sind, auf die natürlichste, selbstverständlichste Art von der Welt». Ihre Organisationstüchtigkeit, große Belesenheit und ein hervorragendes Gedächtnis machte Frau Katja zu einer idealen Sekretärin ihres Dichtergatten, der alle Probleme seines Schaffens mit ihr besprach. Im Schweizer Heim der Familie hängt das Porträt ihrer Großmutter, der berühmten Frauenrechtlerin und Romanschriftstellerin Hedwig Dohm, von Lenbach gemalt; Katjas Großvater, Ernst Dohm, war ein einflußreicher Politiker der Bismarck-Zeit. Eine der schönen Dohm-Töchter wurde Schauspielerin und spielte in Meiningen, wo Josef Kainz als Romeo gastierte, die Julia. Dr. Alfred Pringsheim aus Berlin, der in der Loge saß, verliebte sich auf der Stelle in sie, und die beiden wurden ein Paar. Dies waren die Eltern von Katja Mann, und Klaus Mann,[7] der früh verstorbene Sohn Thomas und Katja Manns, nennt seine Großeltern, die Pringsheims, eine ungewöhnliche Familie, auffallend sogar in dem buntgemischten Milieu der Münchner Gesellschaft vor dem Ersten Weltkrieg. In dem museumartigen Palais von Professor Pringsheim, der Gemälde, Gobelins, Majoliken, Silbergeräte und Bronzen im Renaissance-Stil sammelte und dabei seine Pflichten als Mathematikprofessor der Münchner Universität sehr ernst nahm, verkehrten die berühmtesten Maler, Musiker und Dichter der Epoche, sie trafen sich dort mit Prinzen vom Hause Wittelsbach, bayrischen Generälen und durchreisenden Bankiers aus Frankfurt und Berlin. In diesem kosmopolitischen, bunten und kultivierten Milieu wuchs Katja mit ihren vier Brüdern auf, und hier war es, wo der junge Lübecker Dichter die ebenso witzige wie charmante Mathematikstudentin kennenlernte und freite. Was diese Frau für die ganze Familie Mann in Krisen- und Emigrationsjahren bedeutete, wie hoch ihre organisatorische Leistung bewertet werden muß, das hat ihr Sohn Klaus lebendig veranschaulicht. (Was sie speziell für den Dichtergatten bedeutete, das hat ihre Tochter Erika eindringlich geschildert.) Als liebenswürdiger, aber unentbehrlicher «Cerberus» bewachte sie stets des Dichters Arbeitsruhe und bewahrte ihn vor Störungen durch neugierige Besucher oder Briefschreiber.

«Es hat persönliche Bedeutung für mein Leben», sagt Thomas Mann, als wir uns verabschieden, «daß ich mich nach fünfzehn Jahren in Amerika entschlossen habe, nach Europa zurückzukehren. In den letzten Jahren spürte ich ein wachsendes Gefühl meiner Zugehörigkeit zu Europa. Es war keine Kleinigkeit, mein Leben auf eine neue Basis zu stellen, auch klimatisch, denn der letzte Winter war in der Schweiz besonders hart, der Gegensatz zu Kalifornien sehr kraß.»

Als wir beide, der Maler Ernst Morgenthaler und ich, den Berg hinunter zum Zürichsee gehen und von dem Meister und seiner Gattin sprechen, von der jugendlichen und regsamen Persönlichkeit des Dichters, ist mir ähnlich zu Mute wie einst der Dichterfreundin Henriette Herz, als sie zum ersten Male Goethe kennenlernte. Mir fiel der Brief ein, den sie damals an einen Freund schrieb, der so lautet: «Ich habe wieder einmal eine schöne Zeit in Dresden verlebt, mich geweidet an den Herrlichkeiten der Kunst und habe das Glück gehabt, Goethe kennenzulernen, was mir ordentlich in meinem Leben gefehlt hatte... Ich habe manch gutes Wort von ihm gehört, und ihn gesehen und gesprochen zu haben, bleibt ein heller Punkt in meinem Leben.»

Gertrud Isolani

Interview vom 6. Juli 1953. – 1] Julius (geb. 1916) und Ethel (geb. 1918) Rosenberg wurden wegen Verrats amerikanischer Kernwaffengeheimnisse an die UdSSR verurteilt und hingerichtet. – 2] Lesung am 19. Januar 1914. – 3] ‹Die Betrogene. Erzählung von Thomas Mann›, Faksimile-Druck der Handschrift auf Büttenpapier, Lausanne/Zürich September 1953 (400 Exemplare, 1–50 vom Autor signiert). Die Originallithographie von Ernst Morgenthaler vor dem Titelblatt, mit dem Datum 6. 7. 53. – 4] Abgedruckt in: ‹Bild und Text bei Thomas Mann. Eine Dokumentation›, hrsg. von Hans Wysling unter Mitarbeit von Yvonne Schmidlin, Bern u. München 1975, S. 322. Diese Reproduktion erhielt Mann 1943 als Geschenk (Freundl. Auskunft des Thomas-Mann-Archivs der ETH Zürich, das die Reproduktion aufbewahrt). Das «Goethe-Wort» stammt aus den ‹Zahmen Xenien›, 5. Abteilung. – 5] 1949 oder 1950. – 6] Da eine schriftliche Äußerung Erika Manns nicht zu ermitteln war, und die Interviewerin dasselbe Zitat später mit «sagte ihre Tochter» verwendete (‹Eine vorbildliche Dichtergattin», in: ‹Die Tat› vom 18. 7. 1963), ist eine Gesprächsäußerung zu vermuten, die im Zusammenhang mit Manns Würdigung seiner Frau zum siebzigsten Geburtstag am 24. Juli 1953 stehen dürfte (GW XI, 521–526). – 7] In ‹Der Wendepunkt›, Frankfurt/M. 1952, S. 12.

Svenska Dagbladet, Stockholm, 4. August 1953

Thomas Mann arbeitet an einem großen Memoirenwerk

«Um hier meinen Lebensabend zu verbringen» – so lautete Thomas Manns Antwort auf dem offiziellen Fragebogen unter der Rubrik «Zweck des Aufenthalts», als er vor einem Jahr nach Zürich kam.[1] Der 78jährige Nobelpreisträger hat seinen Wohnsitz in der Vorstadt Erlenbach genommen, eine Meile außerhalb der Stadt. Dort lebt er so zurückgezogen, daß selbst seine Nachbarn kaum von seiner Anwesenheit wissen.

Die weiße, moderne Villa liegt hoch oben auf dem Höhenzug. Thomas Mann ist der erste Mieter. Alles ist neu. Im Arbeitszimmer, eine Treppe höher, sind die Möbel aus der Zeit von der Jahrhundertwende. Das Fenster bildet eine Glaswand gegen den See und die Alpen hinaus. Grüne Abhänge und schneebedeckte Gipfel erheben sich über dem Wasserspiegel, wo eben jetzt ein «Achter» wässerne Striche zeichnet. Die norwegischen Studentenruderer trainieren für einen Wettkampf.

«Das Studentenkorps in Oslo hat mich für den kommenden Herbst eingeladen, einen Vortrag zu halten. Ich wäre gern gereist, wenn ich mich nicht nach einer Reise nach Hamburg und Cambridge hätte erholen müssen. Aber ich hoffe, ein anderes Mal kommen zu können, denn ich bin noch nie in Norwegen gewesen. Schweden kenne ich besser. Ein Fest in Uppsala, im Frack vom frühen Morgen an, gehört zu den stattlichsten und stilvollsten, an denen ich teilgenommen habe.»[2]

«Sie haben Knut Hamsuns Schicksal in einem Vortrag erwähnt?»[3]

«Ja, er forderte sein Schicksal selbst heraus, und es vollzog sich mit unentrinnbarer Tragik. War ‹Das Brot der Erde› nicht ‹Blut und Boden›? Ich hatte viel Freude an dem Buch in meiner Jugend, ebenso wie an ‹Pan›, ‹Victoria› und den ‹Mysterien›, aber gleichzeitig fühlte ich, daß Hamsuns Hohn gegen den Liberalismus, gegen Gladstone und Victor Hugo sich einmal rächen würde. Er hegte eine fast physische Aversion gegen England, und am Ende verwechselte er Deutschland mit dem Nazismus. Aber seine Kunst bleibt bestehen, neben Kiellands, Lies und Garborgs[4].»

«Vergiß Björnson nicht», ruft Frau Thomas Mann aus. Sie kannte sowohl Björnstjerne als auch Caroline persönlich.

«Nein, natürlich auch Björnson. Und gleichzeitig möchte

ich gern die Dänen J. P. Jacobsen und Herman Bang nennen. Wie hieß nur gleich Bangs Zirkusroman?»

«Die vier Teufel», wirft Frau Mann ein.

Das Gespräch findet im Erdgeschoß, im Gartenzimmer statt, wo ein großer Flügel den größten Teil des Raumes einnimmt. Einen Garten im gewöhnlichen Sinne des Wortes kann man ihn nicht nennen. Denn, wie ein Norweger es einmal scherzhaft ausgedrückt hat, die Schweiz ist «ein an die Wand zu hängendes, senkrechtes Land». Eine Terrasse ist das einzig Waagerechte in Sicht.

Thomas Mann ist kein «Lautensänger». In seinem grauen Flanellanzug sieht er jugendlich aus. «Jahresringe» sieht man nur auf der schmalen Hand mit dem Wappenring. In seinem Gesichtsausdruck ist etwas, was an Paul Valéry erinnert.

«Valéry kannte ich», sagt Mann. «Was für ein edles Haupt er hatte!» – «Meinen Sie, wie Valéry, daß die Form der wahre Inhalt der Kunst ist?»

«Nein, ich würde sagen, daß die Form die Anpassung der Persönlichkeit an die Aufgabe ist, die man auszuführen hat. Das habe ich deutlich in der Musik spüren können, die so viel für mich bedeutet. Denken Sie an Richard Wagner, an seinen Stil. Nach drei Takten, aus welchem seiner Werke auch immer, ist man sich darüber im klaren, daß er es ist, der sie geschrieben hat, seien sie auch noch so verschieden voneinander.»

«Haben Sie das Gefühl einer nahen Verbindung zwischen den verschiedenen Kunstarten?»

«Ja, und am stärksten zwischen dem Wort und der Musik. In meinem Werk habe ich versucht, einen musikalischen ‹Kontakt› zu halten. Die deutsche Sprache ist eine Orgel, es ist ganz unwahrscheinlich, was man aus ihr herausholen kann. In ‹Joseph und seine Brüder› habe ich alle Register gezogen.»

«Wenn Sie neu geboren würden – würden Sie dann die deutsche Sprache als Ausdrucksmittel wählen? Könnte das Italienische oder Spanische nicht mehr Musik ergeben?»

«Niemand genießt seine eigene Sprache mehr als der Italiener; aber ich glaube, daß ich vielleicht das Englische vorziehen würde. Es eröffnet so viel mehr Möglichkeiten. Die deutsche Literatur ist nicht populär. Nun ist es an und für sich nicht entehrend, unpopulär zu sein. Die Tatsache ist nur, daß sie es ist, abgesehen von Goethe und den anderen Klassikern.»

«Enthielt nicht bereits das Werk Wassermanns, Meyerinks und Ewers'[5] deutliche Verfallstendenzen?»

«In diesen Jahren gab es jedenfalls viele Menschen, die das Gefühl hatten, daß Deutschland auf dem Wege zum Abgrund war.»

«Fehlen den Menschen in unserer Zeit nicht gewisse Voraussetzungen, um Ihre Romankunst richtig schätzen zu können? Ich denke an den Willen und die Fähigkeit zur Vertiefung.»

«Ja, das ist eine Frage, die ich mir selbst oft gestellt habe. Aber letztlich sage ich mir, daß ein Mann aus meiner Generation jedenfalls immer mit einer gewissen Neugier darauf rechnen kann, was er zu berichten hat.»

«Was schreiben Sie zur Zeit, Dr. Mann?»

«Ein Memoirenwerk. Ich brauche längere Zeit Arbeitsruhe, um es vollenden zu können.»[6]

Auf Thomas Manns Schreibtisch liegen Stapel von Manuskripten. Er schreibt mit der Hand, aber diktiert seine Briefe.

«Kann man Schriftsteller aus verschiedenen Perioden miteinander vergleichen und entscheiden, wer von ihnen der größere ist, oder spielt die Zeit als solche eine so große Rolle, daß ein solcher Vergleich irreführend wäre? Kann man zum Beispiel ohne weiteres Flaubert mit Faulkner vergleichen?»

«Ja, gewiß kann man das. Da besteht ein riesiger Unterschied im Format. Denken Sie an den Wald von großen Künstlern, den wir im vorigen Jahrhundert hatten. Denken Sie an die russische, französische und englische Romankunst! Mit ihrem Maß gemessen sind die heutigen Schriftsteller primitive Miniaturen.»

«Wem würden Sie den Nobelpreis zu Balzacs Zeiten gegeben haben? – nur als ein Gedankenexperiment.»

«Balzac – Tolstoi kam erst später. Beide haben viel für mich bedeutet.»

«Wie stellen Sie sich zur modernen Literatur, Herr Dr. Mann?»

«Das Interessanteste an ihr ist, daß sie gewissermaßen unbewußt einen Überblick über unsere ganze Welt zu geben sucht, bevor die Nacht sinkt. Gide und Proust haben die chinesische Mauer gesprengt, die Frankreich früher umgab. Viele haben gemeint, ich sei von Proust beeinflußt. In Wirklichkeit habe ich ihn erst in letzter Zeit kennengelernt. Er hatte mit seiner raffinierten Pyramide aus kleinen, kleinen Steinen das gleiche Format wie Balzac.»

«Und Joyce, der einmal hier in Zürich gewohnt hat, gehören Sie zu seinen Bewunderern?»

«Er schrieb sechzig Sprachen anstatt einer; das macht seinen ‹Ulysses› nicht eben zu einem künstlerischen Genuß. Aber interessant ist er. Moderne Literatur lese ich nicht viel, das ist eine allzu riskante Zeitinvestierung. Ich ziehe die Großen vor, die mir in meiner Jugend Freude machten. Aber es gibt ein Buch aus letzter Zeit, das ich gern allgemein empfehlen möchte. Es handelt sich um van der Posts Afrikabuch ‹Wagnis im Inneren›.[7] Es besitzt die besten britischen Eigenschaften an Männlichkeit und Redlichkeit. Was er zu erzählen hat und wie er es erzählt ist ganz außerordentlich.»

«Kann man von einem modernen Romanstil sprechen, oder sind die nationalen und individuellen Züge ausgeprägter als die gemeinsamen?»

«Man kann jedenfalls von einem amerikanischen Stil sprechen. Hemingway ist vielleicht dessen typischster Repräsentant. Mit ihrem photographischen Dialog sind die Amerikaner noch im Naturalismus. In der Schauspielkunst haben sie eine bemerkenswerte Fähigkeit zur Verlebendigung. Sie bewegen sich und reden auf der Bühne ebenso unbehindert wie bei sich zu Hause oder auf der Straße. Ein Europäer wirkt in einem amerikanischen Ensemble immer wie ein Outsider.»

«Hat die psychoanalytische Wissenschaft das Tätigkeitsgebiet der Schriftsteller eingeengt?»

«Keineswegs! Ohne Dostojewski kein Freud. Shakespeare ist meiner Meinung nach der größte Psychoanalytiker, der je gelebt hat. Als Heilmittel kann die Psychoanalyse ihre Risiken haben. Ich meine wie Ibsen: ‹Nimmt man einem Durchschnittsmenschen die Lebenslüge weg, dann stirbt er.› Außerdem existiert im Zusammenhang mit den Analysen eine große Menge Humbug. Lange bevor ich Freud kennengelernt hatte, interessierten die Psychoanalytiker sich für das, was ich schrieb. Sie glaubten, ich hätte Freuds Arbeiten gelesen und mein neues Wissen im ‹Zauberberg› verwendet. Es war erst viel später, daß ich Freud las und ein Bewunderer dessen wurde, was er für kranke Menschen geleistet hat.»

«Warum sind Sie aus Amerika zurückgekehrt?»

«Fünfzehn Jahre in USA reichen. Das Gefühl, daß ich ein Europäer bin, wurde so stark, daß ich heim mußte.«

Henning Sinding-Larsen

Übersetzt aus dem Schwedischen.

1] Über die Formulierung der Niederlassungserlaubnis, «Verbringung des Lebensabends und schriftstellerische Betätigung», die der schweizerischen Amtssprache entstammt, freute Mann sich besonders. – 2] Mann hatte am 23. Mai 1949 in Uppsala den Vortrag ‹Goethe und die Demokratie› gehalten, welcher in der schwedischen Presse kaum erwähnt wurde; den gleichen Vortrag hielt er am 24. Mai in Stockholm. – 3] ‹Der Künstler und die Gesellschaft. Vortrag, gehalten auf dem Kongreß der Unesco im September 1952 in Venedig›, Wien 1953 (GW X, 386–399; hier S. 396). – 4] Eine Beziehung Manns zu Arne Garborg (1851–1924), der hauptsächlich durch einen Sprachenstreit und andere Kontroversen bekannt wurde, selbst zum ‹Landsmålet› (eine Art Ur- und Neunorwegisch) überging und eine polemische Zeitschrift ‹Die neunorwegische Sprach- und Nationalitätsbewegung› herausgab, ist weder bekannt noch wahrscheinlich. – 5] Gustav Meyrink (1868–1932); Hanns-Heinz Ewers (1871–1943). – 6] Mann nahm im April 1953 die Arbeit an ‹Bekenntnisse des Hochstaplers Felix Krull› wieder auf; die von Sinding-Larsen gewählte eigentümliche Formulierung gab zu dem Mißverständnis Anlaß, Mann schreibe seine Memoiren. – 7] Laurens van der Post (geb. 1906), ‹Venture to the Interior›, 1952.

Der Abend, Berlin, 7. Januar 1954

«Jawohl, hier Thomas Mann!»

Blitzgespräch mit Zürich-Erlenbach in aller Frühe

Keine zehn Minuten – und schon meldet sich Thomas Mann am Telephon. Mit klarer, fester, naher Stimme. Als spräche er aus einem Berliner Hotel. Und dabei liegen doch viele hundert Kilometer und eine Landesgrenze zwischen uns. Sonst war erst mal Frau Thomas Mann die liebenswürdige Vermittlerin solch früher Blitzgespräche. «Meine Frau ist hinausspaziert in die Sonne!» Thema unseres Geprächs: Berliner Premiere von ‹Königliche Hoheit›.[1] Ist ja selbstverständlich! Thomas Mann sagt:

«Bei der Betrachtung des Films sollte man vor allem eins nicht aus dem Auge verlieren: den Hinweis im Vorspann: Frei nach… Da liegt der Schlüssel. Mein Buch ist kein Film – der Film nicht mein Buch.[2] Man sollte tunlichst nicht vergleichen!

Und wenn schon Vergleiche: dann also nicht Film mit Buch, sondern Film mit – anderen deutschen Filmen aus jüngster Zeit. Und da scheint mir doch ‹Königliche Hoheit› noble Figur zu machen. Ich habe mich doch auf das Reizvollste angesprochen gefühlt, als man mir den Film in einer Sondervorführung in Zürich[3] zeigte.

Wovon zuerst? Da bleibt nur zu bekennen: von den Farben.[4] Jawohl, die Farben taten's mir am meisten an. Und dann die sehr angenehmen Interieurs, die man wohl in Fulda[5] fand. Wer hätte das geahnt!»

Und dann kommt Thomas Mann auf die Schauspieler. Dabei zeigt sich die ganze Ritterlichkeit eines altersweisen Kavaliers. Ein Herzenskompliment für die charmante Ruth Leuwerik[6] – eine artige Verbeugung vor der «noblen Haltung» Dieter Borsches.[7] Die Umrisse dieser Figuren umschmeichelt er immer wieder mit liebenswürdigen Worten. Dann die besondere Überraschung: mit Vehemenz kommt er auf die Randfiguren zu sprechen. Und da muß es ihm wohl Günther Lüders[8] als Kammerdiener Neumann besonders angetan haben.

«Ich bedauere nur, daß meine Tochter Erika nicht von Anfang an dabei war. Sie hätte sicher so manche Unebenheit im Dialog glätten, so manche Steifheit etwas auflockern können.»[9] Mit leisem Unterton der Resignation schließt das Frühtelephonat.

Daß man wieder so freimütig telephonieren kann... mit Mann, mit jedermann, über Landesgrenzen weg, ohne Spitzelfurcht: das sollte man ganz schnell noch festhalten. Wir vergessen zu rasch. Wann konnte man eigentlich so sorglos Ferngespräche führen? Gute zwanzig Jahre ist's wohl her! Nein, gut waren all die Jahre nicht. Freuen wir uns doppelt: Keine zehn Minuten – und schon am Telephon Thomas Mann.

1] Berliner Erstaufführung am 11. 1. 1954 im Gloria-Palast an der Gedächtniskirche; die Uraufführung hatte am 22. 12. 1953 in Frankfurt/M. stattgefunden. – 2] Die Liebesromanze hatte die gesellschaftskritischen Elemente verdrängt; vgl. die Fortführung der Überlegungen in ‹Film und Roman›, GW X, 936 f. – 3] 19. 12. 1953. – 4] Die Farbqualität von ‹Gevacolor› wurde sowohl von der Kritik wie von Mann selbst erneut hervorgehoben; vgl. ‹Unterhaltungsmacht Film›, GW X, 932 ff. – 5] Das fürstäbtliche Schloß und die Orangerie in Fulda waren die Außendrehorte, während die Studioaufnahmen in Göttingen aufgebaut wurden; Ausstattung: Walter Haag. – 6] Die rotblonde Ruth Leuwerik (geb. 1926) scheint in der Rolle der Imma Spoelmann nicht Manns Idealbesetzung gewesen zu sein, denn seine Tochter Erika wies in begleitenden Äußerungen mehrfach auf das Buch-Vorbild Katja hin: «Zierlich, perlblaß und mit rabenschwarzem Haar». Spürbar ist diese Distanz ebenfalls in der Widmung eines ‹Königliche Hoheit›-Exemplars: «Der reizenden Ruth Leuwerik, der lieblichen Film-Imma mit herzlichem Gruß». Sie erhielt für diese Rolle den Bambi-Filmpreis als beste Filmschauspielerin des Jahres 1953. – 7] Für Dieter Borsche (1909–1982) notierte Mann am

20. 12. 1953 in das Widmungsexemplar: «Meinem wahren und wirklichen, echten und rechten Klaus Heinrich, wie er im Buche steht, mit Dank und Glückwunsch». Sein fünfzehnjähriger Sohn Kay Borsche spielte den jugendlichen Prinzen. – 8] Neben Günther Lüders (geb. in Lübeck, 1905–1975) fanden Paul Bildt als Staatsminister Knobelsdorff, Lil Dagover als Gräfin Löwenjoul, Rudolf Fernau als regierender Großherzog Albrecht II., Paul Henckels als Hofmarschall Bühl zu Bühl und Mathias Wiemann als Doktor Überbein ungeteilte Zustimmung. Heinz Hilpert als Samuel Spoelmann und Herbert Hübner als General wurden kritischer gewertet, Oskar Dimroth als Dr. Sammet, Hans Hermann Schaufuß als Hoteldirektor und Kurt Vespermann als Finanzminister Krippenreuther weniger beachtet. Die Überlegenheit der schauspielerischen Leistung über die filmische Gesamtrealisation tat dem Erfolg des Films keinen Abbruch. – 9] Mann wahrte seine Ansprüche in einem urheberrechtlich ungesicherten Zustand durch seine Tochter Erika (vgl. den Brief an die Filmaufbau GmbH, Göttingen vom 12. 8. 1953; Briefe III, 302/574), die im Herbst 1953 zwei Monate an den Dreharbeiten als stellvertretende Mitarbeiterin des UFA-Regisseurs Harald Braun teilnahm und laufend das Drehbuch redigierte; Drehbuch: «Georg Hudalek und Hans Hömberg unter Mitarbeit von Erika Mann». Sie gravierte sich als Krankenschwester in den Film ein.

L'Unità, Rom, 3. Mai 1954

Unser Interview mit Thomas Mann

Der große deutsche Schriftsteller spricht sich gegen den Krieg und die H-Bombe aus

Kilchberg ist ein stiller, schmucker Ort, an einem Hang über den Ufern des Zürichsees gelegen, mit dunklen Bäumen, schmalen, felsigen Straßen, mit Häusern wie aus Zucker und Schokolade: Hier wohnen ruhige, freundliche, wohlgenährte Leute, die – in diesen Frühlingstagen – alle geschäftig die Blumen auf den Söllern herrichten und mit kleinen Sicheln das Gras in den Gärten schneiden.

Am Haus Alte Landstraße 39,[1] das von einem kleinen Mäuerchen umgeben ist, findet man neben der überdachten Tür ein Metallschild, welches in winzig kleinen eingravierten Lettern einen Vor- und Zunamen trägt: Thomas Mann. Bevor ich auf den Klingelknopf drückte, zögerte meine Hand ein wenig.

Thomas Mann: der Name, der mehr als ein halbes Jahrhundert die Literaturgeschichte beherrscht, der Nobelpreis, der Künstler, der von den ‹Buddenbrooks› bis zum ‹Doktor Faustus› in einem Werk von mitreißender künstlerischer Dichte die Sorgen von drei Generationen europäischen Bürgertums dargestellt hat, und das mit einer Stimme, die nicht müde wurde durch die Jahre und die auch heute noch zu den stärksten und deutlichsten gehört, die wir hören können. Ich fühlte, daß die unbefangene und unvoreingenommene Aufdringlichkeit, die mit dem Journalistenberuf einhergeht, nicht ausreicht, um mein Unbehagen bei dem Gedanken, ihm in wenigen Augenblicken gegenüberzustehen, zu dämpfen. Als der Schriftsteller mir aber die Hand drückte und mich bat, einzutreten, legten sich diese grauen Augen des Nordländers, deren durchdringende Unerbittlichkeit wir hinter den Zeilen seiner Essays und Romane fühlen, im Halbschatten des Vestibüls mit einem so ruhigen und freundlichen Wohlwollen auf mich, daß jegliche Befangenheit sofort von mir wich.

In einem seiner ersten Romane schrieb er: «Man ist als Künstler innerlich immer Abenteurer genug. Äußerlich soll man sich gut anziehen, zum Teufel, und sich benehmen wie ein anständiger Mensch.»[2]

Und Thomas Mann, der Autor von ‹Zauberberg› und ‹Tod in Venedig›, ein Intellektueller, der die Gabe hat, die entlegensten Bereiche des Gedankens zu erforschen, der ironische und über alle Maßen feinsinnige Essayist, erschien mir als Verkörperung eines Ideals von Einfachheit, Eleganz und vornehmer Zurückhaltung.

Wir betraten das helle Arbeitszimmer, welches gut ausgestattet, aber ohne jede Spur von Prunk war. Ein breiter Schreibtisch, einige ledergebundene Bücher in einem Regal, ein Diwan, ein paar Sessel, ein paar gerahmte alte Drucke an den Wänden, schneeweiße Vorhänge an den Fenstern. Jenseits der Fenster der stille und hellblaue See in der lauen Frühlingssonne.

Thomas Mann setzte sich in einen großen Sessel neben dem Schreibtisch, und während er langsam den Rauch einer dicken, blonden Zigarre einsog, bot er mir mit einer Geste den Sessel gegenüber an.

«Finden Sie den Ort nicht schön?» fragte er mich, indem er nach den entfernten, noch schneebedeckten Bergen blickte. «Mir gefällt die Schweiz! Vor vielen Jahren bin ich schon einmal hier gewesen, und jetzt bin ich wiedergekommen, um hier zu bleiben.»

Nach der langen Zeit des Exils, nach vielen stürmischen Polemiken, nachdem er Amerika verließ mit all seinen Widersprüchen und Unduldsamkeiten, mit seinem erniedrigenden Argwohn, der das Land verdirbt, hat auch er – wie Charlie Chaplin in Corsier, an den Ufern eines anderen Sees – die Einladung der Schweiz angenommen, die ordentlich und ruhig ist bis zur Langeweile.

Überflüssig, ihn zu fragen, weshalb er nicht ein Mittelmeerland gewählt hat. Zu weit von seinem Wesen entfernt ist dies entzündete, erregende, «fürchterlich lebhafte» Klima des Südens. Dennoch erinnert er sich voller Sympathie an seine letzte Italienreise: Rom, Siena, Florenz, Forte dei Marmi, Mailand...[3]

In der Scala erlebte er eine tadellose Aufführung des ‹Othello›. «Es war», sagt er, «a wonderful performance, ein wundervolles Schauspiel, wirklich wundervoll.»[4]

Doch etwas auf dieser Reise hinterließ einen unangenehmen Eindruck bei ihm: der Lärm unserer Städte, die Belästigung durch Motoren, die zu jeder Zeit durch unsere Straßen donnern. In der Erinnerung noch schüttelt er leicht den Kopf, so als wollte er sich befreien von einem hartnäckigen Echo, das ihm noch immer in den Ohren dröhnt.

Dann spricht er von unserem Staatspräsidenten, von unseren Schriftstellern. Auf einmal merkte er, wie meine Augen nach etwas suchten, wo ich die Asche meiner Zigarette abstreifen könnte, und nahm einen schweren Messingaschenbecher vom Schreibtisch, den er zwischen uns auf den Teppich stellte. «Bitte, so können wir ihn beide benutzen.» Und nach einem Augenblick des Schweigens: «Was geschieht zur Zeit in Italien?»

Es ist nicht einfach, dies mit wenigen Worten zu erklären. Doch Thomas Mann kennt unsere politische Lage, die Problematik unserer Regierung, so wie er die Politik der anderen Länder verfolgt und kennt. Es versteht sich, daß er, wenn auch weitab von den Kämpfen, die Pein dieses alten Europas fühlt, das vom Gespenst des Krieges und der schrecklichen Atomwaffen beherrscht ist. Es war nicht zu vermeiden, daß das Gespräch auf diesen Punkt kam.

Was denkt Thomas Mann über den Alarmzustand, in den sich alle Nationen durch die unkontrollierbare Wirkung der neuen Bomben versetzt sehen?[5] Wenn man seinen Standpunkt kennt, ist die Frage mehr als überflüssig. Und wer weiß, wieviel Blut die Kommunisten für die Freiheit vergossen haben, bewundert die großen Anstrengungen, die sie im Kampf gegen die Deutschen vollbracht haben, womit sie sogar dem liberalen Bürgertum ein Beispiel an Mut gaben, und hegt keine voreingenommene Abneigung gegen sie, auch wenn er kein Kommunist ist; genauso wie er sich nicht als anti-amerikanisch erklärt, obwohl er die Grenzen der amerikanischen Politik kennt, auch wenn er mit Bitterkeit die stetig fortschreitende Ausbreitung des Faschismus beobachtet, der – seinen alten Voraussagen entsprechend – jenes Land unter der Maske der Freiheit erobert.

Wenn ihm auch als Menschen und als Künstler die Parteienkämpfe fremd sind, so ist ihm aber keineswegs das Drama der Menschheit fremd; mit Mißbilligung schließt er es als unmöglich aus, zur Verteidigung eines sozialen Systems oder einer Ideologie Tausende von Menschen völlig zu unterdrükken.

«Der Krieg», sagt er, «und besonders ein Atomkrieg wäre nur ein zerstörerisches Unternehmen. Ideen sind um den Preis eines Massakers nicht aufrechtzuerhalten. Auch ein Krieg, den man für richtig hält, kann die Menschheit nur niederdrücken und zurückwerfen. Und bei einem Zusammenprall gäbe es keinen Sieger.»

Läßt man die tragischen Folgen des Krieges beiseite, so ist er außerdem überzeugt, daß die Angst und die Aufregung, die sich unter den vom Alp dieses Mordinstruments erdrückten Völkern ausbreiten, schon in sich eine gefährliche Bedrohung für das moralische Gleichgewicht des Menschen darstellen.

«Es ist eine unmißverständliche Tatsache», erklärt er, «daß ein von Angst und einer anomalen Verfassung der Intelligenz bestimmtes Leben das Bewußtsein verwirrt und die Freiheit einschränkt. Es bleibt nur zu wünschen, daß der Schrecken vor diesen in jeder Hinsicht zerstörerischen Waffen unter den Völkern ein Gefühl entstehen läßt, das hilft, den Frieden zu erhalten. Der Dritte Weltkrieg wäre für alle eine Katastrophe, und ich kann mir nicht denken, daß die Menschheit so verrückt ist, sich in dieses unheilvolle Abenteuer zu stürzen.»

«Sie halten es also für richtig», frage ich weiter, «daß der friedliche Kampf der Völker gegen die Bedrohung durch die atomare Geißel fortgeführt wird?»

Auch diese Frage beantwortet Thomas Mann ohne zu zögern. «Ja, das ist sicherlich eine gute Sache, und jeder muß zu ihrem Erfolg beitragen. Man darf nicht den Kommunisten allein die Verteidigung des Friedens überlassen. Es mag Ihnen befremdlich erscheinen, daß ich das Ihnen, einem Kämpfer der Kommunistischen Partei sage, doch das ist meine Meinung. Ich halte es für eine Pflicht eines jeden Menschen und vor allem eines jeden Intellektuellen, alles Menschenmögliche zu tun, um die Spannung zu entschärfen, um das zu erreichen, was wir mit einem deutschen Wort ‹Entspannung› nennen. Um das gegenseitige Verständnis zu fördern, meine ich, daß man die kulturellen Beziehungen und den wirtschaftlichen Austausch erweitern müßte: auf diesen Ebenen ist es leichter, sich zu verstehen. Bleiben wir bei der Kultur», wiederholt er und hebt eine Hand, so als wolle er die weit entfernten Zuhörer ansprechen, «ich denke zum Beispiel an die hervorragende Idee des Verlegers Einaudi, die Briefe der zum Tode Verurteilten aus den verschiedensten europäischen Ländern zu sammeln. Diese extremen Zeugnisse der Opfer des Faschismus zeigen, wie lebendig in allen Völkern die Liebe zur Freiheit ist. Deshalb habe ich gern das Vorwort zu diesem Buch verfaßt.[6] Persönlich lehne ich es niemals ab, an diesen Werken mitzuarbeiten; ich freue mich immer, wenn ich die Verständigung der Völker erleichtern kann.»

Bei diesen Worten ließ er sich mit dem Rücken in die Sessellehne sinken und schaute mit leicht gerunzelten Brauen auf den See. Dann, ganz langsam, als ob er den Faden eines Gesprächs mit sich selbst wieder aufnehme, richtete er sich wieder auf und fuhr fort: «Sehen Sie, ich verabscheue das banale Sektierertum; meine Vorliebe, meine Tradition, mein eigener literarischer Stil folgen einem Prinzip, das über den Nationalismen steht.» Eine schwierige und angreifbare Haltung, von der man nicht sagen kann, daß Thomas Mann ihr in seinem Leben nicht treu geblieben wäre.

Ein brauner Wolfshund, der verstohlen durch das Vestibül hereingekommen war, näherte sich dem Sessel seines Herrn und begann, seine Schnauze heftig an dessen Knie zu reiben. Thomas Mann streichelte ihn, fuhr ihm immer wieder mit der Hand über den Kopf. Dann stand er auf und gab mir ein Zeichen, ihm in das kleine Nebenzimmer zu folgen. «Das ist mein Arbeitszimmer, ich bin gerade dabei, es aufzuräumen.»

Er nahm den Faden unseres Gesprächs wieder auf und fügte hinzu: «Ich liebe alle großen Autoren, englische, deutsche, französische, italienische und russische. In der Kultur ist es leichter, die Schranken der Nationalismen zu durchbrechen.

Ja, es ist wirklich leichter. Aber in der Politik, so könnte man sagen, ist es ein komplizierteres Unternehmen.»

Am liebsten würde ich ihm jetzt noch ich weiß nicht wieviele Fragen stellen, über seine Bücher, über die moderne Literatur, doch scheint es mir unzulässig, sein Entgegenkommen über Gebühr auszunutzen. Schon seit mehr als einer Stunde bin ich bei ihm; auch weiß ich, daß er um diese Tageszeit (wie mir die Tochter bei der Vereinbarung des Termins gesagt hatte) seine Arbeit wieder aufnimmt an seinem großen, wohlgeordneten Schreibtisch, auf den das vom See reflektierte Licht durch das feine Gewebe der Tüllgardinen fällt.

Er drückt mir die Hand und begleitet mich mit einem Lächeln zur Tür. Draußen: die friedliebenden Bürger von Kilchberg, die auf kleinen Bänken vor ihren Häusern die Zeitung lesen oder hemdsärmelig zwischen den gepflegten Pflanzen ihrer Gärten umherschlendern. Ihre Welt beginnt und endet hier. Ein merkwürdiger Kontrast zu der Welt ihres Hausnachbarn, die so groß ist, daß sie den Sinn für Grenzen verloren hat. Nicht einer dieser rotbackigen Schweizer, an die ich mich in Zürich wandte, um Informationen zu erhalten, konnte mir genaues über den Wohnort von Thomas Mann sagen. Selbst in Kilchberg merkte ich, daß viele nicht einmal wußten, daß sie wenige Schritte von ihren Häusern entfernt einen so berühmten Gast unter sich haben.

Die Schweiz hat eine alte Tradition der Toleranz oder vielmehr der Indifferenz gegenüber den großen Problemen, die ihren Nachbarvölkern den Schlaf rauben, und sie scheint geradezu wie dafür geschaffen, die heftigsten Leidenschaften zu dämpfen, die Gefühle zu betäuben, jede Polemik in Watte zu packen. In diesem Sinne kann sie als ein Land gelten, das die Ruhe selbst ist. Daher ist die Tatsache, daß Thomas Mann seinen Wohnsitz in dieser Gegend gewählt hat, als umfassende Erklärung einer absoluten Neutralität aufgefaßt worden, als Verzicht auf eine Wahl, vor allem aber als Verzicht auf die Probleme, die mit einer solchen Wahl verbunden sind.

Aber ein Mann wie er, der in allen seinen Fasern von der vielfältigen europäischen Kultur durchdrungen ist, trägt seine Verantwortlichkeit mit sich in jeden Winkel der Welt, und es gibt keine Atmosphäre, die ihm den Blick auf jenes innere Panorama trüben könnte, welches seit mehr als fünfzig Jahren seine Botschaft als Intellektueller belebt. Als Erbe der vornehmsten bürgerlichen deutschen Tradition hat er sich niemals in der Festung seines Standes eingeschlossen, hat er niemals Haltungen und Gewohnheiten völlig akzeptiert und sich niemals hinter seinen Privilegien versteckt. Als bohrender, scharfsinniger, «prophetischer» Kritiker (und kehrt man heute zu seinen Jugendwerken zurück, so erscheint das Prophetische an einigen Stellen mit erstaunlicher Offensichtlichkeit) hat Thomas Mann die Bedenklichkeit der bürgerlichen Moral enthüllt, hat ihr Sinken und ihr Fallen geahnt und ihre dramatische Zersetzung dargestellt, als erst wenige Anzeichen der tödlichen Krankheit auf dem blühenden Gesicht des Deutschlands nach der Jahrhundertwende sichtbar wurden.

Der Zerfall der wilhelminischen Gesellschaft – der seiner jugendlichen Prophezeiung Recht gab – nahm ihm die schlimmste Befürchtung vor einer barbarischen Erlösung des Bürgertums in einem Blutbad.

In der Überzeugung, daß es ohne Freiheit (eine umfassende Freiheit, die alle liberalen Schemata weit hinter sich läßt) keine Rettung für den Menschen gibt, griff der Schriftsteller mit Entschiedenheit den Faschismus an und verließ Deutschland nach Hitlers Machtergreifung, während die Braunhemden die ‹Buddenbrooks› – ein Roman über den «Verfall einer Familie» – in die Flammen warfen und schrien, daß «eine deutsche Familie, eine Familie der auserwählten Rasse, niemals verfallen kann». Um weiter bei seiner eigenen Wahrheit bleiben zu können, scheute er seitdem keine Unbequemlichkeiten und erhob mehrmals während des faschistischen Krieges seine Stimme im Alliierten-Sender, um die Deutschen zur Verehrung der Freiheit zurückzurufen, zur Achtung des Menschen, auch wenn sie diese Rückkehr zur Kultur mit einer militärischen Demütigung bezahlen und den Kalvarienberg der Niederlage besteigen müßten. Heute kann man schwerlich einen solchen Denker, einen Mann von strenger politischer Moral, verdächtigen, daß er an die Schweiz als an ein Niemandsland gedacht habe und dort einen für das Gewissen bequemen Kompromiß zwischen den beiden Welten schließen wollte. Thomas Mann schien uns ein Intellektueller, der offen gegenüber allen Forderungen seiner Zeit ist, ein Europäer, der ganz Europa ohne Vorurteile und ohne propagandistische Anwandlungen liebt. Die Schweiz ist für ihn – und seine Worte haben es bestätigt – weder ein Exil, noch ein Refugium, sondern ein Observatorium, von dem aus er weiter das Leben betrachtet mit einer Intelligenz, die nicht altert.

Im Grunde bleibt sein höchstes Ideal die Eroberung immer entlegenerer Gebiete in der Dichtung, einer Dichtung, die sich nicht in der Suche nach illusorischen Äußerlichkeiten, Extravaganzen, zerebralen Satanismen verliert, sondern welche den Ausdruck der höchsten Formen des Menschseins umfaßt. Eine seiner schmerzhaft lebendigen Gestalten, Tonio Kröger, schreibt aus den weit entfernten Ländern des Nordens, wo er Trost für seine Sorgen gesucht hatte, in dem unvergeßlichen Brief an die Freundin Lisaweta: «Denn wenn irgend etwas imstande ist, aus einem Literaten einen Dichter zu machen, so ist es diese meine Bürgerliebe zum Menschlichen, Lebendigen und Gewöhnlichen. Alle Wärme, alle Güte, aller Humor kommt aus ihr, und fast will mir scheinen, als sei sie jene Liebe selbst, von der geschrieben steht, daß einer mit Menschen- und Engelszungen reden könne und ohne sie doch nur ein tönendes Erz und eine klingende Schelle sei.»[7] Dichtung wie Liebe also, Liebe zu den Menschen, zu ihren Schicksalen, zu ihren Gewöhnlichkeiten, zu ihrem Leben.

Guido Nòzzoli

Übersetzt aus dem Italienischen von Gabriele Bettina Berardi.
Tagebuch, 23. IV. 54: «Insistenter Mitarbeiter des römischen ‹Unità›, nicht loszuwerden am Telephon (Kommt 24. IV. 54).» – 1] Das Haus wurde am 15. April 1954 bezogen. – 2] ‹Tonio Kröger›, GW VIII, 294 f. – 3] Italienreise, 4. Februar–4. März 1954. – 4] 3. März 1954. – 5] Von den USA war im November 1952 die erste H-Bombe erprobt worden. – 6] ‹Introduzione› in ‹Lettere di condannati a morte della resistenza europea›, hrsg. von Piero Malrezzi u. Giovanni Pirelli, Turin 1954 (vgl. GW X, 818–825). – 7] ‹Tonio Kröger›, GW VIII, 338; 1. Korinther 13, 1.

Münchner Merkur, 23. Juli 1954

In Kilchberg bei Thomas Mann

Der «Zauberer» spricht ein Wedekind-Essay auf Band

Links neben der Haustür findet sich ein kleines Bronzeschild; über dem Klingelknopf steht in Antiquabuchstaben: Thomas Mann. Die nicht große, weinumrankte Villa in Kilchberg über dem silbernen Spiegel des Zürcher Sees ist jetzt das endgültige Heim des Schriftstellers, der im nächsten Jahr achtzig wird.

Man sieht und merkt ihm das nicht an, er wirkt zeitlos. Sein Blick zielt genau, kritisch und wie stets ein wenig mißtrauisch-abwägend; manchmal blinkt Heiterkeit und Ironie hinter den Brillengläsern. Der erste Teil des Hochstaplerromans ‹Felix Krull› erscheint in diesem Herbst, die Arbeit an der Fortsetzung ruht im Augenblick zugunsten eines Essays über Anton Tschechow, dessen 50. Todestag demnächst gefeiert wird.[1] In Gedanken beschäftigt sich Thomas Mann aber bereits mit der Rede über Schiller, die er 1955 in Stuttgart halten soll.[2]

Der Präsident der Bayerischen Akademie der Schönen Künste, Emil Preetorius, hat um einen Vortrag über die deutsche Sprache gebeten.[3] Der genaue und fleißige Dichter des ‹Tod in Venedig›, der gerade bei dieser Aufforderung alles andere als ein Improvisator sein möchte, zögert darum mit einer bejahenden Antwort an den alten Freund in München. Wir kommen auf Rudolf Borchardt und Hofmannsthal zu sprechen, da uns der jetzt erschienene Briefwechsel der beiden Poeten, Generationsgenossen Manns, beschäftigt. Ich bewundere wieder das außerordentliche Gedächtnis meines Partners. Mit wenigen Worten und einer pointierten Anekdote umreißt er das Bild Borchardts, dessen ungewöhnliche Rhetorik Thomas Mann einst in der Müchner Aula bestaunt hat. Es ging damals das heute kaum widersprochene Gerücht, Borchardt habe seine Reden frei und ohne große Vorbereitungen gehalten, und sie seien, ohne wesentliche Redaktion, auf Grund des Stenogramms sogleich gedruckt worden. Ein Freund schickt durch mich seine historisch-kritische, endgültige Ausgabe von Stifters ‹Witiko› in Erinnerung an Manns Zeilen über Stifter in der Entstehungsgeschichte des ‹Doktor Faustus›;[4] ihn beschäftigt die abgrundtiefe Dämonie dieses scheinbar so harmonischen mächtigen Epikers, dem endlich die Lebensangst das Rasiermesser in die Hand zwang, mit dem er sich vor dem Spiegel, ohne zu beben, die Kehle durchschnitt.

Da das mitgebrachte Aufnahmegerät des Rundfunks bereit ist, liest Thomas Mann die wenigen Seiten über Wedekind,[5] die analysierende Betrachtung über «seine» (Manns) Szene im ‹Marquis von Keith›, die 1914 im Anschluß an eine Aufführung im Münchner Schauspielhaus, mit Frank Wedekind in der Titelrolle, entstand. Dieses Stück meisterlicher Prosa, einem eminenten Kunstverstand zu danken, ist so jung, frisch und scharf ziseliert, so gültig in seinem leidenschaftlich kühlen Beteiligtsein geblieben, als lägen nicht 40 Jahre, sondern 40 Tage zwischen dem Damals und dem Heute. Und wieder nimmt die künstlerische Natürlichkeit des hinreißend unpathetischen Vortrags, die Konzentration auf Wort und Satz wunderbar gefangen. Wie sehr wird sich das literarisch beteiligte Deutschland auf die Stuttgarter Schillerrede im nächsten Jahr zu freuen haben!

Vorher habe ich die Bekanntschaft mit dem Sohn Golo, dem angesehenen Historiker, dem Gentzbiographen und Publizisten gemacht. Im Gespräch mit Sohn und Vater wird spürbar, daß beide an allen Entwicklungen in Deutschland den regsten Anteil nehmen. Einmal bellt draußen der Schäferhund, und die Kinderstimme einer Enkelin läßt sich vernehmen. Dem zierlichen adretten Hausherrn mit den kaum ergrauten Schläfen, dem noch nicht schütteren Haupthaar, ist das hohe Alter und die Großvaterschaft nach der fast halbstündigen Vorlesung nicht anzumerken. Er raucht mit weltmännisch eleganter Allüre seine Zigarette, und der Druck der trockenen glatthäutigen Hand beim Abschied ist so stark und herzlich wie damals im ostpreußischen Nidden, als wir uns 1929 einverständig und freundschaftlich trennten, eines guten Wiedersehens gewiß.

Erich Pfeiffer-Belli

1] ‹Versuch über Tschechow› (‹Sinn und Form›, Berlin, Heft Sept./Dez. 1954, S. 783-804); Anton Tschechow starb am 15. Juli 1904 – 2] Nach Abschluß des Tschechow-Essays setzte sich Mann sofort mit Schiller-Literatur auseinander. – 3] Die von Preetorius geplante Tagung, auf der Mann den Eröffnungsvortrag halten sollte, fand erst im Jahre 1957 statt. – 4] Adalbert Stifter, ‹Witiko. Eine Erzählung›. Mit Bruchstücken früherer Fassungen hrsg. von Max Stefl, Augsburg 1953. In der ‹Entstehung des Doktor Faustus› hatte Mann die Naturbetrachtung Stifters als beängstigend-unheimlich charakterisiert und zusammengefaßt: «Stifter ist einer der merkwürdigsten, hintergründigsten, heimlich kühnsten und wunderlich packendsten Erzähler der Weltliteratur, kritisch viel zu wenig ergründet» (GW XI, 237f.). – 5] ‹Über eine Szene von Wedekind› (1914 unter dem Titel: ‹Über Frank Wedekind›).

Die Weltwoche, Zürich, 3. Dezember 1954

Thomas Mann an der Arbeit

Der erste Beitrag unserer Umfrage «Wie sie arbeiten»

«Ich habe, ich will es gestehen, feste, nur zwangsweise und dann mit einiger Beängstigung durchbrochene Arbeitsgewohnheiten», beginnt der Dichter, während der Kaffee eingeschenkt wird und draußen vor den Fenstern im trüben Licht des Nachmittags die ersten Schneeflocken des Jahres wirbeln.

In des Dichters Kilchberger Haus durfte ich die Absicht der ‹Weltwoche› auseinandersetzen, unter Schriftstellern, Musikern, Komponisten, Malern, Bildhauern – kurz und gut: unter künstlerisch tätigen Menschen zum Thema «Wie sie arbeiten» eine Reihe von Beiträgen zu sammeln. Ob er aus dem Kreis der zu Befragenden nicht, schicklicherweise, der Erste sein wolle, bat ich Thomas Mann, und fügte, mich für die Zudringlichkeit meines Ansinnens entschuldigend, hinzu: er selber habe ja einmal die Zeit schöpferischer Menschen mit jener Sternmaterie verglichen, von der ein einziger Kubikzoll hienieden Zentner wiegen würde. Was wunders also, daß angesichts der größeren Dichte und Ergiebigkeit der schöpferischen Zeit dem Künstler gegenüber sich nicht bloß die Menschen der Mehrzahl zu der verblüfften Frage melden – « *Wann* machst du das alles nur?» –, sondern auch die Freunde zu der liebevoll-neugierigen: « *Wie* machst du das alles nur?»

Thomas Mann findet sich zu einer kleinen Schilderung seiner Arbeitsgewohnheiten bereit:

«Nach dem Frühstück im Eßzimmer, sagen wir, von halb neun bis halb ein Uhr, wird die literarische Produktion gefördert. Der Nachmittag gehört dem Spazierengehen, der Korrespondenz, der Lektüre – Sachen, auf die es mir ankommt, habe ich nie nachmittags getrieben. Ich brauche dazu die Morgenfrische, die geistige Rüstigkeit und Gespanntheit des Vormittags. Was den Ort dieser Vormittagstätigkeit anlangt, so arbeite ich nie am Schreibtisch, das will sagen, nie mehr, denn früher erschien mir der Schreibtisch als der natürlichste Ort des Schreibens. Doch seit ich 1946 nach einer Lungenoperation aus Chicago nach Californien zurückkehrte, bereitet mir das Sitzen am Schreibtisch Schmerzen im Rücken. Um mich der Beschwer, die von jenem Eingriff zurückblieb, zu überheben, galt es damals, eine neue Arbeitspositur einzuführen, die ich bis heute beibehalten habe.» Thomas Mann unterbricht sich einen Augenblick, um dann weiterzufahren: «Sie kennen jene Unterlagen mit einer Metallklammer, in welche das Schreibblatt eingeklemmt wird. Nun darauf, die Unterlage auf dem Schoß oder bis aufs Knie vorgeschoben, schreibe ich in der Sofa-Ecke. Ich habe immer von Hand und mit Tinte geschrieben, dankbar für die Annehmlichkeit eines Deskhalters, in den man die Füllfeder wegstecken kann, ohne gleich alleweil mit Weg- und Zuschrauben der Kappe beschäftigt zu sein. Wie man Dichterisches diktieren kann – dafür fehlt mir die Vorstellung. Der Gedanke, ein Medium zu brauchen, ist mir fremd, ja peinlich, stört es doch empfindlich das Alleinsein, dessen ich so bedürftig bin.»

Ich glaube zu wissen, daß Thomas Mann über zwei Handschriften verfügt.

«Das trifft zu. Da ist die Manuskriptschrift, die ich von jeher geschrieben habe, meine angestammte Hand, im Prinzip ist es deutsche Schrift, untermischt mit einzelnen lateinischen Buchstaben. Ein kürzlich faksimiliertes Novellenmanuskript ‹Die Betrogene› zeigt diese meine Handschrift. Daneben habe ich mir in Amerika angewöhnt, Briefe, Dinge, auf deren Leserlichkeit ich Wert lege, in lateinischer Schrift abzufassen. Doch ist das nicht geschrieben – das ist gemalt. Wenn ich bei den Empfängern auf Verständnis rechnen darf, bediene ich mich auch bei epistolärer Gelegenheit lieber und geläufiger meiner persönlichen Mischschrift. Sie liegt mir näher am Herzen.»

Weiter frage ich den Dichter, wie viele Stadien und Abschriften eines seiner Werke im allgemeinen durchlaufen müsse, bis es druckreif ist.

«Es geht jeder Arbeit viel stille Vorbereitung voraus. Habe ich einmal zu schreiben angefangen, so gibt es keine Stadien mehr, höchstens die Verwerfung und Umschreibung einzelner Seiten. Es gibt auch nicht mehrere Abschriften, – gab früher, bis zum ‹Zauberberg› (diesen eingeschlossen), nicht einmal eine Maschinen-Abschrift. Die Manuskripte gingen einfach als erste und einzige Handschrift zum Verleger und in die Druckerei, die sich das merkwürdigerweise nicht verdrießen ließ. Übrigens schreibe ich der Reihe nach, ohne je ein späteres Kapitel vorwegzunehmen. Das hat besondere innere Kompositionsgründe. Späteres kann, ohne daß alles Frühere vorliegt, nicht gedeihen.»

Ob er selber Korrekturen lese und ob er im letzten Augenblick zum Schrecken der Druckerei und des Verlegers noch manches ändere, erkundige ich mich.

«Die Korrekturen lese ich selbst. Nein, viele Autorkorrekturen habe ich nicht anzubringen, es steht doch alles fest, was ich geschrieben habe, höchstens daß mir da oder dort noch ein besseres, das Gemeinte genauer zur Deckung bringendes Wort einfällt.»

Ob ich mir noch eine Frage dieser Art erlauben dürfe, deren Antwort vorzüglich die Kollegen von der literaturwissenschaftlichen Zunft interessieren werde – ob er nämlich beim Korrekturenlesen zuweilen auch einen Blick in das Manuskript werfe oder ob er sich ausschließlich auf sein Gedächtnis verlasse, so daß grundsätzlich die Möglichkeit besteht, daß der Drucker hier und da durch einen sinnvollen Verschrieb an dem Werk mitdichtet und der Autor, ohne diese Abweichungen von seinem Manuskripttext zu beachten, die neue Fassung autorisiert. So aus der Luft gegriffen sei diese Problematik nicht – bilde sie doch ein Kernstück des Streites um die Zürcher Gottfried-Keller-Ausgabe.

Thomas Mann antwortet:

«Nein, ich weiß, auch ohne ins Manuskript zu blicken, genau, was ich geschrieben und nicht geschrieben habe. Jedes veränderte Wort würde mir sofort als ‹nicht von mir›, als fremd auffallen.»

Dann fährt der Dichter fort: «Meine Arbeitsweise war immer merkwürdig verschachtelt und selten einmal geradlinig. Oft habe ich weitläufige Produktionen unterbrochen, um kleinere – Essayistisches oder Novellistisches – einzuschalten. Oder aber auch einmal, zwischen dem dritten und vierten Band ‹Joseph›, einen ganzen Roman, die ‹Lotte›, was ein sonderbares, jahrelanges inneres Festhalten eines Stoffes wie mit Nägeln und Zähnen anzeigt. Es erinnert mich an Wagner, der nach dem zweiten Akt des ‹Siegfried› den ‹Tristan› und die ‹Meistersinger› schrieb, um erst dann wieder zu den Nibelungen zurückzukehren. Solche Parallelen finden mich gerade dieser Tage, da ich für den 150. Todestag Schillers die Festrede vorbereite, recht aufmerksam und hellhörig. Wie merkwürdig berühren doch solche Verknüpfungen! Den Platz, den in Schillers Leben und Werk der ‹Wallenstein› besetzt, hat in demjenigen Wagners der ‹Ring›. Sie kennen doch die Entstehungsgeschichte des Werks? Wagner, mit der Gestaltung seines dramatischen Entwurfs ‹Siegfrieds Tod› beschäftigt, ertrug es nicht, daß soviel vorauszusetzen war, so viel Handlung vor dem Anfang lag. Sein Bedürfnis, auch die Vorgeschichte zu sinnlicher Anschauung zu bringen, war übermächtig – und er begann rückwärts zu schreiben: über den ‹Jungen Siegfried› und die ‹Walküre› bis zum ersten Baßfagott-Es des ‹Rheingold›-Vorspieles. Ursprünglich waren ja auch die ‹Wallensteiner› für *einen* Abend geplant – doch wurde Schiller ‹Wallensteins Lager›, was dem andern, dem Folger ‹Rheingold› werden sollte.»

Thomas Mann beeilt sich, wieder zum eigentlichen Gegenstand des Gesprächs zurückzukehren: «Da sprach ich Ihnen von diesem merkwürdigen Festhalten an dem einmal gepackten Stoff. Den Krull habe ich nach mehr als vierzig Jahren einfach wieder vorgenommen, als ob ich ihn gestern einer dringendern Arbeit oder auch nur einer beiläufigen Ablenkung zuliebe weggelegt hätte. Ganz äußerlich habe ich sogar auf demselben Papier angeknüpft, einem seltsamerweise karierten, feinen Papier von Prantl, Amadeus Prantl, wo ich vor Zeiten mir in München das Papier zu besorgen liebte, – seltsamerweise, sage ich, weil ich sonst den reinweißen, ganz und gar jungfräulichen Blättern den Vorzug gebe. Dieses sonderlich einzige Blatt hat mich mit dem ganzen Material zum Krull ein halbes Leben lang begleitet, von München in die Schweiz und dann ins amerikanische Exil, und nun wieder zurück nach Erlenbach und ins liebe Kilchberg.»

Material?

«Nun ja, Zeitungsausschnitte, Notizen, Produkte meines ‹Kritzelns›, Bilder, – Bilder von Badeorten, luxuriösen Seebadeorten, die Felix auf dem Fortgange seiner Karriere besuchen wird ... Auf dem besagten Blatt aus des Herrn Prantl Papierhandlung stand oben links noch ein einziges Wort: ‹gehabt›, ‹gewesen› oder auch nur ‹hat›. Ungesäumt knüpfte ich eben da an, zunächst ganz bewußt und absichtlich den Ton fortführend, den dieses Fragment aushielt, einen hochparodistischen Ton, nicht wahr, der auf die Autobiographie des 18. Jahrhunderts ging, der aber für einen Roman von fünfhundert oder mehr Seiten denkbar ungeeignet war. Ich wechselte daher in eine kurrentere Erzählweise hinüber, die der Weitläufigkeit des neuen Plans angemessener ist.»

Ich spiele flüchtig auf den Erfolg der ‹Bekenntnisse des Hochstaplers Felix Krull› an, deren erster Teil nicht nur das literarische Ereignis des Winters, sondern auch sein Bestseller ist.[1] «Ich bin immer aus den Wolken gefallen», entgegnet Thomas Mann, «wenn dann die Bücher Erfolg hatten, denn immer habe ich sie ohne einen Schimmer von Hoffnung aus der Hand gelegt. Meine Frau kann Ihnen bestätigen, daß ich mir 1912 oder 1913, als ich den ‹Tod in Venedig› fertig geschrieben hatte, ernstlich überlegte, ob ich die Erzählung tatsächlich der ‹Neuen Rundschau› zur Veröffentlichung anbieten solle. Ich fand sie einfach nicht gut genug.»

Er habe von Material und Notizen, seinem ‹Kritzeln› gesprochen: ob er bei Spaziergängen oder Reisen ständig ein Merkbuch mit sich trage.

«Nein – ich will das nicht tadeln, das hat vielleicht seine Vorzüge, ganz gewiß sogar, möchte man doch zuweilen gar zu gern die Umrisse einer Architektur oder einer Landschaft genau mit sich nehmen. Doch habe ich mich da immer auf mein Gedächtnis verlassen. Der Brauch, immer das Notizbuch in der Tasche zu tragen, hat etwas Kolportagehaftes im Wortsinne. Es sollte nicht nötig sein.»

Und die letzte Frage: wie er denn nun das Schreiben, das Bosseln empfinde – als ein Vergnügen oder als eine Pflicht.

«Als Lust und Plage, als Lust und Laster», antwortet der im Familienkreise Zauberer Genannte. «‹Der Erwählte› hat mir unbändigen Spaß gemacht, das kann ich nicht leugnen. Aber ein größeres Werk, den ‹Zauberberg› oder den ‹Faustus› etwa, durchzuhalten, hat mich Stunden der Verzweiflung gekostet. Das ist auch gleich das Hauptproblem des Schreibens: die tägliche Erneuerung der Lust und der Energie aus den nervösen Reserven und dem Ethos des Fertigmachens.»

Georg Gerster

1] Bekenntnisse des Hochstaplers Felix Krull. Der Memoiren erster Teil; erschien Ende September 1954.

Stuttgarter Zeitung, 1. Juni 1955

Das Nächste ist der zweite Band des ‹Krull›

Ein Gespräch mit Thomas Mann

Kaum zwanzig Minuten von Zürich entfernt liegt auf einem Hügel über dem Zürichsee die kleine Ortschaft Kilchberg, wo Conrad Ferdinand Meyer die letzten Jahrzehnte seines Lebens verbracht und unweit von seinem Hause – das heute ein Museum ist – auf dem malerischen Friedhof seine letzte Ruhe gefunden hat. Im Februar letzten Jahres bezog hier in Kilchberg, ebenfalls an der Alten Landstraße, in der Nähe des Conrad-Ferdinand-Meyer-Hauses Thomas Mann sein Haus, das er käuflich erworben hat. In seinem Arbeitszimmer, von dem aus er den See überblicken kann, plauderte der Dichter mit uns über sein Leben.

Thomas Mann feiert am 6. Juni seinen 80. Geburtstag. Bereits am 4. Juni wird der Stadtpräsident von Zürich, Dr. Landolt, zu Ehren des Dichters ein Mittagessen veranstalten, am Abend desselben Tages ist er Gast des Gemeinderates von Kilchberg im Conrad-Ferdinand-Meyer-Haus. Am 5. Juni, Sonntag, veranstaltet das Züricher Schauspielhaus eine große Feier, in deren Rahmen Bruno Walter das Studioorchester von Zürich dirigiert. Das dichterische Werk Thomas Manns werden Dr. Oscar Wälterlin, der Direktor des Schauspielhauses, und Universitätsprofessor Fritz Strich aus Bern würdigen. Den Geburtstag selbst verbringt der Dichter im Kreis seiner Familie.

Über sein Leben und seine Arbeit sagte Thomas Mann: «Immer neue Lebensbereiche zogen meine unstillbare Neugierde an und trieben mich dazu, diese zu erschließen. Ihre Verschiedenartigkeit brachte es mit sich, daß meine Schreibweise immer den neuen Themen angepaßt werden mußte. Um diese verschiedenen Lebensbereiche zu erfassen und die verschiedenen Themen zu behandeln, mußte ich mich daran gewöhnen, neue Methoden anzuwenden. Aus diesen verschiedenen Themen, die immer neue Bruchstücke der äußeren Welt in meinen Werken festhielten, erstand ein Kosmos im Kleinen, den ich mir selber aufgebaut habe, ohne jedoch dieses Prozesses des Aufbaues während der Arbeit bewußt zu werden. Erst später wurden die einzelnen Werke als Teil einer Einheit sichtbar.

Man soll sich nicht über den Umfang meiner Arbeit wundern», fuhr Mann fort, «man darf nicht vergessen, welch große Leistungen man vollbringen kann, wenn einem die Zeit und der Fleiß zur Verfügung stehen. Die Zeit war mir gegeben als ein Geschenk, wofür ich selbst nichts kann. Anders ist es mit dem Fleiß und mit dem Willen zur Arbeit, deren Bedeutung mir erst klar wurde, als ich mich mit dem Leben Schillers eingehend beschäftigte. Schiller war immer fleißig, was auch vielleicht mit der Kürze seines Lebens zusammenhängt.» Etwas nachdenklich fügt er hinzu: «Ich glaube nämlich, daß die Lebensdauer der einzelnen Menschen von Natur aus bereits auf eine bestimmte Zeit angelegt ist. Dies dürfte das Phänomen erklären, daß Schriftsteller und Künstler, deren Leben nur verhältnismäßig kurz ist, meist so produktiv sind, daß ihr Lebenswerk jenes lange lebender Schriftsteller weit übertrifft. Ich selbst arbeite langsam, aber ich bin ein beständiger Arbeiter, der in der Zeit zwischen Frühstück und Mittagessen kaum etwas anderes machen könnte als schreiben. Im Laufe der langen Zeit hat sich mein ganzer Organismus daran gewöhnt, zu dieser Zeit Einfälle zu haben und sie auf das Papier zu bringen, und heute könnte ich an dieser Lebensweise kaum mehr etwas ändern.»

Als die Rede auf die Vielfältigkeit seiner Themen kam, bemerkte der Dichter: «Ja, ich habe immer neue Bereiche des Lebens erfaßt, wozu immer neues Studium und eine neue Periode der Einarbeitung nötig waren. Ein Beweis für die Vielseitigkeit meiner Themen ist, daß man kürzlich in Jena, als man mir das Ehrendoktorat verleihen wollte – und dies dürfte der 14. Ehrendoktor meines Lebens sein, wenn ich mich nicht irre –, in Verlegenheit war, welche Fakultät mir den Doktor verleihen sollte. Die medizinische Fakultät beanspruchte für sich den Vorrang auf Grund des ‹Zauberbergs›, die theologische Fakultät stützte ihren Anspruch auf meinen ‹Joseph›-Roman, schließlich erhielt ich den Ehrendoktor der Philosophie, vor allem, weil der äußere Anlaß dazu das Schiller-Jubiläum war.»[1]

Über seine Pläne für die nächste Zukunft befragt, antwortete Mann: «Im nächsten Monat werde ich in Holland, und zwar im Haag und in Amsterdam, meine Schillerrede halten, dann will ich auf einige Zeit nach Noordwijk fahren, wo ich schon vor Jahren sehr angenehm gearbeitet habe. In der letzten Zeit befaßte ich mich vor allem mit literaturhistorischen Arbeiten, schrieb meine Monographien über Kleist[2] und Schiller. Jetzt will ich zum ‹Krull› zurückkehren und endlich den zweiten Band in Angriff nehmen. Den Plan hierzu habe ich seit langem fertiggestellt und viele Zeitungsausschnitte und Einfälle dazu gesammelt. Aber wie das schon immer ist, die wirklichen schöpferischen Ideen kommen erst beim Schreiben.»

Zum Schluß bemerkte er, die ganze Zeit seines langen Lebens überschauend: «Wenn ich die acht Jahrzehnte meines Lebens überblicke und die äußere Entwicklung der Welt in dieser Zeit überfliege, so kann ich diesen Abschnitt der Entwicklung nicht als einen ständigen Fortschritt sehen, wie viele Leute dies so gern tun möchten. Auch wenn man von den Kriegen, die so viele Traditionen vernichtet und viele menschliche und damit auch kulturelle Substanz zerstört haben, absieht, kann man einen allgemeinen geistigen und moralischen Niedergang nicht übersehen. Für all das kann der technische Fortschritt kaum entschädigen, wenn auch gerade dieser Fortschritt vielen Menschen Verschiedenes nahegebracht hat, wozu sie bisher keinen Zugang hatten, zum Beispiel die Musik.»

Paul Pereszlényi

1] 15. Mai 1955. ‹Versuch über Schiller› in einer gekürzten Redefassung. – 2] ‹Heinrich von Kleist und seine Erzählungen› (GW IX, 823-42).

ANHANG

Abkürzungen

GW: Thomas Mann, ‹Gesammelte Werke in zwölf Bänden›, erweitert um Band XIII ‹Nachträge›, Frankfurt/M. 1960 und 1974.

Briefe: Thomas Mann, ‹Briefe 1889–1936› (I), ‹Briefe 1937–1947› (II) und ‹Briefe 1948–1955 und Nachlese› (III). Herausgegeben von Erika Mann, Frankfurt/M. 1962, 1963 und 1965.

Chronik: Hans Bürgin und Hans-Otto Mayer, ‹Thomas Mann. Eine Chronik seines Lebens›, Frankfurt/M. 1965.

Tageb.: Thomas Mann, ‹Tagebücher 1918–1921› (I), ‹Tagebücher 1933–1934› (II), ‹Tagebücher 1935–1936› (III), ‹Tagebücher 1937–1939› (IV) und ‹Tagebücher 1940–1943› (V). Herausgegeben von Peter de Mendelssohn, Frankfurt/M. 1979, 1977, 1978, 1980 und 1982.

Regesten: ‹Die Briefe Thomas Manns. Regesten und Register›. Band I, 1889–1933; Band II, 1934–1943; Band III, 1944–1950. Herausgegeben von Hans Bürgin und Hans-Otto Mayer, Frankfurt/M. 1976, 1980 und 1982.

Hübinger: Paul Egon Hübinger, ‹Thomas Mann, die Universität Bonn und die Zeitgeschichte›, München 1974.

Jonas: Klaus W. Jonas, ‹Die Thomas-Mann-Literatur. Band I. Bibliographie der Kritik 1896–1955›, Berlin 1972.

Loewy: Ernst Loewy, ‹Thomas Mann – Ton- und Filmaufnahmen. Ein Verzeichnis› (Supplementband zu ‹Gesammelte Werke in dreizehn Bänden›), Frankfurt/M. 1974.

Mádl: Antal Mádl und Judit Györi, ‹Thomas Mann und Ungarn. Essays, Dokumente, Bibliographie›, Budapest 1977.

Matter: Harry Matter, ‹Die Literatur über Thomas Mann. Eine Bibliographie 1898–1969›, Berlin und Weimar 1972.

Schröter: Klaus Schröter, ‹Thomas Mann im Urteil seiner Zeit. Dokumente 1891–1955›, Hamburg 1969.

Im bibliographischen Teil

*: Das Interview ist Ende 1982 im Thomas-Mann-Archiv der ETH Zürich greifbar.

anon.: Das Interview ist weder mit Namen noch Initialen gezeichnet.

D: Abdruck in Buchform oder dergleichen.

fragm.: Gekürzte Wiedergabe eines anderswo veröffentlichten Interviews; auf das Original, bzw. die vollständigere Wiedergabe ist hingewiesen.

Kursive: Die in der vorliegenden Ausgabe abgedruckten Interviews sind durch *Kursive* hervorgehoben.

Übers.: Übersetzung ins Deutsche.

Bibliographie der Interviews mit Thomas Mann

1909

09.1* *2.11.* *Saale-Zeitung, Halle – «Thomas Mann. Zum heutigen Vortrage in der ‹Literarischen Gesellschaft›» (Paul Lehmann), S. 27*

1913

13.1* *31.8.* *Világ, Budapest – «Thomas Mann» (Ödön Halasi F. – Übers. Mádl, 276 ff.), S. 28 ff.*

13.2* 3.9. Berliner Tageblatt – «Thomas Mann über sich selbst» (13.1 – fragm.)

13.3* 3.9. Hamburgischer Correspondent – «Thomas Mann über sich» (13.1 – fragm.)

13.4* 6.9. Lübecker Nachrichten – «Thomas Mann über sich selbst» (13.1 – fragm.)

13.5* 8.9. Straßburger Post – «Bekenntnisse eines Dichters» (13.1 – fragm.)

13.6 *14.9.* *Pesti Napló, Budapest – «Thomas Mann-nál. Az író új novellájáról és a modern magyár líráról», S. 35 ff.*

13.7* 5.10. Frankfurter Zeitung – «Goethe und der ‹Tod in Venedig›» (13.6 – fragm.). *Vgl. Frankfurter Zeitung, 7. 10. 1913* – «Goethe und Fräulein Lade» (Leserbrief), S. 40*

13.8* 7.12. Világ, Budapest – «Thomas Mann – A Világ irodalmi estélye» (anon. – Übers. Mádl, 284 ff.)

1919

19.1* *4.12.* *Neues Wiener Journal – «Ein Gespräch mit Thomas Mann» (Egon Dietrichstein), S. 41 ff.*

1920

20.1* *22.6.* *Neues Wiener Journal – «Gespräch mit Thomas Mann» (Alfred Neumann), S. 45 ff.*

20.2* 4.7. Münchner Sonntagszeitung – «Gespräch mit Thomas Mann» (20.1 – fragm.)

20.3* 8.12. Frankfurter Nachrichten – «Ein Plauderstündchen mit Thomas Mann» (Heinrich Leis)

1921

21.1* 16.11. Nationaltidende, Kopenhagen – «Hos Thomas Mann» (Helge Meyer)

1922

22.1*	8.1.		Neues Wiener Journal – «Gespräch mit Thomas Mann» (Karl Marilaun)
22.2*	*10.1.*	•	*Neues 8-Uhr-Blatt, Wien – «Gespräch mit Thomas Mann» (Victor Wittner), S. 49 ff.*
22.3	12.1.		Az Újság, Budapest – «Beszélgetés Thomas Mann-nal, a nagyhirü német íróval» (d. v.). Vgl. Mádl, 553
22.4	12.1.		Magyar Hírlap, Budapest – «Thomas Mann Budapesten. Beszélgetés a nagy német íróval» (anon. – Übers. Mádl, 301 f.)
22.5	12.1.		Magyarország, Budapest – «A kultúra centruma Kelet-Ázsia felé húzódik – mondja Thomas Mann» (anon. – Übers. Mádl, 304 f.)
22.6*	*12.1.*	•	*Pester Lloyd, Budapest – «Bei Thomas Mann in Budapest» (anon. – D: Mádl, 302 f.), S. 54 f.*
22.7	12.1.		Pesti Hírlap, Budapest – «Thomas Mann Budapesten» (L. Á. – Übers. Mádl, 305 f.)
22.8	12.1.		Világ, Budapest – «A Buddenbrocks költőjénél» (anon.). Vgl. Mádl, 553
22.9	15.1.		Az Est, Budapest – «Thomas Mann látogatása Móricz Zsigmondnál» (Árpad Tóth – Übers. Mádl, 307 f.)
22.10*	*28.1.*	•	*Komödie, Wien – «Gespräch mit Thomas Mann» (K. W.), S. 55 ff.*

1923

23.1	Febr.		Múlt és Jövő, Budapest, Jg. 12, H. 2, S. 49 f. – «Beszélgetés Thomas Mann-nal» (Lajos Szamosi). Vgl. Mádl, 553.
23.2*	8.3.		Aarhus Stiftstidende – «Det tyske Folks Fremtid» (Viggo E. Jacobsen)
23.3*	11.3.		Örai Ujság, Budapest – «Három látogatás. I. Thomas Mann» (Imre Révész – Übers. Mádl, 312 f.)
23.4*	*29.3.*	•	*Neues 8-Uhr-Blatt, Wien – «Thomas Mann, der Warner: ‹Es gibt keine Restauration!›» (E. M.), S. 58 ff.*
23.5*	*30.3.*	•	*Neues Wiener Journal – «Thomas Mann, der Okkultist» (Desiderius Papp), S. 60 ff.*
23.6*	4.4.		Az Ujság, Budapest – «Thomas Mann a német irodalom feltámadását jósolja» (anon.)
23.7*	4.4.		Pesti Hírlap, Budapest – «Látogatás Thomas Mannál» (anon.)
23.8	4.4.		Pesti Napló, Budapest – «Beszélgetés Thomas Mannal irodalmi problémákról és okkult lelki jelenségekröl» (anon. – Übers. Mádl, 318 ff.)
23.9*	4.4.		Világ, Budapest – «Thomas Mann nem spiritizia» (anon. – Übers. Mádl, 315 ff.)
23.10	5.4.		Világ, Budapest – «Szabályozzák az Isart» (anon. – Übers. Mádl, 322 f.)
23.11	6.4.		Pester Lloyd, Budapest – «Thomas Mann und Ungarn» (anon. – D: Mádl, 323 f.)
23.12	8.4.		Bécsi Magyar Újság, Wien – «Thomas Mann, a német irodalomnak és demokráciának ez a vezető szelleme, Budapesten járt» (23.11 – fragm.). Vgl. Mádl, 553.

23.13*	*2.5.*	•	*A.B.C., Madrid – «Hablando con Tomas Mann» (Révész), S. 62 ff.*
23.14*	23.5.		Kölnische Zeitung – «Thomas Mann in Spanien» (23.13 – fragm.)

1924

24.1*	*18.11.*	•	*Berliner Tageblatt – «Thomas Mann für die deutsche Demokratie» (A. V.), S. 64 ff.*
24.2*	18.11.		Telegrammzeitung der Münchner Neueste Nachrichten – «Im ‹Zauberberg›. Ein Besuch bei Thomas Mann» (R. P.)
24.3*	18.11.		Vossische Zeitung, Berlin – «Thomas Mann für Demokratie» (24.1 – fragm.)
24.4	22.11.		Pesti Napló, Budapest – «A demokrácia nélküli politika feltétlenül katasztrófához vezet» (24.1 – fragm.). Vgl. Mádl, 553 f.
24.5*	16.12.		Aarhus Stiftstidende – ‹ohne Überschrift› (anon.)
24.6*	16.12.		Berlingske Tidende, Kopenhagen – «Ved Forfatteren Thomas Manns Ankomst» (anon.)
24.7*	16.12.		Demokraten, Aarhus – «Kun gennem Demokrati kan Tyskland reddes» (anon.)
24.8*	*16.12.*	•	*Nationaltidende, Kopenhagen – «Thomas Mann i Köbenhavn» (Haagen), S. 66 ff.*
24.9*	17.12.		Aarhus Amtstidende – «Thomas Mann i Aarhus» (Rolf)

1925

25.1*	5.2.		Berliner Tageblatt – «Gespräch mit einem berühmten Mann» (Hans Natonek)
25.2*	8.5.		La Stampa, Turin – «Colloquio con Thomas Mann ‹il più grande romanziere tedesco›» (Aldo Sorani)
25.3*	3.6.		Berliner Börsen-Courier – «Die Krise des deutschen Romans» (25.2 – fragm.)
25.4*	*3.6.*	•	*Wiener Allgemeine Zeitung – «Thomas Mann über Hindenburg» (E. G.), S. 69 ff.*
25.4*	6.6.		Hamburger Fremdenblatt – «Die Krise des deutschen Romans» (25.2 – fragm.)
25.5	7.6.		Az Est, Budapest – «Beszélgetés az 50 éves Thomas Mann-nal műveiről, Budapestről s az irodalom válságáról» (R. Gy.). Vgl. Mádl 554.
25.6*	9.6.		Der Bund, Bern – «Einer neuen Klassik entgegen» (25.2 – fragm.)
25.7*	9.6.		Frankfurter Zeitung – «Interview mit Thomas Mann» (25.4 – fragm.)
25.8*	25.6.		Königsberger Hartungsche Zeitung – ‹ohne Überschrift› (anon.)
25.9*	1.8.		The Saturday Review of Literature, New York – «A Letter from Italy» (25.2 – fragm.)
25.10*	*13.9.*	•	*Brooklyn Daily Eagle, New York – «Whitman's Influence is Molding German Democracy, Says Mann; Calls Him America's Nietzsche» (Nelson Junius Springer), S. 71 ff.*

25.11* *30.10.* *Berliner Börsen-Courier – »Gespräch mit Thomas Mann über den ‹Zauberberg›» (B. Guillemin), S. 75 ff.*

25.12* ... Internationale Zeitschrift für Psychoanalyse, Wien, Bd. 11, H.2, S. 247 – «Thomas Mann und die Psychoanalyse» (25.2 – fragm.)

1926

26.1* *23.1.* *Les Nouvelles Littéraires, Paris – «Portrait de Thomas Mann» (Félix Bertaux), S. 81 ff.*

26.2* *30.1.* *Hannoverscher Kurier – «Thomas Mann klärt auf» (anon.), S. 91 ff.*

26.3* 30.1. Rheinisch-Westfälische Zeitung, Essen – «Eine Unterredung mit Thomas Mann» (26.2 – geringfügige Abweichungen)

26.4* *31.5.* *Vossische Zeitung, Berlin – «Thomas Mann zum Akademiestreit» (anon.), S. 93 f.*

26.5* 1.6. Neue Freie Presse, Wien – «Thomas Mann über die Akademiesektion deutscher Dichter» (26.4 – geringfügige Abweichungen)

26.6* 1.6. Vossische Zeitung, Berlin – «Thomas Mann nimmt Stellung» (26.4 – identisch)

26.7* 2.6. Hamburger Nachrichten – «Um die Dichter-Akademie» (26.4 – fragm.)

26.8* 4.6. Politiken, Kopenhagen – «Thomas Mann fortäller om Lybäk» (Anker)

26.9* 11.6. Die Literarische Welt, Berlin – «Gespräch mit Thomas Mann» (Oskar Maurus Fontana – D: Willy Haas, «Zeitgemäßes aus der ‹Literarischen Welt› von 1925 bis 1932», Stuttgart 1963, S. 49 ff.)

26.10* 11.6. Münchner Neueste Nachrichten – «Thomas Mann über seine künftigen Werke» (26.9 – fragm.)

26.11* 22.6. Telegraaf, Amsterdam – «Thomas Mann's Plannen» (26.9 – fragm.)

26.12* 26.7. Der Schild, Berlin – «Thomas Mann schreibt eine Novelle ‹Joseph und seine Brüder›» (26.9 – fragm.)

26.13* 30.7. Vossische Zeitung, Berlin – «Die neuen Kinder» (26.14 – Vorabdruck, geringfügige Abweichungen)

26.14* *Aug.* *Uhu, Berlin. Jg. 2, Nr. 11, S. 8 ff. – «Die neuen Kinder» (W. E. S.), S. 94 ff.*

26.15* 5.10. Kölnische Zeitung – «Ein Gespräch mit Thomas Mann» (Edmund Schopen)

26.16* 5.10. La Publicidad, Barcelona – «La Necessitat d'una Europa Nova» (E. P.)

26.17* 13.10. Schweizer freie Presse, Baden – «Thomas Mann und sein Interview» (A. F. Billo). Auszug aus einem Interview in European Press, London, (nicht ermittelt).

26.18* *14.11.* *Neues Wiener Journal – «Begegnung mit Thomas Mann» (Heinz Liepmann), S. 99 ff.*

1927

27.1* 12.3. Kurier Czerwony, Warschau – «Tomasz Mann najświetniejszy twórca i przedstawiciel literatury niemieckiej mówi z entuzjazmem o wielkich wieszczach narodu polskiego» (anon.)

27.2 13.3. A.B.C., Warschau – «Najznakomitszy powieściopisarz niemiecki Tomasz Mann w Warszawie» (anon.). Vgl. Matter, 11021.

27.3* *13.3.* • *Epoka, Warschau – «Rozmowa z Tomaszem Mannem» (H. L.), S. 103 ff.*

27.4 14.3. Express Poranny, Warschau –«U najznakomitszego pisarza Niemiec przy rannaj kawie» (anon.). Vgl. Matter, 11022.

27.5* 17.3. Danziger Neueste Nachrichten – «Unterhaltung mit Thomas Mann» (-de.)

27.6* 10.4. Neues Wiener Journal – «Thomas Mann erzählt von Warschau» (Arthur Ernst Rutra)

27.6a* 15.4. Pologne Littéraire, Warschau – «Thomas Mann über seine Reise nach Warschau» (27.6. – fragm.)

27.7 17.4. Wiadomości Literackie, Warschau – «Tomasz Mann o sobie» (Regina Reicherówna). Vgl. Matter, 11023.

27.8* 21.4. Breslauer Zeitung – «Thomas Mann erzählt von Warschau» (27.6 – identisch)

27.9* *22.4.* • *Jüdische Rundschau, Berlin – «Thomas Mann über die Palästinabewegung» (anon. – D: Hübinger, 404 f.), S. 106 ff.*
Aus der vom Zentralkomitee der Zionistischen Organisation in Polen herausgegebenen «Zionistischen Welt» (nicht erm.).

27.10* *28.4.* • *Magdeburger Zeitung – «Thomas Mann in Warschau» (27.6 – von Thomas Mann korrigierter Text), S. 108 ff.*

27.11* *Mai* • *(Zeitung nicht identifiziert) – «Thomas Mann und der Aufruf für Max Hölz» (anon.), S. 114 ff.*
Die Unterredung mit dem Münchener Vertreter der betreffenden Zeitung hat am 2. 5. 1927 stattgefunden.

27.12* 29.10. BZ am Mittag, Berlin – «Unsere Jugend – meine Kinder» (anon.). Deutscher Originaltext eines Interviews in der New York Evening Post (nicht ermittelt).

27.13* 8.12. (Zeitung nicht identifiziert) – «Persönliche Stunden mit Thomas Mann in Wiesbaden» (R. H. Grützmacher). Es handelt sich um die Nr. 342 einer vermutlich in Wiesbaden erschienenen Zeitung.

27.14* *25.12.* • *Neues Wiener Journal – «Gespräch mit Thomas Mann» (Evelyn Rossen), S. 117 ff.*

1928

28.1* *31.1.* • *Comedia, Paris – «Un entretien avec M. Thomas Mann» (Louis Durieux), S. 121 ff.*

28.2* *4.2.* • *La Stampa, Turin – «Colloquio col più grande romanziere tedesco» (Leonello Vincenti), S. 125 ff.*

28.3* 5.8. Neue Freie Presse, Wien – «Gespräch mit Thomas Mann» (Ida Elsner)

28.4*	*28.10*	• *Neue Freie Presse, Wien – «Bei Thomas Mann» (Victor Wittner), S. 132 ff.*
28.5*	1.11.	Neues Wiener Journal – «Wien und sein Dichter» (Otto König)
28.6*	2.11.	Der Tag, Wien – «Thomas Manns moralisch-ethisches Bekenntnis» (Helmuth Holzer)
28.7*	6.11.	Neues Wiener Journal – «Thomas Manns Wiener Eindrücke» (Otto König)
28.8*	25.11.	Sunday Referee, London – «Thomas Mann on Life and Literature» (Erich Glass)
28.9*	1.12.	Hannoversches Tageblatt – «Thomas Mann über seine Kollegen» (28.4 – fragm.)
28.10*	*5.12.*	• *Lübecker Volksbote – «Gespräch mit Thomas Mann» (S.), S. 138 ff.*
28.11*	7.12.	Königsberger Hartungsche Zeitung – «Unterhaltung mit Thomas Mann» (28.4 – fragm.)
28.12*	7.12.	Vorwärts, Berlin – «Gespräch mit Thomas Mann» (28.10 – fragm.)
28.13*	12.12.	Neckar-Echo, Heilbronn – «Thomas Mann über Bürgertum und Sozialismus» (28.10 – fragm.)
28.14	22.12.	Hallesche Nachrichten – «Eine Unterhaltung mit Thomas Mann» (28.4 – fragm.). Vgl. Jonas, 28.79.
28.15*	28.12.	Breslauer Zeitung – «Unterhaltung mit Thomas Mann» (28.4 – fragm.)
28.16*	Dez.	Die Literatur, Berlin, Jg. 31, S. 252 – «Thomas Mann – spricht» (28.10 – fragm.)

1929

29.1*	*9.1.*	• *Vossische Zeitung, Berlin – «Kultur und Technik. Ein Winterspaziergang mit Thomas Mann» (W. H.), S. 142 ff.*
29.2*	4.8.	Neues Wiener Journal – «Sehnsucht nach dichterischer Arbeit» (J. E.)
29.3*	*29.8.*	• *Königsberger Allgemeine Zeitung – «Gespräch mit Thomas Mann» (Ernst Keienburg), S. 146 ff.*
29.4*	*21.9.*	• *Neue Freie Presse, Wien – «Meine Stellung zu Coudenhove» (R. K.), S. 149 ff.*
29.5*	1.10.	Le Monde, Paris – «Thomas Mann et la littérature française» (Suzanne Engelson)
29.6*	18.10.	(Zeitung nicht identifiziert) – «Deutsche und französische Literatur» (29.5 – Übersetzt von J. K.)
29.7*	13.11.	Berliner Tageblatt – «Gespräch mit Thomas Mann» (anon.)
29.8*	13.11.	Berlingske Tidende, Kopenhagen – «Den hädrede Digter udtaler sig» (29.16 – fragm.)
29.9*	13.11.	Frankfurter Zeitung – «Thomas Mann bekommt den Nobelpreis» (p.)
29.10*	13.11.	Hannoverscher Kurier – «Nobelpreisträger Thomas Mann» (anon.)
29.11*	13.11.	Nationaltidende, Kopenhagen – «Interview med Nobelpristageren» (anon.)

29.12*	13.11.	Neue Badische Landeszeitung, Mannheim – «Thomas Mann Nobelpreisträger» (29.16 – fragm.)
29.13*	13.11.	Politiken, Kopenhagen – «Thomas Mann er glad, men overvältet» (Th. St.)
29.14*	13.11.	Sydsvenska Dagbladet Snällposten, Malmö – «En författere i full aktion: Ny bok väntas» (29.16 – fragm.)
29.15*	13.11.	Tempo, Berlin – «Nobelpreisträger Thomas Mann» (29.16 – fragm.)
29.16*	*13.11.*	*Vossische Zeitung, Berlin – «Nobelpreis für Thomas Mann» (Karl Jundt), S. 152 ff.*
29.17*	14.11.	Leipziger Neueste Nachrichten – «Zur Verteilung der diesjährigen Nobelpreise» (D.)
29.18*	16.11.	Hamburger Anzeiger – «Unterhaltung mit Thomas Mann» (28.4 – fragm.)
29.19	17.11.	Pesti Napló, Budapest – «Uram, Ön Nobel-díjat kapott!» (anon.). Aus einem Interview mit einem Wiener Journalisten – nicht ermittelt – vgl. Mádl, 554.
29.20*	1.12.	Gelsenkirchener Allgemeine Zeitung – «Wenn man Nobelpreisträger wird» (A. Geldner)
29.21*	4.12.	Excelsior, Paris – «Thomas Mann, prix Nobel de littérature en 1929, croît fermement à un accord franco-allemand et à la formation des Etats-Unis d' Europe» (Paul Bartel)
29.22*	5.12.	Berliner Tageblatt – «Thomas Mann über Stresemanns Politik» (29.21 – fragm.)
29.23*	6.12.	Politiken, Kopenhagen – «Samtale med Thomas Mann» (Andreas Vinding)
29.24*	8.12.	The New York American – «Psychoanalysis is the New Gospel of Emancipation» (George Sylvester Viereck)
29.25*	8.12.	Stockholms-Tidningen – «Mann har väntat på sitt pris» (anon.)
29.26*	*9.12.*	*Aftonbladet, Stockholm – «Thomas Mann läser i kväll ur Buddenbrooks» (anon.), S. 154 f.*
29.27*	9.12.	Dagens Nyheter, Stockholm – «Nobelpristagere i Sassnitzfärjan» (anon.). Dem Journalisten von Katja Mann mitgeteilt.
29.28*	10.12.	Svenska Dagbladet, Stockholm – «Nobelpristagarna samlade i Stockholm» (anon.)
29.29*	11.12.	Leipziger Neueste Nachrichten – «Die Nobelpreisträger in Stockholm» (29.25 – fragm.)
29.30*	11.12.	Lübecker General-Anzeiger – «Interview mit Thomas Mann» (29.23 – fragm.)
29.31*	14.12.	Ekstrabladet, Kopenhagen – ‹ohne Überschrift› (anon.)
29.32*	14.12	Vossische Zeitung, Berlin – «Thomas Mann über deutsche Politik» (Ullstein-Nachrichtendienst). Aus der «Stockholmer sozialdemokratischen Zeitung» (nicht ermittelt).
29.33*	16.12.	Berlingske Tidende, Kopenhagen – «Thomas Mann i København» (Blk.)
29.34*	16.12.	Nationaltidende, Kopenhagen – «Thomas Mann i København» (Haagen)
29.35*	16.12.	Nationaltidende-Aftenudgave, Kopenhagen – «Thomas Mann og Frue besöger De Ferslewske Blade» (Haagen)

29.36*	16.12.	Politiken, Kopenhagen – «Jeg er overbevist Evropäer» (Merete)
29.37*	16.12.	Socialdemokraten, Kopenhagen – «Danmarks Afrustning er et opmuntrende Eksempel!» (Rech.)
29.38	18.12.	Pester Lloyd, Budapest – «Thomas Mann plaudert» (Ladislaus Ormos – D: Mádl, 340 ff.)
29.39*	*21.12.* •	*Hamburger Anzeiger – «Europäisches Gespräch» (René Kraus), S. 155 ff.*
29.40*	22.12.	Neue Freie Presse, Wien – «Die Zukunft Europas» (29.39 – fragm.)
29.41*	23.12.	L'Intransigeant, Paris – «M. Hugenberg, nationaliste, jugé par M. Thomas Mann, prix Nobel» (Louis Thomas)
29.42	24.12.	Pesti Napló, Budapest – «Thomas Mann az ifjúsgágról és Európa jövöröl» (29.39 – fragm. übers. Mádl, 343 f.)
29.43*	25.12.	Critica, Buenos Aires – «Resulta Dificil Soportar el Gran Peso del Premio Nobel» (A. Fernández Arias)
29.24*	29.12.	Gazetta del Popolo, Turin – «Sul Baltico con Thomas Mann» (M. M.)

1930

30.1*	Jan.	Rotary-Club München, Wochenbericht II, Nr. 29 – «Rot. Thomas Mann erzählte» (Schub)
30.2	12.1.	Borsszem Jankó, Budapest – «Thomas Mann két nyilatkozata a Borsszem Jankó számára. Stockholm előt és Stockholm után» (László Palásti). Vgl. Mádl, 554.
30.3	26.1.	Színházi Elet, Budapest – «Hatemeletes interjú» (László Palásti). Teil einer Interview-Serie, vgl. Mádl, 554.
30.4*	Feb.	Ostdeutsche Monatshefte, Berlin, Jg. 10, H. 11, S. 877 ff. – «Thomas Manns Ostpreußenfahrt» (Manfred Sturmann)
30.5*	1.2.	Le Flambeau d'Egypte, Kairo – «Thomas Mann intime» (29.16 – fragm.)
30.6	22.2.	Patrie, Kairo – «Un entretien avec Thomas Mann» (anon.). Vgl. Jonas 30.14.
30.7	22.3.	Journal du Caire – «Cinq minutes avec Thomas Mann» (Michel Boctor). Vgl. Jonas 30.32.
30.8*	24.3.	The Palestine Bulletin, Jerusalem – «Famous Novelist Tours Palestine» (anon.)
30.9*	*10.4.* •	*The Palestine Bulletin, Jerusalem – «Author of the Magic Mountain Interviewed» (E. R.), S. 159 ff.*
30.10*	16.4.	Jüdische Rundschau, Berlin – «Thomas Mann über das Palästina-Werk» (30.9 – fragm.)
30.11*	30.4.	Vossische Zeitung, Berlin – «Thomas Manns ägyptische Reise» (anon.)
30.12	Mai	Színházi Élet, Budapest, Jg. 20, Nr. 21, S. 14 – «Pardon, mi az, amit olvas?» (anon.). Vgl. Mádl, 554.
30.13*	7.6.	BZ am Mittag, Berlin – «Thomas Mann über den Geist der Zeit» (30.14 – fragm.)
30.14*	*15.6.* •	*Neue Leipziger Zeitung – «Unfruchtbarkeit des Radikalismus» (Manfred Georg), S. 162 ff.*

30.15*	1.7.		Die Lesestunde, Berlin, Jg. 7, Nr. 13–14, S. 226 ff. – «Besuch bei Thomas Mann» (Heinrich Siemer)
30.16*	*4.7.*	•	*Das Heft. Die Zeitschrift der Hausfrau, München Nr. 14 – «Thomas Mann über die berufstätige Frau» (V. E.), S. 166*
30.17*	Juli		Unser Werk, Leverkusen, 2. Jg., H. 7/8 – «Thomas Mann über das jüdische Aufbauwerk in Palästina» (Manfred Georg). Es handelt sich um das gleiche Interview wie 30.14 – hier nur die jüdischen Fragen, die jedoch ausführlicher wiedergegeben sind.
30.18*	10.8.		Königsberger Tageblatt – «Eine Stunde mit Thomas Mann» (K. H. Kühn)
30.19*	*15.8.*	•	*Neue Freie Presse, Wien – «Thomas Mann, ganz privat» (René Kraus), S. 167 ff.*
30.20	17.8.		Magyarország, Budapest – «Thomas Mann ellenvéleményt jelent be a Putifárné kérdésben» (anon.). Vgl. Mádl, 554.
30.21*	19.9.		The American Hebrew and Jewish Tribune, New York – «Thomas Mann Longs for Olden Days» (Irma Kraft)
30.22*	25.9.		Tagesanzeiger für Stadt und Kanton Zürich – «Bei Thomas Mann in Genf» (Erwin Debries)
30.23*	*8.10.*	•	*Schweizer Illustrierte Zeitung, Zofingen – «Zum Riesenwerke des Völkerfriedens bedarf es der Mitarbeit aller!» (anon.), S. 172 f.*
30.24*	?.10.		Tempo, Berlin – «Deutschland kann keinen Cäsar ertragen» (Ernst Mandowsky). Vgl. auch Jonas, 30.16
30.25*	*20.10.*	•	*Berliner Montagspost – «Thomas Mann und die Nationalsozialisten» (Ulrich Salingré), S. 173 ff.*
30.26*	26.10		Neue Freie Presse, Wien – «Gespräch mit Thomas Mann» (Raffael da Costa)
30.27*	4.11.		L'Œuvre, Paris – «France-Allemagne – Ce qu'en pense Thomas Mann» (D.)
30.28*	4.11.		Lübecker Volksbote – «Thomas Mann an die Franzosen» (30.27 – fragm.)
30.29*	13.11.		La Tribune de Genève – «Ce que l'écrivain Thomas Mann pense des relations franco-allemandes» (W. Duesberg – 30.27 – geringfügige Abweichungen)
30.30	Nov./ Dez.		Széphalom, Szeged, Jg. 4, H. 10–12, S. 305 – «Thomas Mann nyilatkozatából . . .» (30.27 – fragm.). Vgl. Mádl, 554.

1931

31.1*	15.2.	The International Forum, Berlin – «The Cultural Mission of the Middle Classes» (James Murphy)
31.2*	8.5.	Paris-Midi – «Le grand écrivain allemand Thomas Mann a parlé, hier soir, à Paris» (Lionel Attuly)
31.3*	23.5.	Les Nouvelles Littéraires, Paris – «Une heure avec Thomas Mann» (Frédéric Lefèvre – D: Frédéric Lefèvre, «Une heure avec . . .», Paris 1950, S. 221 ff.)
31.4*	12.6.	8-Uhr-Blatt, Nürnberg – «Interview mit Thomas Mann» (ob-)
31.5*	21.8.	Königsberger Hartungsche Zeitung – «Unterredung mit Thomas Mann» (Erich Pfeiffer-Belli)

31.6*	*17.10.*	•	*John O'London's Weekly, London – «Thomas Mann at Home» (Carmel Haden Guest), S. 175 ff.*
31.7*	*31.12.*	•	*Münchener Post – «Mit Thomas Mann – der Isar entlang» (Desider Hort), S. 180 ff.*

1932

32.1*	1.1.		Berliner Tageblatt – «Vertrauen zur Demokratie» (31.7 – fragm.)
32.2*	1.1.		(Zeitung nicht identifiziert) – «Mit Thomas Mann – der Isar entlang» (31.7 – geringfügige Abweichungen)
32.3*	17.1.		Gazeta Warszawska – «Mann, Undset i H. G. Wells» (31.7 – fragm.)
32.4*	18.1.		Salzburger Wacht – «Mit Thomas Mann – der Isar entlang» (31.7 – geringfügige Abweichungen)
32.5	1.2.		Korunk Szava, Budapest – «A Münchner Post» (31.7 – fragm.). Vgl. Mádl, 554 f.
32.6*	11.3.		Lübecker Volksbote – «Thomas Mann spricht» (aus einer anderen Zeitung übernommen – nicht ermittelt)
32.7*	15.3.		Prager Presse – «Beim Dichter des bürgerlichen Zeitalters» (anon.)
32.8*	*15.3.*	•	*Vossische Zeitung, Berlin – «Der Sieg der Vernunft» (anon.), S. 184 f.*
32.9*	16.3.		Arbeiter-Zeitung, Wien – «Thomas Mann über den Nationalsozialismus» (anon.)
32.10*	16.3.		Neue Freie Presse, Wien – «Hitlers Niederlage» (anon.)
32.11*	16.3.		Neues Wiener Tagblatt – «Thomas Mann über die Präsidentenwahl» (anon.)
32.12*	16.3.		Der Tag, Wien – «Thomas Mann über die deutsche Wahl» (anon.)
32.13*	17.3.		Neues Wiener Tagblatt – «Der Dichter über seinen Sohn und über sich» (anon.)
32.14*	*17.3.*	•	*Wiener Allgemeine Zeitung – «Thomas Mann über Adolf Hitler» (Johannes Ilg), S. 186 ff.*
32.15*	*18.3.*	•	*Neue Freie Presse, Wien – «Thomas Mann bei Sigmund Freud» (anon.), S. 189*
32.16*	19.3.		Prager Tageblatt – «Thomas Mann bei Sigmund Freud» (32.15 – geringfügige Abweichungen)
32.17*	März		Literární Noviny, Prag, 6. Jg., Nr. 7, S. 1 – «Rozhovor s Thomasem Mannem» (B. Fučik)
32.18(*)	März		Rozpravy Aventina, Prag, 7. Jg., Nr. 27, S. 220 – «Epik měštanstva o jeho budoucnosti a ukoloch» (A. Fuchs). Vorhanden in einer Übersetzung aus dem Tschechischen von Hugo Siebenschein.
32.19*	30.7		Neues Wiener Journal – «Besuch bei Thomas Mann in Niden» (sic) – (anon.)
32.20*	14.8		Hamburger Fremdenblatt – «In Thomas Mann's Hütte» (anon.)
32.21	18.9.		Színházi Élet, Budapest – «Thomas Mann . . .» (anon.). Vgl. Mádl, 555.

32.22*	1.10.		Les Nouvelles Littéraires, Paris – «Thomas Mann au bord de la Baltique» (Pierre Daye)
32.23*	19.10.		Neue Freie Presse, Wien – «Thomas Mann in Wien. Ein Gespräch mit dem Dichter» (anon.)
32.24	20.10.		Pesti Napló, Budapest – «Thomas Mann: ‹Az irodalom ma teljesen összenött a politikával» (anon. – Übers. Mádl, 354 f.)
*32.25**	*6.11.*	•	*L'Eveil des Peuples, Paris – «A Nidden . . . chez Thomas Mann» (Germaine Kellerson), S. 189 ff.*
32.26*	*15.11.*	•	*Neue Freie Presse, Wien – («Festgrüße deutscher Dichter zu Gerhart Hauptmanns siebzigstem Geburtstag. Thomas Mann (Aus einem Gespräch)» (anon.), S. 194 ff.*

1933

33.1*	8.1.		Paris-Midi – «En Lithuanie chez Thomas Mann» (Jean-Martin Valmeroux)
33.2*	*10.9.*	•	*New York Times – «Thomas Mann Talks of the Nazi State» (David Ewen), S. 197 ff.*

1934

34.1*	6.1.		Boston Evening Transcript – «Thomas Mann in His Self-Imposed Exile» (33.2 – abweichender Text)
34.2*	29.5.		New York World-Telegram – »He Starts a Short Story; Bingo, a Novel and a Nobel Prize, Thomas Mann Moans» (A. J. Liebling)
34.3*	8.6.		The Jewish Times, Philadelphia – «So This is Mann» (Joseph Brainin)
34.4	17.9.		The American-Hebrew Jewish Tribune, New York – «Thomas Mann Decries Hitlerism» (Louis Rittenberg). Vgl. Jonas 34.78.
34.5*	.....		Das Neue Tage-Buch, Paris – «Thomas Manns erste Erklärung» (34.4 – fragm.)

1935

35.1*	21.1		Wiener Sonn- und Montagszeitung – «Thomas Mann über seine Arbeiten» (anon.)
35.2(*)	22.1.		České slovo – «Thomas Mann v Praze» (s.). Vorhanden in einer Übersetzung aus dem Tschechischen von Květa Hyršlová.
35.3*	*22.1*	•	*Prager Presse – «Thomas Mann in Prag» (dah), S. 202 ff.*
35.4(*)	23.1.		Haló noviny – «Rozhovor s Thomasem Mannem» (–mb–). Vorhanden in einer Übersetzung aus dem Tschechischen von Květa Hyršlová.
35.5*	23.1.		Neues Wiener Journal – «Thomas Mann und Wagner» (F. D.)
35.6	23.1.		Pragai Magyar Hírlap, Prag – «Új humanizmus felé vezet az ût, amely vallásos lesz» (Pál Neubauer). Vgl. Mádl, 555.
35.7*	*23.1.*	•	*Die Rote Fahne – «Thomas Mann über die Sowjetunion» (A-Zet), S. 205*

*35.8**	*25.1.*	•	*Neues Wiener Tagblatt – «Thomas Mann in Wien» (Viktor Polzer), S. 209 ff.*
*35.9**	*25.1.*	•	*Selbstwehr, Prag – «Thomas Mann und das Judentum» (anon.), S. 206 ff.*
35.10*	*25.1.*	•	*Völkischer Beobachter, München – «Ein ‹Mann› empfängt» (abor), S. 208 f.*
35.11*	25.1.		Volks-Zeitung, Wien – «Thomas Mann über Deutschland» (anon.)
35.12	26.1.		Új Nemzedék, Budapest – «Vallomásos percek Thomas Mann-nál» (Miklós Kokas). Vgl. Mádl, 555.
35.13	27.1.		Magyar Hírlap, Budapest – «Egy délután Thomas Mann-nál a bécsi ‹Hotel Imperial›-ban» (Andor Juhász – übers. Mádl, 370 ff.)
35.14	27.1.		Magyarország, Budapest – «Új humanizmus felé haladunk – mondja Thomas Mann» (Pál Neubauer – übers. Mádl, 366 ff.)
35.15	27.1.		Pesti Napló, Budapest – «Thomas Mann Budapesten» (Lily Doblhoff – übers. Mádl, 373 ff.)
35.16	27.1.		Újság, Budapest – «Thomas Mann Budapesten» (anon. – übers. Mádl, 376)
35.17	*28.1.*	•	*Pester Lloyd. Abendblatt, Budapest – «Gespräch mit Thomas Mann» (m. m.), S. 211 ff.*
35.18	28.1.		Pester Lloyd. Abendblatt, Budapest – «Der Presseempfang» (O. D. – D: Mádl, 378 f.)
35.19	29.1.		Az Est, Budapest – («Der heutige Schriftsteller muß auch politisch sein») (György Bálint – übers. Mádl, 398 ff.)
35.20	29.1.		Esti Kurír, Budapest – «Thomas Mann társaságában» (Pál Ignotus – übers. Mádl, 394 f.)
35.21	29.1.		Magyarország, Budapest – «Egy nap Thomas Mann-nal Magyarországon» (László Cs. Szabó – übers. Mádl, 388 ff.)
35.22	29.1.		Magyarság, Budapest – «Egy este Mann Thomas-szal» (Jenő Katona). Vgl. Mádl, 555.
35.23	29.1.		Neues politisches Volksblatt, Budapest – «Thomas Mann: Die Sehnsucht nach Deutschland ist die Sehnsucht nach der Vergangenheit» (Gerty Neumann – D: Mádl, 379 f.)
35.24	29.1.		Pesti Napló, Budapest – («Wagners Größe und Leiden») (András Janovics – übers. Mádl, 81 ff.)
35.25	29.1.		Új Nemzedék, Budapest – «Thomas Mann: Az ember visszasírja a múltját» (anon.). Vgl. Mádl, 555.
35.26	29.1.		Újság, Budapest – «Beszélgetés Thomas Mann-nal» (Béla Zsolt – übers. Mádl, 392 ff.)
35.27*	1.2.		Israelitisches Wochenblatt für die Schweiz, Zürich – «Thomas Mann und das Judentum» (35. 9 – fragm.)
35.28*	1.2.		Jüdische Presszentrale, Zürich – «Thomas Mann über Judentum, Antisemitismus und das neue Palästina» (35.9 – fragm.)
35.29	2.2.		Egyenlöség, Budapest – «Thomas Mann és a zsidóság» (35.9 – fragm.). Vgl. Mádl, 555.
35.30*	April		Deutsches Volkstum, Hamburg, S. 332 – «Über die Judenfrage» (35.9 – fragm.)
35.30a*	6.6.		Landbote, Winterthur – «Bei Thomas Mann in Küsnacht» (Hans Peter)

35.31	26.6.	Boston Evening Globe – ‹Titel nicht ermittelt› Vgl. Tageb. 1935–36, S. 524 f. und Hübinger, S. 477 f. und S. 492 f.
35.32*	30.6.	Washington Herald – «Thomas Mann, Hitler's Critic and Exile, White House Guest» (anon.)
35.33*	*1.7.*	• *The Washington Post – «Communistic Gain Due, Says Thomas Mann» (Karl Schriftgiesser), S. 214 ff.*
(1935)*	*Aug.*	• *Neue Deutsche Hefte, Berlin, Jg. 22 (1975), H. 1., S. 118 f. «Thomas Mann äußert sich zu seiner Zeit» (Stephan Lackner), S. 218 ff.*
35.34*	17.8.	Revue Hebdomadaire, Paris – «Propos d'un exilé – Thomas Mann» (Antonina Vallentin)
35.35*	*24.8.*	*Das Echo, Wien – «Bei Thomas Mann in Salzburg» (R. K.), S. 221 ff.*
35.36*	5.9.	Der Grenzbote, Bratislava – «Bei Thomas Mann in Zürich» (–apol–)
35.37*	9.12.	Wiener Sonn- und Montags-Zeitung – «Thomas Mann über seinen neuen biblischen Roman» (schriftlich)
35.38*	13.12.	Der Bund, Bern – «Thomas Mann erzählt» (M.)

1936

36.1*	15.4.	Ost-Kurier, Budapest – «Bei Thomas Mann» (Bernhard Citron)
36.2*	8.5.	Das Echo, Wien – «Thomas Mann über seinen heutigen Vortrag» (anon.)
36.3*	*8.5.*	• *Neues Wiener Journal – «Bekenntnis zu Sigmund Freud» (W. B.), S. 223 ff.*
36.4	10.5.	Pesti Napló, Budapest – «Thomas Mann a 80 éves Freudról, budapesti útjáról és terveiröl» (36.3 – fragm.). Vgl. Mádl, 555 f.
36.5	10.5.	Prágai Magyar Hírlap, Prag – «Ünneplik a nyolcvanéves Freud professzort» (36.3 – fragm.). Vgl. Mádl, 556.
36.6*	15.5.	Die Wahrheit, Prag – «Von der souveränen Bescheidenheit» (anon.)
36.7	20.5.	Esti Kurír, Budapest – «Thomas Mann …» (36.6 – fragm.). Vgl. Mádl, 556.
36.8	20.5.	Népzava, Budapest – «Thomas Mann és az emigráció» (36.6 – fragm.). Vgl. Mádl, 556.
36.9(*)	Mai	Literární Noviny, Prag, 8. Jg., Nr. 18, S. 1 f. – «Pražská rozmluva s Thomasem Mannem» (Willy Haas). Vorhanden in einer Übersetzung aus dem Tschechischen von Hugo Siebenschein.
36.10*	5.6.	Jüdische Presszentrale, Zürich – «Thomas Mann's Optimismus über die Zukunft des Judentums» (anon.). Auszug aus der Zeitung «Chwila» (Lemberg), nicht ermittelt.
36.11	7.6.	Pesti Napló, Budapest – «Beszélgetés Thomas Mann-nal Budapesten» (anon.). Vgl. Mádl, 556.
36.12*	9.6.	Esti Kurir, Budapest – «Európa vezetö szellemeinek nagy találkozója Budapesten» (Pál Kolozs)
36.13	9.6.	Népzava, Budapest – «Az igazi irodalom mindig reménység és jövendö» (Deszö Hort – übers. Mádl, 418 ff.)

36.14	9.6.	Neues politisches Volksblatt, Budapest – «Am 61. Geburtstag in Budapest» (Gerty Neumann). Vgl. Jonas 36.45.
36.15	9.6.	Prágai Magyar Hírlap, Prag – «Thomas Mann mosolyogva ‹intézi el› az erdélyi tanár plágiumvádját» (anon.). Vgl. Mádl, 556.
36.16	14.6.	Szabadság, Budapest – «Itt még mindig nagyon éles a szociális ellentét az alsó és felsö rétegek között» (Andor Vér – übers. Mádl, 431 f.)
36.17*	*15.6.*	• *Der Morgen, Wien – «Thomas Mann: Der Geist im Exil» (r. h.), S. 225 ff.*
36.18	16.6.	Esti Kurir, Budapest – «Mai problémák. Beszélgetés Thomas Mann-nal» (anon. – übers. Mádl, 433 ff.)
36.19	18.10.	Színházi Élet, Budapest – «Interjúsarok» (anon.). Vgl. Mádl, 556.

1937

37.1*	*11.1.*	• *Der Montag, Prag – «Ich bin stolz ... diesem Staate anzugehören» (h. n.), S. 228 f.*
37.2*	12.1.	Prágai Magyar Hírlap, Prag – «Csehszlovákia akart egem – így lettem csehszlovák – mondja Thomas Mann» (Pál Neubauer – übers. Mádl, 439 f.)
37.3(*)	13.1.	Lidové noviny, Brünn – («Der Glaube an eine tschechisch-deutsche Zusammenarbeit») (H. Bonn). Vorhanden in einer Übersetzung aus dem Tschechischen von Květa Hyršlová.
37.4	13.1.	Népszava, Budapest – «Thomas Mann a Magyar Színházban» (anon.). Vgl. Mádl, 556.
37.5	13.1.	Neues Politisches Volksblatt, Budapest – «Thomas Mann und sein Deutschtum» (P. N.). Vgl. Mádl, 556.
37.6	13.1.	Pester Lloyd, Budapest – «Ein Gespräch mit Thomas Mann» (P. N. – D: Mádl, 440 f.)
37.7	14.1.	8 Órai Újság, Budapest – «Thomas Mann elmondja, hogyan lett csehszlovák» (V. M.). Vgl. Mádl, 557.
37.8	14.1.	Az Est, Budapest – «Német akadémiát alapítanak New Yorkban Thomas Mann–ék» (L. K. – übers. Mádl, 450 f.)
37.9	14.1.	Esti Kurír, Budapest – «Az új fanatikus humanizmusról és a párbajozó idealistákról beszél Thomas Mann» (István Gergely – übers. Mádl, 451 ff.)
37.10	14.1.	Magyar Hírlap, Budapest – «Thomas Mann beszél» (Mária Rónay – übers. Mádl, 447 ff.)
37.11*	*16.1.*	• *Neues Wiener Tagblatt – «Gespräch mit Thomas Mann» (Dr. P.), S. 229 ff.*
37.12	17.1.	Újság, Budapest – «A proseči Fleischmann. Találkozás Thomas Mannal» (Imre Békessy – übers. Mádl, 442 ff.)
37.13*	12.3.	Israelitisches Wochenblatt für die Schweiz, Zürich – «Unterhaltung mit Thomas Mann» (E. M.)
37.14*	12.4.	New York Post – «Mann Arrives; to Assail Nazis» (David Davidson)
37.15*	13.4.	New York Herald Tribune – «Thomas Mann, Here, Foresees Hitler's Decline» (anon.)

37.16* 13.4. New York Times – «Mann, Here, Sees Nazi Rule Doomed» (anon.)

37.17* *13.4.* • *New Yorker Staats-Zeitung und Herold – «Thomas Mann hofft, den Fall Hitlers noch zu erleben und nach Deutschland zurückzukehren» (anon.), S. 231 ff.*

37.18* 16.4. Life, New York – «Famous German Champion; Dr. and Mrs. Thomas Mann Arrive in New York City on April 12» (anon.)

37.19* 17.4. Deutsches Volksecho, New York – «Thomas Mann an die Deutschen in U.S.A.» (anon.)

37.20* 17.4. Neue Volkszeitung, New York – «Begegnung mit Thomas Mann» (Ja.)

37.21* 18.4. Brooklyn Daily Eagle, New York – «Thomas Mann: The Artist in Exile» (Alvah C. Bessie)

37.22* 25.4. New York Times Magazine – «Mann Calls Hitler ‹An Education›» (Shepard Stone)

37.23* 27.4. The New Masses, New York – «Thomas Mann Decides» (Harry Slochower)

37.24(*) April Internationalnaja Literatura, Moskau – ⟨ohne Überschrift⟩ (anon.). Vorhanden in deutscher Übersetzung – enthält Auszug aus 37.14 + Daily Worker, New York (nicht ermittelt).

37.25 11.5. Az Est, Budapest – «Még ez történt ma. Az emberek kiábrándultak a parancsuralomból». Angeblich aus ‹Politiken› übernommen; in den Ausgaben vom 1. 4. bis 11. 5. dieser dänischen Tageszeitung hat sich kein Interview mit Thomas Mann ermitteln lassen.

37.26 30.5. Népzava, Budapest – «A világ minden szabad országának diszpolgára» (László Ormos – übers. Mádl, 463 ff.)

1938

38.1* *21.2.* • *New York Post – «Dr. Mann Predicts Hitler Will Strike at Czechs Next» (anon.), S. 233 ff.*

38.2* 21.2. New York World Telegram – «Austria Will be Nazi as Germany, Mann Predicts» (anon.)

38.3* 22.2. New York Herald Tribune – «Thomas Mann is Sorry British Bowed to Nazis» (anon.)

38.4* 25.2. New Haven Evening Register – «Thomas Mann Arrives for Yale Lecture» (anon.)

38.5* *3.3.* • *Detroit News – «Dictators to Lose in End, Nazi-Exiled Author Says» (Clifford Epstein), S. 235 f.*

38.6* 14.3. Kansas City Journal-Post – «Hitler is Great Bluffer, Believes Thomas Mann, Noted German Exile» (John Cameron Swayze)

38.7* 18.3. Tulsa Daily World – «Seats for Thomas Mann Lecture Nearly Sold Out Day Early» (anon.)

38.8* *18.3.* • *Tulsa Tribune – «Violent Death May Halt Mad Hitler Drive» (anon.), S. 237 ff.*

38.9* 21.3. Desert News, Salt Lake City – «Distinguished Exile Speaks Here Tonight» (Paul V. C. Whitney)

38.10* 21.3. Salt Lake Telegram, Salt Lake City – «Triumph of Democracy Throughout World Foreseen By Exile From Realm of Nazis» (anon.)

38.11* 22.3. Salt Lake Tribune, Salt Lake City – »Thomas Mann Puts Faith in Democracy»
(anon.)

38.12* 24.3. Los Angeles Examiner – «England Blamed for Rise of Nazis» (anon.)

38.13* 24.3. Los Angeles Times – «Duplicity Laid to Great Britain» (anon.)

38.14* *29.4.* • *The Daily Illini, Urbana – «Mann Hits Nazi Book Purge» (AP), S. 239*

38.15* 17.6. Los Recortes, Buenos Aires – «Thomas Mann, o el Heroísmo Civil» (Alberto Casal Castel)

38.16* 25.12. St. Louis Post-Dispatch – «Thomas Mann at Princeton» (Marquis Childs)

1939

39.1* *8.3.* • *Boston Evening Transcript – «Thomas, Mrs., Erika, One Mann in Deriding Hitler Death Rumor» (Julius Kaplan), S. 240 f.*

39.2* 12.3. Detroit Free Press – «Mann Predicts German Revolt» (anon.)

39.3* 12.3. Detroit News – «Mann Says Only a War Will End Nazi Nightmare» (Clifford Epstein)

39.4* 13.3. Cincinnati Post – «Mann Predicts Hitler's Downfall; Sees People Casting Off ‹Spell›» (Harry Mayo)

39.5* 13.3. The Cincinnati Times-Star – «Noted Scholar Comes as Germann ‹In Tradition of Luther and Goethe›» (anon.)

39.6* 14.3. Cincinnati Enquirer – «False Friends Offer Menace to Democracy ...» (anon.)

39.7* *18.3.* • *St. Louis Post-Dispatch – «Thomas Mann Says Hitler Heads Toward Catastrophe, But His Days Are Numbered» (Otto Fuerbringer), S. 242 ff.*

39.8* 21.3. Fort Worth Star Telegram – «Mann Thinks Germans Will Halt Hitler» (anon.)

39.9* 23.3. Fort Worth Star Telegram – «‹Democracy Must Not Be Free to Destroy Self›, Says Mann» (Mary Sears)

39.10* 27.3. Nebraska State Journal, Lincoln – «Thomas Mann Exiled Novelist, Scoffs at Fuehrer Hitler's ‹Brains› in Omaha» (anon.)

39.11* 29.3. The Seattle Daily Times – «German People Will Halt Hitler, Declares Dr. Mann» (anon.)

39.12* 17.4. Life, New York – «Thomas Mann , Germany's foremost literary exile speaks now for freedom and democracy in America» (Marquis Childs). Vgl. 38.16 – gleiches Interview, abweichender Text.

39.13(*) 20.5. Krasnyj Flot, Moskau – «O Sovjetskom pavil' one» (Tass). Vorhanden in deutscher Übersetzung.

39.14* ..... Luzerner Tagblatt – «Begegnung mit Thomas Mann » (Joseph Wechsberg)

39.15* 12.6. National-Zeitung, Basel – «Bei Thomas Mann in Princeton» (39.14 – fragm.)

39.16* 5.7. De Telegraaf, Amsterdam – «Bij Thomas Mann te Noordwijk» (anon.)

39.17* 22.7. Het Hollandsche Weekblad, Amsterdam – «Gesprek met Thomas Mann» (G. H. Wallagh)

39.18* *1.9.* • *Dagens Nyheter, Stockholm – «Thomas Mann väntar omsvängning» (Colomba), S. 247 ff.*

39.19* 1.12. (Zeitung nicht identifiziert) – «Mann Sees Most of Reich Dissatisfied Under Nazis» (Marie Elizabeth Solling). Es handelt sich vermutlich um eine New Yorker Regionalzeitung.

39.20* 30.12. News Chronicle, London – «Thomas Mann's Good Cheer» (anon.)

39.21* Dez. Direction, Darien – «Interview with Thomas Mann» (Curt Riess)

1940

40.1* 27.1. Toledo Blade – «Dr. Thomas Mann Places Blame for War on Hitler» (Ruth Elgutter)

40.2* 13.2. Ames Daily Tribune – «Thomas Mann Here to Speak at Iowa State» (anon.)

40.3* 14.2. Ames Daily Tribune – «Mann Gives His Interpretation of Democracy» (Robert Murray)

40.4* *15.2.* • *Minneapolis Morning Tribune – «Thomas Mann ‹Rests› for Lecture Tonight» (Fletcher Wilson), S. 250 ff.*

40.5* 15.2. Minneapolis Star-Journal – «Nazi Defeat Only Hope for Free Germany, Says Mann» (anon.)

40.6* 18.2. Topeka Daily Capital – «Dr. Mann Gives Germany a Chance To Win War» (anon.)

40.7* *19.5.* • *New York Times Book Review – «Thomas Mann in Princeton» (Robert van Gelder), S. 252 ff.*

40.8* Mai (Zeitschrift nicht identifiziert) – «Thomas Mann plaudert über sein jüngst fertiggestelltes Werk und seine nächsten Pläne» (40.7 – Übers.)

40.9* *7.6.* • *Aufbau, New York – «Thomas Mann – Interview» (39.21 – abweichender Text), S. 255 ff.*

40.10 8.6. NBC, New York – «I Am an American» (Marshall E. Dimock – D: GW XIII, 706 ff.)

1941

41.1(*) Jan. The News, New York ‹Ausgabe und Interview-Titel nicht ermittelt› (Archibald McClure). Vorhanden sind Thomas Manns Hinzufügungen zu dem Interview, das ihm am 7. 1. 1941 zur Genehmigung vorlag.

41.2* Jan. Duke Alumni Register, Durham – «Dr. Thomas Mann Speaker for Sixth Dinner of Library» (anon.)

41.3* 23.1. The Emory Wheel, Atlanta – «German Victory Means Strife, Mann Declares» (anon.)

41.4* *23.3.* • *Colorado Springs Gazette and Telegraph – «Must Defeat Hitler» (A. H. D.), S. 260 f.*

41.5* 12.5. Knickerbocker Weekly, New York – «A Message from Thomas Mann» (A. v. d. V.)

41.6 Juni Northwestern University Radio, Evanstone – «Of Men and Books» (John T. Frederick). Vgl. Loewy, 40.

41.7* 17.10. The Austin American – «German Exile Says Reds Will Continue Fight» (Ruth Lewis)

41.8* 17.10. The Austin Statesman – «Germany's Fatal Mistake was Intellectuals' Attitude in Politics, Says Mann» (anon.)

41.9* 29.10. Greenville News – «Democracy First is Urged by Dr. Mann at Town Hall» (anon.)

41.10* *30.10.* • *Greensboro Record – «Famous Nazi Exile Sees Another Dark Age with Hitler in Power» (George O. Butler), S. 261 ff.*

41.11* Nov. Indiana University Daily Student, Bloomington, Vol. 71, Nr. 40 – «Novelist is Afraid Audience Noticed His 'Poor English'» (Arthur Greenburgh)

1943

43.1* 16.10. (Zeitung nicht identifiziert) – «Thomas Mann entwickelt seine Ideen über die deutschen Probleme» (anon.). Vermutlich eine New Yorker Zeitung.

43.2* *30.11.* • *Cincinnati Post – «Thomas Mann Exitedly Awaits ‹Big 3's› Terms» (Max Sien), S. 265 f.*

1944

44.1* 13.2. CBS, Los Angeles – «I was There» (Chet Huntley). Vgl. Loewy, 52.

44.2* Mai The German Quarterly, Appleton – «German Literature in Exile: Thomas Mann» (Harold von Hofe)

44.3* 3.7. Time, New York – «Masterpiece» (anon.). Vgl. Time, 17. 7. 1944, «Mann's Translator» (Ergänzungen zu dem Interview in einem Leserbrief von Thomas Mann).

1945

45.1* 18.6. PM, New York – «Thomas Mann Talks on Germany» (Frank Harriott)

45.2* 2.12 Svenska Dagbladet, Stockholm – «Moralisk fövening av alla nationer, eljest större katastrofer än någonsin» (Alfred Öste)

1946

46.1 21.6. Aufbau, New York – «Besuch bei Thomas Mann» (Walter H. Perl). Vgl. Jonas 46.55.

46.2 26.10. Szivárvány, Budapest – «Egy óra Thomas Mann-nál» (J. Vajda). Aus einer – nicht ermittelten – amerikanischen Wochenschrift übernommen, vgl. Mádl, 557.

46.3	5.11.	Slowo Polskie, Wroclaw – «Wielki Niemiec o malych Niemcach» (Leszek Goliński). Vgl. Matter 11057.
46.4	30.11.	KFI, Los Angeles – «Meet the Author» (Robert Dworkin – D: Loewy, 54)

1947

47.1*	7.5.	New York World-Telegram – «Thomas Mann Will Revisit Europe» (Harry Hansen)
47.2*	*16.5.* •	*(Reuter) – «Text of Interview given by Thomas Mann aboard the Queen Elizabeth» (anon.), S. 266 ff.*
47.2a.	17.5.	Frankfurter Rundschau – «Thomas Mann in England» (47.2 – fragm.). Vgl. Hübinger, 605
47.3*	17.5.	Lübecker Freie Presse – «Thomas Mann kehrt nicht zurück» (47.2 – fragm.)
47.4*	17.5.	Lübecker Nachrichten – «Thomas Mann über Deutschland» (47.2– fragm.)
47.5*	17.5.	Süddeutsche Zeitung, München – «Thomas Mann für deutschen Föderalismus» (47.2 – fragm.)
47.6*	17.5.	Der Tagesspiegel, Berlin – «Interview mit Thomas Mann» (47.2 – fragm.)
47.7*	17.5.	Die Welt, Hamburg – «Thomas Mann in Europa» (47.2 – fragm.)
47.8	18.5.	Magyar Nemzet, Budapest – «Thomas Mann» (anon.). Aus Volksstimme, Wien – nicht ermittelt – übernommen, vgl. Mádl, 557.
47.9*	19.5.	Die Neue Zeitung, München – «Thomas Mann für Föderation» (47.2 – fragm.)
47.10*	20.5.	Süddeutsche Zeitung, München – «Deutschlands Selbstmitleid» (47.2 – fragm. und Auszug aus einem weiteren – nicht ermittelten – englischen Interview)
47.11*	*20.5.* •	*Die Welt, Hamburg – «Gespräch mit Thomas Mann» (J. H.), S. 270 ff.*
47.12*	20.5.	Westfalenpost, Hagen – «Thomas Mann zur deutschen Frage» (vgl. 47.10)
47.13*	21.5.	BBC, London – «Thomas Mann Interview» (Fischer)
47.14*	24.5.	Berliner Zeitung – «Thomas Mann über den ‹Ruinenhaufen› Deutschland» (ADN). Aus einem Interview für France-Presse, nicht ermittelt.
47.15*	24.5.	Neues Deutschland, Berlin – «Thomas Mann an seine Landsleute» (47.13 – fragm.)
47,16*	25.5.	Die Tat, Zürich – «Thomas Mann zur weltpolitischen Lage» (Edwin Roth)
47.17*	26.5.	Die Neue Zeitung, München – «Neue Äußerungen Thomas Manns» (47.13 und 47.16 – fragm.)
47.18*	27.5.	Die Neue Zeitung, München – «Gespräch mit Thomas Mann in London» (Eugen Brehm). Aus einem Gespräch mit mehreren Journalisten am 18. 5. 1947 – vgl. auch 47.11.
47.19*	28.5.	New York Herald Tribune – «Thomas Mann Warns Allies on Trying to Win Germany» (47.16 – abweichender Text)

47.20*	28.5.	Westfälisches Tageblatt, Hagen – «Eine Botschaft Thomas Manns» (47.13 – fragm.)
47.21*	30.5.	Neue Zürcher Zeitung – «Begegnung mit Thomas Mann» (Wb)
*47.22**	*30.5.*	• *Sie und Er, Zürich – «Wiedersehen mit Thomas Mann» (Otto Basler), S. 275 ff.*
47.23*	31.5.	Berliner Zeitung – «Weshalb Thomas Mann ablehnt» (47.24 – fragm.)
47.24*	31.5.	Westdeutsches Volksecho, Dortmund – «Thomas Mann über die Siegermächte» (DPD-Reuter)
47.25*	Mai	Die Wandlung, Heidelberg, 3. Jg., H. 5 – «Tagebuch, Ausflug in die Schweiz» (Dolf Sternberger)
47.26*	2.6.	Die Neue Zeitung, München – «Thomas Manns neue Absage» (47.24 – fragm.)
47.27	2.6.	Die Welt am Montag, Hamburg – «Londoner Begegnung mit Thomas Mann» (Alfred Joachim Fischer). Vgl. Jonas 47.61.
47.28*	7.6.	Picture Post, London – «A Plea for Cautious Optimism» (Vincent Brome)
47.29*	15.6.	Philadelphia Enquirer – «Thomas Mann, Writing Essays Is an Old Habit With Him» (Richard Taplinger)
47.30	19.6.	Világ, Budapest – «Thomas Mann kalandregényt ír» (anon.) Vgl. Mádl, 557.
47.31	29.6.	Demokrácia, Budapest – «Thomas Mann kritikája Németországról» (47.13 – fragm.). Vgl. Mádl, 557.
47.32	29.6.	Magyar Nemzet, Budapest – «Öszinte beszélgetés Thomas Mann-nal Londonban» (István Keleman – übers. Mádl, 473 ff.). Interview zusammen mit UP-Journalist – vgl. 47.16 – und einem holländischen Journalisten (nicht ermittelt).
47.33	12.7.	Politika, Budapest – «Thomas Mann kételyei és reményei a modern ember világáról» (47.28 – fragm.). Vgl. Mádl, 558.
47.34*	31.7.	Corriere della Sera, Rom – «Incontro con Thomas Mann« (Edilio Rusconi)
47.35*	*1.8.*	• *Sera, Mailand – «La borghesia si è perduta nel Nazismo e nel Fascismo» (Corrado Pizzinelli), S. 279 ff.*
47.36*	2.8.	(Zeitung nicht identifiziert) – «Überwindung der bürgerlichen Kultur» (UP)
47.37*	3.8.	Die Tat, Zürich – «Thomas Mann in Italien» (47.33 – geringfügige Abweichungen)
47.38	13.8.	Nederlandse Radio Unie, Hilversum – «Über neuen Humanismus in Europa» (Dr. Ritter). Vgl. Loewy, 73.
47.39*	29.8.	Aufbau, New York – «Interview mit Curt L. Heymann» (47.37 – fragm.)
47.40*	Sept.	UN World, New York – «Thomas Mann, Author, Philosopher» (Curt L. Heymann)
47.41	14.9.	Magyar Nemzet, Budapest – «Tizenhat európai állam vámunióra készül» (AP). Vgl. Mádl, 558.
47.42*	19.9.	Isar-Post, Landshut – «Thomas Mann über Europa» (Dena-DANS)
47.43*	*24.10.*	• *Göttinger Universitäts-Zeitung – «Gespräch mit Thomas Mann» (Hans-Geert Falkenberg), S. 283 ff.*

47.44*	*23.11.* •	*San Francisco Chronicle – «Thomas Mann Reports on Zurich Trip» (anon.), S. 286 ff.*
47.45*	1947	Ex Libris, Zürich, Jg. 1947, S. 107 – «Über die Aufgabe des Schriftstellers» (Gertrud Isolani)

1948

48.1*	20.2.	Westfälische Zeitung, Bielefeld – «Schmerz und Heimweh» (47.34 – fragm.)
48.2*	Mai	Hamburger Akademische Rundschau, Jg. 2, H. 11/12, S. 622 ff. – «Gespräch mit Thomas Mann» (Wolfgang Linder). Gespräch vor 47.30
48.3*	Okt.	Book of the Month Club News, New York, S. 9 f. – «Thomas Mann» (Katharine Rosin)
48.4*	30.10.	The Saturday Review of Literature, New York – «The Author» (R. G.)

1949

49.1*	28.2.	Der Spiegel, Hamburg – ‹ohne Überschrift› (anon.). Auszug aus Aftonbladet, Stockholm – nicht ermittelt.
49.2*	11.5.	Dagens Nyheter, Stockholm – «Thomas Mann är glad åt sin svenska resa, orolig för den tyska» (Sven Åhman)
49.3*	12.5.	Die Tat, Zürich – ‹ohne Überschrift› (UP)
49.4*	13.5.	Frankfurter Rundschau – «Thomas Mann auf dem Wege nach Europa» (49.2 – fragm.)
49.5*	13.5.	News Chronicle, London – «Mann and the Devil» (John Bouverie)
49.6*	14.5.	Frankfurter Rundschau – «Thomas Mann kommt nach Frankfurt» (Carl Wehner)
49.7*	14.5.	Rhein-Echo, Düsseldorf – «Thomas Mann und die Deutschen» (DPD)
49.8*	14.5.	Die Welt, Hamburg – «Siebzehn Fragen an Thomas Mann» (gr. sp.)
49.9*	*18.5.* •	*Münchner Merkur – «Das Kriegsbeil wird begraben» (49.6 – abweichender Text), S. 288 ff.*
49.10*	20.5.	Dagens Nyheter, Stockholm – «Thomas Mann i Sverige, Ny Roman i bagaget» (anon.)
49.11*	20.5.	Ekstrabladet, Kopenhagen – «Thomas Mann udtaler sig til Ekstrabladet» (Paul Palmér)
49.12*	*20.5.* •	*Svenska Dagbladet, Stockholm – «Thomas Mann skrivar i Schweiz ny bok med gammalt riddarmotiv» (Attis), S. 291 ff.*
49.13*	22.5.	Welt am Sonntag, Hamburg – «Im Flug über die moderne Literatur» (Joe Lederer)
49.14*	28.5.	Berlingske Aftenavis, Kopenhagen – «Thomas Mann kom hertil i Morges» (tc.)
49.15*	28.5.	Die Tat, Zürich – «Die Schweiz gibt mir Inspiration und Arbeitsfreude!» (A.)
49.16*	29.5.	Nationaltidende, Kopenhagen – «Thomas Mann i København» (En)

49.17*	29.5.	New York Times – «A Brief Visit – And Some Talk – With Thomas Mann» (Harvey Breit)
49.18	Juni	Der Standpunkt, Meran – «Thomas Mann interpretiert sich selbst» (49.6 – abweichender Text). Vgl. 49.22, wo auf diese Veröffentlichung hingewiesen ist.
49.19*	Juni	Schweizer Illustrierte Zeitung, Zofingen – «Wiedersehen mit Thomas Mann» (W. M.)
49.20*	4.6.	Frankenpost, Hof – «Thomas Mann arbeitet an neuem Roman» (Pa)
49.21*	*14.6.*	• *Die Neue Zeitung, München – «Begegnung mit Thomas Mann» (Arnold Bauer), S. 293 ff.*
49.22*	17.6.	Mannheimer Morgen – «Thomas Mann will das Kriegsbeil begraben» (49.6 – abweichender Text)
49.23*	*21.6.*	• *Die Neue Zeitung, München – «Wandlung eines Dichters» (Arnold Bauer), S. 296 ff.*
49.24*	22.6.	Heute, München – «Gespräch mit Thomas Mann» (PWF)
49.25*	25.6.	Neue Presse, Coburg – «Kreuzzug für eine Weltregierung» (49.24 – fragm.)
49.26*	*2.7.*	• *Südkurier, Konstanz – «Ein Gespräch mit dem Dichter» (L. E. Reindl), S. 300 ff.*
49.27*	22.7.	Europa-Kurier, Aachen – «Gespräch mit Thomas Mann» (Hugo Marcus)
49.28*	*25.7.*	• *New York Herald Tribune – «Thomas Mann in Frankfurt, May Visit Weimar, Red Zone» (UP), S. 304 f.*
49.29*	25.7.	Wetzlarer Neue Zeitung – «Ein Gespräch mit Thomas Mann» (Hermann Reidt)
49.30*	26.7.	Allgemeine Zeitung, Mainz – «Meine Heimat: die Muttersprache» (Bz.)
49.31*	26.7.	Berliner Zeitung – «Eine Stunde mit Thomas Mann» (Wilhelm Karl Gerst)
49.32*	26.7.	Frankfurter Neue Presse – «Thomas Mann diskutiert mit der Presse» (ko)
49.33*	*26.7.*	• *Frankfurter Rundschau – «Thomas Mann: Meine Heimat ist die deutsche Sprache» (anon.), S. 305 ff.*
49.34*	26.7.	Hessische Nachrichten, Kassel – «Ich bin Deutscher geblieben» (wjb)
49.35*	26.7.	Lübecker Nachrichten – «Thomas Mann im Kreuzfeuer» (ADR)
49.36*	26.7.	Die Neue Zeitung, München – »Thomas Mann spricht in der Frankfurter Pauluskirche» (anon.). Geringfügig gekürzt in der Berliner Ausgabe vom 27.7.
49.37*	26.7.	Niederdeutsche Zeitung, Hamburg – «Thomas Manns Ostzonen-Reise» (ap)
49.38*	26.7.	Stuttgarter Zeitung – «Thomas Mann in Frankfurt» (anon.)
49.39*	26.7.	Süddeutsche Zeitung, München – «Thomas Mann in Frankfurt» (anon.)
49.40*	26.7.	Die Welt, Hamburg – «Mein Besuch gilt ganz Deutschland» (anon.). Geringfügig gekürzt in der Berliner Ausgabe vom 26.7.
49.41*	27.7.	Hessische Nachrichten, Kassel – «Wunder höchster Lebensbereitschaft» (anon.)

49.42* 27.7. Neue Zürcher Zeitung – «Thomas Mann in Frankfurt» (R. H.)
49.43* 27.7. Schwäbische Landeszeitung, Augsburg – «Thomas Mann im Kreuzfeuer der Presse» (49.35 – abweichender Text)
49.44* 27.7. Der Telegraf, Berlin – «Allen zu gefallen ist unmöglich» (Lu)
49.45 28.7. Bayerischer Rundfunk, München – «Pressekonferenz mit Thomas Mann» (Hans Schmidt – D: Loewy, 78)
49.46* 28.7. Lübecker Nachrichten – «Gespräch mit Thomas Mann über Lübeck» (Dr. Horstmann)
49.47* 29.7. Die Welt, Hamburg – «Thomas Mann in München» (J. A.)
49.48* 30.7. Die Abendzeitung, München – «Die Pressekonferenz» (anon.)
49.49* 30.7. Augsburger Tagespost – «Thomas Mann für Deutschland optimistisch» (anon.)
49.50* 30.7. Frankfurter Rundschau – «Thomas Mann sprach in München» (Dena)
49.51* 30.7. National-Zeitung, Berlin – «Im Dienste der Einheit» (anon.)
49.52* *30.7.* • *Die Welt, Hamburg – «Ich bin optimistisch» (J. O.), S. 307 ff.*
49.53* 1.8. Frankfurter Rundschau – «Thomas Mann in Nürnberg» (anon.)
49.54* 1.8. Stars and Stripes, Altdorf/Pfungstadt – «Mann Urges 15 More Years of Occupation» (Georg Mance)
49.55* 1.8. Süddeutsche Zeitung, München – «Eugen Kogon an Thomas Mann» (anon.)
49.56* 2.8. Neues Deutschland, Berlin – «Thomas Mann ruft zum Frieden» (anon.)
49.57* *2.8.* • *Neues Deutschland, Berlin – «Höhepunkt meiner Europareise» (anon.), S. 310*
49.58* 3.8. Berliner Zeitung – «Thomas Manns literarische Pläne» (S. K.)
49.59* 3.8. Die Neue Zeitung, München – «Thomas Mann antwortet auf Fragen in Weimar» (49.56 – fragm.)
49.60 3.8. Nordwestdeutscher Rundfunk, Hamburg – «Interview mit Thomas Mann» (Gottfried Hoster – D: Loewy, 81 f.)
49.61* 3.8. Die Welt, Hamburg – «Verständigung keineswegs ausgeschlossen» (46.56 – fragm.)
49.62* 4.8. Frankfurter Rundschau – «Thomas Manns Abschied» (anon.)
49.63* 4.8. Die Neue Zeitung, München – «Mann verließ Deutschland» (anon.)
49.64* 4.8. Neue Württembergische Zeitung, Göppingen – «Thomas Mann verließ Deutschland» (dena)
49.65* 4.8. New York Herald Tribune – «Mann Cheered by Germans' ‹Will to Live›» (AP)
49.66* 4.8. Süddeutsche Zeitung, München – «Zweiter Offener Brief an Thomas Mann» (AP)
49.67* 4.8. Tägliche Rundschau, Berlin – «Dank an die große russische Literatur» (anon.)
49.68* 4.8. Thüringische Landeszeitung, Weimar – «Pressekonferenz in Weimar» (anon.)
49.69* 6.8. Die Welt, Hamburg – «Thomas Mann als ‹Marionette›» (F. R.)
49.70* 13.8. Christian Science Monitor, Boston – «Mann Sees Militarism Rising Again in Germany» (AP)
49.71* 14.8. Welt am Sonntag, Hamburg – «Meine Eindrücke in Deutschland» (AP-UP)

49.72*	*15.8.*	•	*New York Herald Tribune – «Mann Says ‹Honest Germans› Worry Over New Nationalism» (49.70 – abweichender Text), S. 311 f.*
49.73*	18.8.		Mannheimer Morgen – «Thomas Manns gute Wünsche» (49.54 und 49.71 – fragm.)
49.74(*)	25.8.		Lidové noviny, Brünn – «T. Mann o neonacismu» (J. S.). Vorhanden in deutscher Übersetzung – enthält Auszug aus 49.70.
49.75*	12.10.		Frankfurter Rundschau – «Thomas Mann greift Westmächte an» (dpa)
49.76*	12.10.		Neues Deutschland, Berlin – «Thomas Mann: Westmächte sympathisieren mit Faschisten» (49.75 – abweichender Text)
49.77*	*12.10.*	•	*Schwarzwälder Post, Oberndorf – «Der Unbelehrbare» (49.75 – fragm.), S. 313*
49.78*	15.10.		Frankenpost, Hof – «Thomas Mann bekennt Farbe» (49.75 – abweichender Text)
49.79*	11.11.		Dagens Nyheter, Stockholm – «Thomas Mann och Gide tvekar ej om Croce» (Sven Åhman)
49.80*	14.11.		Münchner Merkur – «Der Streit um den Literatur-Nobelpreis» (49.79 – fragm.)
49.81*	15.11.		Aachener Volkszeitung – «Streit um den Nobelpreis» (49.79 – fragm.)

1950

50.1	1950		Radiodiffusion Française, Paris – Gespräch mit Thomas Mann über ‹Doktor Faustus› (Pierre Sipriot – D: Loewy, 83 ff.)
50.2*	18.4.		Rudé právo, Prag – «Thomas Mann: Vláda USA podporuje nacisty a novofašisty v Německu» (ADN)
50.3*	*3.5.*	•	*Dagens Nyheter, Stockholm – «Ny bok av Thomas Mann» (Perpetua), S. 313 ff.*
50.4*	3.5.		Svenska Dagbladet, Stockholm – «Thomas Mann skriver om Gregorius, en Oidipus som blev påva i Rom» (U.S.-m)
50.5*	*4.5.*	•	*Der Kurier, Berlin – «Thomas Mann sieht schwarz» (anon.), S. 316 f.*
50.6	10.5.		Radiodiffusion Française, Paris – Interview bei Thomas Manns Ankunft in Paris (Pierre Barbier – D: Loewy, 94 ff.)
50.7*	11.5.		Combat, Paris – «Thomas Mann nous déclare» (Jean Fougère)
50.8*	*14.5.*	•	*Figaro Littéraire, Paris – «Je suis un être absolument inacceptable pour l'ordre de choses soviétique» (Dominique Arban), S. 317 ff.*
50.9*	17.5.		Magyar Nemzet, Budapest – «Thomas Mann békenyilatkozata» (anon.)
50.10*	18.5.		Les Lettres Françaises, Paris – «En signant l'appel de Stockholm je crois agir dans l'intérêt de ma nouvelle patrie: l'Amérique» (Claude Morgan)
50.11*	*18.5.*	•	*Les Nouvelles Littéraires, Paris – «Sur les quais de la Seine avec Thomas Mann» (Véra Volmane), S. 322 ff.*
50.12*	20.5.		Main-Post, Würzburg – «Thomas Mann warnt Frankreich» (50.7. – fragm.)
50.13*	20.5.		Neue Volkszeitung, Herne – «Auch Thomas Mann zeichnete sich ein» (50.10 – fragm.)

50.14*	20.5.	Unser Tag, Offenburg – «Das deutsche Volk ist für den Frieden» (Auszug aus L'Humanité, Paris – nicht ermittelt)
50.15*	21.5.	Hamburger Volkszeitung – «Thomas Mann: Warum ich unterschrieben habe» (50.10 – fragm.)
50.16*	22.5.	Der Kurier, Berlin – «Reiner Nihilismus» (50.10 – fragm., übernommen aus ‹Ny Dag›, Stockholm, nicht ermittelt)
50.17*	23.5.	Badische Neueste Nachrichten, Karlsruhe – «Thomas Mann fürchtet für Frankreich» (50.10 – fragm., vgl. 50.16)
50.18*	23.5.	Frankfurter Allgemeine Zeitung – «Thomas Mann ist dagegen» (50.10 – fragm., vgl. 50.16)
50.19*	23.5.	Haller Tagblatt – «Thomas Mann äußert Bedenken» (50.10 – fragm., vgl. 50.16)
50.20*	23.5.	Kasseler Post – «Moskaus Mann» (50.10 – fragm., vgl. 50.16)
50.21*	23.5.	Main-Post, Würzburg – «Thomas Mann ist dagegen» (50.10 – fragm. –, vgl. 50.16)
50.22	23.5.	Neues Deutschland, Berlin – «Thomas Mann: Warum ich unterschrieben habe» (50.10 – fragm.). Vgl. Matter, 11 087.
50.23*	23.5.	Neue Württembergische Zeitung, Göppingen – «Thomas Mann: ‹Ich bin besorgt›» (50.10 – fragm., vgl. 50.16)
50.24*	23.5.	Schleswig-Holsteinische Volkszeitung, Kiel – «Männchen» (50.10 – fragm., vgl. 50.16)
50.25*	23.5.	Schweinfurter Tagblatt – «Thomas Mann ist dagegen» (50.10 – fragm., vgl. 50.16)
50.26*	23.5.	Süddeutsche Zeitung, München – «Thomas Mann warnt Frankreich» (50.10 – fragm., vgl. 50.16)
50.27*	24.5.	Schwarzwälder Post, Oberndorf – «Thomas Mann ‹reitet› für ...» (50.10 – fragm., vgl. 50.16)
50.28*	24.5.	Wetzlarer Neue Zeitung – «Bedenken Thomas Manns» (50.10 – fragm., vgl. 50.16)
50.29*	26.5.	Allgemeine Wochenzeitung der Juden in Deutschland, Düsseldorf – «Humanist der Gesittung» (F. S. Grosshut)
50.30*	27.5.	Die neue Saar, Saarbrücken – «Thomas Mann in Paris» (50.11 – fragm.)
50.31*	27.5.	Neue Volkszeitung, Herne – «Die Völker wollen keinen Krieg» (50.10 – fragm.)
50.32*	Juni	Lancelot, Neuwied, H. 24, S. 3 f. – «Interview mit Thomas Mann» (50.10 – fragm.). Enthält eine fast vollständige Übersetzung von Elsbeth Hauser; die Redaktion hat «nach eigenem Ermessen einen Paragraphen gestrichen».
50.33*	3.6.	Rheinpfalz, Neustadt a. H. – «Der Herr war Mann» (Erika M. L. Lang)
50.34*	4.6.	Berliner Zeitung – (ohne Überschrift) (50.10 – fragm.)
50.35*	4.6.	Berliner Zeitung – «Interview mit Thomas Mann» (Auszug aus ‹Droit et Liberté› – nicht ermittelt)
50.36	6.6.	National-Zeitung, Berlin – «Thomas Mann: Warum ich unterschrieben habe» (50.10 – fragm.). Vgl. Matter, 11 089.
50.37	6.6.	Nordwestdeutscher Rundfunk, Hamburg – «Interview mit Thomas Mann» (Petra Vermehren – D: Loewy, 99 f.)
50.38*	11.6	New York Times – «Thomas Mann at 75 ...» (Charles Neider)
50.39*	23.6.	Die Weltwoche, Zürich – «Treffpunkt Schweiz» (Diogenes)

50.40*	Juli	Die Bühnengenossenschaft, Hamburg – «Thomas Mann über deutsche Schauspieler» (50.11 – fragm. u. übernommen aus Frankfurter Allgemeine Zeitung, nicht ermittelt)
50.41*	13.7	Pforzheimer Zeitung – «François-Poncet war höflich» (anon.)
50.42*	21.7.	Hamburger Volkszeitung – «Interview mit Thomas Mann» (50.10 – fragm.)
50.43*	27.7.	Fränkische Presse, Bayreuth – «Th. Mann und die Wortverschwendung» (50.41 – geringfügige Abweichungen)
50.44	22.8.	National-Zeitung, Berlin – «Thomas Mann unterschrieb den Stockholmer Appell zur Ächtung der Atombombe» (50.10 – fragm.). Vgl. Matter, 11 090.
50.45	23.8.	(amerikanische Rundfunkstation, nicht ermittelt) – Pressekonferenz in New Haven (Yale). Vgl. Loewy, 102.
50.46*	1.10.	Zeitwende, München – «Interview mit Thomas Mann» (50.8 – fragm.)
50.47*	*31.10.* •	*Die Welt, Hamburg – «Thomas Mann unterschrieb nicht» (UP) (betrifft 50.10), S. 326*
50.48*	*19.11.* •	*Der Tagesspiegel, Berlin – ‹ohne Überschrift›. (AP). Betrifft Warschauer Friedenskongress, S. 326 f.*
50.49*	8.12.	Morgon-Tidningen, Stockholm – «Thomas Mann skriver roman på ett amerikanskt motiv» (Åke Sandler)

1951

51.1*	2.8.	General-Anzeiger, Bonn – «Thomas Mann: ‹Ich habe keine festen Pläne›» (anon.)
51.2*	3.8.	Die Abendzeitung, München – «Interview mit Thomas Mann» (BU)
51.3*	3.8.	Südostkurier, Bad Reichenhall – «Thomas Mann in Bad Reichenhall» (anon.)
51.4*	27.11.	Rheinpfalz, Neustadt a. H. – ‹ohne Überschrift› (anon.)

1952

52.1*	1.3.	Deutsche Zeitung und Wirtschaftszeitung, Stuttgart – «Meine schönen Eukalyptusbäume» (Ht)
52.2*	15.4.	Die Literatur, Stuttgart – «Kehrt Thomas Mann zurück?» (Gerhard Szczesny)
52.3*	24.5.	Die Gegenwart, Freiburg/Br. – «Besuch bei Thomas Mann» (Robert Haerdter)
52.4*	28.6.	(Unveröffentlicht) – «Thomas Manns letzte Besucher in Amerika» (Klaus W. Jonas)
52.5*	5.7.	Hamburger Abendblatt – «Besuch bei Thomas Mann» (Wolfgang Köhler)
52.6	7.8.	Bayerischer Rundfunk, München – «Interview mit Thomas Mann» (anon.). Vgl. Loewy, 106.
52.7*	9.8.	Die Abendzeitung, München – «Zurück zur Ursprungsstätte» (Walter F. Hiss)

52.8*	16.8.		Münchner Merkur – »Mit Thomas Mann in einem alten Salzburger Garten« (Erich Pfeiffer-Belli)
52.9*	19.8.		St. Galler Tagblatt – «Thomas Mann 1952» (A. M. Frey)
52.10*	21.8.	•	*Stader Tageblatt – «Sehnsucht nach Europa» (-vx.), S. 327 ff.*
52.11*	1.10.		Tagesanzeiger für Stadt und Kanton Zürich – «Begegnung mit Thomas Mann» (52.9 – fragm.)
52.12	18.10.		(Privataufnahme) – ‹Gespräch in München› (Hermann Fink). Vgl. Loewy, 106 f.
52.13*	20.10.		Süddeutsche Zeitung, München – «Ein großer Sohn der Stadt» (Jürgen von Hollander). Vgl. Berichtigung, «Um Thomas Manns Haus», in Süddeutsche Zeitung, 25./26. 10. 1952.
52.14*	22.10.		Der Abend, Berlin – «St. Marien und Thomas Mann» (DA)
52.15*	7.11.		Allgemeine Wochenzeitung der Juden in Deutschland, Düsseldorf – «Ein konsequenter Humanist» (mor)
52.16*	*14.11.*	•	*Die Weltwoche, Zürich – «Trunken von Gedichten» (ger – D: Georg Gerster, «Trunken von Gedichten. Eine Anthologie geliebter deutscher Verse», Zürich 1953), S. 330 ff.*
52.17*	*17.11.*	•	*Radio Wien (Eduard Köck, D: Freude an Büchern, Wien, Jg. 1952, H. 12, S. 298, «Thomas Mann: Kein nihilistisches Hohngelächter»), S. 333 f.*
52.18*	19.11.		Österreichische Volksstimme, Wien – «Thomas Mann: Ich bin und war immer ein Mann des Friedens» (anon.). Zu der Pressekonferenz in Wien am 18.11.1952: vgl. Die Furche, Wien, 7.6. und 14.6.1975, Helmut A. Fiechtner, «Thomas Mann in Wien» und »Wären wir weniger schwierig gewesen».
52.19*	20.11.		Frankfurter Allgemeine Zeitung – «Thomas Mann in Wien» (AP)
52.20*	20.11.		Die Neue Zeitung, München – «Wirklichkeitsfremd» (anon.)
52.21*	21.11.		Neues Deutschland, Berlin – «Bemerkenswerte Äußerungen von Thomas Mann über den Völkerkongreß, die DDR und die USA» (52.23 – fragm.)
52.22*	21.11.		Süddeutsche Zeitung, München – «Der alte (Thomas) Mann auf dem Berge» (Erich Kuby). Zusammen mit anderen Beiträgen in Erich Kuby «Eine 4000-km-Reise zu deutschen Schriftstellern», Sonderdruck der Süddeutschen Zeitung, Januar 1953.
52.23*	*21.11*	•	*Tägliche Rundschau, Berlin – «Der Friede scheint mir der kategorische Imperativ unserer Zeit!» (ADN), S. 335 f.*
52.24*	22.11.		Berliner Zeitung – «Erklärungen Thomas Manns in Wien» (52.23 – fragm.)
52.25*	22.11.		Magyar Nemzet, Budapest – «Thomas Mann a béke megvédéséröl» (52.18 – fragm.)
52.26*	22.11.		National-Zeitung, Berlin – «Friede – ein kategorischer Imperativ» (52.23 – fragm.)
52.27*	*25.11.*	•	*Neue Literarische Welt, Darmstadt – «Heimkehrer Thomas Mann» (Heinz-Winfried Sabais), S. 336 f.*
52.28*	29.11.		Hamburger Volkszeitung – «Der Friede, kategorischer Imperativ unserer Zeit» (52.23 – fragm.)
52.29*	29.11.		Volksstimme, Chemnitz – «Ich bin ein Mann des Friedens» (52.23 – fragm.)

52.30*	6.12.	Sozialistische Aktion, Frankfurt/M – «Der Friede, kategorischer Imperativ unserer Zeit» (52.23 – fragm.)
52.31*	14.12.	Berliner Zeitung – «Thomas Mann grüßt Völkerkongreß» (anon.)
52.32*	14.12.	Magyar Nemzet, Budapest – «Thomas Mann: A világ népei nagy reményeket fűznek a békekongresszushoz» (ADN)
52.33*	14.12.	Szabad Nép, Budapest – «Thomas Mann nyilatkozata a Népek Békekongesszusáról» (52.32 – fragm.)
52.34*	24.12.	Süddeutsche Zeitung, München – «Thomas Mann verwahrt sich» (AP)

1953

53.1*	11.2.	Heidelberger Tageblatt – «Thomas Mann zwischen Ost und West» (52.27 – fragm.)
53.2*	12.2.	Fränkische Nachrichten, Nürnberg – «Thomas Mann zwischen Ost und West» (52.27 – fragm.)
53.3*	*April*	• *Diskus, Frankfurt/M, Jg. 3, H. 3, S. 5 f. – «Besuch bei Thomas Mann» (Helmut Lamprecht und Hans W. Nicklas), S. 344 ff.*
53.4*	29.4.	Corriere della Sera, Mailand – «Colloquio con T. Mann» (Emilio Cecchi)
53.5*	29.4.	News Chronicle, London – «The price of silence» (53.6 – fragm.)
53.6*	30.4.	Frankfurter Allgemeine Zeitung – «Thomas Mann verwahrt sich» (AP)
53.7*	30.4.	Kieler Nachrichten – «Thomas Mann: ‹Vor allem Europäer›» (53.6 – fragm.)
53.8*	30.4.	Schwäbische Donauzeitung, Ulm – «Ich bin vor allem Europäer» (53.6 – fragm.)
53.9*	4.5.	Saarländische Volkszeitung, Saarbrücken – «Thomas Mann bei Pius XII.» (Gustav René Hocke)
53.10*	6.5.	Westdeutsche Allgemeine Zeitung, Essen – «Ich will in Europa sterben» (53.9 – fragm.)
53.11	10.5.	Vie Nuove, Rom – «Incontro con Thomas Mann» (Saverio Tutino). Vgl. 53.19
53.12*	12.5.	Il Messagero, Rom – «Thomas Mann ci confessa le sue preferenze e le sue aspirazioni» (Giovanni Necco)
53.13	16.5.	Frankfurter Neue Presse – «Thomas Mann bei Pius XII.» (53.9 – geringfügige Abweichungen – D: Schröter, 418 ff.)
53.14*	28.5.	Berliner Zeitung – »Thomas Mann für deutsche Einheit» (53.11 – fragm.)
53.15*	29.5.	Neues Deutschland, Berlin – «Thomas Mann für schnellste Herstellung der Einheit Deutschlands» (53.11 – fragm.)
53.16*	29.5.	Tägliche Rundschau, Berlin – «Thomas Mann für deutsche Einheit» (53.11 – fragm.)
53.17*	31.5.	National-Zeitung, Berlin – »Thomas Mann für deutsche Einheit» (53.11 – fragm.)
53.18*	31.5.	Sonntag, Berlin – «Thomas Mann über Barbarei und Kultur» (53.11 – fragm.)

53.19 Juni Tagebuch, Wien, Jg. 8, Nr. 11, S. 1 f. – «Begegnung mit Thomas Mann in Rom» (53.11 – Übersetzt von E. Th. Kauer – D: Schröter, 416 ff.)

53.20* 2.6. Hamburger Volkszeitung – «Thomas Mann für deutsche Einheit» (53.11 – fragm.)

53.21* 3.6. Rheinpfalz, Neustadt a. H. – «Thomas Manns Romfahrt» (53.9 – fragm.)

53.22* 5.6. Hannoversche Presse – «Thomas Mann bleibt in Europa» (anon.)

53.23* 5.6. Szabad Nep, Budapest – «Thomas Mann nyilatkozata McCarthyról» (DPA)

53.24* 8.6. Hamburger Anzeiger – «Sehnsucht nach der See» (ls.)

53.25 9.6. Deutsche Wochenschau, Hamburg – «Interview mit Thomas Mann» (anon. – D: Loewy, 136 f.)

53.26* 9.6. Die Welt, Hamburg – «Ja, das ist alles schon lange her» (-ger)

53.27* 10.6. General-Anzeiger, Bonn – «Thomas Mann: Ich gehöre zum Westen» (53.29 – fragm.)

53.28* 10.6. Lübecker Nachrichten – «Thomas Mann kommt nach Lübeck» (Erich Lüth)

53.29* *10.6.* • *Die Neue Zeitung, München – «Thomas Mann bekennt sich eindeutig zum Westen» (AP), S. 354 f.*

53.30* 10.6. Der Spiegel, Hamburg – ⟨ohne Überschrift⟩ (anon.)

53.31* *11.6.* • *Lübecker Nachrichten – «Mit Thomas Mann vor dem Buddenbrook-Haus» (Hans Schrem), S. 355 ff.*

53.32* *13.6.* • *Frankfurter Neue Presse – «Rückkehr zur alten Erde» (Erich Hogestraat), S. 359 ff.*

53.33* 16.6 Freie Presse, Bielefeld – «Rückkehr zur alten Erde» (53.32 – fragm.)

53.34* 18.6. Täglicher Anzeiger, Holzminden – «Thomas Mann aus der Nähe» (Rolf Italiaander)

53.34a *6.7.* • *Radio Basel – «Bei einem Dichter zu Gast» (53.35 und Erinnerung an früheres Gespräch), Manuskript, S. 362 ff.*

53.35* 16.7. National-Zeitung, Basel – «Besuch bei Thomas Mann in Erlenbach« (Gertrud Isolani)

53.36* 17.7. Stader Tageblatt – «Thomas Mann aus der Nähe» (53.34)

53.37* 18.7. Cellesche Zeitung – «Thomas Mann aus der Nähe» (53.34 – fragm.)

53.38* 23.7. Rhein-Neckar Zeitung, Heidelberg – «Randnoten» (53.35 – fragm.)

53.39* *4.8.* • *Svenska Dagbladet, Stockholm – «Thomas Mann arbetar på stort memoarverk» (Henning Sinding-Larsen), S. 371 ff.* Wiederabdruck in Svenska Dagbladet vom 5. 8. 1953

53.40* 8.8. Hamburger Anzeiger – «Thomas Mann: ‹Hamburg hat Energie›» (53.35 – abweichender Text)

53.41* 15.8. Genossenschaft, Basel – «Zurück zur alten Erde» 53.35 (abweichender Text)

53.42* 19.8. Pfälzische Volkszeitung, Kaiserslautern – «Thomas Mann schreibt Memoiren» (anon.). Vermutlich mißverstandene Wiedergabe aus 53.39.

53.43* 29.8. New York Herald Tribune – «Mann Talks on Writers» (53.39 – fragm.)

53.44 31.8. Time, New York – ‹ohne Überschrift› (53.39 – fragm.)

53.45* 12.9. Industriekurier, Düsseldorf – «Wiedergeburt als Brite gewünscht» (53.44 – fragm.)

53.46* 10.10. Rhein-Neckar Zeitung, Heidelberg – «Gespräch in Lugano» (Emil Belzner)

1954

54.1* *7.1.* *Der Abend, Berlin – «Jawohl, hier Thomas Mann» (DA) S. 375 ff.*

54.2 4.3. Književne novine, Belgrad – «Geist und Persönlichkeit in der Despotie» (Oto Bihalji-Merin). Vgl. Jonas 54.25.

54.3* 7.4. Corriere della Sera, Mailand – «Thomas Mann inquieto profeta rifugge oggi da una ‹scelta›» (Gaetano Baldacci)

54.4 April Bayerischer Rundfunk, München – «Rückkehr» (Wolf Littmann – D: GW XI, 527 ff.). Nach Loewy, 110 hat das Gespräch Mitte April 1954 stattgefunden.

54.5* *3.5.* *L'Unità, Turin – «Nostra intervista con Thomas Mann» (Guido Nòzzoli), S. 377 ff.*

54.6 7.5. Neues Deutschland, Berlin – «Thomas Mann: Kampf gegen Atomdrohung unsere Pflicht» (54.5 – fragm.). Ebenfalls in der Ausgabe vom 8. 5. veröffentlicht, vgl. Matter, 11 120 und 11 122.

54.7* 7.5. Tägliche Rundschau, Berlin – «Thomas Mann: Im Kampf gegen die Atombombe sollten alle mitwirken» (54.5 – fragm.). Unter der Überschrift «Thomas Mann wendet sich gegen Krieg und Atombombenexperimente» ebenfalls in der Ausgabe vom 8. 5. veröffentlicht.

54.8 22.5. Irodalmi Újság, Budapest – «Thomas Mann hidrogénbomba elleni küzdelemröl» (54.5 – fragm.). Vgl. Matter 11126.

54.9* Juni Heute und Morgen, Düsseldorf – «Besuch bei Thomas Mann» (54.5 – geringfügige Kürzungen)

54.10* 4.6. Fränkische Nachrichten, Nürnberg – «Eine Teestunde mit Thomas Mann» (Charles Waldemar). Interview vom Juli 1951.

54.11 6.6. Sonntag, Berlin – «Der dritte Weltkrieg wäre eine Katastrophe für alle ...» (54.5 – fragm.). Vgl. Matter, 11124.

54.12* 9.6. Rheinpfalz, Neustadt a. H. – «Genie haben heißt, mit dem Feuer spielen» (54.10 – geringfügige Kürzungen)

54.13 13.6 Dziś i Jutro, Warschau – «Rozmowa z Tomazem Mannem» (54.5 – fragm.). Vgl. Matter, 11124.

54.14* *23.7.* *Münchner Merkur – «In Kilchberg bei Thomas Mann» (Erich Pfeiffer-Belli), S. 384 ff.*

54.15* 26.7. Die Welt, Essen – «Heiter, mißtrauisch, ironisch» (54.14 – geringfügige Kürzungen)

54.16* 10.8. Der Mittag, Düsseldorf – «In Kilchberg bei Thomas Mann» (54.14)

54.17* 25.9. Braunschweiger Nachrichten – «Was ist ein Genie?» (anon.) Angeblich ein gemeinsames Interview mit Albert Einstein; vermutlich ein Falsum.

54.18*	*3.12.* •	*Die Weltwoche, Zürich – «Thomas Mann an der Arbeit» (Georg Gerster), S. 387 ff.*

1955

55.1	März	Film und Dokumentation GmbH, Frankfurt/ M – «Thomas Mann – Lübecks großer Sohn» (anon. – D: Loewy, 137 f.)
55.2*	11.5.	Tägliche Rundschau, Berlin – «Ich weiß, daß ich gut tue» (R. R.)
55.3*	12.5.	Hamburger Abendblatt – «Ich porträtierte Thomas Mann» (Rudolf Müller-Graefe)
55.4	12.5.	Neues Deutschland, Berlin – «Mein Weg nach Ost und West richtig» (55.2). Vgl. Matter, 11 129.
55.5	16.5.	Nordwestdeutscher Rundfunk, Hamburg – «Empfang auf dem Lübecker Bahnhof» (Hermann Rockmann). Vgl. Loewy, 122.
55.6*	17.5.	Abendpost, Frankfurt/M – «Tommy – you must dicht» (jh.)
55.7*	17.5.	Lübecker Freie Presse – «Es ist mir eine große Freude» (z.)
55.8*	17.5.	Lübecker Nachrichten – «Thomas Mann in Lübeck» (55.5 – fragm.)
55.9*	18.5.	Tägliche Rundschau, Berlin – «Begegnung mit Thomas Mann» (Antanas Wenclowa)
55.10	20.5.	Nordwestdeutscher Rundfunk, Hamburg – «Gespräch mit Thomas Mann» (Günther Koch). Vgl. Loewy, 123.
55.11*	21.5.	Rhein-Neckar Zeitung, Heidelberg – «Mein Arbeitstag» (54.18 – fragm.)
55.12*	22.5.	Berliner Zeitung – «Begegnung mit Thomas Mann» (Otto John)
55.13*	24.5.	Mittelbayerische Zeitung, Regensburg – «Otto John interviewte Thomas Mann» (55.12 – fragm.)
55.14*	28.5.	Der Bund, Bern – ‹ohne Überschrift› (anon.)
55.15*	*1.6.* •	*Stuttgarter Zeitung – «Das Nächste ist der 2. Band des ‹Krull›» (Paul Pereszlényi), S. 392 ff.*
55.16*	3.6.	Die Weltwoche, Zürich – «Thomas Mann mit achtzig Jahren» (M. G.) Hauptsächlich Beschreibung des Kilchberger Interieurs
55.17*	4.6.	Badische Neueste Nachrichten, Karlsruhe – «Genie haben heißt, mit dem Feuer spielen» (54.10 – geringfügige Erweiterungen)
55.18*	4.6.	Il Contemporaneo, Rom – «Un incontro a Roma» (R. Bianchi Bandinelli)
55.19*	4.6.	Hamburger Abendblatt – «Des Dichters Arbeitstag» (54.18 – fragm.)
55.20*	4.6.	Der Mittag, Düsseldorf – «Der Arbeitstag eines Dichters» (54.18 – fragm.)
55.21*	4.6.	Münchner Merkur – «Thomas Mann 80» (54.18 – fragm.)
55.22*	4.6.	Stuttgarter Nachrichten – «Thomas Mann: Wie ich arbeite» (54.18 – fragm.)
55.23*	5.6.	New York Times – «A Talk With Thomas Mann at 80» (Frederic Morton)

55.24	6.6.	CBS, New York – ‹Fernsehinterview› (Richard Hottelet). Vgl. Loewy, 143.
55.25*	6.6.	New York Times – «Thomas Mann, Observing 80th Birthday, Plans to Start a New Full-Length Novel» (55.15 – fragm.)
55.26*	7.6.	Bremer Nachrichten – «Wie ich Thomas Mann zeichnete» (55.3 – fragm.)
55.27*	13.6.	Bayerisches Volksecho, München – «Begegnung mit Thomas Mann» (55.3)
55.28	1.7.	Nederlandse Radio Unie, Amsterdam – «Interview» (anon.). Vgl. Loewy, 126 f.
55.29*	2.7.	Hamburger Abendblatt – «Folgen der Isolierung» (anon.)
55.30*	4.7.	Frankfurter Neue Presse – «Thomas Mann: Zur deutschen Literatur» (55.29 – fragm.)
55.31*	14.8.	Magyar Nemzet, Budapest – «Thomas Mann Budapesten» (Sándor Vajda). Interview aus dem Jahre 1937?
55.32*	16.8.	Schwäbische Donauzeitung, Ulm – «Im Gespräch mit Thomas Mann» (55.33 – fragm.)
55.33*	16.8.	Westfalenpost, Hagen – «Ein Werk aus ‹Fleiß und Wißbegier›» (Heinz Blechner). Aus einem zum 80. Geburtstag veröffentlichten Interview – nicht ermittelt.
55.34*	18.8.	Bayreuther Tageblatt – «Immer bei seinem Werk» (anon.)
55.35*	3.9.	Frankfurter Allgemeine Zeitung – «Letzte Unterredung mit Thomas Mann» (54.10 – geringfügige Erweiterung)

Werkregister

Verfilmungen und Übersetzungen sind dem Einzelwerk zugeordnet. Die Artikel wurden bei der alphabetischen Einordnung nicht berücksichtigt.
Bei allen Registern sind einzig die Interview-Texte selbst und die Bibliographie herangezogen worden.

Sachregister

Chronologisch leicht einzuordnende geschichtliche Ereignisse sind ebensowenig ausgewiesen wie das Generalthema Deutschland. Die inhaltliche Relevanz wurde berücksichtigt (z. B. ist nicht jedes Erscheinen des Wortes «Exil» verzeichnet).

Personenverzeichnis